黄海
威海至平泽236海里
威海至大连93海里
威海至仁川236海里
威海至青岛200海里
刘公岛2海里
威海环翠区
半月湾风景区(3A)
刘公岛景区(5A)
刘公岛爱国主义教育基地
刘公岛
日岛
牙石岛
连林岛
江古嘴
黑岛
南山嘴
贝草嘴
黑鱼岛
旗顶山
153
西村
东村
黄岛
麻井子港
小泓
大泓
湾
威海港
杨家滩
威海韩乐坊景区(3A)
皇冠街道
西苑街道
凤林街道
温泉镇
江家寨
技
术
开
发
区
崮山镇
泊于镇
桥头镇
老虎山生态旅游园(3A)
崮山工业园
泊于工业园
山东交通海螺湾休闲驿站(3A)
威海荣成市那香海景区(4A)
港西镇
埠柳镇
荣
成
市
文登
区
圣水观景区(3A)
天福山革命遗址
所前泊水库
泊于水库
G228
S302
S301
S201
S203
S303
鸡鸣岛
佛子石
塔石
猫石
双石
大站石
虎头角
大园
青矶岛
朝阳港
纹石滩林场
伟德山
553
图例
设区市驻地
区、市驻地
镇、街道办事处驻地
村庄
设区市界
区、市界
镇、街道办事处界
铁路及车站
威海站
威海
高速公路及出入口
G18
荣乌高速
高速公路名称及编号
G309
国道及编号
S206
省道及编号
县道
乡道
河流水库
里口山
418
山峰及高程

环翠年鉴

HUANCUI YEARBOOK

2021

中共威海市环翠区委党史研究中心
威海市环翠区地方史志研究中心 编

方志出版社
Publishing House of Local Records

图书在版编目（CIP）数据

环翠年鉴.2021 / 中共威海市环翠区委党史研究中心，威海市环翠区地方史志研究中心编. --北京：方志出版社，2021.12

ISBN 978-7-5144-5233-4

Ⅰ.①环… Ⅱ.①中… ②威… Ⅲ.①区（城市）—威海—2020—年鉴 Ⅳ.①Z525.23

中国版本图书馆CIP数据核字（2022）第040915号

环翠年鉴（2021）

编　　者：中共威海市环翠区委党史研究中心
　　　　　威海市环翠区地方史志研究中心
责任编辑：李　静

出 版 者：方志出版社
　　　　　地址　北京市朝阳区潘家园东里9号（国家方志馆4层）
　　　　　邮编　100021
　　　　　网址　http://wwww.zgfzcb.cn
发　　行：方志出版社图书经销中心
　　　　　电话（010）67110500
经　　销：各地新华书店
印　　刷：山东黄氏印务有限公司

开　　本：787×1092　1/16
印　　张：27.5
字　　数：1015千字
版　　次：2021年12月第1版　2021年12月第1次印刷
印　　数：0001～1500册

ISBN 978-7-5144-5233-4　定价：300.00元

序

国务院办公厅2015年8月印发的《全国地方志事业发展规划纲要（2015—2020年）》（以下简称《规划纲要》）要求，到2020年要做到地方综合年鉴一年一鉴，公开出版，实现省、市、县三级综合年鉴全覆盖。《规划纲要》还要求，坚持存真求实，正确处理质量与进度的关系，将精品意识贯穿于年鉴编纂出版工作全过程。2015年12月，中国地方志指导小组办公室启动中国年鉴精品工程，将其与先期实施的中国志书精品工程视为姊妹工程，一道作为加强地方志质量建设的重要抓手。

实施中国年鉴精品工程有助于推动中华优秀传统文化传承发展。近年来，在党中央、国务院的高度重视和关心支持下，全国地方志事业发展迎来最好的发展时期。年鉴编纂发端于欧洲，鸦片战争后被引入我国，在我国走过了100多年的发展历史。在长期的编纂中，年鉴在内容和形式上不断发展，逐渐演变成为适合反映中国国情、具有鲜明中国特色的一种文化载体，并在改革开放后出现了快速发展的局面。2006年5月，国务院《地方志工作条例》颁布施行，明确将地方综合年鉴纳入地方志工作范畴，年鉴工作走上了有法可依的轨道。《规划纲要》出台，为从依法编鉴转变到依法治鉴指明了方向。2016年12月，中国地方志指导小组印发《全国年鉴事业发展规划（2016—2020年）》，更进一步明确了到2020年全国年鉴事业的任务书、时间表、路线图。经过多年的发展，年鉴工作已经成为地方志工作的重要组成部分，成为中华民族优秀文化传统的有机组成部分，其存史、育人、资政作用日益彰显。实施中国年鉴精品工程，是年鉴工作者紧扣时代脉搏、坚持创新发展的一项重要举措，对于坚定文化自信，传承弘扬好中华优秀传统文化意义重大。

实施中国年鉴精品工程有助于为全面建成小康社会提供更多智力支持和历史借鉴。党的十八大作出全面建成小康社会的战略部署。党的十八届五中全会提出到2020年如期实现全面建成小康社会的目标要求。完成《规划纲要》确定的目标任务是年鉴工作者的神圣使命，更是年鉴工作者以自身力量为全面建成小康社会献上的厚礼。一方面，可以更好地利用年鉴这种年度资料性文献，及时记录各地区在全面建成小康社会伟大征程中每年取得的新成绩和新经验、出现的新情况和新问题、涌现的优秀人物和典型事迹等；另一方面，可以更好地积累地情、国情资料，为推动经济社会发展和深化改革提供智力支持，为推进国家治理体系和治理能力现代化提供历史借鉴。

实施中国年鉴精品工程有助于全面推进地方志事业转型升级。地方志不是单纯修志编鉴工作，而是全体方志人“修志问道，以启未来”的一项事业，这项事业包含着巨大的时代担当与使命追求。地方志工作要在“五大建设”总体布局和“四个全面”战略布局中发挥与其自身价值、功能相匹配的作用，就要因时而谋、乘势而上、顺势而为，全面推进地方志事业转型升级。转型升级，当下最重要的目标就是完成“两全”目标，包括“年鉴全覆盖”目标；长远的目标就是基本形成地方志编修体系、理论研究和学科建设体系、质量保障体系、资源开发利用体系、工作保障体系“五位一体”的地方志事业发展综合体系，包括“五位一体”的年鉴事业发展综合体系。中国年鉴精品工程是一项探索工程，也是一项创新工程，是推进地方志事业转型升级的重要内容。通过实施中国年鉴精品工程，不仅有助于确保年鉴质量，不断编纂出版具有鲜明时代特征、年度特点和地域特色的精品年鉴，也有助于推动年鉴工作适应经济社会发展形势和时代需要，不断改革创新，与时俱进。

多年来，在中国地方志指导小组办公室的指导和全国各级地方志工作机构的共同努力下，年鉴种类数量快速增长，年鉴成果粲然可观，为实施中国年鉴精品工程奠定了坚实的基础。实施中国年鉴精品工程，就是要在全国地方志系统起到示范作用，进一步培育精品意识，打造精品年鉴，以点带面，在提高年鉴质量方面探索出一条切实可行之路，使这项探索工程和创新工程能够积累经验，发挥引领作用。

“万山磅礴，必有主峰；龙衮九章，但挈一领。”实施中国年鉴精品工程，是筑牢地方志事业特别是年鉴事业发展根基之举，其意义与价值不言而喻。但编修出年鉴精品佳作，绝非朝夕之功，需要付出长期艰辛的努力。希望通过实施中国年鉴精品工程，能够进一步推进年鉴质量建设，使年鉴真正成为传承中华民族优秀传统文化的重要载体，成为展示中国国情、地情的重要窗口，成为“为当代提供资政辅治之参考、为后世留下堪存堪鉴之记述”的资源宝库，在全面建成小康社会过程中作出更大贡献。

是为序。

中国社会科学院原副院长
中国地方志指导小组原常务副组长

山东省服务业发展先进区
山东省对外开放先进区
山东省安全生产工作先进单位
省级养老服务综合改革试点单位
山东省社会组织建设创新示范区
全省『救急难』综合试点单位
第一批省级健康服务业创新发展试验区
全省社区治理暨养老服务创新实验区
全省残疾人组织建设示范县（市、区）
山东省综合减灾示范县（市、区）
山东省移风易俗工作先进区
第三届山东省文化强省建设先进县（市、区）
省级文明区
山东省购物旅游示范城市
山东省第二批健康促进县（市、区）
山东省休闲农业和乡村旅游示范县
山东省人才工作先进单位
招商引资招才引智专项评价先进县（市、区）
2020年『安全生产月』活动优秀组织单位
山东省法治政府建设示范县（市、区）
山东省第五批科级副职工作先进单位
山东省全域旅游示范区

环翠名片

HUANCUI MINGPIAN

全国『歌咏之乡』

全国群众体育先进单位

全国县（市）科技进步考核先进区

全国义务教育发展基本均衡县（市、区）

全国科学教育实验区

全国『两基』工作先进单位

全国和谐社区建设示范城区

国家知识产权强县工程试点区

全国沿海防护林体系建设先进单位

全国民政工作先进区

中国慢生活休闲体验区

全国残疾人精准康复行动试点示范区

全国法治县（市、区）创建活动先进单位

全国第四批『中德生态示范城市』

『七五』普法中期先进县（市、区）

全国农村承包地确权登记颁证工作典型地区

2018—2020年全国计划生育优质服务先进单位

山东省妇女儿童工作先进集体

山东省信访工作先进单位

山东省农产品（渔业）质量安全示范县

『平安山东』建设先进区

数读环翠

SHUDU HUANCUI

面积 387.39 平方千米（含桥头镇）
户籍人口 35.22 万人（含桥头镇）
常住人口 47.26 万人（含桥头镇）
海岸线 43 千米
年平均气温 12.2℃
年平均降水量 762.2 毫米
地区生产总值 386.85 亿元
第一产业增加值 30.03 亿元
第二产业增加值 117 亿元
第三产业增加值 239.82 亿元
第一、二、三产业构成 7.8 ∶ 30.2 ∶ 62.0
实有市场主体 73802 户
实有注册资本 902.15 亿元
规模以上工业企业 113 家
对外贸易进出口总值 183 亿元（含桥头镇）
对外贸易进口总值 32.30 亿元（含桥头镇）
对外贸易出口总值 150.70 亿元（含桥头镇）
引进外资项目 41 个

实际使用外资 23730 万美元
人均地区生产总值 86699 元
一般公共财政预算收入 41.72 亿元
一般公共财政预算支出 32.24 亿元
教育支出 6.46 亿元
科学技术支出 5970 万元
社会保障和就业支出 4.19 亿元
卫生健康支出 2.85 亿元
城乡社区支出 9963 万元
授权发明专利 123 件
授权专利 1967 件
中国驰名商标 7 件
地理标志商标 3 件
山东省著名商标 15 件
威海市知名商标 42 件
义务教育学校 33 所
在校学生 55239 人
幼儿园 62 所
在园幼儿 17171 人
各类医疗卫生机构 375 所
实有床位 1310 张
卫生技术人员 4103 人
城镇新增就业 4742 人
就业困难人员实现再就业 308 人
全体居民人均可支配收入 47922 元
全体居民人均消费支出 32905 元
城镇居民人均可支配收入 51769 元
城镇居民人均消费支出 35704 元
农村居民人均可支配收入 22592 元
农村居民人均消费支出 14473 元
城镇居民恩格尔系数 25.5%
农村居民恩格尔系数 27.7%

「十三五」成就

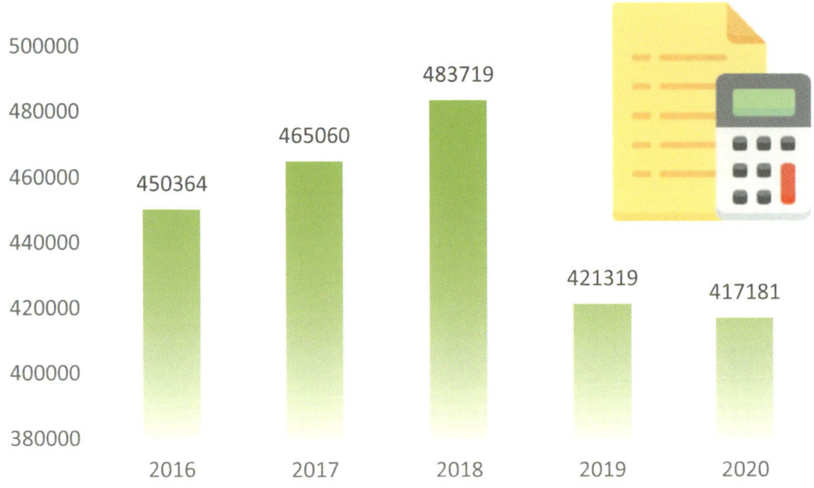

2016—2020年环翠区一般公共预算收入（万元）

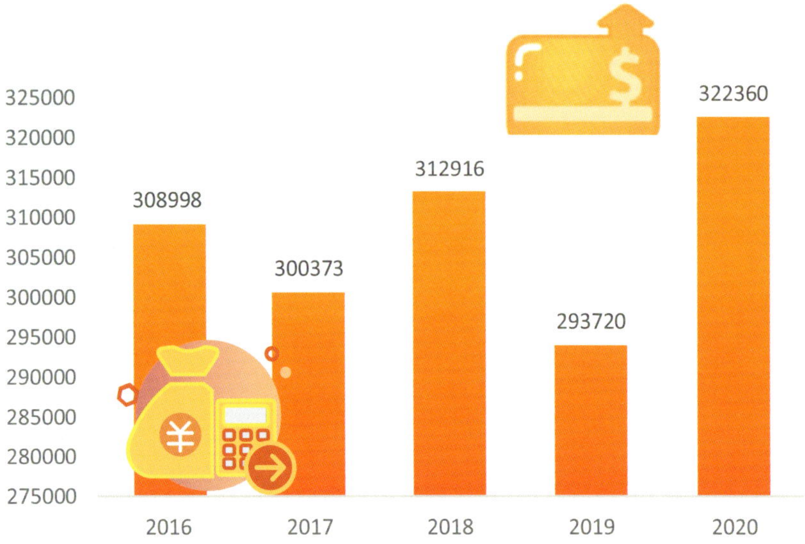

2016—2020年环翠区一般公共预算支出（万元）

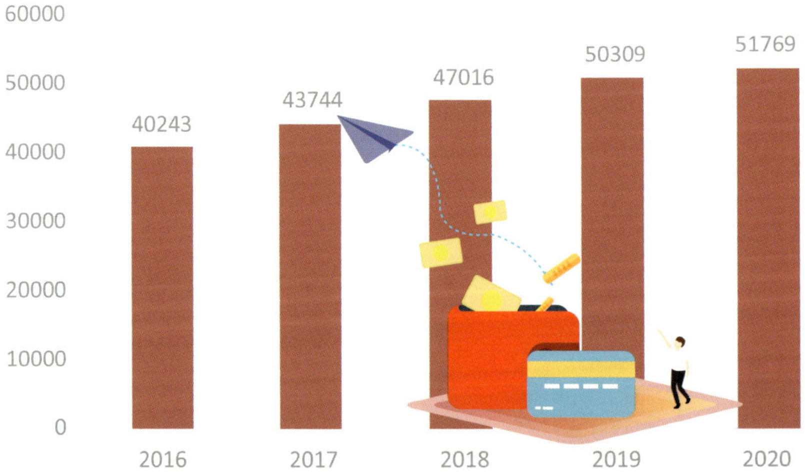

2016—2020年环翠区城镇居民人均可支配收入（元）

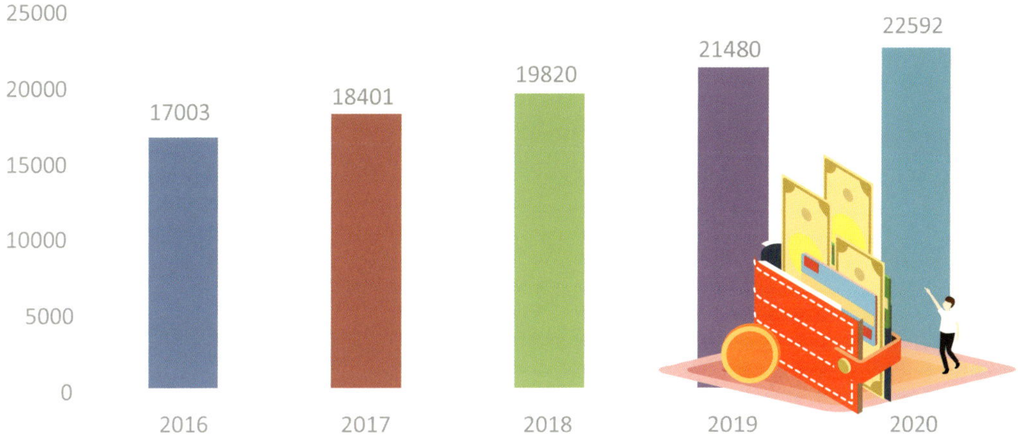

2016—2020年环翠区农村居民人均可支配收入（元）

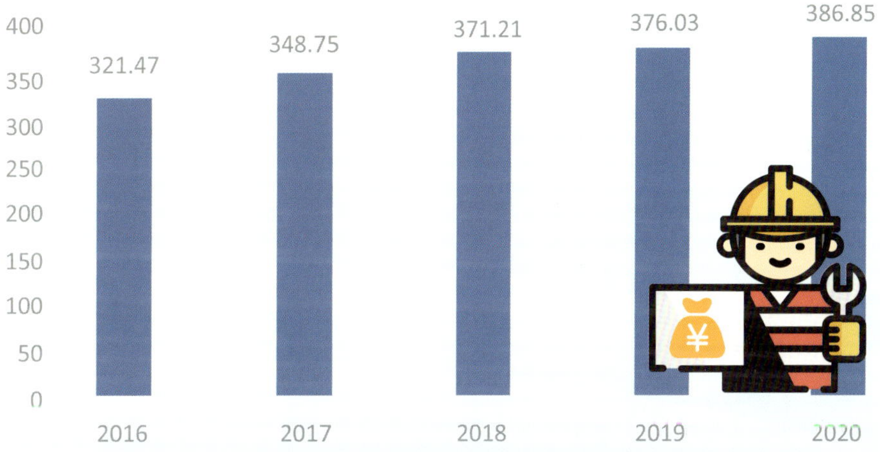

2016—2020年环翠区生产总值（亿元）

2016—2020年环翠区固定资产投资增幅（%）

疫情防控

YIQING FANGKONG

▲ 2020年1月26日，环翠区委召开新冠肺炎疫情防控紧急会议，宣布疫情防控进入紧急状态（夏志忠 摄）

◀ 2020年2月16日，双岛收费站卡点工作人员冒雪开展疫情防控（李华勇 摄）

2020年2月14日，区直机关工作人员在古北社区防控卡点检测体温

（区委党史研究中心　供图）

2020年2月2日，救护车整装待发

（夏志忠　摄）

2020年2月21日，威海卫人民医院首批6名医护人员到威海胸科医院开展新冠肺炎防治

（夏志忠　摄）

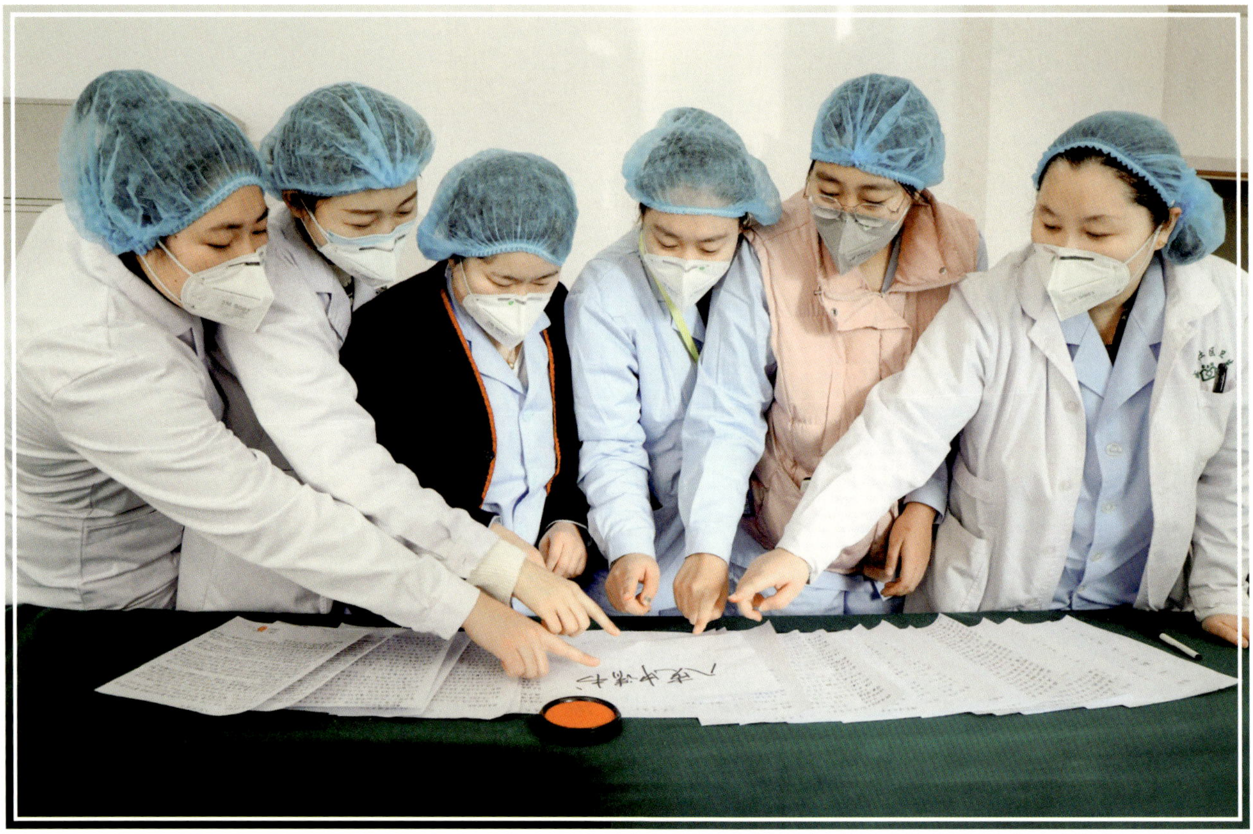

▲ 2020 年 2 月 13 日，顺沁苑集中隔离医学观测点 6 名医护人员在疫情防控一线志愿申请加入中国共产党
（夏志忠　摄）

▶ 2020 年 2 月 2 日，防疫人员采集样本送检
（夏志忠　摄）

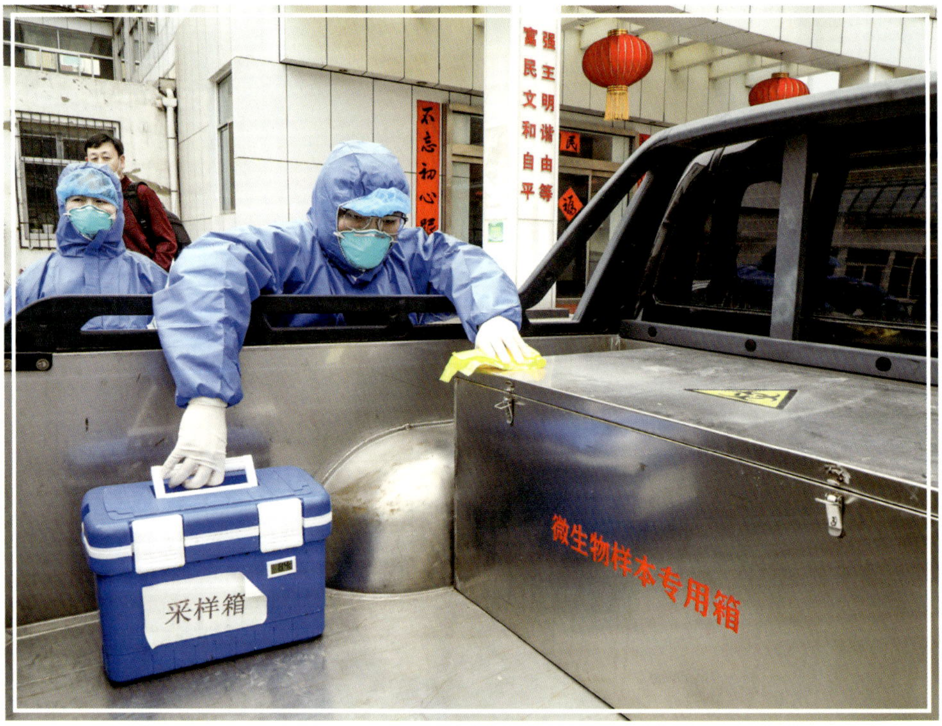

2020 年 2 月 3 日，“12349”农副产品配送有限公司将农副产品配送到户
（鲸园街道　供图）

2020 年 2 月 16 日，古北社区设立临时集市，解决居民生活需求
（夏志忠　摄）

2020 年 2 月 15 日，中国民主促进会环翠支部向抗疫一线医护人员捐献物资
（夏志忠　摄）

▲ 2020 年 5 月 20 日，环翠区产业扶贫基地——羊亭镇大北山村鲜花大棚　　（区扶贫办　供图）

▲ 2020 年 10 月 18 日，温泉镇张家山村产业扶贫项目——蘑菇种植大棚　　（区扶贫办　供图）

2019 年 5 月 17 日，区扶贫办在长城爱心大本营举办“轮椅上的电商梦”扶贫助残项目培训班
（区扶贫办　供图）

2017 年 4 月，省定扶贫工作重点村——王家夼草莓采摘大棚
（区农业农村局　供图）

2017 年 3 月 8 日，区扶贫办工作人员开展精准脱贫入户核查
（区扶贫办　供图）

经济发展

JINGJI FAZHAN

▲ 2020年12月3日，万达广场开业 （夏志忠 摄）

▲ 2020年10月15日，第十七届中欧膜产业技术创新合作大会采取线上直播、线下会场的方式举行 （区工业和信息化局 供图）

▲2020年3月6日，2020年环翠区重点项目集中开工仪式在张村镇举行（区融媒体中心　供图）

▶2020年4月20日，中国科学院院士姚建铨团队的威海激光与光电子信息技术研究院落户环翠区科创中心（夏志忠　摄）

◀2020年5月24日，威海化工机械有限公司大型反应釜生产车间一角（夏志忠　摄）

▲ 2020年3月，嵩山街道产业项目——蝴蝶兰基地（区农业农村局 供图）

▸ 2020年11月，里口山森林防火通道（区农业农村局 供图）

▲ 2020年4月，北上夼千亩樱桃园一角　　（区农业农村局　供图）

▲ 2020年7月，里口山清怡茶园　　（区农业农村局　供图）

2020 年 10 月，贝草夼地下交通站展馆
（区农业农村局 供图）

2020 年 10 月，贝草夼地下交通站展馆展厅
（区农业农村局 供图）

2020 年 5 月，贝草夼田园会客厅
（区农业农村局 供图）

2020 年 10 月，王家疃柿园民居
（区农业农村局　供图）

2020 年 1 月，王家疃村悦己萱咖啡吧
（区农业农村局　供图）

2020 年 4 月，五家疃村石窝剧场
（区农业农村局　供图）

文化繁荣

WENHUA FANRONG

▲ 2020年4月20日，全区旅行社负责人在吉呈轩公益文化空间开展研学调研　（夏志忠　摄）

▸ 2020年7月11日，国家AAAA级旅游景区——仙姑顶　（夏志忠　摄）

2020年，农村题材电影——《村头村尾》在嵩山街道牛角沟村拍摄。图为拍摄间隙演员在讨论剧本
（夏志忠　摄）

2020年12月7日，广福寺雪景　（夏志忠　摄）

幸福环翠

XINGFU HUANCUI

2020年10月12日，居民在古陌社区图书馆阅览图书
（鲸园街道　供图）

2020年4月29日，区环境卫生中心工作人员走进社区开展垃圾分类宣传
（区环境卫生中心　供图）

2020年9月1日，区残联在张村镇公园举办残疾人篮球赛
（区残联　供图）

2020 年 11 月 25 日，公安环翠分局党委委员、竹岛派出所社区民警戚恩雨（右三）参加“全国先进工作者”表彰大会回来与社区居民分享体会

（竹岛街道　供图）

2020年6月29日，菊花顶社区食堂一角

（鲸园街道　供图）

2020 年 12 月 5 日，“青少年法制教育训练营”活动在区公共法律服务中心开展

（区司法局　供图）

2020 年 8 月 9 日，医护工作人员走进社区开展义诊活动
（夏志忠　摄）

2020 年 5 月 3 日，市民在祥云社区健身步行道上晨练
（夏志忠　摄）

2020 年 6 月 2 日，古陌早市一角
（夏志忠　摄）

编辑说明

一、《环翠年鉴》是由威海市环翠区人民政府组织，中共威海市环翠区委党史研究中心（威海市环翠区地方史志研究中心）编纂的资料性文献。2014年起，每年编辑一卷，国内公开出版发行，《环翠年鉴（2021）》为第八卷，记述时限为2020年1月1日至12月31日。卷中个别特殊事件的记述突破上、下限，以保证年鉴资料的系统性和完整性。

二、《环翠年鉴（2021）》坚持以马克思列宁主义、毛泽东思想、邓小平理论、“三个代表”重要思想、科学发展观、习近平新时代中国特色社会主义思想为指导，坚持辩证唯物主义和历史唯物主义的立场、观点和方法，坚持“存真求实、质量第一”的原则，旨在全面记述中共环翠区委、区政府带领全区人民开拓创新、务实发展的历程，充分展现2020年全区经济社会各项事业发展的基本情况，为广大读者了解和研究环翠提供资料和信息。

三、本年鉴采用分类编辑法，由类目、分目、条目3级组成。卷首设特载、专记、大事记、环翠概览，卷中设中国共产党环翠区委员会、环翠区人民代表大会、环翠区人民政府、中国人民政治协商会议环翠区委员会、中国共产党环翠区纪律检查委员会　环翠区监察委员会、民主党派与工商联、人民团体、法治、军事、经济管理、海洋发展、农业、工业、建筑业、商贸服务业、金融业、旅游业、经贸合作、城乡建设、生态环境保护、科学技术、教育、文化、卫生健康、体育、社会生活、镇（街道）27个类目，卷末设人物　荣誉、附录。

四、本卷年鉴框架结构作了较大变动。变动之处是：增加类目“民主党派与工商联”；撤销类目“财政·税务”，将其内容并入“经济管理”类目中；将分目“建筑业”和“生态环境保护”从“城乡建设与生态环境保护”类目中析出，分别独立设置“建筑业”和“生态环境保护”类目，将类目“城乡建设与生态环境保护”更名为“城乡建设”；将分目“体育”从“教育·体育”类目中析出，分别独立设置“教育”和“体育”类目；将“集体荣誉”和“人物”2个类目合并为“人物　荣誉”类目；将类目“区情综述”更名为“环翠概览”，“中共威海市环翠区委员会”更名为“中国共产党环翠区委员会”，“威海市环翠区人民代表大会”更名为“环翠区人民代表大会”，“威海市环翠区人民政府”更名为“环翠区人民政府”，“政协威海市环翠区委员会”更名为“中国人民政治协商会议环翠区委员会”，“纪检·监察”更名为“中国共产党环翠区纪律检查委员会　环翠区监察委员会”，“群众团体”更名为“人民团体”，“经济监督与管理”更名为“经济管理”，“农业·农村”更名为“农业”，“商贸业·服务业”更名为

“商贸服务业”，“招商引资与对外贸易”更名为“经贸合作”，“社会民生”更名为“社会生活”，“镇（街道）情要览”更名为“镇（街道）”。

五、全书条目标题统一用黑体字加【】表示。《环翠年鉴（2021）》配备目录和索引双重检索系统，分设在卷首和卷末。目录编排至条目；索引采用主题分析法制作，按主题词首字汉语拼音字母顺序排列。在排版上，双页书眉为书名，单页书眉为类目标题。

六、全书中除特别注明的行政区外，“区”和“全区”均指“环翠区”。

七、本卷年鉴所载信息由全区各机关、企事业单位提供，经所在单位主要负责人审核、《环翠年鉴》编辑部整理编辑、编委会审查、出版社审核而成。本年鉴统计数据以政府统计部门公布的数据为准，统计部门没有统计的，采用业务主管部门统计的数据。

八、2020年11月，桥头镇成建制由威海经济技术开发区划归环翠区管理，文中各经济数据除括注含桥头镇外，均不包含桥头镇。

《环翠年鉴（2021）》主要机构（单位）全称、简称对照

全称	简称
中国共产党威海市环翠区委员会	区委
威海市环翠区人民代表大会常务委员会	区人大常委会
威海市环翠区人民政府	区政府
政协威海市环翠区委员会	区政协
中国共产党威海市环翠区纪律检查委员会	区纪委
威海市环翠区监察委员会	区监委
中国人民解放军山东省威海市环翠区人民武装部	区人武部
中国共产党威海市环翠区委组织部	区委组织部
中国共产党威海市环翠区委宣传部	区委宣传部
中国共产党威海市环翠区委政法委员会	区委政法委
中国共产党威海市环翠区委统一战线工作部	区委统战部
中国共产党威海市环翠区委党校	区委党校
威海市环翠区人民法院	区法院
威海市环翠区人民检察院	区检察院
中国共产党威海市环翠区委区直机关工作委员会	区直机关工委
中国共产党威海市环翠区委机构编制委员会办公室	区委编办
中国共产主义青年团威海市环翠区委员会	团区委
中国共产党威海市环翠区委党史研究中心	区委党史研究中心
威海市环翠区地方史志研究中心	区地方史志研究中心

全称	简称
威海市环翠区应急管理局	区应急局
威海市环翠区财政局	区财政局
威海市环翠区发展和改革局	区发展改革局
国家税务局威海市环翠区税务局	区税务局
威海市环翠区工业和信息化局	区工业和信息化局
威海市环翠区商务局	区商务局
威海市环翠区司法局	区司法局
威海市环翠区科学技术局	区科技局
威海市环翠区市场监督管理局	区市场监管局
威海市环翠区卫生健康局	区卫生健康局
威海市环翠区医疗保障局	区医保局
威海市环翠区文化和旅游局	区文化和旅游局
威海市环翠区自然资源局	区自然资源局
威海市环翠区教育和体育局	区教育体育局
威海市环翠区民政局	区民政局
威海市环翠区人力资源和社会保障局	区人力资源社会保障局
威海市环翠区住房和城乡建设局	区住房城乡建设局
威海市环翠区水利局	区水利局
威海市环翠区农业农村局	区农业农村局
威海市环翠区海洋发展局	区海洋发展局
威海市环翠区退役军人事务局	区退役军人局
威海市环翠区审计局	区审计局
威海市环翠区行政审批服务局	区行政审批服务局

全称	简称
威海市环翠区综合行政执法局	区综合行政执法局
威海市环翠区统计局	区统计局
威海市环翠区地方金融监督管理局	区地方金融监管局
威海市环翠区信访局	区信访局
威海市环翠区机关事务服务中心	区机关事务中心
威海市环翠区交通事务事业发展中心	区交通事务发展中心
威海市环翠区招商服务中心	区招商中心
威海市环翠区畜牧兽医事业发展中心	区畜牧兽医事业发展中心
威海市环翠区国有资产服务中心	区国有资产中心
威海市环翠区外商服务中心	区外商服务中心
威海市环翠区红十字会	区红十字会
威海市环翠区服务业发展促进中心	区服务业发展中心
威海市环翠区环境卫生服务中心	区环境卫生中心
威海市环翠区疾病预防控制中心	区疾控中心
威海市环翠区市政园林服务中心	区市政园林中心
威海市环翠区文学艺术界联合会	区文联
威海市环翠区残疾人联合会	区残联
威海市环翠区总工会	区总工会
威海市环翠区妇女联合会	区妇联
威海市环翠区工商业联合会	区工商联
威海市环翠区科学技术协会	区科协
威海市环翠区里口山风景名胜区管理服务中心	里口山管理服务中心
威海市环翠区人民防空办公室	区人防办

全称	简称
威海市环翠区社会治安综合治理委员会	区综治委
威海市环翠区公安边防大队	区边防大队
威海市公安局环翠分局	公安环翠分局
威海市规划局环翠分局	规划环翠分局
威海市生态环境局环翠分局	生态环境分局
威海市工商业联合会	市工商联
威海市科学技术局	市科技局
中共威海市委宣传部	市委宣传部
威海里口山风景名胜区	里口山景区
威海火炬高技术产业开发区	高新区
威海经济技术开发区	经开区
威海临港经济技术开发区	临港区
山东省妇女儿童工作委员会	省妇儿工委
山东省妇女联合会	省妇联
山东省工商业联合会	省工商联

目 录
Contents

图 照
Photos

特 载
Special Report

专 记
Special Articles

大 事 记
Chronicles of Events

环翠概览
Huancui Overview

中国共产党环翠区委员会

Huancui District Committee of the Communist Party of China

环翠区人民代表大会

Huancui District People's Congress

环翠区人民政府

Huancui District People's Government

中国人民政治协商会议环翠区委员会

Huancui District Committee of the Chinese People's Political Consultative Conference

中国共产党环翠区纪律检查委员会　环翠区监察委员会

Commission for Discipline Inspection of Huancui District Committee of Supervisory of Huancui District

民主党派与工商联

Democratic Parties and the Federation of Industry and Commerce

人民团体

People’s Organization

法 治

Rule of Law

军 事

Military Affairs

经济管理

Economic Management

海洋发展

Marine Development

农 业

Agriculture

工 业

Industry

建 筑 业

Building Industry

商贸服务业

Business Service Industry

金 融 业

Finance

旅游业

Tourism

经贸合作

Trade and Economic Cooperation

城乡建设

Urban and Rural Construction

生态环境保护

Ecological Environmental Protection

科学技术

Science and Technology

教　育

Education

文　化

Culture

卫生健康

Hygiene and Health

体　育

Physical

社会生活

Social Life

镇（街道）

Towns(Streets)

人物　荣誉

Figures　Honors

附　录

Appendix

索 引

Index

特　载

区委常委会工作报告

——在中共环翠区委十五届八次全体会议上

（2020年12月25日）

中共威海市环翠区委副书记　徐　明

今年是极不平凡的一年。面对新冠肺炎疫情带来的严重考验和复杂多变的国内外环境，区委常委会坚持以习近平新时代中国特色社会主义思想为指导，以习近平总书记提出的“威海要向精致城市方向发展”为总目标总方向总遵循，认真贯彻落实中央决策部署和省委、市委工作要求，统筹推进疫情防控和经济社会发展，全面落实“六稳”“六保”任务，以“重点工作攻坚突破年”为抓手，做好“精、强、融、兴、优、美”六篇文章，凝心聚力，担当作为，加快推进“精致城市·幸福威海”首善之区建设，各项工作取得了新的进展。

2020年12月25日，中共威海市环翠区第十五届委员会第八次全体会议召开

（区融媒体中心　供图）

一、坚决打赢疫情防控阻击战，确保群众生命健康安全

疫情发生后，在以习近平同志为核心的党中央坚强领导下，区委常委会坚定不移贯彻落实中央决策部署和省委、市委工作安排，带领全区党员干部群众，坚决打赢抗击疫情的环翠战役，自2月10日起无本土新增确诊病例、疑似病例、无症状感染者，2月17日规模以上工业企业全部复工复产，统筹疫情防控和经济社会发展取得显著成效。

面对突如其来的疫情，区委常委会统揽全局、果断决策，迅速成立新冠肺炎疫情处置工作领导小组，深入研判、精准施策，第一时间开展流行病学调查，日夜不停进行全面摸排，严格落实隔离管控措施，加快提升核酸检测能力；根据形势发展变化，及时成立海上疫情输入防控组、冷链食品疫情防控工作专班，牢牢掌握了工作主动权，在全区形成了统一指挥、全面部署、立体防控的工作布局，全区疫情防控形势平稳向好。

在疫情防控过程中，各级党组织和广大党员干部坚定站在疫情防控最前沿，风雨同舟，众志成城，充分发挥了战斗堡垒和先锋模范作用。医务工作者逆行出征、舍生忘死，出色地完成了使命，以大爱诠释了医者仁心；各部门、镇（街道）工作人员、村（社区）干部、社区工作者、网格员、志愿者，在抗疫前线顽强拼搏、日夜奋战，筑牢一道道“防火墙”；广大企业家全力保供、慷慨解囊，保障了疫情防控和群众日常生活需求；企业职工、媒体记者、环卫工人以及各行各业工作者坚守岗位、默默奉献，积极为疫情防控出力使劲；广大群众自觉服从大局，全力支持配合，主动投入战斗，筑起了钢铁长城，打响了疫情防控的人民战争。全区涌现出了一批抗击疫情的先模人物，有2名先进个人和1个先进集体受到省委、省政府通报表彰，1个先进基层党组织受到省委通报表彰，5名先进个人和2个先进集体受到省直部门联合通报表彰。

二、全力抓好“六稳”“六保”任务落实，经济社会保持健康稳定发展态势

统筹推进疫情防控和经济社会发展，全区经济运行平稳恢复、持续向好。前三季度，生产总值同比增长2.7%，高于全市1.1个百分点、全省0.8个百分点、全国2个百分点，其余各项经济指标也都表现出逐月向好、持续向好的态势。

一是千方百计稳增长。成立区委统筹疫情防控和经济运行工作领导小组（指挥部），研究出台《关于应对新型冠状病毒感染肺炎疫情支持中小企业平稳健康发展的若干意见》，新修订出台2020年扶持政策11项，对2019年度符合区级扶持政策的企业、个人，提前兑现各类扶持资金9766.4万元，8719家企业享受社保费减免4.5亿元，为1.3万户企业和商户减免缓缴税费3.5亿元，协调金融机构为228家企业提供27.3亿元的贷款发放、续贷或展期等金融服务，有效助力了企业发展。积极扩大有效投资，深入开展“大排查、大走访、大服务”活动，总投资367.3亿元的81个区级重点产业项目全部开工，40个项目投产或运营，形成了一批新的区域经济增长点。

二是纵深推进新旧动能转换重大工程。建立“链长制”，聚焦新材料、高端装备等12个产业链条进行重点培育。深入推进企业冲击新目标行动，1—10月，18家冲击新目标入库企业实现营业收入362.7亿元，同比增长7.6%。培育企业梯次成长，5个项目纳入2020年省新旧动能转换优选项目库，新增国家“专精特新”小巨人企业1家、省瞪羚企业3家、省级“专精特新”企业1家、省高端品牌培育企业5家、市级“专精特新”企业11家，助推威海商业银行成功在香港联合交易所主板挂牌上市。深度推进“两化”融合，“上云”企业达到801家，3家企业获评威海市上云标杆企业，三角轮胎入选市级智能工厂，宝威新材料入选市级数字化车间，建成5G基站485个。推动服务业加速回暖，举办了“2020北山之夜”威海市夜间经济启动仪式，助推餐饮、旅游等相关行业复苏。中国油画小镇建设提质增效，华夏城景区提升、地中海风情小镇等重点文旅项目加快推进，万达广场正式营业，龙湖泉乐坊项目加紧建设，富力星光天地项目已开工，与主城区商业中心相呼应的中南部现代商贸新中心逐步成型。

三是大力实施创新驱动发展战略。扎实推进威海创新园建设，入驻企业总数达到190家。新引进威海激光与光电子信息技术研究院、山东省科学院中试基地威海创新服务中心等科研机构，新增市级以上科技创新平台21家，双创人众创空间备案全区首个国家级众创空间。新增国家科技型中小企业96家，总数达到244家。新签订产学研合作40项，首高科技术转移中心获批省级技术转移机构，入选全省首批技术转移先进区。深入实施“人才兴区”战略，新增省级以上高层次人才20人，其中泰山产业领军人才7人，入选数量居全市第一，创历史新高。驻威高校毕业生在我区就业数量翻一番。

四是持续提升海洋经济发展质量。全力推进远遥浅海科技湾区建设，投资1.3亿元，实施湾区配套设施改造，国家海水利用工程研究（威海）中心、无人机应用服务中心、海洋大数据中心等5个项目入驻湾区。承办了第二十二届中国科协年会海洋智能装备及智慧海洋论坛。扎实推进海洋产业项目建设，23个市级海洋产业重点项目、3个海洋经济创新示范城市项目完成投资17.8亿元，14个投产或投入使用。推进传统产业转型升级，加快1处省级田园型海洋牧场、1处省级装备型海洋牧场建设，推进水产养殖向价值链

高端发展，全年实现水产品（不含远洋捕捞）产量32.8万吨，产值35.8亿元。

五是坚定不移深化改革开放。全力推动省九大改革攻坚行动落实落地，新争取省级以上改革试点9项。积极参与开发区体制机制改革，桥头镇整建制划入工作稳妥有序推进。深化流程再造改革，推广“拿地即开工”模式，进一步完善了“1+1+N”代办机制。出台了《关于深化改革创新打造对外开放新高地的实施意见》，成立区城市国际化战略推进委员会，全力推进城市国际化建设，打造对外开放新高地。建立招商引资数据库，累计开展招商活动360余次，新引进外资过千万美元项目11个、内资过亿元项目8个，1—10月，全区实际使用外资2.3亿美元，预计内资实物工作量8亿元。

三、奋力攻坚精致城市建设，进一步提升城市功能品质

自觉担负起中心城区的使命担当，坚持精致城市建设与文明城市创建深度融合，严格落实“六精要求”，以城市环境品质、人文品质、生活品质“三大提升”为主旨，全域推进精致城市建设，助力我市实现了全国文明城市“三连冠”。

一是提升城市综合承载能力。投资14.4亿元，实施了77项区级城建重点工程、39项“城市双修”工程和14项海绵城市建设工程，修改建道路45.6千米，敷设改造管网11千米，新增、改造绿化面积60.8万平方米，安装改造路灯259基，综合整治背街小巷5条、2.9千米，人行道板透水铺装5万平方米，改造外立面4.8万平方米，形成海绵城市汇水区89万平方米，我区卫城片区获批省级城市品质提升试点片区。

二是强化城市服务功能。加快打造特色街区，新威附路历史文化街区投入运营，属相街主街正式开街。聚焦群众所需所盼，高标准建成万福邻里市集，在全市开创了早夜市“退路入室”先例。新建、提升滨海步道6.2千米，实现全线贯通。新建、改造游园40处，面积40.8万平方米。新建、改造公厕21座，实施了7个棚户区改造、18个老旧小区改造、132幢住宅楼“平改坡”换瓦改造和5处公共停车场新建工程，新增、规范停车位2万多个，有效缓解了停车难问题。

三是下大力气整治城市顽疾。全力解决城建领域矛盾纠纷问题，近两年累计处置“半拉子”工程10个，盘活闲置楼宇5幢，解决“办证难”问题项目71个，3.5万套房屋进入不动产分户办证程序。依托“啄木鸟”问题反映机制和街长制，排查整治各类问题1.9万件次，市级转派精致城市问题整治完成率达100%，拆除违法建设165处、5.5万平方米，西城路违建顺利拆除。健全生态环境保护机制，全面开展“无废城市”试点建设，推进生态环保督察“回头看”问题整改落实，空气质量继续达到《国家空气质量标准》二级标准。华夏城被授予国家“绿水青山就是金山银山”实践创新基地。

四是统筹城乡协同发展。全面开展乡村振兴样板片区建设，打造了清怡茶园等35个特色产业项目。投资1.5亿元，实施了农村居住环境综合整治七大专项行动，启动了36个村的污水灰水治理工程和39个村的规模化供水工程，改造升级12条、22.3千米农村公路，完成17条河道清淤美化治理，新创建省级美丽乡村2个、市级美丽乡村5个。开展“厚德环翠·美在我家”创建活动，打造“美丽庭院”示范户2305户、精品户1150户。盘活宅基地2167栋，流转耕地100公顷，在全市率先开展集体股权质押改革。组建6个农村区域党建联盟，党支部领办合作社14家。

五是完善城市现代治理体系。全面推行“六治一网”市域社会治理模式，打造了区镇两级“吹哨报到”全响应平台。以精致社区为抓手，融合推进信用“五进”工程，出台了14条积分惠民政策清单，积极培育信用特色商业街区和信用园区示范点。纵深推进扫黑除恶专项斗争，打掉恶势力犯罪集团1个、恶势力犯罪团伙1个，抓获涉黑恶犯罪嫌疑人42人。依法做好涉法涉诉信访积案化解，在全市率先铺开“诉—警—调”对接工作，进京访人次较去年下降97%，11件省交办信访积案全部化解。新时代文明实践中心全域覆盖，群众性文化活动和志愿服务活动广泛开展。狠抓安全生产、森林防火、食药品安全、金融风险防范等工作，安全生产形势持续稳定。打造了总体国家安全观主题公园，推动总体国家安全观深入人心。

四、全力保障和改善民生，让群众生活更加美好

牢固树立以人民为中心的发展思想，始终坚持人民至上，扎实推进总投资69.6亿元的10大类、80项为民实事，全力保基本、兜底线，不断增进群众的获得感和幸福感。

一是推动教体事业均衡优质发展。统筹抓好疫情防控与教育教学工作，切实做到停课不停教、不停学。全面深化教育综合改革，深入实施新时代“强师兴教”工程，着力构建“五育并举”的育人体系。加快推进福泰中学一期、明湖路学校二期、武夷路学校小学部建设，建成后可新增学位7700余个。新投入使用幼儿园7处，在建幼儿园3

2020年12月25日，中共威海市环翠区第十五届委员会第八次全体会议会场

（区融媒体中心　供图）

处，可新增学位2500余个，全区普惠性幼儿园覆盖率达到95.2%，居全省前列。举办全民健身运动36项，承办协办全国山地自行车联赛等省级以上赛事6场。

二是医疗卫生水平不断提升。推进智慧医疗建设，试点开展省级医养健康智慧服务平台建设和全省国家基本药物制度综合试点工作，打造了全民健康信息平台。扎实推进医院集团建设，实现区镇医疗一体化发展。推进基层医疗机构标准化建设，完成投资700万元，实现46个村卫生室标准化建设全覆盖。全面推行医疗专家下村巡诊，组织220名区级专家和96名镇级医务人员到村提供服务2300余次。开展了中医适宜技术惠民工程，在8处镇卫生院、社区卫生服务中心设置体验馆，累计服务群众1.6万余人次。推进医养融合发展，打造2处智慧康养社区，成立9处健康养老需求评估中心，服务居民2100余人次。

三是脱贫攻坚圆满完成。紧盯“两不愁三保障”和饮水安全等脱贫硬指标，逐项逐条精准落实。狠抓产业扶贫，投入177.5万元，完成2个年度产业项目建设任务，建成高标准农业大棚22个。全方位落实兜底政策，符合条件的扶贫对象低保、特困政策保障率达到100%。扎实开展即时帮扶，确保贫困发生动态“清零”，全区3个省定扶贫工作重点村和165户建档立卡扶贫对象，实现高标准脱贫“摘帽”。

四是社会保障持续强化。全面提升城乡低保、特困人员、困难老年人、残疾人、孤儿等救助保障水平，累计发放专项救助金656.5万元。新建17处社区食堂和6处农村老年餐桌，进一步满足老年人用餐需求。开展“冬送温暖”活动，加大对困难职工家庭帮扶力度。开展“希望小屋”儿童关爱项目，在全市率先打造3处儿童友好型社区，建成区未成年人救助保护中心，被民政部确定为全国“护童成长”儿童关爱服务体系建设试点地区。扎实做好退役军人服务保障工作，推进退役军人服务站建设，累计发放自主就业补助金、创业贷款、抚恤定补等3500余万元，切实维护了退役军人的合法权益。

五、坚决扛起管党治党根本政治责任，纵深推进全面从严治党

区委常委会深入贯彻新时代党的建设总要求，扎实履行全面从严治党主体责任，多次召开常委会会议、党的建设工作领导小组会议，研究部署党建各项工作，不断推动党的建设取得新成效。

一是强化思想政治建设。引导全区党员干部及时跟进学习习近平总书记重要讲话、重要指示批示精神，累计开展中共十九届五中全会精神、中国梦等理论宣讲1000余场次，推动理论武装走深走实。建成了贝草夼地下交通站展馆、“十八里担架道”红色印记馆、威海卫公立第一中学党小组红色印迹展馆，修缮了威海市革命烈士陵园，抢救保护利用红色印迹36处，启动了区委党校新校建设，拓展理论教育载体，引领党员干部补足精神之钙、筑牢信念之基。

二是狠抓意识形态工作。严格落实意识形态责任制，研究出台2020年意识形态和宣传思想工作要点，聚焦意识形态领域重点工作攻坚突破。集中开展意识形态领域风险排查防控工作，召开2次常委会会议、2次领导小组会议、4次联席会议，突出抓好意识形态领域风险排查和预警研判。对各镇（街道）、区直各部门开展意识形态工作专项督查，举办3次专题培训班，提升工作规范化水平。加大网络安全日常监测力度，高质量完成“一中心一平台一体系”建设，构建了联防联动联处一体化舆情工作体系。开展查处境外宗教渗透专项行动，守牢意识形态阵地。

三是夯实党的基层基础。统筹推进社区党员分类管理、排查整顿农村发展党员违规违纪问题、“灯塔—党建在线”党群服务中心3项省级试点任务，在全省叫响党建工作品牌。扎实推进党支部建设提升“百日攻坚”和基层党建重点领域重点问题“清零行动”，累计整改问题605个，773个党支部全部达标，选树过硬支部82个，转化后进薄弱村8个，出台党建引领股份经济合作社

高质量发展系列政策，构建政治领航、机制领先、队伍领军、经济领跑的“四位一体”集体经济高质量发展体系。推动城市基层党建创新突破，实施党建引领网格化治理“321”工程。实施“红色领航”计划，指导冲击新目标企业建强组织。全面加强“红色物业”建设，打造18个市级“红色物业”示范项目，建立物业企业党支部53个，实现了物业企业党组织全覆盖，全省加强“齐鲁红色物业”建设提升社区治理水平工作推进会在我市召开，社区层面3个观摩点均在我区。推进社区工作者职业化体系建设，加强“选育管用”全链条管理，完善3岗18级薪酬体系，激发了社区干部干事创业的积极性。

四是抓好干部队伍建设。完善知事识人体系，围绕疫情防控、创建全国文明城市等全区中心工作，采取“蹲点”调研、专题调研等方式，在一线全面了解各镇（街道）、相关部门领导班子运转和领导干部综合表现。实施年轻干部“淬炼”工程，面向国内外重点高校引进47名优秀毕业生，同时择优选派20余名优秀年轻干部，到镇（街道）或上级部门挂职锻炼，提升解决实际问题能力。开展干部培训“滴灌”工程，举办各类专题培训班次18期，培训干部1200余人次。以“三问三查三改”为抓手，扎实开展干部作风大改进行动，切实推动干部作风不断转变提升。

五是深化党风廉政建设。出台《关于构建“三联一网”监督格局深入推进基层党风廉政建设的实施意见》，建起全面覆盖的监督责任制度体系。综合运用监督执纪“四种形态”处理255人次，其中运用第一种形态教育提醒136人次。深化政治巡察，共开展3轮巡察工作，对省定扶贫村开展扶贫领域专项巡察“回头看”，巡察部门15个、村（社区）143个，发现问题1366个。紧盯“关键少数”，实施党内问责12起，问责党组织4个、党员领导干部12人，下发政治监督提示19份，推动管党治党责任落实落地。锲而不舍落实中央八项规定精神，共查处问题11起12人，处分6人、诫勉谈话5人。整治群众身边“微腐”问题，查处群众身边不正之风和腐败问题24起30人，处分12人。坚持一体推进不敢腐、不能腐、不想腐，处置问题线索232件，立案118起，处分116人，留置4起5人。结合监督执纪发现的问题，下发47份纪检监察建议，实现以案促改、建章立制。用身边案例拍摄2部警示教育片，打造2处清廉之路打卡地，形成查处一案、警示一片、治理一域的综合效应。持续抓好省委巡视反馈问题整改，倒排工期、持续用力，31项问题已整改到位27项，剩余4项取得阶段性成效。

区委常委会始终高度重视加强自身建设，坚持把学懂弄通做实习近平新时代中国特色社会主义思想作为重大政治任务，认真研究贯彻落实意见，今年以来区委常委会开展集中学习25次，区委理论学习中心组集体学习14次。持续巩固深化“不忘初心、牢记使命”主题教育成果，举办区委理论学习中心组读书班，专题学习《习近平谈治国理政》第三卷，坚持在学思践悟中牢记初心使命，在细照笃行中锤炼党性修养。中共十九届五中全会召开后，区委常委会通过专题读书班、宣讲报告会等形式，深入学习领会全会精神，广泛开展宣传宣讲，推动全会精神家喻户晓、深入人心。区委常委会充分发挥总揽全局、协调各方作用，全力支持区人大常委会、区政府、区政协、区法院、区检察院履职尽责，发挥统一战线和群团组织优势，切实抓好党管武装工作，推动形成强大工作合力。

在总结工作的同时，区委常委会深入剖析存在的问题和不足，主要表现在对习近平新时代中国特色社会主义思想理解还不透彻，没有真正做到学深悟透、融会贯通，在联系实际指导实践上还有差距；面对新形势、新任务、新挑战，干部工作能力亟待提升；全面从严治党需要进一步加强，部分干部作风不严不实，群众观念树得不牢，等等。针对这些问题，区委常委会将认真研究，深入分析，采取有力措施切实加以解决。

政府工作报告（摘要）

——2021年3月16日在威海市环翠区第十八届人民代表大会第五次会议上

威海市环翠区人民政府代区长　邢海波

各位代表：

现在，我代表环翠区人民政府向大会报告工作，请予审议，并请各位政协委员和其他列席的同志提出意见。

一、“十三五”时期主要成绩及2020年工作回顾

（一）“十三五”成就（略）

（二）2020年工作回顾

各位代表！2020年是全面完成“十三五”规划的收官之年，也是环翠历史上极不平凡的一年。面对严峻复杂的国内外环境特别是新冠肺炎疫情的严重冲击，我们深入贯彻中央和省委、市委战略部署，准确研判形势，精心谋划部署，果断采取行动，统筹推进疫情防控和经济社会发展，较好完成全年目标任务。

过去一年，我们聚力抗击新冠疫情，区域发展呈现更足韧劲。面对突如其来的新冠肺炎疫情，在区委的坚强领导下，我们坚持人民至上、生命至上，统筹谋划、严密组织、闭环管控，迅速构建起立体化联防联控、群防群控模式，并抓紧抓实常态化疫情防控，自2020年2月10日起，全区无本土新增确诊病例、疑似病例、无症状感染者。在关乎安危、生死的重大关头，全区各级党组织和党员干部挺身而出、冲锋在前；广大医务工作者特别是援鄂、援朐科医疗队的同志白衣执甲、逆行出征；广大企业家讲政治、顾大局，踊跃捐款捐物、积极组织生产；千千万万村（社区）工作者、社会志愿者顶风冒雪、坚守一线，共同铸就抵御疫情、护佑生命的铜墙铁壁，涌现出一批抗疫先进典型，彰显环翠人无私奉献、敢于担当的精神品格。在此，向奋战在疫情防控一线的广大医务工作者、各条战线的同志们，向积极配合参与疫情防控的全区人民，表示衷心感谢并致以崇高敬意！与此同时，我们坚持两手抓两手硬、两不误两促进，扎实做好“六稳”[1]工作，全面落实“六保”[2]任务，有序复工复产、复商复市、复学复课，提前兑付2019年度扶持资金9700余万元，修订出台2020年11项扶持政策和应对疫情“惠企六条”[3]，累计减免税费8.6亿元，全区经济发展强劲复苏、持续向好，主要经济指标全部实现或好于预期，完成生产总值386.9亿元、同比增长3.7%。

过去一年，我们聚力推动高质量发展，产业集群实现更优布局。

2021年3月16日，威海市环翠区第十八届人民代表大会第五次会议召开　　（区融媒体中心　供图）

紧盯主导产业、优势产业、新兴产业，建立推行“链长制”[4]，产业体系向现代化、高端化加速迈进。高端制造业集聚成势。坚持以新材料产业为核心，中节能环保产业园、亿达（威海）新材料应用创新中心等高品质园区加快推进，新引进爱华海绿色图文新材料等制造业项目8个。启动远遥浅海科技湾区建设[5]，国家海水利用工程技术（威海）中心等5个项目入驻，23个市级海洋产业重点项目、3个海洋经济创新示范城市项目完成投资17.8亿元，14个投产或投入使用。推动数字经济创新发展，建成5G基站513个，新增“上云”企业[6]366家，三角轮胎入选市级智能工厂，宝威新材料入选市级数字化车间。加快军民融合发展，成功申报3个市级以上军民融合重点项目，环翠区成功获批省级军民融合特色基地。现代服务业逆势上扬。举办“2020北山之夜”威海市夜间经济启动仪式，积极发放文化惠民消费季优惠券、景区定向消费券，社会消费品零售总额增长1.2%。深入拓展现代商贸圈，万达广场正式营业，龙湖泉乐坊项目加紧建设，富力星光天地项目启动开工，与主城区商业中心相呼应的中南部现代商贸新中心逐步成型。持续发力全域旅游，中国油画小镇建设提档升级，华夏城产业提升、天和美术馆等重点文旅项目加快推进，成功创建山东省全域旅游示范区[7]。重点企业率先领跑。威海商业银行在香港联合交易所主板成功上市。魏桥科技、广泰空港等18家冲击新目标入库企业预计实现营业收入512.7亿元、增长10%，全区5个项目纳入2020年省新旧动能转换优选项目库。海王旋流器被认定为国家级专精特新“小巨人”，银兴预应力被评为国家制造业单项冠军，新增省瞪羚企业3家、省级“专精特新”企业[8]1家、省高端品牌培育企业[9]5家。

过去一年，我们聚力加快动能转换，质效变革释放更强动力。抢抓发展新机遇，协同推进质量变革、效率变革、动力变革，各类积极因素逐步增多，增长动能加速集聚。重点改革纵深推进。新争取省级以上改革试点20项，桥头镇整建制划入工作稳妥有序推进。深化“放管服”改革，市场准入进入“秒批秒办”模式[10]，推出50个“一链办理”服务事项[11]，更多审批“驶入高速路”。深化投融资体制改革，新引进设立鲁韵股权投资等4只基金，全区基金总数达到24只、总规模突破270亿元。探索建立“1+N”国企国资改革制度[12]，成功打造首个国有企业党建示范基地。创新驱动成效显著。威海创新园高效运营，新设立3处分中心，落地威海激光与光电子信息技术研究院等4家科研机构，入驻企业总数达到196家。加快培育创新载体，新增市级以上创新平台30家、国家级科技型中小企业96家、高新技术企业26家，高新技术产业产值比重达到75.4%。持续深化校地校企合作，新签订产学研合作项目43项，首高科技术转移中心获批省级技术转移机构[13]，环翠区入选全省首批技术转移先进区[14]。开放格局深度拓展。积极融入“一带一路”，举办中欧膜产业技术创新合作大会，设置、规范外语标识1.6万余个，城市国际化氛围更加浓厚。推进高质量“双招双引”，新设立粤港澳大湾区等4个招商窗口，组建4支专业招商团队，引进外资过千万美元、内资过亿元项目20个；引进培育省级以上高层次人才20人，泰山产业领军人才入选7人，创历史新高，被评为省人才工作先进单位。

过去一年，我们聚力建设精致城市，城市品质彰显更大魅力。牢记习近平总书记嘱托，严格落实“六精”要求，全力谱好化解城市成长的烦恼“四部曲”[15]，精致城市建设全域推进、全面提升，在全市3次精致城市建设现场评比中，均取得第一名。城市面貌更加精美。实施77项区级城建重点工程、39项城市双修及14项海绵城市建设工程，修改建道路45.6千米，敷设改造管网11千米，新增、改造绿化面积60.8万平方米，形成海绵城市汇水区89万平方米，滨海步道环翠段全线基本贯通。新建、改造游园40处、公厕21座，实施18个老旧小区改造、132幢住宅楼“平改坡”换瓦和5处公共停车场新建工程，新增、规范停车位2万余个，城市综合服务能力进一步提高。城市内涵整体跃升。加快推进特色街区打造，新威附路历史文化街区等3处特色街区投入运营，卫城片区入选省级城市品质提升试点片区。坚持精致社区与“红色物业”同步推进，新打造27个精致社区样板社区，18个“红色物业”[16]示范项目通过市级验收，全省“齐鲁红色物业”工作推进会3个社区观摩点全部选自环翠区。高标准建成万福邻里市集[17]，在全市开创早夜市“退路入室”先例。城市生态持续优化。深入推进精致城市攻坚突破整治行动，累计排查整治不精致问题1.9万件次，市级转派问题整治完成率100%。高质量打好污染防治攻坚战，狠抓环保督察问题整改、“无废城市”[18]试点建设以及松材线虫病防治等工作，完成50处矿山治理、17条河道清淤美化治理，抚育森林3000公顷，羊亭河获评省级美丽示范河湖[19]，华夏城被授予国家“绿水青山就是金山银山”实践创新基地[20]。

过去一年，我们聚力提标民生供给，群众生活获得更多实惠。实施10大类、80项为民实事，累计完成民生投入20.4亿元，群众幸福指数持续攀升。社会保障务实给力。开展线上春风行动[21]，发放稳岗补贴等就业创业补贴1986.5万元，稳定就业岗位3万余个。进一步提高城乡低保、特困人员等救助标准，累计发放各类救助金4270余万元。推进退役军人服务站建设，累计发放创业贷款、抚恤定补等3500余万元。新建17处社区食堂[22]和6处农村老年餐桌[23]，较好满足社区居民和农村老年人就餐需求。公共服务优质均衡。统筹抓好疫情防控和教育教学工作，做到停课不停教、不停学。加快推进明湖路学校等3所中小学建设，新投入使用幼儿园7所，全区普惠性幼儿园覆盖率达到95.2%。环翠医院集团实现“六统一”管理模式[24]实质化运转，打造医养健康智慧服务平台[25]，46个村卫生室标准化建设实现全覆盖。建成图书馆、文化馆总分馆制基层服务点80个，举办“5·23”歌咏会等文化活动800余场，创作抗疫题材文艺作品1277件，文化事业繁荣推进。乡村振兴亮点频现。以6大样板片区为引领，打造清怡茶园等35个特色产业项目，“12349”农副产品物流园、博宇水产两个千万级农产品加工项目顺利投产。启动36个村污水治理和39个村规模化供水工程，改造升级12条、24千米农村公路，创建市级以上美丽乡村示范村7个，打造“厚德环翠·美在我家”示范户2270户、精品户1142户，获评中国乡村振兴百佳示范区[26]。紧盯“两不愁三保障”等硬指标，贫困发生动态“清零”，顺利通过脱贫攻坚验收。社会环境安定有序。创新提出信用“五进”融合推进模式，打造区镇两

2021年3月16日，威海市环翠区第十八届人民代表大会第五次会议会场
（区融媒体中心　供图）

级“吹哨报到”全响应平台[27]，新时代文明实践中心实现全覆盖，助力威海实现全国文明城市“三连冠”。在全市率先铺开“诉—警—调”对接[28]工作，11件省交办信访积案全部化解，成功创建全国信访工作“三无”县（市、区）[29]。打造总体国家安全观主题公园，统筹抓好安全生产、森林防灭火、消防安全及金融风险防控等工作，全区和谐稳定局面持续巩固。

过去一年，我们聚力转变工作作风，服务效能跃上更高台阶。以“重点工作攻坚突破年”为抓手，深化“挂图作战”工作机制，制定亮点、重点、难点、短板“四张清单”，各项工作高效推进。深入开展“三联三服”活动，打造全链条闭环式项目审批机制[30]，81个区级重点产业项目42个投产运营。全面加强法治政府建设，人大代表建议、政协委员提案面复率和满意率均达到100%，成功创建省级法治政府建设示范区[31]。扎实推进干部作风大改进行动，严格落实中央八项规定精神和“过紧日子”要求，在年初日常公用经费压减10%的基础上，完成会议费、培训费等预算压减30%、差旅费预算压减60%的任务。狠抓政府党风廉政建设，查处群众身边不正之风和腐败问题24起30人，维护良好政治生态。牢牢把握意识形态工作主动权，构建联防联动联处一体化舆情工作体系，举办各类新闻发布会45场，累计公开、发布政府信息2.4万条。此外，妇女儿童、民族宗教、侨务、对台以及档案史志、慈善事业等工作也都取得新进展。

各位代表！“十三五”时期特别是过去一年，风险挑战前所未有，各项成绩来之不易。这归功于市委、市政府和区委的坚强领导，得益于历届领导班子打下的良好基础，离不开区人大、区政协的监督和支持，凝聚着全区人民的智慧和汗水，承载各民主党派、社会各界以及省、市驻区单位的支持与厚爱。在此，我代表区人民政府，向全区人民，向各位人大代表和政协委员，向各民主党派、工商联、各人民团体和无党派人士，向驻区单位和驻区部队官兵、公安政法干警、消防救援队伍指战员，向各位老领导、老同志，向所有关心支持环翠发展的海内外朋友，表示衷心的感谢！

在总结成绩的同时，我们清醒看到，发展进程中仍存在不少困难和挑战：新冠肺炎国际疫情持续蔓延，常态化疫情防控任重道远，经

济增长、市场复苏的基础还不稳固；新旧动能转换还需加速，“四新经济”项目不足、体量偏小，需要加快培育更多新的增长极；城乡统筹需进一步加强，羊亭开发有待实现更大突破，桥头镇亟需融入中心城区一体化谋划发展；精致城市攻坚力度还需加大，城市“成长中的烦恼”没有彻底解决；教育、医疗、养老存在短板不足，与群众对美好生活的向往相比还有一定差距；政府系统工作标准不高、争先意识不强、创新力度不大等问题仍然存在，作风大改进需持续发力。对此，我们必须认真对待，在今后工作中予以解决。

二、“十四五”时期主要目标任务和2035年远景目标

各位代表！“十四五”时期是开启全面建设社会主义现代化国家新征程、向第二个百年奋斗目标进军的第一个五年。根据党中央和省、市部署及区委十五届八次全会精神，我们编制《环翠区国民经济和社会发展第十四个五年规划和二〇三五年远景目标纲要（草案）》。《纲要（草案）》及《起草说明》已印发大会，请一并予以审议。

各位代表！当今世界正经历百年未有之大变局，未来五年，我国发展仍然处于重要战略机遇期，一系列政策、资源、平台等积极因素加速汇聚，特别是“一带一路”倡议、区域全面经济伙伴关系协定、山东自贸区、中日韩区域合作以及胶东经济圈一体化发展等战略利好，为“精致城市·幸福威海”首善之区建设蓄足新潜力、带来新机遇，未来发展大有可为也必将大有作为。

展望2035年，我们必须聚焦党中央及省、市部署，坚决扛起中心城区的责任担当，牢记习近平总书记“威海要向精致城市方向发展”的殷切嘱托，顺应人民群众过上更加幸福生活的热切期盼，聚焦产业现代化、城市国际化、新型城镇化、发展绿色化、治理现代化，努力实现精致引领力、创新吸引力、产业聚变力以及城市综合服务功能大幅提升，推动城市发展进入全面精致的崭新阶段、综合实力位居全省区县前列。

“十四五”时期，政府工作的总体要求是：高举中国特色社会主义伟大旗帜，深入贯彻中共十九大和十九届二中、三中、四中、五中全会精神，坚持以习近平新时代中国特色社会主义思想为指导，认真落实习近平总书记重要讲话精神，始终把“威海要向精致城市方向发展”作为总目标总方向总遵循，紧紧围绕“五位一体”总体布局和“四个全面”战略布局，坚定不移贯彻新发展理念，坚持稳中求进工作总基调，以推动高质量发展为主题，主动融入新发展格局，大力推进产业强区、科创兴区、精致靓区、生态立区、幸福城区建设，奋力开创“精致城市·幸福威海”首善之区建设全新局面。

做好“十四五”时期政府各项工作，必须坚持党的全面领导，坚持以人民为中心，坚持五大发展理念，坚持深化改革扩大开放，坚持系统观念；必须扭住“‘精致城市·幸福威海’首善之区”这一目标，攥紧双招双引和群众路线两个拳头，加快推进“五区”建设，在全市争当排头兵的过程中作表率、当先锋。

——聚力推进“产业强区”。紧盯制造业“4+3”、现代服务业“2+3”产业集群，做足做深“存量变革”与“增量崛起”两篇文章，推动传统产业转向更高端、“风口”产业[32]加速布局，持续完善具有环翠特色的现代化产业体系。全区生产总值年均增长5.7%，全体居民人均可支配收入年均增长5.8%。

——着力实施“科创兴区”。积极融入“千里海岸线、一条创新链”，充分发挥科技创新策源功能，推动“政产学研金服用”深度融合，全面构建“创新载体+高端人才+引导基金+产业基地”创新生态系统，打造各类主体融通的科技创新格局，努力跻身环渤海地区创新发展第一梯队。

——奋力抓好“精致靓区”。坚持“精致城市”总目标总方向总遵循不动摇，牢牢把握“六精”要求，统筹推进智慧城市、特色街区、精致社区、乡村振兴等工作，加快以人为核心的新型城镇化建设，推动中心崛起效能更凸显、城市内涵品质更优越、城乡融合发展更深入，致力打造“精致城市”建设样板区。

——努力推动“生态立区”。深入贯彻绿色发展理念，始终坚持“绿水青山就是金山银山”，落实最严格的生态环境保护制度，推进生态效益、经济效益、社会效益高度统一，努力打造集约高效的生产空间、宜居适度的生活空间、山清水秀的生态空间，促进美丽环翠的层次和量级得到明显提升。

——全力打造“幸福城区”。始终践行以人民为中心的发展理念，持续加大民生投入、提高民生标准，加快推进美好就业、美好教育、美好医疗、美好养老，打造更加幸福的民生标杆。坚持共建共治共享，把尊重民意、汇集民智、凝聚民力融入社会治理全过程，让发展更有温度、幸福更有质感、生活更加美好。

各位代表！宏伟蓝图催人奋进，只要我们准确把握新发展阶段，锚定目标不懈怠、脚踏实地加油干，

2021年3月17日，羊亭代表团在威海市环翠区第十八届人民代表大会第五次会议上讨论政府工作报告　　（区融媒体中心　供图）

积极顺应全区人民对美好生活的新期盼，就一定能够在高质量发展中赢得优势、赢得主动、赢得未来。

三、2021年政府工作重点

各位代表！2021年是“十四五”规划的开局之年，是现代化建设进程中具有特殊重要性的一年。主要预期目标为：生产总值增长6%，一般公共预算收入增长5%，固定资产投资增长5%，社会消费品零售总额增长6%，实际使用外资正增长，外贸进出口总额稳定增长，城镇和农村居民人均可支配收入不低于经济增速。重点抓好以下七方面工作：

（一）坚持高端高质，在产业转型升级上下功夫，构建现代产业新体系。以“延链、强园、兴湾”为引领，深入实施产业强区战略，持续优化产业链、供应链、价值链，推动形成高质量发展的区域经济布局。

推动制造业迈上更高质量。做好“精准延链”文章，在重点产业集群牵头单位增设产业发展科，紧盯全市七大千亿级产业集群和10条优势产业链，以及环翠区新材料、高端装备制造为引领的“4+3”制造业产业集群，细化产业链条，推进产业链供应链创新链协同发展，重点培育海鑫新材料链主地位，向铝制品产业链下游延伸，吸引更多合作伙伴入驻铝精深加工产业园；强化威高骨科引领作用，推动中科锐金等项目尽快落地建设，吸引更多上游原材料生产企业以及下游关联企业入驻。做好“专业强园”文章，充分发挥联东集团、亿达未来等国内知名运营商作用，加速推进联东U谷、亿达（威海）新材料应用创新中心、环球渔具环翠钓具共享平台基地等高品质园区建设运营，有效解决产业布局分散问题。做好“数字赋能”文章，聚焦数字经济，加快工业互联网及5G网络、数据中心建设，鼓励企业与国内外行业综合性平台对接，深度拓展智能制造应用领域，争取新认定市级智能工厂或数字化车间2家以上。

推动服务业迈上更高水平。紧盯以现代商贸、现代金融为支撑的“2+3”现代服务业产业集群，大力发展地标经济[33]、楼宇经济、首店经济[34]、夜间经济，构建与“首善之区”相匹配的现代服务业体系。高度重视生产性服务业引进培育，加快幸福门外滩基金小镇建设，壮大“1+N”母子产业基金规模，打造高品质特色楼宇。加快中国油画小镇建设运营，抓好华夏城产业提升、地中海国际风情小镇、海洋科技馆等文旅项目，力促里口山创建国家AAAA级旅游景区，争创“国家级全域旅游示范区”。推动生活性服务业多元化升级，依托威高广场及周边商业业态，持续拓展消费场景，优化提升核心商业区。发挥万达广场带动作用，加快龙湖泉乐坊、富力星光天地等项目建设，打造中南部区域现代商贸新中心。依托特色街区建设，探索布局一批体验式、互动式新兴服务业态，培育定制消费、智能消费、夜间消费等新模式。

推动海洋产业迈上更高台阶。全力打造远遥浅海科技湾区，组建湾区建设工作推进领导小组，扎实做好服务保障和对上沟通协调工作，形成湾区建设的强大合力。借力借势青岛海洋科学与技术国家实验室，全面提速国家浅海综合试验场建设，丰富海上试验、对海观测、海洋定标等功能，吸引更多涉海高校院所和央企到浅海综合试验场开展试验和研发转化。加快推进海洋无人装备联合创新中心等4处涉海科研机构建设，跟进做好与中国航天科工集团、中国电子科技集团等的洽谈对接，力争年内科研机构投入运营3个以上、新落户湾区项目5个以上；加快推进12个市级海洋产业重点项目建设，力争年内投产8个以上，打造海洋装备、检验检测、海洋信息等产业的聚集区，推动实现海洋创新链、产业链、供应链一体发展。

（二）坚持要素集成，在激发内生动力上下功夫，培育高质量发展新动能。抢抓各类政策机遇，用好改革关键一招，用活创新第一动力，在速度“换挡”中提高质量、增强效益、做足优势。

聚焦战略带动。坚持一张蓝图绘到底，深度融入城市“西展”战略，推动羊亭开发实现新突破，着力打造高端产业聚集带和产城一体的精致城市重要板块；积极对接高区两大千亿级产业集群，引进产业链上下游优质配套项目，实现良性互动、抱团发展。大力推进医疗健康城项目，启动孙家滩工业园区提升改造，建成区公共文化服务中心和里口山医院。以绿色、低碳、生态为主题，统筹加快中德生态示范城建设，做好增量规划引领和存量改造提质，提升基础配套低碳化水平，同步积极引入德籍人才和德国制造业企业，用生态优势厚植新产业、新业态、新生活的孕育土壤。结合城市“东拓”战略，做好桥头镇一体化发展文章，推动桥头镇与中心城区深度融合，打造城市发展“东拓”新版块。

聚焦改革推动。扎实推进事业单位改革，推行跨部门跨层级优化整合，撤并“小散弱”事业单位，强化公益属性，提高运转效能。抓好投融资体制改革，推动多层次资本市场发展，重点推进威高骨科、邦德股份等企业上市挂牌，力争在全市率先突破科创板上市。深入推进“亩产效益”改革[35]，建立健全工业企业分类综合评价制度，完善“要素跟着项目走”机制，加快要素资源优化配置。深化预算绩效管理改革，加强绩效评价和结果运用，不断提高财政资金使用效益。推进国资国企改革，强化区属国有企业常态化审计监管，进一步提升国企规范化管理水平。

聚焦创新驱动。深耕威海创新园，加快大数据智能科技中心等3处新设立分中心建设，确保上半年全部投入运营；进一步改善经营理念，调整发展思路，推动创新园由研发孵化向“运营为王”转变，力争全年税收收入增长25%以上。狠抓创新主体培育和载体平台建设，新增高新技术企业15家以上，培育省级以上孵化平台1家以上。深化校地校企合作，大力推进融通创新，充分发挥政府、高校、企业各自优势，建立完善“企业需求、高校供给”两本台账，支持龙头企业与科研院所、高校共建共享共用新型研发机构，释放校政企联动乘数效应，年内签订产学研合作项目40项以上。

聚焦龙头拉动。深入实施重点企业冲击新目标行动，进一步强化18家入库企业扶持服务，加快扩产项目建设，助推骨干企业裂变扩张、膨胀发展。深度推进军民融合，抓好省级军民融合特色基地建设，拓展延伸与中国航天科技集团、中国航天科工集团、远望防务等优势资源的深度合作，不断畅通“军转民”“民参军”渠道，争取年内新认定省级军民融合企业5家以上。加大高质量企业培育力度，挖掘优势企业和骨干企业潜力，打造一批高附加值的知名品牌和高新尖产品，力争培育省级以上制造业单项冠军或“专精特新”、瞪羚企业2家以上。

（三）坚持宽广视野，在国内国际双循环上下功夫，打造对外开放新格局。坚定不移以开放促发展，主动融入新发展格局，实施更大范围、更宽领域、更深层次的全面开放，推动开放型城市向国际化城市跨越发展。

深化高层次国际合作。深度融入“一带一路”、中韩自贸区地方经济合作示范区建设，抢抓区域全面经济伙伴关系协定等国际合作机遇，大力深耕日韩，积极开拓东南亚、新西兰等外贸新市场，力争培育服务进出口主体6家以上。全力搭建国际贸易载体平台，积极打造中欧贸易平台、威海服务贸易展销中心及CDP威海数字化国际人才运营中心，积极参与中韩电商大会，力促外贸经济稳定发展。深入实施城市国际化战略，加快推进国际化语言环境、外语标识建设，持续开展国际铁人三项、海外联络联谊等一系列国际赛事和交流活动，推动建设开放型国际经济活跃城市、区域性交往中心城市、标准化国际生态宜居城市。

实施高质量双招双引。优化招商引资体制机制，对招商服务中心实行事业单位企业化考核管理，打造专业化、市场化招商队伍。发挥北京奥北产业园等6大招商窗口作用，借力北上广深威海商会、韩中亲善协会等中介机构、商协会，以及政府经济顾问专业招商优势，深入实施专业化招商、产业链招商、窗口招商、委托招商，力争引进内资过亿元、外资过千万美元项目10个以上，引进500强企业和行业领军企业2～4家。始终把招才引智作为经济发展的“突破口”，实施“党建惠企”专项行动[36]，提升“英才汇翠”计划，完善普惠性与精准性相结合的政策体系，统筹推进各类人才队伍建设；放大“智汇环翠”引才品牌[37]集聚效应，建立政府、企业、高校、平台四方联动的引才聚才工作机制，力争高层次人才增量继续领跑全市，驻威高校毕业生引进数量再翻一番，构建与产业链创新链相匹配的“人才链”。

打造高效率营商环境。深化“放管服”和“一次办好”改革，线上推进政务服务智慧化，探索打造“环翠数字大脑”大数据综合应用中心[38]，促进跨层级、跨部门数据共享交换应用，推广“一号通行”“一网通办”“掌上通办”[39]；线下打造20分钟政务服务办事圈[40]，推进“一窗式”政务服务事项标准化建设，实现容缺受理事项标准化、规范化全覆盖。拓展“三联三服”深度、广度，健全完善建设项目手续全程代办服务和“1+1+N”服务专班机制[41]，推行“拿地即开工”审批服务模式，为项目建设扫清障碍、破除梗阻，确保41个市级重大项目年内投产或运营20个以上，71个区级重点产业项目投产或运营30个以上。

（四）坚持彰显特色，在全域精致城市建设上下功夫，提升城市发展新能级。聚焦总目标总方向总遵循，推动城区与乡村同步，建设与管理并重，形象与内涵齐升，打造功能完善、品质高端、魅力彰显的一流精致城区。

狠抓基础配套完善。实施好58项城建重点工程，修改建道路28条、59.5千米，敷设改造各类管网19.7千米，推进实施13项绿化、4项照明及城市人行道板改造工程，进一步提升城市综合承载力。加快城市更新步伐，实施好5个旧村改造、12个老旧小区改造工程，新改建5座城市公厕、11处游园，持续抓好停车位规范提升，推进平度路等6条断头路打通工程，进一步提升城市宜居度和出行便利度。

狠抓内涵品质升级。持续优化特色街区布局，高标准实施新威附路两翼拓展，加快栖霞街腾退步伐，确保6月前栖霞街整体具备全面开工条件，年末前卫城大院完工，让城市印记活起来、城市特色亮起来。深度推广“吹哨报到”等成熟经验，持续为社区“扩权赋能”，年内再打造精致社区样板社区20个以上。深入抓好党建引领“红色物业”，建立健全小区党支部、业委会、物业公司三方治理机制，打造市级“红色物业”示范项目15个以上，推动物业服务提档升级、社区和谐度不断攀升。持续深化文明城市建设，实施新一轮“精致城市·文明市民”培育行动[42]，打造“15分钟志愿服务圈”[43]，推动城的文明向人的文明、乡的文明延伸。

狠抓智慧城市赋能。将物联网、大数据等新技术成果全流程、全领域、全要素融入城市发展，打造“街长制2.0”[44]“小微执法”[45]等智慧管理模式，常态化解决好群众不满意、城市不精致问题。加快智慧住宅小区、数字物业管理系统建设，推广普及智慧停车、智慧充电、智慧门禁、智慧安防，确保70%以上小区达到智慧化管理标准。积极与新北洋等企业联动，推动“智惠易站”[46]走进社区、景区、公园等公共区域，为群众提供安全、舒适、便利的智慧化生活环境。

狠抓乡村振兴提升。聚焦“中国环翠轻户外运动小镇”等10大样板片区建设，实施好28个产业项目、17个基础设施项目，争创省级现代农业产业园，打造省、市美丽乡村示范村7个以上，实现市级清洁村庄全覆盖。将巩固脱贫攻坚成果与乡村振兴有效衔接，启动新一轮经济薄弱村帮扶行动，建立健全“三农领域”扶持体系，鼓励通过集体股权质押、党支部领办合作社等方式化解融资难题、释放发展活力，确保桥头镇所有村集体经济收入年内全部稳定达到5万元以上。

（五）坚持以人为本，在民生福祉改善上下功夫，创造美好生活新场景。积极顺应群众对美好生活的新期盼，不遗余力抓保障、办实事、惠民生，高标准实施好87项为民实事，全方位提升辖区群众美好生活品质。

以更大决心强化兜底保障。把稳就业作为民生第一要务，积极开展招聘“春风行动”，完成就业创业培训3800人以上，发放创业贷款或补贴3000万元以上，让群众就业有门路、创业有信心。高质量推进“护童成长”儿童关爱服务体系建设试点[47]，建立以基本生活救助为基础、专项救助为主体、社会力量为补充的全方位、融合式社会救助体系。完善“区—镇（街道）—村（社区）”三级退役军人服务保障体系，开展“定向式”“定岗式”“菜单式”培训，帮助退役士兵接受职业教育，让“最可爱的人”受尊崇、有保障。

以更实举措优化公共服务。坚持美好生活从美好教育开始，抓好人工智能教育试点区[48]建设，新建、续建福泰中学等4所学校，年内投入使用10所幼儿园，争创“全国义务教育优质均衡区”“全国学前教育普及普惠区”。树立“大卫生、大健康”理念，进一步完善环翠医院集团运行机制，推广智慧化预防接种服务，全方位全周期保障群众健康。积极探索老年人政务服务便利化措施，开设“老年人绿色通道”，提供帮办代办服务；推进发展“嵌入式养老”[49]，新建5处社区食堂和14处农村老年餐桌，让群众享受到更多看得见、摸得着的“幸福变化”。

以更大气力保护生态环境。深入实施“河长制”“湖长制”“林长制”“湾长制”，高标准开展省级美丽示范河湖创建工作，实施好羊亭河二期升级改造，打好污染防治攻坚战，巩固提升蓝天碧水净土保卫战成果。强化里口山风景名胜区管理服务中心的主体作用，坚持以生态优先、绿色发展为导向，持续抓好里口山区域植被恢复提升，做好保护、利用和开发工作。有效稳控松材线虫病疫情，确保发生面积和病死树数量双下降，力争疫情程度实现根本性扭转。持续深化“美丽城市”[50]“无废城市”建设，力争实现城乡垃圾分类全覆盖，推动形成节约适度、绿色低碳、文明健康的生活方式和消费模式，进一步擦亮环翠绿色发展底色。

（六）坚持系统观念，在社会治理创新上下功夫，树立文明和谐新标杆。积极探索多元化社会治理新途径，加速形成共建共治共享的社会治理现代化新格局。

全面升级城市治理。立足城区特点，在抓好服务保障的基础上，积极引导群众参与社会治理，增强群众主人翁意识，通过自治、法治、德治梯次融合推进，让群众在共建、共治、共享的过程中，感受到更多幸福感、获得感。重点以社区为核心，融合推进信用“五进”工程，“拆掉”企业、机关、学校的诚信“围墙”，打通“五进”壁垒，通过信用体系在生产圈与生活圈的相互延伸、双轮驱动，引领社区居民不仅在单位是好员工、好干部、好老师，回到社区同样是好市民、好邻居、好榜样。

巩固平安稳定局面。坚持关口前移、重心下沉，深化“六治一网”市域社会治理模式，组建区级网格化服务管理中心[51]，细化完善网格分析研判、智能督办、管理考核等功能，从细微处入手做好社会治理大文章。积极推广新时代“枫桥经验”，构建矛盾纠纷多元化解机制，推行网上信访代办[52]，引导人民调解参与信访问题化解，力争全年化解稳控率80%以上。全面落实总体国家安全观，常态化抓好扫黑除恶、金融风险防控、宗教、禁毒、反恐及海陆一体平安建设等工作，切实维护社会和谐稳定大局。

筑牢安全发展底盘。慎终如始抓牢抓实常态化疫情防控，严格落实“外防输入、内防反弹”要求，加强进口冷链食品全面化检测、预防性消毒、全链条监管，确保重点区域、重点环节、重点人群排查彻底、管控到位，坚决守住疫情防控稳定形势。进一步提升风险早期识别和预报预警能力，确保重大政策制定调整、重大工程项目建设、重大活动举办等风险评估率达到100%。持续开展安全生产专项整治三年行动，抓好危险化学品、建筑施工、道路交通、食品药品、校园校车、海洋渔业、森林防灭火等重点领域隐患排查整改，确保全区安全生产形势持续稳定。

（七）坚持提速提效，在政府自身建设上下功夫，展现干事创业新气象。牢牢把握“强化执行力、全面促提升”工作主基调，以排头兵的思维、排头兵的意识、排头兵的举措，全面提升施政能力和服务水平，努力在新时代人民满意政府建设上迈出更加坚实的步伐。

始终坚持党建引领。把政治建设摆在首位，严格落实全面从严治党要求，切实把党的领导贯穿政府工作各领域、全过程。坚持用习近平新时代中国特色社会主义思想武装头脑、指导实践，树牢“四个意识”，坚定“四个自信”，做到“两个维护”，不断提高政治判断力、领悟力、执行力。扎实开展党史学习教育，严格落实意识形态工作责任制，打造舆情闭环管理流程，推进媒体深度融合发展，牢牢掌握意识形态工作领导权、话语权。

全面强化法治建设。坚持习近平法治思想，自觉运用法治思维和法治方式开展工作，争创国家级法治政府建设示范区。坚持科学、民主、依法决策，坚决执行重大行政决策程序规定，确保各项政策更加符合实际、体现民意。自觉接受区人大及其常委会法律监督、政协民主监督和社会各界监督，高质量办好人大代表建议和政协委员提案。持续加强政务公开，维护群众知情权和监督权，推动行政权力公开透明运行。

持续提升政府效能。以“三问三查三改”活动为抓手，深入开展作风大改进行动，牢固树立“首善意识”“标兵思维”，让担当作为、务实尽责形成习惯、成为常态。继续坚持“挂图作战”，紧盯“四张清单”，细化要求、分解任务，推动各项工作高质高效落实到位。始终站稳群众立场、践行群众路线，坚持法、理、情融合发力，全面畅通群众诉求表达渠道，带着感情、带着责任、带着温度解决诉求问题，以实际行动赢得群众认可和信赖。

不断深化廉政建设。严格落实“一岗双责”，深入推进政府系统党风廉政建设，严肃党内生活，强化党内监督，打造风清气正的政治生态。严格落实中央八项规定精神，牢固树立“过紧日子”思想，从严控制行政运行成本，把有限的财政资金用在刀刃上、紧要处。充分发挥审计监督作用，紧盯重点领域、关键环节、重要岗位，做到应审尽审、凡审必严。主动接受纪委监委监督，严肃查处损害群众利益的突出问题，确保干部清正、政府清廉。

各位代表！新阶段、新使命召唤新担当、新作为。让我们更加紧密团结在以习近平同志为核心的党中央周围，高举习近平新时代中国特色社会主义思想伟大旗帜，在市委、市政府和区委的坚强领导下，攻坚突破，接续奋斗，努力开创“精致城市·幸福威海”首善之区建设全新局面，以优异成绩庆祝建党100周年！

注释

〔1〕“六稳”

即稳就业、稳金融、稳外贸、

稳外资、稳投资、稳预期。

〔2〕“六保”

即保居民就业、保基本民生、保市场主体、保粮食能源安全、保产业链供应链稳定、保基层运转。

〔3〕应对疫情“惠企六条”

2020年2月，环翠区印发《关于应对新型冠状病毒感染肺炎疫情支持中小企业平稳健康发展的若干意见》，确定设立政策兑现专项资金、加强应急转贷基金使用、提高企业贷款贴息标准、加大工业技改扶持力度、扩大大学生“521生活津贴”发放范围、开辟审批服务绿色通道6个方面的支持举措，帮助中小企业应对疫情影响，全力支持中小企业平稳健康发展。

〔4〕“链长制”

是强化产业链条责任的制度创新，即对环翠区制造业“4+3”、现代服务业“2+3”产业集群进行细化分解，每个产业链明确1名区级领导担任链长，组建由责任部门、链主企业、配套企业等为成员的工作专班，建立健全延链、补链、强链工作机制，深入开展产业链招商活动，助力产业链协同发展，推动优势产业做大做强做优。

〔5〕远遥浅海科技湾区

位于孙家疃街道，是威海国际海洋科技城的核心，拥有中国首个浅海海洋综合试验场。湾区于2019年12月启动建设，聚焦海洋智能装备和新能源装备产业，着力打造集科研创新、国际交流、科技成果转化、生活休闲等功能于一体的智慧海洋创新硅谷。

〔6〕“上云”企业

“上云”是指企业以互联网为基础进行信息化基础设施、管理、业务等方面应用，并通过互联网与云计算等手段连接社会化资源、共享服务及能力的过程。企业“上云”不仅改变企业的运营方式，更重要的是通过“上云”实现业务创新、管理变革。

〔7〕山东省全域旅游示范区

为促进旅游业全区域、全要素、全产业链发展，推动旅游业从单一景点景区建设管理向综合目的地服务转变，山东省于2019年9月启动全域旅游示范区创建工作，努力构建旅游业全域共建、全域共融、全域共享的发展模式，带动实现旅游效益最大化。2020年12月，环翠区成功获评省级全域旅游示范区。

〔8〕“专精特新”企业

是指具有“专业化、精细化、特色化、新颖化”特征的中小企业，工业和信息化部、省工业和信息化厅每年评选认定一批“专精特新”中小企业给予重点支持。

〔9〕省高端品牌培育企业

为深入实施质量强省和品牌战略，共建共享“好品山东”，培育和打造一批“鲁字号”产品和服务品牌，省市场监管局自2018年开始组织开展山东省制造业、服务业高端品牌企业的培育和品牌价值评价工作。至2020年，全省有355家企业上榜，其中环翠区有8家。

〔10〕“秒批秒办”模式

是指创业者通过市场主体登记自助终端，完成身份认证、填报登记信息、系统自动审核、发放营业执照等企业开办各环节，实现自动智能审批完全替代传统人工审批，大大缩短企业开办时间，实现企业开办“秒批秒办”。

〔11〕“一链办理”服务事项

是指把分散在不同部门的政务服务事项按链条进行优化整合，变“一事一流程”为“多事一流程”，实现一项业务的关联事项可以在一个窗口“一次办理”。

〔12〕“1+N”国企国资改革制度

“1”即2017年环翠区出台《关于深化全区国有企业改革的实施方案》，作为指导和推进全区国企国资改革的纲领性文件；“N”为近年来相继出台的《环翠区区属国有企业投资管理办法》等多个配套文件，形成“1+N”国企国资改革支撑体系，为深化国企国资改革强化顶层设计、明晰方向路径。

〔13〕省级技术转移机构

是指通过省科技厅备案，以促进科技成果转化为目的，为促成他人技术交易而从事的居间、经纪或代理活动并取得合理佣金，依法成立的法人机构或高校、科研院所内设技术转移专门机构。2020年4月，威海市环翠区首高科技术转移中心正式通过省级技术转移服务机构备案。

〔14〕全省技术转移先进区

为建立健全省、市、县三级技术转移工作网络，加快先进适用科技成果向县域转移转化，2019年11月，省科技厅印发《山东省技术转移先进县（市、区）创建活动方案》，计划利用3年时间，在全省创建50个产业基础好、转化能力强、示范效果显著的技术转移先进县（市、区），充分发挥示范引领作用，加快推进全省技术转移体系建设。2020年9月，环翠区成功获批“技术转移先进区”。

〔15〕城市成长的烦恼“四部曲”

即化解办理不动产权证难，处置闲置项目和“半拉子”工程，盘活低效闲置用地以及解决城市管理服务中不精致、不文明、群众不满意的问题。

〔16〕“红色物业”

围绕创新社区治理模式，引导物业服务企业成立党组织，打造“红色物业”阵地，通过建立“红色议事”工作机制，搭建社区、物业和业主三方沟通平台，共商社区建设与治理等重要问题。同时，积极联合社区党组织、志愿者，开展物业服务联建项目，不断优化完善物业服务，营造小区平安和谐氛围，提升居民幸福指数。

〔17〕万福邻里市集

是环翠区统筹老旧小区改造、沿街市场整治、群众生活改善等诸多城市发展难题，打造的一处集购物运动、娱乐交流等服务为一体的智慧综合体，规划建设美食广场、健身俱乐部、邻里共享中心及屋顶公园等公共设施，一揽子解决闲置地块盘活、戚东夼马路市场退街入市、居民停车难、休憩公园设施匮乏等旧生活区诸多难题，成为精致城市建设的典范项目。

〔18〕“无废城市”

是指以新发展理念为引领，通过推动形成绿色发展方式和生活方式，持续推进固体废物源头减量和资源化利用，最大限度减少填埋量，将固体废物环境影响降至最低的城市发展模式。

〔19〕省级美丽示范河湖

2020年3月，省水利厅印发《关于加强美丽示范河湖建设的指导意见（试行）》，强调进一步加强河湖管理保护，持续改善河湖面貌，切实维护河湖健康生命，并要求各设区市原则上每年完成不少于5条（个）省级美丽示范河湖建设任务。2020年11月，环翠区羊亭河正式通过验收。

〔20〕国家“绿水青山就是金山银山”实践创新基地

为推进生态文明供给侧模式创新，打造更多可复制、可推广的“绿水青山就是金山银山”样板经验，生态环境部自2017年启动“绿水青山就是金山银山”实践创新基地评选工作。强调以市县为重点，以乡镇、村、小流域为基本单元探索生态文明建设案例。2020年10月，华夏城被授予第四批“绿水青山就是金山银山”实践创新基地。

〔21〕线上“春风行动”

新冠肺炎疫情防控期间，为全面贯彻稳就业、保居民就业要求，环翠区依托威海市就业服务平台，积极组织辖区企业参加“春风行动”网络招聘会，为用人单位和求职者搭建对接平台，累计动态发布求职岗位9000余个，有效缓解用工难、就业难问题。

〔22〕社区食堂

为满足城市社区居民尤其是老年居民就餐需求，同时兼顾中小学生早餐需要，建设提供优质、价廉、卫生、便利餐饮服务的机构。环翠区60周岁以上低保、特困人员、残疾人以及70周岁以上的老年人可持“社区食堂老年人就餐优惠卡”，在全区社区食堂按照规定享受套餐优惠。

〔23〕农村老年餐桌

为满足农村老年人特别是低保、高龄、独居、残疾、失能、失智、留守等特殊困难老年人的就餐基本服务需求，充分利用现有农村幸福院或村内闲置场所，通过改造和配备用餐基本设施设备，采取适合村情的运营模式解决农村老年人“一餐热饭”的问题。

〔24〕“六统一”管理模式

医院集团各成员单位在保持医疗事业单位性质不变、职工身份不变、社会职能和所享受的国家政策不变、财政投入渠道不变的前提下，采用统一人员使用、统一财务管理、统一物资管理、统一公共卫生管理、统一信息管理、统一质量管控的一体化运营管理模式。

〔25〕医养健康智慧服务平台

依托威海广电网络，建立居家医养融合系统，拓展医疗救护、健康咨询、健康管理、养老服务等医养服务功能，让老人在家通过摄像头就可以和医生直接对话，获取治疗建议和健康指导，保障老年人的居家养老生活。

〔26〕中国乡村振兴百佳示范区

为客观展示全国乡村振兴成效，《小康》杂志社联合多个国家权威部门和专业机构，面向中国县域基层行政单位，开创“百县榜单工程”，设定生态宜居、产业兴旺、乡风文明、生活富裕、治理成效5个网络数据评榜维度，实行全网数据解析，环翠区排名全国第三、山东省第一。

〔27〕区镇两级“吹哨报到”全响应平台

是环翠区创新打造的网格化治理工作平台，通过建立“网格吹哨—平台分流—检查督促—结果反馈”闭环处置流程，协同解决群众诉求和城市治理难题。其中，镇（街道）平台重点负责解决基层网格上报的具体事项，区级平台重点发挥指挥调度、分析研判功能，对需多个部门联合解决的事项进行协调联动处置，通过智能化研判和多部门联动共治，推动问题精准高效解决。

〔28〕“诉—警—调”对接

是区法院、司法局、公安环翠分局联合建立的轻微、分散侵权类纠纷快速处理工作机制，主要是在辖区12个派出所建立“警民联调”工作室，派驻专职人民调解员参与调解工作，并将警民联调与诉调系统对接，有效打通公安、法院、司法等部门之间的案件处置壁垒，既缓解公安机关“非警务”民事纠纷的压力，也降低法院案件成讼率，实现人民调解与行政调解、司法调解的有效衔接。

〔29〕全国信访工作“三无”县（市、区）

为推动落实信访工作属地责任，充分发挥县级信访工作基础性作用，依法及时就地解决合理诉求，国家信访局于2016年启动信访工作“三无”县（市、区）创建活动。“三无”即无进京越级上访、无大规模集体上访、无因信访问题引发的极端恶性事件。

〔30〕全链条闭环式项目审批机制

通过推行下放市级权限、派驻人员窗口前移、委托受理窗口前移等方式，使市级权限审批事项在区级也可办理；同时，依托“一窗受理”、“一链办理”、联合验收等机制，将工程建设项目审批链条有效串联起来，企业工作人员只要走进一个审批窗口，就可以实现投资建设项目从立项到施工许可证发放、竣工验收的一站式办理。

〔31〕省级法治政府建设示范区

为大力培育法治政府建设先进典型，打造一批可复制、可推广的做法和经验，山东省委依法治省办公室于2019年7月正式启动法治政府建设示范创建活动，在全省选树一批新时代法治政府建设标杆。2020年11月，环翠区作为威海市唯一县（市、区）获评该荣誉。

〔32〕“风口”产业

“风口”一般比喻激烈、尖锐的社会斗争前哨或艰难困苦的地方，市场一般用“风口”产业比喻斗争激烈的新兴行业，但是这类的行业往往意味着更多的机遇。

〔33〕地标经济

“地标”即地标性建筑，是一个城市的名片和象征。地标经济是指通过打造城市“地标”，汇聚城市优质资源，带动周边产业集聚发展，形成经济发展新高地。

〔34〕首店经济

“首店”是指在行业里有代表性的品牌或新的潮牌在某一区域开的第一家店。首店经济是指一个区域利用特有的资源优势，吸引国内外品牌在区域首次开设门店，使品牌价值与区域资源实现最优融合，以及由此对该区域经济发展产生积极影响的一种经济形态。

〔35〕“亩产效益”改革

即通过设立单位用地税收等不同指标体系，对工业企业进行综合评价，并依据得分高低进行分档归类，对不同类别企业制定实施差别化的价格、用地、用能、排放、产能利用、信贷等政策，推动资源要素向高产区域、高端产业、优质企业集聚，倒逼低端低质低效企业加快转型升级。

〔36〕“党建惠企”专项行动

建立健全组织、干部、人才“三驾马车”协同发力机制，通过优化政策助推企业膨胀发展、选派干部下沉一线驻厂服务、依托“两新”组织培养“红领”人才队伍等措施，为企业发展注入红色动力源，助推实现高质量发展，让企业享受到实实在在的“党建红利”。

〔37〕“智汇环翠”引才品牌

对标深圳“孔雀计划”、武汉“城市合伙人计划”等人才工作品牌，将高层次人才环翠行、国际英才创新创业大赛、威海籍学子故乡行等海内外系列引才活动进行整合，统一使用“智汇环翠”对外宣传发布，打造在全国叫得响的引才品牌，不断提升环翠区人才工作影响力和吸引力。

〔38〕“环翠数字大脑”大数据综合应用中心

通过建设环翠区一体化大数据应用平台，打通层级之间、部门之间数据壁垒，实现政务数据互联互通、开放共享、交换共用，进一步提升政府服务效率。

〔39〕“一号通行”“一网通办”“掌上通办”

2020年10月，山东省政府办公厅印发《关于加快推进新型智慧城市建设的指导意见》，指出要加快健全完善一体化政务服务平台，将全部政务服务事项纳入平台运行管理，推广应用“爱山东”APP，2020年年末前全面实现政务服务“一网通办”、高频民生服务事项“掌上通办”。同时，将居民身份证号码或法人单位统一社会信用代码为唯一标识，2021年年末前实现“一号认证、全省通行”。

〔40〕20分钟政务服务办事圈

是指以步行20分钟为半径，群众可到最近的镇（街道）便民服务中心、村（社区）便民服务代办点办理便民服务事项。

〔41〕“1+1+N”服务专班机制

是环翠区为优化营商环境、探索创新的项目推进工作机制，第一个“1”是指由1名区级分包领导负责总协调；第二个“1”是指由1名镇（街道）代办员负责制定代办计划、实施跟踪代办；“N”是指区发展改革、自然资源、住建、行政审批、规划等部门全力配合，提供链条式帮办服务，加速项目落地建设。

〔42〕“精致城市·文明市民”培育行动

是对2015年启动实施的文明市民培育工程的深化提升。主要包括“铸魂”“养德”“修身”三方面内容。“铸魂”即深入开展习近平新时代中国特色社会主义思想学习宣传，提升市民政治素养；“养德”即积极探索传统文化与社会主义核心价值观对接融通的有效途径，广泛弘扬优秀传统文化、红色文化等，提升市民道德素养。“修身”即把《威海市文明行为促进条例》具体要求融入到村规民约、居民公约、行业服务规范、学生守则中，引导推动市民将文明要求入脑入心入行，提升市民文明素养。

〔43〕“15分钟志愿服务圈”

是指在新时代文明实践中心、所、站志愿服务点全覆盖的基础上，通过在居民聚集区、窗口单位及其他重点公共场所建设“雷锋驿站”“户外劳动者驿站”等志愿服务点，进一步提升志愿服务有效供给，让群众在家门口步行不超过15分钟，就能享受到志愿服务。

〔44〕“街长制2.0”

依托“六治一网”区级协调指挥和镇（街道）综合处置两级“吹哨报到”全响应平台，建立街长和问题处置责任人之间“点对点”监督、协同、处置机制，实现发现问题、派遣指挥、协调督导、问题处置、核查结案扁平化、无人值守式管理，进一步提升街长制智慧化水平。

〔45〕“小微执法”

依托现有行政执法和执法监督体系，打造城市管理微型便携执法系统，构建覆盖全区的行政执法服务网络平台，实现行政执法、督查监督网上运行，推动传统文本执法向信息化、便捷化、规范化迈进，切实提升行政执法的数字化、智能化水平，提高执法监管效率。

〔46〕“智惠易站”

由威海市政府与山东新北洋信息技术股份有限公司合作打造的集应急救助、灾备管理、政务查询、公益宣传、便民购物等功能于一体的新型智能服务设施，通过融入互联网、大数据、智能感知等技术，与威海市智慧城市运行指挥平台数据共通，为百姓提供线上、线下一体化新型零售模式体验。

〔47〕“护童成长”儿童关爱服务体系建设试点

由民政部与联合国儿童基金会合作开展，在江西、山东、广西、宁夏4个省份的9个县区具体实施。项目重点聚焦农村留守儿童及困境儿童监护状况改善，通过探索制定儿童关爱服务内容及标准，提升儿童关爱服务工作队伍服务能力和专业化水平，提高儿童关爱服务质量，从而推动建立有效运转的儿童关爱服务机制和网络。

〔48〕人工智能教育试点区

2019年1月，省教育厅印发《关于组织申报山东省人工智能教育试点市县、试点校的通知》，在全省遴选15个试点区县，鼓励发展人工智能教育，通过运用大数据、云计算、数字化、信息技术等手段，实施精准教学，提升学生的创新思维和实践能力，真正让技术为教育赋能。同年2月，环翠区成功获批省级试点。

〔49〕“嵌入式养老”

是指养老机构与社区有机融合在一起的一种养老模式，以社区为载体，以资源嵌入、功能嵌入和多元运作方式嵌入为理念，在社区内嵌入建设市场化运营的养老机构，整合周边养老服务资源，为老年人就近养老提供专业化、个性化、便利化的养老服务。

〔50〕“美丽城市”

是国家以创建优良人居环境为主要目标，推动城市建设发展方式转型，系统探索“美丽城市”建设内涵、评价体系、方法和路径，推动建成人与人、人与自然和谐共处的美好人居环境。威海市获批全国首个“美丽城市”建设试点城市以来，已经全面启动“美丽城市”建设试点工作，计划到2021年初步建成具有影响力的“美丽城市”样板。

〔51〕区级网格化服务管理中心

根据事业单位改革，拟整合区社会治安综合治理中心（区网格化治理中心）、区城市管理服务中心、区民生热线服务中心3个事业单位及区社区建设指导中心网格化相关职能，组建区社会治安综合治理服务中心，加挂区网格化服务管理中心、区12345政务服务便民热线中心牌子，为区委政法委所属正科级公益一类事业单位，主要承担协调指导社会治安综合治理、网格化服务管理、城市管理服务、“12345”热线服务等职能，进一步提升区域社会治理工作水平。

〔52〕网上信访代办

是环翠区探索创新的“代理搭台、群众张嘴、数据跑腿”新型信访模式，通过建立区、镇街（部门）、村居（企业）网上信访代办中心、分中心和工作站，为群众提供“零距离”信访代办服务，实现信访“有人帮着跑、有人代替办”，持续畅通群众诉求表达渠道，提高信访问题办理效率。

专 记

“十三五”成就

“十三五”时期，在国际环境复杂多变、经济下行压力加大、三大攻坚战进入关键时期、新冠肺炎疫情突如其来的形势下，全区上下以习近平新时代中国特色社会主义思想为指导，认真贯彻学习中共十九大和十九届二中、三中、四中、五中全会精神，深入贯彻落实国家、省、市重大决策部署，做好“六稳”工作，落实“六保”任务，攻坚克难、砥砺奋进，全区经济社会平稳健康发展，“十三五”规划主要目标任务基本完成，全面建成小康社会取得决定性成就。

综合实力 “十三五”期间，地区生产总值年均增长6.2%（按可比口径，下同），人均突破10万元，总量在全省137个县（市、区）中由2015年的第74位上升到2020年的第56位。规模以上工业增加值年均增长7.2%，服务业增加值年均增长7.1%。三次产业结构持续优化，比重调整为7.8∶30.2∶62.0。一般公共预算收入平稳增长，连续5年实现收支平衡。实际使用外资年均增长8.4%。城镇和农村居民人均可支配收入分别达到5.18万元和2.26万元，年均增长6.9%和7.5%。

新旧动能转换 “十三五”期间，重点培育新材料、高端装备制造、生物医药、新一代信息技术等战略性新兴产业，制造业提质增效。推进“两化”融合，三角轮胎股份有限公司、威海市山花地毯集团有限公司列入“两化”融合管理体系贯标国家级试点。推进企业冲击新目标行动，新培植国家专精特新“小巨人”企业1家，培育国家和省级制造业单项冠军10家、省瞪羚企业6家，净增规模以上工业企业22家、总数达到113家，获批国家火炬特色产业基地。现代服务业提档升级，加快区域金融中心建设，税收过千万元楼宇达到30座。落地建成全省首家民营银行——威海蓝海银行，聚集各类金融机构111家，其中市级以上银行业金融机构占全市77%。实施总投资846.5亿元的高端产业项目340个，投产运营242个，形成一批新的经济发展增长极。推进现代商贸、全域旅游、文化创意、医养健康等产业发展，创建省级全域旅游示范区，华夏城景区创建国家AAAAA级旅游景区，中国油画小镇知名度不断提升，完成省级服务业综合改革试点验收，获评山东省购物旅游示范城市、文化消费示范区、现代服务业特色产业集群转型升级示范区。推进经略海洋战略，实施海洋强区建设三年行动，打造远遥浅海科技湾区，创建国家级水产健康养殖示范场8家、省级海洋牧场示范区项目2项，获批省级海洋工程协同创新中心5处。

深化体制机制改革 “十三五”期间，全面完成政府系统机构改革各项任务，“放管服”改革和“一次办好”改革取得突破进展，实现“一窗式”审批和全流程网上办理，创造工业项目“拿地即开工”成功经验。开展以联系服务企业、项目、人才为主要内容的“三联三服”活动，创新建立项目手续全程代办、“1+1+N”服务专班等机制。“一窗式”政务服务标准化、村（社区）便民服务示范点、张村镇全领域无差别“一窗受理”政务服务标准化3个省级试点全部通过验收，累计为企业、项目、人才解决各类困难问题2500余项，提供代办服务750余项，区域营商环境持续优化。争取各类无偿资金38.6亿元。深化投融资体制改革，组建成立威海市环翠区城市发展投资有限公司、威海市环翠区国有资本运营有限公司、威海市环翠区环晟教育投资有限公司，发行全市首支停车场建设专项债券，三角轮胎股份有限公司、家家悦集团股份有限公司、威海市商业银行股份有限公司主板上市，威海新北洋荣鑫科技股份有限公司等新三板上市或省内区域股权交易中心挂牌企业58家，实现直接融资96.4亿元。社会信用、国企国资、农业农村、医养健康、基础教育等重点领域改革均取得显著成效。深入实施城市国际化战略，参与“一带一路”建设、中韩自贸区地方经济合作示范区建设，深度融入胶东经济圈一体化发展格局，累计新增境外投资项目53个，引进外资过千万美元、内资过亿元项目86个，其中世界500强、中国500强项目7个。

精致城市建设 “十三五”期间，致力于精致城市建设，所有镇（街道）水、暖、气、污水全部并入城市主管网，里口山风景名胜区自然公园与周边镇（街道）实现一体化贯通，在全省率先建成覆盖全区的“数字村居”综合管理平台、城管信息指挥中心。滨海步道环翠段全线贯通，全区公园、游园总数达到325个。集全区之力推动羊亭开发，“南工北居中服”的发展格局初具规模，与城市“西展”、中心城区实现一体规划、一体布局，累计实施精致城市建设项目222个。栖霞街、属相街、新威附路、北山街、半月湾5处特色街区高位布局、蝶变重生，其中新威附路、北山街、半月湾特色街区完成改造。聚焦城市不精致的地方，集中力量攻克一批历史遗留问题，解决“办证难”问题项目74个，3.8万户居民受益。创新推行街长制管理模式，打造戚谷疃等45个精致社区样板社区，苏州街列入国家“城市双修”试点示范工程。深入实施乡村振兴战略，推进里口山近郊休闲等6大样板片区建设，羊亭镇和张村镇王家疃村、羊亭镇贝草夼村入选山东省首批乡村振兴示范镇、村，创建省级美丽乡村示范村10个，获评中国乡村振兴百佳示范区。保护生态环境，推进“四增四减”（增绿、增水、增文、增美，减排、减污、减噪、减乱）三年行动，全面落实“河长制”“湾长制”“湖长制”“林长制”，空气质量连续5年达到国家二级标准，市控河流均达到水功能区检测年均值标准要求，近岸海域水质达标率100%。开展“无废城市”建设，深度推广垃圾分类“环翠模式”，环翠区入选全国绿色发展百强区、中德生态示范城市。

民生福祉 “十三五”期间，累计完成民生投入108.8亿元，民生支出占财政支出比重年均保持在70%以上。新改扩建望海园中学等9所学校，新增学位1.8万个，中小学大班额问题全面消除。深入实施“素质教育四项行动”（优势学科建设、师生“大阅读”工程、研学旅行、创客教育），全区学前教育普惠率提升至95.2%，图书馆式学校覆盖率达到100%，入选全省首批人工智能教育试点区。深入推进文化建设，组织开展各类文化活动6000余场，环翠区获评2020“新时代乡村阅读季”之“我爱阅读100天”活动“全国百强”、全省全民阅读活动示范县（市、区）、“文化强省”先进示范建设区，入选全国第二批新时代文明实践中心建设试点区。统筹抓好重点群体创业就业，直接扶持5500余人创业，新增城镇就业2.48万人，城镇登记失业率控制在2%以内。高质量完成脱贫攻坚任务，3个省定扶贫工作重点村全部“摘帽”、165户建档立卡贫困户实现稳定脱贫。推进医联体建设和医养融合发展，家庭医生签约服务实现村（社区）全覆盖，基层医疗卫生机构与区级、市级、省级医院实现远程会诊。做好医养服务，组建环翠医院集团，建成10处社区养老服务中心、27处社区食堂、6处农村老年餐桌，鲸园街道获国家智慧健康养老示范街道，环翠区获评省级健康促进示范区、医养结合示范先行区，入选全省首批残疾预防综合试验区创建试点单位。全面推行“六治一网”市域社会治理模式，开展为期三年的扫黑除恶专项斗争，抓获涉黑恶犯罪嫌疑人180人，公开宣判涉黑涉恶案件11件，社会治安和谐稳定。环翠区入选全省“智慧调解”系统试点区、全省集约化非诉讼纠纷解决机制建设试点区、省级城乡社区治理实验区，孙家疃边防派出所被命名为全国首批100个“枫桥式公安派出所”，“平安环翠”建设卓有成效。

（王　尧　王华红）

脱贫攻坚

2020年，区委、区政府深入贯彻落实中共中央总书记习近平关于扶贫工作重要论述，坚持“精准扶贫、精准脱贫”基本方略，按照省委、省政府和市委、市政府工作部署，聚焦现行标准下建档立卡贫困人口全部稳定脱贫和省定扶贫工作重点村全部稳定退出，牢牢扛起扶贫政治责任，推进产业扶贫、行业扶贫、社会扶贫、兜底保障等各项政策落实落地。经过共同努力，全区建档立卡贫困人口人均纯收入明显提升，“两不愁”（不愁吃、不愁穿）质量水平显著提高，“三保障”（教育、医疗、住房）突出问题总体解决，生产生活条件大幅改善，义务教育、基本医疗、住房安全、饮水安全等各项措施高水平落实，农村居民现行标准下贫困发生率动态清零，王家夼、大北山、张家山3个省定扶贫工作重点村全部摘帽，全区脱贫成效持续巩固，脱贫质量不断提升，实现脱贫攻坚圆满收官。

全区乡村振兴暨脱贫攻坚推进会议 2020年6月6日，全区乡村振兴暨脱贫攻坚推进会议召开，研究部署环翠区乡村振兴和脱贫攻坚工作，查摆问题、剖析问题、补齐工作短板，确保各项任务快速推进。会议指出，环翠区作为中心城区，乡村振兴工作要出精品、争一流、走在前列，各级各相关部门要全面剖析在工作机制、工作态度、工作干劲方面的问题，找出短板和不足，逐条逐项整改到位。要对年初谋划的21项年度重点任务及54个重点项目进行全面梳理、全面发力，倒排工期、挂图作战，提速发力、狠抓落实，确保高质高效推进。要全力加快6个样板片区规划建设，推进剩余34个保留村的村庄规划编制，加快36个村污水治理、39个村集中供水、6个村“户户通”等农村“七改”（改校、改暖、改路、改房、改电、改厕、改水）工程进度；要狠抓农村人居环境提升、后进村攻坚，加强农村信用体系建设，加快推进红色印迹保护利用、扶贫产业项目建设，高标准完成脱贫攻坚任务。会议强调，要对工作责任进行全面细化、全面压实，相关区级领导要抓好各自领域的工作落实，各样板片区指挥长要主动沉到片区一线开展工作。相关部门要强化担当意识，牢固树立全区“一盘棋”思想，形成强大工作合力。各镇（街道）要坚决落实好乡村振兴和脱贫攻坚的主体责任、属地责任，加快推进各项工作。

政治责任压实 2020年，全区召开区扶贫开发领导小组会议4次，召开涉及扶贫议题的区委常委会议5次、政府常务会议7次，有力保障全区脱贫攻坚各项工作顺利推进。党政主要领导和党委分管领导每人分包1个省定扶贫工作重点村，其他29名区级领导每人分包1～2个非重点村，带头开展“遍访”扶贫对象行动。走访帮包村46次，走访贫困户320人次，帮助解决实际困难17个。

核心指标落实 2020年，全区扶贫工作紧盯“两不愁三保障”和饮水安全等脱贫硬指标，逐户逐人自查评估，逐项逐条精准落实。

教育保障。2020年，全区有建档立卡在校学生3人，均为义务教育阶段适龄学生，全部接受九年义务教育，无失学、辍学现象。

医疗保障。为扶贫对象每人配备1名家庭签约医生，开展上门服务1260余次；全面落实医疗“六重保障”（基本医保资助政策、大病保险倾斜支付政策、医疗机构减免政策、医疗救助托底保障政策、医疗商业补充保险政策、再救助政策）机制，为每名扶贫对象代缴居民基本医疗

2020年3月26日，区农业农村局扶贫专职干部在脱贫户家里核查“两不愁三保障”及饮水安全落实情况（区农业农村局 供图）

保险和商业医疗补充保险，为住院扶贫对象减免各类费用0.19万元，报销合规医疗费用36.24万元，实施大病救助6人次，有效防止因病致贫返贫。

住房安全保障。对所有扶贫对象住房情况实施动态监管，开展2次拉网式摸底排查，全区扶贫对象住房安全等级全部达到B级及以上；投入10万元，完成39户“靓居工程”改造，脱贫群众居住条件进一步改善。

饮水安全保障。至年末，全区3个重点村、36个非重点村实现集中供水和水质检测全覆盖，全区农村居民自来水量、水质等指标全部达到《农村饮水安全评价标准》。

兜底政策落实 2020年，坚持“提高标准、降低门槛、应保尽保”的兜底保障思路，新纳低保41人、新办特困12人，扶贫对象兜底率从41.18%提高到62.87%。全面落实残疾人保障政策，新认定重度残疾人34人，符合条件的全部纳入重残低保范围，同步落实“两项补贴”（困难残疾人生活补贴、重度残疾人护理补贴），困难残疾人生活水平得到全方位保障。开展即时帮扶，对临时性、突发性贫困，建立即时发现即时帮扶机制，认定符合条件即时帮扶户1户、1人，第一时间纳入扶贫各项政策保障范围，确保贫困发生动态“清零”。

2020年11月28日，羊亭镇果蔬大棚产业扶贫项目

（区农业农村局　供图）

产业扶贫 科学立项。将年度产业扶贫项目纳入乡村振兴样板片区建设大盘子，统筹考虑、统一谋划，立足守城优势，着力发展以设施农业、休闲文旅为特色的近郊产业。

注资项目重整。提前回收往年度部分注资类项目资金，整合2020年度财政专项扶贫资金，投入177.46万元，羊亭镇2020年度果蔬大棚产业扶贫项目、温泉镇2020年度果蔬大棚产业扶贫项目如期完成建设任务，建成高标准农业大棚22个。建成项目全部采用委托经营方式，由农业企业承租，实现当年建成、当年见效，收益率均在12%以上。

资产收益管理。2020年，全区8个建成项目产生收益56.8万元，按照差异化原则分配扶贫对象40万元，人均项目收益1600余元，划归村集体收益16.8万元，充分发挥了产业带动作用。

扶贫协作 2020年，加大对枣庄市台儿庄区的协作帮扶力度，拨付台儿庄区财政帮扶资金350万元，社会帮扶资金100.16万元，召开主要领导参加的联席会议1次，选派挂职干部和技术人才10人。完成赵庄小学援建任务和2个村的美丽乡村产业帮扶任务；采用消费扶贫方式，发动结对镇（街道）、爱心企业、社会组织等，购买台儿庄区扶贫产品30.73万元；引导迪尚集团有限公司、山东科宏纺织有限公司面向当地签订采购和加工订单2548.96万元，有力支援了台儿庄区经济社会发展。

（王锦程　张文慧）

新冠肺炎疫情防控

新冠肺炎疫情是中华人民共和国成立以来在中国发生的传播速度快、感染范围广、防控难度大的一次重大突发公共卫生事件。中共中央总书记习近平指出“能不能打好、打赢这场疫情防控的人民战争、总体战、阻击战，是对各级党组织和党员、干部的重大考验。”新冠肺炎疫情发生后，在以习近平同志为核心的党中央坚强领导下，环翠区各级党组织和广大党员干部不忘初心、牢记使命，挺身而出、英勇奋斗、扎实工作，团结带领全区广大人民群众坚定不移贯彻落实中共中央决策部署，全面打响了疫情防控的人民战争、总体战、阻击战。全区医护人员进入“战时状态”，3名医护人员驰援武汉，6名医护人员到威海胸科医院和烟台奇山医院，卫生健康系统2400余名干部职工不分昼夜坚守疫情防控第一线，筑起“外防输入、内防反弹”抗疫工作防线，取得了抗击新冠肺炎疫情斗争重大战略成果。

排查随访 新冠肺炎疫情发生后，区委、区政府发挥社会随访主导作用，强化政治担当、组织保障、快速随访、联动摸排，广大党员干部冲锋在前，充分发挥“关键少数”的标杆引领作用，带领广大机关干部坚守岗位、停止休假、履职尽责，对到威海人员，尤其针对重点疫区和境外到威海人员展开地毯式排查工作。2020年2月2日，全面展开对K1068次列车（汉口—威海）的紧急排查追溯和隔离检测工作，排查管理212人。至年末，联合各镇（街道），随访57064人、411037人次。

社会稳定 坚持“一手抓疫情防控、一手抓维护社会稳定”，全面加强社会面整体防控，严密防范、严厉打击扰乱医疗秩序、哄抬物价、造谣惑众等违法犯罪活动，全力保障疫情防控工作顺利开展。先后破获“陈某卖口罩”系列电信诈骗案、“宁某阻碍执行职务案”“王某扰乱公共秩序案”等涉疫情案件43起、打击处理50人，查处涉疫情警情541起，确保疫情期间全区社会治安大局持续稳定。

海上疫情输入防控 建立定期会商、信息共享、每日调度和督察通报机制，形成齐抓共管、协同作战的良好局面，并根据疫情输入防控形势的变化采取常态化联防联控措施。在海港入境人员闭环管理、港湾码头动态管控、宣传教育、出海船舶联检联控、应急处突等方面采取强有力的工作措施，全面提升海上疫情防控能力，在沿海一线构筑一道稳固的防范屏障，确保全区沿海地区绝对安全稳定。至年末，出动执法船110艘次，航程600余海里，出动巡逻警力3700余人次，检查出海船舶2996艘次，渔船民7125人次，查获涉渔“三无”船舶4艘。

交通保障 环翠区先后负责双岛收费站卡点疫情防控和境外人员“点对点”接返工作，精心部署，科学谋划，边实践边提炼，形成一套行之有效的工作方案，在“外防输入”方面发挥关键作用。年内，双岛收费站卡点防疫工作完成，“点对点”接返工作有效推进，实现“疫情零输入，工作零差错，工作人员零感染”的目标。其中，2020年1月30日至3月25日（共56天），双岛收费站卡点先后从全区27个部门抽调92名机关干部，不分昼夜、不惧严寒、不怕困难、不顾危险，严把车辆准入、紧盯人员检测、严格人员转运，检测车辆188494辆，检测人员372332人，完成双岛收费站卡点防控检测工作任务。3月5日起，“点对点”接返工作从青岛流亭机场、烟台机场、威海机场设在乳山市、高新区、文登区的3个分流点接回到威海人员。严格遵守“外防输入”原则，全面落实入境到威海人员乘飞机或“点对点”接回措施，细化转运工作流程，对每名到威海人员查验医学观察和核酸检测证明、登记详细信息、与医务隔离组密切沟通，确保从分流点到隔离酒店全程闭环，整个转运工作无缝衔接。建立工作轮岗制度，每月轮岗1次；建立轮流值班制度，每3天轮流1次，形成长效机制。同时，按照区委统筹疫情防控和经济运行工作领导小组（指挥部）要求，成立海防组专门接返入境船员，在北京疫情爆发期间全力做好北京进入威海人员接返工作，在大连疫情爆发期间安排专人到烟台港接返大连进入威海人员等，出动车辆1449辆，接返4721人。

境外人员管控 做好外籍人员入境申请工作。面对“外防输入”新形势，疫情防控外事组进一步强化责任意识，主动摸排全区外资企业外籍人员信息，及时了解外籍人员入境诉求，用心做好入境手续办理、政策解读等工作，为企业急需的外籍人才入境提供全程服务。年内，办理外籍人员入境请示21批36人，通过市外事办公室审核18批31

人，入境5批8人。全力协助企业办理包机申请。协调上级部门，明确企业自费包机申请相关要求后，立即向区委统筹疫情防控和经济运行工作领导小组（指挥部）汇报，及时确定申请流程，传达给辖区企业。年内，协助威海国际经济技术合作股份有限公司办理3次［赴刚果（金）2次、英国1次］外包机申请。及时上报外籍入境人员信息。通过社区排查和企业走访，预先掌握外籍入境人员详细情况，并将相关信息上报市疫情防控外事组。年内，上报外籍入境人员76人，其中韩国籍70人、德国籍2人、澳大利亚籍1人、日本籍1人、缅甸籍1人、马来西亚籍1人。配合做好隔离点疫情防控工作。疫情防控外事组配合上级部门，协调做好隔离点疫情防控工作（外籍人员入境后集中隔离点为文登汤泊温泉酒店）。根据隔离点的语种需求，疫情防控外事组发挥语言优势，动态调配翻译人员，先后派遣2名韩语翻译，顺利完成随车翻译、驻点翻译、旅客入住以及沟通翻译等工作。做好涉外企业服务工作。全面走访辖区重点涉外企业，及时掌握企业内外籍人员相关情况，做好政策宣传解释工作，同时发动外籍人员向所在国家和地区关联人员做好解释工作，推动全区防疫工作的开展。

公共场所防控 组织指导公共场所疫情防控工作，做好公园、广场、商超、宾馆、酒店、浴池、码头、公交站点、旅游景区、早夜市等公共场所的环境卫生消毒、杀菌等工作，在醒目位置设置必要警示标识，并做好医疗废物收集、运输、处置过程的环境污染防治工作。坚持对公园内的800余套配套设施进行每天2次消杀工作，对70余座公厕不间断消毒，对全区游园2000余个公共健身、娱乐等设施每日消毒2次；对6家农贸市场进行责任分工，平均每周实地走访检查疫情防控工作情况40余家次；派出7个督导检查组，对商超、美容美发、宾馆旅店、洗浴场所等进行多轮督导检查。对威海市环保科技服务公司医疗废物处置中心现场开展执法检查，确保疫情情况下医疗废物安全处置。对全区测温筛查设备进行底数摸排，制定《关于热成像等智能化筛查设备摸排情况和推广使用意见》。各镇（街道）根据《山东省秋冬季新冠肺炎疫情防控工作方案》和区领导要求，以村（社区）为单位，每个村（社区）组建不少于5支由社区管理人员、志愿者、网格员等参加的社区防控队，负责社区防控和居家隔离（或健康管理）人员的生活服务保障工作，确保全区疫情防控大局持续平稳。

核酸检测与血检 “人检”方面。对15类“应检尽检”人群按要求分别落实实时检测、即时检测和定期检测措施。至年末，完成8轮定期检测，实时检测密切接触者、境外到威海人员和疫情重点地区到威海人员等人群25831人次；即时检测发热门诊患者、新住院患者和陪护人员等人群32226人次；定期检测医疗卫生机构和药店工作人员、冷链食品相关从业人员、为境外入鲁返鲁人员提供服务保障的相关工作人员以及社会福利养老机构工作人员等人群98594人次，检测结果全部为阴性。其中，入境人员方面，对省内口岸入境人员落实14天集中隔离医学观察，隔离期间进行2次核酸检测（第3～5天、第13天各1次）和1次血清抗体检测；省外口岸入境人员隔离期满后到威海，立即到集中服务点进行2次核酸检测（间隔24小时）和1次血清抗体检测。至年末，境外到威海集中居住2142人次，检测4223人次。密切接触者等重点人员方面，对根据流行病学调查判定为密切接触者和密切接触者的密切接触者，实行14天集中隔离医学观察和7天居家健康管理，密切接触者和密切接触者的密切接触者在集中隔离期间的前5天每隔24小时检测1次核酸，暴露后第3天、第7天检测1次血清抗体（必要时暴露后第10天增加1次血清抗体检测）；在集中隔离第13天和居家健康管理第6天再分别进行1次核酸和抗体血清检测。一般接触者进行14天居家健康管理，暴露后第3天、第5天、第7天各进行1次核酸和血清抗体检测。至年末，管理密切接触者442人次。疫情重点地区到威海人员方面，组织区卫生健康局、公安环翠分局等部门以及镇（街道）等基层单位有关人员组成防控小组，明确追踪、摸排、转运和检测等流程和职责，做到无缝衔接，确保应检尽检，不漏一人，至年末，疫情重点地区到威海人员检测20644人次。

科学救治 2020年1月21日，环翠区成立新冠肺炎区级医疗救治专家组，先后建设2处发热门诊、8处发热哨点、3处新冠病毒核酸检测实验室，桥头镇自11月9日划入环翠区后，增加1处发热哨点，严格重点人员健康管理。组织23名专家成立新冠肺炎区级医疗救治专家组，开展全区新冠肺炎确诊患者、疑似患者的筛查工作。按照“集中收治”原则，所有核酸阳性患者由威海市胸科医院集中诊断治疗。加强出院患者和无症状感染者健康管理，严格落实确诊患者出院后集中隔离和出院后14天、28天、3个月、6个月随访复诊，由家庭医生“一对一”进行健康指导，为11名确诊康复患者和2名无症状感染者提供健康管理服务。加强发热患者筛查。改造、新建威海卫人民医院、威海口腔医院发热门诊，2处发热门诊建筑面积900余平方米，规范“三区两通道”（清洁区、半污染区、污染区；医护人员通道、患者通道）设置，完善设施设备配备，威海卫人民医院发热门诊于11月13日完成二次全面改造，并通过区级验收。至年末，2处发热门诊接诊发热患者4750人次，检测结果均为阴性。理顺并细化预检分诊及发热患者接诊、筛查等工作流程，严格落实预检分诊制度，对所有进入医疗机构的人员实行“一看一测一查一问”（看是否规范佩戴口罩、测量体温、查验健康通行码、询问流行病学史）。将发热患者及时引导至发热门诊就诊，对发热患者信息进行详细登记，保证患者与院内其他人员保持安全距离，避免交叉，形成发热患者就诊闭环管理。在9处镇卫生院、社区卫生服务中心设置发热哨点，做到发热患者早发现、疑似对象早隔离。落实院感防控措施。开展疫情防控、院感防控等各类专项培训近30场次，培训医务人员6000余人次，指导医务人员做好预检分诊、个人防护等工作，落实好医疗机构医疗废物规范处置。成立院感防控督导组，不定期对各单位院感防控等工作进行督导检查。对各医疗机构院感管理人员进行清单化管理，建立由19人组成的区级院感管理队伍名录，定期开展新冠肺炎疫情院感防控专项培训，确保所有工作人员均能掌握相应院感防控知识。定期对各级各类医疗机构的院感防控工作进行督导检查，督导检查30余次，严格落实疫情防控政策，确保督导检查全覆盖。提升核酸检测能力。改造和新建威海卫人民医院、威海口腔医院和区疾病预防控制中心3处PCR实验室，全区公立医疗机构每日核酸检测能力达4000管。制订《新冠病毒核酸全员检测应急方案》，统一部署采样点设置、人员组织、信息登记、采集流程、转运送检、核酸检测等工作，统筹安排采样队伍和检测队伍，确保规定时间内完成检测任务。组织一级以上医疗机构检验人员参加新冠病毒核酸检测专项培训，78人通过考核。组织全区公立医疗机构检验人员参加轮岗培训，提高卫生技术人员操作熟练程度，提升核酸检测队伍采样检测效率，确保有效应对大规模核酸检测任务。

应急演练与医疗保障 2020年，区卫生健康局组织区级发热患者处置全流程演练、区级核酸检测应急演练、区疫情防治与专家组疫情防控实战演练各1次；牵头开展区级新冠肺炎疫情防控综合演练桌面推演1次，组织疫情防控应急演练和大规模核酸采样检测应急演练20余场次，进一步规范预检分诊流程、发热门诊处置、病区病房管理、医疗废物规范处置及重点部位、重点科室的疫情处置能力。为半月湾国际沙滩音乐节、区事业单位招考、沙滩铁人三项赛等赛事、重要会议等提供医疗保障34次，出动救护车42车次、医护人员124人次，全力保障各类活动安全开展。派出3名专业技术人员参加初中学业考试、高中学业水平合格考试、山东省公务员考试考点疫情防控工作。派出2名专业技术人员参加在威海南海新区举办的2020年国际乒联世界杯比赛新冠肺炎疫情防控工作。

集中隔离（服务）点服务管理 面对境外输入防控压力，1月30日，环翠区先后启动13处集中隔离点（如家酒店文化东路店、银鹏大酒店、景缘商务酒店、汉庭快捷酒店、全季酒店、如家酒店海滨中路店、银座佳驿酒店、百纳中心大酒店、七天连锁酒店、喆啡酒店、东方大酒店、顺沁苑宾馆、羊亭人才公寓），所有单位全部参与运营，抽调300余名医务人员、机关干部和公安民警等在集中隔离点做好24小时服务保障。进入常态化防控后，进一步加强联防联控，切实完善从“国门”到“家门”无缝对接，对完成隔离和检测的入境人员由所属镇（街道）“点对点”接送，在属地医疗卫生机构指导下继续做好后续居家健康管理、健康监测和检测等相关措施，确保境外到威海人员全链条闭环管理。按照集中隔离场所相关设置规定，组织相关部门对顺沁苑宾馆的建筑、消防、环保等方面进行指导验收，工作人员实行全封闭管理，严格实行24小时值班值守，各楼层角落均配备视频监控系统，监控资料可保存60天，严格落实安全生产责任制。严格落实卫生防疫措施。按照设置标准，对酒店大厅和各个楼层进行改造处理，在酒店内外分别设置“4区”（生活区、工作区、物资保障区和隔离区）和“3通道”（隔离人员通道、医务人员通道、医疗废物通道），并在酒店外部划分区域设置警戒线，保障隔离人员与工作人员分流，做好消毒隔离措施，避免交叉感染。对隔离区内外环境进行定点消毒和卫生清扫，确保全方位做好隔离（服务）点消杀工作，严格遵守医疗废物管理要求，由专业处置单位进行回收处置。至年末，顺沁苑集中隔离（服务）点接收医学观察人员4056名，采集样本2258份，消毒面积113.2万平方米，处置医疗废弃物14.37吨。强化健康服务和人文关怀。实行“一人一档”管理方式，建立“三圈”服务模式，即“朋友圈”“服务圈”和“疏导圈”，组织工作人员耐心做好疫情防控政策、管理方式、住宿条件、费用收取等相关事项的宣传解读，进一步提升顺沁苑宾馆的精细化服务水平。

企业复工复产 2020年，区工业和信息化局在抓好新冠肺炎疫情防控工作的同时，提早着手，为企业复工复产创造条件。2月3日，印发《工业企业预防新型冠状病毒感染的肺炎疫情指导规范》，从物资准备、组织保障、人员管理、场所管理和应急处置5个方面，为企业开复工提供操作标准和制度指导。同月10日，环翠区内企业开始复工复产。严格落实现场勘验审批开工手续，采取双三级管控的防控体系设置，即“区—镇—网格”和“企业—班组—工位”立体化、全覆盖，有领导分包和具体人员联系。对复工复产的规模以上企业逐一派出“驻厂员”，督导企业严格落实疫情防控主体责任，帮助企业解决生产经营需要的防护物资、原材料、生产设备、流动资金及员工返岗等方面的困难和问题。在落实国家、省、市各项支持政策的基础上，结合实际，出台《关于应对新型冠状病毒感染肺炎疫情支持中小企业平稳健康发展的若干意见》，包括6条政策措施，分别为设立政策兑现专项资金、加强应急转贷基金使用、提高企业贷款贴息标准、加大工业技改扶持力度、扩大大学生“521生活津贴”发放范围、开辟审批服务绿色通道，帮助中小企业应对疫情带来的影响，全力支持中小企业健康稳定发展。同月25日，全区2071家工业企业复产1514家，复产率73%，复工职工35519人，占全部职工的71%。其中，113家规模以上工业企业全部复工，产能恢复利用率79%。

教育复学复课 2020年，区教育体育系统疫情防控工作整体平稳可控，逐步由“应急预防”转为“常态防控”，没有出现疫情方面的突发意外事件。延学阶段，指导各学校形成符合校情的“两案九制”（疫情防控方案、应急处置预案，传染病疫情报告制度、健康管理制度、健康教育制度、晨午晚检制度、因病缺勤登记追踪制度、复课证明查验制度、通风消毒制度、环境卫生检查制度、免疫预防接种查验制度）、“复学一日流程”（错峰错时上下学流程、教室活动流程、课间活动流程、饮水流程、如厕流程、洗手流程、体育活动流程，错峰错时就餐流程），有序推进384名重点疫区返程师生及相关隔离工作，投入265万元为各学校配发和增设体温检测设备、消毒用品、应急口罩等防疫物资。有序开展网上教学和家校沟通工作，畅通网络平台建设，线上教研、教学同步推进，不断提升“停学不停课”线上教学质量，先后录制网上教学资源包4063个，发布各级各类通告、一封信等1500余篇，有效形成舆论引导力，使全系统的疫情防控工作有目标、有措施、有落实、有效果，平稳有序扎实推进。复学阶段，由区教育体育局、区卫生健康局、区市场监管局等部门联合成立7个督查核验小组，根据省48项核验条件，对各学校实施“面上普查”“实战演练”“考核验收”6轮督查核验，确保准备工作做实做细，所有学校、幼儿园全部通过区级核验及省、市抽检。至11月2日，全区35所中小学（含中职）、62所幼儿园、115家培训机构全部完成复学复园，55239名学生、17171名幼儿回归校园，学校整体运行平稳，师生状态良好，各项教育教学工作逐步进入常态化轨道。通过政府购买服务，在为每所学校配齐校医的基础上，再为各学校配备“一对一”驻校医生。依据教育复学工作组的专业指导，梯次借鉴不同批次的复学复课经验，规范实施“开学第一课”“错峰上下学”“两点一线家校往返”“错时分批就餐”“点对点医校联动”“心理疏导”“应急处置”等具体举措，并推动制度化、常态化建设，保证学生“一日流程”科学有序，为学生营造健康安全的校园环境。

复工复产、复学复课疫情防控指导 2020年，区卫生健康局外派医务人员138人次随车奔赴省内外地市，“点对点”接返外地职工130余车次，全程进行疫情防控指导与医疗保障。制订《企业复工复产疫情防控方案》，配备135名业务骨干，深入企业现场开展防疫指导和防疫知识培训工作，完成复工复产企业疫情防控指导2000余家，开展培训600余次，培训职工4000余人。制定《学校复课复学新冠肺炎疫情处置流程》，抽调30余名工作人员与区教育体育局组成核验、巡查督导组，对全区中小学校进行“一对一”复学复课前疫情防控技术指导。

抗疫支援 2020年2月2日，威海卫人民医院护理人员张丽妍、夏明杰、周翔宇、宋艺、于佳卉、宫玫洁6人进驻威海市胸科医院，参与新冠肺炎患者医疗救治工作。同月9日，环翠区首批援助湖北医疗队的仪庆春、孙玲玲、谢添3名医护人员出征武汉汉阳国博方舱医院，与来自全国各地的援鄂医护人员一起连续奋战近2个月，共同打赢武汉疫情防控保卫战。4月1日，援鄂医务人员平安归来。同月18日，夏明杰、宋艺、于佳卉、宫玫洁4人又转战烟台奇山医院，完成各项新冠肺炎支援救治任务。

（金琪童　陈程莉）

大事记

1月

1日 “中国体育彩票”2020年全国新年登高健身大会活动在张村镇里口山风景名胜区举行。

6日 市委副书记张宏伟到竹岛街道翠竹社区慰问困难劳动模范刘以先。

11日 环翠区召开全区老干部情况通报会暨2020年春节慰问大会。

12日 环翠区召开“不忘初心、牢记使命”主题教育总结大会。

13日—14日 中国人民政治协商会议第十四届威海市环翠区委员会第四次会议举行。

14日—15日 威海市环翠区第十八届人民代表大会第四次会议举行。

16日 市委常委、宣传部部长刘广华到环翠区走访慰问部分道德模范和身边好人。

17日 “环晟商业管理”2020百姓春晚在市群众艺术馆海洋剧场举办，晚会由区委宣传部主办，区融媒体中心承办。

20日 市政协主席高旭光到山东新北洋信息技术股份有限公司，走访看望专家人才代表丛强滋。

26日 区委副书记、区长、区委新型冠状病毒肺炎疫情处置工作领导小组组长徐明主持召开领导小组会议，对全区疫情应对处置工作进行研究部署，动员全区上下按照战时机制，坚决控制疫情扩散蔓延。

30日 区委外宣办、区政府新闻办召开新闻发布会，区人力资源社会保障局、区商务局、区卫生健康局、区市场监管局相关负责人及区疾病预防控制中心疾控专家介绍全区新型冠状病毒肺炎疫情联防联控工作有关情况。

同日 环翠区区级新型冠状病毒感染的肺炎疫情集中隔离点——顺沁苑宾馆启用，确定海日大酒店和如家快捷酒店（威海卫人民医院店）作为集中隔离点备选酒店。

31日 区委副书记、区长、区委新型冠状病毒肺炎疫情处置工作领导小组组长徐明深入部分镇（街道），督导检查集中留观点设置、社区防疫开展和口罩投放等工作。

2月

1日 市人大常委会主任王学文到嵩山街道向阳社区、威海市山花地毯集团有限公司、家家悦物流中心等地督导检查新型冠状病毒肺炎疫情处置工作。

同日 区委副书记、区长、区委新型冠状病毒肺炎疫情处置工作领导小组组长徐明主持召开全区新型冠状病毒肺炎疫情应对处置领导小组会议，会议指出要重视企业开复工工作，帮助企业落实疫情防控各项措施，规范集中隔离、居家隔离程序。市人大常委会主任王学文到会督导。

同日 环翠区召开新闻发布会，区教育体育局、区人力资源社会保障局、区商务局负责人介绍环翠区教育系统延期开学、联防联控、企业复工复产、外来务工人员管理和重点物资供应保障等工作情况。

2日 市委书记、市委新型冠状病毒肺炎疫情处置工作领导小组组长王鲁明到环翠区集中隔离医学观察点、疫情防控指挥部、竹岛街道等地现场督导检查疫情防控工作。

同日　区委副书记、区长、区委新型冠状病毒肺炎疫情处置工作领导小组组长徐明主持召开全区新型冠状病毒肺炎疫情应对处置领导小组会议，会议强调要加大医疗物资供给力度，建立完善应急处置预案，对疫情防控的安排部署、宣传教育、应急管理等工作全方位检查监督，同时抓好村（社区）的防控工作，做好外来人员的管控。市人大常委会主任王学文到会督导。

3日　区委副书记、区长、区委新型冠状病毒肺炎疫情处置工作领导小组组长徐明主持召开全区新型冠状病毒肺炎疫情应对处置领导小组会议，会议指出要抓好居民小区的防控工作，做好物资保障和供应。市人大常委会主任王学文到会督导。

4日　市人大常委会主任王学文到羊亭镇、张村镇督导检查企业复工复产情况。

5日　区委副书记、区长、区委新型冠状病毒肺炎疫情处置工作领导小组组长徐明主持召开全区新型冠状病毒肺炎疫情应对处置领导小组会议，会议强调要加强对居家隔离人员的规范指导，抓好企业复工复产，加大防疫物资的保障力度。市人大常委会主任王学文到会督导。

同日　环翠区召开新型冠状病毒肺炎疫情新闻发布会，副区长沈燕萍、区卫生健康局相关负责人及区疾控专家介绍全区新型冠状病毒肺炎疫情联防联控工作有关情况。

6日　区委副书记、区长、区委新型冠状病毒肺炎疫情处置工作领导小组组长徐明主持召开全区新型冠状病毒肺炎疫情应对处置领导小组会议，会议强调要抓好规模以上企业和中小微企业复工复产，落实上级扶持政策和环翠区支持企业意见，做好“六稳”工作。市人大常委会主任王学文到会督导。

同日　环翠区首例新型冠状病毒肺炎患者从威海市胸科医院治愈出院。

8日　威海广泰空港设备股份有限公司捐赠两辆总价值350万元的方舱医疗车驰援武汉。

9日　市委书记、市委新型冠状病毒肺炎疫情处置工作领导小组组长王鲁明到威海人生药业集团股份有限公司、威海先优纸业有限公司、威海市海王旋流器有限公司等企业实地督导疫情防控和复工复产工作。

同日　威海卫人民医院、威海口腔医院选派仪庆春、孙玲玲、谢添3名医护人员驰援遭受新冠肺炎疫情突袭的武汉。

12日　区委副书记、区长、区委新型冠状病毒肺炎疫情处置工作领导小组组长徐明主持召开全区新型冠状病毒肺炎疫情应对处置领导小组会议，会议要求要稳妥有序推进企业复工复产，针对企业复工复产和返程高峰到来的实际，建立联动机制，确保快检快通。

14日　环翠区举行众志成城共克时艰——“向湖北疫区”捐款活动，接收捐款捐物折合1434万元。

16日　张村镇与威海市公交集团组织“点对点，家到家”定制包车到菏泽、泰安、济宁等地市，接66名务工人员返回威海。

20日　市委副书记、市长张海波到山东威高四海酿造有限公司、威海银兴预应力线材有限公司、威海怡和专用设备制造有限公司等企业调研企业冲击新目标工作，现场协调解决新冠肺炎疫情防控期间企业面临的困难问题。

同日　环翠区组织首辆省外“点对点，家到家”定制包车到河南省范县接20名务工人员返回威海。

21日　区委副书记、区长、区委新型冠状病毒肺炎疫情处置工作领导小组组长、区委经济运行应急保障指挥部指挥长徐明主持召开区委新型冠状病毒肺炎疫情处置工作领导小组暨经济运行应急保障指挥部工作会议。会议强调要做好养老机构新冠肺炎疫情防控工作；稳妥有序做好学校师生的返校工作；建立健全企业职工数据库；安全规范引导农业、渔业复工复产；紧盯护林防火、植树造林、松材线虫病防治等重点领域；推进城乡环境整治、精细化管理提升；补齐公共环境和公共卫生短板。

22日　市委书记、市委新型冠状病毒肺炎疫情处置工作领导小组组长王鲁明到威海化工机械有限公司、山东华素制药有限公司、威海龙港纸业有限公司等地现场办公，研究推进企业复工复产和重点企业冲击新目标工作，强调中小企业是威海的优势、潜力和希望所在，关键时刻各级要伸出援手，全方位搞好服务。

同日　市委副书记、市长张海波到码头小学、实验中学现场督导新冠肺炎疫情防控、线上教学和开学准备等工作。

23日　市委副书记、市长张海波到温泉镇卫生院，调研新冠肺炎疫情防控体制机制和公共卫生应急体系建设。

24日　威高百货、振华商厦、华联商厦等11家大型商场恢复正常营业。

3月

2日 威海新元投资集团有限公司捐赠20吨、价值12.5万元的优质苹果发往湖北黄冈，为山东医疗队送去家乡的慰问和祝福。

3日 市委书记、市委新型冠状病毒肺炎疫情处置工作领导小组组长王鲁明到环翠区鲸园文体中心督导城建重点项目复工和疫情防控工作。

4日 市委书记、市委新型冠状病毒肺炎疫情处置工作领导小组组长王鲁明到温泉学校、第二实验小学、第二实验小学幼儿园等学校督导，研究部署学校疫情防控和开学准备工作。到S201威东线景观绿化工程现场、仙姑顶区域植被恢复项目现场、嵩山街道五家疃村石窝剧场等地督导春季植树造林、荒山绿化和废弃矿山治理工作。

6日 环翠区举行重点项目集中开工仪式，爱华海绿色图文影像新材料生产项目、宝威新材料智能工厂项目、新材料装备产业园项目等11个重点项目集中开工，总投资37.4亿元。

9日 市委书记王鲁明到环翠区环海步道华岳酒店、梭鱼台、山东村老码头等地督导海岸线整治、滨海步道建设工作。

同日 市委副书记、市长张海波到国华大厦、远遥中心渔港水产品交易市场督导“半拉子”工程和闲置低效用地处置工作。

10日 市委书记、市委新型冠状病毒肺炎疫情处置工作领导小组组长王鲁明到威海小商品批发市场、银座家居幸福店、威高广场商业综合体项目现场督导服务业复商复市、新冠肺炎疫情防控和食品安全监管工作。

12日 市领导王鲁明、张海波、王学文、高旭光、张宏伟到里口山风景名胜区仙姑顶片区，与环翠区干部群众一起参加义务植树活动。

13日 市人大常委会主任王学文到威海龙港纸业有限公司调研分包联系企业，了解企业生产经营、项目建设及复工复产情况。

同日 市政协主席高旭光到华夏城生态文明馆、威海怡和专用设备制造有限公司调研企业生产经营、项目建设及复工复产情况。

18日 海关总署副署长邹志武率中共中央办公厅、国务院办公厅复工复产调研组到环翠区食尚地美食广场、振华商厦等地调研复工复产情况。

同日 环翠区落实国有企业对外租赁房产租金减免优惠政策，制定租金减免办法，为中小微企业、个体工商承租户减免租金412.95万元。

20日 市委书记王鲁明到环翠区海景国际公馆项目、孙家疃街道北山路两侧地块、明辰置业地块督导低效用地规划整治、闲置项目及“半拉子”工程处置工作。

23日 环翠区召开全区“重点工作攻坚突破年”动员大会，动员全区上下以更加强烈的责任担当、更加饱满的精神状态、更加务实的工作作风，强力推动各项工作攻坚突破。

25日 市委常委、宣传部部长刘广华到威海卫公立第一中学党小组旧址、石窝剧场、晟仙俊美蝴蝶兰产销基地等地调研国家公共文化服务体系示范区创建及重点文旅项目规划建设情况。

同日 区委副书记、区长徐明到威海建设集团股份有限公司、金猴集团有限公司、威海市商业银行股份有限公司等获授威海市2019年度财税地方贡献50强表彰的企业，为他们送去奖牌和市委、市政府的感谢信。

27日 区委副书记、区长、区委新型冠状病毒肺炎疫情处置工作领导小组组长、区委经济运行应急保障指挥部指挥长徐明主持召开区委新型冠状病毒肺炎疫情处置工作领导小组暨经济运行应急保障指挥部工作会议。会议强调要严格落实“外防输入、内防反弹”策略，支持各类企业及个体工商户等复工复产，主动引导消费、促进消费、激活消费，最大限度减少疫情带来的影响，努力实现一季度经济社会发展良好开局。

31日 环翠轻户外运动小镇党建联盟成立暨乡村振兴项目签约仪式在嵩山街道五家疃村石窝剧场举行。省派“四进”（进企业、进项目、进乡村、进社区）工作组组长于旭东参加活动。

4月

1日 参加驰援武汉的3名环翠区医护人员完成救治任务后，安全返回威海。

2日 市委书记王鲁明到威海新元化工有限公司、威海市瀚玉化纺有限公司督导安全生产工作。

同日 环翠区举行援鄂、援胸科（烟台奇山）医护人员凯旋欢迎仪式暨交流座谈会。

3日 市委副书记、市长张海波到城里中学调研学校新冠肺炎疫情防控工作。

同日 新冠肺炎疫情防控期间

暂时停止营业的古陌早市、塔山早夜市、古北早市等10处早夜市恢复正常营业。

12日 市委书记张海波到环翠区威东夼路、苏州街等部分社区、背街小巷及公共服务设施项目现场，督导解决制约精致城市建设的突出问题。

13日 市委副书记、代市长闫剑波走访山东新北洋信息技术股份有限公司、威海海鑫新材料有限公司和威海广泰特种车辆有限公司，调研远遥浅海科技湾区规划建设情况。

14日 市委常委、组织部部长刘运到羊亭镇贝草夼村、半壁山村和威海银河生物技术有限公司调研基层党组织建设和人才引进培养工作。

同日 环翠区“吹哨报到”攻坚行动暨红色物业住宅小区综合整治集中攻坚月启动仪式在环翠楼广场举行，省派威海省纪委监委机关工作组（驻环翠区）组长于旭东参加活动。

同日 环翠区首高科技术转移中心被省科技厅评为2020年度省级技术转移服务机构，是威海市首家社团组织形式的省级技术转移服务机构。

16日 市委书记张海波到羊亭镇孙家滩园区污水口、威海湾九里污水处理泵站等地督导生态环保工作。

同日 环翠区双创人众创空间被科技部评为2020年度国家备案众创空间，是环翠区首家获得国家备案的众创空间。

20日 省委宣传部、省文明办、省民政厅联合授予刘长城、李双举为“山东省抗击疫情优秀志愿者”，授予威海长城爱心大本营为“优秀志愿服务组织”。

同日 威海市首家采取政府购买服务方式建立的应急救援站在温泉镇揭牌。

同日 以中科院院士姚建铨为首席科学家的院士团队牵头的首个院士项目——威海激光与光电子信息技术研究院落户威海创新园新一代信息技术科创中心。

21日 威海市首家知识产权人民调解委员会在区法院张村法庭揭牌。

同日 市委书记张海波到环翠楼街道综治中心、鲸园街道党群服务中心，调研基层治理能力和精致城市建设。

22日 市委书记张海波到威海恒煜医疗器材有限公司调研企业冲击新目标工作。

27日 市政协主席高旭光率调研组到孙家疃街道中国油画小镇、张村镇里口山风景名胜区、羊亭镇羊亭河湿地公园等地调研乡村旅游工作推进情况。

28日 新时代文明实践基地在孙家疃街道中国油画小镇咨询服务中心举行揭牌仪式。

30日 区委副书记、区长、区委新型冠状病毒肺炎疫情处置工作领导小组组长、区委经济运行应急保障指挥部指挥长徐明主持召开统筹新冠肺炎疫情防控和经济社会发展专题会议，会议要求突出“五一”时间节点，聚焦交通出行、景区、餐饮等重点领域，抓好新冠肺炎疫情防控各项工作。

5月

8日 市委书记张海波到威海汉鼎渔具有限公司调研数字经济及产业发展情况。

同日 新冠肺炎疫情防控期间暂时停课的实验中学、城里中学、塔山中学等12所学校初中毕业年级和威海市海诚商业学校毕业年级学生复学复课。

同日 环翠区首家土地股份农民专业合作社——威海宋家红土地股份农民专业合作社成立。

9日 市委副书记、代市长闫剑波到实验中学督导学校新冠肺炎疫情防控和复学复课工作。

同日 中共威海市环翠区纪委十五届六次全体会议举行，会议传达学习贯彻中纪委十九届四次全会、省纪委十一届五次全会和市纪委十五届五次全会精神，总结2019年全区纪检监察工作，部署2020年工作任务。

11日 环翠区“5·12国际护士节”表彰大会举行，对2019年度和在新冠肺炎疫情防控期间表现突出的护理工作者进行表彰。

12日 省委调研组到竹岛街道金融商圈和翠竹社区、环翠楼街道吹哨报到“全响应”中心等地调研城市基层党建工作。

19日 市委副书记、代市长闫剑波到远遥中心渔港现场督导检查海洋伏季休渔和渔业安全生产工作。

21日 环翠区对威海广泰空港设备股份有限公司、金猴集团有限公司、威海魏桥科技工业园有限公司、华夏文化旅游集团股份有限公司、威海蓝海银行股份有限公司5家抗击新冠肺炎疫情捐助突出贡献单位和威海新北洋数码科技股份有限公司等41家抗击新冠肺炎疫情捐助先进单位通报表扬。

22日 市委副书记、代市长闫剑波到顺河街海翔农贸市场、星乐公园项目现场、四方社区食堂等地督导为民实事工作。

25日 新冠肺炎疫情防控期间暂时停课的实验中学、城里中学、塔山中学等14所学校初中非毕业年级和威海市常春藤外国语学校学生复学复课。

26日 新冠肺炎疫情防控期间暂时停课的统一路小学、长征路小学、实验小学等24所小学三年级至五年级学生复学复课。

27日 市委副书记张宏伟到远遥中心渔港警务工作站调研督导海上疫情输入防控工作。

28日 区政府召开2020年度扶持政策新闻发布会，区委常委、副区长王大治出席发布会，介绍环翠区2020年度扶持政策总体情况，发布2020年龙头企业、工业等方面11项扶持政策。

6月

1日 省委常委、政法委书记林峰海到公安环翠分局恩雨警务室、孙家疃边防派出所远遥中心渔港警务工作站调研平安建设、市域社会治理和服务保障复工复产等工作。

2日 新冠肺炎疫情防控期间暂时停课的统一路小学、长征路小学、实验小学等24所小学一、二年级学生复学复课。

3日 市委副书记张宏伟到威海建设集团股份有限公司、中节能环保新材料产业园走访调研，协调解决企业发展中遇到的困难问题。

9日 新冠肺炎疫情防控期间暂时停课的机关幼儿园、教育幼儿园、望岛幼儿园等55所幼儿园复学复课。

10日 市委书记张海波到海港大厦和财富广场调研服务业企业及个体工商户经营情况。

12日 环翠楼街道被省文化和旅游厅评为第三批全省“非遗助力脱贫、推动乡村振兴”典型乡镇（街道）。

15日 区委副书记、区长徐明到新威附路历史文化街区、栖霞街特色商业步行街、属相街特色商业步行街等地督导特色街区打造、海岸带综合整治修复、环海步道建设等工作；到半月湾休闲体验街、北山路特色街区、东城路夜市等地调研特色街区和夜间经济发展情况。

16日 市委书记张海波到环翠区督导环山路沿线环境整治和绿化提档升级工作。

17日 市委书记张海波到孙家疃街道中国油画小镇督导国家公共文化服务体系示范区建设工作。

19日 全区文明委全委扩大会议暨创建全国文明城市工作动员会议召开，收看全市文明委第二次全委扩大会议暨全国文明城市“三连冠”创建动员会议，安排部署环翠区相关工作。

22日 市委书记张海波到威海水产品批发市场督导常态化新冠肺炎疫情防控工作。

23日 市委书记张海波到金线顶公园、威海二中北校区过街天桥、观海小区停车场等为民实事项目现场，督导精致城市和为民实事项目建设进展。

26日 威海市华辉物业服务有限公司项目经理徐敏被省委组织部评为省级“抗疫榜样”。

28日 威海市“双招双引”暨项目建设推进大会与会人员到新北洋智能终端设备产业园和中节能环保新材料产业园观摩督导。

是月 张村镇、张村镇刘家疃村、嵩山街道五家疃村、温泉镇张家山村、羊亭镇梅家沟村被省委组织部、省委宣传部、省发展和改革委员会等部门联合评为山东省乡村振兴“十百千”示范创建工程。

是月 威海天之卫网络空间安全科技有限公司的“基于SDWAN的网络安全互联平台及工业转型升级应用示范”项目和山东华素制药有限公司的“高端降压药用无毒关键中间体原料研发及应用”项目，获批科技部“科技助力经济2020”重点专项立项。

7月

1日 威海市公安局海岸警察支队环翠大队及其所属的孙家疃派出所、双岛派出所、刘公岛派出所、环翠水上派出所揭牌成立。

同日 威海市首家集“互联网和物联网”为一体的智慧化预防接种门诊在张村镇一品南山社区正式启用。

3日 区委副书记、区长徐明到中欧水处理及膜技术创新产业园、节能环保装备研究中心、山东威海双创人创新创业孵化园等地，调研部分重点科技园区运营情况。

7日 威海市“抗疫榜样”先进事迹报告会环翠专场在“为了人民”基层党建教学点举行，葛玲、汤鹰、谢添、孙玲玲等“抗疫榜样”讲述抗疫故事。

8日 区委副书记、区长徐明到威海城市国际化交流展示中心、一战华工展馆、中国油画小镇半月湾创作休闲区等地，围绕中国油画小镇视觉效果、半月湾业态布局、北海油画产业街区打造等方面，调研文化产业发展情况。

同日 环翠区首个“希望小屋”

儿童关爱项目在张村镇建成并投入使用。

11日　“2020北山之夜”威海市夜间经济启动仪式在孙家疃街道北山街举行。市委副书记、代市长闫剑波，副市长杨丽，区委副书记、区长徐明参加活动。

13日　威海西港游艇有限公司设计的35米玻璃钢豪华游艇产品获得山东省第三届“省长杯”工业设计大赛铜奖。

14日　副省长孙继业到环翠区防汛物资仓库、望岛河治理工程现场督导检查防汛工作。市领导张海波、侯世超、高书良参加活动。

16日　“草原与海——鄂尔多斯、威海两地学术互访交流威海写生展览活动”在中国油画小镇咨询服务中心举行。

18日　市委书记张海波到中信小区督导住建领域矛盾问题化解工作。市、区领导侯世超、徐明参加活动。

20日　S201威东线田和至温泉段改建工程全线竣工并通过验收，环山快速路正式通车。

22日　“初心·1932”红色印迹馆、威海市社区党史（史志）宣教基地、环翠区新时代文明实践研学基地在观海社区举行揭牌仪式。市委常委、宣传部部长刘广华，区委副书记、区长徐明出席仪式。

24日　区委副书记、区长徐明到威海卫人民医院、前进社区、统一路小学等地，督导调研创建全国文明城市工作开展情况。

同日　环翠区“两新”组织党建红盟暨首届“党建惠企、红盟市集”启动仪式在羊亭河湿地公园举行。

25日　人民日报社、新华社、中央广播电视总台等13家中央媒体以及大众报业集团、山东广播电视台、山东商报社等多家省级媒体的40多名记者组成的“看变化　看发展　看成就——中央媒体‘走向我们的小康生活’主题采访团”到羊亭镇贝草夼村、张村镇王家疃村、鲸园街道花园社区和长征社区，开展主题采访报道活动。

26日　2020年环翠区第30届广场纳凉晚会启动仪式在幸福门广场举行。

29日　区委副书记、区长徐明到威海军分区、91827部队和解放军九七〇医院走访慰问驻区部队官兵。

31日　第四届半月湾国际沙滩音乐节在孙家疃街道半月湾开幕。

8月

2日　区委副书记、区长徐明到家家悦中心店、大世界鲜活市场、祥云物业服务中心等地，督导第六届全国文明城市创建工作。

3日　环翠区组织收看威海市创建第六届全国文明城市工作推进会议实况，召开全区创建（第六届）全国文明城市工作推进会议。

5日　市委常委、宣传部部长刘广华到西城农贸市场、威海市立医院、威海市图书馆等地，督导调研第六届全国文明城市创建工作。

6日　市委书记张海波到威海卫人民医院、威海百货大楼、区政务服务中心等地，督导检查第六届全国文明城市创建工作。

6日—7日　全区重点工作攻坚突破推进会议举行。会议采取实地观摩和集中开会相结合的方式，与会人员实地观摩威海宝威新材料科技有限公司新材料智能工厂、中节能环保新材料产业园、华夏欢乐谷等17个重点项目。区委副书记、区长徐明出席会议。

7日　中共威海市环翠区第十五届委员会第七次全体会议举行。全会深入学习贯彻省委十一届十一次全会、市委十五届九次全会精神，听取徐明代表区委常委会所作的工作报告，审议通过《关于深化改革创新打造对外开放新高地的实施意见》。

9日　2020环翠区第八届社区文化节在孙家疃街道半月湾举行。

12日　市委副书记、市长闫剑波到威海市山花地毯集团有限公司调研冲击新目标入库企业情况。

同日　第二十二届中国科协年会海洋智能装备及智慧海洋论坛（威海）召开。中国工程院院士杜善义、侯晓、周志成、曹喜滨，中国科学院院士包为民到远遥浅海科技湾区参观考察。市、区领导张伟、徐明参加活动。

13日　市委书记张海波到招商银行威海分行营业部、威海市中医院、竹岛街道望岛社区等地，督导检查第六届全国文明城市创建工作。

14日　区委副书记、区长徐明到羊亭镇和兴路、温泉镇工友路等地，督导检查第六届全国文明城市创建工作。

17日　市委常委、宣传部部长刘广华到张村镇新柳社区和华联商厦，督导检查第六届全国文明城市创建工作。

18日　市人大常委会副主任李文基带领检查组到威海新元化工有限公司，开展《中华人民共和国土壤污染防治法》执法检查和《中华人民共和国水污染防治法》黑臭水体整治情况检查。

20日　副市长杨丽到竹岛街道翠竹社区督导检查第六届全国文明城市创建工作，到舒润纺织品销售中心督导检查旅游市场秩序整治及文旅行业第六届全国文明城市创建工作。

20日—21日　区委副书记、区长徐明到温泉镇双泉城社区、威海市农副产品批发市场、孙家疃街道安海社区党群服务中心等地，督导检查第六届全国文明城市创建工作。

21日　山东省科学院中试基地威海创新服务中心启动暨院地合作项目签约仪式举行。

26日　威海市长城爱心大本营“双自”之门8+1助残公益项目被中共中央宣传部、中央文明办评为2019年度全国学雷锋志愿服务“四个100”最佳志愿服务项目。

28日　人民日报社、新华社、中央广播电视总台等30余家中央、省级媒体的记者到张村镇王家疃村和鲸园街道花园社区，调研报道环翠区在精致城市建设方面的情况。

30日　区委副书记、区长徐明到属相街特色商业步行街、栖霞街特色商业步行街、戚东夼路改造现场等地，调研精致城市建设工作。

9月

1日　市委书记张海波到青岛大学威海创新研究院，调研科技创新平台建设工作。

同日　市委副书记、市长闫剑波到半月湾小学，督导秋季学期开学新冠肺炎疫情防控和校园安全工作。

2日　市委副书记、市长闫剑波到鲸园街道祥云花园小区，调研“红色物业”工作。

3日　市委副书记、市长闫剑波到山东环球渔具股份有限公司、山东双轮股份有限公司、威海市海王旋流器有限公司，走访调研企业发展情况。

4日　区委副书记、区长徐明到羊亭镇和兴路、温泉镇工友路、竹岛街道新威附路等路段，督导检查第六届全国文明城市创建工作。

6日　环翠区第十届全民健身运动会铁人三项骑跑两项赛在羊亭河湿地公园举行，来自全市400余名铁三爱好者参加。

8日　远遥中心渔港被农业农村部评选为“第一批国家级海洋捕捞渔获物定点上岸渔港”。

10日　区委副书记、区长徐明主持召开《问政山东》反馈问题整改专题会议，要求主动对照相关问题，举一反三开展自查自纠，健全完善问题早发现、快处置的常态化工作机制，不断提升辖区群众的满意度、获得感和幸福感。

同日　“立德树人、奋进担当”环翠区2020年教师节庆祝大会举行，区委常委、宣传部部长、区委教育工委书记孙军，副区长沈燕萍参加会议。大会对全区教育系统涌现出来的“优秀志愿者”“优秀共产党员”“最美教师”“教书育人楷模”“优秀教师”“师德标兵”进行表彰。

17日　“2020国家网络安全宣传周——法治主题日”现场宣传活动在威高广场举行。

22日　市人大常委会主任王学文到戚东夼老旧生活小区综合改造工程现场、环海路滨海步道贯通工程现场、新威附路历史文化街区、羊亭河湿地公园四期工程现场，视察精致城市建设情况。

23日　区政府与自然资源部天津海水淡化与综合利用研究所签订“国家海水利用工程技术（威海）中心”共建合作协议。

同日　第二届“智汇环翠”国际创新创业大赛暨第五届“精致城市·创业环翠”创新创业大赛举行。

同日　“智汇环翠　共赢未来”2020海内外高层次人才环翠行活动举行。

25日　市政协副主席任慧春到环翠区中心敬老院、区残疾人康复中心，调研加强和完善社会救助工作。

28日　区委副书记、区长徐明到远遥浅海科技湾区、联东U谷·威海科创智汇港、威高广场等地，督导调度重点项目推进以及安全生产、市场供应、新冠肺炎疫情防控等工作。

29日　区政府与威海银保监分局共同主办、区地方金融监管局与威海市银行业协会承办的“金融点子”送春风暨金融辅导工作环翠区专场推介活动在威海宾馆举行。

10月

8日　市委书记张海波调研督导威海二中门前过街天桥、观海小区南停车场、属相街等城建重点项目建设和使用情况。

12日　2020中国（威海）合唱节暨环翠区第47届“5·23”歌咏会开幕。

13日　市委副书记、市长闫剑波到海源公园、远遥浅海科技湾区、栖霞街特色商业步行街调研城建重点项目建设，现场解决存在的问题。

14日　市委副书记、市长闫剑波到“12349”民生服务热线、华益社会工作服务中心、心丝带心理健康服务中心调研民政工作。

15日　由山东省科学技术厅、

威海市政府、中国膜工业协会、环翠区政府、哈尔滨工业大学（威海）等联合举办的“第十七届中欧膜产业技术创新合作大会”举行。中润水污智能环保科技（山东）有限公司、威海润蓝水处理设备有限公司、威海新欣环保科技有限公司等企业与中欧水处理及膜技术创新产业园完成项目签约。

同日 区人大常委会主任刘光辉带领区人大常委会部分常委到戚东夼老旧生活小区综合改造、环海路滨海步道贯通工程现场、新威附路历史文化街区，视察精致城市建设情况。

21日 区委副书记、区长徐明到张村镇新柳社区、永兴园社区走访慰问部分百岁老人和贫困高龄老人，并送上慰问金及节日祝福。

22日 市委书记张海波到环翠区中心敬老院走访。

同日 区人大常委会主任刘光辉、区政协主席连业礼、区委副书记邢海波到嵩山街道、孙家疃街道、温泉镇走访慰问部分百岁老人和贫困高龄老人。

26日 环翠区举行中国人民志愿军抗美援朝出国作战70周年纪念章颁发仪式，向环翠区籍16名抗美援朝出国作战的老战士、老同志代表颁发纪念章。

同日 省人大常委会委员、监察和司法委员会主任委员丛大鸣带领调研组到环翠区诉前人民调解委员会、竹岛街道翠竹社区、区公共法律服务中心和区法治宣传教育中心调研《中华人民共和国民法典》学习贯彻情况。

28日 市政协主席高旭光带队到新威附路历史文化街区等地对环翠区发展精品旅游、推动旅游产业高质量发展情况进行视察督导。

31日 2020年中国山地自行车联赛（第一站）——山东·环翠站在环翠轻户外运动小镇开赛，来自全国数百名运动员参加。

是月 环翠区被中共中央宣传部、农业农村部评为“我爱阅读100天”读书打卡活动“全国百强县”。

11月

3日 环翠区组织收看全市干部作风大改进行动推进会实况，召开全区干部作风大改进行动推进会。区委副书记、区长徐明出席会议并讲话。

5日 全市乡村文化振兴暨新时代文明实践中心、融媒体中心融合发展工作座谈会与会人员到嵩山街道五家疃村，调研乡村文化振兴、新时代文明实践中心建设等方面的情况。

9日 市委书记张海波到环翠区干部作风大改进行动工作专班现场办公，督导干部作风大改进行动开展情况。

同日 根据《威海市开发区体制机制改革创新实施方案》部署，桥头镇成建制划归环翠区。环翠区召开接收桥头镇领导干部会议，并举行桥头镇党委、政府挂牌仪式。

11日 市政协组织住威省政协委员到新北洋数码智能终端设备产业园、威海海鑫新材料有限公司、中节能环保产业园等地，视察经济社会发展情况。市、区领导高旭光、杨丽、夏景华、徐明等参加活动。

12日 区人大常委会主任刘光辉到竹岛街道海源社区、温泉镇柳河路新和园工程、嵩山街道环翠轻户外运动小镇二期项目等地，视察环翠区2020年为民实事项目推进情况。

15日 市委副书记贾瑞霭到威海广泰空港设备股份有限公司、威海新北洋数码科技股份有限公司、威海海鑫新材料有限公司等企业，调研经济社会发展和干部作风大改进工作。

17日 区政协主席连业礼到新威附路历史文化街区和万福邻里集市，视察环翠区部分城区重点改造项目推进情况。

20日 羊亭镇贝草夼村被中央文明委评为“全国文明村”。

23日 区委副书记、区长徐明到远遥浅海科技湾区建设现场和远遥中心渔港调度指挥中心，督导远遥浅海科技湾区建设工作。

25日 市委宣讲团中共十九届五中全会精神报告会举行。市委宣讲团成员、市委党校政治学教授王炳壮作宣讲报告。区委副书记、区长徐明主持会议并讲话。

同日 省妇联党组书记、主席孙丰华到竹岛街道梦海社区、环翠楼街道商圈、环翠区妇女儿童社会创新中心等地，调研妇女儿童工作。

26日 市委副书记、市长闫剑波到温泉镇下江家村，调研城乡冬季供暖保障工作。

30日 全区信用“五进”工作现场推进会召开，会议采取实地观摩和集中开会相结合的方式，与会人员到温泉镇小庄村、威海浦源食品有限公司、塔山小学、区市场监管局、鲸园街道菊花顶社区等地，了解环翠区信用进企业、进校园、进机关、进农村、进社区等工作。区委副书记、区长徐明出席会议并讲话。

同日 威海华夏城旅游景区被生态环境部评为“绿水青山就是金山银山”实践创新基地。

是月 翠竹小学入选教育部

2020年全国青少年校园篮球体育传统特色学校。

是月 山东省品牌建设促进会发布2020年度山东知名品牌公告，威海广泰空港设备股份有限公司空港地面设备、威海市山花地毯集团有限公司伊凯伦系列产品被认定为2020年度山东知名品牌（产品）。

是月 山东省抗击新冠肺炎疫情表彰大会在山东会堂举行，环翠区卫生健康局机关党委被中共山东省委评为“山东省先进基层党组织”，被中共山东省委、省政府评为“山东省抗击新冠肺炎疫情先进集体”；威海市公安局环翠分局、环翠区竹岛街道办事处被省委组织部、省人力资源和社会保障厅、省卫生健康委员会联合评为“山东省抗击新冠肺炎疫情先进集体”。

12月

2日 区委副书记、区长徐明带领相关部门到威海怡和专用设备制造有限公司、威海中远造船科技有限公司、威海人生药业集团股份有限公司等冲击新目标企业，现场协调解决企业发展中的困难问题，强调政企联手、提振信心、合力攻坚，全力推动企业冲击新目标、实现高质量发展。

3日 环翠区领导干部中共十九届五中全会精神专题学习班开班，传达学习中共十九届五中全会精神及内涵。区领导徐明、刘光辉出席开班仪式。

同日 环翠区重点产业项目——威海万达广场正式开业。广场总建筑面积约13万平方米，地上4层，地下1层，周边打造潮玩商街——嗨街1919，是一座城市全客层购物中心。

6日 环翠区被《小康》杂志社评选为“2020中国城市创新百佳示范县市”。

8日 市委副书记贾瑞霭到鲸园街道古陌社区党群服务中心宣讲中共十九届五中全会精神。区委副书记、区长徐明参加活动。

11日 市委书记张海波带领精致城市攻坚突破行动第三阶段暨“双招双引”和项目建设推进会议与会人员到威海宝威新材料科技有限公司智能工厂项目、亿达（威海）新材料应用创新中心、羊亭河湿地公园四期等地进行观摩。

14日 市人大常委会副主任李文基带领调研组到环翠区对《威海市城市国际化促进条例（草案）》开展立法调研。区人大常委会主任刘光辉、副主任戚务海参加活动。

15日 区政协主席连业礼带领视察组到威海口腔医院、顺沁苑集中医学隔离观察点、威海卫人民医院等地，视察全区医疗机构新冠肺炎疫情防控工作。

23日 市委副书记、市长闫剑波到鲸园街道古北社区党群服务中心指导社区学习贯彻中共十九届五中全会及中共威海市委十五届十次全体会议精神，征求各界代表对政府工作的意见建议。区委副书记、区长徐明参加活动。

25日 中共威海市环翠区第十五届委员会第八次全体会议召开，学习贯彻中共十九届五中全会、省委十一届十二次全会、市委十五届十次全会精神；听取讨论区委副书记、区长徐明代表区委常委会所作的工作报告；审议通过《中共威海市环翠区委关于制定环翠区国民经济和社会发展第十四个五年规划和二〇三五年远景目标的建议》；徐明就《建议》起草情况向全会作说明。

28日 区文化和旅游局、区文联、市音乐家协会等单位联合主办的“精致城市·首善之区”2021合唱新年音乐会在环翠区文化馆举行。

环翠概览

自然环境

【地理位置】 环翠区位于山东半岛东北部，行政区域地处北纬37°15′—37°35′，东经121°51′—122°24′，辖区总面积387.39平方千米（含桥头镇），海岸线长43千米。东、西、北三面濒临黄海，北面隔海与辽东半岛的大连市遥相对应，东面与朝鲜半岛隔海相望，东南与荣成市相连，南和西南与临港区接壤。环翠区是威海市中心区，是威海市政治、经济、文化、科技中心。

【地质】 环翠区位于山东省胶北断块隆起的东端，其南侧与胶莱拗陷的东部边缘接壤。环翠区出露地层自老至新有晚太古界的胶东群、中生界白垩系青山群及新生界第四系。褶皱构造栖霞复式背斜延至境内，且由近东西向向北弯转为北东走向，是古老的基底构造。断裂构造有近南北向的双岛断裂，北北东向的金牛山断裂和老母猪河断裂，北西向的望岛断裂、海埠和神道口断裂、俚岛和海西头断裂。岩浆岩主要有中生代燕山早期的昆嵛山岩体和文登岩体及晚期的石岛岩体、伟德山岩体和龙须岛岩体。

【地貌】 环翠区地处胶东低山丘陵区，地势中部和东南部高，西部和北部低，地势起伏和缓。除少数山峰海拔500米以上，大部分为200～300米的波状丘陵。低山丘陵和平原低地相间分布，低山丘陵区坡度较大，平原低地区地势较平缓。

【气候】 环翠区地处中纬度，属于北温带季风型大陆性气候，四季变化和季风进退都较明显。与同纬度的内陆地区相比，具有雨水丰富、年温适中、气候温和的特点。另外，受海洋的调节作用，又具有春冷、夏凉、秋暖、冬温，昼夜温差小、无霜期长、大风多和湿度大等海洋性气候特点。2020年，全区平均气温13.6℃，降水量764.3毫米，日照时数2417.8小时。

【水文】 境内位于胶东半岛东部的低山丘陵区，地下水资源量除受大气降水影响外，还受地形、地貌、岩性、地质构造和人类活动的影响，地下水位也呈动态变化状态。在一年之中，1月—6月地下水位一般呈下降趋势，7月—9月地下水位上升，10月—12月又呈缓慢下降。其年变化幅度，山丘区地下水位年变幅较大，平原区地下水位年变幅较小。

【土壤】 全区土壤类型有棕壤、潮土、盐土、风砂土、水稻土、山地草甸土6种土类。依据其各自的发育程度、附加成土过程和土壤属性，又分为棕壤性土、棕壤、潮棕壤；潮土、盐化潮土；盐土；半固定风砂土、固定风砂土8个亚类14个土属68个土种。棕壤土类是全区分布最广、面积最大的土类，遍及全区各镇（街道）的山丘地区，占土壤总面积的83.5%，占全区耕地总面积的82.5%。潮土土类为环翠区第二大类土壤，占土壤总面积的13.2%，占耕地总面积的17.5%。盐土和风砂土无耕地。从土壤（耕层）质地来分可归为3大类：砂性土、轻壤土、中壤土。从土体构型可分为15种类型，按其对作物的影响主要归纳为4大类型：均壤质型，均砂、夹砂、夹砾石型，夹粘、均粘型，硬（酥）石底型。砂性土占耕地总面积的61.3%，轻壤土占36.8%，中壤土占

1.9%。从化学性状来分，环翠区成土母质大部分为酸性岩和中性岩风化物，pH值除沿海一带少部分盐化潮土稍高外，其余土壤均呈中性至酸性，土壤pH值在3.8～8.1之间，众数为5.2。由于长期大量施用化肥，造成环翠区土壤严重酸化，90%以上土壤酸化，严重影响作物正常生长发育。2020年，经土壤酸化改良，环翠区土壤pH值众数在5.5左右。

【海域】 环翠区地处山东半岛东端，东、西、北三面濒临黄海。海岸线43千米，管辖海岛17个，均为未开发利用无居民海岛。分别是褚岛东南礁、褚岛、黑岛、牙石岛、日岛、小牙石岛、连林岛、屏风岛、三连黄岛、三连青岛、大截岛、中顶岛、伏狮岛、远遥岛、海龙岛、西小岛、海龟岛。

（丛振宁　刘雅静　王思文）

自然资源

【土地资源】 至2020年年末，环翠区土地总面积38739.02公顷。其中，农用地28474.41公顷，占总面积73.50%；建设用地8140.23公顷，占总面积21.02%；未利用地2124.38公顷，占总面积5.48%。

【矿产资源】 至2020年年末，全区发现矿产16种，探明储量8种。其中，金属矿产为金、铅、锌3种，非金属矿产为玻璃用石英砂、花岗岩（石材）2种，能源矿产为地热1种，水气矿产为地下水、矿泉水2种。

【水资源】 全区有小型水库28座，其中小（一）型2座、小（二）型26座，最大的为冶口水库，总库容为1608.8万立方米。有塘坝191座，总库容469.9万立方米。境内流域面积5平方千米及以上的河道有8条。其中流域面积50平方千米以上的河道有3条，分别为石家河、五渚河和羊亭河；流域面积200平方千米以上的河道有1条，为石家河。这些河道均属季节性河道，源短、流急，汛期暴雨成灾，河床冲刷严重，汛期过后，河道干枯，河床裸露。全区多年平均水资源总量11818万立方米。其中，地表水资源量8777万立方米，地下水资源量3041万立方米。地表水开发的主要工程形式为水库、塘坝、拦河闸。地下水开发利用的主要工程形式为机井、截潜流工程和沉井。

2020年环翠区流域面积5平方千米以上河流一览表

表1

河流名称	流域面积（平方千米）	干流长度（千米）	流　经　地
石家河	204.2	25.08	碑鲁、报信、邓家店、墩前、信河北、孟家庄、泊于至蒲湾入海
五渚河	108.0	26.99	西庄、台下、冶口、柳林、栾家店、雅家庄、温泉汤、崮山至卫家滩入海
羊亭河	59.0	12.00	北玉皇庙至孙家滩西
亭子河	33.0	4.70	马夼至温泉汤大桥
张村河	25.0	9.00	桃子山至皂西台南
张家山河	8.0	4.00	正棋山（张家山水库）至刘家台村东汇入亭子河
柳沟河	7.0	6.00	佛顶山至皂河北入海
王家疃河	5.0	1.60	王家疃至张村河

【生物资源】 陆地植物资源。境内农业植物品种繁多，资源丰富。主要农作物品种有小麦、玉米、花生、大豆、甘薯等，经济作物有苹果、梨、桃、樱桃、杏、李子、板栗、猕猴桃、葡萄、无花果等。蔬菜分叶菜类蔬菜：结球白菜、不结球白菜、紫背天葵、抱子甘蓝、羽衣甘蓝、大白菜、小白菜、青菜、小青菜、包菜、紫甘蓝、生菜、菠菜、韭菜、韭黄、韭菜花、蒜苗、芹菜、莜麦菜、黄秋葵、空心菜、茼蒿；根茎类蔬菜：萝卜（白萝卜、胡萝卜、水萝卜）、大葱、小葱、蒜、洋葱、生姜、莴笋；果菜类蔬菜：辣椒（菜椒、青椒、尖椒、甜椒、朝天椒）、南瓜、冬瓜、苦瓜、黄瓜、丝瓜、佛手瓜、西葫芦、西红柿、茄子、芸豆、豇豆、豌豆、菜豆、眉豆；菌类蔬菜：平菇、猴头菇、金针菇、香菇、鸡腿菇；瓜类：西瓜、甜瓜等。野生杂草有马唐、牛筋草、虎尾草、荠菜、灰菜等12科92种。野生经济植物有70科248种，

如车前、地黄、天麻、黄芪等。常见野生牧草、野生草类有12科92种，如马唐、黄背草、白茅草等。观赏花木树种主要有雪松、侧柏、龙柏、垂柳、樱花、冬青等。

陆地动物资源。境内动物有7门25纲84目883种（包括水生动物）。其中陆生野生哺乳动物有梅花鹿、狐狸、豹猫、獾、黄鼬、刺猬、野兔、蝙蝠等。鸟类已查到250种，其中候鸟、旅鸟占70%以上，留鸟种类较少。列入国家保护的野生动物一级的有梅花鹿、中华秋沙鸭、金雕、黑鹳4种，二级的有大天鹅、鸳鸯、灰鹤、苍鹰等12种；其余鸟类及狐狸、豹猫、獾、黄鼬、刺猬等列入山东重点保护野生动物。

海洋生物资源。境内浅海和潮间带有丰富的海洋生物资源。据资料统计，有海洋生物资源700余种，其中，动物600余种，植物100余种。动物中，鱼类主要有大黄鱼、小黄鱼、梭鱼、鲻鱼、鲈鱼、鲅鱼、青鳞鱼、太平洋鲱鱼、鲳鱼、黄姑、比目鱼等100余种；虾蟹类主要有鹰爪虾、对虾、毛虾、脊尾白虾、三疣梭子蟹等；贝类主要有栉孔扇贝、鲍鱼、泥蚶、菲律宾蛤仔、文蛤、毛蚶、魁蚶、牡蛎、中国蛤蜊、四角蛤蜊、贻贝、青蛤等；棘皮类中有刺参、海蜇、马粪海胆、海星等。植物中，藻类主要有海带、裙带菜、石花菜、条斑紫菜、大叶藻等。

【旅游资源】 环翠区旅游资源丰富，境内有旅游景区（点）10多处。其中华夏城为国家AAAAA级旅游景区，仙姑顶、海滨生态风情带·“侨乡号”游轮为国家AAAA级旅游景区，里口山、伴月湾、羊亭河湿地公园为国家AAA级旅游景区。省级旅游度假区2处，分别是环翠省级旅游度假区和北海省级旅游度假区。自然资源以海、岛、滩、湾、泉、山为特色，全区拥有43千米海岸线，沿线沙滩细腻绵延，海水碧蓝清澈，比较好的沙滩有葡萄滩海水浴场、半月湾海水浴场等。人文资源以秦汉文化、民俗文化、道教文化、甲午文化、英租文化为代表。

（丛振宁　宋　超　缪洪波　宋雨露）

建置沿革

【建置隶属】 明洪武三十一年（1398年），为加强海防，防止倭寇侵扰，明朝政府取“威震海疆”之意，析文登县辛汪都三里立威海卫，派兵驻屯防倭，领左、前、后三所，始有威海卫。清雍正十三年（1735年），裁撤威海卫，归并文登县，卫所划为文登县辛汪都三里辖属。清光绪二十四年（1898年），威海卫和刘公岛被英国强行租占。

民国19年（1930年），国民政府收回威海卫，设立威海卫管理公署，隶属国民政府行政院。民国34年（1945年）8月，威海卫解放后，设威海卫市（地专级），由胶东行政公署管辖。民国37年（1948年）3月改为县级市，归东海专区管辖。中华人民共和国成立后，1950年3月，实行城乡分治，原属威海卫市的港西区、桥头区、草庙子区、崮山区、凤林区、羊亭区和里口山区的南半部分别划归荣成、文登、昆嵛等县。同年5月改为威海县，隶属文登专区。1951年5月改为威海市。1954年10月改为省辖市，受山东省政府领导，并接受文登专区督导。1956年，划归莱阳专区；同年6月和9月，先后将文登县的羊亭、港头、北观、里口、双岛、皂河（张家皂）、莱海、凤林、天东、杨家滩、长峰、河北、望岛、老集、皂埠、海埠、卫家滩、崮山、竹园、宋家洼20个乡划归威海市。1958年7月，文登县小城乡和温泉乡的部分村庄划入威海市；10月，文登县的石岭、草庙子、温泉人民公社和荣成县的桥头、泊于人民公社划归威海市；12月，改为专区辖市，隶属烟台专区（后更名为烟台地区）。1965年6月，草庙子、茼山、石岭人民公社划归文登县，桥头、泊于、卧龙人民公社划归荣成县。1983年11月1日，再次改为省辖市，由烟台市代管。1987年6月15日，国务院以国函〔1987〕105号《国务院关于山东省威海市升为地级市的批复》，批准威海市升格为地级市，此后以境内名胜环翠楼之意，将原县级威海市的行政区域设为环翠区。1992年1月6日，将田村镇的毕家疃、东涝台、西涝台、后峰西划归1991年3月6日成立的威海火炬高技术产业开发区。1992年10月，威海市政府设立威海经济技术开发区（其管委会为市政府派出机构）。同年12月，撤销蒿泊镇，设立蒿泊街道。1993年1月，蒿泊街道成建制由环翠区划归经开区。1994年7月，文登市的初村、草庙子和荣成市的桥头、泊于4个镇划归环翠区。1996年8月27日，田村街道成建制划归高新区，刘公岛街道划归市政府直接管辖。2003年5月12日，初村镇划归高新区，崮山镇、泊于镇划归经开区。2008年4月21日，草庙子镇划归威海市工业新区（今临港区）管辖。2012年9月，市委对全市经济区划进行调整，将环翠区桥头镇成建制划归经开区，羊亭镇的北郊、店上、海庄、卧龙和廒上5个村以及张村镇的前双岛和西山2个村划归高新区；将经开区环山路以西19个村（社区），即皇冠街道的夏家疃、北葛拉、宅库、张家疃、河北5个社区，西苑街道的范家埠社区、高家庄社区、谷家洼社区、徐家疃社区、岳家庄社区、牛角沟村、闫家庄村、竹园村、南葛拉村9个村（社区），以及凤林街道的西山口村、北七夼村、五家疃村、台下村、西庄村5个村划归环翠区。2013年5月，市政府批准成立嵩山街道。同年12月，省政府批准撤销孙家疃镇，以其原行政区域设立孙家疃街道。2014年2月27日，省政府印发《关于调整威海市部分行政区划的通知》，将原文登市的汪疃镇、苘山镇划归环翠区管辖（由临港区管理）。2020年11月9日，根据《威海市开发区体制机制改革创新实施方案》，桥头镇成建制划归环翠区，桥头镇辖桥头、埠上、信河北、义河北、大院、教里、雅格庄、福禄庄、江家口、黑石、柴里、产里、孟家庄、东龙山、西龙山、新建、宋家店、河西庄、东洛后、西洛后、观里东、观里西、姚家圈、盘川夼、洛西、后宅库、大贞、前宅库、徐家庄、西贞、刘家泊、东涧、涧北、所前泊、南子城、北子城、黄金庄、南台、碑鲁、报信、邓家店、马井泊、北墩前、彭家埠、西山后、方吉、董家夼、东于家、中于家、西于家、后于家51个村，滨河1个社区。

【行政区划】 2020年11月9日，根据《威海市开发区体制机制改革创新实施方案》，桥头镇成建制划归至环翠区，桥头镇辖51个村、1个社区。至年末，环翠区辖张村、羊亭、温泉、桥头4个镇，环翠楼、竹岛、鲸园、孙家疃、嵩山5个街道，108个村、112个社区。

2020年环翠区村（社区）一览表

表2

镇（街道）	村（社区）总数	行政村		社区居委会	
		数量	名称	数量	名称
张村镇	19（4/15）	4	福德庄、王家疃、刘家疃、姜家疃	15	华锦、永兴园、翠海明珠、滨海明珠、长乐、怡沁园、和兴、皂河、嘉祥、峰西、新柳、莱海、双岛、魏桥、张村
羊亭镇	33（25/8）	25	羊亭、大北山、北上夼、贝草夼、鹿道口、大西庄、孙家滩、港头、鲁东、阮家口、北小城、小城庄、北江疃、南江疃、埠前、杜家庄、南郊、半壁山、黄埠屯、南小城、下炉、上炉、王家夼、梅家沟、宋家疃	8	朱家圈、王家河、北观、义和、河南、西海、新阳、润河
温泉镇	32（19/13）	19	东崮、西崮、栾家店、河西、罗家、西七夼、东七夼、雨夼、小庄、下江家、小南山、林家庄、后亭子夼、前亭子夼、郑家、张家山、堂子、马夼、双寺夼	13	冶口、刘家台、双泉城、滨城、亿和、明珠、黄金顶、泉和、柳和、友和、温泉汤、五渚河、正棋山
桥头镇	52（51/1）	51	桥头、埠上、信河北、义河北、大院、教里、雅格庄、福禄庄、江家口、黑石、柴里、产里、孟家庄、东龙山、西龙山、新建、宋家店、河西庄、东洛后、西洛后、观里东、观里西、姚家圈、盘川夼、洛西、后宅库、大贞、前宅库、徐家庄、西贞、刘家泊、东涧、涧北、所前泊、南子城、北子城、黄金庄、南台、碑鲁、报信、邓家店、马井泊、北墩前、彭家埠、西山后、方吉、董家夼、东于家、中于家、西于家、后于家	1	滨河

续表2

镇（街道）	村（社区）总数	行政村		社区居委会	
		数量	名称	数量	名称
环翠楼街道	17（0/17）	0		17	东北村、西北村、海城、东南村、南山、石河、大桥、塔山、西门外、杏花村、前进、塔中、布谷夼、同德、大众、峰泉、鸿武
鲸园街道	16（0/16）	0		16	东山、鲸园、北仓、长征、光明、北门外、古北、菊花顶、花园、万福、古岭、古陌、北港、戚东夼、朝阳、戚谷疃
竹岛街道	26（0/26）	0		26	青竹、文昌、金线顶、同心路、竹岛路、四方、渔港路、兴竹、天翔、望海、黄山、观海、梦海、海源、海韵、富华、福海、海天、翠竹、开园、海景、望岛、崂山路、林海、山海、兴威
孙家疃街道	8（0/8）	0		8	安海、艺海、育海、北海、里海、靖海、伴海、连海
嵩山街道	17（9/8）	9	南葛拉、竹园、闫家庄、牛角沟、西山口、北七夼、五家疃、台下、西庄	8	向阳、山水、蔚海、百合、华夏、和园、阅山、珠海
合计	220（108/112）	108		112	

（丛振宁　李雪娇）

人口　民族

【人口】　至2020年年末，环翠区户籍总人口352222人（含桥头镇），比上年增加31353人。在总人口中，男性171352人，女性180870人，人口性别比为94.74（女性为100），全区总户数122077户，户均人口2.89人。全区城镇人口305650人，占总人口的86.78%；农村人口46572人，占总人口的13.22%。2020年，出生人口2807人，出生率8.34‰；死亡人口2058人，死亡率6.12‰；人口自然增长率2.23‰。

【民族】　至2020年年末，环翠区有32个民族，分别是汉族、蒙古族、回族、藏族、维吾尔族、苗族、彝族、壮族、布依族、朝鲜族、满族、侗族、瑶族、白族、土家族、傣族、黎族、佤族、畲族、拉祜族、纳西族、柯尔克孜族、土族、达斡尔族、布朗族、撒拉族、锡伯族、俄罗斯族、鄂温克族、鄂伦春族、赫哲族、珞巴族。全区有少数民族常住人口6148人。

（赵丽芳）

经济建设

【概况】　2020年，全区生产总值386.85亿元，按可比价格计算，比上年增长3.7%。其中，第一产业增加值30.03亿元，下降1.9%；第二产业增加值117亿元，增长1.8%；第三产业增加值239.82亿元，增长5.6%。三次产业结构调整为7.8∶30.2∶62.0。

至年末，全区实有市场主体73802户，增长14.29%，其中新登记市场主体12534户，增长3.81%。实有注册资本902.15亿元，增长14.95%，其中新登记注册资本101.58亿元，增长3.95%。

【农林牧渔业】 2020年，全区实现农林牧渔业总产值54.99亿元，按可比价格计算，比上年下降1.7%。其中，农业总产值1.02亿元，下降14.2%；林业总产值0.09亿元，增长411.7%；畜牧业总产值0.52亿元，增长5.8%；渔业总产值48.78亿元，下降1.5%；农林牧渔服务业总产值4.58亿元，下降1.9%。

全年全区花生总产量941吨，下降44.5%。蔬菜总产量19256吨，下降4.1%；果品总产量14199吨，下降5.0%，其中，苹果9937吨，下降8.8%。

围绕建设生态城市和农业结构调整，全区进一步加大植树造林力度，突出荒山、荒地、荒滩、沿路、沿河、沿海和环城绿化，完成造林面积13.3公顷。

全年全区水产品产量（不含远洋）32.50万吨，下降3.0%。其中，海洋捕捞量8.46万吨，增加1.8%；养殖产量24.04万吨，下降4.6%。水产养殖面积7302公顷。

至年末，全区农业机械总动力8.39万千瓦，增长0.2%；农用排灌动力机械900台，与上年持平；农用拖拉机3273台，增长0.1%。全年完成机耕作业面积706.6公顷，机播面积707.6公顷，机收面积774.6公顷。

【工业】 2020年，全区有113家规模以上工业企业，实现工业增加值比上年增长2.4%。至年末，规模以上工业企业营业收入增长3.8%，利润总额增长22.5%，产品销售率98.83%。

【固定资产投资和建筑业】 2020年，全区固定资产投资比上年增长4.8%。其中，第二产业投资增长34.6%，第三产业投资下降1.8%。至年末，全区实现建筑业总产值137.8亿元，增长0.4%。

【国内贸易】 2020年，全区社会消费品零售总额比上年增长1.2%。其中，限额以上单位社会消费品零售总额下降0.3%。

【对外经济】 2020年，全区对外贸易进出口总额（含桥头镇）183亿元，比上年下降17.2%。其中，出口150.7亿元，下降7.2%；进口32.3亿元，下降44.8%。年内，实际使用外资23730万美元，增长43.1%；新设立外商投资企业41家。

【海洋经济】 2020年，环翠区印发《2020年区海洋发展委员会工作要点》《2020年全区海洋产业攻坚突破行动方案》等文件。区海洋发展局组织200多家涉海企业填报海洋经济运行直报系统，总体填报率和规模以上单位填报率达到90%以上。投资1.26亿元，推进远遥浅海科技湾区建设，完成蓝创1—5号楼等建筑改造升级；3个威海市“十三五”海洋经济创新发展示范城市项目完成投资1.64亿元，23个市级海洋产业重点项目完成投资17.05亿元，其中14个投产或投入使用。强化渔船综合管控，印发《威海市环翠区涉渔“三无”船舶集中整治专项行动方案》等6个专项行动方案；开展生态护海行动，清理违法养殖海域393.33公顷，查获涉渔“三无”（无船名船号、无船舶证书、无船籍港）船舶11艘。全年实现水产品（含远洋捕捞）产量35万吨，产值38亿元。

【民营经济】 2020年，全区有规模以上民营工业企业89家，占全区规模以上工业企业总数的78.8%，完成工业总产值215.2亿元，比上年下降3.8%；实现营业收入219.03亿元、利润23.7亿元，分别增长15.2%、30.9%，营业收入、利润指标占全区规模以上工业企业的比重分别为81.4%、73.6%，民营经济发展质量持续提升。至年末，全区有民营经济市场主体73347户，增长14.39%；注册资本793.8亿元，增长17.63%。其中，个体工商户49803户，增长14.96%，注册资本29.1亿元，增长19.26%；私营企业23219户，增长12.81%，注册资本758.9亿元，增长18.56%；农民专业合作社325户，增长51.87%，注册资本5.8亿元，下降43.69%。

（于喜龙　王思文　谭玉洁）

政治建设

【概况】 2020年，区委党的建设工作领导小组以习近平新时代中国特色社会主义思想为指导，深入学习中共十九大及历次全会精神，坚决贯彻落实中共中央决策部署以及省委、市委、区委要求，推进党的政治建设、意识形态建设、组织建设、作风建设、纪律建设，取得显著成效。

【政治理论学习】 2020年，区委进一步提高政治站位，增强党建工作的政治自觉，组织召开区委常委会

33次，专题研究党建有关议题14个，推动区委党的建设主体责任落实落地。强化政治理论武装，组织开展区委理论学习中心组集体学习14次，重点学习《习近平谈治国理政》第三卷等方面的内容，不断提高运用科学理论指导实践的能力。做好中共十九届五中全会学习宣传贯彻工作，印发《关于深入学习宣传贯彻中共十九届五中全会精神的若干举措》，以及全会精神《宣传工作安排》和《宣讲工作安排》3个文件，对全区学习宣传贯彻全会精神作出安排部署。

【意识形态建设】 2020年，区委召开8次专题会议，分析研判意识形态工作，对8个单位理论学习中心组学习进行巡听，开展3次针对不同层面的意识形态工作专题培训，意识形态工作不断规范提升。培育竹岛街道“百姓故事会”等多个基层宣讲品牌，开展专题宣讲1000余场次，基层宣讲质效得到提升。1月8日，成立环翠区社会科学界联合会，申报市级重点社科课题8项。“学习强国”学习平台注册6.3万余人，发放《习近平谈治国理政》第三卷等书籍1.3万余册，理论普及向纵深推进。对区级新时代文明实践中心进行升级改造，打造“两中心”（新时代文明实践中心、融媒体中心）融合发展功能室；成立新时代文明实践指导中心，建立联席会议制度，打造6类75处基地；推选中国好人4名、山东好人12名、威海好人31名，正面宣传更加深入人心。以创建国家公共文化示范区为抓手，推动优质文化资源下沉，举办2020中国（威海）合唱节暨环翠区第47届“5·23”歌咏会等活动，满足群众精神文化需求。

【组织建设】 2020年，区委抓住社区党员分类管理、排查整顿农村发展党员违规违纪问题、“灯塔—党建在线”党群服务中心系统3项省级试点机遇，改革创新，探索形成可复制、可借鉴的环翠经验。创新实施党建引领网格化治理“321”工程（构建三级网格架构，建立两级“吹哨报到”平台，形成一级响应机制），推动化解城市治理难题8.01万件。深入开展红色物业创建，2020年省级现场会3个社区（祥云花园小区、海源社区、东北村社区）观摩点全部在环翠区。抓好干部素质提升“两大工程”，推行年轻干部“淬炼工程”，引进高校优秀毕业生47名，选拔22名年轻干部通过“上挂下派”加强实践锻炼；实施干部教育“滴灌工程”，与《人民日报》旗下平台合作打造党校智慧教室，开发“环翠干部教育云平台”，打造“十八里担架道”红色印记馆、贝草夼地下交通站展馆、威海卫公立第一中学党小组红色印迹展馆3处红色印迹展馆，丰富干部教育内涵。

【作风建设】 2020年，区委狠抓党风廉政建设和反腐败工作，坚持将反腐倡廉建设纳入纪检监察工作全局来思考和定位，全力支持纪检监察各部门派驻纪检组的工作，发挥“派”的权威和“驻”的优势。开展扶贫领域专项巡察“回头看”，对全区75个重点贫困户、95个插花贫困户进行逐户走访，推动解决问题45个。开展漠视侵害群众利益问题专项整治，坚决整治群众身边腐败和作风问题，查处24起30人，处分12人。严格落实问题线索双向移送机制，接收涉黑涉恶问题线索10件，向公安机关移交问题线索1件。严查涉恶腐败和“保护伞”及失职失责问题，处理19起21人，移送司法机关1人。围绕精致城市建设、涉外渔船管控等重点工作开展专项监督检查90余次，下发政治监督提示19份。坚决整治“四风”问题，查处22起24人，处分12人。开展节日察访，成立察访组32个，发现线索21条。建立“直通车”机制，精准排查加重基层负担、搞责任“甩锅”等问题5个。探索“纪委+”监督模式，与“12345”政务服务便民热线、干部作风大改进工作专班等建立沟通联系机制，倒查服务群众中的责任、作风问题。加强常态提醒，推送信息2000余条，发送《廉洁书信》600余份。强化警示震慑，对查处的典型问题，通报10起10人，实现惩戒一个、教育一片的效果。

【纪律建设】 2020年，区委持续保持惩治腐败高压态势，处置问题线索304件，立案120起，处分120人，留置6起7人。精准运用“四种形态”批评教育帮助和处理341人次，用纪律规矩管住大多数。全面梳理村（社区）“两委”成员违纪违法案件，向区委提交2份专题报告。召开全区党员领导干部警示教育大会，向40名区级领导赠送“廉政大礼包”，拍摄2部警示教育片，对4起典型案件开展“跟进式”警示教育，编印警示教材7期4300册。打造清廉之路打卡地——树山印迹馆、秋色赋艺术馆，组建党风廉政教育宣讲人才库，开展主题宣讲100余场次。开展信访“六访六提升”（开门迎访、领导亲访、主动约访、带案下访、驻点联访、入户走访，提升宗旨意识和为民情怀、提升疑难复杂信访积案化解力度、提升热点难点问题办理质效、提升群众满意度和信任度、提升基层规范化接访能力、提升群众身边问题发现精准度）工作，受理信访举报143件次，比上年下降45.8%。开展一线察改，现场查看问题100余个，制作《察访实录》，传导责任压力。修订《派驻监督“双向任务”清单》，明确5大类29项具体任务。开展“嵌入”监督，监督“三重一大”（重大事项决策、重要干部任免、重要项目安排，大额资金的使用）事项600余项。探索驻点监督，集中进驻部门现场办公，“贴身”开展政治体检。统筹开展3轮区委巡察，形成巡察报告12份、专题报告5份，发现问题1366个、问题线索19条。探索“巡审联动”模式，巡察村（社区）143个，在全市率先实现村（社区）巡察全覆盖。

【人大监督】 2020年，区人大常委会开展大中型集中视察、专题调研、执法检查等重点活动18项，深入部门、镇（街道）服务基层发展，推动任务落实，开展各类小型座谈问询27次，形成调研报告12篇。坚持党管干部原则，依法任免“一府一委两院”地方国家工作人员20名，为疫情防控、改革创新、经济社会发展、精致城市建设，发挥积极作用。

聚焦经济高质量发展，区人大常委会审查批准全区地方政府债券、新冠肺炎疫情防控特别国债、财政特殊转移支付资金的分配使用意见及预算调整方案；分别听取审议全区2020年上半年国民经济和社会发展计划执行情况的报告、环翠区2019年财政决算和2020年上半年预算执行情况、2019年区级预算执行和其他财政收支审计情况及审计查出问题整改情况的报告，作出审查结果报告和审查意见，强化监督的刚性约束。围绕环翠区积极融入“西展”战略和骨干企业膨胀发展情况、科普工作开展情况开展调研，并分别形成调研报告，提出意见建议。

聚焦精致城市、乡村振兴，区人大常委会首次以专题询问的方式对精致城市建设管理进行监督，听取审议环翠区环境状况和环境保护目标完成情况工作报告。围绕乡村振兴——产业振兴情况开展专题调研，分别形成《关于我区乡村振兴——产业振兴情况的调研报告》《关于我区环境状况和环境保护目标完成情况的调研报告》，提出意见建议。

聚焦民生福祉，区人大常委会围绕全区基层卫生服务体系建设情况、社会救助工作和救助体系建设情况、社会保障“数字公共服务体系”建设情况分别开展调研，形成《关于我区基层卫生服务体系建设情况的调研报告》《关于我区社会救助工作情况的调研报告》《关于我区社会保障“数字公共服务体系”建设情况的调研报告》，提出意见建议12条。组织省、市、区三级人大代表对2020年为民实事办理情况进行集中视察评议。推进民生实事项目代表票决制在羊亭镇、张村镇、温泉镇开展试点工作。

聚焦法治建设，区人大常委会听取审议区法院、检察院上半年工作情况的专项报告、法院审判机制改革情况的报告，听取审议“七五”普法规划贯彻落实情况的报告，对《中华人民共和国法官法》实施情况进行执法检查，推进基层民主法治建设。对安全生产“一法一条例”（《中华人民共和国安全生产法》《山东省安全生产条例》）实施情况进行执法检查，推动安全生产治理体系和治理能力提高。

聚焦代表建议办理，区人大常委会及时召开主任扩大会，提出具体督办要求，收集属于区政府职权范围内的38件意见建议归类整理，及时转交区政府办理，38件建议面复率、满意率均为100%。

【政治协商】 2020年，区政协围绕区委、区政府工作重点，确定区政协75项具体履职内容，明确分管领导、牵头委室，按照“工作项目化、项目清单化、清单责任化”的要求，逐一抓好落实。围绕助推高质量发展，组织开展调研视察、座谈协商、议政建言等履职活动35次，提出各类意见建议108条。年内，就区创新平台建设情况，开展专题协商1次；围绕艺术园区等项目进展情况、里口山片区打造“吃、住、行、游、购、娱”一体的全链条产业体系情况，开展界别协商2次；围绕乡村文明建设和红色印迹保护利用工作情况，开展对口协商1次；围绕新冠肺炎疫情防控，开展基层协商1次。制定《关于镇（街道）委员工作室建设与委员社会监督作用发挥“双推进”活动（试点）工作意见》。组织政协委员160余人次参加精致城市建设、食品安全履职月、安全生产履职月、全国文明城市创建、林长制管理等工作专项督导，为助推全区精致城市建设、食品安全、安全生产起到积极推动作用。

（许翔涵　刘　利　孙小倩）

文化建设

【文化事业】 2020年，区文化和旅游局先后组织中国（威海）合唱节暨环翠区第47届“5·23”歌咏会、第30届广场纳凉晚会、文艺小分队进基层等群众文化活动，全区所有村（社区）儒学讲堂覆盖率达到

100%、有条件的村（社区）历史文化展室覆盖率达到100%。推动文化馆、图书馆新馆及总分馆制建设，建设80个总分馆制基层服务点，8个镇（街道）建设11处城市书房，在全市建成最早、覆盖率最高、数量最多，并实现市、区图书馆及城市书房通借通还，将公共文化服务有效向基层延伸。结合基层服务点建设，提高农家书屋使用效率，广泛发动农家书屋管理员、阅读爱好者参与“新时代乡村阅读季”活动，环翠区文化和旅游局在中共中央宣传部、农业农村部组织的2020“新时代乡村阅读季”之“我爱阅读100天”活动中进入“全国百强”。对接群众需求，文化馆开展声乐、合唱、曲艺、小品等线上、线下培训200余场，受益人群1万余人；实施“一村（社区）一年五场戏（文艺演出）”工程，开展各类文化活动1000余场次；尼山书院举办名师公益讲座、国学春秋季公益课程、国学冬令营、国学夏令营、传统文化进社区和学校等线上、线下公益培训和公益讲座300余场，5000余名市民接受国学普及。至年末，全区有各类民间艺术团体276个、文化馆2个、公共图书馆2个、美术馆2个、博物馆1个；电影院8座，全年票房收入1111.86万元；拥有村（社区）综合文化服务中心160个、城市书房11个、农家书屋79个。

【教育事业】 2020年，全区教育经费总投入12.26亿元（不含2020年结余）。其中，国家财政性教育经费7.11亿元。招收新生18878人，毕业生17168人。至年末，全区有中等职业学校2所，在校学生973人；义务教育学校33所（十二年一贯制学校1所，九年一贯制学校4所、初中9所、小学19所），在校生55239人，在编教职员工3382人，全区省级规范化学校比例为87%；幼儿园62所，在园幼儿17171人，教职工2385人，全区学前教育省市级示范幼儿园比例为95%，学前教育普惠率98.2%。

【体育事业】 2020年，全区举办区级以上较大型体育活动2次，参与人员近1万人次；举办群体性体育活动160次，参与群众4万余人。在省、市体育比赛中获得团体第一名13个；参加省、市级以上体育比赛获得单项冠军199个，金牌总数位列全市第二名。2020中国山地自行车联赛（第一站）——山东·环翠站赛事被中国山地自行车协会、中国山地自行车联赛组委会评为“2020年度优秀承办城市”。

（宋雨露　汪　鹏）

社会建设

【社会民生】 2020年，全区投入资金502.62万元，保障城乡低保对象、特困人员1160人。城市居民低保标准、农村居民低保标准、城市特困人员、农村特困人员基本生活标准均较上年度提高。全区居民人均可支配收入47922元，比上年增长3.9%。其中，城镇居民人均可支配收入51769元，增长2.9%；农村居民人均可支配收入22592元，增长5.2%。年内，投入215万元，为43名符合条件的农村适龄青年发放住房扶持补助资金；投入125万元，完成黄金顶26套廉租房装修；投入1950万元，实施羊亭镇梅家沟村、大北山村、半壁山村、南郊村、宋家疃村，温泉镇张家山村、马夼村7个村美丽乡村建设。至年末，全区有各类养老机构25家，有床位3208张，收养人员917人。

【创业就业】 2020年，全区城镇新增就业4742人，失业人员再就业598人，就业困难人员再就业308人，城镇登记失业率1.15%，高校毕业生就业率达到90%以上，就业形势保持稳定。新冠肺炎疫情防控期间，针对不同群体就业需求，开展“春风行动”“网络摊位”活动，联合市人力资源社会保障局组织包括退役军人就业服务、民营企业、高校毕业生、外商投资企业网络专场、重点骨干企业在内的5场网络专场招聘会，多种形式促进就业。推行“互联网+技能培训”模式，实施“百日线上免费职业技能行动”，对农民工、离校2年未就业大学生、建档立卡贫困劳动力及贫困家庭子女4类群体落实参训生活费补助。年内，完成线上培训3174人次，发放农民工个人生活费补贴5.18万元，就业转失业人员、在校大中专院校（含普通技工学校）学生、以工代训人员、农村转移劳动力等3631人参加职业培训并取得职业资格证书。审核通过23家企业9162人次的稳岗扩岗以工代训申请，发放职业培训补贴、技能鉴定补贴、稳岗扩岗以工代训补贴607万元。举办第二届“智汇环翠”国际创新创业大赛暨第五届“精致城市·创业环翠”创新创业大赛，组织创业培训1181人。全年发放稳岗补贴719.42万元、技能提升补贴124.15万元、见习人员见习补贴16.8万元、小微企业社会保险补贴37万元。鲸园街道戚谷疃社区、竹岛街道海韵社区被认定为省级“四型就业社区”，鲸园街道办事处获评省级“创业型街道”。

【社会保障】 至2020年年末，环翠区城镇职工养老保险参保10.75万人，基金收入80006万元；有4.75万名离退休职工享受养老保险，发放养老金13.91亿元。居民养老保险参保23939人，适龄人口参保率99%，基金收入4029万元；有1.43万名居民（含被征地）每月领取养老金，发放养老金3308万元。失业保险参保68724人，基金收入1744万元；工伤保险参保73300人，基金收入1638万元；职工基本医疗保险、生育保险参保13.87万人，基金收入43507万元。居民医疗保险参保16.46万人。职工长期护理保险参保14.19万人，基金收入1266万元。

【平安建设】 2020年，环翠区在区级成立由区委书记、区长担任组长的区委平安环翠建设领导小组，下设市域社会治理现代化建设工作专项小组，专项负责市域社会治理现代化工作的组织实施。在镇（街道）、村（社区）建立平安建设联席会议制度，增强平安环翠建设的整体性和协同性。环翠区在全市率先铺开“诉—警—调”对接工作，在12个派出所设立调解室，并接入全区诉调对接系统，建成行业性专业性人民调解组织23个，形成以人民调解为基础，以“诉—警—调”对接为重点，全域覆盖、全民参与的非诉讼纠纷解决模式，从源头上减少诉讼增量，提升矛盾纠纷化解质效。环翠区搭建区级协调指挥和镇（街道）综合处置两级“吹哨报到”全响应平台，推动网格化治理与“吹哨报到”相结合，形成一批具有环翠特色的成果和品牌项目，“吹哨报到”全响应机制、社会组织参与社会治理、公共法律服务体系建设等经验在全市现场会上作交流。自扫黑除恶专项斗争开展起，全区打掉1个黑社会性质组织、5个恶势力犯罪集团、2个恶势力犯罪团伙、16起其他涉恶共同犯罪，抓获涉黑恶犯罪嫌疑人180人，查处涉案资产2127.54万元，破获敲诈勒索、非法拘禁、寻衅滋事等案件288起，查处涉黑涉恶腐败和“保护伞”及失职失责问题27起33人。

【法治建设】 2020年，环翠区高度重视依法治区工作，有效发挥法治的引领和规范作用，维护宪法权威，深入推进科学立法、严格执法、公正司法、全民守法，全面提升法治环翠建设水平。区委依法治区委员会学习宣传贯彻习近平法治思想，全面落实中共中央关于法治建设决策部署和市委工作要求，加强党对立法、执法、司法、守法、普法工作的领导，认真落实党政主要负责人履行推进法治建设第一责任人职责，召开区委全面依法治区委员会会议1次、委员会办公室会议1次、各协调小组会议2次、区委全面依法治区工作会议1次，出台《关于严格依法办事　优化法治营商环境的实施意见》《法治政府建设实施方案》等文件，进一步推动法治环翠建设。区委依法治区委员会开展法治政府示范创建活动，持续优化法治化营商环境，认领公示“不罚清单”“轻罚清单”，推行包容审慎管理。推进重大行政决策公众参与机制，设立重大决策事项意见征集栏，按季度公开重大行政决策事项目录，备案重大决策事项18件。加强行政规范性文件管理，发布政府规范性文件1件、部门规范性文件14件。全面推行行政执法公示、执法全过程记录和重大执法决定法制审核制度，及时主动公开执法主体、权限、依据、程序等信息。持续推行行政处罚和行政强制权力网上运行工作，印发《关于进一步规范行政执法音像记录的实施意见》，规范各部门行政执法全过程记录制度。落实重大行政执法决定法治审核制度，公布执法决定法治审核目录清单和要素清单59项。落实“谁执法谁普法”普法责任机制，印发《关于进一步落实国家机关“谁执法谁普法”普法责任制的意见》。优化升级公共法律服务中心，完成公共法律服务标准化试点项目标准体系建设，建成覆盖城乡、便捷高效、均等普惠的现代公共法律服务体系。印发《关于健全完善非诉讼纠纷解决机制的实施意见》，推动非诉讼纠纷解决体系建设，持续抓好智慧调解系统应用，健全“诉—警—调”对接人民调解组织，形成有机衔接、相互协调的多元化矛盾纠纷解决体系。

（范少杰　张鲁宁　刘梓恒
于淑佳　丁超男）

生态文明建设

【生态保护】 2020年，生态环境分局制订出台《环翠区挥发性有机物（VOCs）专项整治方案》，开展有机废气专项整治，120家企业建设高效的有机废气收集处理设施。开展柴油货车专项执法检查，设卡抽检柴油货车822辆次，查处超标排放9辆。联合住房城乡建设、自然资源等部门联合印发《关于加强非道路移动机械管理的通知》，检查非道路移动机械777台次。加强施工工地扬尘防治监管，检查各类施工工地15处，检查疑似扬尘点位180处，取缔洗砂场10处；实施道路湿式清扫和洒水，降低道路扬尘。全区空气质量继续达到《国家空气质量标准》

二级标准，空气质量优良334天，优良率91.8%，优良率首度超过90%。投入1255万元，完成张村镇、羊亭镇、温泉镇河道治理工程；投入906万元，完成温泉镇刘家台、小南山2个村污水改造；投入260万元，完成对温泉镇张家山水库、小庄水库以及栾家店（1）水库除险加固。完成五渚河流域排查与污水泵站扩建，污水处理能力由1万吨/日提高到2万吨/日；核查入河入海口134处，确定排污口3处，封堵2处。严格落实湾长制，制定湾长工作职责，落实湾长定期巡查制度，拆除养殖设施13条，清理海洋垃圾1.2吨，近岸海域水环境质量达到功能区标准要求。全年昼间区域环境噪声平均等效声级53.2分贝，道路交通噪声平均等效声级69.8分贝。年内，受理各类环境信访2165起，化解2152起，化解率99.4%，群众满意率96%。

【节能减排】 2020年，区发展改革局围绕新能源和可再生能源领域，因地制宜发展光伏、生物质能等分布式清洁能源，减少传统能源消耗，降低污染物排放；推动全区电动汽车充电基础设施建设，制定全区发展政策，争取奖补资金扶持，为新能源汽车应用推广打好基础。6月29日至7月5日，区发展改革局结合“绿水青山　节能增效”全国节能宣传周的活动主题和“绿色低碳　全面小康”的低碳日主题，组织全区各相关单位开展节能宣传周活动，通过现场宣传、调查问卷、视频会议等方式，传播节能降碳相关知识理念，倡导勤俭节约社会风尚。

2020年6月29日，区发展改革局工作人员在人民广场开展2020年全国节能宣传周活动　　（区发展改革局　供图）

【城市建设】 2020年，全区城市建设实施77项区级城建重点工程、39项城市双修工程和14项海绵城市建设工程；统筹竹岛、鲸园、环翠楼3个街道，合力打造环翠区卫城片区，并获评“卫城省级城市品质提升试点片区”；高质量推进精致小城镇建设，张村镇刘家疃村、嵩山街道五家疃村获评市级美丽村居建设试点；全力推动“红色物业”落地落细，9月8日，全省加强“齐鲁红色物业”建设提升社区治理水平工作推进会在威海召开，现场会观摩的祥云花园小区、海源社区、东北村社区3个住宅小区全部为环翠区项目，经验做法在全省推广；推进7个棚户区改造项目、18个老旧小区改造、132幢住宅楼“平改坡”换瓦改造、5处新建公共停车场工程，有效改善居住环境；组织对全区213户“4类重点对象”（建档立卡贫困户、低保户、分散供养特困人员、贫困残疾人家庭）住房进行安全鉴定，发放农村适龄青年扶持补助、廉租补贴237.21万元，破解“办证难”项目74个、惠及群众3.8万户。

【城乡绿化】 2020年，全区投资4315万元，实施8条道路绿化工程，新建、改造绿化面积21.3万平方米，对4条道路实施“以绿打底，增花添彩”绿化升级工程，对6条道路部分绿地节点老化苗木进行靓化改造、提档升级，栽植金森女贞、红叶石楠等彩叶苗木1.4万余株，更换草花178万余盆。

至年末，全区新增人工造林13.3公顷，栽植各类苗木46万株。在羊亭镇、张村镇和竹岛街道开展538.7公顷的退化林改造工程；全面推进里口山植被恢复提升工程，栽植黑松2万余株；组织专业施工单位对重点提升区域进行重点打造，打造位于仙姑顶景区内2万余平方米的样板区；9支专业队伍完成376.4公顷森林补植，有效提升可视山体冬、春季景观效果。

（于宗平　王华红　常乔社
丛振宁　王维美）

中国共产党环翠区委员会

综　述

【概况】 2020年，面对新冠肺炎疫情带来的严重考验和复杂多变的国内外环境，区委坚持以习近平新时代中国特色社会主义思想为指导，以中共中央总书记习近平提出的“威海要向精致城市方向发展”为总目标总方向总遵循，贯彻落实中共中央决策部署和省委、市委工作要求，统筹推进公共安全和经济社会发展，全面落实“六稳”“六保”任务，以“重点工作攻坚突破年”为抓手，做好“精、强、融、兴、优、美”六篇文章，凝心聚力，担当作为，加快推进“精致城市·幸福威海”首善之区建设。

全面从严治党。2020年，区委深入贯彻新时代党的建设总要求，履行全面从严治党主体责任，多次召开会议研究部署党建各项工作，开展中共十九届五中全会精神、中国梦等理论宣讲1000余场次，建成贝草夼地下交通站展馆等红色教育基地，统筹推进社区党员分类管理等3项省级试点任务，打造18个市级“红色物业”示范项目，建立物业企业党支部53个。出台《关于构建“三联一网”监督格局深入推进基层党风廉政建设的实施意见》，下发47份纪检监察建议，拍摄2部警示教育片，打造2处清廉之路打卡地，形成查处一案、警示一片、治理一域的综合效应。

深化改革开放。2020年，区委全力推动省九大改革攻坚行动落实落地，新争取省级以上改革试点9项。参与开发区体制机制改革，桥头镇成建制划入工作稳妥有序推进。成立区城市国际化战略推进委员会，全力推进城市国际化建设，打造对外开放新高地。外出招商345次，引进外资项目41个，实际使用外资2.37亿美元；引进内资项目13个，完成实物工作量13.53亿元。

经济社会发展。2020年，区委统筹推进新冠肺炎疫情防控和经济社会发展，修订出台2020年扶持政策11项，兑现2019年度扶持资金9766.4万元，重点培育新材料、高端装备等12个产业链条，5个项目纳入2020年省新旧动能转换优选项目库，新增1家国家“专精特新”小巨人企业、96家国家科技型中小企业，新签订产学研合作43项，首高科技术转移中心获批省级技术转移机构，环翠区入选全省首批技术转移先进区。推进威海创新园、远遥浅海科技湾区建设，国家海水利用工程研究（威海）中心等5个项目入驻湾区。

幸福指数提升。2020年，区委树立以人民为中心的发展思想，推进总投资69.6亿元的10大类、80项为民实事。推进福泰中学一期等3所学校、10所幼儿园的建设、使用，实现46个村卫生室标准化建设全覆盖，打造2处智慧康养社区，成立9处健康养老需求评估中心。实现全区3个省定扶贫工作重点村和165户建档立卡扶贫对象高标准脱贫“摘帽”，新建17处社区食堂和6处农村老年餐桌，开展“希望小屋”儿童关爱项目，环翠区被民政部确定为全国“护童成长”儿童关爱服务体系建设试点地区。

【重要决策和部署】 2020年5月12日，区委、区政府印发《关于抓好“三农”领域重点工作确保如期实现全面小康的实施意见》，抓好乡村振兴，推动农业农村发展，确保农村同步全面建成小康社会，开创新时代全区农业农村工作新局面。

5月25日，区委、区政府印发《关于实施“英才汇翠”计划加快新旧动能转换的意见》，发挥人才在加快新旧动能转换中的支撑作用，构建开放包容、充满活力的人才政策体系。

6月19日，区委、区政府印发《关于进一步加强耕地保护工作的意见》，落实耕地保护制度和节约用地制度，履行耕地保护主体责任。

12月31日，区委印发《关于制定环翠区国民经济和社会发展第十四个五年规划和二〇三五年远景目标的建议》，是未来5年乃至更长时间环翠区经济社会发展的行动指南。

【政策信息编研】 2020年，区委办公室调研、编写各类供领导参阅的文字材料170余篇（期）、35万余字，平均每个工作日向各级领导提供千余字参考材料。年内，编发《今日信息》28期，在市级以上刊物发表信息、简讯57篇。

【调查研究】 2020年，区委开展“春节期间回乡调研”和“国庆期间回乡调研”活动，围绕经济社会发展、改善民生、党的建设，聚焦经济社会发展最突出、最紧迫的瓶颈问题和群众最关心、最直接、最现实的利益问题，明确调研内容，调动各级各部门广泛开展，形成全员参与的大调研格局。至年末，调研报告被上级采用5篇。其中，《环翠区筑牢国家安全人民防线的实践与探索》获得市级优秀调研成果二等奖、《环翠区海洋生态司法保护新机制的实践与探索》《环翠区羊亭镇推进“西展新城”高质量发展的实践与探索》《环翠区嵩山街道心中有民实干为民的实践与探索》《环翠区用好诚信小杠杆撬动社区大治理的实践与探索》4篇获得三等奖。

重要会议

【区委全委会会议】 2020年，中共威海市环翠区十五届委员会召开2次全委会议。

中共威海市环翠区第十五届委员会第七次全体会议　2020年8月7日，中共威海市环翠区第十五届委员会第七次全体会议召开。全会深入学习贯彻省委十一届十一次全会、市委十五届九次全会精神，听取区委副书记、区长徐明代表区委常委会所作的工作报告，审议通过《关于深化改革创新打造对外开放新高地的实施意见》。

中共威海市环翠区第十五届委员会第八次全体会议　2020年12月25日，中共威海市环翠区第十五届委员会第八次全体会议召开。全会以习近平新时代中国特色社会主义思想为指导，深入学习贯彻中共十九届五中全会、省委十一届十二次全会、市委十五届十次全会精神，听取和讨论区委副书记、区长徐明代表区委常委会所作的工作报告，审议通过《关于制定环翠区国民经济和社会发展第十四个五年规划和二〇三五年远景目标的建议》（简称《建议》）。徐明就《建议》起草情况向全会作说明。全会充分肯定区委常委会工作。一致认为，2020年，面对新冠肺炎疫情带来的巨大冲击和不利影响，区委常委会坚持以习近平新时代中国特色社会主义思想为指导，深入学习贯彻中共十九大和十九届二中、三中、四中、五中全会精神，坚决落实中共中央决策部署和省委、市委工作要求，团结带领全区广大党员干部群众，以中共中央总书记习近平提出的“威海要向精致城市方向发展”为总目标总方向总遵循，立足“精致城市·幸福威海”首善之区这一发展定位，统筹推进新冠肺炎疫情防控和经济社会发展，全面落实“六稳”“六保”任务，各项工作取得积极进展。

【区委常委会会议】 2020年，区委组织召开常委会和常委会（扩大）会议33次。

1月23日，主要议题：学习中共中央总书记习近平对政法工作作出的重要指示精神，传达中央政法工作会议、省“两会”、全市打击治理电信网络新型违法犯罪工作联席会议办公室专题会议、全市农村暨扶贫开发工作会议精神，研究环翠区贯彻落实意见。

2月11日，主要议题：传达学习中共中央总书记习近平在北京市调研指导新冠肺炎疫情防控工作时的重要讲话精神，研究环翠区贯彻落实意见。

5月6日，主要议题：传达中共中央全面深化改革委员会第十三次会议精神，通报“五一”期间环翠区有关工作开展情况，听取《关于构建“三联一网”监督格局深入推进基层党风廉政建设的实施意见》《构建“三联一网”监督格局任务清单22条》有关情况。

5月25日，主要议题：听取环翠区2020年扶持政策修订情况。

6月19日，主要议题：传达全市市域社会治理现代化工作现场推进会议精神，听取全区新冠肺炎疫情防控工作情况、存在问题和下步工作打算，审议《关于进一步加强耕地保护工作的意见》等。

7月2日，主要议题：传达学习中共中央总书记习近平在中共中央政治局会议上的重要讲话精神和对防汛救灾工作的重要指示、全省优化村庄布局建设美丽宜居乡村视频会议精神，研究环翠区贯彻落实意见。

7月31日，主要议题：传达学习中共中央总书记习近平对进一步做好防汛救灾工作的重要指示、在企业家座谈会上的重要讲话、在吉林考察时的重要指示精神，传达山东省十三届人大四次会议、威海市委十五届九次全体会议、威海市十七届人大五次会议精神，听取并研究创建全国文明城市复查、精致城市建设、新冠肺炎疫情防控等工作开展情况。

8月7日，主要议题：传达学习全省领导干部会议精神和市委常委（扩大）会议精神，研究部署统筹推进新冠肺炎疫情防控和经济运行等工作。

8月25日，主要议题：传达十五届市委第十一轮巡察工作动员部署会议精神，审议《环翠区提标提速提效推动营商环境攻坚突破实施方案》，通报环翠区创建全国文明城市工作中存在的问题。

9月1日，主要议题：学习中共中央总书记习近平对“十四五”规划编制工作的重要指示、在安徽考察时的重要指示精神、在经济社会领域专家座谈会上的讲话精神，传达中共中央政治局常委、全国人大常委会委员长栗战书在威海检查指导工作时的重要讲话精神以及全市经济运行指标月调度会议、稳外资工作专题调度会议精神，安排部署环翠区相关工作。

9月25日，主要议题：学习中共中央总书记习近平在湖南考察时的重要指示精神、对新时代民营经济统战工作作出的重要指示精神和在中共中央全面深化改革委员会第十五次会议、在全国抗击新冠肺炎疫情表彰大会上的重要讲话精神；传达全省加强“齐鲁红色物业”建设提升社区治理水平工作推进会精神、2020山东省旅游发展大会工作会议精神、全市美丽宜居乡村建设整改落实工作调度会议和城市建设领域历史遗留问题整治专题会议精神，研究环翠区贯彻落实意见。

10月14日，主要议题：学习中共中央总书记习近平在教育文化卫生领域专家代表座谈会、联合国大会纪念北京世界妇女大会25周年高级别会议、2020年秋季学期中央党校（国家行政学院）中青年干部培训班开班式等会议上的重要讲话精神，传达全市文化和旅游产业高质量发展推进会议精神，通报国庆、中秋期间全区有关工作开展情况。

10月26日，主要议题：学习中共中央总书记习近平在广东考察时的重要指示精神、在深圳经济特区建立40周年庆祝大会上的重要讲话精神、在纪念中国人民志愿军抗美援朝出国作战70周年大会上的重要讲话精神和对脱贫攻坚工作作出的重要指示精神，传达全省统筹新冠肺炎疫情防控和经济发展形势分析专题会议和市委常委会会议、全市乡村振兴工作现场推进会以及市扫黑除恶专项斗争领导小组全体会议暨全市扫黑除恶专项斗争推进会精神。

11月2日，主要议题：传达中国共产党第十九届中央委员会第五次全体会议精神，学习《中共威海市委关于加强干部队伍作风建设的意见》和《中共威海市委办公室关于在全市开展干部作风大改进行动的实施方案》，研究部署环翠区相关工作。

11月12日，主要议题：传达中共中央总书记习近平在中央全面深化改革委员会第十六次会议上、在第三届中国国际进口博览会开幕式上、在参加第七次全国人口普查登记时的重要讲话精神，集体学习中共中央总书记习近平对推进农村土地制度改革、做好农村承包地管理工作作出的重要指示精神，研究环翠区贯彻落实举措。

11月24日，主要议题：学习中共中央总书记习近平在江苏考察时的重要讲话和指示精神，在浦东开发开放30周年庆祝大会、在全面推动长江经济带发展座谈会议、在金砖国家领导人第十二次会晤和在中共中央全面依法治国工作会议上的重要讲话精神，传达全省、全市学习宣传贯彻中共十九届五中全会精神暨省委、市委宣讲团宣讲动员会议精神。

12月3日，主要议题：传达学习中共中央总书记习近平在亚太经合组织工商领导人对话会、在亚太经合组织第二十七次领导人非正式会议、在全国劳动模范和先进工作者表彰大会上的重要讲话精神，研究环翠区贯彻落实意见。

12月14日，主要议题：学习中共中央总书记习近平在中共中央政治局第25次集体学习时的重要讲话精神，传达中共中央政治局常务委员会会议精神、中共威海市委十五届十次全体会议精神，听取2020年环翠区食品安全工作开展情况及2021年工作计划汇报。

12月21日，主要议题：传达学习中央经济工作会议精神和中共中央总书记习近平在党外人士座谈会、在中共中央政治局第26次集体学习时的重要讲话精神，研究环翠区贯彻落实意见。

【区委重要工作会议】 2020年，区委召开4次重要工作会议。

全区文明委全委扩大会议暨创

城工作动员会议　2020年6月22日，全区文明委全委扩大会议暨创城工作动员会议召开。会议强调，各级各部门要进一步细化目标举措，确保责任无缺失、管理无漏洞、创建无死角、连接无缝隙、工作全覆盖；要围绕本辖区、本行业、本领域进行一次全面排查，进一步明确整改目标，做到周周有进步、月月有变化；要加大创建全国文明城市工作宣传力度，在全区迅速营造“人人关注、人人支持、人人参与”的氛围和声势，为确保实现威海全国文明城市“三连冠”贡献力量。

全区创建全国文明城市推进会议　2020年8月7日，全区创建全国文明城市推进会议召开。会议梳理分析创建全国文明城市工作中存在的问题，动员全区上下进一步提高思想认识，压实工作责任，主动担当作为，聚焦重点问题和薄弱环节，抓实抓细落实整改，坚定不移打赢打好创建全国文明城市攻坚战。与会人员集体观看环翠区创建全国文明城市工作中存在的短板弱项视频短片，相关负责人汇报创建全国文明城市工作现阶段存在的主要问题，以及下一步打算。

全区城市基层党建和精致社区全域提升攻坚推进会　2020年10月16日，全区城市基层党建和精致社区全域提升攻坚推进会召开。会议强调，要坚持以基层党建为统领，牢牢抓住组织体系建设、条块融合以及社区队伍建设3个关键，通过不断提升基层党组织的组织力，把社区内所有企事业单位、党员群众都发动起来，共同把社区建设好；要坚持以文明和谐为基础，做实信用“进社区”、“红色物业”、网格化机制3个载体，引导整合社区各种利益主体、各方共治力量，主动参与公益志愿活动和社区治理；要坚持以民生福祉为根本，突出尊重最广大群众的意愿、让群众享受到最直接的精致和最长远的效果3个导向，通过实实在在的工作，不断增加辖区群众的获得感、幸福感。

干部作风大改进行动推进会议　2020年11月3日，全区干部作风大改进行动推进会议召开。会议要求各级各部门、单位坚持作风建设永远在路上，从“严”字着手，从“实”字发力，以敢抓的狠劲、真抓的实劲、常抓的韧劲，持续推进作风建设常态化，为全面建成小康社会圆满收官、开启全面建设社会主义现代化国家新征程提供坚实保障。会议要求，各级各部门、单位要在继承过去好经验、好传统的基础上，突出重点、讲究方法、注重实效，在全区迅速掀起作风大改进的热潮。

（张文慧）

全面深化改革

【概况】　2020年，区委坚持把全面深化改革作为关键一招，召开全面深化改革委员会会议6次，研究制定《区委办公室　区政府办公室关于深入贯彻落实〈全省“重点工作攻坚年”重点任务实施方案〉的通知》《中共威海市环翠区委全面深化改革委员会2020年工作要点》《环翠区2020年度全面深化改革考核工作实施细则》等文件。新争取省级以上改革试点19项，其中国家级试点4项、省级试点15项。

【改革主体责任压实】　2020年，区委召开全面深化改革委员会会议6次，传达学习中共中央和省委、市委全面深化改革委员会会议精神，审议《关于人大预算审查监督重点向支出预算和政策拓展的实施办法》《关于建立医疗保障基金监管长效机制的意见》《环翠区推进国有企业退休人员社会化管理工作实施方案》《关于构建“三联一网”监督格局深入推进基层党风廉政建设的实施意见》《构建“三联一网”监督格局任务清单22条》等重要改革文件。根据省委、省政府《全省“重点工作攻坚年”重点任务实施方案》，研究制定《区委办公室　区政府办公室关于深入贯彻落实〈全省“重点工作攻坚年”重点任务实施方案〉的通知》，明确具体任务110项，推动省委、省政府九大改革攻坚行动落实落地。

【改革督察考核】　2020年，区委聚焦重点改革任务落实落地，研究制定《中共威海市环翠区委全面深化改革委员会2020年工作要点》，重点实施改革任务68项，并明确每项任务牵头单位、可检查的成果形式、完成时限。将全面深化改革工作纳入全区目标管理考核，制定《环翠区2020年度全面深化改革考核工作实施细则》，建立全面深化改革工作常态化考核机制，把改革压力传导到“神经末梢”，确保全区各项改革任务落到实处。

【改革创新典型引领】　2020年，区委围绕上级改革工作部署和制度创新，对精致城市建设、社会治理、海洋生态司法保护、司法辅助事务改革等重点改革工作开展深入调研，形成制度创新项目和创新性实事经验材料18篇。挖掘、培育、推广一批创新性、带动性、示范性环翠改革工作经验，其中，农村承包地确权登记颁证、华夏城矿坑生态修复、中小学（幼儿园）配备法律辅导员、镇级社会组织联合会、“红色物业”

建设、档案工作服务农村基层社会发展、非诉讼纠纷化解机制等工作经验被省级以上部门通报表彰或推广。《环翠区积极探索建立“一体对接、多元化解”矛盾纠纷调处新机制》《构建服务网络 推动资源下沉 环翠区创新基层便民服务模式》《坚持刑民结合 突出生态补偿 环翠区探索海洋生态司法保护新机制》等经验材料被市委《改革工作动态》采用。

【改革试点】 2020年，全区新争取省级以上改革试点19项，其中，全国城镇老旧小区改造试点（花园社区、竹岛社区组团）、“护童成长”——儿童关爱服务体系建设试点区、第二批全国乡村旅游重点村（张村镇王家疃村）、全国第四批“绿水青山就是金山银山”实践创新基地（华夏城）国家级试点4项；山东省城市品质提升第一批试点片区（卫城片区）、全省集约化非诉讼纠纷解决机制试点区、全省首批社区医院试点单位（孙家疃社区卫生服务中心）、全省卫生职称“双自主”改革试点单位（威海卫人民医院）、山东省国家基本药物制度改革综合试点县、山东省职业卫生分类分级监督执法试点、社区党员分类管理省级改革试点单位、排查整顿农村发展党员违规违纪问题省级试点、“灯塔—党建在线”党群服务中心系统试点、“基层管理岗位干部通用能力教育培训框架体系”板块环翠区干部教育云平台试点、全省深化小型水库管理体制改革示范县、山东省第二批乡村振兴“十百千”工程示范创建镇村（张村镇，张村镇刘家疃村、嵩山街道五家疃村、温泉镇张家山村、羊亭镇梅家沟村）、山东省告知承诺和容缺办理改革试点区、全省2019年城市品质提升试点项目（环翠区基于“双四分基本分类法+智能回收”的生活垃圾分类体系）、省级美丽示范河湖创建名单（羊亭河）省级试点15项。

（马靖雯）

组 织

【概况】 2020年，全区组织工作围绕区委中心大局，聚焦主责主业，施策发力，推荐3个先进集体、6名先进个人受到市委、市政府表扬；举办新冠肺炎疫情防控专题培训班8期；引进优秀毕业生47名；修定完善《干部人事调配工作暂行办法》《科级干部选拔任用工作流程》；制订《城市党建全域提升攻坚实施方案》；开展省级试点工作3项；新增泰山产业领军人才7名。

【干部综合研判】 2020年，区委组织部结合新冠肺炎疫情防控、复工复产、创建全国文明城市等重大任务落实，突出“事业为上”导向，加强对干部的综合研判，全面考准考实干部政治素质、政治担当和应急处突、攻坚突破能力水平。强化结果运用，推荐中国共产党威海市环翠区顺沁苑宾馆集中隔离点新冠肺炎疫情防控战时临时支部委员会、中国共产党威海市环翠区双岛卡点检查站新冠肺炎疫情防控战时临时支部委员会、威海市公安局环翠分局特巡警大队3个先进集体，李新刚、谷柏、徐敏、魏艳丽、刘晶瑜、王康6名先进个人受到市委、市政府通报表扬，26个先进集体和84名先进个人受到区委、区政府通报表扬；“火线”提拔在抗击新冠肺炎疫情期间表现突出的优秀干部5名。

【干部教育培训】 2020年，区委组织部实施干部教育“滴灌工程”，结合新冠肺炎疫情防控实际，举办专题培训班次8期，培训600余人次。实施“时间自选”“内容自选”“形式自选”培训新模式，组织机关干部开展在线学习6期、送课进企业活动2期。组织实施干部教育培训信息化建设“六个一”（一个党校智慧教室、一个企业网络学院、一个基层干部学堂、一个干部德育讲堂、一个在线学习课堂、一个网上信息平台）工程，开发“环翠干部教育云平台”，与《人民日报》旗下人民学习平台合作打造党校智慧教室。6月3日，区委党校智慧教室开班仪式在“为了人民”基层党建教学点举行。打造贝草夼地下交通站展馆、“十八里担架道”红色印记馆、威海卫公立第一中学党小组红色印迹展馆3处展馆，修缮提升威海市革命烈士陵园，抢救保护利用红色印迹36处。

【年轻干部选拔培养】 2020年，区委组织部实施年轻干部“淬炼工程”，引进优秀毕业生47名，选拔22名优秀年轻干部“上挂下派”，夯实干部队伍梯队建设；建立年轻干部“提笔能写”培养机制，出台《年轻干部“笔力提升”活动实施方案》，每季度开展一次集中培训，提升年轻干部写作能力。

【干部日常监督管理】 2020年，区委组织部根据机构改革后相关单位职能变化及上级最新规定，修订完善《干部人事调配工作暂行办法》《科级干部选拔任用工作流程》，强化干部调配、人员借调和编外人员管理，提升干部选拔任用工作规范化水平。结合例行考察、专题调研，常态化开展股级干部选拔任用、因私出国（境）备案审批及证件管理、公职人员违规在企业和社团兼职等专项检查。

【城市基层党建】 2020年，区委组织部制订《城市党建全域提升攻坚实施方案》，出台赋予镇（街道）党（工）委“5项权力”（对区级职能部门及其派驻机构的考核评价权、对派驻机构负责人的人事考核权和征得同意权、对公共事务的综合管理权、规划参与权、区域内重大决策和重大项目建议权）实施办法和操作流程；创新实施党建引领网格化治理“321”工程。至年末，化解城市治理难题8.01万件，事件处置率99.7%，相关做法在《中国组织人事报》《中国社区报》等国家级媒体宣传报道。

2020年，区委组织部将“红色物业”融入基层治理，组织表彰大会、半年督导等各类会议14场，开展攻坚月行动2次，解决重难点问题127项。9月8日，环翠楼街道东北村社区、鲸园街道祥云花园小区、竹岛街道海源社区3处观摩点入选全省“红色物业”现场会并得到高度评价。同月18日，出台《社区工作者职业化体系建设的实施意见》，加强“选育管用”全链条管理，组织线上线下培训活动16场。建立“党建红盟”，开展联建活动12场次；实施“红色领航”计划，指导威海魏桥科技工业园有限公司、威海广泰空港设备股份有限公司、山东华夏集团有限公司、威海银兴预应力线材有限公司、威海龙港纸业有限公司、威海怡和专用设备制造有限公司、威海蓝海银行股份有限公司、威海市宇王集团有限公司、威海化工机械有限公司、山东华素制药有限公司、威海市海王旋流器有限公司、威海人生药业集团股份有限公司、威海浦源食品有限公司、威海齐德新型建材有限公司、威海盈盾特种工程材料有限公司、威海博宇食品有限公司16家冲击新目标企业建强组织，推进示范点打造；出台党建工作指导员管理办法及党组织书记、主职党务工作者激励办法，从选拔、培育、激励、管理方面培育红领人才。

【农村基层党建】 2020年，区委组织部依托乡村振兴“1+5”（1个市级样板片区：里口山近郊休闲样板片区；5个区级样板片区：轻户外运动小镇样板片区、五渚河生态样板片区、正棋山休闲样板片区、宝石山高效生态农业样板片区、玉皇顶风景旅游观光样板片区）样板片区建设，组建里口山近郊休闲样板片区党建联盟、环翠轻户外运动小镇党建联盟、温泉镇五渚河生态田园党建联盟、温泉镇正棋山休闲田园党建联盟、羊亭镇宝石山片区党建联盟、羊亭镇玉皇顶片区党建联盟6个区域性农村党建联盟，吸纳成员单位97家。公开招聘龙增麟、董颖、李玮峰、徐少岩、段志元5名村党组织书记，转化后双岛、埠前、半壁山、台下、林家庄、张村、谷家洼、河西8个后进薄弱村（社区），争取“强村贷”90万元，落地项目10个，凝聚乡村振兴强大合力。推进“信用”进农村，推广落实“积分制+爱心超市”“红蓝榜+福利分配”村规民约，建设信用超市32处，兑换积分2000余次，提升乡村治理效能。出台党建引领股份经济合作社高质量发展指导意见，制定配套文件12项，同步开展“三资”（农村集体资金、资产和资源）清理规范，收回债权3000余万元，为股份经济合作社高质量发展提供保障。

【党组织和党员队伍建设】 2020年，区委组织部开展社区党员分类管理、排查整顿农村发展党员违规违纪问题、“灯塔—党建在线”党群服务中心系统3项省级试点工作，出台制度文件13项，培育示范社区15个，建立区、镇（街道）、村（社区）三级线上党群服务中心101个，党员有效管理率由58.5%上升至80%，1381名党员纳入排查整顿范围，发现涉嫌违规违纪问题71个。凝聚全区党组织、党员抗击新冠肺炎疫情强大合力，成立顺沁苑宾馆集中隔离点、羊亭中欧水处理及膜技术创新产业园人才公寓集中隔离点、东方大酒店集中隔离点、双岛卡点检查站4个新冠肺炎疫情防控战时临时支部委员会；在全市率先将徐敏、邹翠敏2名表现突出、符合条件的入党积极分子发展入党；抗击新冠肺炎疫情期间，全区1237人递交入党申请书，数量全市第一；威海华辉东方城物业公司经理徐敏被评为全省“抗击新冠肺炎疫情榜样”。发动企业、爱心团体、爱心人士等社会各界捐款捐物2000余万元，捐款额全市第一。推进基层党支部建设，提升“百日攻坚”和基层党建重点领域重点问题“清零行动”，整改问题605个，773个党支部全部达标，选树过硬支部82个。

【“两新”组织党建】 2020年，区委组织部聚焦高质量发展，凝聚全区各大园区、商圈等区域性“两新”（新经济组织、新社会组织）党组织力量，成立“党建红盟”，开展联建活动12场次；在“两新”组织中实施“红色领航”计划，坚持“自选+必选”“每月一主题”，指导16家冲击新目标企业建强组织、推进示范点打造；出台“两新”组织党建工作指导员管理办法及党组织书记、主职党务工作者激励管理办法，从选拔、培育、激励、管理4个方面培育“红领人才”。商圈党建和“红领人才”培育工程工作经验分别在《大众日报》和“威海组工”公众号推广。

【党员电教】 2020年，区委组织部推荐的威海广泰空港设备股份有限公司党支部的党员电教“我来讲党课”活动在中央广播电视总台《新闻直播间》宣传报道，杨红霞人物事迹专题党员电教节目在山东广播电视台《齐鲁先锋》栏目播出；拍摄制作党员电教片《当代愚公——夏春亭》，获得省委组织部优秀党员电教片特等奖和最佳剪辑奖；拍摄制作《星火燎原》《为了人民的幸福》《为了人民的解放》《共产党员上》《刑场婚礼》《暗夜中的贝草帝》6部党员电教微党课，全部入选市级党员电教优秀党课，其中《星火燎原》获得省级优秀党员电教党课；在全市《永远跟党走》微视频观摩交流活动中获得一、二、三等奖各3个，其中《一封家书》《守望》《暗夜潜行》获得一等奖，《七子之歌，威海卫》《青春火炬》《相依观海心念归安》获得二等奖，《每一个梦想都值得呵护》《梦开始的地方》《盼团圆》获得三等奖。参与全区红色印迹展馆建设，打造《寻访担架道》《暗夜潜行》《星火》《一封家书》《相依观海 心念归安》5部党员电教专题片；录制环翠区抗疫榜样“灯塔大课堂”相关内容，推送至省级党员电教平台播出。

【人才工作】 2020年，区委组织部实施“一对一”跟踪辅导，新增省级以上高层次人才20人，其中泰山产业领军人才7人[山东双轮股份有限公司特聘专家施卫东、中华联合

2020年9月23日，“感受精致城市——高端人才走进威海”活动正式启动（区委组织部 供图）

财产保险股份有限公司威海中心支公司总经理姜峰、山东科邦威尔复合材料有限公司董事长周文龙、威海智信光电科技有限公司董事长顾而丹、威海银通新材料有限公司总经理徐世法、智真海洋科技（威海）有限公司董事长叶秀芬、威海中腾医药科技有限公司总经理李伟，入选数量全市第一。

年内，区委组织部结合新冠肺炎疫情防控，出台医疗医护人才“关爱十条”（在工作补助、职称评定、人才培养、关爱服务等方面提供政策支持，激励引导防疫人才在疫情防控工作中履职尽责、担当作为），配备家庭服务专员21名；为威海卫人民医院急诊科副主任仪庆春、神经内科副护士长孙玲玲、心内一科护士长张丽妍、普外二科副护士长夏明杰、急诊科副护士长周翔宇、脊柱二科护士宋艺、重症监护室副护士长宫玫洁、神经外科副护士长于佳卉，威海口腔医院内科护士长谢添9名一线人才发放人才卡，向239名医务人员发放临时补助93.74万元；开通人才引进绿色通道，免笔试引进医疗医护人才61名。出台“英才汇翠”计划2.0版，修订完善7项条款，加大对高校毕业生、高技能人才和社工人才支持力度。人才评价突出精准管用，面向企业、社区一线紧缺实用人才，表彰“技术标兵”和“金牌社工”70名，树立注重基层的鲜明导向。区委组织部举办、承办威海“英创会”“感受精致城市——高端人才走进威海”等活动5场次，签订合作协议16项，引进国家海外特聘专家赵磊等高层次人才9名，引导校企合作共建“订单式”培养专班。至年末，在环翠区就业驻威高校毕业生924人，数量比上年翻一番。

【公务员管理】 2020年，区委组织部坚持科学谋划、严格规范，加强对公务员招录工作各个环节的把控，细化优化工作流程，增强全局性，完成10名公务员招录工作。按照“应套尽套”原则，对区法院、区检察院“两院”104名综合管理类、助理书记员类、警员类公务员进行职级套转和职务套改，为开展职级晋升工作打牢基础。对首批纳入行政执法类管理的2个单位（区市场监管局、区综合行政执法局）113名公务员进行人员类别转换，其中对98名职级公务员进行职级转换。

（许翔涵）

宣　传

【概况】 2020年，全区宣传工作围绕统筹推进新冠肺炎疫情防控和经济社会发展中心大局，推动理论宣传、新闻宣传、社会宣传、文化宣传、网络宣传、对外宣传“六宣联动”，推进理论武装、意识形态、新闻舆论、精神文明、文化文艺等工作。年内，开设《环翠战“疫”进行时》专栏，印发《全区党委（党组）理论学习中心组2020年理论学习计划安排意见》，科学谋划实施《区委网信委2020年工作要点》，为“精致城市·幸福威海”首善之区提供思想保证和精神力量。

【新冠肺炎疫情防控宣传】 2020年2月1日，区委宣传部针对新冠肺炎疫情防控，开设《环翠战“疫”进行时》专栏，调动各级各类宣传平台发布《动动手指　蔬菜水果送到家门口》《防控一线，有一种力量叫“我是党员”!》《环翠区各界暖心战“疫”》《威海环翠4140名网格员筑起防控坚实防线》等相关信息1.2万余篇。组织播音员录制抗击新冠肺炎疫情宣讲音频下基层40多条。创制推出《选择坚强》《壮志如磐　共盼春来》《致敬风雪中的坚守》《相信科学拒绝谣言》等新冠肺炎疫情防控公益视频108条。

【媒体报道】 2020年，区委宣传部在中央主流媒体推出环翠区专题报道，其中，《人民日报》头版、《光明日报》头版等报纸重要版面及客户端围绕环翠区精致城市建设、乡村振兴、沿海岸线保护等推出重点报道《山东威海环翠区：市民种蔬菜　社区生活幸福多》《绿色发展增添幸福生活成色》《基础设施升级，搭上电商致富快车》《废墟上崛起的AAAAA级生态景区》《这五年，绿水青山更美丽》《山东威海环翠区：用精致做足小康成色》6篇。

【“走环翠·品精致·话小康”活动】 2020年10月20日，区委宣传部组织开展“走环翠·品精致·话小康”2020新闻媒体环翠行活动，邀请全国网络媒体平台100余家，深入环翠实地采访，通过看百姓身边变化、观环翠精致变迁、话全面小康成色，集中展示全区精致城市建设工作实效。至年末，区委宣传部在国家、省、市主流媒体推出精致城市建设相关重点报道900余篇。

【新闻发布会】 2020年，区委宣传部围绕为民实事、扶持政策解读、全国文明城市创建、“十三五”期间成就展示等主题，举办新闻发布会45场，为经济社会发展提供新闻舆论支撑。

【理论教育】 理论学习。2020年2月28日，区委宣传部印发《全区党委（党组）理论学习中心组2020年理论学习计划安排意见》，确定10个学习专题，将中共十九届四中、五中全会精神，《习近平谈治国理政》第三卷等重点内容纳入理论学习中心组学习主题。年内，区委理论学习中心组围绕学习中共十九届五中全会精神、从严治党、新冠肺炎疫情防控等内容，开展集体学习研讨14次，并对8个单位理论学习中心组学习进行巡听，对15个部门进行专项检查。拨付理论学习经费20万元，组织征订《习近平谈治国理政》第三卷1.3万余册，编印理论学习中心组学习研讨资料13期。8月29日至9月2日，以学习研讨《习近平谈治国理政》第三卷为主题，在市委党校举办区委理论学习中心组读书班。发挥“学习强国”学习平台理论学习阵地作用，至年末，全区注册学员6.3万余人。

理论宣讲。2020年4月7日，区委宣传部印发《关于开展“中国梦·新时代·话小康”百姓宣讲活动的通知》，全区100余名宣讲员参

2020年9月29日，学习《习近平谈治国理政》第三卷暨“中国梦·新时代·话小康”百姓宣讲团在鲸园街道举办专场宣讲　（区委宣传部　供图）

与宣讲。宣讲通过小切口讲述基层奋斗梦和时代变迁史等内容，深化群众对习近平新时代中国特色社会主义思想的情感认同。9月29日，学习《习近平谈治国理政》第三卷暨“中国梦·新时代·话小康”百姓宣讲团在鲸园街道举办专场宣讲，为社区群众讲述平凡工作生活中的感人故事与发展变化。年内，整合“中国梦”获奖选手、党校教师、中小学校思政课教师理论宣讲骨干等，开展《习近平谈治国理政》第三卷、中共十九届五中全会精神宣讲200余场次，受众9万余人。

理论调研、社科普及。2020年4月10日，区委宣传部向市委宣传部申报重点社科课题13项。11月18日，孙家疃街道被山东省社科联评为山东省第七批社会科学普及示范街道。12月3日，区委宣传部征集8项优秀社科成果参加威海市第23次社科奖评选。

【网络环境净化】 2020年5月25日，区委宣传部召开区委网络安全和信息化委员会第二次会议，深入学习贯彻中共中央总书记习近平关于网络强国的重要思想，贯彻落实省委、市委网信委相关工作精神，科学谋划实施《区委网信委2020年工作要点》。强化网信领域统筹协调和专项联动，形成横向部门联动、纵向属地管理、社会治理齐抓共管的“一盘棋”工作格局；高标准高质量抓好“一中心、一平台、一体系”建设。年内，区委宣传部率先在全市建成区互联网应急指挥中心、网信数据综合服务平台，完善《环翠区突发敏感舆情处置工作机制》，搭建一体化互联网应急指挥体系和统筹协调、上下联动、数据共享、安全高效的网信系统技术体系。11月，区互联网应急指挥中心入选山东省县（市、区）级互联网应急指挥中心规范化建设示范单位。

【媒体融合发展】 2020年，区融媒体中心在原有“两微一端”（微博、微信及新闻客户端）的基础上，实行平台负责人制度，强化今日头条、抖音、快手等平台的融合发展，推出大量创意视频、MV，形成渠道丰富、载体多样、覆盖广泛、传播有效、可管可控的移动传播矩阵。年内，微博号发布微博信息9312条，阅读量1.94亿;微信公众号发布信息2038条，单条信息最高阅读量35万;新闻客户端发稿20874条，单条信息最大点击量61.2万次;今日头条号发布2966条，播放量过百万的作品5件；抖音号发布585条，单条最高播放量1811万，播放量过百万的作品27件；快手号发布884条，播放量7984万。

（田常力　魏　国　黄　震）

统　战

【概况】 2020年，区委统战部围绕助推经济社会发展、争创一流业绩工作主基调，成立民建环翠区总支，吸纳全区各民主党派新成员13人，推荐14名民主党派成员加入市级民主党派代表人士数据库，1名党外人士加入省级无党派代表人士数据库。

【民主党派工作】 2020年，区委统战部印发《环翠区民主党派代表人士队伍建设规划（2020—2027年）》，完善民主党派代表人士发现储备、培养锻炼、选拔使用和管理监督全链条工作机制。坚持以习近平新时代中国特色社会主义思想为指导，对骨干成员加强学习培训，推动各民主党派不断加强自身政治能力建设，凝聚人心、汇聚力量，新发展民主党派成员13人。加强高层次党外代表人士数据库建设，14名民主党派成员进入市级民主党派代表人士数据库，1名无党派人士进入省级无党派代表人士数据库。着重抓民主党派履职能力建设，引导各民主党派认真履行参政议政、民主监督职能，围绕区委、区政府中心工作，组织开展调查研究和协商座谈活动，引导各自党派、团体内的广大统战成员积极建言献策，为

2020年8月3日，新阶层知联会在鲸园街道古北社区开展慰问社区退伍老兵活动
（区委统战部　供图）

新阶层知联会志愿服务队在竹岛街道同心路社区开展新冠肺炎疫情防控工作。图为2020年2月15日，志愿者在社区卡口执勤

（区委统战部　供图）

领导决策提供参考。组织引导开展社会服务活动，在活动中增强服务社会、服务群众的能力，发挥各民主党派人才荟萃、智力密集的优势，为全区经济社会高质量发展贡献力量。

【志愿服务品牌建设】 2020年，区委统战部成立机关、民族宗教、港澳台、侨务、各民主党派、统战团体等10支统战“连心桥”志愿服务队，围绕全区中心工作开展志愿服务活动。各志愿服务队分别对接1～2个社区，签订共建协议，并结合自身优势，整合社区需求，制作服务配档，有计划开展慰问社区退伍老兵等志愿服务活动，进一步擦亮“精致社区·致力同行”统战服务品牌。

【统战服务】 在新冠肺炎疫情防控和创建全国文明城市期间，区委统战部干部以身作则，坚守环翠楼街道前进社区卡点一线，防控新冠肺炎疫情、维持交通秩序、保护环境卫生，并调动各民主党派、统战团体资源优势，共同参与抗击新冠肺炎疫情、创建全国文明城市工作。抗击新冠肺炎疫情期间，各统战成员捐款捐物350余万元；2020年2月9日，农工党环翠区小组党员仪庆春驰援武汉防疫一线，成为威海支援武汉医疗队伍中首位汉阳方舱医院队员；2月12日至4月2日，区新阶层知联会在竹岛街道同心路社区设立战“疫”志愿岗，连续值守50天；5月，区新阶层知联会被市文明办授予“全市抗击疫情优秀志愿服务组织”称号；12月4日，区委统战部“精致社区·致力同行”志愿服务项目被区文明办评为“最佳志愿服务项目”，典型经验被中共中央统战部在《中国统一战线》上推广。年内，全区11篇典型经验被中共中央统战部、省委统战部推广。

【非公有制经济领域统战工作】 2020年，区工商联组织100余家会员企业线上学习中共十九届四中、五中全会精神以及《习近平总书记在企业家座谈会上的讲话精神》《关于加强新时代民营经济统战工作的意见》。开展2次党建业务培训，组织常委企业到山东天弘质量检验中心有限公司、威海浦源食品有限公司观摩交流，指导26家会员企业完善党建工作制度。3月14日，组织20余家会员企业在仙姑顶旅游景区植树。6月12日，召开习近平新时代中国特色社会主义思想学习座谈会，组织20余名企业家学习《关于营造更好发展环境支持民营企业改革发展的意见》《中华人民共和国民法典》。8月30日，组织11名企业家到河南省林州市红旗渠开展红色教育。

【民族宗教工作】 2020年，区委统战部紧紧围绕铸牢中华民族共同体意识，以坚持宗教中国化方向为主线，通过充分引导、齐抓共管、靶向施策、精准发力，不断夯实民族宗教工作基层基础，全力打造共建共治共享的民族宗教事务治理新格局。在民族宗教方面强化组织领导，完善工作体制机制，发挥统战工作领导小组议事协调作用，定期召开联席会议、专题会议，细化工作责任，层层分解任务，落实宣传教育、宗教中国化、宗教活动场所规范化等工作，不断巩固壮大新时代党与宗教界的爱国统一战线。在民族团结方面打造亮点品牌，引导全区各民族交往交流交融。采取靠前指导、宣传推介、拨付资金等方式，为民族团结进步创建工作保驾护航。年内，助力千山路小学获评“山东省民族团结进步模范集体”，成功创建2处市级民族团结进步示范单位，帮助“十三五”时期民品企业——山东汇泉工业有限公司获得国家贴息资金72.87万元，不断铸牢中华民族共同体意识。

（耿　航　张钦雯）

机构编制

【概况】 2020年，区委编办严格落实党管机构编制原则，围绕区委区政府重点工作，稳步推进事业单位改革，优化重点领域机构职能，编制完善“四张清单”（区级政府部门履职清单、区政府部门权责清单、区级政府部门职责边界清单、区镇“属地管理”事项主体责任和配合责任清单），健全部门间协调配合机制，统筹事业单位机构编制调整，加强事业单位监管，创新建立“编制周转池”，不断优化机构编制资源配置。

【事业单位改革】 2020年，区委编办根据中共中央关于深化事业单位改革试点工作部署，全面落实省委、市委事业单位改革试点工作要求，立足环翠特色，开展深化区级事业单位改革试点工作。以区委办文件印发《关于深化区级事业单位改革试点实施方案》，优化事业单位布局结构，精简“小、弱、散”事业单位。改革后，纳入限额的区级事业单位由160个减少至120个，较改革前精减25%。

【重点领域机构编制事项调整理顺】 2020年，区委编办调整完善重点领域机构编制事项，设立环翠区委重大疾病和传染病防治工作领导小组，负责研究重大疾病、传染病防治和突发公共卫生事件应急处置工作，领导小组办公室在区疾控中心实体化运行。增加区卫生健康局（区中医药局）在促进中医药事业健康发展方面的职责，明确卫健部门在推动中西医结合、发挥中医药在新发突发传染病防治和公共卫生事件应急处置中的作用，完善环翠区中医药管理体制机制，促进中医药事业健康发展；为区工业和信息化局加挂区非公有制经济发展服务局牌子，加强非公有制经济发展工作力量，推动环翠区非公有制经济的发展。

【行政机构“四张清单”落实】 2020年，区委编办编制政府部门职责边界清单，明确区发展改革局、区工业和信息化局、区商务局等50个部门（单位）在海洋灾害预警监测及应急处置、大宗商品类交易场所管理、拍卖监督管理、城镇老旧住宅小区整治改造等105项事项中的职责边界。组织编制部门履职清单，细化明确内设机构任务2720项、内设机构间职责边界分工611项，绘制流程图1178张，制订标准文本626个，明确岗位职责428项，梳理廉政风险点及防控措施263项，制定工作规范97个。编制印发《环翠区第二批区镇“属地管理”事项主体责任和配合责任清单》，明确涉及城乡建设、卫生健康、应急管理等13个领域的38项事项的主体责任和配合责任，并编制相关事项的“施工图”“说明书”，进一步明确区镇主体责任和配合责任。动态调整部门权责清单，组织区农业农村局等7个部门调整发布区级权责清单事项75项，组织区住房城乡建设局等8个部门认领发布直接下放和下放实质性审核权的市级行政许可事项53项。

【事业机构编制调整】 2020年，区委编办优化事业单位机构职能，为区疾控中心加挂区健康管理指导中心牌子，明确区疾控中心的功能定位和主要职责，核定领导职数；设立区长征路幼儿园、区统一路幼儿园、区实验小学幼儿园、区红叶谷幼儿园、区玉兰幼儿园、区恒大幼儿园、区祥云幼儿园、区东骏阅山幼儿园、区温泉镇明辰幼儿园9处幼儿园；对区精神文明建设指导中心、区卫生和计划生育监督执法大队2个事业单位更名；调整区委党史研究中心、区县乡公路事业发展中心、区社会矛盾受理调处中心、区融媒体中心、区社会治安综合治理中心、区卫生和计划生育监督执法大队6个事业单位内设机构。统筹事业单位编制配备，收回事业单位空余编制62名，提高编制资源使用效率；根据2020年度秋季中小学实有在校生数，按照中小学教职工编制核定标准，核定中小学教职工编制3396名。理顺区档案馆、区机关事务服务中心、区县乡公路事业发展中心、区服务业发展促进中心、区畜牧业发展中心、区大数据中心、区建筑工程服务中心、区城市管理服务中心8个原承担行政职能事业单位主要职责，解决机构改革后行政部门与事业单位、代管事业单位与主管部门职责界限不清、沟通衔接不畅等问题。

【事业单位监督管理】 2020年，区委编办完成2019年度127个事业单位绩效考核工作，经区事业单位绩效考核委员会审定，确定优秀等次33个、良好等次45个、合格等次47个、较差等次1个、不定等次1个。公开事业单位年度报告145个，其中退回、提醒修改年度报告103次，公示率100%。为因机构改革撤销合并的10个事业单位办理简易注销登记手续。采取网络监测和实地核查的方式，完成事业单位监管“双随机、一公开”抽查工作，抽查结果全部为合格。

【建立“编制周转池”】 2020年，

区委编办加大编制统筹挖潜力度，将职能弱化事业单位收回的编制，全部补充到“编制周转池”，突破人才引进“无编可用”的瓶颈，并通过建立轮岗制度、淘汰制度和流转制度，对“编制周转池”实行动态管理，保障全区在引进优秀人才方面的用编需求。

【议事协调机构清理规范】 2020年，区委编办配合有关部门对原有198个区级议事协调机构进行清理规范，撤并59个，调整为议事协调机构下设专项小组19个，调整为工作机制3个，更名29个，相比规范前精简40%。

（梁中元）

区直机关党建

【概况】 2020年，区直机关工委落实区委党的建设工作领导小组工作安排，着力解决制约机关党建发展的“四个问题”（无所谓、两张皮、过得去、独角戏），在补短板、强弱项上持续发力，推动机关党建全面规范、全面提升、全面过硬。年内，先后开展关怀帮扶活动、新冠肺炎疫情防控捐款活动、“读红书马拉松”活动、“不忘初心、牢记使命”主题微党课大赛；发展入党积极分子172名，确定党员发展对象57名。

【特色党建】 2020年，区直机关工委在新冠肺炎疫情防控和创建全国文明城市期间，组织全区63个区直机关党组织和千余名机关党员干部分包社区，开展社区防疫、全国文明城市创建工作。至年末，打造区环境卫生中心“青春党建”、区卫生健康局“天使先锋、健康引领”、区教育体育局“四领四融”（强化组织引领、推动党的建设融入办学方向，强化先锋引领、推动党员培育融入师资建设，强化思想引领、推动思想政治建设融入教育教学，强化党风引领、推动从严治党融入从严执教）、区市场监管局“品质市场监管、争当环翠先锋”4个特色党建品牌。

【“不忘初心、牢记使命”主题微党课】 2020年10月21日，区委组织部和区直机关工委在“为了人民”基层党建教学点举办第四届“不忘初心、牢记使命”主题微党课大赛决赛。微党课大赛决赛有10组选手参加，区委副书记邢海波、区人大常委会副主任刘玉波等5人担任活动嘉宾，邀请相关单位9人担任大赛评委。经过角逐，区教育体育局姜明远《祖国不会忘记》获得一等奖；公安环翠分局特巡警大队张敏《平安路上的追梦人》、鲸园街道刘勇《红梅赞》获得二等奖；区国有资产中心张云云、梁少杰、孙小卜《刑场上的婚礼》，公安环翠分局城里派出所张伟《微光汇聚，点亮抗疫征途》，区卫生健康局孙玲玲《白衣执甲，热血担当》获得三等奖；区纪委监委倪倩倩《我和我的梦想》，区政府办公室于森《紧握历史“接力棒”开创幸福“新时代”》，区委编办纪幸运《一线共产党员上，没有讨价还价》，区退役军人局王娟、毕玲玉、宋晋杰、李洋《我和我的祖国》获得优秀奖。

【机关政治建设】 2020年，区直机关工委始终把机关政治建设摆在首位，坚持旗帜鲜明讲政治，把带头做到“两个维护”作为最高政治使命和政治责任，深入学习、严格执行党章和新形势下党内政治生活的若干准则、加强党的政治建设的意见、党纪处分条例等党内法规文件。把“不忘初心、牢记使命”作为加强机关政治建设的永恒课题和党员干部的终身课题，加强核心政治机关意识教育，引导党员干部增强“四个意识”、坚定“四个自信”、做到“两个维护”，把一流政治标准、过硬的模范机关建设贯彻到机关政治建设全过程，全面推进机关政治建设标准化、规范化。严肃党内政治生活，认真落实“三会一课”制

2020年10月21日，区委组织部和区直机关工委在“为了人民”基层党建教学点举办第四届“不忘初心、牢记使命”主题微党课大赛决赛

（区直机关工委 供图）

度，提高民主生活会、组织生活会质量。

【机关思想建设】 2020年1月20日，区直机关工委部分党员干部代表区委、区政府分别走访慰问因公去世干部家属和生活困难干部职工，发放慰问金并送去节日问候与祝福。2月5日，区直机关工委党员干部到环翠楼街道前进社区，走访老党员及身边好人等先进典型人物，学习宣传先进事迹和宝贵精神，表达敬仰之情，并送去慰问品和节日问候。14日，区直机关工委在区政府六楼会议室开展区直机关新冠肺炎疫情防控捐款活动。至3月中旬，区直机关2932名党员参与捐款，捐款总额68.78万元，其中威海市军休所老干部一次性最高捐款额1万元。

【机关组织建设】 新冠肺炎疫情防控期间，区直机关工委在防疫一线发展入党积极分子34名，并将在疫情防控工作中做出突出贡献的1名入党积极分子发展为预备党员。至年末，发展入党积极分子172名，确定党员发展对象57名，并组织2020年区直机关入党积极分子和党员发展对象到“初心·1932”红色印迹馆接受红色教育。年内，区直机关工委采取线上线下双重督导与机关党建巡听制度相结合，每月定期抽查区直机关党组织“三会一课”和主题党日开展情况，对存在问题的党组织，跟踪督导整改情况并适时通报；将区级领导班子成员所在党支部等18个党支部培树为过硬支部，推动支部建设由“过得去”向“过得硬”转变，带动推进区直机关党组织全面过硬。6月10日—12日，区直机关工委在威海创新园和胶东（威海）党性教育基地举办党员发展对象培训班。培训采取学习、观摩、研讨相结合的方式，加强对区直机关党员发展对象的培养、教育和考察，提高党员发展对象政治素质和理论修养。同月29日，区直机关工委举办2020年度区直机关党务工作者培训班，区直120余名机关党支部书记和党务工作者参加培训。

2020年6月29日，区直机关工委举办2020年度区直机关党务工作者培训班
（区直机关工委　供图）

【机关作风建设】 2020年，区直机关工委全面贯彻落实中央八项规定及其实施细则精神，按照“精勤紧实快”作风要求，抓好全区区直机关作风建设，力戒形式主义，凡涉及到机关工委需要落实的工作，做到及时分工，并制定责任清单，明确责任人、工作内容、完成时限，强化跟进督导，保证全区区直机关作风建设落实到位。

【机关党风廉政建设】 2020年，区直机关工委采取“查、看、听、问”方式对区直机关党风廉政建设工作开展巡视督导，查各党支部党内生活，建强标准化支部；看“山东e支部”平台记录，打造规范化支部；听直管机关党支部党员发展会，保持党员队伍生机活力；问一线党务工作者党风廉政建设难题，以此持续推动机关党风廉政建设全面规范、全面过硬。将党风廉政教育与理论学习中心组学习、“三会一课”相结合，纳入党风廉政建设工作责任制和意识形态工作责任制。理论学习中心组成员发挥“关键少数”的示范和表率作用，组织理论学习中心组集体学习12次。

【信用进机关】 2020年1月21日，区直机关工委印发《环翠区信用“进机关”工作推进方案》；8月7日，印发《环翠区信用“进机关”试点工作方案》，将8个镇（街道）、11个区直部门列入先行试点，培育可复制推广的先进经验，并将信用“进机关”纳入年度机关党建考核，同步督导。10月30日，在区环境卫生中心组织召开第一批区直机关党建特色品牌现场观摩交流会。观摩会以视频播放、经验交流、答疑解惑、现场观摩等方式，展现区环境卫生中心在机关党建标准化、特色化打造上的典型做法，全区33名机关党委（党总支）书记、部分直属党支部副书记参加观摩交流。

（王洪富）

老干部管理

2020年12月23日，区委组织部领导在环翠区首届老干部伉俪钻石婚庆贺会上为钻石婚老干部送鲜花　　（区委老干部局　供图）

【概况】 2020年，全区有离休干部102人、退休干部2214人。老干部工作坚持“用心用情为老干部服务”的宗旨，不断提高全区老干部服务水平。年内，区委老干部局组织机关干部志愿服务58次，走访老干部482人次，开展送学上门226次，开展老干部文艺演出、重点项目观摩、门球联赛等活动62场次。

【离退休干部党组织建设】 2020年，区委老干部局整合利用环翠区老干部活动中心2000平方米活动场所，打造集党建活动、文化养老、志愿服务等功能为一体的区级离退休党员干部活动中心，推行“活动场所共享、学习资料共享、文化设施共享、志愿活动共享”管理模式。全区设立离退休干部党支部104个，其中区直部门建立常规型党支部44个、社区依托社会组织建立功能型党支部60个，覆盖离退休干部党员2000余人，建立“离退休干部工委—部门、镇（街道）—村（社区）—社会组织”四级组织体系，探索创新基层“老年大学分校+离退休干部支部+离退休干部志愿团队”工作模式，助力社区社会治理建设。

【离退休干部政治待遇落实】 2020年，区委老干部局坚持邀请老干部参加重要会议、情况通报、走访慰问等制度，为离退休干部订阅《老干部之家》1382份，组织春节走访慰问活动，向老干部通报全区经济社会发展情况；组织召开全区老干部工作领导小组会议，研究部署老干部工作；组织县处级老干部在重阳节观摩全区重点项目。为纪念中国人民志愿军抗美援朝出国作战70周年，走访刘笃功、王锡林、邵恒班、张洪钧、邹丰卿、黄万海、肖景文、周学广、宋修麟9名参加抗美援朝战争老干部，并为他们颁发抗美援朝出国作战70周年纪念章。

【离退休干部生活待遇落实】 2020年，财政部门及时报销离休干部医药费、发放抚恤金，组织72名离退休干部健康查体，为“事改企”企业离休干部发放精神文明奖42.66万元，为老干部发放慰问金10.85万元、护理费38.76万元，为无工作离休干部遗属发放一次性生活困难补助16.6万元。

【“红色印迹”党建项目】 2020年1月13日，区委老干部局与区委组织部在“为了人民”基层党建教学点启动寻访“红色印迹”党建项目，活动由威海市社会组织创新创业园组织实施，探访全区180名离休干部、老党员，挖掘老干部革命故事，搜集功勋奖章、珍藏年代文物等，展现真实历史，宣传和弘扬红色胶东文化。活动记录访谈现场照片664张，搜集功勋奖章和年代文物190件，收集老照片403张，整理访谈笔录91份9万字，录制访谈音频、视频180节。7月，编印《红色印记 本色传承——环翠区离休干部口述录》，收录75名离休干部的红色故事和功勋奖章证书。

【首届老干部伉俪钻石婚庆贺会】 2020年12月23日，区委老干部局联合区委组织部在“为了人民”基层党建教学点举办环翠区首届老干部伉俪钻石婚庆贺会，15对老干部钻石婚夫妇及其家属、20多名社会各行业青年代表参加活动。区委常委、组织部部长张元波代表区委、区政府为钻石婚夫妇颁发钻石婚纪念照及《党的十九届五中全会〈建议〉学习辅导百问》。

【关心下一代工作】 2020年，全区有“五老”志愿者2600人，骨干人员覆盖8个镇（街道）全部村（社区）；发挥“五老”人员经历经验、特点专长等优势，成立“五老”（老干部、老专家、老教师、老战士、老模范）宣讲团、帮教团、艺术团等关爱青少年工作团体20余个，通过“薪火相传”“红色传承”“老手拉小手”等活动，到全区33所中小学开展青少年思想道德教育、预防青少年违法犯罪和老少携手共建全国文明城市等宣传教育活动140余场次；通过“初心宣讲”“环翠区离退休干部”微信公众号对宋秀美、苗华志、宋协祥等“五老”先进典型的先进事迹进行宣传。

【老年大学】 2020年，环翠区老年大学开展广场演出12场、送文化下乡5场，利用网络平台线上展演20余场，2360人次参与。

线上教学。新冠肺炎疫情防控期间，环翠区老年大学采取“学在线上，用在线下，乐在家中”三措并举方式进行网上学习，通过“中华文化促进会剪纸艺术委员会”微信公众号、太极拳教学“空中课堂”、“网上老年大学”等平台向学员分享剪纸公益课堂等网络课程。6月末，京剧名段赏析——人物塑造、海味剪纸2个录制精品课程获得威海市老年大学精品课程奖，并在威海市老年大学“空中课堂”网上播放。

文体比赛。2020年7月1日，区委老干部局组织离退休干部和老年大学师生在市委老干部局开展向抗击新冠肺炎疫情医务工作者捐赠精品书画活动——“翰墨丹青致敬最美逆行者”，于潇影的绘画作品《梅花》、宋秀美的绘画作品《牡丹》、李令初的山水画和书法作品《咏梅》、毛维娅的书法作品《众志成城抗击疫情》、邵起声书法作品3幅、陶鹏书法作品2幅被市委老干部局收藏。8月26日，组织老年大学师生参加山东省老年大学“摩罗丹杯”线上文艺展演比赛，李春莲老师的太极拳表演晋级总决赛并获得优秀奖。9月26日，组织老年大学师生参加威海市老年大学校庆20周年系列活动，舞蹈《江山如画》获得威海市老年大学校庆20周年文艺比赛一等奖。10月19日，在“第九届威海市老干部艺术节”中参与的节目获得44个奖项，其中，群口快板《赞歌声声夸威海》、舞蹈《踏春》《江山如画》3个作品获得文艺类一等奖，群口快板《赞歌声声夸威海》、舞蹈《江山如画》2个作品获得优秀创作奖，《果茶飘香满威海》《我在威海等你来》2个作品获得时装模特大赛团体银奖，林琳的书法作品获得书法类一等奖，区委老干部局获得优秀组织奖。

【老干部活动中心】 2020年，区老干部活动中心投资17余万元，改造建设环翠区离退休干部党员服务中心，包括老干部志愿者协会、门球协会、主题党日活动室、荣退会议室、党建大课堂、书画坊、知心茶屋7个活动场所，丰富老干部文化生活。

（谷　雨）

2020年10月19日，区委老干部局在“第九届威海市老干部艺术节”上表演舞蹈《踏春》　　（区委老干部局　供图）

党史编研

【概况】 2020年，区委党史研究中心编纂出版《环翠党史资料汇编》系列丛书的《抗日战争专辑》《解放战争专辑》《人物专辑》3辑。在观海社区“初心·1932”红色印迹馆打造全市首家社区党史（史志）宣教基地。研究课题《威海起义的历史贡献》获得威海民族复兴研究会2020年度优秀研究课题三等奖。

【红色印迹】 2020年，区委党史研究中心在全市率先完成19处市级红色印迹树碑立牌工作；为“初心·1932”红色印迹馆、“十八里担架道”红色印记馆、贝草夼地下交通站展馆等重点打造的红色印迹场馆提供基础资料近40万字、照片300余幅。协助威海广播电视台《威海国防》栏目完成有关环翠区红色印迹的录制、拍摄工作。

【史料征集】 2020年，区委党史研究中心组织人员到威海市档案馆、烟台市档案馆搜集涉及环翠区历史资料。5月—6月，组成工作专班到济南、南京开展档案查阅、资料收集等相关工作，利用中国第二历史档案馆、山东省档案馆、山东省图书馆的电子查阅系统进行地毯式搜集，收集与环翠区红色历史相关档

2020年9月25日，区委党史研究中心在党史（史志）宣教基地开展党史知识进社区活动（区委党史研究中心 供图）

案、报刊200余份，文字资料约10万字，照片资料100余幅。

【宣教基地打造】 2020年6月，区委党史研究中心携手威海市委党史研究院在竹岛街道观海社区“初心·1932”红色印迹馆打造全市首家社区党史（史志）宣教基地，与场馆内“百姓故事活动基地”“青少年研学基地”的各种平台融合，为社区居民、青少年打造了解环翠区及威海市历史、传承红色基因的优质平台。7月，社区党史（史志）宣教基地挂牌，市委党史研究院、区委党史研究中心为基地赠送各类党史、志鉴书籍约600册。

【党史成果“六进”】 2020年，区委党史研究中心开展党史成果“六进”（进机关、进院校、进企业、进军营、进社区、进乡村）活动，为山东省图书馆、威海市方志馆、观海社区、杏花村社区、威海人生药业集团股份有限公司、威海市环翠区城市发展投资有限公司、威海市第二中学、鲸园小学等单位送党史、史志书籍800余册。

【党史宣传教育】 2020年，区委党史研究中心秉承中共中央总书记习近平提出“红色基因就是要传承”的指示精神，以“传承”破题，打造“家门口学党史”“今天我来讲党史”两大品牌，通过加大党史宣讲力度，培养5名“80后”“90后”年轻人讲好红色故事，做党史研究工作和红色基因传承工作的“火炬手”。6月，区委党史研究中心到环翠楼街道南山社区、威海市社区党史（史志）宣教基地开展“今天我来讲党史”首轮宣讲。至年末，组织年轻干部到观海社区、南山社区、威海市第二中学等地开展党史宣讲6次；在党史（史志）宣教基地宣讲4次，受众居民、学生百余人。开辟《红色环翠》专栏，结合故事整理党史知识点，每期故事配1~3道题目，定期发放在“中国威海环翠”公众号上推送，宣传红色党史故事，先后推送12期红色故事，题目24道；“学习强国”学习平台推送红色故事6个。

【《执政环翠》编纂】 《执政环翠》全面展示1987年建市设区至2019年，环翠区历任区委书记带领全区人民开拓奋进、勇争一流的历史轨迹和全区广大干部职工勠力同心、全面建设小康社会背后的故事。该书自2019年9月启动，区委党史研究中心采取多头并进的方式搜集、整理8名列入征编工作的书记任期资料。8篇稿件率先通过省委党史研究院审核，其中原区委书记张剑的稿件被作为范文在全市传阅学习。

【《环翠党史资料汇编》出版】 2020年，区委党史研究中心对积累近40年的党史资料进行统一抢救整理，分《抗日战争专辑》《解放战争专辑》《人物专辑》《抗日武装起义的卓越贡献》4辑编纂出版。组织相关人员对资料中不清、不详、不准

2020年12月8日，区委党史研究中心到威海人生药业集团股份有限公司赠送党史、史志书籍（区委党史研究中心 供图）

的史料、史实逐一进行核实纠正，并集体审稿、校稿多轮。经山东人民出版社4轮审核，于12月出版发行《环翠党史资料汇编》中的《抗日战争专辑》《解放战争专辑》《人物专辑》3辑。

（王浩宇）

党校教育

2020年12月3日，区委领导到区委党校讲课　（区委党校　供图）

【概况】 2020年，区委党校贯彻落实《中国共产党党校（行政学院）工作条例》，根据党校分类建设实施意见，推进县级一流党校建设。年内，对90余名科级干部、170余名年轻干部、233名村（社区）“两委”干部和1.8万余名基层党员进行轮训；加大案例教学力度，推动案例库建设，5篇教学案例入选省委党校案例教学研究，并由中央党校出版社出版；围绕区委中心工作，开展调查研究，推出一批有价值的理论调研文章，其中8篇在市委党校理论研讨会上获奖，3篇决策咨讯类文章得到区领导批示，并要求吸纳到具体决策中。

【干部教育培训】 2020年，区委党校坚持把习近平新时代中国特色社会主义思想和中共十九大精神作为主体班次主要课程，保证主体班次理论教育和党性教育课时占总课时70%以上。至年末，举办主体班次6期：村（社区）“两委”干部培训班1期，培训学员233人次；新考录公务员、选调事业编、高校优秀毕业生、事业编人员培训班2期，培训学员151人次；科级干部进修班1期，培训学员26人次；中青年干部培训班1期，培训学员22人次；中共十九届五中全会专题读书班1期，培训学员70余人次，各单位通过市、区、镇（街道）一体化视频会议系统同步参与读书班课程。

【教学管理】 2020年，区委党校坚持实行学员“桌签制”、考勤考试百分制、班主任跟班制、干部培训登记制、培训结束调研制等管理形式，保证教学环境和培训效果。规定学员请假不超过总课时1/7，到课率始终保持在98%以上。区委党校对接区委办公室、区委组织部及各部门，落实领导干部讲课教学，保证领导干部讲课总课时占主体班次总课时比重不低于20%。12月3日，区委副书记、区长徐明到区委党校讲课。至年末，5名区委常委、6名科级干部到区委党校讲课。区委党校推行研究式教学方式，加大案例教学力度，推动案例库建设，至年末，5篇教学案例入选省委党校案例教学研究，并由中央党校出版社出版；加强在线学习平台建设，发展网络培训，推行线上线下相结合的混合教学模式，推动“屏天下”党校网络智慧教室投入使用；丰富现场教学

2020年12月2日，区委党校教师张黎曙到鲸园街道宣讲中共十九届五中全会精神　（区委党校　供图）

点资源，在坚持原有胶东（威海）党性教育基地“为了人民”基层党建教学点的基础上，将威高商圈党群服务中心、翠竹社区党群服务中心、中国油画小镇、华夏生态文明建设基地等优秀教学点纳入环翠区干部培训体系。新冠肺炎疫情防控期间，区委党校为满足全区党员干部理论学习需要，新设“论坛大课堂”专题，将部分教师讲义、课件编辑为教材，印发至全区各相关部门、单位及教学对象，组织教师开展线下专题宣讲。至年末，区委党校教师到区直部门、镇（街道）、村（社区）、企业宣讲28场次，受众1.8万余人次。5月18日至12月31日，区委党校组织12名教师参加市委党校精品课建设师资培训班、省委党校专题师资培训班、省委党校贯彻落实黄河战略能力建设培训班，加强党校教师师资培训。

【科研咨政】 2020年，区委党校针对新冠肺炎疫情防控工作，撰写调研报告5篇，并全部在市委党校“疫情防控与社会治理”研讨会上获奖，《对陆路卡点做好新冠肺炎疫情防控工作的调查与思考——以荣乌高速双岛检疫点为例》获得一等奖；《关于社区疫情防控的调查与思考》获得二等奖；《关于景缘酒店隔离点疫情防控情况的调研》《新冠疫情下的几点思考》《浅析疫情对金融的影响——以农商行为例》获得三等奖。其中，《关于社区疫情防控的调查与思考》《对陆路卡点做好新冠肺炎疫情防控工作的调查与思考——以荣乌高速双岛检疫点为例》选登在《威海日报》“理论与实践”版。围绕学习贯彻中共中央总书记习近平关于党校办学治校系列重要指示和中共十九届五中全会精神，开展专题调研，在全市党校系统研讨会及征文比赛中，《对加强县区级党校教师队伍建设的思考——以环翠区委党校为例》《国内国际双循环背景下，环翠区科技创新情况的调查与研究》获得二等奖；《实施人才强校战略 推动党校高质量发展》获得三等奖；《全面塑造环翠发展新优势》在《威海日报》理论专版刊发并被区领导批示。1月15日，区委党校《关于党建引领社会治理，构建人人有责、人人尽责、人人享有社会治理新体系的调查与思考——以威海市环翠区为例》获省委党校立项，并入选全省党校系统理论研讨会；6月29日，《落实党内法规、化解基层矛盾——山东省威海市环翠区羊亭镇南郊村有效化解“两委”矛盾的调查与思考》获省委党校立项并于10月20日批准结项，11月被列为2020年度威海市社会科学重点研究结项成果。

【党性教育基地建设】 2020年，区委党校配合区委组织部、联合区委党史研究中心，开展全区红色印迹抢救保护利用工作，实地调研全区红色遗址遗迹，提出针对性设计方案，推进小型展馆建设。5月13日、7月17日，2次到杭州与革命后代交流，收集珍贵史料。5月1日至10月20日，配合相关部门完成威海市烈士陵园、“初心·1932”红色印迹馆、贝草夼地下交通站展馆、“十八里担架道”红色印记馆建设，为开展党性教育提供有效载体。

（毕春燕）

台港澳事务

【概况】 2020年，全区台港澳事务工作围绕上级工作部署和区委、区政府重点工作，强化服务意识，推进交往交流。年内，调研台资企业2家，走访台资企业4家，设立台港澳侨权益保护站，开展“情暖初冬 爱满两岸”“同根同源两岸情 同心扶贫助‘三农’”等活动。

【设立台港澳侨权益保护站】 2020年3月18日，区委统战部依托北京市盈科（威海）律师事务所，在孙家疃街道里海社区设立台港澳侨权益保护站，公开法律顾问服务电话、微信二维码，为公众提供24小时线上法律咨询服务，为全区台港澳侨界人士、企业及机构答疑解惑，提供法律支持。

【台企调研】 2020年3月26日，区委统战部走访威海润华商业有限公司、石中剑（威海）渔具有限公司、山东金富电子有限公司、景美彩色印刷（威海）有限公司4家台资企业及区台胞台属联谊会，了解企业新冠肺炎疫情防控、复工复产及日常管理、订单生产等情况。同时，协调市、区两级工业和信息化局，捐赠口罩1.8万只、医用酒精11箱、洗手液11箱，并为景美彩色印刷（威海）有限公司提供技术改造资金15万元。6月10日，市人大常委会副主任丛培卿带领调研组走访调研威海海元渔具有限公司、景美彩色印刷（威海）有限公司2家台资企业，了解台资企业发展现状。

【台商台胞参观考察】 2020年5月28日，台资企业智宝电子（东莞）有限公司、苏州凯美电子有限公司董事长张维祖等3人到威海新北洋信息技术股份有限公司参观考察投资环境，了解企业产品研发、销售、采购等情况，并寻求合作机会。

2020年12月5日，竹岛街道海源社区和基隆市暖暖区碇祥里开展“情暖初冬　爱满两岸”两地社区云端交流活动　（区委统战部　供图）

【“情暖初冬　爱满两岸”云端交流活动】 2020年12月5日，竹岛街道海源社区和台湾基隆市暖暖区碇祥里开展“情暖初冬　爱满两岸”两地社区云端交流活动，两地社区书记、里长、社区居民、台属、山东籍同乡等100余人参加活动，现场通过导览vlog形式，带领台湾同胞参观海源社区服务大厅，并展示胶东民俗花饽饽和剪纸技艺；两地社区居民进行线上书法、京剧、舞蹈、剪纸交流，并分享社区新冠肺炎疫情防控、社区治理以及志愿者服务等经验。同月7日，活动被中央广播电视总台《海峡两岸》节目报道。

【台胞台属联谊会】 2020年11月，区台胞台属联谊会联合张村镇、温泉镇、环翠楼街道开展“同根同源两岸情　同心扶贫助‘三农’”活动，列支1.1万元冠名爱心基金发放给11名困难群众，认购750千克农产品帮助农民增收。同时，组织区台胞台属联谊会志愿者参与环境整治建设美丽乡村行动，以爱心基金助农民脱贫、农产品认购促农业增收、环境整治建美丽乡村3项行动助力脱贫攻坚。

【涉台宣传教育】 2020年4月，区委统战部利用微信群搭建“环台一家亲”宣传平台，征集并分享身边两岸同胞真实故事。年内，征集文章10余篇，包括台胞赴台历史缘由及经历、百岁老人落叶归根返乡经历、两岸联姻家庭生活趣事等，引发台胞台属共鸣，营造两岸同胞“共同话语圈”。9月23日，区委统战部到孙家疃街道里海社区开展台湾基础知识宣传教育进社区活动，通过向居民发放《台湾基础知识问答》宣传单、现场解答问题方式，展示台湾概况，帮助居民认识、了解台湾，增强居民参与支持对台工作积极性。

【关心香港同胞】 2020年1月6日，区委统战部与新阶层人士走访香港同胞百岁老人苗芝玉，为老人送去节日礼物和新春的祝福，让香港同胞及其家庭感受到节日的温暖及党和政府的关怀，引领和弘扬尊老敬老的社会风尚。

（苗　新）

侨　务

【概况】 2020年，全区侨务工作坚定为侨服务工作目标、强化服务意识、涵养侨务资源、提高服务效能，营造爱侨、敬侨、护侨浓厚氛围。年内，调研侨资企业16家，组织“侨法宣传月”活动，建设打造“侨之家”。

【侨资企业调研】 2020年5月，区委统战部对全区侨资企业进行调研，

2020年5月14日，区委统战部调研组工作人员到威海华韵服装有限公司调研企业复工复产情况　（区委统战部　供图）

走访山东侨乡集团股份有限公司、威海华韵服装有限公司、威海昌威服装有限公司等16家侨资企业，通过实地了解、座谈交流等方式，梳理全区侨资企业发展现状、新冠肺炎疫情防控和复工复产情况，撰写调研报告上报市委统战部参阅。

【侨务政策落实】 2020年，区委统战部为4名符合条件归侨侨眷办理证件，受理3名“三侨”（归侨、归侨子女、华侨子女）考生加分申报手续，向3户困难归侨发放生活补贴5400元。

【“侨之家”建设】 2020年，区委统战部立足精致社区建设，在孙家疃街道里海社区建设“侨之家”。“侨之家”占地面积1000平方米，并设立开放式便侨大厅、侨法宣传角、“侨之家”活动室、涉侨法律咨询室、社区文化长廊等功能区域，方便归侨侨眷办理业务、休闲阅读、保障权益。

【侨法宣传】 2020年9月，区委统战部开展“侨法宣传月”活动，采取面对面讲解、集中授课等方式，到孙家疃街道里海社区宣传《中华人民共和国归侨侨眷权益保护法》《中华人民共和国归侨侨眷权益保护法实施办法》和《山东省归侨侨眷权益保护条例》等涉侨法律法规，发放侨务知识材料、侨法宣传资料500余份。

（王　怡）

目标管理考核

【概况】 2020年，区委考核办紧紧围绕“攻坚突破”工作主基调，制定《环翠区2020年度市级督查考核项目清单》；构建科学高效考核机制，完善赋分权重，根据年度考核结果，确定2020年度工作优秀单位26个、全面从严治党优秀单位8个、招商引资优秀单位6个、招才引智优秀单位4个、精致城市优秀单位8个、产业突破优秀单位2个、营商环境优秀单位3个、乡村振兴优秀单位3个、争取无偿资金优秀单位6个、攻坚争先优秀单位6个、村（社区）建设优秀单位28个。年内，评审工作创新奖一等奖1个、二等奖4个、三等奖5个。

【市级考核】 2020年，区委调度承担市级考核任务的部门、单位结合实际，对市级考核办法提出合理化意见建议，并与市委考核办沟通对接，及时掌握考核办法最新动态。对照《威海市2020年度区市、开发区督查考核办法》《2020年度区市、开发区目标绩效管理考核标准》，制定《环翠区2020年度市级督查考核项目清单》，明确各指标责任单位，组织各承担市级考核任务的部门、单位认真分析研究，谋划做好各项考核准备工作。根据区级考核办法，对承担市级考核指标责任单位予以奖优罚劣，相关结果在区级考核中充分应用，并由区委副书记、区长徐明对未实现“争一保二”目标任务责任单位主要负责人进行约谈。在2020年度区市、开发区督查考核中，环翠区排名区市组第二位，考核等次为“优秀”，连续3年保持优秀等次，并获得“打赢防范化解重大风险攻坚战先进单位”单项奖。

【区级考核】 2020年，区委聚焦高质量发展和市、区两级重点工作，优化考核方式，健全考核体系，构建科学高效考核机制。对镇（街道），围绕省考、市考指标和环翠区重点工作，调整攻坚突破重点考核内容。加大日常督查考核权重，攻坚突破重点考核按日常督查20%、年终考核80%两部分赋分。将“两办”日常督查督办事项、区级集中督导成绩等纳入日常督查，实现日常督查贯穿攻坚突破重点考核“全过程”。调整部门重点工作赋分方式，按督查工作20%、年终考核80%两部分赋分。对承担招商引资任务、“双招双引”（招商引资、招才引智）任务、精致城市攻坚突破行动问题整改落实任务的部门，根据部门职能、承担任务量，按照不同权重进行赋分。综合测评方面，镇（街道）对部门测评分值提高至30分，测评内容包括“西展战略”参与情况，“吹哨报到”履职情况，行业主管部门服务基层、为基层减负等落实属地管理职责的相关内容。考核等次确定方面，细化镇（街道）、部门考核档次类别，镇（街道）设置一等、二等、三等3个档次，部门设置一等、二等、三等、四等4个档次。加大对承担市级考核任务部门的奖优罚劣力度，对承担市级考核任务指标部门，总得分高出第二名3分及以上的单位，考核等次直接确定为一等；总得分列同一平台第一的，直接评为攻坚争先优秀单位；总得分未能实现“争一保二”目标的，考核等次不得确定为“一等”；总得分列同一平台第四名，或总得分列同一平台第三名且与第一名分差超过第一名总得分5%，降为下一考核等次。根据年度考核结果，确定2020年度工作优秀单位26个、全面从严治党优秀单位8个、招商引资优秀单位6个、招才引智优秀单位4个、精致城市优秀单位8个、产业突破优秀单位2个、营商环境优秀单位3个、乡村振兴优秀单位3

个、争取无偿资金优秀单位6个、攻坚争先优秀单位6个、村（社区）建设优秀单位28个。

【“亮红灯”公开机制】 2020年，区委办公室在区委、区政府办公楼两侧入口显要位置，对市、区两级考核指标完成情况“亮灯”上墙，对排名靠前的实行“绿灯”鼓励，对排名靠后的实行“黄灯”预警、“红灯”警告，并结合每季度指标及考核成绩进行更新，张贴看板3块。同时设置通报专栏，对督查考核专报不定期进行更新，年内，更新督查考核专报40期，以此实现“红脸”“出汗”的警示效果。

【工作创新奖】 2020年，区委按照《环翠区工作创新奖评审办法》，对在全国、全省、全市率先提出、推行的具有原创性的工作亮点、经验、机制、先进典型，在环翠区应用取得新突破、新成果的外地经验，围绕重点工作采取的新举措、新机制等进行评选。年末，经环翠区工作创新奖评审领导小组评审，新威附路历史文化街区（竹岛街道、威海市环翠区城市投资发展有限公司）获得一等奖；“红色物业”示范项目（区委组织部、区住房城乡建设局）、义务教育招生入学“一网通办”（区教育体育局）、创建双链融合产业落地模式（嵩山街道、区科技局）、创新推行“党建+回迁安置”工作模式（羊亭镇）获得二等奖；自主可控环境下县（区）级党政机关电子公文归档单套制管理项目（区档案馆）、依托远遥浅海科技湾区招院引所（区科技局、区海洋发展局、威海市环翠区国有资本运营有限公司、孙家疃街道）、依托信用指数应用强化基层社会治理（温泉镇）、发行PPN项目（区财政局）、建立“诉—警—调”联动工作机制（区司法局、区法院、公安环翠分局）获得三等奖，并给予相关单位年终考核加分，予以表彰。

（郭玉娇）

“三联三服”

【概况】 2020年，区委深入开展以联系服务企业、项目、人才为主要内容的“三联三服”活动，完善活动各项机制，紧盯联系服务举措的落实情况，进一步为企业、项目、人才办实事、解难题，持续优化营商环境。至年末，为企业、项目、人才解决困难问题、办理意见建议、处理投诉咨询等500余项。

【政策扶持】 2020年，区委对扶持政策进行修订优化，提高政策时效性、精准性、靶向性。完善全区在人才、龙头企业、工业、科技、服务业、招商引资、楼宇经济、总部经济、威海创新园9个领域的扶持政策；研究制定特色商业街区建设扶持政策《环翠区关于加快特色商业街区建设的扶持意见》；编制2020年度政策合订本，并通过集中走访、政策发布会等形式向全社会公开解读。

【走访活动】 2020年，区委按照区级领导带头联系分包、区直部门强化行业管理服务、各镇（街道）兜底服务全覆盖的“三层网络”走访机制，开展2020年元旦、春节期间走访企业、人才活动及2020年度集中走访活动。至年末，走访全区企业2000余家次，发放政策文件合订本900余册，并深入了解企业需求，及时协调解决企业遇到的难点、痛点、堵点问题。

【企业卡、项目卡、人才卡】 2020年，区委结合集中走访活动，为新增纳税过千万元企业、高新技术企业、重点项目负责人以及高端人才发放企业卡、项目卡、人才卡，并为持卡人提供手续办理绿色通道、看病就医、子女入学等多种专属服务。至年末，新发“三卡”89张，各级各部门为持卡人提供服务500余次。

【代办服务】 2020年，区委为企业、人才投资项目提供政府代办服务，全区各级各部门指派代办员70余人，并为投资项目提供立项、用地、规划、施工许可、税务登记等手续办理，有效实现全区企业、人才投资项目“零跑腿”，改善全区营商环境，为企业、人才节省时间和精力、降低投资成本、提振投资信心。至年末，提供代办服务170余次。

【“三联三服”公众号】 2020年，区委办公室丰富“三联三服”公众号信息内容，加大信息发布数量，发布更多企业、项目、人才相关的新闻稿件；拓宽信息范围，时常发布公告类、小知识信息；强化沟通联动功能，完善公众号联系服务方式，发布2020年度扶持政策图解10篇，用通俗易懂的语言、图片向企业、项目、人才解读新政策。至年末，发布信息258篇。

（戚　晋）

环翠区人民代表大会

综 述

【概况】 2020年，威海市环翠区第十八届人民代表大会实有代表259名。环翠区人民代表大会下设财政经济委员会、监察和司法委员会、教育科学文化卫生委员会、农村城建环保委员会、社会建设委员会及其办事机构。环翠区人大常委会下设办公室、研究室、人事代表工作委员会、预算工作委员会。年内，区人大常委会召开威海市环翠区第十八届人民代表大会第四次会议，审议通过区政府工作报告等系列报告，召开7次人大常委会会议，履行常委会职责；对“七五”普法规划落实、科普工作开展、环境状况和环境保护目标完成、社会救助和救助体系建设、乡村产业振兴、基层医疗卫生服务体系建设、融入“西展”战略、人力资源和社会保障系统“数字公共服务体系”建设、国有资产管理9个方面的情况进行专题调研，对特色街区建设、为民实事落实2个方面进行专项视察；对安全生产、《中华人民共和国法官法》贯彻执行情况2个方面进行执法检查，对财政有关报告进行审查；对经济、审计、财税、民生事业领域事项进行依法监督。开展人大代表活动32次，参与代表400余人次；围绕为民实事项目建设开展代表问询，收到为民建议20条；开展代表参政，参加各类庭审、旁听及“开放日”活动34次，340余名人大代表参加活动，积极建言献策；在张村镇、羊亭镇、温泉镇推行镇民生实事项目人大代表票决制试点工作。至年末，区人大常委会开展集中视察、专题调研、执法检查、人大监督活动18项，深入镇（街道）、部门开展各类小型座谈问询27次，依法任免“一府一委两院”（政府、监察委、法院、检察院）地方国家工作人员20名。

【人事任免】 2020年4月28日，环翠区第十八届人大常委会第28次会议决定任命吕俊芳、宫伟丽为威海市环翠区人民法院民事审判一庭副庭长，任命王晨野为威海市环翠区人民法院羊亭人民法庭副庭长，任命潘龙、刘芳为威海市环翠区人民法院审判员；免去李雪萍担任的威海市环翠区人民检察院副检察长职务。7月7日，环翠区第十八届人大常委会第29次会议决定任命郭林涛、李艳芳为威海市环翠区人民法院审判员；免去祝建军、马玥担任的威海市环翠区人民法院审判员职务。9月4日，环翠区第十八届人大常委会第30次会议决定任命王永钊挂职为威海市环翠区人民政府副区长（时间1年）。12月17日，环翠区第十八届人大常委会第32次会议决定任命王迪、方燕、孙艳旗、侯雨昕、陶乐乐为威海市环翠区人民法院审判员；免去于建军、马志涛、陶小琳担任的威海市环翠区人民法院审判员职务；接受王大治辞去威海市环翠区人民政府副区长职务的请求。

【代表工作】 代表活动。2020年，区人大常委会常委每人联系5～10名人大代表，每名人大代表联系5～10名所在选区的选民，积极联系、反映民意，作承诺办实事，让人大代表在各行各业中、在全国文明城市创建中争做共建共享表率。开展争创“为民代言履职能手”“为民服务履职标兵”活动，以“双创”活动为主题，做活代表互学共进的文章。

建立微信平台，交流代表活动，宣传代表事迹。至年末，全区8个镇（街道）10个代表小组活动室、12个工作站和54个联络站开展人大代表活动32次，参与代表400余人次。

代表问询。2020年9月，区人大常委会组织人大代表参加针对市政府重点攻坚突破任务举行的公开问政会、市人大代表履职培训班，对全市城市建设情况进行集中视察和专题询问，对各区市、国家级开发区、南海新区精致城市建设情况进行无记名投票。10月，组织人大代表对全区精致城市建设情况集中视察，参加精致城市专题询问会、省人大代表履职学习班。11月，区人大常委会组织机关工作人员以及省、市、区三级人大代表视察全区为民实事项目，并邀请人大代表对8个镇（街道）为民实事项目打票。年内，区人大常委会受市政府委托，商请市人大代表提出为民实事项目建议，收到12名市人大代表提出为民实事建议20条。

代表参政。2020年，区人大常委会组织省、市、区三级人大代表参加省、市、区人大组织的视察、调研，市政府扩大会议，市、区两级法院、检察院各类庭审、旁听及开放日活动34次，340余名人大代表参加活动，积极建言献策。

人大代表票决制试点。2020年，区人大常委会在张村镇、羊亭镇、温泉镇推行镇民生实事项目人大代表票决制试点工作。先后到文登区考察学习实施镇民生实事项目票决制开展情况及先进经验，起草《威海市环翠区人大常委会关于推行镇民生实事项目人大代表票决制试点的实施意见（征求意见稿）》，经区人大常委会主任会议审议通过，区委办公室印发实施。10月20日，区人大常委会召开民生实事票决制镇级试点专题培训班，张村镇、羊亭镇、温泉镇人大主席及工作人员参加。12月，区人大常委会党组书记、主任刘光辉带领人事代表工作委员会成员到试点镇督导票决制工作，试点镇完成民生实事建议项目征集工作，对民生实事项目进行梳理筛选、充分论证、确定候选项目，为召开全区民生实事项目人民代表大会票决制会议做准备。

重要会议

【威海市环翠区第十八届人民代表大会第四次会议】 2020年1月14日—15日，威海市环翠区第十八届人民代表大会第四次会议召开，出席会议人大代表259名。会议审议通过区政府工作报告、2019年国民经济和社会发展计划执行情况与2020年发展计划报告、2019年财政预算执行情况和2020年财政预算报告、区人大常委会工作报告、区法院工作报告、区检察院工作报告；补选毕建金、刘永利、许新贵、崔守志为区第十八届人民代表大会常务委员会委员。大会执行主席、主席团常务主席徐明作报告。

【区人大常委会会议】 2020年，环翠区第十八届人大常委会召开7次人大常委会会议。

第27次会议 1月3日召开。会议表彰2019年度“为民服务履职标兵”“为民代言履职能手”优秀区人大代表；通过关于个别代表的资格报告；审议并通过关于补选威海市环翠区第十八届人民代表大会代表资格的审查报告；听取并审议区第十八届人大四次会议筹备工作情况的汇报；审议并通过关于召开区第十八届人民代表大会第四次会议的决定（草案）；审议并通过区第十八届人大四次会议建议议程；审议并通过区第十八届人大四次会议主席团、秘书长建议名单；审议并通过区第十八届人大四次会议议案审查委员会组成人员建议名单；听取提交大会审议的区人大常委会工作报告。

第28次会议 4月28日召开。会议依法任免区法院部分工作人员职务；表决通过市人大代表邹积良

2020年1月14日，威海市环翠区第十八届人民代表大会第四次会议召开

（区人大常委会办公室 供图）

辞呈；听取并审议区政府关于“七五”普法规划贯彻落实情况的报告；听取并审议区政府关于科普工作开展情况的报告；听取并审议区政府关于环境状况和环境保护目标完成情况的报告；听取并审议区政府关于安全生产“一法一条例”贯彻实施情况的报告。

第29次会议　7月7日召开。会议依法任免区法院部分工作人员职务；传达学习全国“两会”精神；听取并审议区政府关于基层医疗卫生服务体系建设情况的报告；听取并审议区政府关于乡村产业振兴情况的报告；听取并审议区政府关于社会救助工作和救助体系建设情况的报告。

第30次会议　9月4日召开。会议依法任命区政府挂职副区长，同意1名区人大代表辞去代表职务，确认2名区人大代表资格终止；听取并审议区政府关于区十八届人大四次会议代表建议办结情况的报告；听取并审议区法院关于审判机制改革及《中华人民共和国法官法》贯彻执行情况的报告，听取区法院2020年上半年工作情况报告；听取区检察院2020年上半年工作情况报告；表决通过区政府关于2020年地方政府债券、抗击新冠肺炎疫情特别国债、财政特殊转移支付资金的分配使用意见及预算调整方案的报告；听取并审议区政府关于2020年国民经济和社会发展计划上半年执行及财政预算执行情况的报告；听取并审议区政府关于2019年度区级预算执行和其他财政收支的审计工作报告和区政府关于威海市环翠区2019年财政决算情况的报告。

第31次会议　10月29日召开。会议学习中共中央总书记习近平在深圳经济特区建立40周年庆祝大会上、在纪念中国人民志愿军抗美援朝出国作战70周年大会上的重要讲话精神及全省统筹新冠肺炎疫情防控和经济发展形势分析专题会议精神；听取并审议区政府关于企业国有资产管理情况的报告；听取并审议区政府关于社会保障“数字公共服务体系”建设情况的报告。

第32次会议　12月17日召开。会议依法任免区政府、区法院部分工作人员职务；审议并通过关于补选威海市环翠区第十八届人大代表的决定；听取并审议区政府关于2019年区级预算执行和其他财政收支审计查出问题整改情况的报告；表彰2020年度“为民服务履职标兵”“为民代言履职能手”优秀区人大代表。

第33次会议　12月30日召开。会议听取并审查区政府关于2020年预算调整方案（草案）的报告。

视察调研

【专题调研】　“七五”普法规划落实情况调研。2020年3月26日，区人大常委会副主任韩静带领调研组对全区“七五”普法规划贯彻落实情况开展调研，实地察看竹岛街道翠竹社区、区公共法律服务中心，了解社区法治建设和“七五”普法与依法治理工作开展情况。调研组认为，区政府围绕工作中心、服务大局、突出重点、创新载体，深入开展法治宣传教育，群众法律意识增强，法治政府建设水平进一步提升。

科普工作开展情况调研。2020年4月9日，区人大常委会副主任刘玉波带领调研组对全区科普工作开展情况进行调研，实地察看环翠楼街道东北村社区科普工作和威海创新园（孙家疃远遥）海洋智能装备研究中心发展情况。调研组认为，全区科普工作以创建品牌科普活动为契机，创新形式，突出特色，科普建设成果日益显现。建议区政府相关部门加大科普宣传力度，浓厚科普宣传氛围，强化科普平台建设，组织协调各成员单位团结协作，齐抓共管，充分发挥整体合力。

环境状况和环境保护目标完成情况调研。2020年4月23日，区人大常委会副主任沙建强带领调研组对全区环境状况和环境保护目标完成情况进行专题调研。调研组认为，全区开展环境治理，推进污染减排，压实责任，强化落实，环境保护和生态文明建设工作得到进一步提升，环境状况总体保持稳定。调研组强调，区政府相关部门要坚持以生态文明建设为统领，优化产业结构，加强环境治理，聚焦生态优势，做好环境美这篇文章。

社会救助和救助体系建设情况调研。2020年5月26日，区人大常委会党组副书记王福欣带领调研组对全区社会救助工作和救助体系建设情况进行专题调研，实地察看环翠区中心敬老院、温泉镇亿和社区党群服务中心。调研组认为，全区社会救助工作建立健全救助资源统筹、政策有机衔接、工作协调联动、高效便捷的社会救助工作运行机制，织密织牢民生兜底保障网，基本实现“应保尽保、应救尽救”的目标。建议区政府相关部门要进一步持续完善社会救助体系，让发展成果惠及更多困难群体；科学实施救助，实现自我救助和自我发展；加大政策宣传教育力度，调动更多社会力量参与社会救助。

乡村产业振兴情况调研。2020年5月27日，区人大常委会副主任沙建强带领调研组对全区乡村产业振兴情况进行专题调研。调研组认为，区政府及相关职能部门紧紧遵循产业兴旺是乡村振兴的重要基础的发展思路，以样板片区建设为重点，通过深入推进农业农村改革，加大乡村基础设施建设，做大优势产业，着力转变发展方式，推进乡村产业振兴。调研组强调，区政府相关部门要立足实际、迎接挑战、完善政策、补齐短板，努力为乡村产业振兴创造良好的条件，增强乡村吸引力，带动资本、人才等生产要素向乡村汇聚。

基层医疗卫生服务体系建设情况调研。2020年5月28日，区人大常委会副主任刘玉波带领调研组对全区基层医疗卫生服务体系建设情况进行专题调研，实地察看羊亭镇黄埠屯中心卫生室、羊亭中心卫生院、张村镇卫生院智慧化接种门诊、张村镇卫生院南院区、环翠楼社区卫生服务中心。调研组建议区政府相关部门要加强基层医疗卫生服务体系建设，进一步健全财政资金保障体制，提高在编人员比例，及时招考补充人员，深化基层用人奖励机制改革，加强区疾控中心能力建设，提升张村镇医疗卫生综合服务能力，加快基层卫生健康信息化建设。

融入“西展”战略情况调研。2020年5月—6月，区人大常委会党组书记、主任刘光辉带领调研组对全区融入“西展”战略情况进行实地调研。调研组认为，全区工业基础扎实，产业承接能力较强，前期对接有力，产业协同稳步推进，区位优势明显，城市发展潜力巨大。针对服务业发展潜力挖掘不够、规划标准有待提高、羊亭区域工业用汽供给不足等问题，调研组强调，要着力发展特色产业，打造核心产业集群，做大做强全区特色产业，拉长全区特色产业链条，借力实现产业转型升级；充分发挥区位优势，打造区域消费中心；超前规划配套，打好发展基础。

人力资源和社会保障系统“数字公共服务体系”建设情况调研。2020年7月3日，区人大常委会党组副书记王福欣带领调研组对全区人力资源和社会保障系统“数字公共服务体系”建设情况进行专题调研，实地察看区人力资源社会保障局综合服务中心、竹岛街道办事处便民服务中心和竹岛街道翠竹社区。调研组认为，近年来，区政府相关部门着力推进广覆盖、多渠道、智能化、个性化的惠民服务体系建设，整合线上线下服务资源，丰富服务渠道，提升智能化服务水平，促进城乡公共服务均等化、便捷化。建议区政府相关部门要持续完善社会保障机制，进一步加强社会保障人才队伍建设，加大社保政策宣传力度，确保社会保障“数字公共服务体系”落实落地。

国有资产管理情况调研。2020年10月23日，区人大常委会副主任戚务海带领调研组对全区2019年度国有资产管理情况进行专题调研。调研组认为，2019年全区推进国企国资改革，规范国有资产管理，确保国有资产保值增值，发挥国有资产在促进经济社会发展中的作用。建议区政府相关部门要进一步提升造血功能，持续推进战略性重组；压实国有资产管理的主体责任，开展国土空间规划“一张图”建设；完善用人机制，持续建设人才队伍；建立健全内控制度，持续强化企业管理；坚持铸魂强基，持续提升国企党建质量。

2020年10月15日，区人大常委会主要领导带领部分班子成员，省、市、区人大代表视察全区精致城市建设特色街区打造情况

（区人大常委会办公室　供图）

【专项视察】 特色街区视察。2020年10月15日，区人大常委会党组书记、主任刘光辉带领部分班子成员，省、市、区人大代表视察全区精致城市建设特色街区打造情况，实地视察戚东夼老旧生活小区综合改造、环海路滨海步道贯通工程现场以及环翠楼街道属相街、竹岛街道新威附路历史文化街区，了解特色街区打造、老旧小区改造、市政公用设施建设情况。视察组指出，精致城市建设是贯穿全年的攻坚突破任务，各级各相关部门、镇（街道）要对照目标任务科学谋划，紧盯时间节

点，加快推进各项工作；要把群众满意作为工作的根本出发点和落脚点，将每个项目打造成为精品优质工程；深入查摆解决好城市管理服务中的不精致、不文明、群众不满意的问题，下大力气抓整改、抓提升、抓巩固，提升城市品位，优化人居环境，完善城市功能。

为民实事视察。2020年11月12日，区人大常委会党组书记、主任刘光辉带领班子成员，省、市、区人大代表视察全区为民实事办理情况，实地视察竹岛街道海源社区、温泉镇柳河路新和园工程、嵩山街道环翠轻户外运动小镇二期、羊亭镇羊亭河湿地公园四期、张村镇“十八里担架道”红色印记馆、环翠楼街道属相街、孙家疃街道育海社区食堂、鲸园街道万福邻里市集。视察组强调，为民实事是群众期盼的民生工程，相关镇（街道）和部门、单位要结合正在开展的干部作风大改进行动，增强紧迫感和责任感，督导落实每个项目推进情况，确保实事项目件件有着落，事事见成效；要从项目推进中的难点痛点堵点问题入手，查找问题短板，研究突破方案，确保如期完成。各人大代表要充分利用各自的行业特长、专业特长，发挥桥梁纽带作用，积极献计献策。

执法检查

【安全生产执法检查】 2020年4月17日，区人大常委会党组副书记王福欣带领检查组对全区贯彻实施《中华人民共和国安全生产法》《山东省安全生产条例》情况进行执法检查，深入威海市小商品批发市场、中石化威海第一加油站和威海红太阳彩印有限公司等企业，检查生产、经营、仓储场所。检查组认为，各相关部门和镇（街道）牢牢守住安全生产底线，织牢织密监管体系，强化行政执法和督导检查，加强专项整治和风险防控，安全生产形势持续好转。建议区政府相关部门要提高政治站位，树牢安全生产发展理念。强化法治思维，提高全社会安全生产意识。聚焦重点难点弱项，加大安全隐患排查整治力度。突出以人为本，强化企业安全生产主体责任。

【《中华人民共和国法官法》贯彻执行情况执法检查】 2020年8月6日，区人大常委会副主任韩静带领检查组对区法院审判机制改革情况进行专题调研，对《中华人民共和国法官法》贯彻执行情况进行执法检查，实地察看张村法庭知识产权调解室、集约化管理办公室及执前和解中心等，现场观看法务外包团队工作情况。检查组认为，区法院紧紧围绕中心、服务大局，不断探索创新，开展员额法官遴选、办案团队组建、配套保障机制完善等工作，审执质效和司法公信力显著提升。检查组强调，区法院要深化思想认识，提高政治站位；落实法官职业保障，加强干部队伍建设；深化诉讼制度改革，提高审判执行质效；围绕服务大局，开创“精致城市·幸福威海”首善之区法治保障新局面。

【财政审查】 2020年12月1日，区人大常委会财政经济委员会对区政府提交的《威海市环翠区关于2019年度区级预算执行和其他财政收支审计查出问题整改情况的报告》进行初步审查。财政经济委员会认为，区政府及其相关部门认真落实区人大常委会有关审议意见，审计部门依法履职，督促督导，各整改部门单位落实责任，认真整改，审计整改工作取得良好效果。至10月末，审计工作报告中指出的15类29项问题，全部整改落实，收回结余结转资金262.98万元，上缴财政资金287.8万元，调减工程结算资金4474.03万元。

依法监督

【经济监督】 2020年8月18日，区人大常委会就全区2020年上半年国民经济和社会发展计划执行情况进行审查。审查组认为，全区上下认真贯彻高质量发展理念，统筹推进新冠肺炎疫情防控和经济社会发展，加快推进新旧动能转换重大工程，齐心协力统筹稳增长、调结构、促改革、惠民生、防风险等各项工作，上半年全区经济社会发展态势平稳向好，加快恢复。建议区政府相关部门要加强经济运行调度，推动经济发展；加快产业转型升级，纵深推进新旧动能转换；突出科技创新引领，充分激发创新创业活力；发展社会事业，着力保障改善民生；强化财税管理，实现财政收支平衡。

【审计监督】 2020年8月20日，区人大常委会对全区区级预算执行和其他财政收支审计工作进行审查。审查组认为，区政府审计部门围绕全区经济社会发展大局和区委决策部署，落实区人大常委会有关审议意见，依法开展审计工作，不断加大审计力度，在规范预算管理、推动政策落实、促进深化改革和全区经济社会健康发展中发挥重要作用。审查组强调，要发挥审计监督在促

2020年10月23日，环翠区人大常委会精致城市建设专题询问会议召开

（区人大常委会办公室　供图）

进经济社会持续健康发展、规范财经秩序等方面的重要作用，在审计上见重点，在整改上求实效，在质量上有提高。

【财税监督】 2020年8月22日，区人大常委会对全区2019年财政决算和2020年上半年预算执行情况进行审查。审查组认为，区政府财税部门适应经济发展新常态，坚持新发展理念，推进新旧动能转换，不断加大对生态环保、民生等重点领域支持力度，持续深化财税体制改革，认真落实减税降费政策，较好完成区第十八届人大三次会议批准的预算任务。审查组强调，要提高财政资金保障能力、财政资金使用效益、预决算管理水平。

【民生事业监督】 2020年10月23日，环翠区人大常委会精致城市建设专题询问会议召开。区人大常委会全体班子成员、区政府分管负责人、区政府相关部门和各镇（街道）负责人参加会议。与会人员围绕物业服务、垃圾分类、停车难、路边摊点、新威附路夜经济、养犬管理、特色街区打造、公厕规划建设、小区门市房经营扰民、环翠楼街道属相街后续运营等精致城市建设管理的热点、难点问题进行询问。区住房城乡建设局、区环境卫生中心、区综合行政执法局、区市场监管局等部门负责人和各镇（街道）负责人回答询问，说明存在的困难和解决问题的措施打算。通过专题询问，督促区政府完善体制建设，加大精致城市建设投入，提升城市功能，加强队伍建设，提高城市管理水平，补齐城市建设短板，提升城市管理的精细化和规范化建设水平。

代表建议

【概况】 2020年，环翠区第十八届人民代表大会第四次会议收到人大代表议案和建议、批评、意见55件。其中，属于经济发展方面的11件，城市建管方面的11件，文教卫生方面的8件，民生保障方面的7件，政府自身建设方面的5件，农业农村方面的4件，道路交通方面的4件，社会治理方面的3件，环境保护方面的2件。以上问题都不能构成议案条件，均作为建议、批评和意见处理。

2020年环翠区第十八届人大四次会议代表意见建议一览表

表3

序号	所在团	姓　名	建议名称	类别（件数）
1	鲸园	常爱英	关于老旧生活小区路面破损应由谁来维修的建议	城市建管（11）
2	鲸园	李　强	关于提升物业服务水平的建议	
3	鲸园	王爱花	关于更换部分老旧小区路灯的建议	
4	鲸园	王爱花	关于老旧小区空中管线下地的建议	
5	环翠楼	李丽芹	关于小游园及健身器材的相关建议	
6	环翠楼	戚丽丽	关于社区食堂建设的相关建议	
7	孙家疃	毕可贤	关于改善居住环境、提升绿化空间的建议	

续表3

序号	所在团	姓　名	建议名称	类别（件数）
8	孙家疃	李树京	关于精致社区建设的建议	城市建管（11）
9	温泉	董品洲	关于完善电动汽车应用服务配套的建议	
10	鲸园	勇庆威	关于强化中心城区“乱停车”治理力度的建议	
11	环翠楼	戚丽丽	关于属相街改造的相关建议	
12	羊亭	周佳俊	关于进一步推动乡村振兴战略实施的建议	农业农村（4）
13	温泉	江民政	关于社区改造政策向农村普及的建议	
14	温泉	曲文学	关于加强农村架空线缆整治工作的建议	
15	临港区	刘建桥	关于扶持农业养殖业发展、修建连镇路的建议	
16	张村	徐克贵	关于在我区全面推行垃圾分类工作的建议	环境保护（2）
17	临港区	于夕涛	关于提高居民节水意识的建议	
18	鲸园	丛英谞	关于对中小学生作业量繁重、休息时间少的建议	文教卫生（8）
19	鲸园	刘宝军	关于广泛开展家庭教育工作的建议	
20	孙家疃	刘宏军	关于加快中国油画小镇建设的建议	
21	嵩山	曲正杰	关于合理配套幼儿园的建议	
22	临港区	洪长玉	关于将未成年人从事违法犯罪活动列入衡量监护人、校园班主任信用评价体系的建议	
23	临港区	娄军港	关于高级中学设立早餐部的建议	
24	临港区	孙英丹	关于解决卫生院技术人才短缺的建议	
25	高新区	初晓艺	关于解决三所大学师生就医难问题的建议	
26	羊亭	赵启龙	关于鼓励扶持企业践行生态文明建设及绿色经济发展的建议	经济发展（11）
27	竹岛	宋文福	关于优化营商环境工作的建议	
28	竹岛	孙新强	关于楼宇经济发展的建议	
29	嵩山	杨　雷	关于对韩资企业及对韩贸易业户进行扶持的建议	
30	嵩山	庄克宇	关于关注行业协会发展、发挥协会作用、助推行业进步的建议	
31	经开区	丛树国	关于老旧厂房改造的建议	
32	经开区	全阳俊	关于进一步改善跨境电商营商环境的建议	
33	经开区	张曙光	关于民营孵化器和政府办孵化器的建议	
34	临港区	任吉杰	关于加强各畜禽养殖场粪污处理的建议	
35	临港区	于海涛	关于建立劳动者职业信用档案的建议	
36	临港区	于吉水	关于增加临港区周边基础设施和招聘人才的建议	

续表3

序号	所在团	姓　名	建议名称	类别（件数）
37	羊亭	刘杰和	关于深入开展农村普法教育的建议	社会治理（3）
38	温泉	刘增永	关于加强对快餐食品安全检查的建议	
39	临港区	许道锋	关于调整限养区“加强养犬管理”的建议	
40	张村	卢岩岩	关于完善公共交通设施的建议	道路交通（4）
41	温泉	刘守琴	关于在温泉西路金蚂蚁汽车广场北门设置人行横道的建议	
42	市直部门	刘　勇	关于加快推进环山快速路望岛至羊亭段项目建设的建议	
43	市直部门	刘　勇	关于提升改造古陌隧道的建议	
44	张村	曲　静	关于对优化老年人免费乘车问题的建议	民生保障（7）
45	温泉	林乐勤	关于解决老年人居家养老服务需求的建议	
46	鲸园	孙晓华	关于“12349”积分养老项目全区拓展的建议	
47	环翠楼	宋清禧	关于给予家政服务机构适当补贴、鼓励扶持困难群体再就业的建议	
48	环翠楼	王茂芳	关于“如何进一步引导及带领企业家精准献爱心”的建议	
49	竹岛	刘长城	关于推进我市公益事业高质量发展的建议	
50	临港区	林乐静	关于解决养老问题的建议	
51	鲸园	常爱英	关于减轻基层财务检查负担的建议	政府自身建设（5）
52	鲸园	姜华丽	关于在产业园规划、建设、运营、招商过程中充分发挥律师作用的建议	
53	鲸园	姜华丽	关于聘请律师作为政府招商合伙人的建议	
54	区直部门	江青纭	关于完善行政执法人员资格认证及管理的建议	
55	高新区	佟艳华	关于政府购买社会组织服务项目资助资金按时拨付的建议	

【代表重要建议摘编】 关于鼓励扶持企业践行生态文明建设及绿色经济发展的建议。环翠区推进生态文明建设，人民的生活环境得到优化和改善。但在全区现有企业中，依旧存在建筑粉尘、废气污染、工业废水废渣乱排放等与建设生态文明和绿色经济发展理念相违背的现象，主要表现在环保综治攻坚力度不彻底、生态文明产业集聚度低等方面。赵启龙代表建议区政府及相关责任部门采取加强制度建设、监督考核、宣传教育、推行鼓励政策和发放政府补贴的方式，使企业积极践行生态文明建设和绿色经济发展理念。

关于提升物业服务水平的建议。随着经济社会的不断发展，老旧开放型小区的物业服务质量与居民期待值的差距越来越大，物业服务投诉居高不下。主要原因在于开放型老旧小区基础设施差、物业服务水平低，深层次原因在于物业费较低、收缴率不高，直接导致物业服务人员减少、服务水平长期处于低层次运行。李强代表建议区政府及相关责任部门采取：党建引领，开展“红色物业”，促进物业管理良性循环；诚信引领，加大诚信管理，促进物业服务走向正轨；严肃奖惩，加大补助力度，促进物业管理全面提升等措施，提升全区老旧开放型小区的物业服务水平。

关于精致社区建设的建议。环翠区社区建设虽然取得一定成绩，但总体状况尚不能完全满足人民群众日益增长的需求，社区的社会管理和服务工作面临许多新情况、新问题。主要表现为：社区居民参与社区建设的程度不高，缺乏对社区的认同感和归属感，大量的社会资源没有得到充分利用，社区建设工作有“上热下冷”的现象，没有形成共住共建的良好氛围。李树京代表建议区政府及相关责任部门不断提升社区居民参与意识，进一步强化社区服务功能，提高对建设精致社区的认识，提升全区精致社区建设水平。

关于改善居住环境、提升绿化空间的建议。市区老旧小区普遍存在建设规划早、空间布局不合理，绿化面积低、边角地存有空白，游园建设少、活动场所受局限等问题。毕可贤代表建议区政府及相关责任部门依据现有状况，全面提升空间使用率；采取“见缝插绿”的方式，增加绿化面积；突出区域特色，建设游园“精而优”。不断改善居住环境，扩大居民生活区绿化空间。

关于加快中国油画小镇建设的建议。2018—2020年，中国油画小镇经过3年的努力，打造出益海路艺术核心区、半月湾创作休闲区、北海油画产业区和26千米环海路“三区一线”功能格局，较好地实现了中国油画小镇建设的初衷。但是中国油画小镇的建设仍然存在着视觉效果不明显、配套设施不完善的问题。刘宏军代表建议区政府及相关责任部门在中国油画小镇总体布局上营造视觉氛围，全面提升视觉指引；配齐基础设施，全面提升中国油画小镇整体功能；加强宣传推介，全面提升中国油画小镇社会影响力。

【代表建议办理】 2020年，区十八届人民代表大会第四次会议代表认真履行宪法和法律赋予的职责，向大会提出代表建议、批评、意见55件，其中属于环翠区政府办理的代表建议38件。会议结束后，区政府办公室督查室负责牵头抓总、综合协调，定期对各责任部门办理进度及效果进行督促、检查和通报，并纳入全区目标管理考核。涉及到的各部门协助区政府分管区长切实抓好办理工作，特别是在受到新冠肺炎疫情严重干扰的情况下，至8月末，人大代表建议全部办理完毕，代表满意度进一步提高。

专门委员会工作

【财政经济委员会】 2020年，区人大财政经济委员会开展年度财政经济计划、财政预决算、审计、国资等方面常规性审查监督，加强对上半年国民经济和社会发展计划预算执行情况、2020年地方政府债券、抗疫特别国债、财政特殊转移支付资金的分配使用意见及预算方案调整，审计查出问题整改情况的监督。年内，围绕落实“西展”战略情况和骨干企业膨胀发展情况开展专题调研。

【监察和司法委员会】 2020年，区人大监察和司法委员会围绕法治环翠建设，对全区“七五”普法规划贯彻落实情况和区法院审判机制改革情况开展专题调研；围绕推进司法公正，对《中华人民共和国法官法》贯彻执行情况进行执法检查，精心组织两次庭审监督活动，听取检察院、法院半年工作情况专项报告。协助市人大常委会开展《威海市精致城市建设条例（草案）》《威海市山体保护条例（草案）》立法调研和“七五”普法、扫黑除恶专项斗争、学习贯彻《中华人民共和国民法典》等专题调研，相关工作得到市人大常委会调研组充分肯定。

【教育科学文化卫生委员会】 2020年，区人大教育科学文化卫生委员会助力全区医疗保障能力建设，对基层医疗卫生服务体系建设开展专题调研；聚焦全民科学素质提升，服务经济发展，对全区科普工作开展情况进行调研；关注民生事业，对年度落实为民实事成效开展专题视察评议。

【农村城建环保委员会】 2020年，区人大农村城建环保委员会贯彻落实中共中央总书记习近平“绿水青山就是金山银山”的科学发展理念，对全区环境状况和环境保护目标完成情况开展专题调研，助推生态文明建设；聚焦产业发展，调研环翠区乡村振兴——产业振兴发展，助推乡村振兴建设；围绕特色街区，开展精致城市询问，提升全区城市管理的精细化和规范化建设水平。

【社会建设委员会】 2020年，区人大社会建设委员会组织执法检查1次、专题调研2次。聚焦安全发展，对安全生产“一法一条例”贯彻实施情况开展执法检查。创新监督方式，引入第三方评估机制，组建专家组，通过专业团队推动执法检查提质增效。聚焦民生保障，开展社会救助和救助体系建设、社会保障系统“数字公共服务体系”建设专题调研。协助市人大常委会开展安全生产执法检查、社会保障系统“数字公共服务体系”建设情况调研。

（刘　利）

环翠区人民政府

综　述

【概况】 2020年是全面完成“十三五”规划的收官之年，也是环翠历史上极不平凡的一年。区政府面对严峻复杂的国内外环境特别是新冠肺炎疫情的严重冲击，深入贯彻中央和省委、市委战略部署，统筹推进新冠肺炎疫情防控和经济社会发展，先后召开2次区政府全体会议、28次常务会议。至年末，全区实现生产总值386.85亿元，比上年增长3.7%；完成一般公共预算收入41.72亿元，下降0.98%；实现工业增加值增长2.4%；对外贸易进出口总额（含桥头镇）183亿元，下降17.2%；实际使用外资2.37亿美元，增长43.1%；城镇居民和农村居民人均可支配收入51769元和22592元，分别增长2.9%、5.2%。

政府服务效能。2020年，环翠区深入开展“三联三服”活动，打造全链条闭环式项目审批机制，81个区级重点产业项目42个投产运营。加强法治政府建设，成功创建省级法治政府建设示范区。人大代表建议、政协委员提案面复率和满意率均达到100%。推进干部作风大改进行动，把握意识形态工作主动权，构建联防联动联处一体化舆情工作体系，举办各类新闻发布会45场，累计公开、发布政府信息2.4万条。

新旧动能转换。2020年，环翠区深化“放管服”改革，市场准入进入“秒批秒办”模式，推出50个“一链办理”服务事项，更多审批“驶入高速路”。深化投融资体制改革，新引进设立鲁韵股权投资等4只基金，全区基金总规模突破270亿元。加快培育创新载体，新增市级以上创新平台30家、高新技术企业26家。深化校地校企合作，首高科技术转移中心获批省级技术转移机构，环翠区入选全省首批技术转移先进区。积极融入“一带一路”，举办中欧膜产业技术创新合作大会，推进高质量“双招双引”，设立粤港澳大湾区等4个招商窗口，组建4支专业招商团队，引进外资过千万美元、内资过亿元项目20个。

精致城市建设。2020年，环翠区实施77项区级城建重点工程、39项城市双修及14项海绵城市建设工程。新建、改造游园36处、公厕17座，实施18个老旧小区改造、132幢住宅楼“平改坡”换瓦和5处公共停车场新建工程。高质量打好污染防治攻坚战，狠抓环保督察问题整改、“无废城市”试点建设以及松材线虫病防治等工作，羊亭河获评省级美丽示范河湖，华夏城被授予国家“绿水青山就是金山银山”实践创新基地。

社会民生供给。2020年，环翠区实施10大类、80项为民实事，完成民生投入20.4亿元，发放稳岗补贴等就业创业补贴1986.5万元、各类救助金4270余万元，稳定就业岗位3万余个。推进退役军人服务站建设，发放创业贷款、抚恤定补等3500余万元。创建市级以上美丽乡村示范村7个，环翠区获评中国乡村振兴百佳示范区。创新提出信用“五进”融合推进模式，打造区镇两级“吹哨报到”全响应平台，新时代文明实践中心实现全覆盖，助力威海实现全国文明城市“三连冠”。

【重要决策和部署】 2020年1月3日，区政府办公室印发《环翠区“无废城市”建设试点推进方案》的通知，进一步贯彻落实习近平生态文明思想和全国生态环境保护大会精神，推行绿色生产生活方式，打造滨海旅游城市固体废弃物精细管理示范区，为新旧动能转换提供新思路，为全面开创“精致城市·幸福威海”首善之区增光添彩。

2月7日，区政府办公室印发《关于应对新型冠状病毒感染肺炎疫情支持中小企业平稳健康发展的若干意见》，通过设立政策兑现专项资金、加强应急转贷基金使用、提高企业贷款贴息标准、加大工业技改扶持力度、扩大大学生“521生活津贴”（对全区所有正常经营且缴纳社保的企业，新引进的博士研究生和新引进毕业3年内的硕士研究生和本科毕业生，每月分别发放5000元、2000元和1000元生活津贴）发放范围、开辟审批服务绿色通道6大措施，进一步全面落实中共中央、国务院和省委、省政府及市委、市政府关于新冠肺炎疫情防控的决策部署，支持中小企业积极应对疫情影响，实现平稳健康发展。

3月25日，区政府印发《关于做好第七次全国人口普查的通知》，要求严格按照国家、省、市部署要求，统筹安排、周密部署，确保普查各项工作推进，切实做好全区人口普查工作。

4月30日，区政府办公室印发《环翠区“亩产效益”评价改革工作实施方案（试行）》，加快建立以质量和效益为导向的工业企业分类综合评价机制，实施资源要素差别化配置政策，进一步推动新旧动能转换和高质量发展。

5月25日，区政府印发《环翠区2020年招商引资奖励办法》，充分调动社会各界参与招商引资工作的积极性，进一步提升全区对外开放层次和水平。

6月16日，区政府印发《环翠区职业教育创新发展高地建设实施方案》，进一步优化体制机制，着力营造有利于职业教育健康发展的良好环境，全面推动区域职业教育提升内涵、形成特色，更好地服务高水平发展、促进高质量就业。

7月28日，区政府印发《关于下达2020年消防工作目标任务的通知》，严格落实“十三五”期间相关规划中涉及消防事业发展的内容和年度消防工作计划。将消防工作重点纳入全区国民经济和社会发展“十四五”规划和年度计划。

7月31日，区政府办公室印发《威海市环翠区推进“市县同权”改革实施方案》，切实做好“市县同权”事项承接工作，进一步增强服务企业和群众的能力。

9月2日，区政府办公室印发《环翠区土地问题综合整治工作方案》，要求以习近平生态文明思想为指导，全面梳理第三次国土调查、卫片执法、耕地保护督察、巡视巡察、审计及日常执法检查发现的问题，采取有力措施整改到位，提高土地管理水平，服务和保障全区经济社会发展。

11月13日，区政府办公室印发《环翠区农村房屋安全隐患排查整治工作实施方案》，深入贯彻落实中共中央总书记习近平关于安全生产的重要指示批示精神，落实属地管理责任，有序开展农村房屋安全隐患排查整治工作，建立常态化农村房屋建设管理制度。

12月18日，区政府办公室印发《关于做好第一次全国自然灾害综合风险普查工作的通知》，通过开展自然灾害综合风险普查工作，客观认识全区自然灾害综合风险水平，为有效开展自然灾害防治工作、切实保障经济社会可持续发展提供权威的灾害风险信息和科学决策依据。

【为民实事】 公共服务。2020年，环翠区投入768.96万元，完成环翠楼街道活动中心建设；完成羊亭镇新阳社区，环翠楼街道大桥、杏花村、前进社区，嵩山街道百合、和园、珠海社区，孙家疃街道里海、安海、北海、连海11处社区服务中心新建、改造工作。投入2289万元，完成张村镇魏桥社区，羊亭镇西海社区，竹岛街道望岛片区、恒远商圈、渔港路、梦海、青竹、天翔、观海、文昌社区，鲸园街道北门外片区、东山社区，温泉镇友和、双泉城14处社区党群服务中心新建续建、升级改造工作。投入650万元，打造集权益维护、就业创业、互助保障等功能于一体的规范化职工服务中心。投入998万元，完成新时代文明实践中心、分中心、站所提档升级工作，开展文明实践活动8000余场次。投入110万元，引进市场准入“秒批”系统及10台自助终端，通过实名认证、人脸识别、自主申报及标准化填报，实现个体工商户营业执照当场打印，提升群众办事效率。投入76.1万元，实现农副产品批发市场所有经营业户全覆盖，快检食用农产品13万批次。投入25万元，完成位于大型商场、超市、社区等场所的22个消费维权服务站升级改造，保障消费者权益，化解消费纠纷。.

教育教学。2020年，环翠区投入500万元，建设武夷路学校小学部，建筑面积3万平方米，35个教学班，提供1575个学位；投入1亿元，建设福泰中学，一期建筑面积4.07万平方米，76个教学班，提供3800个学位，新建教学楼、办公楼、餐厅、实验楼、运动场等；投入4000万元，续建明湖路学校二期工程，建筑面积1.83万平方米，48个教学班，新建教学楼报告厅等；投入800万元，完成羊亭国际学校优化方案设计；投入33万元，改造千山路小学周边停车场，面积1600平方米。投入1500万元，建设恒大·海上帝景、保利·红叶谷、玉兰3所幼儿园。投入3000万元，完成部分中小学及幼儿园校舍装修以及绿化改造；投入464.9万元，完成威海市第七中学、第八中学校园景观提升改造。投入380万元，推进“素质教育四项行动2.0”，开展“大阅读”工程系列比赛、中小学生科技创新大赛等活动，组织1.2万名学生开展创客研学。投入1164万元，更新计算机815台、升级多媒体教室324个，推进教育信息化建设。

医疗服务。2020年，环翠区拨付补助资金3692万元，巩固完善国家基本药物制度。投入3414.5万元，实施公共卫生服务项目，惠及38万余人次。投入72万元，为全区二年级学生筛查口腔疾病、建立口腔健康档案，惠及学生3434人。拨付补助资金303万元，为取消药品加成的城市公立医院发放补助。投入2亿元，续建里口山医院，为社会提供健康检查、康复治疗以及医护人员培训等服务。投入1500万元，完成基层医疗机构业务用房整修改造并配备设备，按村卫生室岗位给予经费补助，建设全区医疗卫生服务信息系统。投入100万元，推进医养结合，配备智能助诊包，为3069名老年人开展健康评估服务，提供个性服务包。投入85万元，推进医共体建设，为基层医疗卫生机构选派业务院长和专家到基层巡诊，服务群众4866人次。

文体服务。2020年，环翠区投入4698.6万元，新改建公园、小游园36处。投入4.5亿元，加快公共文化服务建设，档案中心完成砌体、室内安装及外墙施工，文化中心主体、砌体施工完成；投入20万元，完成环翠区图书馆数字资源建设；投入600万元，打造80个基层服务点，购买图书4.5万册，开展流动文化服务90场；发放优惠券11批次、171万元，开展文化惠民消费季活动；投入77.96万元，开展农村公共文化服务，建成区级应急广播“村村响”平台，放映公益电影2052场次；投入699万元，开展“5·23”歌咏会等品牌性文化活动1000余场次。投入62.8万元，推进体育事业建设，举办篮球、网球、徒步等33项比赛；投入280.8万元，举办中国山地自行车联赛等赛事活动40余场次。民俗、红色记忆馆建设。投入20万元，完成里口山民俗记忆馆场地平整、馆舍整体建筑检测；投入1250万元，完成“十八里担架道”红色印记馆、贝草夼地下交通站展馆建设，深挖抗日、抗战历史材料，打造红色教育基地。

养老服务。2020年，环翠区投入1100万元，建设并投入运营社区食堂17处。其中，嵩山街道2处、张村镇2处、环翠楼街道3处、鲸园街道4处、羊亭镇1处、孙家疃街道2处、竹岛街道3处。投入156万元，打造并投入运营农村老年餐桌6处。其中，温泉镇3处、嵩山街道1处、张村镇1处、羊亭镇1处。

救助保障。2020年，环翠区投入78.6万元，开展重度残疾人居家托养服务等救助，惠及1410人次。投入405.5万元，实施残疾儿童、精神病患者救助和白内障复明手术项目，惠及601人次。投入2321.5万元，实施计划生育惠民政策，惠及2.5万人次。投入38.95万元，为老年人购买意外伤害保险，惠及5.7万人。投入50万元，开展夏送清凉、金秋助学、冬送温暖活动，慰问企业92家，资助困难职工子女7人，慰问困难职工44人。投入311.58万元，实施慈善大病救助，救助患者297人。投入21.11万元，实施临时救助，救助70人次。投入502.62万元，提高城乡低保和特困人员供养标准，惠及6425人次。投入538.54万元，开展家庭经济困难学生救助，惠及6957人次。发放校车运营补助资金1357万元。投入3.21万元，对75周岁以上优抚对象进行精神抚慰，为321名优抚对象发放生日蛋糕。

生态环境建设。2020年，环翠区投入599.76万元，新建6座、改造11座公厕。投入4200万元，完成羊亭河湿地公园二期、四期及杏花湖景观绿化，增加活动设施，与一期功能互补，丰富游客体验。投入1255万元，完成张村镇、羊亭镇、温泉镇河道治理工程；投入906万元，完成温泉镇刘家台、小南山2个村（社区）污水改造；投入260万元，完成对温泉镇张家山水库、小庄水库以及栾家店（1）水库除险加固。投入1121万元，整治沿海岸线环境，恢复靖子湾沿海岸线沙滩自然生态，拆除围填海养参池2公顷、养殖用房200平方米，清除混凝土围堰和石块5500立方米，拆除原有损坏浆砌石护岸，新修亲水护岸3400平方米。投入2673万元，建设滨海步道，完成金海游艇段、靖子环海路段、猫头山段、山东村段、半月湾三连岛对面段及东山宾馆段等环海路滨海步道建设。投入2485万元，建设环翠轻户外运动小镇，完成五家疃—东七夼道路工程，实施台下村村内绿化工程，完成西庄、台下两村的天然气入户。投入7930万元，治理矿山地质环境，完成张村镇、里口山景区、竹岛街道20处矿山治理。

居住条件。2020年，环翠区投入10.9亿元，实施棚户区改造，推进大西庄安置区，港头、于家夼安置区，鲁东、中阳安置区，冶口安置区，闫家庄安置区7个棚户区改造项目，其中鲁东、中阳安置区完成交房。投入1.36亿元，完成张村镇、竹岛街道、环翠楼街道、鲸园街道、孙家疃街道、温泉镇18个老旧小区改造工程。投入2800万元，实施竹岛街道、环翠楼街道、鲸园街道132幢楼宇“平改坡”换瓦改造工程。投入125万元，完成黄金顶26套廉租房装修。投入215万元，发放农村适龄青年和特困大龄青年购房扶持补助，惠及43人。投入1950万元，实施羊亭镇梅家沟村、大北山村、半壁山村、南郊村、宋家疃村，温泉镇张家山村、马夼村7个村美丽乡村建设。投入3273万元，完成12条农村公路改造、3条进村路改造、1条防火通道和1个涵洞工程。投入90万元，提升县乡道路智能化、信息化水平。投入242.2万元，施划交通标志标线，新建隔离护栏，改造信号灯岗。投入340万元，更换机场路灯头134套、世昌大道（影视城红绿灯—双岛湾大桥）灯头104套、塔山中路（世昌大道—四方路）灯头65套、古寨南路灯头25套、菊花顶路灯头51个、仙姑顶路灯头80个、北山路灯头13个。投入210万元，改造益海路隧道东口等10台路灯箱变。投入5024万元，实施39个村规模化供水、4个村管网改造工程。投入2303.7万元，完成戚东夼路、白马夜市、莱海市场、塔山东路同心路至戚家夼路、文峰一街、峰北路6条背街小巷改造。

就业创业。2020年，环翠区投入541.39万元，开展职业技能与创业培训8686人次。

社会治理。2020年，环翠区投入1077.26万元，完成平安环翠九期监控建设、设亿级阵列全景覆盖超高清监控系统、公共安全视频专网安全准入控制系统、公共安全视频监控机房托管服务、视频应用系统5个三级信息系统等保测评、监控点位迁改。投入647.56万元，完成无线网络安全审计系统二期、购置LTE公安移动通信终端100台、电子围栏、公安无线专网分布式指挥系统、社区警务室、人口信息管理系统配套建设、反恐处突装备。投入277.69万元，用于远遥中心渔港警务工作站装修建设、警务室用房租赁（3年）、监控安装、安防体验、宣传片拍摄、宣传品印制等。投入20万元，购置养犬管理办公室设备，支付相关宣传经费。投入110万元，购置尸体解剖室内各类设备。投入97万元，在全区12个派出所（不包括刘公岛、菊花顶派出所）设立调解室，每个调解室配备2名专职调解员；每个司法所配备2名专职调解员，充实基层调解力量。投入535万元，完成环翠区消防科普教育基地、渔港路小型消防站招标采购和安装工作，以及重点单位消防安全管理人、责任人培训工作。投入230万元，建设集矛盾纠纷排查调处、治安防控、特殊人群帮教管理、社区矫正等功能于一体的羊亭镇综治中心。

（王　尧）

重要会议

【区政府全体会议】 2020年，区政府召开2次环翠区人民政府全体会议。

第五次全体会议暨全区安全生产和森林防灭火工作会议　2020年3月12日下午，区政府第五次全体会议暨全区安全生产和森林防灭火工作会议召开。区委副书记、区长徐明讲话，区委常委、副区长王大治主持会议，区领导林莅、尹振山、沈燕萍、苏卫军、林青松、姜向荣等参加会议。会议要求，各级各部门、单位要健全完善安全生产责任体系，全面落实党政领导责任，狠抓企业主体责任落实，严格考核奖惩和问责，以对组织、对群众负责的态度，抓实抓细抓牢安全生产各项工作，齐心协力守护好辖区群众的平安幸福，为加快建设“精致城市·幸福威海”首善之区营造安全稳定的环境。会上观看安全警示教育片，羊亭镇、区自然资源局、区住房城乡建设局、区商务局、区消防救援大队围绕安全生产、森林防火、消防安全等方面进行交流发言。

第六次全体会议暨区政府第四次廉政工作会议　2020年7月31日下午，区政府第六次全体会议暨区政府第四次廉政工作会议召开。会议深入学习贯彻中共中央总书记习近平系列重要讲话精神，全面落实国务院和省、市政府廉政工作会议精神，安排部署区政府系统廉政建设和反腐败工作任务。会议强调，要认真履行“一岗双责”，扛牢廉政责任，持之以恒抓好党风廉政建设各项工作。要进一步强化法治政府、诚信政府、廉洁政府建设，营造风清气正的政务环境、发展环境，为决胜全面建成小康社会、加快首善之区建设提供坚强保障。会上，区财政局、羊亭镇围绕各自领域廉政工作开展情况进行交流发言。区领导徐明、孙青松、王大治、林莅等出席会议。区委副书记、区长徐明讲话，区委常委、副区长王大治主持。

【区政府常务会议】 2020年，区政府召开常务会28次。会议汇报《环翠区2020年主要经济指标目标方案（讨论稿）》《关于威海市环翠区2019年国民经济和社会发展计划执行情况与2020年国民经济和社会发展计划（草案）的报告（讨论稿）》《环翠区2020年重点产业项目计划安排（讨论稿）》《政府工作报告（讨论稿）》《2020年区本级预算收支安排意见（讨论稿）》《关于应对新冠肺炎疫情支持中小企业平稳健康发展的若干意见（讨论稿）》《关于2019年度人才项目扶持政策的兑现意见（讨论稿）》《威海市环翠区贯彻山东省“1+1+8”10个方案督察反馈问题整改方案（讨论稿）》《关于抓好“三农”领域重点工作确保如期实现全面小康的实施意见（讨论稿）》《环翠区森林消防专业队伍建设实施方案（讨论稿）》《环翠区推进国有企业退休人员社会化管理工作实施方案（讨论稿）》《环翠区“亩产效益”评价改革实施方案（试行）（讨论稿）》《2020年环翠区脱贫攻坚自查评估报告（讨论稿）》《环翠区2020年招商引资奖励办法（讨论稿）》《环翠区提标提速提效推动营商环境攻坚突破实施方案（讨论稿）》等议题。会议通报松材线虫病防治工作开展情况；全区农民工工资支付工作开展情况、存在问题和下步措施；市政府全体（扩大）会议、2020年部分重点工作汇报会议精神；2020年运营保障扶持政策兑现意见，招院引所、公共研发服务平台扶持政策兑现意见；远遥浅海科技湾区建设工作推进情况；安全生产工作开展情况；违法用地整治、闲置土地处置工作推进情况；解决城市建设领域矛盾纠纷问题、滞迁户动迁、闲置项目和“半拉子”工程处置工作推进情况；经营性用地出让、批而未供土地、矿山地质环境治理工作推进情况；低效用地规划整治工作推进情况；精致城市建设攻坚突破行动工作推进情况；医疗卫生服务体系和环翠医院集团建设工作开展情况、存在问题；环山路沿线环境整治和绿化提升工作开展情况、存在问题；信访工作开展情况；核酸检测“应检尽检”工作开展情况；全区“四减四增”三年行动工作推进情况、存在问题；2020年全区重点产业项目、城建重点工程、为民实事3类项目进展情况；优化营商环境工作开展情况、存在问题。学习贯彻全市打击非法金融活动专项整治行动动员会议精神；全市耕地保护督察意见整改工作推进视频会议精神；全国防汛救灾工作视频会议和全省防汛工作视频会议精神；全市产业集群重点项目及企业冲击新目标现场推进会精神；全市土壤污染防治工作专题会议精神；全市渔船管控暨渔港环境综合整治工作会议精神；省、市美丽宜居乡村建设整改落实工作会议精神；全市省重点项目、政府专项债券项目专题调度会议精神；全市经济运行暨省综合考核调度会议精神；中共中央、省委经济工作会议精神。

【区政府重要工作会议】 2020年，区政府召开3次重要工作会议。

“重点工作攻坚突破年”动员大会 2020年3月23日，全区“重点工作攻坚突破年”动员大会召开。会议深入贯彻落实省委“重点工作攻坚年”、市委“重点工作攻坚突破年”动员大会精神，总结成绩，表彰先进，部署工作，动员全区上下进一步统一思想、振奋精神、凝心聚力，以更加强烈的责任担当、更加饱满的精神状态、更加务实的工作作风，强力推动各项工作攻坚突破，奋力开创“精致城市·幸福威海”首善之区全新局面。

精致城市建设攻坚突破行动推进会议 2020年4月24日，环翠区精致城市建设攻坚突破行动推进会议召开。会议传达学习中共中央总书记习近平视察陕西重要指示精神，要求统筹抓好新冠肺炎疫情防控和经济社会发展，持续抓好生态环境保护工作，推进民生保障，坚定不移抓好党的建设。围绕精致城市建设攻坚突破行动推进工作，会议指出，各级各部门、单位要深入贯彻全市会议精神，从思想上、工作上找原因、求突破，进一步增强危机感和紧迫感，深入推进精致城市建设攻坚突破各项工作。

全区总林长、河（湖）长工作会议 2020年11月12日，全区总林长、河（湖）长工作会议召开，会议学习中共中央总书记习近平关于生态文明建设的重要论述，传达省、市总林长会议精神，听取区林长制、河长制、湖长制工作开展情况。会议指出，相关部门、单位要坚持以林长制为抓手，压实工作责任，强化工作举措，切实把环翠区森林资源培育好、保护好、发展好。要深刻认清抓好林长制工作的重要性和紧迫性，从思想认识上对标对表，不断增强做好森林工作责任感和使命感，守护好宝贵的森林资源；要牢牢抓住“加大森林抚育力度、遏制松材线虫病蔓延趋势、做好2020年冬季和2021年春季森林防火工作”3个关键，持续加强退化林改造和森林抚育、病死树伐除清理、火源管控和隐患排查等工作，确保环翠区森林防火形势安全稳定；各级林长及相关部门、镇（街道）要压紧压实工作职责，强化监督考核，以考问效、以考促行，推动环翠区林长制各项工作落到实处。会议强调，要按照全市河（湖）长工作会议精神和各级河（湖）长巡查机制要求，常态化做好环翠区河（湖）巡查工作；各镇（街道）要落实好属地责任，对辖区内涉河（湖）建设项目进行全面摸排，确保项目规范到位；要加强对农村污水处理设施的运营管理，加大污水管网维护力度，避免水体二次污染情况发生；相关部门和各镇（街道）要加强联动对接，进一步摸清环翠区河道、水库、湖泊数量，明确管理办法，推动环翠区河（湖）长工作开展。

（张文慧　王　尧）

政务服务

【概况】　2020年，区政府办公室贯彻落实《中华人民共和国政府信息公开条例》，按照“公开为常态、不公开为例外”原则，不断健全公开机制，拓展公开领域，丰富公开内涵，完善公开载体，提升公开质量和实效。全年主动公开政府信息24079条，其中政府公报公开28条、政府网站公开4140条、政务微博公开10825条、政务微信公开8178条、其他方式公开908条。年内，全区收到政府信息公开申请17件，全部按期答复；信息公开行政复议案件被纠错、信息公开行政诉讼案件败诉、信息公开投诉均为“零”。在威海市发布的2020年政务公开评估考核通报中，环翠区被评为优秀等次。

【政务信息】　2020年，政务信息工作围绕新冠肺炎疫情防控和经济社会发展，从注重报送时效、提高信息质量等方面入手，报送反映环翠典型经验信息和领导决策需要的信息。年内，编发《环翠政务信息》66期，涉及全区经济发展、民生保障等多个领域，为领导决策提供第一手资料。其中有60篇信息被市级采用，96篇信息被省级和国家级采用。

【政务调研】　2020年，区政府办公室编印《环翠政务参阅》11期，反映全区经济、社会、民生等多个领域发展现状。《环翠区“夜经济”发展的调研报告》《关于促进环翠区文化旅游产业稳定发展的几点建议》获得全市政府系统优秀调研成果一等奖，《环翠区推进精致城市建设调研报告》获得全市政府系统优秀调研成果二等奖，《关于环翠区做实医务人员下沉提升基层医疗服务能力的调研报告》获得全市政府系统优秀调研成果三等奖。

【政府网站建设运维】　2020年，环翠区人民政府网发布政务动态信息5200余条，公开政府信息4140条，更新概况类信息430余条；采用HTML5技术，基于全市政府站群平台开发政务电子书系统，实现政府公报、政策文件等政务公开重点内容多形式展示；按主题开设专题，集成资讯、公告、服务等相关内容功能，实现同类信息跨部门、跨栏目调用，开设全国两会、新冠肺炎疫情防控等专题专栏16个，并在“国庆”“两会”等重要时间节点和重大活动期间配合区委宣传部开展网站主题宣传。利用第三方平台对网站运行情况进行24小时实时监测，通过人工抽查与定期排查相结合的方式，做好政府网站信息安全防护工作，发现并整改错敏问题90余例，清理不可用链接3000余条。在2020年威海市网站绩效评估中，环翠区在各区市中排名第一。

【政府网站规范提升】　2020年，区大数据中心通过规范工作机制、平台保障、版块设计、信息发布、监测整改系列举措，做好环翠区政府门户网站规范提升工作。完善《环翠区政府网站信息审核发布制度》等文件，调动各职能单位参与政府网站建设的积极性与主动性，切实提升网站信息公开水平与政务服务效能；优化考核评价体系，为全区政务公开考核提供网上信息公开内容采集及问题检测等方面的技术支持，助力政府网站建设管理制度化、规范化、常态化提升。进一步加强政府门户网站建设，不断提升网站服务质量和水平，对网站进行年度升级改版，遵循“便捷、实用、简明”的原则，在提供清晰全面的信息服务和便捷顺畅的浏览体验的基础上，进一步优化网站智能搜索和互动交流功能，切实发挥政府网站“政府信息窗口”和“便民服务平台”作用。

【电子政务网络建设和风险防控】　2020年，区大数据中心根据《全省村（社区）便民服务示范点建设方案》文件要求，结合区委政法委全面推行“六治一网”社会治理工作需要，完成全区220个村（社区）的电子政务外网接入工作，实现镇村政务外网全覆盖。按要求开展电子政务网络安全检查工作，对行政服务域终端设备进行定期排查，及时排除弱口令、IP地址被劫持等系统风险。以政府门户网站为核心加固安全防护设备，通过封堵系统漏洞、优化防护策略等技术手段，切实做好网络安全风险防控工作，全年组织完成公安环翠分局、区法院、区应急局等12个业务系统三级等级保护备案测评工作。重新梳理完善《网络安全管理制度》《网站安全应急预案》等相关制度，明确网络安全分管领导和具体负责人员，严格落实节假日值班制度，确保全区网络安全平稳运行。

【“爱山东”APP环翠分厅建设推广】 2020年，区大数据中心按照上级相关工作要求搭建“爱山东”APP环翠分厅，做好分厅建设和宣传推广等各项工作，打造集教育、医疗、社保、交通等各领域政务服务功能为一体的移动便民办事平台，进一步提升企业和群众办事便捷度、体验度和满意度。印发《关于做好“爱山东”APP环翠分厅建设有关工作的通知》，按照“应上尽上”原则，向全区各部门征集可在线上办理的政务服务和公共服务事项，协调各对外服务大厅，利用LED屏滚动宣传版面、张贴悬挂易拉宝、窗口工作人员手把手教学等方式进行推广，形成良好宣传氛围。至年末，“爱山东”APP环翠分厅上线服务事项260余项，全区注册用户16万余人。

【电子政务系统平台推广应用】 2020年，区大数据中心深入推进视频会商系统建设，建成覆盖全区各级各部门的视频会商系统，组织保障远程视频会议50余次；继续加大“山东通”在全区及政府系统推广使用，协调三大运营商解决流量资费问题，为各部门开通“山东通”账号414个。至年末，全区“山东通”用户逾千名。在全区推广应用“吹哨报到”工作方法，重构跨领域、跨部门、跨层级问题解决和工作处理流程。在做好人员信息维护和组织架构管理的基础上，依托“政务钉钉”系统平台，不断健全工作推进网络，完善工作协调配合机制，加快推动“一钉办好”工作机制落实落地，办结镇（街道）“吹哨”事项60余件，实现“事事有回音、件件有着落”的工作效果。

【数据资源体系建设】 2020年，区大数据中心稳步推进政务信息资源整合共享工作，实现政务数据资源高效开发利用，深入挖掘并充分发挥现有政务数据在服务经济社会发展、助力治理体系和治理能力现代化等方面的实际应用价值。通过搭建环翠区数据一体化平台，实现环翠区统筹救助管理平台、安全生产应急救援指挥平台、城乡环卫数字村（社区）系统等18个自建业务系统与威海市共享交换平台互联互通，依托全市共享交换平台高标准完成全区政务数据汇聚归集工作。至年末，全区在市大数据平台编制目录965条，数据归集1.02亿条；通过山东省公共数据开放网开放目录634条，数据开放8775万条。

【政务信息系统建设和项目管理】 2020年，区大数据中心根据《威海市推进一体化信息资源体系建设打造数字型政府攻坚行动方案》要求，完成安全生产应急救援指挥平台、干部培训云平台、机关事业单位合同备案管理系统等19个业务系统与市共享交换平台对接工作。按照“成熟一个，迁移一个”的思路持续推进政务系统上云工作，至年末，累计上云业务系统23个。按照《威海市政务信息系统项目管理办法》要求，继续做好全区政务信息系统项目论证和全口径备案工作，组织开展论证信息系统项目10余次，论证项目58个，节约财政资金242.56万元。

【“互联网+监管”工作】 2020年，区大数据中心按照《山东省“互联网+监管”工作实施方案》和《威海市“互联网+监管”工作专班关于明确“互联网+监管”工作任务的通知》等文件要求，抽调人员加入全区“互联网+监管”工作专班，承担沟通协调、跟踪调度和技术指导等职责；在预先做好原有自建系统摸底排查和数据迁移的基础上，为各监管职能部门做好监管事项清单认领和检查实施清单编制提供技术指导和平台支撑，确保监管行为数据汇聚和历史数据补录等工作保质保量按期完成。至年末，环翠区在全省“互联网+监管”平台中实施监管行为24.36万条，其中本级行政检查行为数据738条。

【“数聚赋能”应用】 2020年，区大数据中心重点开发居民精准健康教育服务、数据一体化管理、学校新冠肺炎疫情防控发展态势掌控、中小学招生入学网上报名4个应用场景，以山东省公共数据资源开发利用全面试点区申请为契机，加快实现公安、住房城乡建设、人力资源社会保障、税务等多部门数据资源共享应用。依托威海市信息资源共享交换平台，协助区教育体育局申请学生升学等数据接口，切实解决全区招生入学服务平台所需的数据源问题，实现招生入学从“线下集中办”到“线上自主办”的转变。至年末，该项业务接入全区所有中小学，注册家长14636人，服务学生报名11289人次。

【机关事务服务】 2020年，根据《关于深化区级事业单位改革试点实施方案》，整合区机关事务服务中心、区机关公务用车调度服务中心、区机关财务服务中心3个事业单位及相关职能，重新组建区机关事务服务中心，为区政府直属正科级公益一类事业单次办好”率100%、可网办率100%、即办率70.3%，平均承诺办结时限压缩至1.04天。年内，办理线上线下各类审批服务事项159万余件，接受咨询21万余人次。

2020年11月10日，省机关事务局领导一行到区机关事务中心调研厉行节俭反对浪费及标准化工作（区机关事务中心　供图）

位。主要承担机关事务服务保障、代理记账单位财务核算、机关事业单位办公用房和公务用车服务保障等。区机关事务中心依托威海创新园食堂创建山东省餐饮服务标准化试点单位，建立层次分明、内容完善、覆盖餐饮管理全过程的服务标准体系，包含11类标准和178项标准内容，涵盖原材料管控、人员职责分工、生产操作加工及服务规范、监督检查及持续改进等内容，营造“岗岗有标准，人人懂标准”的良好氛围。通过标准化管理理念和方法创新运行管理新模式，提高机关餐饮服务质量。11月，区机关事务中心成功创建山东省餐饮服务标准化试点单位。年内，区机关事务中心报请区政府审批购置公务用车15辆、报废3辆、调拨26辆，除12辆特种专业技术用车外，全部购置新能源汽车；组织各部门完成379辆公务用车标识化喷涂工作，通过招标选择5家定点维修、5家定点保险服务机构。对各镇（街道）、区直部门公车管理使用情况进行3次检查，确保管理使用合规。完成区人武部办公楼装修和靶场建设、华联购物办公区整体消防改造、望岛办公区消防改造、女职工宿舍消防通道安装工程。区机关事务中心推进公共机构垃圾分类，在区直机关各集中办公区配备分类垃圾桶60余个，向全区公共机构发放1000余册垃圾分类宣传手册，引导机关干部养成主动分类、自觉投放的习惯。区机关事务中心开展22次安全生产检查，参与110余人次，组织后勤餐饮公司和望岛办公区机关干部开展2次消防应急演练，安全生产隐患苗头得到有效治理，安全生产形势持续稳定好转。

（王　尧　丛鹤源　姜　鹏）

行政审批服务

【概况】 2020年，全区行政审批服务工作按照全省“重点工作攻坚年”和全市“重点工作攻坚突破年”的部署，以“放管服”改革为抓手，推动全区营商环境深入优化，全区905项依申请政务服务事项实现“一次办好”率100%、可网办率100%、即办率70.3%，平均承诺办结时限压缩至1.04天。年内，办理线上线下各类审批服务事项159万余件，接受咨询21万余人次。

【“容缺受理和承诺告知”试点改革】 2020年，区行政审批服务局实行批后监管、容缺预审、容缺后补等审批服务模式，公布容缺受理和承诺告知事项清单112项，制定以信用等级限制防范风险、以准入经营资格防范风险、以审批结果不同防范风险的机制。实现跨部门容缺办、批后监管办等创新改革，通过系统平台数据在线共享，在审管分离模式下形成审管协同的良性互动。

【“一链办理”主题服务模式试点改革】 2020年，区行政审批服务局梳理出50个“一链办理”服务事项，编制办事服务指南和二维码，统一线下办理模式，形成一张表单、一套材料、一个流程。通过“证照通办、同步审批、一次反馈”的工作模式，细化从排队取号、收件受理、材料移交、审批决定、证件发放以及外网申报的具体规范标准。至年末，办理“一链办理”事项13223件。

【无差别“一窗受理”改革】 2020年，区行政审批服务局制定“一窗受理”改革措施，按照“一窗受理”标准模式办理审批业务。对政务服务事项进行标准化梳理，对申请受理事项的每个元素进行量化式界定，明确取值范围、具体要求和注意事项，依申请政务服务事项全量编制申请和受理双向同标准“零基础模板”，将105项高频服务事项“零基础”模板以二维码的形式在大厅公开，推动“一窗受理”顺利实施。

2020年6月30日，威海领信产业园运营管理公司人力主管拿到全区首张“行业综合许可证” （区行政审批服务局 供图）

【“一业一证”试点改革】 2020年，区行政审批服务局由单项审批向行业审批转变，在20个涉及2个以上许可事项的行业中推行“一业一证”试点改革。将一个行业需要申请的多个许可证件，合并为一张载明相关行政许可信息的“行业综合许可证”，大幅缩短企业从“准入”到“准营”的时间。

【无干预人工智能“秒批”】 2020年8月末，区行政审批服务局率先引进10台市场主体登记自助终端设备入驻环翠区政务服务中心及8个镇（街道）便民服务中心，通过身份认证、人脸识别、自主填报登记信息、系统自动审核环节，不超过10分钟即可拿到营业执照，实现“不见面审批、智能秒批”。

【多元化审批模式】 2020年，区行政审批服务局全面推行“不见面审批”服务，倡导推行“网上办、免费寄、零见面、办成事”的服务模式。至年末，线上办理综合政务服务事项138.21万件，完成预约办理1681件，邮寄证照3149个。承接“市县同权”划转和委托事项，实现审批权限扁平化。通过企业和群众自主就近选择办理方式，实现区市联动的服务机制。推行“互联网+”远程视频勘验新模式，将部分勘验标准清晰、程序较为简单、审批风险较小的事项作为先期试点，创新推出远程视频勘验工作，15分钟内即可完成“高效、便民、不见面”的勘验，勘验时间缩减75%以上。

【工程建设项目审批】 2020年，区行政审批服务局实现建设项目审批链条闭环办理。通过市级权限下放、派驻首席办事代表、委托受理窗口前移等方式，使全区建设工程项目审批实现全链条闭环审批，项目单位办事跑腿次数平均减少三分之二。创新推行“拿地即开工”审批模式。在建设项目签约落地后，将各部门串联审批变为并联审批，把“立项”到“施工许可”的多个环节变为“设计方案并联审查”和“施工许可审批”两个环节，运用“告知+承诺”服务机制，审批效率提高90%以上。尝试社会投资“简易低风险”项目审批机制。建设单位通过建设项目审批管理系统申报简易低风险项目，只需要填报1张申请表（含市政公用服务设施接入报装申请），通过在线备案，同步获取项目代码，各审批相关部门资源共享、网上审批、联合出证，1个工作日内建设单位即可获取建设手续办理的相关证件。

【惠企便民】 2020年6月1日，区行政审批服务局实施由政府买单为新开办企业提供公章、政策包和税务UKey（纳税人开具发票的工具），并为企业提供免费双向寄递、免费帮办代办等服务。至年末，免费刻制

2020年4月17日，村居便民服务标准化建设推进会召开
（区行政审批服务局 供图）

印章2399枚，节约企业开办成本48万元；提供免费寄递服务500余次。至年末，全区220个村（社区）便民服务站场地建设全部完成，村（社区）便民服务完成标准化建设。村代办点和社区服务大厅承接办理21项村便民服务代办点服务事项和28项城市社区便民服务大厅服务事项，基础目录内事项录入全市统一的标准化事项库，并在山东省政务服务网（威海）城市社区站点对外公开。

（黄　琳）

人事人才

【概况】 2020年，全区人事管理工作坚持加强队伍建设、完善体制机制、激发干事创业动力，通过开展公开招聘、年度考核、加强日常管理和工资福利调整发放等工作，有效提升事业单位人事管理科学化、规范化水平。年内，完成全区事业单位6176名工作人员年度考核工作，事业单位公开招聘493人，纳入集中管理编外人员2058人，对由经开区成建制划入环翠区的桥头镇机关、威海第十三中学、桥头镇小学、桥头镇中心幼儿园和桥头镇卫生院等142名人员的薪酬待遇进行接收。

【事业单位年度考核】 2020年，区人力资源社会保障局完成全区事业单位6176名工作人员年度考核工作，其中考核特殊情况353人，考核特殊情况人员中“不定等次”新考录事业编322人，立案调查尚未结案或受处分“不定等次”4人，“不合格”11人，病假（工伤除外）、事假累计超过全年一半工作日“不参加年度考核”16人。

【事业单位公开招聘】 2020年，区人力资源社会保障局创新事业单位公开招聘方式，提升事业单位用人自主权。在原有集中招聘的基础上，争取上级部门的支持，将教育、卫生健康系统事业单位公开招聘权限下放，允许其在备案年度招聘计划和方案的基础上，自主安排公开招聘时间和批次，解决以往一次招聘导致的计划浪费情况。年内，事业单位公开招聘493人。其中普通事业单位聘用101人、优秀毕业生47人、社区书记4人；教育系统事业单位聘用295人，卫生健康系统事业单位聘用46人。

【事业单位专项奖励】 2020年，区人力资源社会保障局为进一步激励事业单位工作人员在脱贫攻坚工作中不忘初心、牢记使命、干事创业、担当作为，严格按照制度规定和工作程序启动专项奖励机制，经过各部门、各镇（街道）层层推荐，结合工作中掌握和了解的实际情况，全区确定个人记功2人、个人嘉奖10人、集体嘉奖6个。

【人才调查】 2020年，区人力资源社会保障局组织全区冲击新目标行动企业和产业园区开展人才技术需求情况调查摸底，11家企业和园区发布26个需求岗位、6项技术需求信息。开展“候鸟型”和威海籍在外人才信息统计工作，组织专人实地走访羊亭、张村等镇（街道），统计“候鸟型”人才142人、威海籍在外人才194人。

【人才项目申报】 2020年，区人力资源社会保障局推选威海怡和专用车有限公司韩树刚为国家级优秀农民工，推选蔡荣光、何毫明、王国瑛3人申报威海市产业紧缺人才聚集计划，组织吴元清、刘冠林、孙小钎3名留学人员申报来鲁创业启动支持计划，获得创业初期5万～20万元不等的扶持资金。威海震宇智能科技股份有限公司和山东百盟信息技术有限公司获批山东省博士后创新实践基地。开展环翠区第四批有突出贡献的中青年专家选拔工作，王静、宋宗诚、王云慧、孙吉鹏、丛滋芬5人获评。开展环翠区乡村振兴首席专家选拔工作，张城瑞、孙波、姜旭亮、陈雪、周承金、丁建国、姜国勇、王华田、张寅菲、何长峰10人获评。

【人才对接交流】 2020年6月，区人

2020年9月23日，区人力资源社会保障局举办重点人才项目合作签约仪式

（区人力资源社会保障局　供图）

力资源社会保障局借助“2020中国威海·国际英才创新创业大会海外高端人才项目线上视频路演对接活动”，组织威海浦鲸智能设备有限公司参加，邀请10家企业参加“纪念哈尔滨工业大学建校百年暨2020中国威海·国际英才创新创业大会”对接交流活动，帮助企业对接人才23名。9月23日，举办“智汇环翠·共赢未来”2020海内外高层次人才环翠行活动，就高端装备制造、新材料、现代高效农业三大行业领域邀请11名高层次人才、43家企业（园区）参与活动，12家企业与10名高层次人才有意向交流对接。10月—12月，分领域组织多元化、专业化、小型化的高层次人才对接活动，给予4家农业类企业专业技术指导。

【校地合作】 新冠肺炎疫情防控期间，区人力资源社会保障局通过环翠区企业微信群、QQ群、钉钉群等平台，将省内外163所高校的线上招聘会通知发送给企业，进行广泛宣传，鼓励企业报名参加。下半年，组织20家企业到哈尔滨理工大学（荣成）举办招聘会，现场收到简历161份，初步达成意向43人；组织13家重点企业到山东大学等4所高校开展系列校园专场招聘活动，现场收到简历240余份，初步达成就业意向56人，并与3所高校签订校企合作协议。对615名未就业高校毕业生进行实名登记。

【“三支一扶”人员管理】 2020年，全区有“三支一扶”在岗人员16人，其中支医2人、支农2人，其他12人。对“三支一扶”人员建立工作生活补贴标准动态调整机制，按月足额予以发放。

【高层次人才服务】 2020年，区人力资源社会保障局推荐威海广泰空港设备股份有限公司、威海新创投资运营有限公司成为中国国际贸易促进委员会威海市委员会的理事单位。为高层次人才配备4级人才服务专员、开辟绿色服务通道，为33名人才申领“山东惠才卡”，为71名人才申领“威海英才卡”。

【工资福利】 2020年，区人力资源社会保障局对6122名符合晋升工资的机关事业单位工作人员进行工资调整，为1213名机关事业单位工作人员办理日常工资、福利等审批手续，为138名老职工办理退休审核手续，为61名因病去世的退休人员办理一次性待遇核算，对纳入集中管理的579名编外人员薪酬待遇进行晋级调整。区人力资源社会保障局根据《关于转发省委组织部、省财政厅、省人力资源社会保障厅〈关于调整完善提高乡镇工作人员津贴补贴有关政策的通知〉》规定，对全区符合享受乡镇补贴的1962名工作人员津贴进行增发，调增后人均补贴标准为299元。自7月1日起，区人力资源社会保障局对全区符合享受机关事业单位遗属困难补助人员待遇标准进行调整，由每人每月975元调整为1035元，离休人员遗属补助标准由每人每月1267.5元调整为1345.5元。年内，区人力资源社会保障局向全区直接参与新冠肺炎疫情现场调查处置、病人救治、疫情防控等一线工作的医务人员和防疫工作者核发临时性工作补贴和伙食补贴，共计388人次，发放金额165.3万元。

【桥头镇成建制划转人员薪酬待遇】 2020年11月，区人力资源社会保障局对由经开区成建制划入环翠区的桥头镇机关、威海第十三中学、桥头镇小学、桥头镇中心幼儿园和桥头镇卫生院等142名人员的薪酬待遇进行接收，考虑到经开区与环翠区工资津补贴的差距，区人力资源社会保障局与市人力资源社会保障局、市委编办分别进行对接，确定对划转环翠区所涉人员按照“老人老办法、新人新办法”的原则进行接收，对划转人员薪酬待遇保持不变，未来视情况逐步拉平与环翠区的待遇差距。

（曲雅婷　王雅雯）

退役军人事务

【概况】 2020年，全区退役军人事务工作从优抚安置、双拥共建、权益维护等方面入手，用心用情用力做好退役军人服务保障工作。为全区优抚对象发放抚恤定补资金、价格临时补贴、医疗补助，报销参保费；为177名抗美援朝老兵发放“中国人民志愿军抗美援朝出国作战70周年”纪念章。

【就业安置】 2020年，全区对接收自主择业军转干部、政府安置工作的退役士兵、自主就业退役士兵中的部分人员由政府安排工作，协调若干就业岗位，安置到机关事业单位的比例超过31%。为符合政府安置工作条件的退役士兵足额发放待安置期生活补助。

【就业创业扶持】 2020年，环翠区为2019年度接收的退役士兵发放自主就业一次性经济补助；组织退役士兵、军转干部参加退役军人专场线上网络招聘会、就业适应性培训和技能培训、创业能力提升培训，扶持退役军人自主就业、自主择业。为退役军人发放创业贷款310万元，解决退役军人创业初期资金困难问题，努力提高退役军人就业创业热情。组织退役军人参加第三届威海市创业大赛，在“退役军人组”中获得二等奖、优秀奖，分别获得2万元、5000元创业奖励。

【退役军人党员管理】 2020年，区退役军人局成立退役军人综合党委，对退役军人党员实行分类管理，转接退役军人党组织关系48人次。组织退役军人党员开展“五个一”（开展一次主题党日、召开一次座谈会、开展一次“暖心”活动、组织一次文艺活动、举办一次重回军营活动）活动，传承红色基因、凝聚思想合力。清明节期间，安排工作人员祭扫革命烈士陵园。鼓励全区退役军人军属永葆本色，教育引导广大退役军人与党委、政府“同频共振”，把退役军人志愿服务与新冠肺炎疫情防控、新时代文明实践、全国文明城市创建等工作结合起来，以实际行动续写新时代雷锋精神。残疾军人张兴慈等260余名退役军人每天协助所在社区进行新冠肺炎疫情防控卡点检查不少于7小时，熊伯华、刘新涛、吕新民等退役军人主动捐助防疫物资，捐款捐物价值235万元。

【退役军人模范典型树立】 2020年，区退役军人局采用一系列尊崇关爱措施，提高退役军人的荣誉感、归属感和获得感，以典型引领带动更多退役军人发光发热。年内，深入挖掘退役军人优秀典型18名，利用环翠新闻、“中国威海环翠”公众号等主流媒体开辟专栏，持续对“最美退役军人”典型进行系列报道，向市级以上新闻媒体推介典型人物先进事迹，扩大影响力。“最美退役军人”戚恩雨的事迹被《中国退役军人》杂志转载。

【服务保障体系建设】 2020年，区退役军人局以争创全国示范型退役军人服务中心（站）为抓手，全面提升退役军人服务保障水平，建立覆盖“区—镇（街道）—村（社区）”三级服务网络，严格落实“十有标准”，建好三大场所，真正把服务站建成“军人之家”。创新“服务站+人武部”共建共享新模式，选取嵩山街道、环翠楼街道、鲸园街道作为打造试点，整合退役军人服务站和人武部资源，推动活动场所与“三室一库”（办公室、值班室、资料室，器材库）有机融合，为退役军人提供“征兵—服役—退伍”全流程、全闭环、高质量服务。

（姜姗姗）

2020年4月2日，区退役军人局工作人员在烈士陵园祭扫献花

（区退役军人局　供图）

应急管理

【概况】 2020年，全区有应急救援队伍78支、应急专家105名、医疗资源11处、应急仓库23个、应急设备物资10408台（套）。全区应急管理工作以保障人民群众生命财产安全为根本出发点，抓重点、补短板、强弱项，持续开展野外火源专项治理行动，规范化建设森林消防队伍，消防救援接警出动1034起，其中火灾救援108起，抢险救援926起。

【消防设施建设】 2020年，统一南路（原名万达）小型消防站建设完成，渔港路小型消防站建成并投入使用；区消防救援大队投入50万元在嵩山消防救援站开展警营文化建设，投入25万元对张村消防救援站训练塔进行维修升级，提高消防训练水平。

【消防管理责任落实】 2020年，区委、区政府主要负责人先后多次带队检查消防工作，各行业主管部门配合消防工作，开展行业领域消防安全检查，联合检查单位400余家，发现并整改隐患600余处。区消防救援大队组织开展冬春火灾防控、“大起底大整治”攻坚行动、“打开生命通道”专项整治行动、“消防安全三年整治行动”、“秋冬季消防安全专项整治活动”等专项行动，完成重大节日、重要活动期间的消防安全保卫任务。与区住房城乡建设局、公安环翠分局联合检查小区181个、楼宇4906幢，发现隐患1017条；对公共建筑及住宅小区700余处消防通道完成划线、标名、立牌等工作，拆除隔离墩、限高杆等障碍物216处，联合媒体曝光占用、堵塞消防通道等违法行为。

【消防管理执法监督】 2020年，区消防救援大队通过山东省“双随机、一公开”消防监管信息系统检查消防重点单位、场所480余家，下发行政处罚决定书38份、临时查封决定书1份，责令“三停”（停产停业、停止使用、停止施工）单位1家，罚款30.4万元，检查结果全部向社会公开。督促231家消防重点单位落实“三自主两公开一承诺”（三自主：自主评估风险、自主检查安全、自主整改隐患；两公开：向社会公开消防安全责任人、管理人；一承诺：承诺本场所不存在突出风险或者已落实防范措施），强化消防安全自主管理。核查处理举报投诉949起，回应群众关心的一系列消防问题。同时，根据新修订的《中华人民共和国消防法》，与公安环翠分局联合对派出所消防工作进行创新，各派出所检查单位3.12万家次，下发处罚决定书466份，罚款20.51万元，对有火灾易发场所的单位形成高压震慑。新冠肺炎疫情防控期间，通过区政府消防安全委员会向各镇（街道）、消防安全委员会印发3种相关工作提示文件，服务复工复产企业300余家，通过“一呼百应”平台调度指导各类场所开展自查自纠400余次，利用微信等通信软件指导单位400余次，提供1000余条工作建议。创建全国文明城市期间，检查各类场所200余家，发现并整改隐患300余处。

【消防安全意识提升】 2020年，区消防救援大队以“中小学生安全教育日”“防灾减灾日”“安全生产月”“119消防宣传月”等特殊节点为契机，开展12次大型宣传活动。结合“生命通道整治活动”、新冠肺炎疫情防控工作、创建全国文明城市工作的不同要求，分门别类开展消防宣传培训及演练活动130余次，培训各类人员5万余人次，消防救援站实地接待群众2000余名。9月24日，山东省消防救援总队新闻处处长李京到公安环翠分局指导消防宣传工作。年内，全区开展火灾防控宣传教育培训255场、应急预案演练活动212场、消防及安全生产咨询活动17次、“全民消防我体验”活动11场。在中央广播电视总台新闻频道、中国网、人民网、《大众日报》、《山东青年报》发稿17篇。

【消防科普宣传】 2020年，区消防救援大队提报区政府投资93.6万元，建成孙家疃街道伴海社区警务室、华夏城人民防空教育馆、张村消防救援站3处消防科普教育体验馆，体验者可通过实物展示、视频介绍、多媒体互动、VR模拟实景等高科技学习了解消防工作。投资50万元聘请专家对全区党政机关、行业部门、街道社区、重点单位、“九小场所”（小型学校或幼儿园、小医院、小商店、小餐饮场所、小旅馆、小歌舞娱乐场所、小网吧、小美容洗浴场所、小生产加工企业）2000余名消防安全责任人分批次开展消防教育培训。

【执勤备战】 2020年，张村、北山路、嵩山3个消防救援站开展救援演练295次，修订灭火救援预案89份和重点全景预案54份。其中，张村消防救援站在新冠肺炎疫情防控期间及时对威海市胸科医院集中收治场所进行现场测试测量，连夜制定消防预案，并安排消防车和消防员每日在威海威高医用材料有限公司进行值班备勤。北山路消防救援站组建抗洪抢险专业队伍，配备水域救援器材设备431件，开展抗洪抢险演练，做好雨水多发情况下的水域救援准备。

【应急救援信息化建设】 2020年，区应急局升级改造和扩展环翠区安全生产应急指挥平台。通过网格一张图穿透展示系统实现区级到镇（街道）级到村（社区）级网格的纵向查询和自综合监管部门到行业主管部门再到专业监管部门的横向查询，全面实现穿透式查询。对52家重点企业关键部位、设施、场所进行实时监控。通过视频监控预警、数据可视化技术，加强对危险化学品生产、经营、存储企业及危险化学品重点场所的监测预警及管控，确保高危企业全面纳入管理。新增重大危险作业备案功能，实现将动火作业、有（受）限空间作业、高处施工作业、吊装作业、开停车、检维修作业、拆除作业、其他作业纳入网上申报第三方审批管理，确保重大危险作业环节安全稳定。

【应急救援力量建设】 2020年，区应急局对全区应急力量进行调查摸底，全面掌握应急救援队伍、物资

2020年6月18日，区消防救援大队在威海新元化工有限公司组织开展危险化学品生产事故灭火救援实战演练（区消防救援大队　供图）

装备等应急力量。至年末，全区拥有应急救援队伍78支、应急专家105名、医疗资源11家、应急仓库23个、应急设备物资10408台（套）。把好备案关，加强对生产经营单位应急预案备案、修订、评审的指导工作，74家规模以上生产经营单位重新修订并备案应急预案。组织有（受）限空间作业硫化氢中毒应急处置、液氨泄漏应急处置、氟化氢储罐和三氟丙烯储罐泄漏应急处置、应急能力展示竞赛等应急演练，检验企业应对生产安全事故的应急处置能力，增强员工的应变能力和自救能力。年内，全区各生产经营单位组织综合类、专项类应急演练3000余次，参加演练11.1万余人次。

【防灾减灾救灾】 2020年，区应急局印发《关于调整全区防汛抗旱指挥体制有关事项的通知》，成立以区长为指挥，副区长和水利、应急管理、市政园林中心3个部门主要负责人为常务副指挥，其他相关部门负责人为副指挥，35个单位为成员的防汛抗旱指挥部，下设水利防汛抗旱指挥部和城市防汛抗旱指挥部。6月12日—13日，区应急局在温泉镇小南山村及孙家疃街道半月湾社区开展防汛应急救援综合演练，演练设置群众转移、抢筑子堰、水上救援3个科目，提升全区防汛应急救援队伍对应急预案的熟悉程度和处置能力。年内，区应急局严格执行汛期24小时在岗值班和领导带班制度，及时传达强降雨、台风等恶劣天气预警信息，提前做好防范应对工作。8月1日起，应急、水利、市政园林、消防救援4个部门在汛期安排专人到区应急局指挥中心24小时联合值班值守，形成工作合力，实现信息互通，确保应急处置精准到位。

【森林防灭火机制调整】 2020年2月14日，区森林防灭火指挥部办公室划转至区应急局。区应急局印发《威海市环翠区森林防灭火指挥部工作规则》《威海市环翠区森林防灭火指挥部成员单位职责分工》，重新明确成员单位的职责分工，理顺、优化工作机制；与各镇（街道）签订森林防灭火责任书，制定考核细则，将森林防灭火工作纳入安全生产年度考核，并把森林火灾与安全生产事故同等对待，作为扣分或一票否决依据。

【森林火源管控】 2020年，区应急局发挥区森林防灭火指挥部办公室的综合协调职能，督促各镇（街道）、各成员单位严格按照《全区野外火源专项治理行动实施方案》要求，做好各项火源管控工作。各镇（街道）结合各自辖区特点，对景区、采摘园、集中性墓地、进山路口、登山步道、田间地块等人员活动较多地段，采取机关干部分包、增派专业队员等方式靠前驻防。清明节、寒衣节、春节等重要防火节点，每天早5时至晚7时，对全部集中性墓地进行严管死守，严禁发生焚香烧纸等野外用火行为，各专业队、监控、卡点24小时值守，严防火种进山。野外火源专项治理行动期间，组织开展对专业队备勤、卡点和监控值守及林下可燃物清理情况等明察暗访400余人次，检查出的隐患、问题均按期完成整改。

【森林防灭火队伍建设】 2020年，区应急局按照《威海市环翠区人民政府办公室关于印发环翠区森林消防专业队伍建设实施方案的通知》要求，于6月30日前招录50名森林消防专业队员，组建环翠区森林消防中队。7月1日，区森林消防中队由区应急局移交区消防救援大队管理。根据市森林防灭火指挥部指令，森林消防中队参加牟平、蓬莱、文登、荣成扑救增援5次，出动专业人员406人次，山地消防车、运兵车、通信指挥车41辆（次）。10月，在全区大比武中，区森林消防中队取得3个单项科目第一名及综合科目第一名。

（于大鹏　李　琰）

信访

【概况】 2020年，全区信访工作认真落实“重点工作攻坚突破年”部署要求，完成中共十九届五中全会、全国两会、全省两会等重点敏感时期的信访稳定工作。年内，区社会矛盾受理调处中心被省信访局表彰为全省信访系统“人民满意窗口”，区信访局被省人力资源社会保障厅和省信访局联合表彰为“山东省信访工作先进集体”。

【领导接访】 2020年，全区信访工作按照“区领导每人每月至少接访1天，重点时期每天都有区领导接访”的原则，17名区领导带领相关部门参与接访185天，24批次来访群众反映的问题得到妥善解决，办结化解率100%。其中党政主要领导接待批办来访群众13批13人次，其他区级领导干部接待群众来访11批11人次。

【群众来访接待】 2020年，区信访局全面推进让群众“最多访一次”，按照“方便群众、布局合理、功能完善、环境友好”要求，对区社会矛盾受理调处中心群众来访接待场所进行升级改造，增设存包柜、来访服务台、电子显示屏、安全门、监控等安全防护设施和网上信访自助服务设施，配齐联合接访、视频接访、访调对接、公开听证、律师咨询、心理疏导等功能室，总面积500平方米。建立“联合接访、访调对接、多元化解”工作机制，形成信访联解、矛盾联调、工作联动的局面，集中解决重点领域信访问题，区领导接待批办的17件来访事项全部化解。2月，区社会矛盾受理调处中心被省信访局表彰为全省信访系统“人民满意窗口”。12月11日，市信访局三级调研员张刚等一行到区社会矛盾受理调处中心实地督查信访矛盾化解情况、信访事项规范办理情况、领导公开接访情况、人民满意窗口及“三无”区市、镇（街道）创建情况，对环翠区社会矛盾调处工作所取得的成绩给予充分肯定。

【积案化解】 2020年，区信访局制订积案化解实施方案，逐案明确责任单位，逐案确定区级包案领导，制定信访积案台账，逐案成立工作班子，因案施策制定化解措施，综合运用经济、行政、法律等各种手段，确保合理诉求全部解决到位。加大思想疏导力度，对诉求过高或者没有政策依据的，做好教育解释工作，争取信访人的理解。对坚持过高要求缠访闹访的，及时运用法律武器依法治理，以打促解。至年末，省交办的11件信访积案全部化解，市交办的28件信访积案化解27件，完成上级赋予的化解任务。

2020年9月10日，区领导在社会矛盾受理调处中心接待群众来访

（区信访局　供图）

【信访事项办理】 2020年，区信访局认真贯彻初信初访“一次办好”精神，不断规范信息录入、转送交办、受理告知、跟踪督办、答复送达、满意评价等各项流程，细化群众来信来访、网上投诉、复查复核等业务规则，确保每个环节、每项业务都依规有序进行，信访事项及时有效处理。落实专人与有权处理信访事项的责任单位沟通对接，督导责任单位做好受理、调查、听证、答复等各个环节的工作。至年末，全区信访事项及时受理率和按期办结率均为100%，群众满意率达90%以上。

【信访基础建设】 2020年，区信访局持续推进信访信息系统深度应用，实现“信息网上录入、流程网上管理、活动网上督查、绩效网上考评”，提升信访工作信息化水平。畅通信访渠道，构建网上信访代办网络，配齐网上信访代办员，为群众提供便捷高效的代办服务，在家门口解决群众“急难愁盼”问题，既节省时间，又节约成本，真心实意为群众解难事、办实事。9月4日，《大众日报》以《环翠区打通网上信访“最后一公里”》为题进行专题报道。

（曲艺霄）

中国人民政治协商会议环翠区委员会

综　述

【概况】 2020年，中国人民政治协商会议第十四届威海市环翠区委员会实有委员154名。年内，以加快建设“精致城市·幸福威海”首善之区为引领，围绕全区工作大局，在凝聚共识中坚定方向，在服务大局中助推发展，在创新实践中履职作为，先后组织开展专题协商1次、界别协商2次、对口协商1次、基层协商1次，专题调研视察6次；围绕区政协“双推进”（镇街委员工作室建设与委员社会监督作用发挥“双推进”）工作安排，组织开展森林防火、精致城市建设、食品安全履职月、安全生产履职月、全国文明城市创建、林长制管理专项督导；收到提案122件，经审查立案76件，其中16件提案被评为年度优秀提案。

【协商议政】 2020年年初，区政协围绕区委、区政府工作重点，确定75项具体履职清单，明确分管领导、牵头委室，逐一抓好落实。年内，围绕助推高质量发展，组织开展调研视察、座谈协商、议政建言等履职活动35次，提出各类意见建议108条。其中，围绕强化“双招双引”会同区发展改革、科技、工业和信息化等部门进行对口协商，形成《多措并举营造良好投资环境》协商报告。围绕发挥科技创新在新旧动能转换中的作用，组织经济科技界委员进行调研论证，提出加快科技成果转移转化、建设高层次创新平台等意见建议。围绕乡村振兴，2名领导干部担任2个乡村振兴片区的分包领导，坚持到一线督战。围绕“助推城区改造项目进程”“加强和创新社会治理”“乡村旅游提档升级”等课题，以镇（街道）委员联络室为纽带，吸收村（社区）参与开展调研视察、座谈协商等活动，搭建广大群众表达诉求平台、拓宽党委政府问政于民的渠道。围绕“经略海洋”“美丽宜居乡村建设”等课题，以政协各专委会、委员界别组为主体分别成立调研组，深入实地调研，全面了解情况，广泛研究讨论，提出推进海洋生态文明建设、加快田园综合体建设等意见建议，为党委政府科学民主决策提供有益参考。

【履职服务】 2020年，区政协聚焦精致城市建设，采取“四不两直”（不发通知、不打招呼、不听汇报、不用陪同接待，直奔基层、直插现场）工作法，由分管主席带队，相关委员参加，深入各镇（街道）调查走访精致城市建设中存在的问题，面对面听取群众意见建议，发现环境卫生、基础设施和物业管理等6类、239个问题，提出整改意见建议72条，第一时间反馈给相关镇（街道）。

聚焦食品安全，区政协开展食品安全专题履职月活动。组织委员会同区市场监管等部门对2个街道151家餐饮单位进行监督检查，发现食品安全不达标及安全隐患208个，现场面对面反馈给经营单位。

聚焦安全生产，区政协组织委员对有关镇（街道）辖区大型商超、危险化学品经营和社会养老机构等行业16家生产经营单位安全生产情况进行监督性检查，对发现的8个方面的问题，以督办单的形式反馈给相关镇（街道）和相关部门，督促责任单位落实到位。

聚焦民生工程，区政协围绕做好老旧小区改造、社区食堂建设、城区垃圾分类等工作，开展专项视察、深度调研，提出意见建议30余条。

聚焦公共服务，区政协深入福泰中学、红叶谷幼儿园和恒大幼儿园进行校园安全专题视察；深入威海口腔医院、威海卫人民医院等地就做好秋冬季新冠肺炎疫情防控工作进行专题调研。

【委员主体作用发挥】 2020年1月20日，区政协向全区政协委员发出《积极投身疫情防控斗争倡议书》，号召广大政协委员自觉响应政协号召，参与全区新冠肺炎疫情防控工作，以实际行动展现人民政协委员的责任担当。8月12日，区政协号召全区政协委员为创建全国文明城市贡献智慧和力量，在全国文明城市创建中带好头、走在前、当标杆，区政协向全区政协委员印发《致全区政协委员的倡议书》。

【新冠肺炎疫情防控】 2020年，面对突如其来的新冠肺炎疫情，区政协党组闻令而动，迅速对政协系统新冠肺炎疫情防控工作作出安排。向全区政协委员发出《积极投身疫情防控斗争倡议书》，广大政协委员自觉响应号召，挺身而出，冲锋在前，以实际行动展现责任担当，医药卫生界委员白衣执甲、战“疫”逆行，发挥专业优势当先锋、作表率；经济界委员和委员企业，统筹做好新冠肺炎疫情防控和复工复产，做到抗疫与生产两手抓、两促进；各镇（街道）广大委员参与联防联控、群防群治等工作，在基层防控一线守土尽责；按照上级统筹新冠肺炎疫情防控和经济社会各项事业发展要求，其他各界政协委员立足本职岗位，各尽其能，出色完成本职工作和履职任务。新冠肺炎疫情防控期间，有5名政协委员被各级评为抗击疫情先进个人（刘河获得威海市抗击疫情贡献奖、王天罡获得环翠区党外知识分子联谊会抗击疫情先锋称号、汤云成获得环翠区防疫先进志愿者称号、任春荣获得环翠区防控疫情先进个人称号、赵志龙获得山东省抗击疫情优秀企业家称号）；全区政协委员、机关干部开展新冠肺炎疫情防控志愿服务活动1200余人次，组织新冠肺炎疫情防控专项募捐累计35万余元，报送防疫和复工复产社情民意信息（提案）40余篇，以实际行动展现人民政协的责任和担当。

重要会议

【政协第十四届威海市环翠区委员会第四次会议】 2020年1月13日—14日，中国人民政治协商会议第十四届威海市环翠区委员会第四次会议召开。会议听取和审议区政协主席连业礼代表政协第十四届威海市环翠区委员会常务委员会所作的常委会工作报告；听取和审议区政协副主席黄福涛代表政协第十四届威海市环翠区委员会常务委员会所作的提案工作报告；列席威海市环翠区第十八届人民代表大会第四次会议，听取并讨论区政府工作报告及其他报告；审议通过政协第十四届威海市环翠区委员会第四次会议决议。

【政协常委会议】 2020年，政协第十四届威海市环翠区委员会召开4次常委会会议。

区政协十四届十三次常委会议 2020年1月2日，区政协十四届十三次常委会议召开。会议听取区政协副主席黄福涛学习传达区委十五届六次全体会议精神；听取区委组织部副部长陈高磊介绍区政协十四届委员会委员调整情况，并通过区政协十四届九次常委会议关于部分委员调整的决议；审议通过区政协十四届委员会常委会工作报告（讨论稿）并推举报告人；审议通过区政协十四届委员会提案工作报告（讨论稿）并推举报告人；审议通过关于召开区政协十四届四次全委会的决定；审议区政协十四届四次会议议程和日程（草案），通过日程（草案）；审议通过区政协十四届四次会议常务委员轮值名单；审议通过区政

2020年1月13日，中国人民政治协商会议第十四届威海市环翠区委员会第四次会议召开

（区政协办公室　供图）

协十四届四次会议秘书长、副秘书长名单；通过区政协十四届四次会议委员分组名单和各组召集人名单。

区政协十四届十四次常委会议 2020年1月14日，区政协十四届十四次常委会议召开。会议听取大会秘书长关于委员讨论情况的综合汇报；审议通过大会决议（草案）。

区政协十四届十五次常委会议 2020年6月16日，区政协十四届十五次常委会议召开。会议由区政协副主席隋良杰领学中共中央总书记习近平在中共中央政治局第20次集体学习时的重要讲话精神；由区政协副主席黄福涛领学中共中央总书记习近平在全国两会期间发表的重要讲话精神；由区政协党组成员王永强领学国务院总理李克强所作的政府工作报告精神；由区政协党组成员陈英欣领学全国政协主席汪洋所作的全国政协常委会工作报告和闭幕会讲话精神。会议审议通过《关于撤销丛某岐环翠区政协委员资格的决定》。

区政协十四届十六次常委会议 2020年9月17日，区政协十四届十六次常委会议召开。会议听取区委常委、副区长王大治通报上半年全区经济社会发展情况；区政府办公室副主任李百强汇报区政协十四届四次会议以来提案办理情况；区政协副主席黄福涛传达学习中共威海市环翠区第十五届委员会第七次全体会议精神。会议听取区政协常委、威海市律师协会会长刘秀峰作的《中华人民共和国民法典》专题辅导讲课。

政治协商

【概况】 2020年，区政协就“区创新平台建设情况”，开展专题协商1次；围绕“艺术园区等项目进展情况”“里口山片区打造‘吃、住、行、游、购、娱’一体的全链条产业体系情况”，开展界别协商2次；围绕“乡村文明建设和区红色印迹保护利用工作情况”，开展对口协商1次；围绕新冠肺炎疫情防控，开展基层协商1次。

【专题协商】 2020年5月26日，区政协围绕“区创新平台建设情况”，组织部分委员与区发展改革局、区工业和信息化局、区科技局相关负责人进行座谈。深入了解全区新增市级以上创新平台推进情况、新增高新技术企业情况和新增国家科技型中小企业情况，对工作中存在的堵点、难点问题及产生问题的原因，开展座谈交流。

【界别协商】 2020年6月19日，区政协组织部分委员，以“做好乡村振兴齐鲁样板环翠篇章”为思路，围绕里口山片区打造“吃、住、行、游、购、娱”一体的全链条产业体系情况和里口山植被恢复提档升级情况，与张村镇相关负责人、村民代表等进行座谈交流。

10月26日，区政协组织文化教育界政协委员，围绕北海艺术园区、天和美术馆、华夏城景区提升工程和地中海国际风情小镇等项目的进展情况，与区文化和旅游局等部门相关负责人进行座谈交流。

【对口协商】 2020年9月20日，区政协组织部分政协委员，围绕“乡村文明建设和区红色印迹保护利用工作情况”，对民俗记忆和红色记忆保护情况，进行实地视察和座谈交流。

【基层协商】 2020年11月13日，区政协组织教育界别组委员，就全区中小学、幼儿园冬季新冠肺炎疫情防控情况，与区教育体育局、区卫生健康局等部门负责人进行座谈交流。

民主监督

【概况】 2020年，区政协加大民主监督力度，拓展提案办理监督，加强提案选题指导，增强选题针对性和准确性，引导委员围绕全区中心工作和群众关注的热点难点问题，深入调研、撰写提案。围绕提案的办结率、落实率、面复率和满意率，采取跟踪督办、现场会办，促进提案的办理落实。年内，收到委员提案122件，立案76件，均在规定时间内办复，委员面复率及满意率均为100%。深化反映社情民意监督，充分发挥社情民意信息“直通车”作用，开展“反映社情民意信息月”活动，收集社情民意信息98条，发出督办单51件，交由32个区直部门落实，委员建议全部办复，满意率和基本满意率100%。组织委员开展监督履职活动，将民主监督融入到党风、政风、行风建设的各个方面，组织政协委员参与部门单位满意度测评。选派20余名委员担任综合执法、文化旅游、司法公开、招考招聘等工作领域的行风监督员，广泛参与行风评议、行政听政、案件庭审等。

【调研视察】 2020年8月12日，区政协组织委员视察公共文化服务相关工作。视察组先后实地查看嵩山街道、羊亭镇、张村镇文化馆、图书馆分馆和里口山民俗记忆馆建设

2020年8月12日，区政协视察组视察嵩山街道城市书房

（区政协办公室　供图）

情况。听取相关镇（街道）负责人的情况介绍。

9月22日，为办好人民满意的教育，推动全区教育事业持续健康发展，区政协组织委员对新建的福泰中学、玉兰幼儿园、红叶谷幼儿园和恒大幼儿园进行视察，找差距、补短板，确保工程按时保质验收并投入使用。

10月15日，区政协组织委员视察威海国际新材料产业园配套产业项目引进情况。视察组先后查看爱华海绿色图文影像新材料生产线、新型薄膜铝包装容器等项目进展情况，了解存在问题，讨论应对措施，督导项目早投产早见效。

11月17日，区政协主席连业礼带队到竹岛街道、鲸园街道，视察全区部分重点城区改造项目推进情况。视察组先后到新威附路历史文化街区和万福邻里集市，详细听取项目介绍，认真了解项目发展和运营情况。

11月25日，区政协组织委员对全区新建的城市社区食堂和试点建设的农村老年餐桌进行视察。视察组先后到羊亭镇南郊村老年餐桌、竹岛街道望岛社区食堂、竹岛街道天翔社区食堂、鲸园街道北港社区食堂和威海市“12349”养老服务中心，详细了解有关情况。

12月15日，区政协主席连业礼带领视察组视察全区医疗机构新冠肺炎疫情防控工作。视察组先后到威海口腔医院、顺沁苑集中医学隔离观察点、威海卫人民医院等地，听取有关负责人的汇报，详细了解各医疗机构在日常防控管理、防疫物资储备、清洁消毒方案、人员健康管理、应急处置流程等新冠肺炎疫情防控措施落实情况。

【专项督导】 2020年4月—5月，区政协围绕森林防火工作，成立4个督导组，隋良杰负责嵩山街道、温泉镇，黄福涛负责张村镇、羊亭镇，王永强负责环翠楼街道、竹岛街道，陈英欣负责鲸园街道、孙家疃街道，在“五一”前夕针对全区各镇（街道）护林防火工作，采取“四不两直”工作法，深入8个镇（街道）进行暗访督导。

6月，区政协按照“双推进”工作安排，组织26名政协委员组成专项督导组督导精致城市建设，采取“四不两直”工作法，对8个镇（街道）的精致城市建设情况进行暗访督导，发现环境卫生、基础设施、便民设施、环境美化、物业管理和安全隐患6类、239个问题，将发现的问题反馈给相关镇（街道）和有关部门，督导责任部门整改。

7月，区政协按照“双推进”工作安排，组织25名政协委员同区市场监管部门和相关街道工作人员，开展“食品安全履职月”活动，先后监督检查孙家疃街道和鲸园街道151家餐饮单位。在履职前组织委员学习食品安全知识，修改完善《政协委员“双推进”活动食品安全履职月工作档案记录表》。履职活动与全市正在开展的创建全国文明城市和食品安全城“双创”活动相结合，政协委员结合餐饮单位内部卫生、经营秩序、文明程度等方面进行规范指导，鼓励餐饮单位发扬主人翁精神和大局意识，为威海“双创”做出应有贡献。

8月，区政协按照“双推进”工作安排，组织22名政协委员会同区应急局、区市场监管局、区消防救援大队和相关街道工作人员，开展“安全生产履职月”活动。先后监督检查威海威胜物业服务有限公司、家家悦集团股份有限公司纪念路店、威海华远物业服务有限公司、家家悦集团股份有限公司威海中心店、家家悦集团股份有限公司西北山店、威海市大威石油有限公司第二加油站、威海市万福苑养老有限公司、威海运通石油有限公司、海源电力有限公司（海都大酒店）、威海电子宾馆等大型商超、危险化学品经营、社会养老等不同行业16家生产经营单位的安全生产情况，发现安全隐患15处，全部予以整改。

9月—10月，区政协为打赢全国文明城市“三连冠”创建攻坚战，根据全区统一安排部署，组织机关干部全面下沉镇（街道）、村（社区）参与全国文明城市创建工作。

11月—12月，为进一步推动全区林长制各项工作有效落实，组织全体机关干部到棉花山区域，围绕棉花山区域的生态保护修复、森林防火、病虫害防护等工作，进行巡山检查。

参政议政

【概况】 2020年，区政协围绕区委、区政府工作重点，确定区政协75项具体履职内容，明确分管领导、牵头委室，按照“工作项目化、项目清单化、清单责任化”的要求，逐一抓好落实。年内，围绕助推高质量发展，组织开展调研视察、座谈协商、议政建言等履职活动35次，提出各类意见建议108条。

【专题议政】 2020年，区政协围绕环翠区《政府工作报告》、上半年全区经济社会发展运行情况等，组织委员进行专题议政建言。参与议政的政协委员180余人次，提出意见建议50余条。

【反映社情民意】 2020年，区政协组织政协委员通过多种形式反映社情民意，开展“社情民意信息月”活动。年内，收集社情民意信息98条，发出督办单51件，交由32个区直部门落实，委员建议全部办复。

政协提案

【概况】 2020年，全区广大政协委员、各民主党派、人民团体和政协各专门委员会，紧紧围绕全区中心工作和群众普遍关心的民生问题，通过提案履行职能，提交提案122件，其中16件被评为年度优秀提案。经审查，立案76件，其中有20件并案。在立案提案中，经济建设方面10件，城市建设管理方面5件，科教文卫方面22件，社区建设方面23件，社会事务方面13件，生态环境保护、环境卫生方面3件。至年末，所有立案提案全部办复。

【重要提案摘编】 促进金融机构发展的提案。金融业作为现代经济的核心，在经济社会发展中发挥的作用越来越重要。环翠区以打造威海区域金融中心为目标，开展了一系列工作，取得了较好成效，金融机构总体上保持平稳健康发展的良好态势，为全区经济社会发展提供了有力支撑。但是，金融机构自身发展过程中依然存在专业人才缺乏、金融业不良贷款风险增加、信贷信息共享平台不健全、政策宣传存在短板等诸多问题亟待解决。政协委员提案建议区政府及相关责任部门：人才引进要结合本地实际情况，解决人才引进难问题。全方位加大人才招引力度，实行差异化人才引进政策，充分发挥党组织和行业组织的作用，最大限度地吸引人才、凝聚人心。搭建大数据平台，解决信息不对称问题。国家企业信用信息监管平台向各职能部门开放，归集各部门关于企业的各种信息，形成联合监管机制。建立协调联动机制，把管理服务和协调推进有机统一起来，形成工作合力。防范化解金融风险，坚持预防和化解并举。常态化抓好重点风险企业、风险企业、潜在风险企业风险处置进展情况调度，稳妥推进存量风险化解，防止风险蔓延扩散。优化服务、强化监管，打造金融业良好发展环境。

2020年度区政协优秀提案一览表

表4

序号	提案人	提案名称	序号	提案人	提案名称
1	张起刚	关于促进金融机构发展的建议	3	刘华勇　李世刚 胡建森	关于在重点人员密集场所配备自动体外除颤器（AED）及加强急救培训的建议（并案）
2	潘　登	关于加强政府投资引导基金对初创科技型企业扶持的建议	4	任春荣　崔人庆	关于社区食堂建设的相关建议（并案）

续表4

序号	提案人	提案名称	序号	提案人	提案名称
5	刘　河	关于加快我区海洋科技创新的建议	11	彭　华	关于加强外卖监管的建议
6	谢建军	关于改善景点介绍标牌打造旅游精品的建议	12	社会事务组 王　颖	关于进一步加强养犬管理的建议（并案）
7	李　盛	关于完善农村宅基地使用者改善居住条件相关政策的建议	13	丛明燕	关于推进乡村志愿服务的建议
8	肖建国　施润平 张翚鹰　毕龙虎 王　冲　于华明 毕晓波　黄志伟	关于加强我区住宅小区消防车通道管理的建议（并案）	14	张展霞　焦　鹏 于　洋　王东丰	关于加快环翠区居家养老事业发展的建议（并案）
9	高春峰	关于城市共享书柜向农村延伸的建议	15	董少沣　冷　娜 李建欣	关于强化物业管理工作的建议（并案）
10	李佰科	关于幼儿托幼问题的建议	16	陶　刚　王　波	关于家庭过期药品回收处理的相关建议（并案）

加强政府投资引导基金对初创科技型企业扶持的提案。科技型企业是集聚高端人才、推动科技创新的生力军，是加快新旧动能转换、实现高质量发展的主阵地。作为威海市中心城区，环翠区区位优势明显，配套设施健全，创新创业者众多，为帮助初创企业渡过“阵痛期”，区政府设立政府投资引导基金20亿元，发挥了积极作用。但仍然存在保障机制不健全，社会资本进入积极性低；公益性与收益性之间存在矛盾，基金使用效率不高；评估项目能力不足，专业化程度有待提高等诸多问题。政协委员提案建议区政府及相关责任部门：提高基金使用效率。通过政府购买服务的方式，委托有公信力的第三方优秀投资咨询机构及专家对项目或初创企业的技术创新性、市场前景等情况进行科学评估，筛选出发展潜力大、核心竞争力强、成长性好的项目或初创企业进行投资，保证引导基金运作成效。鼓励社会资本投资进入。充分发挥好财政资金的“杠杆”作用，鼓励和引导社会资本加大对初创企业融资力度。对于社会资本有意向投资的优质项目或初创企业，加大政府投资力度，进一步改善融资条件，吸引更多社会资本进入，促进项目、企业加快落地发展。设立专业化基金。对政府投资引导基金的投资目标进行具体分解，进一步明确投资领域、范围和标准，通过收益让利的方式，将政府资金所属收益让利给子基金管理机构和其他社会出资人，减少公益性和收益性之间的矛盾，使社会资本更敢于投资初创期的科技型企业。

加快海洋科技创新的提案。2020年，全区拥有国家级海洋科技型中小企业10家、海洋高新技术企业9家。新时代对海洋科技创新提出新的发展要求，环翠区海洋科技创新发展方面仍存在海洋科技人才不足、海洋科技投入不足、核心技术缺失等问题。政协委员提案建议区政府及相关责任部门：扶持龙头，培育海洋高新技术企业。制定海洋科技型中小微企业、海洋高新技术企业培育成长计划，挖掘后备资源，充分发挥海洋科技创新龙头企业的带动作用，加强培育海洋高新技术企业。加大平台建设，增加投入。根据产业和企业发展情况不断完善对创新平台建设的扶持政策，引导平台依托单位建立科技投入长效机制，探索推进平台自身通过行业服务、引进投资资金等方式，增强自身发展能力，实现平台自身快速良性发展。引进人才，科技攻关。充分对接好“科技部创新人才推进计划”、杰出青年科学家等高层次人才，借智借力，强化环翠区海洋科技创新智力支撑；充分发挥科技中介机构作用，利用科技中介机构的优势和渠道，搭建与行业顶级人才沟通平台。

专门委员会工作

【文化文史和学习委员会】 2020年，区政协文化文史和学习委员会按照区政协履职清单，开展视察调研、督导、座谈等活动12次，包括对“三长制”实施情况、“放管服”和“一次办好”改革进展情况以及重点安全领域可能出现的安全隐患排查情况进行督导，对开展实施教育公司化运营和小学生课后托管工作进展、中小学领导干部和教师培养情况，新建续建学校、城市社区食堂和农村老年餐桌等进行视察调研等，形成视察总结和调研报告，对视察调研活动中发现的问题和提出的建议认真研判和分类，督促责任部门加快问题解决。根据省政协办公厅《关于在全省范围内组织开展政协委员为统筹推进疫情防控和经济社会发展建言活动的通知》要求，自3月起集中开展反映社情民意活动，收集社情民意信息98件，将筛选出的重点民生热点和基层反映的重大困难问题，及时上报区委、区政府。

【经济教科卫体委员会】 2020年，区政协经济教科卫体委员会按照“四进”工作要求，到威海三元塑胶科技有限公司走访，传达并解读企业在新冠肺炎疫情防控期间平稳健康发展相关政策，了解企业新冠肺炎疫情防控工作和企业诉求，督促企业抓好复工复产。围绕精致城市建设，实地视察调研孙家疃街道、鲸园街道，察看各社区和生活区的背街小巷，查处并整改20余处影响精致城市建设的问题。配合创建全国文明城市工作，参与社区各项创建工作。围绕乡村振兴战略部署，先后4次与温泉镇政府对接片区产业振兴、电商平台以及土地流转工作，与规划、土地等部门对接正棋山片的村落规划。对接区委宣传部、区文化和旅游局，就环翠区书法绘画作品微拍平台建设进行协商。

【三胞联谊委员会】 2020年，区政协三胞联谊委员会通过开展专题调研、专题协商、专项督导、现场观摩、包村包居、乡村振兴样板片区建设等活动履行职能，加强联谊交流，为推进全区经济社会发展谋实策、支实招、求实效。围绕“精致城市·幸福威海”首善之区建设引导委员建言献策、撰写提案，各提案都得到各承办单位的高度重视和及时答复。定期组织委员到重点企业围绕新旧动能转换观摩学习，考察里口山风景名胜区、远遥浅海科技湾区、新建中小学校工程、中国油画小镇建设等全区重点工程项目，提高委员参政素质和能力。定期走访区台胞台属联谊会，做好新时期台胞台属工作交流学习，促进两岸同胞民心相通。

【学习提案法制委员会】 2020年，区政协学习提案法制委员会以提高提案质量为导向，按照提案提出更加严肃、选题更加精准、调研更加扎实、建议更加具体的要求，不断提升委员的提案履职能力和水平。采取脱产培训、专题讲座、情况通报等方式，线上线下相结合，引导委员熟悉政策、掌握情况、知情明政、提高能力。注重完善提案工作机制，不断提高提案办理实效。坚持政协常委会听取区政府关于提案办理情况的通报制度，通过邀请提案人、督办单位、承办单位共同开展专题调研、协商座谈等形式，发挥重点提案的示范引领作用，推动提案办理和落实。严格立案审查通报制度，立案情况在政协常委会上进行通报，并以书面形式寄送全体委员。

（孙小倩）

中国共产党环翠区纪律检查委员会 环翠区监察委员会

综　述

【概况】 2020年，区纪委监委机关内设13个职能室（部），派驻纪检监察组6个，9个镇（街道）全部设立纪（工）委和派出镇（街道）监察室。年内，区纪委监委聚焦主责主业，认真履行纪委监督执纪问责和监委监督调查处置职责，保持惩治腐败高压态势，推进全面从严治党向纵深发展。查处涉恶腐败和“保护伞”、工作推动不力及失职失责问题19起21人，给予党纪政务处分7人，其中1人被移送司法机关。加强对“关键少数”的日常管理，对全区797名区管干部及重点岗位人员建立廉情档案，通过监督检查，发现违纪违法问题线索90件，提出纪律检查建议117份。运用监督执纪“四种形态”处理党员干部341人次，运用第一、第二、第三、第四种形态处理党员干部人数分别占比62.76%、24.34%、2.35%、10.55%，形成用纪律规矩管住大多数的治理格局。实施党内问责12起，涉及4个党组织、12名党员领导干部，给予党纪处分5人。查处违反中央八项规定精神问题11起12人，给予党纪政务处分6人、诫勉谈话5人、责令辞职1人。开展巡察工作3轮，巡察部门15个、村（社区）143个，发现问题1463个。区纪委监委加强自身建设，把“打铁必须自身硬”作为根本要求，出台《2020年全区深化纪检监察体制改革工作要点》《派驻监督“双向任务”清单》等文件，以严、实、深、细的作风锻造过硬纪检监察队伍。完善组织体系建设，组织干部参加省级、市级等上级调训，根据实际情况开展技能比武活动，提升纪检监察干部的能力和素养。严格纪检监察干部管理，强化自我监督，编印警示教育读本，严格规范各类制度，不断提高监督执纪工作质量。

【组织体系】 2020年，区纪委监委研究通过《2020年全区深化纪检监察体制改革工作要点》，对明确的7个方面26项改革任务实行台账式管理。制定印发《派驻监督“双向任务”清单》，围绕派驻纪检监察组监督责任、驻在部门责任任务、双向衔接“链条”、工作成果体现等方面列出5大类、29项任务清单。

2020年10月23日，区纪委监委机关干部在羊亭贝草夼地下交通站展馆开展主题党日活动　（区纪委监委　供图）

2020年10月29日，区纪委监委举办环翠区村级廉情监督员培训班
（区纪委监委　供图）

【干部教育】 2020年，区纪委监委组织纪检监察干部105人次参加省、市纪委组织的10次在线直播培训，区纪委监委组织7名干部到省纪检监察干部培训学院参加6次业务培训。制定2020年环翠区纪检监察干部培训工作计划，举办1期实战练兵课堂、2期明纪学法讲堂，组织为期2天的新进人员业务培训，提升新进人员能力素养，增进业务水平。开展"业务技能大比武"活动，围绕业务知识开展7次专题测试，全区纪检监察干部420人次参加活动。

【队伍建设】 2020年，区纪委监委推进"强基铸魂锻铁军"工程，以"讲政治、练内功、提素质、强本领，做党和人民的忠诚卫士"为主题，打造模范机关、过硬铁军。开展纪律作风专项整治月活动，开展2次系统内谈心谈话，沟通思想、交流经验、答疑解惑。精选典型案例，汇集规章制度，编印3期纪检监察干部警示教育读本《打铁必须自身硬》。建立专属廉情档案，将全区所有纪检监察干部纳入其中，逐人建档，动态更新。修订完善《环翠区纪委监委请销假、外出审批制度》，进一步规范纪检监察干部管理，加强作风建设。创建"清风廉韵·首善环翠"机关党建品牌，丰富党内生活。以实地观摩、红色教育、新冠肺炎疫情防控、社区共建、重温入党誓词等灵活多样的形式组织各党支部开展主题党日活动12次。

【基层纪检建设】 2020年，区纪委监委制定《关于聘任村级廉情监督员发挥监督作用的意见（试行）》，成立209人的村级廉情监督员队伍，对廉情监督员进行为期2天的培训，提升监督能力。建立廉政片区协作机制，指导各镇（街道）把村（社区）、合作社合理划分为若干廉政片区，由1名纪（工）委干部作为廉政片长，联系指导片区内村（社区）党风廉政建设和监察监督工作。

【扫黑除恶专项斗争】 2020年，区纪委监委严格落实问题线索双向移送机制，接收问题线索10件，均按照"5个工作日"要求及时移交相关部门，其中，向公安机关移交1件。对公安机关移交问题线索中的32名涉案人员，及时协调相关部门，就是否为党员及公职人员身份问题进行筛查。加大案件查办力度，对公安机关侦办的黑恶势力犯罪集团案件，按照"一条主线"（紧紧围绕黑恶势力做大成势的过程和原因）、"三条支线"（沿着党委、政府支线，查找黑恶势力政治靠山，列出关系人清单；沿着政法机关支线，列出黑恶势力多次违法逃脱查处、串案被当作个案处置的主办人、办案人、审批人清单；沿着职能部门支线，紧紧抓住黑恶势力在行业领域内谋利事项，列出审批人、经办人、监管人清单）的要求，围绕重点涉案人员的成长轨迹和黑恶势力违法犯罪坐大成势的原因等关键环节，筛查涉恶腐败及"保护伞"问题线索19条。年内，查处涉恶腐败和"保护伞"、工作推动不力及失职失责问题19起21人，给予党纪政务处分7人，其中1人被移送司法机关。

重要会议

【区纪委十五届六次全体会议】 2020年5月9日，中共威海市环翠区纪委十五届六次全体会议召开。会议传达学习中央纪委十九届四次全会、省纪委十一届五次全会和市纪委十五届五次全会精神，总结2019年全区纪检监察工作，部署2020年任务，审议通过孙青松代表区纪委常委会所作的《坚守初心使命，忠诚履职担当，为决胜全面建成小康社会提供坚强保障》工作报告。

全会指出，2020年是全面建成小康社会和"十三五"规划收官之年。纪检监察工作要以习近平新时代中国特色社会主义思想为指导，深入贯彻落实中共十九大和十九届二中、三中、四中、五中全会精神，

2020年5月9日，中共威海市环翠区纪委十五届六次全体会议召开
（区纪委监委　供图）

全面落实中共中央总书记习近平视察山东重要讲话、视察威海重要指示精神，强化“四个意识”、坚定“四个自信”、践行“两个维护”，认真贯彻落实中央纪委、省纪委、市纪委和区委部署要求，坚持稳中求进工作总基调，协助党委全面从严治党，坚持和完善党和国家监督体系，强化对权力运行的制约和监督，一体推进不敢腐、不能腐、不想腐，精准监督、创新监督，在坚持和完善中国特色社会主义制度、推进国家治理体系和治理能力现代化中充分发挥监督保障执行、促进完善发展作用，建设高素质专业化纪检监察干部队伍，推动新时代纪检监察工作高质量发展，为全面建成小康社会、决战脱贫攻坚、开创“精致城市·幸福威海”首善之区全新局面提供坚强保障。

【区纪委常委会会议】 2020年，区纪委常委会、区监察委员会召开会议20次，主要学习中共中央总书记习近平重要讲话、指示批示精神，传达学习上级有关重要会议、文件精神和法规制度，研究重点工作、重大事项、重要案件、专项行动、意识形态、保密、“三重一大”、纪检监察干部队伍建设等议题。强化政治监督，发挥监督保障执行、促进完善发展作用，推动上级指示精神落地落实。

2月24日，主要议题：传达学习中共中央总书记习近平在统筹推进新冠肺炎疫情防控和经济社会发展工作部署会议上的重要讲话精神，研究贯彻落实工作；学习《中国纪检监察报》评论员文章《为疫情防控和经济社会发展提供有力监督保障》。

4月24日，主要议题：传达学习中共中央办公厅《关于持续解决困扰基层的形式主义问题　为决胜全面建成小康社会提供坚强作风保证的通知》，研究贯彻落实意见；研究《关于构建“三联一网”监督格局深入推进基层党风廉政建设的实施意见（汇报稿）》《构建“三联一网”监督格局任务清单22条（汇报稿）》《关于开展“强基铸魂锻铁军”工程的实施方案（汇报稿）》。

9月10日，主要议题：传达学习中共中央总书记习近平对“十四五”规划编制工作的重要指示精神、在安徽考察时的重要指示精神、在经济社会领域专家座谈会上的讲话精神，学习《中纪委办公厅关于贯彻落实习近平总书记重要批示精神加强监督执纪坚决制止餐饮浪费行为的工作意见》，研究贯彻落实意见。

12月30日，主要议题：传达中央经济工作会议、中共中央总书记习近平在中共中央政治局第26次集体学习时的重要讲话精神，学习中共威海市委十五届十次全体会议、中共威海市环翠区委十五届八次全体会议精神，研究部署区纪委监委重点工作。

纪律检查和案件审理

【概况】 2020年，区纪委监委强化政治监督，对落实中共中央总书记习近平的重要指示批示和党中央重大决策部署情况开展监督检查，发现问题28个。深入基层一线了解实情，到镇（街道）、驻在部门等基层一线调研118次。加强对“关键少数”的日常管理，对全区797名区管干部及重点岗位人员建立廉情档案；对监督单位领导班子成员、重点岗位人员进行主动约谈，约谈1097人次。报请或会同党委（党组）召开党风廉政建设专题会议254次，推动党委落实主体责任。通过监督检查，发现违纪违法问题线索90件，提出纪律检查建议117份。严把选人用人政治关、品行关、作风关、廉洁关，回复党风廉政意见517人次。

【审查调查】 2020年，区纪委监委处置问题线索304件，立案120起，比上年增长10.09%；给予党纪政务处分120人，增长4.35%；留置6起7人，确保惩治“后墙”不松。精准运用监督执纪“四种形态”处理党员干部341人次，运用第一、第二、第三、第四种形态处理党员干部人数分别占比62.76%、24.34%、2.35%、10.55%，形成用纪律规矩管住大多数的治理格局。

【派驻监督】 2020年，区纪委监委做实做细日常监督，修订《派驻监督“双向任务”清单》，明确5大类、29项具体任务。加强对驻在部门“三重一大”事项的监督，主动约谈323人次，处置问题线索33件，立案11件，处理10人。

【信访举报】 2020年，区纪委监委对信访件办理流程进行优化、完善，对照《纪检监察机关处理检举控告工作规则》《处理实名检举控告工作办法》等规定，先后制定《确认实名举报人工作流程》《环翠区纪委监委处理检举控告工作流程图》等。在提升检举控告件办理质量上下功夫，做到及时接收处理、及时受理告知、及时反馈结果。通过发放《纪检监察信访举报知识你问我答》《纪检监察信访举报明白纸》等方式，告知群众受理检举控告的范围、不予受理的事项、检举人权利义务等规定，引导群众依规依纪依法反映问题。先后到8个镇（街道）对《纪检监察机关处理检举控告工作规则》进行宣讲，联合区融媒体中心在《廉洁环翠》栏目进行专题解读。规范检举举报平台的使用，指导、督促各相关单位按期完成检举举报平台基层版、派驻版部署工作。

【扶贫领域专项治理】 2020年，区纪委监委建立班子成员重点督导制度，由班子成员分包3个省定扶贫工作重点村和贫困群众较多的羊亭镇、温泉镇，推动专项治理工作深入开展。向42个成员单位发放《关于深入推进全区扶贫领域腐败和作风问题专项治理的监督提示》，督促各成员单位提高政治自觉，开展脱贫攻坚相关工作。印发《关于报送扶贫领域腐败和作风问题线索的通知》，每月调度督促区扶贫开发领导小组各成员单位将发现的责任、作风、腐败等方面相关问题线索及时移送纪检监察机关。4月，对全区3个省定贫困村及插花贫困户就教育扶贫、健康扶贫、住房安全等方面进行察访，现场征求贫困户意见建议。对察访发现13个村（包括插花贫困户所在的村）的23个问题，分别向区扶贫办、区农业农村局进行反馈，要求2个主责部门对照问题建立台账，制定整改措施，组织相关镇开展整改。8月，采取“四不两直”的方式再次深入农村一线，对反馈问题整改情况进行逐户细致查看，确认整改是否到位。对照市扶贫办反馈的《环翠区2020年脱贫攻坚自查评估问题台账》，逐一梳理70余个具体问题，组织2个督导组抽查2个镇22个问题的整改情况。

党风政风监督

【概况】 2020年，区纪委监委组织开展廉政谈话、述责述廉、党风廉政建设责任制考核，进一步压紧压实全区各级党委（党组）主体责任。制订全区纪检监察工作要点，明确工作目标，落实工作责任，加强监督检查。年内，实施党内问责12起，涉及4个党组织、12名党员领导干部，给予党纪处分5人。

【镇（街道）和部分区直部门党组织主要负责人向区纪委全会述责述廉会议】 2020年12月28日，2020年度镇（街道）和部分区直部门党组织主要负责人向区纪委全会述责述廉会议召开。区纪委委员、部分区直部门党委（组）主要负责人、各镇（街道）党（工）委主要负责人参加会议。会上，部分区直部门党委（组）主要负责人、各镇（街道）党（工）委书记聚焦“责”“廉”主线，重点围绕2020年履行管党治党责任情况以及遵守党的纪律和廉洁自律情况作述责述廉报告。会议强调，落实全面从严治党主体责任，要害在党委，关键在一把手。各镇（街道）和部门主要负责人要强化政治担当，把肩上的责任弄明白、扛起来，把定了的责任落下去、抓到位，把追责问责的板子举起来、打下去，切实履行好全面从严治党主体责任，确保管党治党真正严起来、紧起来、实起来；要坚持善作善成，聚焦落实中央八项规定精神，切实加强干部队伍作风建设，驰而不息、持续发力，坚决整治“四风”问题，擦亮作风建设这张金色名片；要保持政治定力，始终把纪律和规矩挺在前面，真管真严、敢管敢严，切实加强对公权力运行的制约和监督，做好以案促改、以案示警等工作，一体推进不敢腐、不能腐、不想腐体制机制建设。

【党风廉政建设主体责任】 2020年，区纪委监委充分发挥考核的“指挥棒”作用，围绕落实党委主体责任及纪委监督责任两大方面，修订完善《2020年度党风廉政建设考核办法》，内容涵盖抓思想从严情况、抓管党从严情况、抓作风从严情况、抓反腐从严情况4个方面内容，督促各级党组织落实责任。印发《关于开展2020年度廉政谈话工作的通知》，围绕党风廉政建设和反腐败工作，从落实管党治党政治责任、遵守党的政治纪律和政治规矩及个人廉洁从政等方面进行谈话，通过抓早抓小、“咬耳扯袖”，进一步压紧压实各级党组织及班子成员的主体责任。严格落实《中国共产党问责条例》及省委实施办法，紧盯“关键少数”，坚持抓个案、用纪律、动真格，持续加大责任追究力度，不断提高问责的精准度、有效性，倒逼责任落实。

【党风廉政建设监督检查】 2020年，区纪委监委制定印发《关于加强对新型冠状病毒感染的肺炎疫情防控工作监督执纪问责的通知》，组织16个监督检查组开展常态化新冠肺炎疫情防控监督检查。组织6个检查组，对8个镇（街道）“精致城市·幸福威海”首善之区建设攻坚突破行动问题整改情况开展检查。组织4个督导检查组，对镇（街道）省委巡视发现问题的未完成事项整改情况进行专项督导检查。围绕中央直达资金补贴发放工作，对2020年度环翠区第二批领取一次性创业补贴的71家小微企业进行实地走访。协同主责部门对镇（街道）闲置土地及“半拉子”工程整改工作进行督导检查。通过约谈提醒、实地督导等方式，强化对涉外渔业企业集中整治的监督检查。成立检查组，对镇（街道）美丽宜居乡村建设查摆问题，开展实地督导检查。

【落实中央八项规定精神和纠治“四风”】 2020年，区纪委监委查处违反中央八项规定精神问题11起12人，给予党纪政务处分6人、诫勉谈话5人、责令辞职1人。春节前，向全区8个镇（街道）、64个区直部门600余名科级领导干部发送《廉洁书信》，对廉洁过节有关要求进行提示。坚持逢节必访，增加察访频次，加大对隐形变异“四风”问题的察访力度，着重发现公款吃喝、接受管理服务对象宴请、违规收送礼品礼金、违规操办婚宴、公款旅游、公车私用等问题。成立察访组32个，察访机关、企业等单位68处，酒店、农家乐、私人会所、旅游景点等场所111处。组织全区对2016年以来燃油费管理使用情况开展全面自查自纠，责令2家单位作出书面检查，对11名相关人员进行谈话提醒。印发《关于开展公款购买购物卡自查自纠工作的通知》，组织全区各部门（单位）对2018年以来公款购买购物卡问题进行自查自纠。

巡察工作

【概况】 2020年，全区巡察工作把握“两个维护”根本任务，严格落实政治巡察要求，把“严”的主基调贯穿巡察工作全过程，围绕“三个聚焦”监督重点，盯住权力和责任，加强对领导班子和“关键少数”特别是“一把手”的监督，深入查找政治偏差，不断提高巡察质量，着力实现有形覆盖与有效覆盖相统一。

【制度建设】 2020年，围绕巡察工作规范运行，建立健全系统全面、务实可行的巡察制度体系，使巡察各流程各环节工作有章可循、有序运行。印发《关于做实做好巡察“后半篇文章”的工作办法》，进一步细化整改要求，推动问题整改落实落细。制定《巡察监督“红脸出汗”问题清单制度》《巡察监督重点整改问题清单制度》，把分管区领导“一岗双责”（领导干部对分管的业务工作和党风廉政建设负双重责任）嵌入整改链条，推动层层开展约谈，层层传导整改压力。制定《巡察建议工作办法》，根据巡察发现的典型性、倾向性问题，向相关职能部门发出巡察建议，督促职能部门举一反三，及时抓早抓小、堵塞漏洞。

【巡察活动】 2020年，开展3轮巡察工作，巡察部门15个、村（社区）143个。

第八轮巡察。2019年12月10日，召开巡察工作动员部署会，2019年12月17日至2020年5月19日，对羊亭镇、竹岛街道、环翠楼街道、鲸园街道、嵩山街道、孙家疃街道6个镇（街道）辖属143个村

2020年6月30日，环翠区委巡察工作动员部署会议召开
（区委巡察办　供图）

（社区）党组织开展巡察，同时对省定扶贫村开展扶贫领域专项巡察“回头看”，发现问题1297个。

第九轮巡察。2020年6月30日，召开巡察工作动员部署会，7月1日至9月4日，对区卫生健康局、区信访局、区农业农村局、区文化和旅游局、区行政审批服务局、区招商中心6个部门党组织进行常规巡察，发现问题69个。

第十轮巡察。2020年11月11日，召开巡察工作动员部署会，对区委宣传部、区委统战部、区委政法委、区发展改革局、区审计局、区医保局、区退役军人局、区残联、区贸促会9个部门党组织进行常规巡察，发现问题97个。

廉洁宣传教育

【概况】 2020年，区纪委监委坚持以习近平新时代中国特色社会主义思想、中共十九届五中全会精神为指导，推动党员干部进一步增强“两个维护”的政治自觉。以推动全面从严治党向纵深发展、巩固发展反腐败斗争压倒性胜利为宣传导向，常态化开展党章党规党纪宣传教育。年内，开展全面从严治党主题宣讲2轮96场次，覆盖党员干部2500余人次。

【廉洁文化建设】 2020年9月23日，区纪委监委联合区妇联在温泉镇廉洁文化广场举办“树清廉家风·建廉洁环翠”主题活动。市纪委、区纪委相关领导及温泉镇各社区居委会主任、村妇联主席、纪检委员70余人参加。市纪委、区纪委领导为滨城社区、亿和社区、友和社区、后亭子夼村、小庄村颁发家风驿站牌匾，与会人员观看廉洁家风文艺汇演，参观廉洁家风书画展和廉洁文化主题公园。

【宣传教育】 2020年6月，区纪委监委组建由领导班子、信访室以及各派驻纪检监察组领导干部为主要宣讲人员的宣讲团；7月，宣讲团赴各镇（街道）、相关部门（单位）开展围绕《党委（党组）落实全面从严治党主体责任规定》《中国共产党问责条例》《纪检监察机关处理检举控告工作规则》等法律法规的全面从严治党主题系列宣讲活动。年内，开展全面从严治党主题宣讲2轮96场次，覆盖党员干部2500余人次。

【警示教育】 2020年，区纪委监委按照市纪委打造清廉之路打卡地——廉政教育基地的工作部署，立足于环翠区的历史文化资源，深挖其中的廉政教育元素，打造秋色赋艺术馆、树山印迹馆、“十八里担架道”红色印记馆、贝草夼地下交通站展馆4个廉政教学点。

【区国有企业党风廉政建设专题警示教育大会】 2020年9月18日，环翠区国有企业党风廉政建设专题警示教育大会召开。会议强调，要提升国有企业竞争优势，促进国有企业做强做优做大，就必须要毫不动摇地坚持党的领导，坚持党管企业、党把方向，做好国有企业党风廉政建设工作。

【“跟进式”警示教育】 2020年，区纪委监委为压实全面从严治党主体责任和监督责任，一体推进不敢腐、不能腐、不想腐，在全区持续开展“跟进式”警示教育，引导党员干部正确对待错误、正确对待处分，始终知敬畏、存戒惧、守底线，以具体行动带动党内政治生活严起来、紧起来。年内，开展“跟进式”警示教育4场次，对2个部门党组织和2所学校党组织的全体党员进行警示教育，取得良好的警示效果。

【“关怀式”帮扶教育】 2020年，区纪委监委为帮助受处分人员正确对待处分、主动改正错误，营造让受处分人员放下思想包袱、勇于干事创业的良好氛围，在全区持续开展“关怀式”帮扶教育。年内，通过学习党纪法规、进行廉政教育及谈心谈话等方式，对全区受到党纪政务处分的27名在职党员干部、公职人员及有关人员开展帮扶教育，帮助受处分人员真心改错、认真工作，变“有错”为“有为”。

（于　力）

民主党派与工商联

综　述

【概况】 2020年，环翠区有民主党派基层组织6个，党派成员174人。分别为民盟环翠区支部45人、民建环翠区总支34人、民进环翠区支部20人、农工党环翠区小组21人、致公党环翠区支部23人、九三学社环翠区支社31人。年内，各民主党派坚持以习近平新时代中国特色社会主义思想为指导，不断加强自身建设，围绕区委、区政府中心工作，认真履行参政议政、民主监督职能，开展社会服务等各项工作。

【基层组织建设】 2020年，新发展民主党派成员13人，其中民盟发展盟员6名、民建发展会员2人、民进发展会员2人、农工党发展党员1名、致公党发展党员2名。致公党环翠区支部新增1名班子成员；7月29日，致公党“党员之家”挂牌成立；12月22日，民盟“盟员之家”挂牌成立；打造完成民建总支会员活动室，各党派组织战斗堡垒作用进一步加强。11月25日，区委统战部印发《环翠区民主党派代表人士队伍建设规划（2020—2027年）》，完善民主党派代表人士发现储备、培养锻炼、选拔使用和管理监督全链条工作机制。加强高层次党外代表人士数据库建设，14名民主党派成员进入市级民主党派代表人士数据库，1名无党派人士进入省级无党派代表人士数据库。

【思想政治建设】 2020年5月22日，全区统战工作会议召开，研究部署2020年度统战工作，组织民主党派成员进行招商引资工作专题培训，引导党外人士充分发挥人才密集、联系广泛优势，推进“双招双引”工作高质量发展。按照党外人士培训计划，12月2日—4日，环翠区统一战线培训班举办，组织各民主党派进行为期3天集中培训，采取理论学习与现场教学相结合方式，引导党外人士提高政治意识，增强统战工作责任感和使命感。鼓励各民主党派通过线上线下多种形式，学习中共十九大及历届全会精神，加强思想教育，完善队伍建设。

【履职能力建设】 2020年，区委统战部召开民主协商会，听取环翠区两会期间人事安排，并提出意见建议；组织召开党外代表人士座谈会，听取《政府工作报告（征求意见稿）》，并提出意见建议，为区委、区政府科学民主决策提供参考。区委常委、党员副区长分别与2名党外代表人士开展联谊交友、谈心谈话活动，加强党委领导班子成员与党外代表人士联系。

【社会服务】 2020年，区委统战部组建“威海统战连心桥”环翠志愿服务队，各民主党派持续打造“精致社区·致力同行”服务品牌，分别对接社区实际需求，制定活动配档，开展服务活动。新冠肺炎疫情防控期间，各民主党派发挥资源优势，协调抗疫物资，并捐赠口罩、消毒液、牛奶、豆浆、饼干等物资，捐款捐物90余万元。

中国民主同盟环翠区支部委员会

【概况】 中国民主同盟环翠区支部委员会（简称民盟环翠区支部）成

2020年12月22日，民盟环翠区支部举行“盟员之家”揭牌仪式

（区委统战部　供图）

立于1989年，至2020年年末，有盟员45人。盟员中有各级人大代表、政协委员7人，其中威海市人大代表1人、市政协委员1人，环翠区政协委员5人。7月，民盟环翠区支部被民盟中央授予“盟务工作先进基层组织”称号；12月，被民盟中央授予“民盟思想政治建设和宣传工作先进集体”称号。

【参政议政】　2020年，民盟环翠区支部围绕改革发展大局和全区中心工作，认真履行参政党职能，为经济社会发展献计出力，提交《关于加强中职学校法制教育杜绝校园欺凌的提案》《关于规范中医药从业人员行业行为标准的建议》《关于发展环翠区房车经济的建议》《关于对商业综合体进行监管的建议》《关于加快威海市电子商务发展的建议》《关于进一步加强养犬管理的建议》《关于研学旅行引入第三方的建议》《关于完善一村一法律顾问的建议》8件提案、议案，提交《我市全媒体电商发展情况的调研报告》等调研报告。

【组织建设】　2020年，民盟环翠区支部健全档案管理、信息宣传、盟费管理等多项制度，推进支部管理规范化。注重吸收各领域优秀人才加入队伍，发展新盟员6名。围绕支部特色，依托中国油画小镇文化艺术特色及民盟艺术交流中心，创新打造支部“盟员之家”。围绕“家风”建设主题，全景展示民盟环翠区支部在自身建设、议政调研、社会服务等方面取得的成果，12月22日，民盟环翠区支部举行“盟员之家”揭牌仪式，该“盟员之家”是威海市首个示范性基层组织“盟员之家”。

【思想建设】　2020年，民盟环翠区支部提升理论研究水平，及时传达学习民盟威海市委历次会议精神，通过新盟员入盟培训班、统一战线培训班、红色教育基地学习等方式，系统培训盟员应知应会知识，提升盟员综合素养。加强思想宣传工作，按照“次次活动有汇报”工作要求，撰写各种宣传稿件18篇，被民盟威海市委“威海民盟”公众号采用11篇。

【社会服务】　2020年，民盟环翠区支部发挥特长，服务社会，继续推行“菜单服务”和“供需对接”模式，以社区居民需求为导向，按照需要实施“靶向服务”，组织开展民法典普法讲座、建党主题剪纸培训、青春关爱讲堂等8次社会服务活动，把社会服务送到老百姓心坎上，有效促进社会服务精准落地。勇担责任，热心公益，岁末年初常态化组织走访慰问困难群众、向环卫工人送温暖等公益活动；新冠肺炎疫情发生后，各盟员积极响应，捐款捐物价值3.67万元。

中国民主建国会环翠区总支委员会

【概况】　中国民主建国会环翠区总支委员会（简称民建环翠区总支）是民建威海市委派出机构。至2020年年末，设有2个基层支部，会员34名。会员中有各级人大代表、政协委员12人，其中威海市人大代表1人、威海市政协委员2人、环翠区政协委员9人。会员中担任民建威海市委副主委1人、市委委员1人、专委会成员2人，民建山东省第九届农业与农村委员会成员1人。年内，民建环翠区二支部副主委李建欣被民建山东省委授予“省级先进个人”称号，二支部被民建山东省委评为“省级先进集体”。

【参政议政】　2020年，民建环翠区总支围绕区委、区政府攻坚突破八项重点工作开展专项调研，发挥党派优势，在民营经济发展方面提出《加快发展数字经济，助力制造业转型升级》调研报告，分别得到时任市委书记王鲁明和时任市长张海波批示。围绕百姓关心热点难点问题

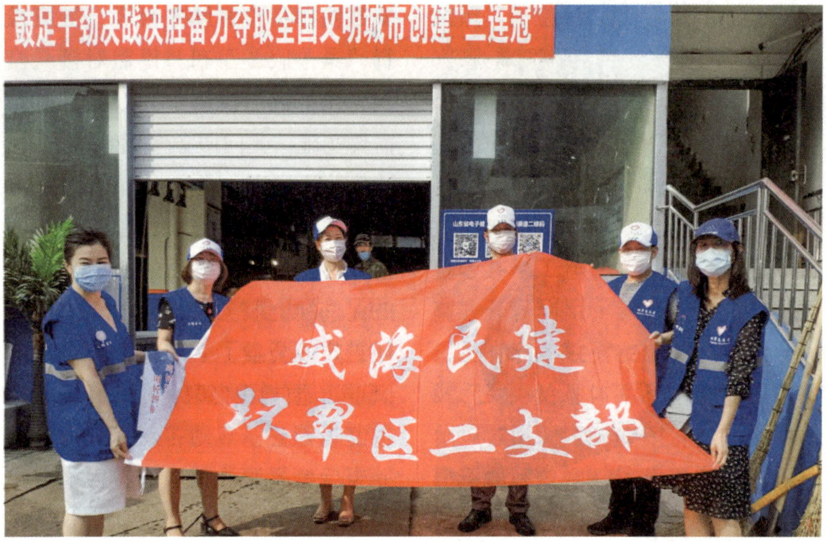

2020年8月14日，威海民建环翠区二支部会员开展鼓足干劲决战决胜奋力夺取全国文明城市创建“三连冠”活动　　（区委统战部　供图）

开展议政，集中广大会员智慧，撰写政协提案9份、社情民意5篇，上报宣传信息20余篇，参与全省“同心筑梦　共建小康”征文活动，其中《每个人都可以拥有自己的高定人生》在“山东民建”微信公众号发表。

【社会服务】　2020年，民建环翠区总支参与新冠肺炎疫情防控，会员企业威海同济美年大健康体检中心有限公司致力于核酸检测，护一方百姓安康；开展金辉助老健康扶贫，免费为多名老人健康查体，安排知名心脑血管专家走进社区，进行健康知识讲解。会员李伟华向战斗在新冠肺炎疫情防控一线基层社区工作人员捐赠饼干，价值4.86万元，会员王红晓、张永杰、周建胜等捐款捐物，助力抗疫。张路平律师主动向会员无偿提供法律咨询，帮助会员企业解决发展中难题；姜鉴律师投身到“彩虹·筑梦”扶助弱势妇女儿童活动，义务开展下岗女职工维权。会员王红阳、刘倩、刘洋等主动参与文明宣传、辅助维持交通秩序，投身争创全国文明城市“三连冠”。

中国民主促进会环翠区支部委员会

【概况】　中国民主促进会环翠区支部委员会（简称民进环翠区支部）成立于2019年6月10日。至2020年年末，有会员20人，其中具有中高级职称9人，占会员总数45%。会员中有威海市政协委员3人、环翠区政协委员3人。年内，新发展会员2人，宋崴、王天罡被民进山东省委评为“优秀会员”，民进环翠区支部被民进山东省委评为“先进基层组织”。

【参政议政】　2020年，民进环翠区支部聚焦经济社会突出问题，认真参与政治协商工作。在市区两级政协会议上，履行参政议政职能，提交《关于为全市70岁以上老年人免费接种流感疫苗的建议》《关于精致城市建设文化记忆长廊的建议》《关于考证刘公岛历史文化建设刘民文化游览园的建议》《关于重视威海文化历史展示的建议》《小区内“僵尸车”谁之责》5件提案。《关于威海单亲家庭学生心理状况的调研报告》被民进威海市委采用。

【社会服务】　2020年，民进环翠区支部班子充分发挥人才优势，开展文化惠民、扶贫、包村联居等多项活动。新冠肺炎疫情防控期间，开展“众志成城抗击疫情　一杯豆浆暖人心”活动，支部委员、鼎豆豆浆总经理王天罡免费提供豆浆，会员每天早上6点开始向社区卡点值守志愿者送热豆浆，“疫情不除，豆浆不止”，从2月4日开始，会员连续送豆浆50天2万余杯，直至卡点全部撤除。慰问2名贫困学生，资助1名贫困学生校外免费学习绘画，减免学费近5000元。

中国农工民主党环翠区小组

【概况】　中国农工民主党环翠区小组（简称农工党环翠区小组）是农工党威海市委筹委会派出机构。2020年，发展党员1名。至年末，有党员21名，全部为大学及以上学历。会员中威海市政协委员2人、环翠区政协委员3人。

【参政议政】　2020年，农工党环翠区小组充分利用政党协商、政治协商等平台，围绕中心工作建言献策。围绕群众关注和社会热点难点问题，尤其是医药卫生、人口资源与环境等领域问题，充分发挥农工党界别优势，开展调研活动，参加市筹委会组织调研小组到菏泽等地开展调研。关注民生问题，反映社情民意，提交市政协提案4件、区政协提案6篇，向农工党市筹委会报送社情民意信息23篇，向区委统战部报送信息21篇。在纪念中国农工民主党成立90周年表彰大会上，农工党环翠区小组被评为“优秀基层组织”；党员李侃侃撰写《沉淀九十载光阴 肩负新时代使命》在“庆祝中国农工民主党成立90周年”党史、理论征文比赛中，被中国农工民主党中央办公厅评为三等奖；援鄂党员仪庆春获农工党中央表彰。

【思想建设】 2020年，农工党环翠区小组加强思想建设和组织提升，认真学习习近平新时代中国特色社会主义思想、中共十九届五中全会精神。加强基层党组织建设，参加农工党省委参政议政社会服务沙龙，开展红色教育活动，参加市筹委会到菏泽开展“不忘合作初心，继续携手前进”主题教育活动，重温革命战争年代农工党先辈英勇事迹。8月10日，组织全体党员开展党史学习活动，庆祝中国农工民主党成立90周年。

【社会服务】 新冠肺炎疫情防控期间，农工党环翠区小组70%以上党员主动到防控第一线，担负单位和社区疫情防控、集中隔离点观测防护任务。威海卫人民医院急诊科副主任、党员仪庆春作为威海市第三批援鄂医疗队队员支援湖北疫情防控一线。环翠区爱心企业联合工会主席、党员陈园园两批次组织筹集食品和防疫物资送达19个疫情防控点，解决缺少值勤物资问题。农工党环翠区小组组长李侃侃、党员闫伟杰坚守在为发热患者提供诊治的影像科CT室，自大年初二开始放弃休假，一直奋战在抗疫第一线。

中国致公党环翠区支部委员会

【概况】 中国致公党环翠区支部委员会（简称致公党环翠区支部）是致公党威海市委派出机构。2020年，增选支部委员1名，发展党员2名，进一步壮大支部力量。至年末，有党员23名，全部为大学及以上学历。党员中有威海市人大代表1人、市政协常委1人，环翠区政协常委2人、委员3人。

【参政议政】 2020年，致公党环翠区支部参政议政、建言献策，撰写调研报告22篇，其中致公党中央采用1篇，致公党省委会采用5篇，市委书记、市长批示1篇；在政协建言中，报全国政协、省政协采用1件。年内，提交工作信息17篇。

【思想建设】 2020年，致公党环翠区支部加强思想建设和组织提升。通过支部会、全体党员会等形式，认真学习习近平新时代中国特色社会主义思想、中共十九届五中全会精神以及环翠区委、致公党威海市委有关会议精神，组织开展环翠区支部参政议政会、中共十九届五中全会主题学习会议以及参加致公党威海市委组织到临沂开展红色教育活动。7月29日，环翠区支部“致公党员之家”揭牌。年内，“致公党环翠讲堂”入选致公党山东省委基层组织优秀活动案例，威海市仅1家入选，山东省仅10家入选。

【社会服务】 新冠肺炎疫情防控期间，致公党环翠区支部主委、山东土地集团（环翠）有限公司董事长徐海洋组织员工成立志愿者队伍，深入福海社区一线，配合街道办事处做好人员隔离、发放口罩和明白纸等工作；支部副主委、山东聚成水电工程有限公司总经理王晓光捐款1.1万元购买医疗物资；支部党员孟丽丽、倪娟充分利用海外关系，采购防疫物资；支部党员黄志伟出动车辆千余次开展重点疑似患者接送等相关工作。充分发挥“侨海”特色，向海外侨胞、留学生提供医用防护物资，主动参与认捐“致公爱心小包裹”25份，价值1.25万元。支部成员捐款10万元。党员倪娟组织青少年300余人次参观学习非遗文

2020年7月29日，致公党环翠区支部“致公党员之家”揭牌

（区委统战部　供图）

化；党员高斌到温泉镇栾家店村参加法律服务并捐送物品价值2万元，同时走访村民300余户，开展法律宣传；党员许文波组织45岁以上居民到威海市中医院免费健康查体，发放体检卡1000余张。

九三学社环翠区支社

【概况】 九三学社环翠区支社成立于2006年，至2020年年末，有社员31人。社员中有威海市人大代表2人、市政协委员2人，环翠区人大代表1人、政协委员6人。

【参政议政】 2020年，九三学社环翠区支社撰写调研报告1篇；提交人大建议、政协提案15件，其中1件政协提案在威海市政协十三届五次会议上作为大会议政发言；报送社情民意信息6篇，其中九三学社山东省委采用3篇。

【社会服务】 2020年，九三学社环翠区支社开展“精致社区·致力同行”活动，多次深入共建社区鲸园街道戚谷疃社区，开展中医药养生、健康咨询讲座以及法律大讲堂等社会服务活动。同时充分发挥社员各自行业领域优势，深入学校、机关、商圈、社区等开展法律服务、健康义诊及扶贫送温暖等各项社会服务活动。年内，开展社会服务活动20余次，努力实现党派自身价值。新冠肺炎疫情防控期间，全体社员响应区委统战部和九三学社威海市委号召，迅速行动，立足岗位共同迎战疫情，担负起社会责任。7月21日，北京同仁堂携手九三学社环翠区支社到社区开展送健康活动。副主委高辉华筹集口罩2万只，护目镜、防护服等十余宗，多渠道多形式发动组织捐款39万元。社员孙吉鹏捐款20万元，刘洪光、戚中一等投身到社区卡点执勤一线，参加志愿服务活动，多人获得市、区各级组织颁发的疫情防控志愿服务先进荣誉证书。社员袁英受中国社会工作联合会邀请，加入武汉新冠肺炎疫情后心理援助专家小组，参与武汉“安心小屋”试点工作，获得中国社会工作联合会颁发的“心社联动”送安心行动志愿者证书。

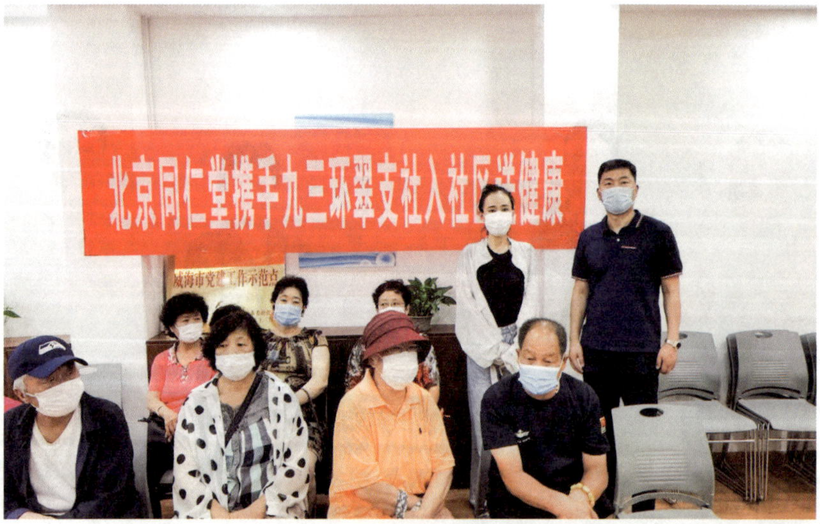

2020年7月21日，北京同仁堂携手九三学社环翠区支社到社区送健康

（区委统战部　供图）

环翠区工商业联合会

【概况】 2020年，区工商业联合会（总商会）有会员2148个，其中企业会员2143个（包括团体会员9个）、个人会员5个，有镇（街道）商会8个、同（行）业组织1个。年内，区工商联团结带领非公经济代表人士，提高社会责任意识，抗击新冠肺炎疫情，推动企业复工复产，引导企业会员调结构、转方式、抓机遇、促发展。

【民营经济人士参与新冠肺炎疫情防控】 2020年，区工商联向会员企业发放1800余份《关于积极参与新型冠状病毒感染肺炎疫情防控倡议》和明白纸，引导企业做好新冠肺炎疫情防控。编印600余份《新冠肺炎疫情防控知识手册》，引导企业加强内部管控，做足安全防范功课；发动引导民营企业履行社会责任，40家会员企业为湖北疫情灾区和威海市捐款900余万元，捐赠口罩、防护服、消毒液等防疫物资价值40余万元。3月9日，联合深圳商会为全区16家企业免费发放口罩5000只，缓解企业新冠肺炎疫情防控压力。6月11日，组织会员企业为环翠区中小学捐赠消毒液总价值24.5万元。威海广泰空港设备股份有限公司、威海魏桥科技工业园有限公司、华夏文化旅游集团股份有限公司3家企业获市、区两级“抗击新冠肺炎疫情捐助突出贡献单位”称号，威海新北洋数码科技股份有限公司、山东双轮股份有限公司等13家企业获市、区两级“抗击新冠肺炎疫情捐助先进单位”称号；通过微信向会员企

2020年9月7日，区工商联在枣庄市台儿庄区举行企业助学捐赠仪式

（区工商联　供图）

业推送国家、省、市《支持企业“战疫”政策干货汇编》《关于全力防控疫情支持服务业企业平稳健康发展的若干意见》等新政策信息100余条。2月—6月，组织山东众成清泰（威海）律师事务所、山东中立达律师事务所、山东方向明律师事务所为会员企业免费开展用工、不可抗力免责条款适用、合同履行、劳资纠纷调处等方面的法律咨询服务200余次。

【“三联三服”】　2020年，区工商联走访会员企业100家，收集企业意见建议52条，解决问题48项。印制2000余册《“三联三服”活动政策文件合订本》发放给会员企业，提供政策咨询服务300余次。联合中国银行、建设银行、工商银行、交通银行4家银行为中小微企业提供金融服务，为企业解决融资需求2000余万元。6月30日，区工商联成立商会人民调解委员会，聘请专业律师团队为民营企业调解合同和侵权纠纷12次。同月，组织32家会员企业参加以“职在民企就有未来”为主题的民营企业招聘月活动，协助企业招聘各类人才140人。7月13日，区工商联在山东天弘质量检验中心有限公司召开民营经济代表人士谈心交流会，收集企业意见建议和诉求，帮助企业排忧解难。

【民营企业家培训】　2020年2月—6月，区工商联根据企业需求，开设法律、经济、税务、知识产权等线上课程，培训企业家及高管800余人次；8月18日，组织10名企业家到广东省广州市、深圳市，了解最新行业动态和国内外最新科研成果；9月24日，组织8名青年企业家到威海浙江商会和达威直播电商基地走访调研，学习先进经营理念；推荐张城瑞、李世刚2名青年企业家到市直部门挂职锻炼；组织30余名青年企业家参加2场“青蓝接力”导师分享活动，荣成泰祥食品股份有限公司董事长于建洋分享创业历程，金猴集团有限公司董事长柳富林讲解企业如何应对逆境和困难。

【民营经济助力脱贫攻坚】　2020年，区工商联组织会员企业走访慰问26户建档立卡贫困家庭，赠送价值5万元的生活用品和慰问金。8月23日，组织威海非鱼莫蜀餐饮管理有限公司、威海金味德餐饮管理有限公司、威海瑞纳进出口有限公司到重庆市云阳县开展扶贫协作工作，为云阳县泥溪镇卫生院捐赠医用病床3张，推进川渝（云阳）特产馆项目建设投产。9月7日，组织会员企业到枣庄市台儿庄区对接扶贫工作，为台儿庄区10名建档立卡贫困学生捐款1万元。同月14日，组织会员企业到青海省门源县考察扶贫合作项目，为当地精准扶贫爱心超市捐款1.5万元。

【商会服务管理】　2020年，区工商联巩固省“五好”县级工商联创建成果，建立工商联会员电子信息库，整理上传2143家会员信息，实现会员信息网上同步更新，使会员管理更加科学、规范。同步启动镇（街道）“四好”商会创建工作，指导商会加强会员管理和服务，发挥商会政治引领和“双招双引”平台作用，提升商会组织建设和服务区域经济的水平。

（汤　颖　刘军威）

人民团体

环翠区总工会

【概况】 2020年，全区工会工作围绕全市工会重点工作部署和企业工会建设、劳动关系构建、争先创优等方面，开展基层工会组织建设、和谐劳动关系建设，推进争先创优、岗位科技创新，开展劳动竞赛，提供帮扶服务。至年末，3家企业工会被市总工会评为“五星级活力工会”；开展集中要约行动，签订工资集体合同225份，覆盖企业356家、职工22935名；打造13家市级创新工作室，为3172名职工开展面点、茶艺等20余种技艺线上培训；5家单位获评“威海市工人先锋号”，7家企业9名职工获得“威海合理化建议金点子奖”，2个班组获评“威海市创新型班组”，6家企业22名职工获得“威海市职工技术创新成果奖”；组织45名企业职工参加“威海市2020年职工职业技能竞赛”，19名参赛选手获奖；建设职工服务中心，举办4期法律知识培训班，推动“工友创业”品牌向乡村延伸，完成6家户外劳动者驿站建设，4家规模以上企业打造企业职工心理健康服务工作室并完成验收，联系市级创业导师为全区工友创业园提供政策指导、技能培训。开展“劳动礼赞·书香相伴”诵读、“最美职工”摄影比赛等文化活动，推进宣传教育阵地建设，对“环翠总工会在线”微信公众号进行功能改进，推动工会资讯、基础业务、主题活动升级。

2020年5月9日，中国建筑第八工程局有限公司威海万达建设项目工会成立大会在万达项目工地召开　　（区总工会　供图）

【基层工会组织建设】 2020年，区总工会探索农民工入会新方式，在农民工集中的建筑行业，以“党建带工建、党工共建”为思路，在全市率先成立中国建筑第八工程局有限公司威海万达建设项目工会；推进“星级活力工会”创建，威海中远造船科技有限公司、威海祥同彩印包装纸业有限公司、威海亿美运动器械有限公司3家企业工会被市总工会评为“五星级活力工会”；加大小微企业建会工作力度，8月27日，成立鲸园街道办事处“小微企业联合工会”。

【和谐劳动关系建设】 集体签约行动。2020年，区总工会开展集中要

2020年8月31日，区总工会联合孙家疃街道总工会开展环翠区创先争优“安康杯”劳动竞赛 （区总工会 供图）

约行动，签订工资集体合同225份，覆盖企业356家、职工22935名。

“查保促”活动。2020年，区总工会开展以“完善制度、加强落实”为主题的“查保促”安康活动，与区应急局联合印发《“查身边隐患、保职工安全、促企业发展”活动2020年行动方案》，发动山东汇泉工业有限公司、威海市世一网业有限公司、威海宾馆有限公司、威海震宇智能科技股份有限公司、威海龙港纸业有限公司、威海市宇王集团有限公司、环翠楼街道商圈工会联合会、威海市裕罗电器装配有限公司、威海市鸿安建筑集团有限公司、威海广泰空港设备股份有限公司、威海怡和专用设备制造有限公司11家单位参与开展创先争优“安康杯”劳动竞赛。推评威海龙港纸业有限公司、威海小商品批发市场物业管理有限公司、威海市环翠区应急管理局3个威海市“查保促”安康优胜单位，威海市远遥水产食品冷冻有限公司制冰班组、威海裕罗电器装配有限公司自动开线班、威海魏桥科技工业园有限公司第一分厂清梳车间一班、环翠楼街道商圈工会联合会消防班组、威海市鸿安建筑集团有限公司设备安装班组、威海广泰空港设备股份有限公司羊亭工业园电装二班6个威海市“安全生产标准化示范班组”，张晓阳、都秀娟、陶惠君、田军财、王敏力、彭青莹、张志军、庙久森、阮浩、寻坤朋、戴江涛11名威海市“查保促”安康竞赛先进个人。

【职工民主管理】 2020年，区总工会联合区人力资源社会保障局等7部门成立环翠区厂务公开民主管理联席会议议事协调机构，研究制定《关于深化企业民主管理工作的意见》，对企业依法建立健全职工代表大会、职工董事职工监事、推行厂务公开、建立集体合同制度等内容作出明确要求；开展民主管理宣传月活动，印制发放《山东省厂务公开条例》《企业民主管理规定》等宣传折页、明白纸1万余份，利用微信公众号、企业宣传栏等渠道，加大职工民主管理宣传力度，使“依法建立职工代表大会制度和厂务公开制度”成为全社会的共识。

【职工权益维护】 2020年，区总工会推进工会法律援助机构实体化建设，公开招募4家律师事务所，组建法律宣传、法律咨询、法律援助等于一体的工会法律援助工作专业人才队伍，线上、线下系统推进全区劳动争议化解、职工权益维护工作；招聘3名工资集体协商指导员，指导企业签订工资集体协商专项合同225份，覆盖企业356家、职工22935人；组织开展“遵法守法·携手筑梦”服务农民工公益法律服务行动，威海建设集团股份有限公司、区环境卫生中心等40余家单位200余名农民工参加；利用“环翠总工会在线”公众号发布《农民工工资支付条例》解读信息，宣传解释农民工工资支付条例相关条款政策。

【争先创优】 2020年，区总工会弘扬劳模精神、劳动精神、工匠精神，威海市望海园中学校长王静、威海市祥云实业有限公司董事长冯鲁威获评山东省“五一”劳动奖章，威海市环翠区行政审批服务局政务服务中心获评山东省“工人先锋号”班组，威海埠崎机械股份有限公司姜镇举、威海山鼎精密机械有限公司蔡玉印、威海正平机械加工有限公司黄栋梁、威海磨爱麦食品有限公司孙海燕获评“威海工匠”，威海广泰空港设备股份有限公司于基军获评“带徒名师”，威海广泰空港设备股份有限公司获评“全国模范职工之家”，威海普瑞斯渔具有限公司梅博文等51名职工获评“威海市优秀职工”（详见“2020年‘威海市优秀职工’获得者一览表”）。

【创新工作室打造】 2020年，区总工会按照全区动员、全面覆盖、全员参与原则，在冲击新目标行动入库企业、后备库企业和区重点企业中动员没有打造创新工作室的企业继续创建，使其成为承载创新、传承技艺、育人成才的重要平台载体。年内，打造威海宝威新材料科技有限公司姜波创新工作室、威海诺葳信和新材料有限公司周海龙创新工作室、威海西港游艇有限公司陈书虎创新工作室、威海龙港纸业有限公司高艳龙创新工作室、山东华素制药有限公司杨淑萍创新工作室、山东华素制药有限公司滕世涛创新工作室、威海埠崎机械股份有限公司崔瑞良创新工作室、威海金达智能科技有限公司姜天华创新工作室、华东岩土工程集团有限公司王德利创新工作室、山东华夏集团有限公司蔡亮创新工作室、威海馨悦玩具有限公司赵西文创新工作室、威海天航信息技术有限公司宋伟强创新工作室、威海山鼎精密机械有限公司宋海滨创新工作室13家市级创新工作室。

【技艺培训】 2020年，区总工会与威海技师协会合作，根据企业职工需求，采取“菜单”定制模式，为3172名职工开展面点、茶艺等20余种技艺线上培训。结合社区就业需求，开展30人小班额茶艺、礼仪等8个种类的现场培训。

【岗位科技创新】 2020年，区总工会开展职工创新成果展示、合理化建议、金点子征集等活动，威海埠崎机械股份有限公司、山东广大航空地面服务股份有限公司等6家企业的22名职工获得“威海市职工技术创新成果奖”；威海广泰空港设备股份有限公司、威海海鑫新材料有限公司等7家企业9名职工获得“威海合理化建议金点子奖”。申报华东岩土工程集团有限公司预制桩班组、山东名流实业集团有限公司焊接组2个班组为“威海市创新型班组”；申报山东汇泉工业有限公司汇泉汇工厂店、威海蓝海银行股份有限公司运营管理部、威海宾馆有限公司客房部、威海卫人民医院影像科、华夏文化旅游集团股份有限公司导游部5家单位为“威海市工人先锋号”。

2020年“威海市优秀职工”获得者一览表

表5

序号	姓名	性别	出生年月	工作单位
1	梅博文	男	1992年5月	威海普瑞斯渔具有限公司
2	康六君	男	1978年2月	威海祥同彩印包装纸业有限公司
3	邵云志	男	1978年3月	威海广泰空港设备股份有限公司
4	刘德兴	男	1990年6月	威海中远造船科技有限公司
5	王　航	男	1978年10月	威海怡和专用设备制造有限公司
6	史培冬	男	1986年12月	威海化工机械有限公司
7	李　莹	男	1980年10月	威海海鑫新材料有限公司
8	王丽丽	女	1987年8月	威海魏桥科技工业园有限公司
9	王　程	男	1988年12月	威海宝飞龙钓具有限公司
10	修　峰	男	1973年5月	威海龙港纸业有限公司
11	崔瑞良	男	1986年12月	威海埠崎机械股份有限公司
12	何晓林	男	1990年2月	山东广大航空地面服务股份有限公司
13	于永杰	男	1986年2月	威海市海王旋流器有限公司
14	徐阿杰	女	1976年6月	威海松龄诺可佳中药饮片股份有限公司
15	孙涤飞	男	1978年11月	威海银兴预应力线材有限公司
16	姜莎莎	女	1984年12月	威海三方橡胶机械有限公司

续表5

序号	姓名	性别	出生年月	工作单位
17	江　桥	男	1961年5月	威海市泉盛环卫有限公司
18	李东娜	女	1984年1月	威海裕罗电器装配有限公司
19	邹　淼	女	1987年4月	威海裕罗电器装配有限公司
20	王海光	男	1983年7月	威海浦源食品有限公司
21	李海岩	女	1972年11月	文笔峰老年公寓
22	史向东	男	1982年7月	威海市鸿安建筑集团有限公司
23	戚时雨	男	1965年5月	威海丰源集团公司
24	马　骋	男	1968年9月	威海磨爱麦食品有限公司
25	刘　冰	男	1976年1月	威海市世澳进出口有限公司
26	陈园园	女	1980年9月	威海市飞扬国际旅行社有限公司
27	刘奎富	男	1965年7月	威海市渊源装饰苑
28	邹日萍	女	1955年1月	威海市祥云物业服务有限公司
29	刘昌礼	男	1963年12月	山东华夏集团有限公司
30	原　野	男	1989年10月	山东银凯特能源科技有限公司
31	李　晓	男	1982年9月	威海市隆兴物业管理有限公司
32	李富荣	女	1967年8月	威海馨悦玩具有限公司
33	陶　密	女	1970年8月	威海市环翠区教育教学研究培训中心
34	张新荣	女	1980年9月	威海市第七中学
35	谢　添	女	1987年10月	威海口腔医院
36	孙玲玲	女	1989年10月	威海卫人民医院
37	仪庆春	男	1980年2月	威海卫人民医院
38	张　宁	男	1978年5月	威海市环翠区环境卫生服务中心
39	黄煜惠	女	1994年2月	威海市环翠区人力资源公共服务中心
40	陈　菁	女	1994年2月	威海市环翠区行政审批服务局
41	孙秀娜	女	1972年3月	威海华联商厦股份有限公司
42	范蕙琳	女	1968年10月	山东威海卫酒业集团有限公司

续表5

序号	姓名	性别	出生年月	工作单位
43	唐守华	女	1973年7月	山东汇泉工业有限公司
44	逯爱婷	女	1978年7月	威海市宇王集团有限公司
45	马喜乐	男	1981年11月	威海广泰空港设备股份有限公司
46	周宏勇	男	1977年10月	威海宾馆有限公司
47	王　良	男	1971年10月	威海金蚂蚁集团有限公司
48	杨　雯	女	1989年2月	威海蓝海银行股份有限公司
49	王晓威	男	1994年12月	威海市环翠区城市发展投资有限公司
50	于燕杰	男	1985年3月	威海市环翠区国有资本运营有限公司
51	秦逸闻	男	1997年12月	威海市千山路小学

【职工职业技能竞赛】 2020年9月24日，区总工会组织辖区企业45名职工参加威海市总工会在威海职业学院举办的“威海市2020年职工职业技能竞赛”。职工职业技能竞赛由理论考试与实际操作两部分组成，包含18个工种，来自全市29支代表队的458名选手参加竞赛。环翠区19名参赛选手获奖，包揽数控装调与维修、多轴加工、健康照护、汽车维修、铣工5个工种的第一名，区总工会获得“威海市2020年职工职业技能竞赛决赛团体奖”。

【帮扶服务】 医疗互助保障。2020年，全区401家单位的2.87万名职工参加住院医疗保障项目，296家单位的2.1万名职工参加住院津贴保障项目。全区1879人次申请理赔，发放理赔互助金188.05万元。

送法下基层。2020年，区总工会举办4期法律知识培训班，培训企业一线职工、工会干部200余人；对5家企业开展“法律体检”，上门检查企业规章制度，指出存在风险和问题。11月30日至12月6日宪法宣传周期间，发放《中华人民共和国宪法》读本200余册。

心理健康服务。2020年，区总工会在威海裕罗电器装配有限公司、威海广泰空港设备股份有限公司、威海豪仕达碳纤科技有限公司、威海市宇王集团有限公司4家规模以上企业打造企业职工心理健康服务工作室并完成验收，其中威海广泰空港设备股份有限公司企业职工心理健康服务工作室在全市达标验收中位列第一；聘请心理专家为机关事业单位、镇（街道）、企业工会开展6场次心理健康公益巡讲和沙龙活动，受益职工500人。

为民实事。2020年，区总工会投入650万元，建设集帮扶救助、权益维护、就业创业、劳动争议调处、心理健康服务、综合服务、信访接待于一体的职工服务中心，开通网上咨询、指导等便捷服务，作为全区职工服务阵地和宣传教育阵地。开展“夏送清凉”活动，为1.96万名职工和农民工送去价值30万元清凉慰问物资；开展“金秋助学”“冬送温暖”活动，筹集资金24.85万元，对困难职工、农民工子女进行救助；开展一线职工疗（休）养活动，11月2日—5日，组织35名一线职工到文登汤泊温泉进行疗（休）养。

【“工友创业”品牌活动】 “工友创业”助力乡村振兴。2020年，区总工会推动“工友创业”品牌向乡村延伸，助力乡村振兴战略实施。培育威海壹贰叁肆玖农副产品配送有限公司、山东汇泉工业有限公司为“市级工友创业园”；威海市宇王集团有限公司于占斌获评“市级农民工之星”、威海祥特超市有限公司张城瑞获评“市级工友创业优秀个人”。

“工友创业”大赛。2020年，区总工会发挥工会联系广泛优势，加强与市级高校专业机构的对接，联系市级创业导师为全区工友创业园提供政策指导、技能培训，在威海市工友创业大赛暨2020年全省工友创业大赛威海选拔赛中，青庄农耕实践基地获得优秀奖、威海磨爱麦食品有限公司获得三等奖。

【户外劳动者驿站打造】 2020年，区总工会完成6处户外劳动者驿站建设，累计打造12处户外劳动者驿站，实现辖区全覆盖，其中张村镇华锦社区户外劳动者驿站被省总工会授予“省级工会户外劳动者驿站示范站点”。开通“齐鲁工会”APP和“齐鲁工会”微信公众号驿站定位功能，让户外劳动者能快速找到身边的驿站。

（王鹏智）

中国共产主义青年团环翠区委员会

【概况】 2020年，全区共青团工作以党建带团建，聚焦定位组织需要、青年需要、社会需要，推动团区委各项工作取得实效。开展青年创建活动、志愿服务活动，落实新冠肺炎疫情防控要求，实施青鸟计划，组织20名扎根农村创新创业“乡村好青年”开展交流活动，创新性建立双创园团委和街舞行业团工委2个社会团组织。启动2020年度环翠区青年职业技能大赛，6名青年获得“环翠区岗位能手”称号，启动“青商汇翠　扬帆起航”青年企业家赋能项目，为130家企业提供交流平台，4个区级“青年文明号”推荐为市级“青年文明号”，复核市级及以上“青年文明号”17家。全区实名注册志愿者9万余名，有志愿服务队659支，开展“防控疫情　我们在行动”“防疫有我　志愿互助”等活动6000余场次。建立威海籍高校大学生信息库，录入大学生信息820余条。至年末，基层组织中有团委29个、团工委9个、团总支12个、团支部619个，智慧团建系统注册团员8070人。“志愿环‘翠’　绿满滨城”项目被市文明办、团市委、市民政局评为2020年度威海市“最佳志愿服务项目”。

【青少年引领】 2020年6月11日，团区委与共青团荣成市委合作开展创新创业培训，组织20名扎根农村创新创业“乡村好青年”开展交流活动。8月，团区委与区委组织部联合出台《关于进一步加强新形势下基层党建带团建工作的实施意见》，制订《关于乡镇（街道）青年工作委员会建设的实施方案》，9个镇（街道）成立青年工作委员会，工作纳入基层党（工）委党建工作年度考核；深入推进新兴领域行业团组织覆盖，创新性建立双创园团委和街舞行业团工委2个社会团组织；在“五四”“七一”等重要节点，开展“青年大学习”“高举团旗跟党走”“奋斗的青春最美丽”“国旗下的演讲”等主题活动；团区委组建中共十九届五中全会精神宣讲团在全区中小学宣讲70余场，受教育青少年3万余人次；深入挖掘乡村好青年，选树2020年度环翠区镇（街道）级好青年41名、区级好青年10名（林鹏、于文政、王华涛、鞠向东、刘军涛、宋鲁明、刘秀臣、郑晗、孟楠、马文博）、市级好青年6名（林鹏、于文政、王华涛、刘军涛、刘秀臣、郑晗）。年内，在区级媒体发布好青年事迹14次，市级以上媒体宣传报道好青年事迹3次。

【青年职业技能大赛】 2020年6月29日，由区委组织部、区总工会、团区委、区人力资源社会保障局、区地方金融监管局主办的2020年度环翠区青年职业技能大赛暨银行机构青年职业技能大赛启动仪式在威海农商银行举行，各主办单位相关负责人、领队及参赛选手60余人参加启动仪式，共青团威海市委副书记巩勋出席活动并宣布2020年度环翠区青年职业技能大赛启动。比赛分理论考试和实操竞赛两部分内容，赵珈、李玉萍、张璐、杨甜甜、于超、曹胜6名青年在活动中脱颖而出，获得“环翠区岗位能手”称号。9月29日，由区委组织部、区总工会、团区委、区人力资源社会保障局、区消防救援大队主办的环翠区2020年消防系统青年职业技能大赛在张村消防救援站举行，主办单位相关负责人、领队及参赛队员30人参加启动仪式。大赛设理论考试、攀登挂钩梯、百米障碍救助、绳索攀爬4个项目，经过角逐，王伟林获得一等奖，于福森、郝兆龙获得二等奖，王子榕、赵亮明、张鑫获得三等奖。

【“青商汇翠　扬帆起航”青年企业家赋能项目】 2020年11月，团区委启动“青商汇翠　扬帆起航”青年企业家赋能项目，为130家企业提供交流平台；联合区财政局、区发展改革局、区商务局、区人力资源社会保障局成立企业“护航团”，为企业家提供政策服务；举办环翠区首届青年企业家交流互动会，为山东同人数据智能有限公司、威海泓方金属复合材料股份有限公司、威海市康祺爱耳助听器有限公司发放“鲁青基准贷”670万元，为威海东盛商业管理有限公司、威海泓方金属复合材料股份有限公司、山东同人数据智能有限公司、威海市冠洋贸易有限公司4家青创企业办理“创业担保贷”贴息业务。

2020年4月25日，团区委在仙姑顶旅游景区举办“志愿环‘翠’　绿满滨城”植树项目启动仪式　（团区委　供图）

【“青年文明号”创建和复核】 2020年，团区委做好“青年文明号”创建和复核工作，评选环翠区医保事务服务中心、威海市环翠区城市发展投资有限公司、威海市环翠区竹岛街道金融商圈党群服务中心、威海市环翠区人民检察院第四检察部区级“青年文明号”4个，并推荐为市级“青年文明号”。推荐“环翠区政务服务中心”为省级“青年文明号”，复核市级及以上“青年文明号”17家。

【志愿服务】 2020年，全区实名注册志愿者9万余名，有志愿服务队659支，8450名志愿者参与新冠肺炎疫情防控志愿服务，662支志愿服务队开展志愿服务活动7500余场。4月25日，19支志愿服务队参与“志愿环‘翠’　绿满滨城”植树项目启动仪式，在仙姑顶旅游景区栽植苗木1000余株。7月，开展“精致文明城　志愿我同行”创建全国文明城市志愿服务活动，集中开展环境整治、文明出行等活动3164次。11月，启动“精致威海　文明漫步”项目，120组家庭感受精致城市底蕴。招募40名威海职业学院大学生志愿者为“2020年中国山地自行车联赛山东·环翠站”提供志愿服务。组织山东大学（威海）志愿者协会学生、社会志愿者开展国际化语言纠错志愿服务活动3场，纠错131处。投入15.4万元引进社会专业力量，开展慰老助童活动。开展“精致童年”志愿服务80余次，服务1600余人次。开展“金晖助老”志愿服务活动23次，服务130余人次。打造“暖心店小二”助老服务项目，为就餐老人开展服务。实施“希望小屋”儿童关爱项目，“99公益项目”线上募捐4.1万元用于“希望小屋”建设，发动爱心企业捐建1个“希望小屋”。“精致童年”青少年服务项目、“暖心店小二”助老服务项目被威海市精神文明建设委员会评为2019年度威海市“最佳志愿服务项目”。

【共青团助力新冠肺炎疫情防控】 2020年1月30日，团区委与区文明办联合印发《致全区志愿者的一封信》，引导各级志愿服务组织、志愿者开展新冠肺炎疫情防控，全区7000余名志愿者开展“防控疫情　我们在行动”“防疫有我　志愿互助”等活动800余次。在鲸园街道成立由60余名大学生成立的战“疫”青年突击队和鲸园大学生抗疫志愿者临时团支部，发挥团组织的力量；“志愿环翠”“环翠青年”等微信公众平台发布的13条防疫志愿服务风采被《人民日报》、“学习强国”学习平台、“文明山东”客户端、“文明威海”微信号、“最威海是环翠”APP等多家媒体宣传报道。2月，与威海市音乐家协会、区文明办、区文联联合发起“以歌言志　愿克时艰”歌颂防疫一线志愿者原创歌曲征集活动，征集歌曲50余首。

【青鸟计划】 2020年，团区委建立威海籍高校大学生信息库，录入大学生信息820余条。收集整理115家

2020年8月5日，团区委开展“青鸟计划　青聚环翠”威海籍学子故乡行活动　（团区委　供图）

企业招聘岗位、学生专业、意向院校等信息，搭建企业与高校交流合作平台，根据企业需求帮助企业招募紧缺人才；与威海创业大学、中公教育等专业机构联合举办公益创业就业培训班4期。在威海创客大街、环翠楼街道商圈、竹岛街道商圈分别建立青鸟工作站1处，崔卫志、李广生、张城瑞3名青鸟计划招募大使扶持大学生创业项目1个；组织威海新北洋数码科技股份有限公司等15家企业，面向威海籍高校毕业生、省内高校毕业生和金融专业毕业生举办3场线上专题招聘会，提供岗位100余个；建立线上线下高校“青鸟驿站”4处，直接联系2678名高校学子，定期开展政策宣讲、答疑服务。开展“青鸟计划　青聚环翠”威海籍学子故乡行活动，帮助山东大学、南京财经大学返乡调研学生团队对接镇（街道）、企业、社会组织，协助发放问卷60余份，开展座谈交流3次。

（王　哲）

环翠区妇女联合会

【概况】 2020年，全区妇联工作坚持服务大局与服务妇女相统一，围绕思想引领、维权关爱、妇联组织建设等方面，推进基层妇女组织建设、文明引领、服务品牌打造、儿童友好型社区建设、婚姻家庭辅导、妇女儿童权益维护、巾帼关爱等工作，引领全区妇女在经济发展、乡村振兴、工作实践中展示妇女形象与力量。年内，创建特色“妇女微家”10处，开展活动40余场次；选树好婆婆好媳妇104名；威海市南郊葡萄农民专业合作社被省妇联授予“省级大姐工坊”，威海大姐家政服务有限公司田艳丽、程明鸿被省妇联授予“齐鲁巾帼最美家政服务员”，威海魏桥科技工业园有限公司被省妇联授予“山东省三八红旗集体”。

【“厚德环翠·美在我家”创建】 2020年3月，区妇联制定《关于2020年度“厚德环翠·美在我家”创建工作的实施方案》，明确创建目标、创建措施和考核标准。实行“周调度、月总结、半年观摩、年底验收”工作推进机制，严把创建标准，保证创建成效。12月1日，区妇联在羊亭镇召开“美在我家”创建工作总结表彰大会。至年末，全区新增示范户2270户、精品户1142户。打造巾帼信用超市，采取“超市化运作、积分制兑换”模式，在全区打造巾帼信用超市56处。引导社会力量共同参与创建，募集女企业家爱心资金11万余元，助力创建户提档升级和巾帼信用超市运营维护。

【“精致人家·精简生活”文明家庭创建】 2020年，区妇联以“生活精简、家居优美、家庭文明、家教良好、家风和谐”为标准，在城市社区开展“精致人家·精简生活”文明家庭创建活动，组织基层妇联开展“跳蚤市场”、“享自然·乐环保”公益健步走、“享生活·乐环保”创意布包DIY活动、垃圾分类科普课堂等主题活动30余场次，评选“精致人家·精简生活”文明家庭54户。挖掘辖区资源优势，结合“红色物业”，打造孙家疃街道山公馆小区、鲸园街道蓝景城小区2处“精致人家·精简生活”示范小区。

【家风家教宣传引领】 2020年，区妇联开展区级“好婆婆、好媳妇”评选活动，选树好婆婆好媳妇104名；与区纪委监委、温泉镇党委联合举办“树清廉家风·建廉洁环翠”主题活动，举办巾帼宣讲、家风分享会、“诵读经典家训　培育文明家风”、“新农村新生活”培训等系列活动200余场次，受益群众4000余人次。至年末，全区获评省级最美基层妇联人2人（戚丽丽、于桂平）、市级4人（戚丽丽、于桂平、贺冬梅、李向君）、区级27人，省级文明家庭2户（殷树山、刘彩凤家庭，姜毅、胡仁妮家庭）。

2020年12月1日，环翠区“美在我家”创建工作总结表彰大会在羊亭镇召开

（区妇联　供图）

2020年9月23日，区妇联与区纪委监委、温泉镇党委在温泉镇廉洁文化广场联合举办“树清廉家风·建廉洁环翠”主题活动　　（区妇联　供图）

【妇女儿童权益维护】 2020年，区妇联派出1名专业调解员入驻区法院诉讼服务中心，对涉及婚姻家庭纠纷案件、妇女儿童人身损害赔偿纠纷案件及其他妇女儿童权益的民事纠纷案件，与区法院进行信息共享与沟通联络。至年末，处理案件157件，达成一致意见70件。其中，婚姻家庭案件146件，达成一致意见68件。

【儿童友好型社区】 2020年，竹岛街道梦海社区、鲸园街道东山社区和环翠楼街道东北村社区在全市率先打造3处各具特色的儿童友好型社区试点。梦海社区以自然教育为主题，打造“一米菜园”儿童种植体验区；东山社区以交通友好为主题，打造儿童友好主题街区；东北村社区以空间友好为主题，打造儿童导赏员团队，14个优秀公益服务项目入驻开展服务活动。11月25日，省妇联党组书记、主席孙丰华到环翠区调研并给予肯定。

【巾帼关爱】 2020年，区妇联通过开展“巾帼送暖”、“两癌”贫困妇女救助、“阳光社会妈妈”牵手关爱困难儿童、“与爱同行　守望互助”、执委牵手关爱困境妇女儿童等活动，争取政府资金和募集社会资金27.9万元，救助困难妇女儿童253人次；开展“巾帼守望　邻里互助”活动，为困难妇女和家庭提供免费洗衣送餐、清扫卫生、外出代购、邻里陪伴、邻里互助等服务900余人次；发动村（社区）妇联执委结对困难妇女儿童，开展定期走访看望、了解诉求、宣传政策等活动。

【“妇女微家”建设】 2020年，区妇联以“妇女微家”项目建设为抓手，打造兰心微家、青春美微家、大姐芳华微家等新特色“妇女微家”10处，开展“精致女性·美丽课堂”、义务植树、花卉栽植技术课堂等活动40余场次。

【巾帼公益服务项目】 2020年，区妇联发挥“爱·益·家”服务品牌作用，投入资金22.9万元，筛选购买家庭教育、母亲素质提升、未成年人教育实践、精致生活、妇女创业就业等14个妇女儿童公益服务项目，入驻29处妇女儿童家园、妇女之家以及文明实践分中心场所，有效拓展妇联组织服务妇女儿童、家庭的社会职能。至年末，开展服务活动312场次，受益人群1.71万人次。

【婚姻家庭辅导】 新冠肺炎疫情防控期间，区妇联联合婚姻家庭辅导中心、分中心和威海心丝带心理健康服务中心成立“巾帼携手战疫”公益服务队，开展婚姻家庭、心理微辅导，组织心理咨询师、教师、律师、社会工作者等33名志愿者，通过热线电话和微信辅导等方式，调处新冠肺炎疫情防控期间婚姻家庭矛盾55件。婚姻家庭辅导中心现场接待并辅导家庭320个，劝和180对，收到群众赠送锦旗5面、感谢信20余封。

【基层妇女组织建设】 2020年，区妇联完善基层妇联执委学习、议事、联系、服务、轮值、述职6项制度，探索实施“一二三四”工作法，即“每名执委分包一个网格、认领一个服务项目，每年牵头开展两次活动或办两件实事，每月联系妇女群众不少于三次，每月入户走访不少于四次”。执委参与新冠肺炎疫情防控、全国文明城市创建、扶贫关爱等志愿服务活动2000余次，服务妇女群众3.7万余人次。实施妇联组织成员素质提升工程，利用线上视频会议云直播、线下分散开会等形式开展基层妇联执委培训，开展马克思主义妇女观、基层妇联执委工作制度、《中华人民共和国民法典》50问等培训40余场次，培训800余人次。

（丛瑜婷）

环翠区科学技术协会

【概况】 2020年，全区科协工作聚

焦新冠肺炎疫情防控，组织开展应急科普宣传，发挥环翠区智慧科普平台优势，推送全国各权威媒体新冠肺炎疫情防控应急科普资料335条；开展环翠科技英才（第二届环翠区青年科技奖）评选活动，4人获评“环翠科技英才（第二届环翠区青年科技奖）”；环翠区2020年山东省科协助力创新驱动发展工程协同创新基地获得省科协批准；新建竹岛街道山海社区科普体验馆1处，新增市级科普e站4处、市级科普示范村（社区）3处。

【新冠肺炎疫情防控应急科普】 2020年，区科协发挥环翠区智慧科普平台优势，加强新冠肺炎疫情防控应急科普宣传，推送全国各权威媒体新冠肺炎疫情防控应急科普资料335条，其中视频32个、图文186条、本地科普117条，播放总量36.23万次，受益6万余人次；发布“科普环翠”微信公众号27期，推送《新型冠状病毒肺炎防控知识手册》应急科普信息44条；在“科普环翠”微信公众号内增设疫情防护手册、疫情防护知识竞赛、疫情智能问答三大版块，引导广大居民做好自身防护、坚决抵制谣言；与威海海洋智能装备研究中心合作推出线上公益科普——云创科普课堂，借助哈尔滨工业大学（威海）师资力量，增强青少年在新冠肺炎疫情防控期间居家学习、劳动趣味；组织编印《众志成城　抗击疫情》科普挂图300套3000张发放到各镇（街道）、村（社区）；组织党员到泉和社区、莱茵小镇、双泉城社区、双岛收费站卡点等地开展志愿服务活动，参与防控192人次。

【科技英才评选】 2020年4月，区科协与区委组织部联合开展环翠科技英才（第二届环翠区青年科技奖）评选活动。活动每两年举办1届，每届评选4人左右，管理期2年。经过基层推荐、专家评审、社会公示和区人才工作领导小组办公室审定，授予葛家君、王晓明、张海燕、周鹏程4人“环翠科技英才（第二届环翠区青年科技奖）”。

【科普基地建设】 2020年，区科协争取上级无偿资金20万元，在竹岛街道山海社区打造社区科普馆1处。投资近10万元，在环翠楼街道东南村社区翠沁园新设室外科普宣传机1处，在羊亭镇、张村镇、温泉镇、嵩山街道分别建设科普e站1处。年内，新增市级科普示范村（社区）3处（羊亭镇王家夼村、环翠楼街道大桥社区、嵩山街道向阳社区），市级“科普惠农示范工程”农村科普示范基地2处[威海晟仙俊美花卉科普示范基地、威海山里人家生态环境科技有限公司（白云深处）科普示范基地]，市级农村科普带头人2名（孙家疃街道远遥社区李国润、温泉镇温泉汤社区周承金），市级科普示范镇——张村镇，市级科普惠农服务站——威海利农农业生产资料有限公司科普惠农服务站，省、市级科普教育基地——威海海洋智能装备研究中心，全国青少年人工智能活动特色单位——威海海洋智能装备研究中心。

2020年环翠科技英才（第二届环翠区青年科技奖）获得者一览表

表6

序号	姓名	性别	出生年月	工作单位
1	葛家君	男	1983年1月	威海市海王旋流器有限公司
2	王晓明	男	1982年5月	威海卫人民医院
3	张海燕	女	1977年3月	威海怡和专用设备制造有限公司
4	周鹏程	男	1981年4月	三角轮胎股份有限公司

（张　萌）

法　治

政法委与综治

【概况】 2020年，全区政法工作坚持以防范化解风险、推进扫黑除恶专项斗争、推动区域社会治理现代化试点等为重点，统筹推进全局性、战略性、基础性工作，不断加强和创新社会治理，召开“平安环翠”建设领导小组2020年度第一次全体会议，成立由区委书记、区长担任组长的区委“平安环翠”建设领导小组，负责全面统筹规划、研究部署、协调推进、督促落实“平安环翠”建设工作。各镇（街道）、村（社区）建立平安建设联席会议制度，全面形成区镇村纵向贯通、行业主管部门横向联动的工作体系。年内，区政法系统各部门落实本领域、本系统改革要点，推动繁简分流办案模式、案件质量监督体系、户政管理、警调对接、非诉讼纠纷解决机制等改革工作，实现办案运行制度更加优化、诉讼制度改革更加深入、政法干警履职保障更加完善。

2020年5月25日，区委召开“平安环翠”建设领导小组2020年度第一次全体会议
（区委政法委　供图）

【“六治一网”市域社会治理】 2020年，区委政法委抓好威海市争创全国市域社会治理现代化试点城市工作，对“六治一网”各项目标任务加大督导调度力度，形成具有环翠特色的成果和品牌。1月7日，全区非诉讼纠纷化解经验在全省市域社会治理现代化工作现场推进会议上作书面交流；“吹哨报到”全响应工作经验在《山东政法》第24期刊发；社会组织参与社会治理、公共法律服务体系建设等10项工作经验在全市市域社会治理现代化现场工作推进会议上交流。

【网格化治理】 2020年2月28日，区委办公室、区政府办公室制定出台《关于加强党建引领网格化治理推动城乡社区减负增能工作的实施意见》；3月27日，区委组织部、区委政法委、区财政局联合印发《关于加强网格工作队伍管理的实施办法》，将网格化治理与街道管理体制改革深度融合，推动网格化治理创新突破。年内，全区划分基础网格707个，成立由707名网格员、138名专业力量、10万余名辅助力量组成的“1+X+N”网格队伍，制定269项网格事项清单，举办网格化治理工作培训班，夯实网格化治理工作基层基础。依托网格化治理信息平台，打造区级协同指挥和镇（街道）综合处置两级“吹哨报到”全响应平台，提升网格化治理规范化、精细化水平。通过信息平台采集基础数据64.8万条，上报线索11.3万条。

【法院体制改革】 2020年，区法院完善繁简分流的新型办案模式，组建速裁团队，推进简案快审，提升审判效率。年内，民商事速裁团队结案3172件，每件案件平均办案时间3.8天，位居全省基层法院首位。对不宜速裁的案件，根据案件类型分流至各专业审判团队，其余重大、疑难、复杂案件由院（庭）长进行精细化审理，院（庭）长办案1895件，占全院办案数的11.3%。3月，区法院设立小额速执团队、大额执行团队及金融案件执行团队，推进执行案件繁简分流，执结各类案件8444件。

【检察体制改革】 2020年，区检察院严格落实检察官权力责任清单，健全检察官联席会议运行机制。3月26日，探索建立部门负责人把关、分管领导总体掌握、检委会审查、检察长全面负责的案件质量监督体系，提升案件办理质量。年内，组织案件质量评查4次、87起，发现并整改问题124个，促进执法办案更加规范。

【公安体制改革】 2020年，公安环翠分局在全省公安基层基础建设攻坚战“再抓三年”试点工作中，深入推进户政管理、社区治理警务共同体、合成作战中心、新型社区警务机制、智慧勘查试点建设。户政管理相关试点工作在环翠楼街道便民服务中心先行推进，12个派出所实现“警调对接”全覆盖。

【司法行政体制改革】 2020年，区司法局继续探索创新非诉讼纠纷解决机制，大力推进矛盾纠纷多元化化解，按照集约化、专业化、便民化、信息化的原则，整合全区各类调解资源，健全各项调解规章制度，逐步构建由专职人民调解员、公益律师、社会组织等多元参与的“环翠体系”；探索创新“诉—警—调”一站式矛盾纠纷化解的“环翠模式”；推动形成纵横联通、行专联动、智能联调的多部门协同、法理情融合的矛盾纠纷常态化、多元化防范化解机制。5月，新招聘41名专职人民调解员，夯实专职人民调解力量。

【社会稳定风险评估】 2020年，区委政法委组织各镇（街道）、各有关部门落实风险评估制度，及时发现风险、应对风险、化解风险，从源头上预防和减少各类风险隐患的发生，全区进行重大决策社会稳定风险评估84项、一般涉众型事项社会稳定风险评估223项，全部准予实施，未发生因风险评估不到位而引发的不稳定问题。为推动社会稳定风险评估工作规范化、科学化，成立区重大决策社会稳定风险评估专家库，通过推荐和遴选，确定43名具有社会稳定风险评估专业背景和实践经验的分管领导和工作人员、部分专业律师参加的专家库成员，为风险评估提供相关业务咨询和评估报告评审建议。

【矛盾排查化解】 涉法涉诉信访积案化解。2020年3月31日，区委政法委出台《2020年全区涉法涉诉信访积案攻坚化解专项行动工作方案》，梳理积案台账，压实包案责任，逐案研究措施，对未化解积案强力攻坚。9月24日，市委常委、政法委书记傅广照到鲸园街道调研社会综治维稳工作。年内，省交办的11件信访积案全部化解，化解率100%。

矛盾纠纷多元化解。2020年，区委政法委在全市率先铺开“诉—警—调”对接工作，在12个派出所设立调解室，接入全区诉调对接系统，为镇（街道）派出所和司法所配备41名专职人民调解员，充实基层调解力量，推动行业、专业领域人民调解组织建设。至年末，全区建成行业性、专业性人民调解组织23个，形成以人民调解为基础，以“诉—警—调”对接为重点，全域覆盖、全民参与的非诉讼纠纷解决模式。

【扫黑除恶专项斗争】 2020年6月9日—10日，市委政法委副书记、市扫黑除恶专项斗争领导小组办公室副主任曹志武一行4人到环翠区督导扫黑除恶专项斗争工作，听取工作汇报，进行个别谈话，实地察看区地方金融监管局、区市场监管局、张村镇扫黑除恶办公室、环翠楼街道扫黑除恶办公室等单位，督导重点线索核查、重点案件侦办、重点地区和重点行业领域整治等工作。年内，全区对扫黑除恶专项斗争始终坚持深挖严打和长效治理并重齐抓，明确7个“聚焦”、强化7个“狠抓”（聚焦政治站位，狠抓组织领导；聚焦黑恶线索，狠抓精准核查；聚焦重点案件，狠抓办案质效；聚焦黑恶腐败，狠抓正本清源；聚焦涉案资产，狠抓“黑财清底”；聚焦行业漏洞，狠抓综合整治；聚焦发动群众，狠抓广泛宣传），稳步推进扫黑除恶专项斗争。自专项斗争开展起，全区打掉黑社会性质组织1

个、恶势力犯罪集团5个、恶势力犯罪团伙2个、其他涉恶共同犯罪16起，抓获涉黑恶犯罪嫌疑人180人，查处涉案资产2127.54万元，破获敲诈勒索、非法拘禁、寻衅滋事等案件288起，查处涉黑涉恶腐败和“保护伞”及失职失责问题27起33人。

【涉企案件评查】 2020年，区委政法委开展涉企案件执法司法规范化专项检查及案件评查活动。通过随机抽调卷宗、实地查看、座谈等方式，对群众反映强烈的“执行难”、久办未果、损害企业利益等突出问题进行全方位检查，排查2018—2020年结案涉企案件2.10万件，整改超审限、执行不到位、案卷不规范等问题65个。

（于淑佳）

法治政府建设

【概况】 2020年，环翠区全面落实《法治政府建设实施纲要》要求，全力推进法治政府建设，开展法治政府示范创建、行政执法监督、行政执法规范化建设、合法性审查、政府法律顾问履职、执法普法、优化法治化营商环境等系列工作，营造公平、公正、规范、文明的法治环境。年内，为民营企业进行法治体检35次，提供各类法律咨询670次；组织行政执法人员、听证主持人公共法律知识培训考试3场，200余人次参与；审核各镇（街道）、各部门合同2904份，出具法律审查修改意见12250条；组织开展各种法治宣传活动320余场次，分发各类宣传材料2.3万余份，被省委全面依法治省委员会办公室命名为首批“山东省法治政府建设示范县（市、区）”。

【法治政府示范创建】 2020年，环翠区贯彻落实《法治政府建设实施纲要》和《关于开展法治政府建设示范创建活动的意见》，环翠区自2019年8月部署法治政府建设示范创建工作后，提报争创材料2次，经过省、市全面依法治省委员会实地复核后，10月19日，环翠区被省委全面依法治省委员会办公室命名为首批“山东省法治政府建设示范县（市、区）”。10月—11月，中共中央依法治国办公室、省委依法治省办公室、市委依法治市办公室分别到环翠区督察法治政府建设暨党政主要负责人履行推进法治政府建设第一责任人职责情况，督察组通过听取汇报、个别谈话、查阅资料、走访民营企业、访谈干部群众、明察暗访等多种方式，全面了解法治建设、法治政府建设暨党政主要负责人履行推进法治政府建设第一责任人职责情况。

【行政复议与行政应诉】 2020年1月29日，区司法局印发《关于调整新型冠状病毒感染肺炎疫情防控期间行政复议有关事项的通知》，对行政复议申请时限进行依法合理顺延，保障新冠肺炎疫情防控期间广大群众复议权利及生命健康安全。落实行政复议决定书网上公开制度，审结案件的行政复议决定书及时在网上公开。年内，受理行政复议案件26件，审结25件（含上年度未结案件3件），纠错率24%。全面推行行政机关负责人出庭应诉制度，行政机关参与一审行政应诉案件29件（其中区政府作为复议机关共同被告4件），行政机关负责人出庭应诉率100%。

【行政执法监督】 为严格规范公正文明执法，2020年4月，区司法局公布32个区级行政执法主体。同月起，督促各执法部门对本部门2016年至2019年期间办结的行政处罚案件、行政执法制度建设情况进行全面自查。同时区司法局抽取40个案卷进行检查，发现问题及时反馈，督促执法部门进行整改。6月，开展“轻微违法不罚”“一般违法轻罚”工作，各执法部门认领、公示“不罚清单”“轻罚清单”，并开展专项监督检查。至年末，16个部门认领事

2020年10月28日，省委依法治省办公室督察组工作人员到环翠区督察法治政府建设情况

（区司法局 供图）

项156项，适用清单办理执法案件31件，既保证行政执法的公平公正，又体现执法的“温度”和“人情味”。

【行政执法规范化建设】 2020年，区司法局加强行政执法规范化建设，按要求部署落实行政执法“三项制度”（行政执法的公示制度、全过程记录制度、重大执法决定的法制审核制度）。调整完善行政执法网上公示专栏，通过执法数据统计、梳理证明事项等日常工作不定期对行政执法公示专栏公示情况进行检查，至年末，公示相关执法信息400余项。规范行政执法全过程记录制度，推行行政处罚和行政强制权力网上运行工作，各执法部门将行政处罚和行政强制案件同步录入系统平台，至年末，录入案件90件，应结案率达到100%。制定重大执法决定法制审核目录清单和要素清单，全区公布目录清单和要素清单59项，确定法制审核人员80余人，占全区执法人员总数比例13.6%。通过持续推进“三项制度”，全面实现执法信息公开透明、执法全过程留痕、执法决定合法有效。

【合法性审查】 2020年，区司法局在区政府网站设立重大决策事项意见征集栏，按季度公开重大行政决策事项目录，进一步拓宽和提升公众对重大决策事项的参与度和透明度。6月，“环翠区机关事业单位合同备案管理系统”正式运行，在满足各部门实时备案需求的同时，借助云端存储，对合同管理实行电子化监管，有效减少瑕疵合同比例，助力全区依法行政水平提升。至年末，审查重大决策事项18件，发放调查问卷1.5万余份，法律顾问提供法律意见书18份；出台政府规范性文件1件，部门规范性文件14件；审核各镇（街道）、各部门合同2904份，出具法律审查修改意见12250条。

2020年12月16日，环翠区第四届党政一体法律顾问评审会召开
（区司法局　供图）

【政府法律顾问履职】 2020年12月，区司法局通过公开遴选方式选定15名律师，组成环翠区政府第四届法律顾问团，为全区71个机关事业单位提供为期两年的法律服务。同月16日，环翠区在司法局召开第四届党政一体法律顾问评审会。法律顾问为政府重大决策和重大行政执法行为提供合法性审查、法律意见35次，审查合同、协议及有关法律文书3120份，为信访案件依法处理提供法律意见16条，代理诉讼、调解和仲裁等法律事务26次，开展法治宣传活动及提供其他法律顾问服务60余次，为全区行政机关依法行政提供有力支撑。

【执法普法】 2020年，区司法局印发《环翠区国家机关“谁执法谁普法”责任清单》《关于印发〈关于加强精准普法的指导意见〉的通知》《关于进一步落实国家机关“谁执法谁普法”普法责任制的意见》等文件，指导普法成员单位履责。7月，启动《中华人民共和国民法典》宣传月活动。8月，开展“文明创城法治同行”暨民法典集中宣传周活动，更新完善环翠区法治宣传教育中心、改造升级环翠区法治公园2个省级法治基地，利用各类媒体在全区掀起宣传热潮，全区各镇（街道）和相关单位开展宣传活动300余场。12月，启动国家宪法日、宪法宣传周暨山东省法治宣传教育月宣传活动，组织开展各种法治宣传活动320余场次，分发各类宣传材料2.3万余份，受益群众1.1万余人。

【优化法治化营商环境】 2020年，环翠区制订涉企规范性文件《环翠区“亩产效益”评价改革工作实施方案（试行）》，公开征求社会公众和企业意见。畅通便捷“绿色通道”，持续开展“减证便民”行动，开展行政规范性文件清理和证明事项清理工作，废止行政规范性文件13件，清理证明事项44项。组织律师参加“新冠肺炎疫情防控律师公益服务团”和“外贸企业微信服务群”，为辖区涉外企业提供全方位线上法律咨询117次。组织12名区属律师加入市民营企业法律服务团，为民营企业进行法治体检35次，提供各类法律咨询670次。

（丁超男）

公　安

【概况】 2020年，全区公安工作以维护稳定、严打整治为中心，开展打击违法犯罪，推进扫黑除恶专项斗争，强化社会治安管理，实施基层警务、民生警务建设，落实新冠肺炎疫情防控部署。持续巩固“不忘初心、牢记使命”主题教育成果，按照市公安局党委部署，稳妥推进公安边防部队改革转隶，一系列改革政策精准落地，晋升职级75人，提拔重用17人，调整交流23人。引导党员民警投身到新冠肺炎疫情防控一线，收到入党申请书90余份，发展预备党员9人，发展入党积极分子10人，储备入党积极分子28人。组织开展党务工作者培训班和入党积极分子培训班，在公安环翠分局机关内打造党建活动室和文化长廊。深入开展“坚持政治建警全面从严治警”教育整顿主题党课，组织全体干警参加政治轮训班集中培训。开展全警实战大练兵，实行“周汇总”“月通报”调度机制，举办教官骨干培训班、队列教员培训班等各类培训20余个班次。聘任26名兼职教官，组建分局警务实战教官团队和心理服务教官团队。开展警容风纪和队列礼仪专项训练，大力开展体能强警工程，严格落实“周训练日”制度，先后组织体能练兵500余场次，参训4000余人次。年内，破获敲诈勒索、非法拘禁、寻衅滋事等案件216起；办理“12345”政务服务便民热线4134件；开展港湾码头集中整治7场次，查处涉海行政案件14起，重特大案件全部侦破，刑事案件发案率比上年下降7.22%。

【打击违法犯罪】 维护稳定。2020年，公安环翠分局把握政治安全、社会稳定、新冠肺炎疫情防控形势，重特大案件全部侦破，刑事案件发案率比上年下降7.22%，实现“十连降”。防范化解涉稳风险，上级交办的涉公安信访问题处结率、信访积案化解率100%。

严打整治。公安环翠分局推进禁毒人民战争，破获各类涉毒案件134起，抓获涉毒犯罪嫌疑人147人，强制隔离戒毒19人，缴获冰毒14克，铲除毒品原植物1.4万余株。推进“云剑—2020”行动（2020年4月，由公安部部署全国公安机关开展的依法严厉打击治理电信网络诈骗犯罪、民族资产解冻类诈骗犯罪，深入推进命案积案攻坚行动），破获故意杀人积案2起，抓获故意伤害致死案逃犯1名，破获本地电信网络诈骗案件35起，连带破获外地案件32起，抓获犯罪嫌疑人28人，电信案件发案率比上年下降4.2%，破案率提高115%。开展“黄赌”违法犯罪专项治理，破获社会危害性极大、关注度极高的公安部督办案件“孟某忠、刘某芳开设赌场案”，打掉网络卖淫团伙2个。严打“三非”（非法就业、非法入境、非法居留）外国人案件，遣送出境2人，报列不准入境2人。侦办食品、药品、环境、知识产权和涉林、涉野生动物刑事案件20起，侦破公安部督办的姜某金等制售伪劣医疗器械案。

2020年6月11日，公安环翠分局举行队列会操（公安环翠分局　供图）

【扫黑除恶专项斗争】 2020年，公安环翠分局推进扫黑除恶专项斗争，把打击锋芒对准群众反映最强烈、最深恶痛绝的各类黑恶势力违法犯罪。7月，打掉1个在全省16个地市以“打假”“维权”为由实施敲诈勒索、寻衅滋事170余起的恶势力犯罪集团，抓获犯罪嫌疑人6人。年内，查结公安部督办线索1条、省公安厅督办线索3条、市公安局督办线索47条，抓获涉黑涉恶犯罪嫌疑人50人，破获敲诈勒索、非法拘禁、寻衅滋事等案件216起。

【社会治安管理】 2020年，公安环翠分局开展以“共筑反恐防线，同护社会平安”为主题的反恐防范宣传活动，组织开展进学校、进社区、进公共场所宣教活动，强化应急处突能力建设，开展联合反恐演练、实战培训，实现广大群众反恐应急处置能力大幅提升。围绕枪支弹药、危险爆炸物品、散装汽油等重点物品和寄递物流等重点领域，全面加强日常流向登记和安全管理，检查易制爆单位50家、保安公司4个，勘察爆破工地18处。对全区肇事肇祸严重精神障碍患者进行摸底排查，实行动态管控，确保精神障碍患者肇事肇祸案（事）件“零发生”。强化全区学校安全工作，对校园安全风险隐患开展大排查，督促校园严格落实安全防范措施。持续开展烟花爆竹禁放工作，在元旦、春节等禁燃禁放关键期，全员出警参战，联合辖区镇（街道）、村（社区）干部群众深入街头巷尾开展工作，实现全年“零燃放、零响声”目标。不断强化文明养犬管理，出台《环翠区养犬管理考核办法（修订）》，对全区重点区域进行无缝隙巡查，开展有针对性专项整治，发放文明养犬宣传材料2.64万份，查处收容流浪犬932只，清理大型犬、烈性犬604只，查获违规养犬409起。

【基层警务】 2020年，公安环翠分局争取区委、区政府支持，将“两个大抓”（大抓基层、大抓基础）和“精致公安”建设列入环翠区“十四五”规划纲要，组建工作专班，制订出台新型社区警务机制、社区治理警务共同体、县级合成作战中心建设、“智慧勘查”、“证明材料在线获取、自助打印”5个试点创建工作实施方案，建成三级电子取证实验室和尸体解剖室。加大人财物保障力度，厘清警种部门、派出所的职责界限，优化警力配置，巩固警力下沉成果。向区政府申请基层基础建设专项经费2132万元，从硬件和软件两个方面推动公安基层基础工作提档升级，81项年度建设任务全部完成。继续开展警情清零、积案清仓的执法“双清”专项行动，建立常态化执法巡查机制，每日网上巡查，每月现场检查，加强源头管控，孙家疃派出所被省公安厅授予“全省公安机关执法示范单位”。在张村派出所试点，推进执法办案场所升级改造，在全市首创“三室分立一体管理”（受案室、案件管理室、涉案财物管理室分别设立，一体化管理运行）模式和设立行政案件快速办理专用区域，基层所队的规范执法水平再上新台阶。11月17日，全市公安机关“精致公安”建设重点攻坚突破暨党建带队建示范创建推进会与会人员到张村派出所、刑侦大队智慧勘查室观摩。

【民生警务】 2020年，公安环翠分局坚持创新和发展新时代“枫桥经验”，1个警务室（莱茵小镇社区警务室）、2名民警（王继东、汪洋洲）被威海市公安局命名为“恩雨式优秀社区警务室”“恩雨式优秀社区民警”。紧盯构建“全省领先、全国一流”的县区级智慧警务样本目标，完成“平安环翠”视频监控九期项目建设，新建点位118个，更新点位533个。开展智慧公安建设，作战联勤联动警务机制被公安部改革攻坚专刊作为全面深化改革动态予以推广。办理“12345”政务服务便民热线4134件，比上年增长11%。持续深化“放管服”改革，开通新冠肺炎疫情防控服务绿色通道，推行非接触式办公模式，推出一系列便民利企新举措。对复工复产人员“一对一”电话跟踪指导准备相应材料，接受热线咨询1000余人次，为复工、复产、复学、复课人员办理出入境证件525人次，为中考、高考学生办理户籍业务149人次。

【公安机关新冠肺炎疫情防控工作】 新冠肺炎疫情发生初期，公安环翠分局研究出台全区公安机关新冠肺炎疫情防控处置工作方案，启动战时工作纪律，全体警员停止休假，24小时应急值守，配合卫生健康、疾病控制部门，进行社会随访，构筑新冠肺炎疫情防控坚固防线。按照“外防输入、内防反弹”要求，牵头扛起联防联控和社会稳定重任，对境外及国内中、高风险地区到环

2020年2月13日，公安环翠分局特巡警大队在新冠肺炎疫情防控期间巡逻防控
（公安环翠分局 供图）

翠区人员开展精准化研判，强化海上新冠肺炎疫情输入防控工作，全力落实各项防控措施，织严织密疫情防控网，完成12个集中隔离点的安保工作及北京、青岛的接返工作，累计随访5.7万人、处置涉疫警情541起、查处涉疫案件43起，侦破的梁某宁等特大生产、销售伪劣产品案被公安部列为全国76起新冠肺炎疫情防控期间典型大案要案之一。

【海岸警察整编】 2020年7月1日，公安环翠海岸警察大队、各海岸派出所挂牌成立，完成机构编制调整、民警职级套改、转改士兵招录等改革任务。面对海上新冠肺炎疫情输入防控形势和海岸线管理，发挥环翠区海防委员会平台优势，建立定期会商、信息共享和督察通报机制，随访海港入境人员4226人次，落实“点对点”接返103人，组织海上新冠肺炎疫情突发事件处置演练2场，实现海上新冠肺炎疫情“零输入”。加强涉海要素基础管控，采集涉海基础信息1000余条。全面排查化解涉海隐患，开展反偷渡、反走私等专项风险评估9场次，发现并整改安全隐患12处。加强港口码头阵地管控，通过视频巡查与实地巡逻相结合，组织警力对沿海一线进行不间断巡逻。召开渔（船）民专题教育会15场次，签订责任状500余份，悬挂各类宣传标语30余处。强力推进整治涉渔违法违规行为专项行动，开展集中整治7场次，查处涉海行政案件14起。

（颜廷进）

检　察

【概况】 2020年，全区检察工作聚焦法律监督与经济社会发展大局，服务经济社会发展，依法履职，开展刑事检察、刑事监督检察、民事行政检察、公益诉讼检察，实施未成年人保护、生态司法保护，推进扫黑除恶专项斗争，落实新冠肺炎疫情防控部署，保障企业复工复产，打击金融犯罪，促进社会矛盾化解，接受人民监督。年内，批准逮捕各类刑事案件96件132人，提起公诉448件608人，办理市纪委监委、区纪委监委移交的职务犯罪案件4件4人，办理民事检察监督案件76件，发出公益诉讼诉前检察建议26件。

【刑事检察】 2020年，区检察院密切关注社会治安和公共安全领域，重点打击影响群众安全感的严重刑事犯罪，受理各类审查逮捕案件113件156人，批准逮捕96件132人；受理审查起诉案件560件752人，提起公诉448件608人。其中，从快批捕寻衅滋事、聚众斗殴、故意伤害等暴力犯罪34人，起诉99人；批捕抢劫、盗窃、诈骗等侵财犯罪38人，起诉69人。加强专业化办案，强化检察官对案件的整体把控，提升办案效率和质量，办案时间比上年缩短15%，案件数量下降91.25%。落实认罪认罚从宽制度，适用率90.64%，591名犯罪嫌疑人真诚悔罪、认罪认罚，得到从宽处理。发挥反腐职能作用，强化与纪委监委衔接配合机制，办理市纪委监委、区纪委监委移交的职务犯罪案件4件4人。

【刑事监督检察】 2020年，区检察院强化立案、侦查、审判、执行环节监督，监督立（撤）案21人，监督立案的谷某某过失致人死亡案被省检察院评为监督立案典型案件；纠正漏捕漏诉39人，纠正漏捕的徐某涉嫌贩卖毒品案，徐某被依法判处有期徒刑十五年；纠正执行环节违法情形38次，办理重大案件侦查终结前讯问合法性，核查案件22件。

【民事行政检察】 2020年，区检察院办理民事检察监督案件76件。依法打击的2件虚假诉讼案件得到法院改判。4月15日，与区司法局会签《关于办理民事支持起诉案件暨法律援助工作的协作办法》，依法支持31名农民工提起诉讼，帮助农民工讨薪20余万元。做好当事人的服判息诉工作，78%的民事申请监督案件以息诉方式结案。依法监督行政诉讼和执行活动，提出检察建议18件。推动行政争议实质性化解，促使10起案件停止纷争。

【公益诉讼检察】 2020年，区检察院推进社会治理能力现代化，在生态环境和资源保护、食品药品安全、道路交通安全等领域发挥监督作用，发出公益诉讼诉前检察建议26件，相关行政部门全部整改到位。提起行政公益诉讼案件1件，推动行政机关规范执法标准。提起刑事附带民事公益诉讼案2件，涉案修复费用200余万元，全部执行完毕，其中李某等人非法捕捞水产品刑事附带民事公益诉讼案被评为“2020年度山东省检察机关公益诉讼典型案例”。

【未成年人检察工作】 2020年，区检察院加强未成年人司法保护，推进未成年人权益保护社会支持体系建设，选派8名检察人员担任法治副校长，开展“关爱未成年人　走向美好未来”主题法治教育活动6场次，受教育师生1000余人。5月28日，区检察院举行“同舟共济　检护明天”检察开放日暨“百灵未成年人检察工作室”揭牌活动，保障

2020年5月28日，区检察院举行“同舟共济 检护明天”检察开放日暨“百灵未成年人检察工作室”揭牌仪式 （区检察院 供图）

未成年人合法权益。依法严惩群众高度关注的侵害未成年人权益犯罪，办理案件30件38人。6月1日，区检察院与公安环翠分局、区司法局联合印发《关于办理侵害未成年人刑事案件检察机关适时介入的意见》《关于未成年被害人刑事法律援助工作的实施办法》，提前介入6件性侵未成年人案件，对4名未成年被害人实施司法救助。

【扫黑除恶专项斗争】 2020年，区检察院依法办理涉黑涉恶案件5件20人。省扫黑除恶办公室挂牌督办的高某等16人恶势力犯罪案件，经过3天的庭审抗辩，16名“零口供”被告人全部认罪。充分发挥法律监督职能，向区扫黑除恶办公室移交涉黑案件线索，按照涉黑恶案件“一案一治理”原则，对涉黑恶案件暴露的社会治理问题制发检察建议，收到回复并整改到位。其中，对刘某某等23人涉黑案件引发的市场竞争秩序管理问题的检察建议获得“威海市检察机关2020年度优秀检察建议”。

【新冠肺炎疫情防控检察工作】 2020年，区检察院聚力全区新冠肺炎疫情防控，组成工作组进驻羊亭镇南小城村，开展防疫督导；先后派出检察干警2100余人次，到竹岛街道9个社区、双岛收费站卡口等地值班值勤 55天。利用远程讯问、微信视频、“云”开庭等办案方法，保证新冠肺炎疫情防控期间办案质效。王某某在新冠肺炎疫情防控期间贪污捐赠防疫物资案，受案8天后即起诉，并及时将涉案防疫物资归还威海港集团；从快办理宋某冒充新冠肺炎疫情检查人员强奸幼女、抢劫案，法院依法判处其有期徒刑十二年，该案作为典型案例被《最高人民检察院疫情防控检察业务工作情况》采用。

【保障企业复工复产】 2020年，区检察院贯彻市检察院《支持企业复工复产保障经济发展的工作意见》，推出服务民营经济9项举措，助力援企稳岗政策落实。把握依法惩处与平等保护相结合要求，充分适用认罪认罚从宽制度，审慎办理涉企案件。在审查某企业负责人邹某某非法购买增值税专用发票案时，发现犯罪动机是为工人发工资，主观恶性较小，没有造成国家税款损失，遂对邹某某作出相对不起诉决定。

【生态司法保护】 2020年，区检察院打造刑事惩戒、民事赔偿、生态补偿有机衔接的海洋生态司法保护机制，通过公益诉讼监督增殖放流鱼苗840余万尾，其中向威海湾增殖放流许氏平鲉200余万尾，推动渔业资源修复。增殖放流活动被中央、省、市、区四级媒体报道，最高人民检察院以“走近一线检察官”为主题全程直播，点击总量达5.5亿，讨论人次75.4万。加大对公益林的

2020年7月15日，区检察院开展公益诉讼监督增殖放流活动，向威海湾增殖放流许氏平鲉200余万尾 （区检察院 供图）

保护力度，充分发挥公益诉讼诉前检察建议职能，推动相关职能部门履职；对构成刑事犯罪的，依法提起刑事附带民事公益诉讼，2.13公顷省级公益林得到复植。刑事附带民事公益诉讼工作经验被省、市、区三级领导批示肯定。

【打击金融犯罪】 2020年，区检察院把防范化解重大金融风险落实到办案一线，办理破坏市场经济秩序案件60件135人，其中包括涉案金额11.3亿元的徐某某等十人虚开发票案和威海市具有重大影响的银信非法集资案。把握宽严相济的刑事司法政策，对犯罪情节轻微、社会危险性较小的犯罪嫌疑人不捕不诉53人；向有关部门制发检察建议19份，帮助重点行业堵塞金融监管漏洞。

【社会矛盾化解】 2020年，区检察院建立执法办案风险评估预警、律师介入、信访心理疏导等工作机制，构建矛盾纠纷多元化解体系，将矛盾纠纷化解在初信初访环节。做好信访积案化解攻坚专项行动，妥善处理群众来电、来信、来访117件次，化解一起13年信访积案，实现信访积案和重点人物“双清零”。加大对因案致贫、返贫群众帮扶力度，办理国家司法救助案件18件，为18个家庭发放救助款65万余元。组织开展《中华人民共和国民法典》专题讲座、新时代检察宣传周、检察官说“法”等普法活动10余场次。

【检务公开】 2020年，区检察院拓宽人民群众参与、监督检察工作渠道，开展检察开放日、人大代表集中走访等活动，通过个性化“问诊”，联络代表40余人，赠阅检察专刊300余份；邀请人民监督员参与公开听证，检察建议现场宣告、送达等司法活动，监督案件办理12件次。深化检务公开，展现检察工作，讲好检察故事，96篇新媒体作品被最高人民检察院、省委政法委、省检察院等公众号以及正义网、《检察日报》等媒体采用，《用我的铅笔，画下战“疫”中的你》等新媒体作品被中共中央政法委、最高人民检察院转发。

（张大强）

法 院

【概况】 2020年，区法院围绕优化营商环境、扫黑除恶、诉源治理等重点工作履职尽责，开展刑事审判、民事审判、商事审判、行政审判，推进执行工作，实施司法创新，通过纠纷调解、诉讼服务、民生保障，实现司法为民。年内，全院审执结各类案件16774件，比上年上升7%；结案率为96.6%，位居全市法院首位；司法辅助事务集约化管理工作被最高人民法院确定为人民法院司法改革案例，司法责任制改革、智慧法院建设、“诉—警—调”对接等工作先后获得省、市政法委及上级法院主要领导专门批示或充分肯定。

【司法创新】 2020年，区法院创新司法辅助事务集约化管理模式，由有资质的第三方对聘用制人员和司法辅助事务进行集约化、信息化、标准化管理，引入智慧排期、送达及第三方“跟案”等做法，推动办案质效提高。在质量管理上，剥离辅助事务，使法官专注于司法核心事务，发回重改比例比上年下降5.1个百分点；在效率上，以科学管理激发队伍积极性，员额法官年人均结案373件，比上年提高2.2%，平均办案时间从85天缩短至44.1天，下降48.1%；在效果上，解决辅助人员招聘、管理、定责“三难”问题，厘清法官和助理职责，有效降低司法廉政风险。接待当事人实现“零”投诉，民商事案件自动履行率提升12.4个百分点。创新做法获得上级法院及市、区主要领导批示肯定，被最高人民法院确定为人民法院司法改革案例，并在国家级研讨中作经验交流。

2020年5月22日，区法院公开审理王某某参加黑社会性质组织、寻衅滋事、强迫交易案（区法院　供图）

【刑事审判】 2020年，区法院审结刑事案件486件，其中故意伤害、强奸等暴力犯罪案件71件，危险驾驶、交通肇事案件243件。刑事案件收案数比上年下降34.3%，结案率上升2.8个百分点。严厉打击职务犯罪，审结贪污贿赂、渎职、职务侵占案件6件6人，其中原为县处级以上职务2人。年内，深入推进扫黑除恶专项斗争，审结涉黑涉恶案件4件24人，其中判处五年以上有期徒刑5人，重刑率20.83%，判处罚金101万元。打击妨害新冠肺炎疫情防控犯罪，审结买卖口罩诈骗、侵吞防疫物资等涉疫情案件。推进刑事案件快速审理，与看守所建立视频专线，远程开庭、审讯151件次。

【民事审判】 2020年，区法院审结各类民事案件4351件，其中涉及教育、就业、住房等领域案件1022件。实行统一的城乡居民人身损害赔偿标准，审结交通事故、医疗损害赔偿等案件530件；审结婚姻纠纷629件，平均办案用时19.1天，位居全省基层法院前列。组建速裁团队，推进简案快审。民商事速裁团队结案3172件，占全院民商事结案数量的41.6%，平均办案时间位居全省基层法院首位。

【商事审判】 2020年，区法院审结商事案件3263件。印发优化营商环境工作实施意见和配套措施，深入落实“执行合同”和“办理破产”两项指标任务，协调建立多部门联动机制，对涉诉企业和代理机构进行司法满意度回访，提升司法服务能力和水平。加强知识产权保护，审结专利、商标、著作权等知识产权纠纷71件。成立破产审判团队，推动设立破产专项援助基金，妥善审结威海和利食品有限公司等破产案件8件，其中威海欣和服装有限公司破产清算案审结用时仅37天，是全市首次适用简易程序审理且办案用时最短的破产案件。

【行政审判】 2020年，区法院支持和监督行政机关依法行政，审结各类行政案件136件，其中，对49件非诉执行案件做出准予强制执行裁定，行政案件结案率100%，位居全市法院首位。推进行政纠纷实质性化解，完善行政争议审前和解工作机制，推动52起行政争议进入和解程序，其做法在全市法院行政审判工作会议上推广。推进司法与行政良性互动，向行政机关发放出庭应诉通知书44份，发出司法建议7份。延伸司法服务职能，作为全市环境资源审判机制改革试点，推动自然与文化遗产保护巡回法庭筹建工作。

【执行工作】 2020年，区法院成立小额速执团队、大额执行团队及金融案件执行团队，推进执行案件繁简分流，执结各类案件8444件，执行结案率96.3%，比上年提升4.5个百分点。针对拖欠劳动报酬及抚养、赡养费用等涉民生案件加大执行力度，拘传被执行人35人，限制高消费和纳入失信名单4470人，网络财产查控1.72万余次，网上询价、网络司法拍卖1800件次，线上发放执行款12.1亿元。

【司法为民】 纠纷调解。2020年，环翠区在“三级诉调对接平台”［区诉调对接中心负责指导各级调解组织，镇（街道）设立“诉调对接分中心”，村（社区）设立“诉调对接工作站”］基础上，增设知识产权调解委员会、仲裁委员会诉裁对接中心、执前和解中心，配齐配强调解力量，在诉讼服务中心增设12处专业纠纷调解室，选聘41名调解员进驻各镇（街道）及所辖派出所，选聘23名特邀调解员进驻审执部门，对基层调解组织调解不成功的纠纷进行再次调解，提升调解成功率；探索“诉—警—调”联动工作机制，联合金融监管、市场监管等部门建立多元预防调处化解综合机制，完善“大调解”格局，实现调解机制

2020年6月2日，省委政法委领导到区法院调研“诉—警—调”对接工作机制
（区法院 供图）

升级。6月2日，省委常委、政法委书记林峰海一行到区法院调研“诉—警—调”对接工作机制。至年末，诉前分流纠纷9808件，调解成功3440件，其中未进入诉讼程序1969件，占民商事结案数量的25.9%；全院民商事收案数比上年下降4.4%，诉源治理效果日益凸显。

诉讼服务。2020年，区法院优化司法功能分区，将执行局搬迁至张村法庭，对诉讼服务中心进行升级改造，集诉调对接、信访接待与速裁快审中心为一体，实现咨询导诉、诉前调解、网上立案、简案快审等业务“一站通办”。畅通诉讼服务渠道，以短信方式向当事人发送审判流程信息6113条，通过“12368”诉讼服务热线提供诉讼引导、案件进展查询等服务7600余次，通过电子邮箱、微信、短信等方式送达法律文书1.23万余件，根据当事人需求协助或接收跨域立案41件，让群众参与诉讼更加便捷。主动接受监督，依法公开裁判文书1.75万余份、庭审直播3100余件次，通过官方微博、微信推送案件信息1200余条。

民生保障。2020年，区法院依法做好信访积案化解工作，通过远程视频接访、院领导接访等方式妥善办结群众来信来访207件。强化司法人权保障，推进刑事案件律师辩护全覆盖，通过法律援助为被告人指派辩护律师144人次，对符合条件的40起案件当事人给予司法救助，发放救助款134.2万元，为当事人减缓免缴诉讼费1.7万元。注重公共权益保护，审结非法捕捞案件2起，依法判决被告人增殖放流鱼苗840余万尾，修复受损的生态资源。

（唐懿荣）

司法行政

【概况】 2020年，全区司法工作聚焦市场主体，全面推进“七五”普法，以普法宣传教育、立体普法网络为抓手开展普法工作，以人民调解、法律服务中心、基层法律服务所为依托落实基层司法工作，以社区矫正、心理矫正为重点推进社区矫正与帮教。年内，调处各类纠纷15444件，排除纠纷1093件，预防纠纷552件，调解成功率98%；规范社区矫正执法工作，接收社区矫正对象476人，解除矫正对象452人；全区律师、公证、司法鉴定以及基层法律服务机构办理各类法律服务事项7995件。至年末，全区有国家级民主法治示范社区4处、省级民主法治示范社区2处、市级民主法治示范社区81处。

【普法工作】 2020年，区司法局在全区35所学校创新开展“法治一堂课”活动，播放“开心普法”系列校园电视短剧；开展“青少年法治教育训练营”活动9期，参与人员400余人，其中，90余名山东教育卫视威海站小记者参与活动的新闻在山东教育卫视《校园星播报》节目播出；59名区政法系统人员、律师加入威海市中小学法治副校长人才库；制定领导干部任前学法考试实施办法，组织全区国家工作人员7800余人参加威海市学法考法活动。年内，区司法局精选新媒体普法资料植入“法治环翠”微信公众号后台，订购《中华人民共和国民法典》500余册，配套宣传主题宣传折页4.4万余份；将民法典内容融入环翠区法治宣传教育中心、环翠区法治公园2处省级宣传基地，充实到全区11家城市书房和流动图书车，让民法典精神走近群众；面向区普法重点部门赠送书籍300余册、普法折页800余份；面向青少年开展3期民法典主题“青少年法治教育训练营”活动，培养青少年守法意识。融合各方力量，组织镇（街道）、部门、单位推进民法典“十进”（进机关、进乡村、进社区、进学校、进企业、进景区、进网络、进宗教场所、进家庭、进军营）工作，开展活动400余场。12月，启动国家宪法日宣传周、宣传月活动，在各镇（街道）、部门、单位开展宪法宣传活动320余场，分发宣传材料2.3万余份。区司

2020年12月5日，山东教育卫视威海站小记者在区公共法律服务中心参加“青少年法治教育训练营”活动 （区司法局 供图）

法局做好《案件聚焦》等精品电视节目，定制民法典主题书签、民法典宣传折页、《文明创城 法治同行》宣传页、《青少年法治教育读本》4种文本材料。做好《百姓法治宝典》口袋书及配套APP发放推广，组织镇（街道）发放2.5万册。新兴媒体不断更新，在区政府网站、“法治环翠”公众号上推出“新冠肺炎疫情防控法律咨询”窗口，设置13类问题板块，提供22份实用法律文书。“法治环翠”微信公众号、微博保持工作日更新，累计发布信息2089条。

【公共法律服务体系建设】 法律服务中心。2020年，区司法局深化公共法律服务体系建设，加快整合法律服务资源，区公共法律服务中心增设法律援助、法律咨询、人民调解、行政复议、公证和司法鉴定前台接待窗口，切实增强群众获得感、幸福感、安全感。9月，区公共法律服务中心被市委组织部列为习近平新时代中国特色社会主义思想政治建设教学点。

基层法律服务所。2020年，全区有基层法律服务所9处、基层法律服务工作者35人，其中本科生16人、专科生19人。基层法律服务工作者应聘担任企业法律顾问17人、村（社区）法律顾问18人，代理民商事诉讼案件437件、行政诉讼案件4件、非诉讼案件69件，咨询和代写法律文书539件，调解案件178件，仲裁案件28件，法律援助19件。

【律师工作】 2020年，全区有律师事务所19家、执业律师123人，办理诉讼类案件1793件、非诉讼类业务492件。组织4名律师参加“环翠区外贸企业服务群”，帮助涉外企业解决因新冠肺炎疫情影响导致的合同履行、劳动纠纷等问题；落实法律服务代理机制，为中小微企业进行法治体检，助力打造法治化营商环境。

【参与化解涉法涉诉信访案件】 2020年，区司法局组织13家律师事务所50名律师进驻区法院诉讼服务中心，开展导诉服务。为立案群众提供法律咨询，协助办理网上立案，引导当事人通过法定途径解决纠纷。年内，提供法律咨询3250次，协助网上立案287件。

【一村（社区）一法律顾问】 2020年9月，“2020年度一村（社区）一法律顾问”工作启动，聘请62名律师和法律服务工作者为全区166个村（社区）担任法律顾问。年内，提供法律咨询4150次、普法讲座182次，参与信访积案化解3次、村（社区）群众纠纷调解48起。

【一学校（幼儿园）一法律辅导员】 2020年9月，“2020年度环翠区一学校（幼儿园）一法律辅导员工作”启动。10家律师事务所的28名律师担任56所公立中小学、幼儿园的法律辅导员，为各学校、幼儿园提供法律咨询、法律意见、法律援助、法治宣传等服务。

【法律援助】 2020年，区法律援助中心开展农民工维权和重点人群普法工作，为弱势群体维护合法权益保驾护航。受理法律援助案件764件，提供“线上+线下”法律援助咨询1300余人次，为当事人节省诉讼费162万元，挽回经济损失268万元。4月15日，区法律援助中心与区检察院会签《关于办理民事支持起诉案件暨法律援助工作的协作办法》，坚持各司其职、相互协作的原则，通过召开联席会议、建立线索移送与反馈机制、定期通报等，共同维护司法公正，保障当事人合法权益，全年办理农民工法律援助案件124件。区法律援助中心通过与公检法等部门沟通协作，办理刑事援助案件199件。落实认罪认罚从宽制度，完成法律援助案件422件。

【人民调解】 2020年，区司法局将加强人民调解工作列入2020年全区为民实事任务清单。全区有调解员888人、调委会204个，调处纠纷15444件，排除纠纷1093件，预防纠纷552件，调处案件实现“零”上访。3月，区司法局出台《关于建立环翠区“诉—警—调”对接工作机制的实施意见》，创新提出“一二三”工作法（“一机制、两队伍、三融合”工作法。“一机制”为开创“诉—警—调”联动工作机制，“两队伍”为建立专职调解员和调解专家库队伍，“三融合”为灵活运用三种调解模式化解三方案源的矛盾纠纷）。5月，区司法局通过报名推荐、资格审核、公开考试、走访考察、公示监督5个环节，选拔41名专职人民调解员，充实到全区各镇（街道）人民调解委员会。将社区网格员手机APP终端推送上报的矛盾纠纷事项全部纳入山东省“智慧调解”系统，借助社区网格员资源优势，完善村（社区）矛盾纠纷上报功能，提升智慧调解手机端APP在村（社区）调解工作中的覆盖面和应用率。聚焦矛盾纠纷多发易发领域，着力抓好物业服务、知识产权、消费领域、金融保险等行业调解，行业性、专业性人民调解被纳入综治暨平安建设考核评价体系。至年末，21个行业、专业调委会调处各类纠纷9890件。9月24日，全市调解重点工作现场推进会议在环翠区召开。同月

2020年9月24日，全市调解重点工作现场推进会议在环翠区召开
（区司法局　供图）

29日，环翠区作为威海市唯一一个全省集约化非诉讼纠纷解决机制试点县（市、区）在全省集约化非诉讼纠纷解决机制试点工作座谈会上交流发言。

【社区矫正】 2020年7月，国家出台《中华人民共和国社区矫正法》，区司法局结合新冠肺炎疫情防控需要，通过印发明白纸、组织考试问答、线上线下宣传等方式推进《中华人民共和国社区矫正法》贯彻实施，提高社区矫正对象遵守法律法规意识。年内，全区接收社区矫正对象476人，解除矫正对象452人，在册安置帮教人员1038人。新冠肺炎疫情防控期间，创新“值、联、批、定、减、报”六项举措，全方位加强矫正对象监管，通过定位平台，确保安全稳定。利用电话、微信、QQ、短信等多种媒介对矫正对象开展“线上”教育，鼓励矫正对象参与所居住社区的志愿防疫活动。对接社会组织，通过政府购买社会服务模式，与威海心丝带心理健康服务中心合作，对所有矫正对象进行心理测试、建档立册，对存在心理问题的矫正对象采取跟踪矫治、因人施法的个性化心理辅导。全年为矫正人员提供心理矫治338人次，进行个案心理辅导37例。

【司法鉴定】 2020年，威明司法鉴定所受理司法鉴定案件1168件，其中法院委托案件97件、个人委托1071件。开展司法鉴定“三零”建设提升年活动，即遵守法律法规、执业道德、执业纪律，力争实现执业行为“零违规”、鉴定质量“零投诉”、服务群众“零距离”。8月，参加并通过市级司法鉴定服务标准化评估验收。

【公证服务】 2020年，环翠公证处有执业公证员4名，办理公证3268件。其中，涉外公证1927件，国内公证1341件，受新冠肺炎疫情影响，公证数量比上年下降56%。为残疾人、年老体弱者、孕妇等行动不便的当事人提供预约上门服务。对当事人申请办理救济金、低保、给付赡养费、抚养费和遗产总额5000元以下的26件小额继承公证实行免费办理。

【司法远程视频提审会见】 2020年，区司法局拓宽远程会见使用范围，为公安、法院、纪检监察等部门与监狱架起沟通桥梁，有效解决公安、法院、纪检监察等部门提审监狱服刑人员难题。年内，协助省公安、法院、纪检监察部门与潍坊、烟台、青岛、山东女子、济南等监狱进行远程视频提审会见62次。

（丁超男）

军 事

区人民武装部

【概况】 2020年，全区人民武装工作聚焦练兵备战，扭住基层基础重点，统筹推进新冠肺炎疫情防控和各项重点工作，人民武装工作全面建设科学有序开展。年内，威海军分区领导先后到环翠区调研指导民兵连建设工作，区人武部组织召开全区民兵整组工作暨业务培训会，完成全区民兵编组任务；克服新冠肺炎疫情给征兵工作带来的影响，加大征兵体检站设施建设力度，完善“一站式”体检和政治考核，完成征兵任务；加强基层人民武装正规化建设，全区128个村（社区）完成民兵连正规化建设任务。

【思想政治建设】 2020年，区人武部及时跟进学习中央军委主席习近平重要讲话精神，落实好人武部党委理论学习中心组学习，坚持“群众性理论读书活动”，参加上级同步辅导授课，经常性开展主题党日活动，组织开展“《军队基层建设纲

2020年11月2日，威海军分区领导到竹岛街道天翔社区调研

（区人武部 供图）

2020年11月6日，威海军分区工作人员对环翠区民兵整组工作进行检查验收

（区人武部 供图）

2020年9月16日，区人武部在区民兵训练基地欢送新兵

（区人武部　供图）

2020年9月5日，区人武部召开2020年度环翠区定兵工作会

（区人武部　供图）

要》学习周”活动；科学筹划部署思想政治教育工作，干事创业热情进一步激发，政治建设、组织建设、意识形态建设、作风建设、纪律建设取得较好成效。

【民兵调整改革】 2020年3月，区人武部组织召开全区民兵整组工作形势分析会，梳理形成《2020年度深化民兵调整改革工作情况报告》；4月初，组织召开全区民兵整组工作暨业务培训会，整组工作全面展开；至月末，完成全区民兵编组任务。5月上旬，区人武部分3个组对所有分队进行点验，为年度训练的顺利展开奠定基础。10月，对照新修订的民兵整组检查细则，开展全面自查自纠，做好迎接上级考评的准备工作。11月6日，威海军分区对环翠区民兵整组工作进行检查验收。

【征兵工作】 2020年，区人武部克服新冠肺炎疫情给征兵工作带来的影响，发动全区各基层人武部，逐个联络报名参军人员，逐个讲明征兵政策变化，并将征兵宣传册分发至各个新冠肺炎疫情防控卡口，让群众第一时间掌握相关信息。针对高中毕业生及返乡大学生开展精准宣传，对辖区高中以上学历适龄青年进行全面摸底，建立花名册，以电话联络的方式进行“一对一”宣传发动。加大征兵体检站设施建设力度，完善“一站式”体检和政治考核，狠抓廉洁征兵，征兵工作顺利展开。至年末，应上站健康体检的人员全部上站体检，完成征兵任务。

【正规化建设】 2020年，区人武部确定嵩山街道、鲸园街道两个基层人武部和天翔社区、范家埠社区两个社区为基层武装部、民兵连建设试点单位。部署基层民兵连合建任务，各镇（街道）挑选硬件设施完善的社区，按照“部、室、家”（连部、执勤室、民兵之家）标准建成

2020年7月14日，区人武部对基层武装正规化建设情况进行验收

（区人武部　供图）

3～4家样板。至年末，全区128个村（社区）完成民兵连正规化建设任务。加速启动民兵训练基地改造，落实好民兵训练基地改造“交钥匙”工程。

（刘晓刚）

2020年7月28日，区退役军人局工作人员为驻区部队送去节日慰问

（区退役军人局 供图）

双拥工作

【军民共建】 2020年，环翠区完成第八次全国双拥模范城创建工作，为解放军九七〇医院、军分区干休所与经济薄弱村牵线搭桥，结成“一对一”帮扶对子，组织开展义诊、党建共建、贫困助学、惠农增收等帮扶共建活动。

【拥军优属】 春节、“八一”等重要节假日，环翠区累计为驻区部队送去价值111.8万元的慰问品，“八一”期间走访优抚对象、退役士兵、军转干部，发放慰问品价值40余万元；走访14名抗日战争时期入伍的在乡老复员军人和残疾军人，并为其送去价值2800元的慰问品；新冠肺炎疫情防控期间，为解放军九七〇医院赠送口罩1万只、消毒水5桶等防疫物资；为588人次未就业随军配偶发放未就业随军配偶地方生活补助，为36名困难官兵发放慰问金7.2万元。“八一”期间，拥军典型“兵妈妈”为部队官兵送去鞋垫100双；心丝带心理健康服务中心创始人徐嫣霖组织志愿者为8名退伍老兵制作“八一军旗”蛋糕。

【拥政爱民】 2020年，区人武部按照“组织领导坚强有力、宣传教育广泛深入、拥政爱民成果显著、政策法规落到实处、双拥活动坚持经常、军民共建富有成效、军政军民关系融洽”的标准要求，做好新形势下拥政爱民工作。助力脱贫攻坚、乡村振兴，为结对帮扶村——羊亭镇王家夼村投入5万余元，用于修建休闲文化广场、改善村“两委”办公场所条件、充实农家书屋资料等。区人武部领导坚持每季度进村调研，帮助村“两委”班子理清工作思路，制定发展规划。发动民兵预备役人员投身生态环境建设，“3·12”植树节期间组织民兵植树3000余株。各镇（街道）武装部先后出动民兵参加村容村貌整治、环境卫生清理等活动。主动配合地方党委政府开展新冠肺炎疫情防控工作，2月3日，区人武部支援地方40顶军用帐篷，并组织干部和民兵到各个执勤卡口协助搭设；发挥民兵组织优势，组织8个镇（街道）民兵应急排以分散用兵的形式，开展卡口执勤、环境消毒、防疫物资运送等工作。

【优抚褒扬】 2020年，环翠区为全区优抚对象发放抚恤定补资金、价格临时补贴、医疗补助，报销参保费；为15名在部队荣立三等功的现役军人家庭登门送立功喜报，为2019年度、2020年度应征入伍的所有义务兵家庭足额发放优待金；为历年接收的所有自主择业军转干部足额发放住房补贴、医疗保险；为75周岁以上的优抚对象每人赠送价值100元的生日蛋糕。开展精准数据信息采集工作，采集退役军人及其他优抚对象信息，并为其办理崇军卡。

2020年，区退役军人局深入挖掘整理威海本地革命历史和著名烈士事迹，投资65万元在烈士陵园建成革命历史长廊和革命烈士纪念墙，提升烈士纪念设施的展陈水平；清明节期间，组织2万余人次通过“云祭扫+代祭扫”相结合的方式祭奠英烈；深入开展英烈事迹“五进”（进机关、进社区、进校园、进企业、进公共场所）活动，在企事业单位、学校等地开展宣传教育活动15场，讲述红色故事、传承红色基因；为177名抗美援朝老兵发放“中国人民志愿军抗美援朝出国作战70周年”纪念章，在全区营造“学英模、比英模”的浓厚氛围。

（姜姗姗 刘晓刚）

人民防空

【概况】 2020年，区人民防空办公室（简称区人防办）按照上级部门及区委、区政府要求，继续强化责任意识，加强人防知识宣传教育，不断增强全区人民群众的防空防灾意识。利用“5·24”防空防灾警报试鸣日、安全生产月等活动，开展防空防灾应急救援宣传，全面提高社区和居民应对突发情况和自救互救能力。年内，向辖区环翠楼、鲸园、竹岛、嵩山、孙家疃5个街道新增独立户口的家庭户发放应急救援包，协调专业人员开展应急救援包使用培训；组织工作人员学习人民防空理念、组织指挥、演习演练、重要经济目标防护等相关知识，提升履行战时防空、平时服务、应急支援使命能力；开展《山东省人民防空工程管理办法》宣传解读活动，加深企业对人民防空工作的理解和认识。

2020年11月6日，威海市城里中学开展人民防空专项安全应急疏散演练

（区住房城乡建设局 供图）

【人防宣传教育】 2020年，区人防办配合市人防办向辖区环翠楼、鲸园、竹岛、嵩山、孙家疃5个街道2018年1月1日至2019年12月31日新增独立户口的家庭户发放应急救援包，同时协调专业人员深入竹岛街道陶家夼社区对居民代表开展应急救援包使用培训。组织工作人员参加威海市人民防空实战化封闭式训练、文登区人防专业队行动演练等学习演练活动，学习人民防空理念、组织指挥、演习演练、重要经济目标防护等相关知识，提升区人防办履行战时防空、平时服务、应急支援使命能力。部署住建领域房地产开发、勘察、设计、施工、监理等企业组织开展《山东省人民防空工程管理办法》学习，7月2日，区人防办到区公共文化服务中心、国际新材料创新中心施工现场开展《山东省人民防空工程管理办法》宣传解读活动，加深企业对人民防空工作的理解和认识。

【人防应急建设】 为增强广大市民的国防观念和民防意识，区人防办分别在2020年4月4日和 5月24日进行防空防灾警报试鸣。区人防办按照市人防办的统一安排，及时要求各部门、镇（街道）做好各行业领域和管辖区域的宣传部署，保障广大市民收听，并保持正常的工作和生活秩序。同时，区人防办联合区教育体育局通过开展人防领域消防专项安全应急疏散演练、逃生自救知识培训、防空防灾主题班会、“防灾减灾”知识黑板报等丰富多彩、行之有效的宣传教育活动，营造浓厚的宣教氛围，向广大中小学生普及预防、避险、自救、互救、减灾等知识和技能。

（常乔祉）

经济管理

宏观经济管理

【概况】 2020年是全面完成“十三五”规划的收官之年，全区发展规划与综合调控工作紧盯建设“精致城市·幸福威海”首善之区目标，统筹推进稳增长、促改革、调结构、惠民生、防风险、保稳定，狠抓“六稳”“六保”，统筹新冠肺炎疫情防控和经济社会发展，经济运行总体平稳，主要经济指标全部实现或好于预期。年内，全区实现生产总值386.85亿元，按可比价格计算，比上年增长3.7%；三次产业结构调整为7.8∶30.2∶62.0；完成一般公共预算收入41.72亿元；社会消费品零售总额增长1.2%；对外贸易进出口总额183亿元；实际使用外资2.37亿美元，增长43.1%；城镇和农村居民人均可支配收入分别增长2.9%和5.2%。

【新旧动能转换重大工程】 2020年，全区以新旧动能转换重大工程为统领，坚持科学发展，聚焦重点领域，凝聚各级各部门的智慧和力量，推进新旧动能转换“三年初见成效”。年内，区发展改革局助推华夏生态文明馆建设、威海胶东民俗文化产业园、怡和海洋激光光谱遥感监测仪器生产、宝威科技智能工厂、威海国际新材料创新中心5个项目纳入2020年省新旧动能优选项目库，并利用威海市项目管理服务平台强化项目在线跟踪调度。5个项目年度完成投资9.31亿元。环翠区牵头实施的26个市级新旧动能转换项目完成投资22.69亿元。宝威科技智能工厂、威海世一网业特种新材料2个项目获批威海市新旧动能转换专项资金220万元。

【企业冲击新目标行动推进】 2020年，区发展改革局抢抓全市开展企业冲击新目标行动契机，将环翠区市级冲击新目标行动入库企业由8家扩容至18家。3月，印发《环翠区冲击新目标入库企业分包安排方案》，加强对入库企业生产经营情况监测。至年末，18家入库企业实现营业收入比上年增长近10%，冲击新目标项目年度完成投资15.98亿元。

【无偿资金争取】 2020年，环翠区各级各部门争取国家、省、市级利好政策支持，找准对上争取资金的突破口，争取各类无偿资金8.8亿元。其中，区发展改革局争取各类无偿资金1.34亿元，比上年增长8.74%，争取资金总量位居全区第二，争取非普惠性资金位居全区第一。指导2020年老旧小区供暖基础设施改造项目获批保障性安居工程配套基础设施中央预算内资金2090万元，争取资金额位居各区、市第一。

【重点产业项目】 2020年，环翠区研究制定重点项目推进管理办法，对项目实行全过程闭环管理服务模式。依据项目具体情况，制订“十天作战图”“月度作战图”，列出清单，倒排工期，精准突破。实施项目盘子动态管理，将实施条件暂不完备的项目列为重点跟踪落实项目，坚持成熟一个、增补一个、实施一个，形成梯次滚动的态势。年内，规划的81个区级重点产业项目，42个项目投产或投入运营；牵头实施的31个市级重点项目全部开工建设，18个项目投产或投入运营。将中国节能环保集团有限公司节能环保设备产业园项目申列为2020年省重大项目。

【人才项目】 2020年，区发展改革局持续做好泰山产业领军人才工程（现代服务业和社会民生产业创新类）申报工作。联合区委组织部，强化项目筛选储备，多次邀请省市专家、领导现场考察调研，指导项目申报。针对泰山产业领军人才评审形式由现场答辩改为观看视频资料、在线提问交流的情况，区发展改革局带领企业连续一周昼夜奋战，对答辩资料反复修改完善，确保视频资料质量。根据《2020年泰山产业领军人才工程产业创新类和产业技能类初步人选公示公告》，中华联保财产保险股份有限公司威海中心支公司总经理姜峰入选2020年泰山产业领军人才工程（现代服务业和社会民生产业创新类）人选名单。

【乡村振兴】 2020年，山东省启动第二批乡村振兴“十百千”示范创建工程后，区发展改革局联合区农业农村局和各镇（街道）摸排全区情况，建立示范镇、村储备库，争取1镇4村申报名额。在全市首创联合推荐模式，组织各涉农镇（街道）、村（社区）自愿申报创建方案，联合区委组织部等10余个部门、单位，结合各自职能与镇（街道）、村（社区）实际，择优筛选确定上报名单。借鉴第一批示范创建的成功经验，跟进省、市审查进度，及时补充申报材料。年内，张村镇、张村镇刘家疃村、嵩山街道五家疃村、温泉镇张家山村、羊亭镇梅家沟村入选山东省第二批乡村振兴“十百千”示范创建工程名单。

【科创平台】 2020年，区发展改革局充分发挥职能，助推企业加强创新能力建设，年内，新增市级以上创新平台6家，分别为威海新北洋数码科技有限公司山东省自助服务终端工程实验室、威海怡和专用设备制造有限公司山东省军民两用油料快速应急保障装备工程实验室、山东威高骨科材料股份有限公司威海市骨科医疗器械工程实验室、威海新北洋荣鑫科技股份有限公司威海市金融智能设备工程实验室、威海银河生物技术有限公司省级企业技术中心、山东华素制药有限公司市级企业技术中心。

2020年环翠区新增省级、市级工程实验室、企业技术中心一览表

表7

序号	名　称	承担单位
	省级工程实验室	
1	山东省自助服务终端工程实验室	威海新北洋数码科技有限公司
2	山东省军民两用油料快速应急保障装备工程实验室	威海怡和专用设备制造有限公司
	省级企业技术中心	
3	威海银河生物技术有限公司技术中心	威海银河生物技术有限公司
	市级工程实验室	
4	威海市骨科医疗器械工程实验室	山东威高骨科材料股份有限公司
5	威海市金融智能设备工程实验室	威海新北洋荣鑫科技股份有限公司
	市级企业技术中心	
6	山东华素制药有限公司技术中心	山东华素制药有限公司

【社会信用体系建设】 2020年，区发展改革局建立常态化信用信息报送机制，归集、上传“双公示”（行政许可、行政处罚）信息94989条，其中行政许可信息84784条、行政处罚信息10205条。

【信用应用推广】 2020年，区发展改革局推动各有关部门在行政审批、招标投标、市场准入、资金扶持等行政管理事项中使用信用记录和信用报告，引导市场主体作出公开承

2020年8月5日，全区信用“五进”推进会议召开

（区发展改革局　供图）

诺，并查询应用信用记录或信用报告，形成“办事先查信用”的工作格局。年内，在项目申报、资金扶持、评先选优等领域，签订信用承诺书400余份，核查2400余家企业（单位）和3200余名个人的信用记录，形成联合奖惩案例700余条。推动个人信用评价产品社会化应用，制订“海贝分”信用惠民政策清单和“五进”（进企业、进校园、进机关、进农村、进社区）领域信用指数惠民政策清单，包含46条优惠政策，涉及医疗服务、政务、文化旅游等多个领域。牵头制订《环翠区关于鼓励信用试点建设的扶持意见》，设置信用扶持资金200.5万元，鼓励信用试点建设。

【“信用+园区”创新模式】 2020年，环翠区国有资本运营有限公司结合威海创新园实际情况，制定《诚信园区积分管理办法》，与入驻企业签订《园区信用承诺书》，设计开发“智慧园区”管理小程序，建立企业信用查询和公示系统，来访业务商户通过扫描二维码方式实时查询园区各企业信用指数，为支持园区诚信体系建设并作出表率的企业颁发“诚信标杆企业”表彰牌。创新“信用+街区”模式，依托新威附路历史文化街区，构建“党建+信用”双考核机制，采取“信用融合、信用共建、信用激励”三步工作法，打造特色街区治理新样板。

【信用“五进”建设】 2020年，环翠区结合市级“五进”行动计划实施方案和实际情况，研究出台环翠区“五进”行动计划实施方案和5个专项工作推进方案，明确“五进”工作的总体思路、工作目标、主要任务和保障措施。2020年8月5日，环翠区召开信用“五进”推进会议，推进信用“五进”工程建设。“点面结合”推进信用进机关建设，重点打造19个信用“进机关”试点单位。“以点带面”带动信用进企业建设，13家试点企业按照“五有”（有制度、有档案、有数据、有宣传、有案例）标准开展信用建设。“两大主体”（教师和学生）培育推进信用进校园建设，探索建立教师信用档案和学生信用档案，“海贝分”APP下载率100%。“标准化”与“社会化”融合推进信用进社区建设，将“诚信社区”建设服务标准化项目申列综合改革暨“山东标准”建设项目计划，以25个信用进社区试点为典范，在全区91个城市社区推开。“因地制宜、分类指导”，推进信用进农村建设，树立10个信用进农村示范点，信用“进农村”在样板片区内47个村铺开。

【对口支援和东西部扶贫协作】 2020年，环翠区对口支援青海省海北州门源县、重庆市忠县石宝镇，东西部扶贫协作重庆市云阳县，以“组团式”帮扶为统领，以人才支援、资金支持、产业合作、劳务协作、社会帮扶等工作为重点，支援建设产业合作、社会事业和基础设施等项目，助推支援协作地区的民族团结和经济社会持续健康发展。年内，环翠区落实区委、区政府主要负责人负总责，区政府分管负责人牵头抓，区直部门抓落实、抓监督、抓督查的责任体系，召开扶贫协作领导小组会议和由双方主要负责人参加的联席会议各1次，区政府主要负责人、分管负责人及区直部门负责人到帮扶地对接工作7次，现场解决实际问题。围绕实施“特色产业培植、新兴产业推进、消费扶贫带动、旅游合作提升”工程，利用2020年区级财政援建资金763万元，支持云阳县高阳镇光明村花椒产业园、门源县浩门镇民俗街等8个项目建设，打造云阳青花椒种植基地、门源乡村旅游新地标，增强产业扶贫“造血”功能；引导山东省逢源现代智慧农业有限公司到云阳投资2000万元，建设中药饮片研发和体验中心项目，招引威海川渝商会在环翠区选址设立云阳消费扶贫特产馆，销售云阳扶贫产品220万元。坚持扶志与扶智相结合，发挥

2020年6月9日，环翠区对口支援考察团成员到云阳县实地考察

（区发展改革局　供图）

人才、技术、信息等资源优势，精准实施“组团式”干部人才支援。年内，环翠区选派5名人才到帮扶地开展工作，接收帮扶地1名人才到环翠区挂职学习。实施人才素质能力提升工程，举办各类培训班4期，培训帮扶地教师、医生、农业致富带头人630人次，其中在环翠区举行培训班1期，培训38人次。

（刘子佳　王华红）

财　政

【概况】 2020年，全区实现一般公共预算收入41.72亿元，完成预算（调整后）的100.02%，比上年下降0.98%。其中，税收收入完成37.12亿元，占一般公共预算收入88.98%，比上年提高0.29个百分点；主体税收收入完成23.23亿元，占税收收入比重62.57%，比上年下降0.12个百分点。年内，区财政局按照区政府集中采购目录限额标准实施采购，完成采购项目129宗，节约资金914万元，节支率5.2%。严把工程造价关、评审质量关、跟踪管理关，编制完成招标控制价86项，审减资金8056万元，审减率9.43%。

【新冠肺炎疫情防控保障】 2020年，区财政局制定出台《威海市环翠区新冠肺炎疫情防控资金管理暂行办法》，强化资金和政策保障，拨付疫情防控资金6075万元，用于购置疫情防控医疗设备、消杀物资、防控物资、药品及交通等方面支出。年内，区财政局争取中央财政直达资金1.52亿元，用于学校建设、公共卫生和重大疫情防控救治体系建设、困难群众基本生活救助。加强财政直达资金管理，出台《威海市环翠区抗疫特别国债和财政特殊转移支付资金管理办法》，建立直达资金管理台账，加强日常监管和动态监控，确保资金及时足额支出到位。

【政策助力区域经济发展】 2020年，区财政局编制《支持疫情防控和经济社会发展财税政策落实操作指南》，包含减税降费、复工复产、稳岗返还、社保补贴等84项具体措施，方便企业和个人全面、便捷地了解相关政策，减免缓缴税费8.6亿元。年内，区财政局参与制定《关于应对新型冠状病毒感染肺炎疫情支持中小企业平稳健康发展的若干意见》，设立1亿元政策兑现专项资金，支持中小企业应对新冠肺炎疫情影响，帮助企业渡过难关。修订完善《环翠区关于加快工业和信息化产业发展的扶持意见》《环翠区关于进一

2020年6月29日，区财政局组织人员到张村镇，为山东环球渔具股份有限公司、威海魏桥科技工业园有限公司等5家龙头企业介绍“信财银保”企业融资服务平台

（区财政局　供图）

步加快服务业发展的扶持意见》等各项扶持政策，助推全区经济平稳健康发展。为缓解企业资金压力，提前兑现上年度企业扶持资金9766万元。区财政局通过新闻发布会、实地走访、召开座谈会等多种形式，对各项扶持政策进行宣传解读。指导企业用好环翠“三联三服”微信公众号、“信财银保”（“信”指信用大数据，包含企业的信用记录、成长性记录，“财”指财政出资设立的信保基金，“银”指参与融资服务的银行金融机构，“保”指为企业融资提供担保、保险服务的担保和保险机构）企业融资服务平台，帮助企业了解最新政策，推动各项政策落实落地。加快“信财银保”企业融资服务平台推广，为140家中小微企业办理贷款7.16亿元；对科技型中小企业在科技支行的贷款，按贷款余额给予贴息补助，帮助30家企业获得贷款4.33亿元，拨付贴息资金432.85万元。区财政局紧盯国家宏观政策和投资导向，围绕实施新旧动能转换重大工程，强化部门联动配合，做好各类项目申报工作，争取上级无偿资金1.46亿元。

【优化营商环境】 2020年，区财政局以满足新冠肺炎疫情防控需要为首要目标，特事特办、急事急办，开启新冠肺炎疫情防控应急救援设备和物资采购绿色通道，相关部门在新冠肺炎疫情防控期间自行组织采购活动，无须编制政府采购预算，无须履行进口产品审批，无须执行政府采购流程，保障应急救援设备和物资及时供应，提升政府采购效率和服务水平。年内，区财政局印发《环翠区优化政府采购营商环境专项提升行动方案》《环翠区政府采购全流程电子化实施方案》，保障各类市场主体平等参与政府采购活动，实现政府采购全流程电子化管理，推进政府采购营商环境不断优化。

【乡村振兴】 2020年，区财政局紧盯“两不愁三保障”和饮水安全等脱贫硬指标，全方位落实兜底政策，全区3个省定扶贫工作重点村（温泉镇张家山村，羊亭镇大北山村、王家夼村）和165户建档立卡扶贫对象实现高标准脱贫“摘帽”。开展乡村振兴样板片区建设，加强特色产业项目建设。

【保障和改善民生】 2020年，区财政局把保障改善民生作为财政工作的出发点和落脚点，科学统筹安排财政资金，优化支出结构，守住“三保障”底线。完成教育经费支出6.46亿元，支持优先发展教育。区财政局统筹新冠肺炎疫情防控和教育教学工作，保障教师工资发放，落实中小学公用经费及教育基础设施建设投入。筹措资金加强中小学校建设，实施校舍维修改造，及时足额拨付校园安保补助、校车运营补助、公办幼儿园生均公用经费和普惠性民办幼儿园生均补助。完成卫生健康支出2.85亿元，提升医疗服务水平。区财政局落实各项新冠肺炎疫情防控政策，足额保障疫情防控资金需求；推进智慧医疗建设，试点开展省级医养健康智慧服务平台建设和全省国家基本药物制度综合试点工作，打造全民健康信息平台；推进医院集团建设，实现区镇医疗一体化发展；推进基层医疗卫生机构标准化建设，实现村卫生室标准化建设全覆盖；做好基本公共卫生服务经费保障，促进公共卫生服务均等化发展；落实城乡居民基本医疗保险政府补助政策，提升人民群众医疗保障水平。年内，区财政局采取减免、缓缴社会保险费，发放稳岗返还补贴等一系列措施，促进稳岗就业，加大援企稳岗力度；加大失业保险金发放力度，兜底保障失业人员基本生活；落实兜底扶贫政策，加强城乡最低生活保障人员和城乡特困人员基本生活保障，强化困难群众医疗救助；支持残疾人事业和养老服务产业发展。完成社会保障和就业支出4.19亿元。

【预算管理改革】 2020年，区财政局执行《中华人民共和国预算法》，规范预算管理，2020年预算（草案）经区人民代表大会审议通过后在全区组织实施。加强预算约束，规范预算编制，提高预算编制的透明度和完整性，将5个街道预算（草案）纳入区级预算（草案），提交区人民代表大会审议。树立过“紧日子”的思想，压缩一般性支出，勤俭办一切事业，在年初预算压减的基础上，对差旅费再压减30%，对公务接待费、会议费、培训费再压减60%，对无法执行的因公出国（境）费全部收回。盘活财政存量资金，最大限度减少资金沉淀。对结转超过1年的资金，收回财政统筹用于重点支出；对结转不到1年以及当年预算安排的资金中预计当年难以实现支出的，按规定收回财政或调整用于其他亟需支持的项目。年内，收回存量资金1.04亿元。

【财政预算绩效管理】 2020年，区财政局研究制定《2020年区级预算绩效管理工作要点》，建立完善事前绩效评估、事中绩效跟踪和事后绩效评价机制，通过竞争性评审方式完成重点绩效评价项目第三方机构招标工作，开展重点绩效评价。对区直属部门单位预算绩效管理工作进行考核，提高预算绩效管理水平。

2020年5月29日，全区财政系统党风廉政建设工作会议召开

（区财政局　供图）

【政府债务管理】 2020年，区财政局发挥政府性债务管理领导小组议事协调机构职能作用，制订全年工作要点，加大政府债务风险化解力度。通过年度预算安排、盘活财政存量资金等方式，筹措偿债资金，做好政府隐性债务化解。加强与银行等金融机构合作，对部分即将到期的平台公司债务进行置换，适度延长还款周期，降低借款利率，缓解资金压力。加强政府债券管理，向上级争取新增债券额度，为区域重大项目建设提供资金支持。

【财政专业技能培训】 2020年5月9日，区财政局举办各镇（街道）财政所工作人员厉行节约反对浪费培训班，详细讲解厉行节约反对浪费相关实施细则，对国内公务接待、会议费、培训费、差旅费、津贴补贴管理规定进行解读，提高财务人员对相关规定的执行水平。同月29日，区财政局组织召开全区财政系统党风廉政建设工作会议，强化教育，绷紧廉洁自律这根弦，不越底线，不触红线，筑牢拒腐防变的思想防线。组织开展廉政风险点排查，防范化解廉政风险。开展廉政谈话，抓早抓小抓经常，使“咬耳朵、扯袖子”（对干部进行经常性管理监督的形象比喻，是从严教育、管理、监督干部的重要措施）成为常态。6月12日和15日，举办机关事业单位厉行节约反对浪费培训及津贴补贴培训，提高从业人员严格遵守各项财经法律法规意识和业务水平，遵守会计职业道德，守住底线、不越红线、不碰高压线。8月6日，区财政局联合山东财经大学举办“行政事业单位内部控制实务”专题培训，明确内部控制的目标就是合理保证单位经济活动合法合规、资产安全和使用有效、财务信息真实完整，有效防范舞弊，预防腐败。

（潘伟杰）

税　务

【概况】 2020年，环翠区完成各项税收收入74.45亿元（不含海关代征），比上年下降0.94%。其中，税收收入完成72.55亿元，下降0.71%；非税收入完成1.9亿元，下降9.01%；地方级收入39.94亿元，增长1.26%。在减税力度不断加大的基础上，“十三五”时期，环翠区累计完成税收收入356亿余元（已扣减出口退税）。年内，区税务局开展企业社保费划转，11月1日起接收企业6169户，征收企业社保费2.62亿元；非税收入采取“同步核定、提升能力、督导落实、服务到位”的方法，实现非税收入实时监控、动态筛查，筛查疑点10543条，处理完成10293条，实现非税收入1.9亿元。落实政务“好差评”制度，设置首问责任制台账、小微企业诉求台账，对纳税人通过“12366”“12345”热线反馈的咨询、诉求、建议等详细记录，限时回复、及时解决。7月，在全省纳税人满意度调查中，区税务局位居各区、市首位。

【税收征管改革】 2020年，区税务局对征管事项扎口统筹管理，承接市税务局指挥中心任务304期，明细数据19366条，完成率87%；自行分析推送任务23期，明细数据5499条，完成率98.29%。将11项复杂业务从下设分局剥离，增强工作联动性和集成性。汇总集中出口退税业务，为7229户（次）出口企业办理退税17.37亿元，平均办理时长缩短为2.1天，重点企业退税申报实现24小时办结到账。

【税源监控】 2020年，区税务局建立税收收入监控和分析指标体系，关注省级、市级重点监控税源及冲击新目标企业、制造业、房地产、建筑业等行业入库情况，着力做好年纳税5000万元以上的20户大企业的税收分析预测，帮助企业做好税收筹划，家家悦集团股份有限公司、

2020年11月25日，区税务局税收顾问团队走访山东新大东股份有限公司，为企业量身打造税收解决方案　（区税务局　供图）

威海天福医药有限公司、威海华素制药有限公司等企业增加税收5200万元。

【税费管理】 2020年，区税务局开展政策跟踪监控，分析筛选12项指标，下发整改疑点2000余条。牵头成立专票电子化领导工作小组和专票电子化工作小组，协同推进专票电子化试点，加强企业所得税、财产行为税、个人所得税等税种管理。在个人所得税汇算清缴方面，做“优”服务、做“深”宣传、做“活”联动、做“精”审核。至年末，完成个人所得税汇算清缴41125人，申报进度106.63%。相关经验做法被市税务局向全省税务系统推介。

【减税降费政策落实】 2020年，区税务局坚持“普惠制”“强制性”原则，落实系列减税降费政策，统筹新冠肺炎疫情防控和服务经济社会发展，兑现各类税收优惠26.17亿元，其中征前减免优惠25.35亿元，退库减免0.82亿元。新增减税降费3.39亿元，其中支持新冠肺炎疫情防控和经济社会发展税费优惠政策新增减税降费1.43亿元。

【评查增收】 2020年，区税务局成立税收风险工作应对小组，横向联动各税费种业务部门，统一开展风险分析，汇总房地产、建筑安装、金融业等重点行业风险点80个，总结风险指标15个，针对筛查的疑点发起风险应对任务5批次，查补入库税款1.98亿元。税收风险应对1406户，风险识别率92.11%，入库税收3.68亿元，户均税收26.18万元，税收贡献率4.09%。

【依法治税】 2020年，区税务局对内推行行政执法“三项制度”，构建完善重大风险防范监控体系，牵头成立税收执法风险应对团队，以内控监督平台为抓手，规避执法风险，承接处理市税务局推送的8批次、210户次税收执法疑点，筛查疑点12898条；对外与市场监管、民政、司法等部门共建协税护税联动机制，掌握不动产交易信息和企业破产信息，入库税款1032.2万元。

【纳税服务】 2020年，区税务局通过“智能办税一点通”等载体为纳税人提供网上预约，拓展“非接触式”办税，办理纳税人邮寄、电子邮箱业务82笔；推行“支付宝”自然人代开发票、车辆购置税缴纳方式，提供“票E送”免费配送服务，为3036户次纳税人免费邮寄发票45.56万份。年内，网上申报率99.85%，比上年提高5.92%，新办纳税人网上登记率100%。开启“税务专家问诊”，组建包含12名骨干人才的专家顾问团队，落实“一户一策”税收解决方案，开展“日常+专项”需求征集，走访辖区重点企业43户，为企业把脉问诊解决问题23个。打造全市税务系统制度创新重点项目“纳税人之家”，设立VIP服务专区、线上业务处理区、专家咨询服务区、企业沙龙活动区，为出口企业、高信用等级重点企业、115户纳税超过1000万元企业、183户高新技术及重点项目企业等纳税人提供一站式特约服务。

（黄小怡）

国有资产管理

【概况】 2020年，区国有资产中心以系统化思维谋改革、抓党建、促发展，促进全区经济社会持续健康发展。至2019年年末，23户区属国有企业资产总额427.11亿元，负债总额337.84亿元，所有者权益总额89.27亿元，资产负债率79.1%，当年实现营业收入1.9亿元，净利润减少2.66亿元。

【国企改革】 2020年，区国有资产中心研究出台《环翠区区属国有企业工资总额管理办法》，聘请中介机构协助企业确定工资总额基数，确保工资总额基数的真实性和科学性。对企业2020年用工计划严格审核把关，压缩企业用工人员，节约用工成本，完成23户企业2020年度工资总额的基数确定和预算审核。3月17日，区国有资产中心举行区属国有企业工资总额管理办法专题培训，区属国有企业财务管理人员及人事管理人员40余人参加培训。年内，区国有资产中心将威海市文化艺术中心和威海市梦海演艺公司成建制划转至威海市中城公有资产经营有限公司，指导威海市环翠区城市发展投资有限公司将市政园林清雪设备、公园路1号房产、昆明路房产等资产调拨至威海市中城公有资产经营有限公司。区国有资产中心协调需要签订框架协议的市级以上驻威海国企，摸清退休职工底数，编制花名册，拟定框架协议。7月1日，在威海创新园组织驻威海国企、区属国企、区人力资源社会保障局及各镇（街道）相关工作人员50余人召开工作推进会。9月末，完成44户国有企业（驻威海国企10户、驻威海省企7户、市管国企17户、区属国企10户）2704名退休职工社会化管理的移交工作。

【国有企业工资常态化审计监管】 2020年，区国有资产中心选聘有资质的审计评估机构，首次将国有企业工资决定机制改革内容纳入对23户区属国有企业常态化审计中，对企业工资总额全面实行预算管理，鼓励企业开源节流，实现工资总额与经济效益同向联动、能增能减，确保工资水平与企业经济效益和市场竞争力相适应。审计发现问题84项，下达整改通知书23份，其中涉及会计核算、账务处理方面的69项问题全部整改到位。通过开展常态化审计，企业在会计核算、财务管理、企业内部制度建设、履职待遇等事项的管理上更加规范。

【国有企业制度监管】 2020年，区国有资产中心研究制定符合企业特点及实际的《环翠区国运公司（新创公司）招商引资责任书》，强化任务目标落实，聚力招大引强，调动企业招商引资积极性，打造国资国企"双招双引"一盘棋。完善企业财务管理体制，印发《关于进一步加强和规范区属国有企业财务管理有关问题的通知》，确保财务管理程序规范、责任明确、公开透明、监督有力。促进国企资产出租规范化，制定《环翠区区属国有企业资产出租管理办法》，明确资产出租必须以公开招租的形式确定承租人。加强企业大宗商品贸易业务管理，印发《关于进一步加强区属国有企业大宗商品贸易业务管理有关事项的通知》，实现稳健经营，确保企业高质量健康发展。制定《环翠区区属国有企业违规经营投资责任追究实施办法（试行）》，杜绝违法违规事项发生，促进企业生产经营健康稳定发展。

【助力民营企业发展】 2020年，区国有资产中心落实"六稳""六保"任务，切实做好减免个体经营者、小微企业承租国有资产类经营性房产房租工作。年内，7家国有企业的677处对外出租房产减免租金721万元，助力中小微企业及个体工商户渡过难关。同时加强政策研判，向区政府提出意见建议，协调财政部门，为区属国有企业减免房租单位争取抗击新冠肺炎疫情特别国债。

【国资监管】 2020年，区国有资产中心对资产管理系统中资产配置功能进行升级，利用大数据、人工智能自动审批，实现资产的合理配置和有效利用。探索建立资产共享、调剂机制，建立电子"公物仓"，最大限度提高资产配置使用效率。1月上旬，区国有资产中心对各单位资产管理员进行专业培训，对现行资产管理办法、行政事业单位资产管理信息系统操作使用等内容进行全面梳理讲解，明确资产管理各环节的管理要求和步骤流程。6月，组织资产管理员对"资产管理信息系统"

2020年3月17日，区国有资产中心举办区属国有企业工资总额管理办法专题培训　（区国有资产中心　供图）

中新增功能进行培训，提升单位资产信息化管理能力。

【国企党员组织建设】 2020年，区国有资产中心党委按照“坚持标准、保证质量、优化结构、发挥作用”的要求，注重在生产经营、新冠肺炎疫情防控一线、青年员工和知识分子中发展党员。年内，国资系统纳新9人，按期转正4人，储备入党积极分子17人。区国有资产中心党委指导成立国企第一联合党支部、国企第二联合党支部、威海宾馆联合党支部、明珠广告公司党支部、通达市政公司党支部5个企业党支部，指导环翠区国有资本运营有限公司党支部、环翠区城市发展投资有限公司党支部、威海创新园园区党支部、威海小商品批发市场物业管理有限公司党支部完成换届选举工作，实现国企党组织全覆盖。

【国企党员素质提升】 2020年1月17日，区国有资产中心党委书记刘波为区属国有企业主要负责人和党组织书记作学习《中国共产党国有企业基层组织工作条例（试行）》专题辅导。6月10日，组织开展《中国共产党国有企业基层组织工作条例（试行）》知识测试，区属国有企业130余名党员参加测试。同月10日—12日，举办为期3天的2020年度环翠区国资系统党员集中培训班，采取理论宣讲、党委书记上党课、外出参观、党务工作者业务培训等多种形式，进行时事政治解读、党风廉政教育、宗教政策宣讲，先后有130余名国企党员、入党积极分子、发展对象参加培训。同月29日—30日，组织开展“读党史、忆初心”为主题的“读红书马拉松”活动，140余名国企党员参加活动。通过集中培训和“读红书马拉松”活动，国企党员进一步坚定理想信念，强化党性锻炼，增强业务能力，明确目标任务。7月30日，组织区属国有企业管理人员50余人，参加市国资委组织的“持续深化国企三项制度改革、推动国企高质量发展”专题讲座。10月30日，组织区属国有企业党员领导干部40余人参加市国资委举办的2020年第二期“威海国企党建与发展讲坛”。12月9日，举办国资系统中共十九届五中全会精神宣讲报告会，区委宣讲团成员、区国有资产中心党委书记刘波作题为“开启全面建设社会主义现代化国家新征程”的宣讲报告，区属国有企业党员干部120余人参加报告会。

【国企党建品牌打造】 2020年4月，区国有资产中心发出党建“一企一品牌”（每一个企业党支部创建一个国有企业党建品牌）创建“征集令”，在国有企业中开展党建“一企一品牌”创建活动，促使国企党建工作创特色、出亮点、树品牌、展风采，充分发挥国有企业党组织的政治核心作用和政治引领作用。创建16个国企党建品牌，实现每一个企业党支部都有一个党建品牌的目标，选出环翠区国有资本运营有限公司党支部、环翠区城市发展投资有限公司党支部、威海创新园园区党支部3个精品国企党建品牌。为推动区属国有企业基层党组织标准化、规范化建设，提升国企党支部组织力，区国有资产中心党委于12月下旬对16个区属国有企业党支部组织开展2020年度星级评定工作，经评审，甄选环翠区城市发展投资有限公司党支部为五星级党支部并上报区委组织部。

（郑晓光）

统计管理

【概况】 2020年，全区统计系统坚持新冠肺炎疫情防控和统计工作两手抓、两不误、两促进，抓实统计基层基础建设、基本单位名录库建设和环翠区第七次全国人口普查工作，以高质量统计工作服务社会经济发展。年内，撰写统计信息35篇、统计约稿26篇，培训人口普查指导员、普查员1300余人，筛选114家规模以上企业申报入库。

【环翠区第七次全国人口普查】 2020年6月29日，区统计局召开第七次全国人口普查普查区划分与绘图工作培训会议，各镇（街道）人口普查业务骨干20余人参加培训。培训内容为普查区划分与标绘系统的操作，讲解区划制图的相关细则和问题，为第七次全国人口普查工作的顺利展开奠定基础。9月2日—3日，区统计局召开全区第七次全国人口普查综合业务培训会议。培训内容为普查方案及整体工作流程培训，“两员”（普查指导员、普查员）选聘、培训和管理，行（职）业编码，普查摸底及入户登记、填表说明，数据比对复查、质量控制，数据管理平台应用、小程序应用，普查法规及纪律要求，培训各镇（街道）人口普查业务骨干70余人。21日—25日，区统计局召开全区第七次全国人口普查综合业务培训会议，分5期培训普查指导员、普查员1300余人，为普查登记工作开展奠定基础。环翠区第七次全国人口普查涉及8个镇（街道）、166个村（社区）。区统计局成立区、镇（街道）、村（社

2020年9月21日，环翠楼街道和孙家疃街道人口普查指导员和普查员参加业务培训　　（区统计局　供图）

区）三级人口普查领导小组，联合区委宣传部印发《威海市环翠区第七次全国人口普查宣传实施方案》，各镇（街道）悬挂宣传条幅2500条，张贴宣传画1.3万套，发放《致住户的一封信》29万份。全区选聘“两员”2927人，分5期对“两员”实行全覆盖培训，向各镇（街道）普查机构下发281台平板电脑，并配齐设备流量卡；针对由于芯片问题导致全国普查设备短缺的困难，动员全区“两员”利用个人智能手机开展入户调查，确保普查工作不断档。按照普查工作流程和标准，开展实地走访与勘察，明确区域边界，绘制普查小区图，编制户主姓名底册，准确锁定各类普查对象，做到“区不漏房、房不漏户、户不漏人”。

【统计服务】 2020年，区统计局围绕“服务经济发展，服务领导决策”的工作理念，不断创新思路，提供形势研判和预警信息，为区委、区政府准确把握宏观形势和科学决策提供重要参考依据。年内，整理编印年度统计资料《2019年威海市环翠区国民经济和社会发展统计公报》和《威海市环翠区统计年鉴（2019）》各1期；整理编印月份统计资料——威海2019《各市区统计月报》11期。围绕全区中心工作，贴近主题主线，撰写统计信息35篇、统计约稿26篇。

【统计执法检查】 2020年年初，区统计局制定《环翠区统计局2020年度统计执法“双随机”检查工作计划》。9月21日—23日，在全区535家“四上企业”（规模以上工业企业、资质等级建筑业企业、限额以上批发零售住宿餐饮企业、限额以上服务业企业）范围内开展统计自查，通过“双随机、一公开”抽取11家企业进行统计执法检查，督导企业加强统计基础建设，规范原始记录统计台账，查处统计违法行为。10月22日，区统计局联合市、区两级市场监管局以及区人力资源社会保障局对山东威海卫酒业集团有限公司、威海弘阳游艇有限公司、威海宝飞龙钓具有限公司和威海广通塑胶制品有限公司4家工业企业进行跨部门“双随机”联合执法检查。通过开展“双随机、一公开”跨部门联合执法检查，增进与其他执法部门的沟通交流，拓展统计执法检查方式，提高统计执法的质效。

【统计法治宣传】 2020年，区统计局加大基层统计人员统计法律法规宣传，通过“三联三服”、基层调研以及志愿服务活动等方式发放统计明白纸1000余份。“9·20”中国统计开放日当天，区统计局以人口普查宣传活动为载体，通过推送短信、政府网站以及微博、微信公众号等融媒体平台，宣传人口普查和统计法规，营造知法、懂法、守法的社会氛围，推进统计普法宣传教育工作开展。

【基本单位名录库建设】 2020年，区统计局发挥单位名录库建设牵头作用，通过市场监管、税务等部门取得的翔实资料，对变更和注销单位进行核销，对有潜力入库的企业进行核查，充实准“四上企业”名录库和固定资产投资储备库建设。年内，通过走访调研、跟踪调度，核准企业信息，做实资料收集，筛选出114家规模以上企业申报入库。新入库企业中，规模以上工业企业21家，资质等级建筑业企业10家，限额以上批发零售住宿餐饮企业57家，具有资质的房地产企业6家，限额以上服务业企业20家。

（郑方圆）

审计监督

【概况】 2020年，区审计局开展预算执行审计、领导干部经济责任审计、自然资源资产离任审计、政府投资审计、政策落实跟踪审计等审计项目19个，审计查处违规金额251万元、管理不规范金额10.96亿元，提出审计建议13条，出具审计决定6份，政府投资审计审减项目资金及预算控制价9146.35万元。

【预算执行审计】 2020年，区审计局重点对区财政局组织预算执行情况进行审计，对61个一级预算部门单位预算执行情况进行数据分析全覆盖；根据疑点情况，对12个一级预算单位实施现场核查，对其他单位自查上报结果进行审核，对区海洋发展局、区水利局、区农业农村局、区畜牧兽医事业发展中心4个预算单位进行全面审计；重点审查财政预决算编制及执行、财政资金统筹盘活、预算绩效管理等方面，查处管理不规范金额5.78亿元，发现非金额类问题15个，推动被审计单位出台相关管理办法10项。

【领导干部经济责任审计】 2020年8月13日，区审计局印发《威海市环翠区区管领导干部经济责任审计工作五年规划（2020—2024年）》，科学规划经济责任工作，注重任中审计，发挥预防警示作用，稳步实现经济责任审计全覆盖。同日，出台《威海市环翠区区管党政主要领导干部和国有企事业单位主要领导人员任前经济责任以及自然资源资产管理和生态环境保护责任告知办法》，增强领导干部依法履行经济责任以及自然资源资产管理和生态环境保护责任意识，规范领导干部履职行为。年内，开展领导干部经济责任审计项目14个（其中任中审计项目10个，占71.43%），查处违规金额251万元，管理不规范金额5.18亿元。

【自然资源资产离任审计】 2020年，区审计局围绕领导干部遵守相关法规政策、生态环境保护目标责任完成及履行自然资源资产管理和生态环境保护监督责任等方面，开展孙家疃街道领导干部自然资源资产审计。与经济责任审计工作相结合，在乳山滨海新区、羊亭镇领导干部审计中，重点关注自然资源资产管理保护责任情况，引导领导干部树立绿色发展理念，履行自然资源资产管理和生态环境保护责任。

【政府投资审计】 2020年，区审计局以强化政府投资项目管理、规范政府投资操作流程、提高政府投资项目绩效为目标，重点对关系全局性、战略性、基础性的重大公共基础设施进行审计。年内，审核政府投资项目资金5.31亿元，审核项目预算控制价20.87亿元，上述两项审减资金合计9146.35万元。

【政策跟踪审计】 2020年，区审计局组织“一次办好”和减税降费、优化营商环境2项政策措施落实情况跟踪审计，以推进政务服务高效化、便民化为宗旨，调查部门之间审批流程不衔接、不通畅，减税降费不到位，影响实体经济发展等问题，针对优化办事流程、加快流程再造、规范涉企收费等方面展开审计，发现问题2项，提出审计建议1项。

【新冠肺炎疫情防控专项审计】 2020年，区审计局开展新冠肺炎疫情防控资金和捐赠款物专项审计，延伸审计1家慈善组织、8个镇（街道）、2个部门，重点审计1299.49万元财政资金、150万元捐赠资金。同时，对环翠区启用的新冠肺炎疫情安置隔离人员场所（酒店）相关费用支付情况进行调查，督促相关单位及时拨付新冠肺炎疫情防控资金60.67万元，规范物资采购、管理流程，确保新冠肺炎疫情防控资金和物资及时拨付、安全管理。

【审计整改】 2020年，区审计局梳理审计项目中发现的问题，对未整改到位的事项形成审计整改清单，建立审计整改台账。通过现场督查、听取汇报、查阅资料等方式，督促被审计单位完成审计整改工作，确保审计发现问题整改落实到位。推进审计整改情况公告制度，主动向社会公开2019年度区级预算执行和其他财政收支审计查出问题的整改情况，保障公众的知情权与监督权。

（于　晨）

物价管理

【概况】 2020年，全区物价管理工作创新思路、优化方法，落实上级各项降费减负相关政策，开展收费管理，做好新冠肺炎疫情防控期间保供稳价等工作。关注民生热点，强化市场价格监测，保障低收入群众生活，及时处理群众价格投诉事项，依法依规做好价格认定工作。全年处理“12358”价格监管平台、威海市“12345”政务服务便民热线转办及各种渠道投诉举报2308件，办结率100%；受理各类价格认定案件68件，标的总额921万元，维护全区市场价格秩序，保障群众合法权益。

【价格政策落实】 2020年，区发展改革局抓好国家、省、市各类降费减负政策落实，为服务全区高质量发展营造良好环境。做好清理规范转供电环节加价工作，两次组织召开政策提醒告诫会，建立转供电政策监管微信群，印制转供电电价政策明白纸1000余份，政策知晓率99%。减轻缴费人负担，协调降低5G基站高电价70余家。开展全区范围内涉企服务违规收费排查整治，重点检查新冠肺炎疫情防控期间各级出台的税费优惠政策落实情况，坚决杜绝涉企乱收费行为，确保涉企优惠政策落实到位。

【价格监测与监管】 新冠肺炎疫情发生后，区发展改革局立即启动价格每日监测，到区内重点超市采集市场价格，在原有20种日常商品价格监测的基础上，根据市民消费热点增加5种监测商品，1月28日至4月2日，每日按时向区市场保供组报告主要生活消费品市场价格监测表，向区委统战部报送居民生活消费品价格分析，为决策部门分析研判提供准确数据，为市民的菜篮子保驾护航。

元旦、春节、“五一”、“十一”期间，区市场监管局对家家悦、大润发等超市节日期间的价格行为进行检查，重点检查超市商品明码标价执行情况，以及促销活动是否存在价格欺诈等违法违规行为。对里口山风景名胜区、华夏城景区、影视城景区价格进行检查，重点检查景区收费公示及门票优惠政策落实情况、停车场收费公示、餐饮服务明码标价等价格行为。

【价格临时补贴发放】 2020年，区发展改革局在全市社会救助和保障标准与物价上涨挂钩联动机制启动后，与区民政局等部门沟通，为区内低收入群众发放价格临时补贴。年内，为31289人次发放补贴259.09万元。

【明码标价宣传】 2020年，区市场监管局印发1万余份《关于规范明码标价行为的政策提醒函》，利用市场检查、组织大型会议之机，组织全局力量开展宣传；创建全国文明城市期间，动员志愿者在张贴文明标语和公益广告的同时，发放明码标价提醒函，提高商家的标价意识和消费者的维权意识，维护市场价格秩序，营造公平、公开、合法的市场竞争环境。

【专项检查】 2020年，区市场监管局为落实国家降低一般工商业电价政策，多次组织转供电单位参加政策宣讲会，与转供电专班成员单位联合，通过实地走访、电话督导、建立微信群等方式，向转供电单位宣传转供电环节电价政策。根据上级安排，开展涉企违法违规收费、口岸收费、农资市场价格监管、燃气行业价格监管等专项检查。实地检查农资市场14家、燃气公司4家、口岸经营服务企业1家，引导各行业规范收费行为，做到价格自律、合法经营。

【价格投诉举报处理】 2020年，全区消费者价格投诉主要集中在口罩价格、停车服务收费、物业管理、转供电价格等领域。年内，处理“12358”价格监管平台、威海市“12345”政务服务便民热线转办及各种渠道投诉举报2308件，办结率100%，做到件件处理及时，切实维护群众利益。

（刘子佳　王华红　李正杰）

市场监督管理

【概况】 2020年，全区市场监督管理工作以“抓改革、严监管、促竞争、保安全、提质量、优服务、强队伍”为目标，强化监管，维护市场规范，积极维权，促进社会和谐，牢筑防线，保障民生安全。年内，查办各类违法违规案件733起，受理调解区长公开电话、“12315”消费者投诉举报专线、“12345”政务服务便民热线等各类投诉举报15168件，为消费者挽回经济损失810余万元。区市场监管局准确掌握地理标志保护资源信息，核实已获批准保护的地理标志产品和作为集体商标和证明商标注册的地理标志相关数据，全面掌握地理标志数量、结构和分布状况，了解市场主体使用地理标志情况，开展地理标志保护工作。至年末，全区拥有农产品地理标志1件（里口山蟠桃），地理标志证明商标3件（威海刺参、威海苹果、威海大花生），许可使用地理标志商标的企业107家。实施商标富农工程，强化地理标志商标保护工作，严厉打击侵犯地理标志商标专用权行为。

【市场监管执法】 2020年，区市场监管局采取多种措施，推进“双随机、一公开”监管工作，强化事中事后监管，优化营商环境。建立联席会议制度并召开两次联席会议，出台部门联合“双随机”监管实施方案及配套制度规范。年内，联合区人力资源社会保障局、住房城乡建设局等15个部门开展各项联合执法检查13次，检查单位1317家，检查结果在国家企业信用信息公示系统公示。区市场监管局以金融、网络、保健品等行业为重点，对传销、非法会销、非法集资等扰乱市场秩序的行为加大打击力度，严厉打击虚假宣传、侵犯知识产权、制售假冒伪劣等违法行为。立案查处虚假宣传、制售假冒伪劣等案件449起，罚款349万元。狠抓商（产）品质量监督抽查，在商品流通领域，开展烟花爆竹、成品油、农资化肥、非医用口罩、消防器材等19次专项抽查，抽检773批次，合格率99%；在产品生产领域，对建筑和装饰装修材料、渔业生产资料、日用消费品等7大类65种产品开展监督抽查，抽检140批次，合格率98.6%。

【食品药品安全监管】 2020年，区市场监管局在全区开展餐饮质量安全提升工程，医疗器械、疫苗专项整治等行动，强化食品全链条监管，在食品生产、流通、餐饮等环节，加强经营者主体责任和应急处置能力，突出监督抽检和快检。强化食品药品违法案件查处，查办食品药品类案件158起，向公安机关移交涉嫌犯罪案件9起，其中一起医疗器械案案值800余万元。新冠肺炎疫情防控期间，区市场监管局开展农村食品、学校食堂、烧烤、海参等专项抽检3735批次，不合格35批次；对入市食用农产品实行“批批快检”，快检食用农产品13.02万批次，不合格产品在销售前全部下架销毁。开展药品监督抽检68批次、化妆品抽检11批次、医疗器械抽检5批次。抽检不合格的食品药品，在立案查处的同时，进行集中约谈，规范生产经营行为，从源头上预防食品药品安全问题发生。组织开展食品药品安全进学校、进企业、进社区活动40余次，开展校园食品安全、涉旅游食品安全等专题会议和大型培训12次，提高校园食品安全主体责任和各餐饮单位的食品安全事故应急处置能力。

【冷链食品监管】 2020年，区市场监管局对冷链食品相关生产、经营单位及从业人员进行摸排建档，实行动态更新管理。对冷链食品生产、流通、餐饮各环节重点产品、重点场所实行全链条监管，从严常态排查。将经营冷链食品的企业、农贸市场、大型商场超市、餐饮服务单位和第三方冷库作为重点检查对象，严查其是否落实进货查验、索证索票、人员健康管理等制度，对冷链食品的贮存条件、通风消毒、追溯管理、产品质量等情况进行现场检查规范，杜绝来源不明、无检验检疫证明或检疫不合格产品流入市场。督导业户注册和录入“山东冷链”，做到信息应登尽登、应录尽录。开展动态摸底排查，定期组织核酸检测。组织发放各类公告5200余份，将经营冷链食品的生产企业、农贸市场、第三方冷库、大中型商场超市作为重点检查对象，查获10起无核酸检测证明和全面消毒证明的进口冷链食品案件，相关企业全部停业整顿。12月25日，环翠区进口冷链食品集中监管专仓开仓运营，冷链专班制订各项规程和应急预案，确保专仓平稳有序运行。

2020年8月25日，区市场监管局执法人员在张村镇卫生院开展“药品知识进基层”宣传活动
（区市场监管局　供图）

【商标管理】 2020年5月29日，区市场监管局组织60余家企业到市市场监管局参加全市商标品牌培育和保护知识培训，从商标的类型到为什么要注册商标，从商标的申请到注册商标后的注意事项、商标国际注册的重要意义等方面进行解读，提升全区企业商标注册、运用、管理和保护能力，推进“马德里”商标国际注册、运用、管理工作。对重点行业、企业加强引导帮扶，提升企业商标品牌意识。联系区内有出口业务的外向型企业，走访威海宝飞龙钓具有限公司等10家企业，开展送法律、送服务活动，助力企业提升品牌意识。

【商品交易市场监管】 2020年，区市场监管局加强市场活禽交易监管，组织召开农贸（期集）市场开办者会议，督导开办方落实主体责任，建立微信工作群，禁止在市场内从事活禽交易，禁止销售野生动物及产品。1月24日起，全区10家活禽经营业户全部暂停营业。加强新冠肺炎疫情防控期间各类物资质量监管工作，重点对流通领域非医用口罩、食品相关产品、农资产品进行监督检查。对辖区食品相关产品经营业户进行检查，14家业户均从持有全国工业生产许可证的厂家进货，对辖区流通领域23家农资产品经营业户进行摸排，未发现违法违规行为。

【抵押登记管理】 2020年，区市场

监管局对办理抵押的动产，做到应登尽登、应抵尽抵，对线上办理且手续齐全、审核通过的，即时办结；对线下办理且提交材料齐全、符合要求的，当场办理。鼓励用户网上办理，如有特殊情况可现场办理。年内，受理动产抵押登记22份，登记总金额3.21亿元。

【消费者权益保护】 2020年，区市场监管局结合市委、市政府办公室“信用五进”“六治一网”活动，携手鲸园街道打造北门外“诚信经营一条街”示范街区。建立商户大数据库，根据诚信积分，每季度评选诚信商户“红黑榜”，推行“一库二榜三结合”（一套商户大数据库，商户红、黑榜，市场监管、诚信积分、社会监督三结合）的运行机制，增强商户自律能力，规范商家诚信经营行为，将北门外社区打造成全市首个社区消费维权服务站，做到小纠纷不出商铺、中纠纷不出商场、大纠纷不出商圈。区市场监管局在商场、市场、商圈、企业等消费一线场所，高标准布设22家消费维权服务站，将单一的业户服务站培育成专业化的消费维权平台，将大量消费纠纷化解在企业内部。年内，接待国家、省、市、区等各级考察和调研9次，其中国家市场监管总局、省市场监管局调研5次。11月9日，受中国消费者协会秘书长特别邀请，区市场监管局在仅有省级单位参加的全国消协组织消费监督工作培训班上就该项工作进行经验分享。面向社会招募企业工作人员、法律工作者、媒体从业者、毕业大学生等各行业的消费维权志愿者60人，参与维权知识学习、宣传及普及。组建全国首个专业消费维权志愿者队伍“瑛苑消费维权志愿者服务队”，协助开展纠纷化解、维权宣传、民生服务等工作。组织11名志愿者参加专业调解员培训考核，取得调解员证书，提高维权服务水平。年内，服务队参与消费者权益保护法维权“五进”系列宣传活动30次。区市场监管局开辟维权宣传新渠道，结合投诉举报受理难点、热点问题，拍摄“十大消费维权典型案例”系列视频，在抖音、微信公众号等新媒体上播出，通过情景再现、实例讲解的形式，让消费教育以更接地气的方式走近消费者。5月28日，区市场监管局联手区消费者协会在大润发侨乡店开展“消您所忧防患未然”——环翠区消防产品专项宣传活动暨“凝聚你我力量　让消费更温暖”公益活动，通过报纸、广播电视等媒体发布消费警示32期，发放各类宣传资料2万余份，受理调解区长公开电话、“12315”消费者投诉举报专线、“12345”政务服务便民热线等各类投诉举报15168件，为消费者挽回经济损失810余万元。

2020年5月28日，区市场监管局联手区消费者协会在大润发侨乡店开展“消您所忧防患未然”——环翠区消防产品专项宣传活动暨“凝聚你我力量　让消费更温暖”公益活动　（区市场监管局　供图）

【特种设备安全管理】 2020年，区市场监管局以日常检查与专项监督检查为主线，以风险管控和隐患排查为重点，狠抓监督管理和企业主体责任的落实。年内，办理各类特种设备登记1062台，停用、启用、注销195台，办理液化石油气钢瓶注册登记3.1万个，受理特种设备作业人员报名考试申请326人次，发放证件798件。至年末，全区登记注册在用特种设备6753台，比上年增长12.9%。其中，锅炉70台，压力容器1124台，电梯4663部，起重机械644台，场（厂）内专用机动车辆243辆，大型游乐设施9套。按照“双随机、一公开”的要求，将检查企业名单印发至各市场监管所，明确监管责任和监管人，实施网格化监督管理，先后检查单位184家，下达限期整改指令11份。狠抓重点时段、重大节日、重点设备的风险防范，开展陆岸起重机械、移动式压力容器、危险品运输车辆、百日安全、特种设备安全生产三年专项整治等行动，做到闭环管理，落实监管责任。开展现场监督检查340余家（次），排查安全隐患210余处，全部整改完毕。推动公众聚集场所电梯安责险工作，全区在用4663部电梯投保率59%，公众聚集场所448台电梯投保率93%。首次采用购买第三方服务、聘请专家的方式对36家使用单位的800余台特种设备开展监督检查，消除安全隐患93处。区市场监管局到各村（社区）调查摸底，召开会议部署，利用集市宣传，每季开展一次联合检查，新投放液化石油气钢瓶3万余个，处置废旧钢瓶1.2万余个，完成置换钢瓶补贴2000余个，区政府投入置换资金4万元，超额完成置换废旧钢瓶1.1万个的目标任务。威海燃气公司、威海润兴燃气有限公司2家单位在全市率先建立钢瓶充装信息可追溯系统，提高监管效率。每月将超期预警设备下发至各市场监管所，采取电话预警、现场检查、多方协调等方式，提醒使用单位申请检验。结合社会关注热点和重要节日、重大活动节点，采取利用网络、广播电视和深入基层等方式开展特种设备安全宣传。印发《春节期间致特种设备使用单位的一封信》，通过微信等形式转发各使用单位，提醒各特种设备使用单位加强自查自纠、消除安全隐患。录制《特种设备的安全管理和使用》《液化石油气钢瓶充装单位安全管理和使用基本手册》《电梯的安全管理和使用》4期线上培训视频课程，通过微信公众号、网络等平台推送给各特种设备使用单位负责人、分管负责人、安全管理人员、作业人员，确保随时学、随时用，学习人员1135人次。

【质量监督管理】 2020年，区市场监管局实施质量强区及品牌建设推进战略，组织60余家企业开展首席质量官、渔具生产企业质量提升、标准化知识培训。组织开展“世界认可日”“有机宣传周”“实验室开放日”等活动，52家企业通过培训取得首席质量官证书。组织技术专家对全区22家检验检测机构进行全覆盖检查，对20家质量管理体系认证企业和8家强制性认证企业进行检查。引导企业开展自愿性认证活动，新增质量、环境、职业健康管理体系首次认证企业59家。发放区级管理体系认证奖励扶持资金121万元，涉及企业68家；申请市级奖励扶持资金24.6万元，涉及企业91家。

【品牌建设】 2020年，全区高端品牌数量实现新突破，三角轮胎股份有限公司获评山东省民营企业100强；威海市山花地毯集团有限公司、三角轮胎股份有限公司、威海怡和专用设备制造有限公司、山东双轮股份有限公司、华夏文化旅游集团股份有限公司5家企业获评山东省高端品牌培育企业。环翠区旅游服务基地获评山东省优质旅游服务基地，成为首批认定山东省优质产品基地。华夏文化旅游集团股份有限公司和威海市刘公岛实业发展有限公司被山东省质量强省及品牌战略推进工作领导小组办公室认定为基地龙头骨干企业。威海华卓进出口有限公司被山东省质量评价协会评为山东优质品牌服务。威海广泰空港设备股份有限公司申报的空港地面设备、威海市山花地毯集团有限公司申报的伊凯伦系列产品，被山东省品牌建设促进会认定为2020年度山东知名品牌（产品）。

【标准化建设】 2020年，区市场监管局强化标准引领，有针对性地引导具有主导优势的龙头企业、技术创新型企业开展标准化工作。年内，全区企业参与制定国际标准2项，主持制定国家标准2项，参与国家标准制（修）定7项，参与行业标准制（修）定2项，主持制定地方标准1项，参与地方标准制（修）定4项。精心培育标准化项目，发挥项目示范作用，新增团体综合素质拓展服务标准化省级试点1个，新增复合材料游艇制造标准化、新型闭环防伪技术服务标准化、威海晟格尔汽车服务标准化市级试点项目3个。

【计量监管】 2020年，区市场监管局做好新冠肺炎疫情防控期间的计量服务保障，对刘公岛码头使用的测温仪进行检查，对接市市场监管局帮助刘公岛码头进行测温仪校准工作。通过微信公众号、明白纸等媒介，将室外使用“红外额式体温计”注意事项广泛宣传到村（社区）和商场超市等重要使用场所，采取集中培训等方式，确保一线工作人员掌握使用方法。主动对接测温仪器使用单位，组织有检测校准需求的单位集中到外地送检，先后组织6批次集中检校，检测校准红外测温仪141个，合格107个。

【个体私营经济服务】 2020年，区市场监管局以“三联三服”活动为抓手，组织开展个体私营企业新冠肺炎疫情防控期间复工复产融资需求情况调查活动，在推送的200余家私营企业中，41家有融资需求，统计融资需求3652万元，与银行对接11家。为5家个体私营企业办理贷款，其中，威海市商业银行通过诚信贷款方式，向威海同济美年大健康体检中心有限公司发放100万元贷款。组织法律顾问免费为私营企业开展《中华人民共和国民法典》法律培训2次。开展创先争优活动，刘彰蔚被中共中央精神文明建设指导委员会办公室评为诚实守信类“中国好人”，19家企业获得市级文明诚信民营企业称号，15家商户获得市级文明诚信个体工商户称号。环翠区博士眼镜行被威海市个体私营企业协会评为市级党员示范商户。60余名党员在专业市场、商圈、园区和社会组织中开展“亮身份、亮职责、亮承诺”活动，制作“党员经营户”承诺牌60个，张贴在党员工作场所的显著位置，实现党员身份、职责承诺公开化，作用示范化，监督社会化。

（李正杰）

自然资源管理

【概况】 2020年，全区自然资源工作适应经济发展新常态，履行自然资源部门职能职责，加强土地资源、水资源、海洋资源、动植物资源管理。至年末，全区耕地保有量和基本农田保护面积分别为3735.97公顷和1948.33公顷，耕地保有量超出市政府下达耕地保护任务626.44公顷。全区落实新增建设用地指标59.84公顷，项目用地实现应保尽保。全区报批建设用地4批次，面积62.91公顷。

【水资源管理】 2020年，区水利局落实水资源管理工作。投资10万元，更新更换温泉镇5家地热水用户10处水资源远程监控设备，提高环翠区水资源监测自动化、智能化水平。完成威海市龙港纸业有限公司、威海人生药业集团股份有限公司、山东双轮股份有限公司等42家自备水源取用水户47处计量设施和无线抄表设备运行情况检查和水资源税水量核定工作；开展取水口核查登记工作，完成威海市龙港纸业有限公司、威海人生药业集团股份有限公司、山东双轮股份有限公司等42家企业自备水源取水户，刘家疃、下江家、北小城村等57个行政村饮用水取水口和灌溉工程的核查登记和信息录入，并完成农业、工业、生活等领域用水统计工作。区水利局投资50万元，对羊亭河湿地公园进行改造提升，打造成随处可见节水元素的节水主题公园；按照《县域节水型社会评价标准》，完成省级县域节水型社会建设达标工作，通过省水利厅评审。区水利局与区自然资源局、区城市发展投资有限公司等部门配合，落实水土流失防治面积618公顷。对省部级下发的遥感监管发现的疑似违法违规项目图斑逐一进行现场核查，认定违规项目全部下发整改通知并督促整改，相关资料全部按要求上传监管系统。至年末，21处项目获得批复或完成备案，征收水土保持补偿费80.91万元，相关资料全部录入信息系统。

【海洋资源管理】 2020年，区海洋发展局强化近海管理秩序集中整治和伏季休渔管理力度，查处2艘外省籍跨区作业渔船，罚款10.6万元。加大海陆联合检查力度，开展陆上巡查渔港、码头和自然港湾38座次，出动执法人员256人次；检查辖区海鲜市场、夜市、早市等36处，检查海鲜摊位89家，出海检查79航次，出动海上执法人员318人次，出动执法船艇79艘次，航程2348海里，清理海上违规、禁用渔具（地笼）240余套，清理刘公岛西侧航道定置违规网具4宗。组织申报年度增殖放流项目，争取褐牙鲆、黑鲷、许氏平鲉、钝吻黄盖鲽、大泷六线鱼、日本对虾、短蛸（试验品种）7个放流品种8项省级渔业资源增殖放流项目，完成全区2020年增殖放流任务，放流苗种4166.92万尾，使用油补资金529万元。年内，验收区检察院通过公益诉讼监督增殖放流鱼苗840余万尾。

【陆生野生动物保护】 新冠肺炎疫情防控期间，区自然资源局印发《开展陆生野生动物疫源疫病监测和保护专项整治行动实施方案》，对全区野生动物疫源疫病，各种非法猎捕、买卖、食用陆生野生动物的违法行为进行管控。2020年1月24日，区自然资源局主要负责人带领相关人员到各镇（街道）及双岛林场，对野生动物疫源疫病监测工作进行强调和部署，要求所有养殖企业均停止对外开放，加强卫生防疫和疫情监测。各镇（街道）安排护林员对重点林区、湿地公园、森林公园等野生动物聚集区进行全面监测，日均出动护林员160余人次，没有发现野生动物出现异常情况。区自然资源局与全区所有野生动物养殖企业签订移交或转换方式协议，合法合规经营并妥善收养野生动物。养殖场所定期进行清洁和消毒，减少疫源疫病传播，严禁外部人员与野生动物接触，禁止进行野生动物及其产品交易和进食野生动物，对死亡的野生动物做好封存送检工作。开展野生动物救助工作，接收群众电话反映18次，救助野生动物18只，全部移交至市野生动物救助站进行救治。广泛开展陆生野生动物保护宣传工作，通过进社区、赶农村大集、到农副产品批发市场等形式，发放《野生动物保护手册》及明白纸5000余份，在湿地公园悬挂野生动物保护宣传横幅10余条，向社会推送野生动物保护公益短信8万条。

【耕地保护】 2020年，市政府下达给环翠区的耕地保有量3109.53公顷、基本农田保护面积1948公顷，环翠区实际耕地保有量3735.97公顷、基本农田保护面积1948.33公顷，均完成市政府下达的考核指标，基本农田保护率100%。

【建设用地管理】 2020年，全区报批建设用地4个批次，面积62.91公顷，其中新增建设用地59.84公顷，解决威海建设集团股份有限公司环保新材料产业园项目、威海市胸科医院新建集中救治场所项目（一期）、山东威高四海酿造有限公司四海酿造项目、中节能（威海）国际环保科技产业园有限公司中节能环保新材料产业园项目等一批重点项目用地需求。

【土地供应和利用】 2020年，全区供应土地30宗，面积120公顷，出让价款29.7亿元，为区域经济发展提供有力保障。推进土地节约集约利用，协调各镇（街道）和规划等部门，有序开展批而未供和闲置土地处置工作，全区完成处置55宗，面积48.4公顷。

【房地一体调查】 2020年，区自然资源局开展农村宅基地及建设用地房地一体调查和建立农村建设用地数据库工作，经过资料准备、房产测绘、地籍测量、入户调查、数据整理、数据入库、质量检查、报告编写等工作程序，完成辖区内张村镇、羊亭镇、温泉镇、嵩山街道4个镇（街道）52个村14052宗土地房地一体调查和建立农村建设用地数据库工作。10月30日，该项目通过市自然资源和规划局验收。

【民营企业土地房屋产权历史遗留问题化解】 2020年4月，环翠区在解决城市建设领域矛盾纠纷领导小组框架下，成立解决民营企业土地房屋产权历史遗留问题工作专班，区自然资源局作为牵头单位，专门解决2018年11月14日前因用地、建设手续不全等原因造成的民营企业土地房屋产权遗留问题。至年末，累计收集遗留问题项目190个，经区联席会议讨论研究，确定符合条件的项目26个，解决威高集团有限公司、威海华新药业集团有限公司等7个项目办证问题，其余19个项目按照程序推进。

【地质环境治理】 2020年，环翠区按照市级矿山地质环境三年行动计划，50处矿山治理任务全部完成。对关闭矿山开展安全生产隐患大检查，设立长久警示、警戒标志牌。更新完善应急指挥、群测群防网络和预案体系，落实巡查、值班、预警预报、应急处置等制度，有效防范地质灾害事故发生。10月9日，华夏文化旅游集团股份有限公司被生态环境部命名为第四批“绿水青山就是金山银山”实践创新基地。同月12日—14日，中国自然资源报社派记者到威海进行威海市华夏城矿坑生态修复及价值实现案例宣传报道。

【执法监察】 2019年度全区下发土地卫片图斑359个，涉及监测土地面积495.49公顷（耕地152.21公顷），至2020年年末，实地核实和图斑填报工作全部完成，违法比例低于15%的问责比例。根据上级部署，区自然资源局开展农村乱占耕地建房摸排工作，9月24日，印发《环翠区农村乱占耕地建房问题摸排工作实施方案》，提取上级下发图斑1163个。11月22日，上报问题图斑891个（含桥头镇），上报比例76.61%。

【政策法规宣传】 2020年，区自然资源局精心组织“4·22”世界地球日、“5·12”全国防灾减灾日、“6·25”全国土地日、“12·4”全国法治宣传日等系列法治宣传活动。结合民法典宣传，开展法律“进企业、入社区”活动，发放知识手册500余份，张贴宣传标语120余条。结合自然资源部、农业农村部《关于农村乱占耕地建房“八不准”的通知》精神，区自然资源局采取“集中宣传与日常教育相结合”的方式，通过邀请市自然资源和规划局领导到环翠区进行政策宣讲、利用农村集日悬挂横幅、发放宣传册等多种途径，对农村乱占耕地建房

2020年10月30日，市自然资源和规划局对环翠区农村宅基地及建设用地房地一体调查和建立农村建设用地数据库项目进行验收

（区自然资源局　供图）

“八不准”（不准占用永久基本农田建房，不准强占多占耕地建房，不准买卖、流转耕地违法建房，不准在承包耕地上违法建房，不准巧立名目违法占用耕地建房，不准违反“一户一宅”规定占用耕地建房，不准非法出售、占用耕地建房，不准违法审批占用耕地建房）进行宣传，推动全区自然资源普法工作开展。理顺行政复议和应诉工作流程，主动与法制部门和法律顾问进行沟通协调，按时组织答辩应诉，解决纠纷、化解矛盾。

（丛振宁　宋　超　董　颢）

安全生产监督管理

【概况】 2020年，全区安全生产监督管理工作以保障人民群众生命财产安全为出发点，抓重点、补短板、强弱项。在落实安全生产责任、筑牢安全生产基础等方面持续发力。实行全员执法制度，开展新冠肺炎疫情防控期间安全管控、重点行业领域专项整治、安全生产大检查等专项整治活动；全力推进双体系和安全生产标准化运行，开展安全生产责任险推广工作。年内，区应急局检查企业1477家次，查改问题隐患2385处，行政处罚12起，罚款100.23万元。贯彻落实《2020—2021年度威海市安全生产责任保险试点工作实施方案》，组织有关成员单位收听收看全省2020—2021年度安全生产责任保险试点工作部署推进视频会议，通过举办集中宣讲会、发放资料等多种措施，把安全生产责任保险的相关政策法规要求和内容贯彻到涉爆粉尘、涉氨制冷等重点企业，调动生产企业积极性，使办理安全生产责任保险成为企业的自觉行动。

【安全生产专项整治三年行动】 2020年7月20日，区应急局制定《环翠区安全生产专项整治三年行动计划实施方案》，确定“1+2+18+N”的推进思路，即1个总体实施方案、2个专题实施方案、18个重点行业领域实施方案、N个部门工作推进方案。7月—12月，分4个阶段进行。成立以区长徐明为组长，区委副书记邢海波、副区长王大治为常务副组长，7名安委会副主任为副组长，22个安委会重点成员单位主要负责人为成员的区政府安委会安全生产专项整治三年行动工作组，下设办公室，推动落实各项工作任务。区应急局组织有关镇（街道）、部门立足实际，对照方案开展隐患排查治理活动，对本辖区、本行业领域存在的根本性、普遍性问题进行梳理汇总，提出相应制度措施。至年末，全区排查整改问题隐患2807处，按照“两个清单”（问题隐患清单和制度措施清单）要求，建立问题隐患清单62项、制度措施清单50项。

【安全生产责任落实】 2020年7月31日，区委办公室、区政府办公室印发《威海市环翠区党政领导干部安全生产工作职责》，明确区委、区政府领导干部安全生产职责；印发《关于贯彻落实习近平总书记重要批示精神进一步加强安全生产工作的意见》，从深入践行安全发展理念、全面落实安全生产责任、健全完善安全防控体系等6个方面着手，对全区安全生产工作提出指导意见。年内，组织召开全区性安全生产工作会议7次，区委常委会议、区政府常务会议和区长办公会分别听取安全生产专题汇报9次、10次、9次。区应急局落实《威海市环翠区党政领导干部安全生产工作职责》，将安全生产作为基层调研中一项重要内容进行督导。至年末，区政府班子成员开展安全生产督导检查83次，排查发现的112处隐患全部按期整改到位。

【应急执法监管】 2020年，区应急局采用全员执法模式，检查企业1477家次，查改问题隐患2385处，行政处罚12起，罚款100.23万元。落实“双随机、一公开”机制，建立行政执法人员名录库，编制随机抽查事项清单，将随机检查作为监管执法工作的重要方式，随机抽查

2020年9月28日，区应急管理局召开安全生产专项整治三年行动调度会议

（区应急局　供图）

企业27家，发现并整改各类安全隐患49项。配合省、市执法检查行动，检查企业48家，查改问题隐患160处，立案处罚8家，罚款10.9万元。做好温泉云顶阳光项目一般事故处理工作，下达《行政处罚决定书》6份，罚款88.93万元。对举报案件实行“集中登记、责任到人、跟踪督办、定期回访”制度，向社会公开，接受社会监督，处理群众举报案件62起。

【行政许可审批】 2020年，区应急局利用省政务服务网，在严格审批许可条件的基础上，优化审批、办理流程，缩短办理时限，提高审批效率，实现行政许可审批“一次办好”。年内，换发危险化学品经营许可证13份，出具第三类非药品类易制毒化学品备案证明12份，颁发烟花爆竹经营（零售）许可证10份，依法注销危险化学品经营许可证4份、第三类非药品类易制毒化学品备案证明4份、烟花爆竹经营（零售）许可证10份。

【双重预防体系和安全生产标准化建设】 2020年，区应急局通过政府招标、资金扶持方式，聘请3家中介机构，对150家小微企业进行安全生产标准化和双重预防体系创建指导；对120家规模以上、重点管控企业双体系运行情况进行指导和监督管理。至年末，双重预防体系建设辅导企业150家，评估150家；安全生产标准化创建辅导企业150家，评审150家。

【安全生产检查】 2020年，区应急局将新冠肺炎疫情疫情防控与安全生产工作同部署、同检查，到复工复产企业一线，帮助企业查改安全生产和疫情防控问题，督促企业和员工做好疫情防控期间安全防护工作，为企业提供安全检查指导1390家次，排查整治各类问题隐患2354处。区应急局协调、督促各镇（街道）及有关部门强化重点行业领域监管，组织安全生产集中整治、防一氧化碳中毒、复工复产安全防范、未成年人防溺水、有（受）限空间隐患排查整治等10余个专项检查活动，排查企业4.8万余家次，排查并整改问题隐患6.2万余项，迎接省、市督导检查5次。从行业源头着手，持续开展危险化学品及医药、化工方面安全风险隐患排查治理、安全生产集中整治行动、重大危险源企业专项检查、“自流黑”（自建油罐、流动加油车、黑加油站）等专项行动，对重大危险源辨识情况、自备油罐及装置（设施）情况等重点环节、重点部位进行重点检查，检查企业365家次，排查整改问题隐患338处，立案处罚2家企业。烟花爆竹方面，通过开展烟花爆竹旺季“打非治违”（打击非法违法生产经营活动行为）、安全生产集中整治等行动，加大对烟花爆竹批发、零售单位的日常监管，检查企业20家次，发现并整改问题隐患17处，立案处罚1家企业。结合新冠肺炎疫情防控需求，对口罩、防护服生产企业以及粉尘、涉氨制冷等工贸重点行业领域企业提供服务，为209家企业提出指导意见435条，排查整改隐患137处。

【应急指挥信息化建设】 2020年，区应急局升级改造和扩展环翠区安全生产应急指挥平台。通过网格一张图穿透展示系统实现区级—镇（街道）—村（社区）三级网格的纵向查询以及综合监管部门—行业主管部门—专业监管部门的横向查询，全面实现穿透式查询。对52家重点企业关键部位、设施、场所进行实时监控。通过视频监控预警、数据可视化技术，加强对危险化学品生产、经营、存储企业及危险化学品重点场所的监测预警及管控，确保高危企业全面纳入管理。新增重大危险作业备案功能，将动火作业、有（受）限空间作业、高处施工作业、吊装作业、开停车作业、检维修作业、拆除作业、其他作业纳入网上申报第三方审批管理，确保重大危险作业环节安全稳定。

【安全生产文化建设】 2020年，区应急局围绕“消除安全隐患，筑牢安全防线”主题，结合新冠肺炎疫情防控形势，在各镇（街道）、各行业领域内，组织开展小范围的“安全生产月”活动启动仪式和“安全宣传咨询日”活动，现场发放宣传册等宣传材料2万余份。发放3.2万张安全生产宣传挂图，组织开展答题竞赛、网络课堂、主播走现场、综合应急救援演练等宣传活动，开展网络课堂、主播走现场等活动268场次，组织951家企业参与“大学习、大培训、大考试”活动，开展综合性应急演练154次。在“天天学应急”答题活动中，环翠区以69.94万的积分位居威海市第一名。新冠肺炎疫情防控期间，区应急局通过“线上+线下”融合方式，指导企业安全复工复产。“线上广覆盖”，在全省应急系统率先开展网上安全教育培训，组织线上培训6期，培训4200余人次；“线下强基础”，新冠肺炎疫情防控期间，全局工作人员组成5个安全生产指导服务组，深入了解企业安全生产培训方面的需求，举办全区安全生产及应急管理干部培训班，引导企业运用网络、广播、电视、企业内部LED显示屏等平台开展培训宣传。

（于大鹏）

海洋发展

综　述

【概况】 2020年，区海洋发展局推进经略海洋战略，重点开展海洋强区三年行动，将海洋经济发展纳入目标管理考核，推进海洋强区建设各项工作落实，培育壮大海洋经济新动能，打造特色鲜明、区域布局合理、产业结构优化、生态环境良好的海洋经济发展示范区。年内，环翠区启动远遥浅海科技湾区建设，3个海洋经济创新示范城市项目完成投资1.64亿元，23个市级海洋产业重点项目完成投资17.05亿元，其中14个项目投产或投入使用。新引进3个高水平科研机构，2家企业入选2020年山东省技术创新示范企业。至年末，实现大洋性远洋渔业产量2.5万吨，产值2.3亿元。

【海洋发展专题会议】 2020年6月19日，区委海洋发展委员会召开第三次全体会议，审议通过《2020年区委海洋发展委员会工作要点》，部署下步重点工作。12月21日，区委海洋发展委员会召开第四次全体会议，总结2020年海洋发展委员会工作情况，部署2021年工作。

【《环翠区落实2020年全市海洋产业攻坚突破行动方案》出台】 2020年7月，区海洋发展局制定《环翠区落实2020年全区海洋产业攻坚突破行动方案》，以威海国际海洋科技城建设为统领，高点站位、创新思路、系统谋划、精准施策、持续发力，重点实施“510”攻坚突破行动，即围绕攻坚“补短板”“强弱项”“固根基”“树亮点”“塑声誉”5大领域，推动10项重点任务、重要工作、重大事项（加速科研要素集聚，构建科技创新体系；加快营销方式转型，创立市场品牌体系；创新链式发展模式，做强海洋生物产业；突出高端、智能特色，壮大海洋装备产业；创建绿色养殖“威海模式”，加快养殖业升级；构建远洋渔业集群化发展模式，推动捕捞业转型；突破海洋生态经济发展，创建生态海洋示范城市；突破治理能力提升，打造监管服务体系“威海样板”；通过试点示范，夯实硬实力；通过交流合作，增强软实力）实现突破，加快结构升级、新旧动能转换和能力提升，推动海洋经济高质量发展。

【海洋经济创新示范城市项目】 2020年，区海洋发展局推进总投资1.8亿元的3个海洋经济创新示范城市项目加快建设。至年末，完成投资1.64亿元，占总投资的91%。

山东威高骨科材料股份有限公司海洋贝类及海洋多糖的医用骨科新材料开发与产业链构建项目，着眼于国际微创骨修复治疗的前沿技术，结合在海洋多糖改性方面10多年的研究成果，将海洋与生物学科及新材料领域相结合，重点开展“贝类材料的优选、提纯及粉粒料制备与改性”及“海洋高分子多糖凝胶的制备改性”等技术攻关，优化规模化制备骨科医用材料的工艺条件，开发结构、性质、功能优越且安全的骨科医用材料，提升海洋生物材料的经济附加值，在国内打造首条融海洋生物及废弃物利用、海洋骨科医用原料、海洋生物医药为一体的产业链，完善骨修复材料配套器械产品的生产线。至年末，实现投资5200万元，提交发明专利1项，完成骨修复材料配套器械生产线建设，相关设备完成调控参数并投入使用。

威海人生药业集团股份有限公司基于褐藻来源的岩源聚糖硫酸酯抗Ⅱ型糖尿病海洋药物开发及产业链构建项目，以海洋褐藻为研究对象，完成规范化养殖生产，重点突破绿色提取、连续固液分离、超滤分级等关键技术，建立海洋硫酸多糖中试制备技术体系，获得具有特定结构及功效显著的岩藻聚糖硫酸酯，并按照国家新药研究的要求，完成抗Ⅱ型糖尿病药物FVF的临床前系统研究，同时开发具有润肠通便功效的保健食品和供糖尿病患者服用的特殊医学用途配方食品。项目的实施，促进和带动山东省海洋药物的自主创新能力，提高省内藻类加工技术的升级和产品结构调整，提高产品国际竞争力，打造省、市级海洋药物和功能食品技术中心，形成具有鲜明特色的海洋活性物质综合利用示范基地，构建一条海洋天然药物、功能性食品研发及生产的产业链。至年末，实现投资6952万元，完成特医食品原料全检测项目。

威海市食品药品检验检测中心海洋生物制品质量安全监测公共服务平台项目，重点开展重金属污染物、农药残留、兽药残留、食品添加剂、违禁添加物、微生物的检验检测，为企业和监管部门提供检验检测技术支撑，把产品质量安全转化为企业的核心竞争力。至年末，完成投资4313万元，引进人才2人，购置检验检测设备23台并全部完成调试。

【水产品质量安全管理】 2020年4月，区海洋发展局制定《环翠区2020年水产品质量安全专项整治方案》，强化养殖及育苗过程中禁用药物的监测抽查，增加区内养殖品的抽检次数和种类。年内，完成86批次抽检任务，经过反馈，未发现问题。开展投入品执法检查、海参养殖排查整治等专项执法检查行动，检查企业63家次，发放宣传资料310余份，出动执法人员180余人次，出动执法车辆76台次，未发现违法违规问题。

【远洋渔业】 2020年，全区派出28艘自有远洋渔船到太平洋公海等海域作业，实施远洋渔业项目6个，分别是：威海昌和渔业有限公司的太平洋公海金枪鱼延绳钓项目，威海昌和渔业有限公司的印度洋公海金枪鱼延绳钓项目，威海荣玛渔业有限公司的北太平洋、西南大西洋和东南太平洋公海鱿鱼钓项目，威海市环海水产有限公司的北太平洋、西南大西洋和东南太平洋公海鱿鱼钓项目，威海市环海水产有限公司的印度洋公海鸢乌贼项目，威海世源远洋渔业有限公司的伊朗南部海域拖网项目，实现大洋性远洋渔业产量2.5万吨，产值2.3亿元。

海洋经济

【概况】 2020年，环翠区启动远遥浅海科技湾区建设，海洋无人装备与技术联合创新中心、无人机应用服务中心、浅海综合试验场、海洋大数据中心、国家海水利用工程（威海）中心5个项目签约入驻。3个海洋经济创新示范城市项目完成投资1.64亿元，23个市级海洋产业重点项目完成投资17.05亿元，其中14个项目投产或投入使用。年内，实现水产品产量32.5万吨（不含远洋捕捞），比上年下降3.0%。其中，海洋捕捞量8.46万吨，增长1.8%；养殖产量24.04万吨，下降4.6%；渔业总产值48.78亿元，下降1.5%。环翠区承担的市级海洋经济发展考核项目位居各区、市第一。

【远遥浅海科技湾区建设】 2019年12月23日，环翠区成立远遥浅海科技湾区指挥部，组建工作专班和威海市海创投资发展有限公司，专项负责公司规划与运营。2020年，投资1.26亿元，完成蓝创1—5号楼装修改造、蓝贝海洋科技展览中心及部分改造、蓝科大厦建设工程、湾区入口改造工程以及盐碱地生态系统示范基地工程。拟定运营经费补助、用地用海保障等方面支持海创公司运营发展的政策意见，海洋无人装备与技术联合创新中心、无人机应用服务中心、浅海综合试验场、海洋大数据中心、国家海水利用工程（威海）中心5个项目签约入驻湾区。

【海洋经济创新】 2020年3月，区海洋发展局以“向海图强，筑梦蔚蓝”为主题，围绕海洋产业、海洋经济、海洋生态和海洋管理等方面，制作海洋发展宣传片，展示海洋发展魅力；4月，完成海洋高端装备、海洋生物医药等海洋产业强链调查。每月调度海洋强区工作，编发《海洋发展简报》14期、《海洋经济运行保障工作情况》21期；加大对上政策要素争取，海洋渔业领域争取到位资金1.08亿元；总投资60.64亿元的32个海洋强区项目，实际完成投资17.36亿元，占年度计划进度的103.3%；总投资57.49亿元的23个海洋强市项目，实际完成投资17.05亿元，占年度计划的106.7%。

【海洋新兴产业】 2020年，区海洋发展局注重培育山东双轮股份有限公司、山东威高骨科材料股份有限公司等龙头企业，海水淡化装置用泵、海洋生物骨修复材料生产线等项目陆续投产运行。威海市宇王集团有限公司、威海浦源食品有限公司2家海洋生物企业列入山东省新冠肺炎疫情防控重点保障物资生产企业。指导山东威高骨科材料股份有限公司申报并获评“山东省制造业单项冠军”，威海人生药业集团股份有限公司获评“山东省瞪羚企业”。山东威高骨科材料股份有限公司、威海怡和专用设备制造有限公司2家企业入选2020年山东省技术创新示范企业。“宇王”“威北”“浦源”3个品牌入围“中国农业品牌公共服务平台水产品推荐品牌”。威海中远造船科技有限公司、威海瑞阳船艇开发有限公司通过国家知识产权管理体系认证。威海市宇王集团有限公司、威海人生药业集团股份有限公司补充进入威海市冲击新目标入库企业。威海浦源食品有限公司“浦源”牌鱼露系列产品被评为第五批山东省知名农产品企业产品品牌。

【海洋文化旅游产业】 2020年，环翠区聚焦全域旅游、海上休闲旅游，建设一批海洋特色文化旅游项目，加快推进威海地中海俱乐部项目建设，打造滨海体验式旅游商业综合体，海大客运大型豪华客滚船“中华富强”号交付使用并投入运营；举办半月湾国际沙滩音乐节、铁人三项赛事，做活“海洋+”文章，叫响“沙滩音乐节”和“中国海鲜·享威海”融合品牌，不断提升海洋产业发展内涵。

【海洋生物与健康食品产业】 2020年，区海洋发展局推进5个海洋生物与健康食品产业集群重点项目建设，年度实际完成投资1.27亿元，累计完成投资3.16亿元。山东威高骨科材料股份有限公司基于海洋贝类的医用骨科新材料开发与产业链构建项目部分投产；银河生物技术海藻胶囊二期生产项目基础施工完成，进入小试阶段；威海人生药业集团股份有限公司抗Ⅱ型糖尿病海洋药物开发及产业链构建进入中试阶段；威海市宇王集团有限公司食品技术创新中心建设项目完成主体大楼的建设，并进行内部装修及仪器设备订购；威海市宇王集团有限公司海带岩藻聚糖硫酸酯高值化产品开发项目竣工投产。

海洋科技

【概况】 2020年，区海洋发展局面向海洋经济服务主战场，加快推动国家浅海综合试验场建设，打造国家级综合、开放、共享、可持续发展的一体化公共服务平台。促进海洋与渔业科技创新，深化基层渔业技术推广体系改革，引导开展海洋与渔业技术创新、技术推广和产业化，推进科技成果转化，提升科技创新引领与服务能力。年内，新引进3个高水平科研机构，2家企业入选2020年山东省技术创新示范企业。

【国家浅海综合试验场建设】 褚岛国家浅海综合试验场建设项目使用海域面积514公顷，主要通过海上试验平台、标准体系、环境监测系统、数据与服务系统4个方面的建设，开展海洋技术装备功能性、环境适应性、可靠性、可维护性等试验、测试与评估。2020年，完成试验场安全保障能力升级、综合测试系统功能扩展升级，开展海洋能装置海上试验，发挥“国海试1号”海上试验平台的平台优势，开展对外试验服务和对内技术支撑工作。

【重点科创平台建设】 2020年，海洋智能装备研究中心完成1号楼、2号楼及人才公寓的装修改造，研究中心新入驻企业2家（威海远遥海工技术服务有限公司、山东科邦威尔复合材料有限公司），入库科技型中小企业2家[威海天航信息技术有限

2020年12月24日，威海褚岛北部海域——国家浅海综合试验场
（区海洋发展局　供图）

公司、智真海洋科技（威海）有限公司]。山东大学（威海）海洋科学技术创新中心投资500余万元，完成场地装修、仪器设备购置及智能化海水养殖系统等配套设施建设。新引进姚建铨院士激光与光电子信息技术研究院、北京工业大学威海研究院、国家海水利用工程（威海）中心3个高水平科研机构。

【涉海企业科技发展】 2020年，区海洋发展局助推威海怡和专用设备制造有限公司获批省级工程实验室，威海银河生物技术有限公司获批省级企业技术中心，山东威高骨科材料股份有限公司获批市级工程实验室。山东威高骨科材料股份有限公司、威海怡和专用设备制造有限公司2家企业入选2020年山东省技术创新示范企业。威海西港游艇有限公司获得山东省第三届 “省长杯” 工业设计大赛铜奖。山东双轮股份有限公司入选2020年度山东省首台（套）技术装备和关键核心零部件及生产企业公示名单。

【渔业技术推广】 2020年，区海洋发展局以实施基层渔业技术推广改革与建设项目为契机，以水产绿色健康养殖“五大行动”（生态健康养殖模式推广行动、养殖尾水治理模式推广行动、水产养殖用药减量行动、配合饲料替代幼杂鱼行动、水产种业质量提升行动）为抓手，走访养殖企业（户）100余户次。围绕主导品种和主推技术，在原有3处渔业科技试验示范基地的基础上，增设3处渔业科技试验示范基地，基地开展的“俄罗斯红参繁育技术”“星斑川鲽苗种繁育技术”“埋栖贝类净化”等推广技术项目通过验收。组织辖区9名渔业技术推广人员、10余家育苗与养殖企业参加“渔业通”平台水产养殖技术线上指导培训2期，提升养殖技术人员素质。开展进企业送技术服务，为威海乾盛水产养殖有限责任公司、威海蓝源水产有限公司等10余家企业送去星斑川鲽苗种繁育、海参海胆混合增殖等技术10项。

【政产学研合作】 2020年，区海洋发展局立足海洋装备制造、海洋养殖、生物医药与健康食品等重点产业方向，与省内外高校建立全方位政产学研战略合作关系。持续推进山东大学（威海）海洋科学技术创新中心建设，确定3个项目团队入驻，引进3家企业；推动山东威高骨科材料股份有限公司与天津大学材料科学与工程学院副教授李朝阳合作“构建基于海洋贝类及海洋多糖的医用骨科新材料研发产业链”、威海圣航水产科技有限公司和山东大学（威海）海洋学院合作“斑头鱼苗种标准化繁育技术的研究”，促进科技创新与渔业经济发展深度融合。与自然资源部天津海水淡化与综合利用研究所联合共建国家海水利用工程技术（威海）中心，带动威海市海水淡化产业发展。与中国水产科学研究院黄海研究所合作承办“全国水产标准化技术委员会第五届海水养殖分技术委员会2020年年会暨标准评审会”，共同探讨海水养殖标准化体系和标准实施的相关问题，构建全产业链体系，实现综合效益。

【水生动物病害测报】 2020年，区海洋发展局做好水生动物病害测报与重点疫病监测，定期对威海圣航水产科技有限公司、威海百世海洋科技有限公司等8个病害测报点，刺参、扇贝等6个重点监测品种开展病害测报。年内，威海圣航水产科技有限公司获得“山东省水产养殖病害服务基地”称号。

海洋执法

【概况】 2020年，全区海洋综合管理工作通过践行服务理念，推进依法行政，规范执法行为，完善执法机制和措施，未发生海上新冠肺炎疫情输入，辖区伏季休渔秩序和渔业安全生产形势逐步好转，涉外渔业管理、渔业资源修复水平逐步提升。全年检查各类渔船695艘次，检查渔港52处次，排查整改安全隐患22处，其中立案处罚8起，罚款5.5万元。

【海洋渔船综合管控】 2020年，区海洋发展局动员整合相关力量，维护渔业生产秩序和海上安全稳定，成立海洋渔船管控工作专班，制定《威海市环翠区涉渔“三无”船舶集中整治专项行动方案》《威海市环翠区渔业安全隐患整治专项行动方案》《威海市环翠区渔船用工秩序集中整治专项行动方案》《威海市环翠区渔业执法管理队伍集中整治专项行动方案》4个工作方案，强化联防联控，建立健全渔船详细数据库，狠抓包保责任落实，严打涉渔“三无”船舶，按照上级工作要求，落实各项管控措施，全区渔港渔船规范可控，渔业生产安全平稳。

【严防海上新冠肺炎疫情输入】 2020年，区海洋发展局严把渔港入口关，加强渔港技术防控手段的应用，落实渔船进出港报告制度，对复工渔船船位进行24小时监控，防

2020年11月13日，环翠区举行涉韩入渔许可证抽签仪式

（区海洋发展局　供图）

止渔船私自出海和船员私自上船，开展渔船新冠肺炎疫情联检411艘次，进行渔船船员检测1382人次，未发生新冠肺炎疫情输入。加强入韩渔船、80马力以上渔船、远洋渔船管控，利用北斗和AIS避碰终端监控管理平台，对16艘复工入韩作业渔船、171艘80马力以上捕捞渔船进行跟踪监测，确保及时联系掌握情况。组织镇（街道）召开“反偷渡防输入”专题工作会议，强化属地责任，落实渔船包保责任，与公安部门开展联合防控，对船员、进出港人员进行身份审验，有效防止偷渡发生。

【涉外渔业管理】 2020年，环翠区具有涉外作业能力的渔船137艘，取得入渔资格渔船16艘。区海洋发展局严格按规定组织合格渔船船东参加入渔资格抽签，召集相关船主开展涉外渔业法律法规和安全知识教育，增强渔民遵纪守法的自觉性。通过监控平台24小时监控专属经济区1海里缓冲区附近作业渔船1620艘次，电话警告劝离在边界水域作业渔船10次，未发生越界捕捞和进入敏感水域作业问题。在捕捞作业时间，实时跟踪管理，处理申报出入渔及汇总上报每日产量，通报入渔590艘次。

【渔业安全生产】 2020年，区海洋发展局开展渔业安全知识教育培训4次、渔业安全应急救援演练4次、渔业安全警示教育活动3次、安全生产专项会议4次，参加人员410余人次。营造全行业全社会关注安全、重视安全的良好氛围，向全区渔船渔企发放海上安全生产建议书、商渔船防碰撞典型案例、渔船严管严控手册、安全清单1000余份。开展渔业安全生产三年整治行动，冬春季节渔业安全生产专项整治行动，渔业安全生产拉网式大排查行动，有（受）限空间作业隐患、渔业安全生产集中整治活动，渔业安全生产宣传教育“七进”（进企业、进学校、进机关、进社区、进农村、进家庭、进公共场所）活动，检查各类渔船695艘次，检查渔港52处次，排查整改安全隐患22处，其中立案处罚8起，罚款5.5万元。加强防台风工作，制定应对“黑格比”“巴威”等台风应急预案，保证台风期间渔业生产安全平稳。

（董　颢　张荣训）

农 业

综 述

【概况】 2020年，全区有耕地3983.98公顷，粮食总产量3086.2吨。农业标准化生产面积1751公顷，占全区农业生产总面积的85%。有农业机械总动力8.39万千瓦，完成机耕作业面积706.6公顷。生猪存栏16645头，肉类总产量3172.34吨。至年末，实现农林牧渔业总产值54.99亿元，比上年下降1.7%。其中农业总产值1.02亿元，下降14.2%；林业总产值0.09亿元，增长411.7%；畜牧业总产值0.52亿元，增长5.8%；渔业总产值48.78亿元，下降1.5%；农林牧渔服务业总产值4.58亿元，下降1.9%。

【农业标准化生产】 2020年，全区有农产品品牌11个，其中蔬菜类3个（威海市环翠区富农蔬菜专业合作社"五家疃"平菇、威海市环翠区月铭园蔬菜专业合作社"月铭园"小白菜、威海市环翠区福豪果品专业合作社"福豪果"草莓），水果类8个（环翠区福鑫源农业生态园"福鑫源"大樱桃、威海市环翠区山里红果蔬专业合作社"枝满头"蟠桃、威海市环翠区威盛大樱桃农民专业合作社"威盛"大樱桃、威海市宝丰果蔬专业合作社"宝丰晶滢"桃、威海欢乐谷植物种植专业合作社"羊亭欢乐谷"桑葚、威海舜元种植农民专业合作社"舜元"无花果、威海秋歌生态农业科技有限公司"里口山秋歌"葡萄、威海新元果业技术服务有限公司"科地丰美"苹果）；农产品地理标志保护产品1个（里口山蟠桃）。环翠区福鑫源农业生态园的"福鑫源"大樱桃被评为"威海市知名农产品"，全区农业"三品一标"（无公害农产品、绿色食品、有机农产品和产品地理标志）有效期内认证产品15个，标准化生产面积1751公顷，占全区农业生产总面积的85%。

【乡村人才培育】 2020年，区农业农村局按照集中培训、实训实习、参观考察和跟踪服务"四位一体"培育方案，培训新型农业经营主体带头人65人、农业经理人6人、农业领军人才5人。威海秋歌生态农业科技有限公司、环翠区福鑫源农业生态园、环翠区甜宝家庭农场、威海陶源谷生态农业有限公司、威海游嘉旅游服务公司5家新型经营主体获评威海市第四批高素质农民培育实训基地。威海市清怡茶园、环翠区福鑫源农业生态园、威海游嘉旅游服务公司3家新型经营主体获评2020年"山东省农民乡村振兴示范站"。威海晟仙俊美花卉有限公司、威海山里人家生态环境科技有限公司获评"威海市农村科普示范基地"。新型经营主体带头人周承金、李国润被威海市科协授予"威海市农村科普带头人"称号。

【农业技术服务】 2020年，区农业农村局克服新冠肺炎疫情对农业生产带来的不利影响，指导农业生产，抓好春季农业生产，通过微信公众号、朋友圈、技术"明白纸"、科技下乡、媒体宣传等形式开展农田管理和春耕春播工作。制作"奋力战疫"系列2020年春季农业生产管理指导意见之"小麦篇""果树篇""蔬菜篇"，打造"因地制宜发挥特色备春耕"等微信公众号，印制环翠区2020年玉米播种技术指导意见、环翠区2020年花生播种技术指导意见、小麦中后期管理指导意见、

2020年小麦播种技术指导意见等技术“明白纸”。多次现场指导堡子顶樱桃保护地栽培、智慧谷农场园区土地整理、绿洲生态农场无花果基地、双福合作社甘薯基地等生产技术。通过新闻媒体，对小麦春季管理、春耕备播、春种作物（春玉米、花生、甘薯等）生产、雨后农作物田间管理、麦收后夏播作物生产要点、作物秸秆综合利用、秋收秋种技术、严禁焚烧等方面进行技术指导和法规宣传。

【农业产业化】 至2020年年末，全区有国家级农业产业化龙头企业1家（家家悦集团股份有限公司）、省级4家（威海市宇王集团有限公司、威海环山农牧投资有限公司、威海浦源食品有限公司、威海北海水产开发有限公司）、市级9家（威海市粮食收储中心、威海市世荣进出口有限公司、威海绿苑园林工程有限公司、威海市望联种禽有限公司、山东威高四海酿造有限公司、威海博宇食品有限公司、威海秾芳园农业科技有限公司、威海壹贰叁肆玖农副产品配送有限公司、威海麟海牧歌生态农业有限公司），涉及海洋渔业、果蔬种植、粮食收储加工、畜禽养殖、农产品批发零售等多个行业，带动农户12万户（含辖区外），年均增收1.5万元。

【新型农业经济组织】 2020年，区农业农村局规范和完善农村经营体制，促进农民增收。至年末，全区有农民专业合作社267家（其中国家级示范社2家、省级示范社2家、市级示范社10家）、家庭农场54家（其中省级示范场3家、市级示范场5家）。

【农产品质量安全监管】 2020年，区农业农村局定量检测果蔬样品110个，配合省相关部门抽检样品71个，抽检化肥样品10个、农药样品10个，合格率100%。开展农产品质量安全认证及农业标准化基地建设，威海秋歌生态农业有限公司获得农产品绿色质量认证，被区农业农村局认定为农业标准化生产基地。

【农业综合执法】 2020年，区农业农村局出动执法人员338人次，检查农资经营单位116家次、种子经营单位9家、农产品生产基地44家，集中开展“春季农资打假春雷行动”“农药管理百日攻坚行动”等执法活动，维护农资市场经营秩序。

农村经济管理

【概况】 2020年，全区农村经济管理工作以促农民增收、保农村稳定为目标，做好农村土地承包管理，全区实行家庭承包经营农户16253户，承包耕地面积3912公顷。加速推进农村土地流转，全区土地流转面积974公顷。深化农村集体经济组织产权制度改革，农村“三资”委托代理服务中心实现全覆盖，监管水平进一步提高。至年末，全区116个村（社区）先后完成集体经济组织产权制度改革，“三资”委托代理率100%。

【农村财务与集体资产管理】 2020年，区农业农村局制定《环翠区集体经济组织合同管理办法》《关于进一步规范集体经济组织财务管理工作的实施意见》《威海市环翠区股份经济合作社内部控制管理制度模板》《威海市环翠区股份经济合作社下属企业内部控制管理制度模板》，规范完善财务预决算、收支管理、资产管理、合同管理、审计监督等制度。合理使用“环翠区农村大数据管理平台”，实施数字乡村振兴战略，推动“互联网+”向农村管理服务延伸，整合“三资”管理、审批管理、产权交易和土地确权4个板块，搭建大数据指挥中心，并配套开发手机APP，实现管理规范、运行高效、使用便捷、“三资”安全。加大农村财务审计力度，对119个村级集体经济组织及81个下属企业的财务收支情况进行审计。

【农村集体经济组织产权制度改革】 2020年，羊亭镇半壁山村、大西庄村，张村镇后双岛村3个村完成农村集体经济组织产权制度改革工作。至年末，全区有116个村（社区）完成农村集体经济组织产权制度改革，改制完成率97.48%；有119个村（社区）完成赋码工作，赋码完成率100%。

种植业

【概况】 2020年，全区耕地面积3983.98公顷，人均耕地0.0386公顷。全年粮食总产量3086.2吨。其中，小麦收获面积102公顷，总产量447.5吨；玉米收获面积454公顷，总产量2188.1吨。花生总产量941吨，减少44.5%。

【生产技术指导与推广】 2020年，区农业技术服务中心加强对全区果品、农业生产的技术指导，科技下乡80余次，指导农民350余人次。组织30余名果农学习观摩环翠区示范园及周边果园管理经验，举办果树技术培训班3期，培训230余人，发放技术材料550份。邀请青岛农业大学辛玉成教授团队在温泉镇举办果树培训班2期，培训120余人，对果园施肥、土壤改良、病虫害防治、中微量元素应用等技术进行系统传授。举办基层农技推广示范主体培训班1期，培训110人。

【农业支持保护补贴政策落实】 2020年，区农业技术服务中心严格按照小麦种植面积核实工作方案，经过村（社区）、镇（街道）、区3级统计、核实、公示等程序，确认全区小麦种植面积102公顷，涉及32个村（社区）、358户，按照每公顷2070元标准给予种粮补贴，发放补贴21万元。

【病虫害防治】 2020年，区农业技术服务中心做好农业重大有害生物应急防控演练工作。5月14日，区植物保护站召开农业重大有害生物应急演练防控现场会。在小麦条锈病、赤霉病和玉米草地贪夜蛾发生期间做好普查与防控工作，对小麦条锈病、赤霉病开展拉网式普查，对易发地块进行全面有效的监控，设立玉米草地贪夜蛾监测防控点25处。发放小麦和玉米重大病虫害防控物资，包括250克/升吡唑醚菌酯乳油、10%吡虫啉可湿性粉剂和5%虱螨脲悬浮剂、10%噻虫·高氯氟悬浮剂等高效、低毒和低残留的生物农药，实现小麦、玉米绿色防控全覆盖，有效控制病虫害的发生。

【植物检疫】 2020年，区农业农村局加强苹果蠹蛾、果蔬害虫等重点外来危险检疫对象的阻截带建设和监测工作，建立疫情阻截带15处，投放性诱剂200余个，抓好农产品产地及调运检疫工作。在苗木生产期

2020年10月28日，区农业技术服务中心技术人员在堡子顶家庭农场进行土壤酸化改良试验验收 （区农业农村局 供图）

间，为企业做好服务，及时开具调运检疫证书，开展调运检疫5批次。

【果品经济】 2020年，全区果品总产量14199吨，比上年减少5.0%。苹果面积1436.1公顷，梨面积45.3公顷，桃面积84.2公顷。随着水果品种的不断丰富，樱桃、珍珠油杏、桑葚、无花果等栽植规模逐年扩大。年内，全区时令水果（杏、桃、无花果、樱桃、葡萄及早熟苹果、梨等）以地产地销为主，中熟苹果、梨外销50%，晚熟苹果红富士产地收购价格5.0~7.2元/千克，大部分外销，入冷库储藏量占晚熟品种产量的20%。

【测土配方施肥技术】 2020年，区农业农村局组织农业技术服务中心技术人员采集土壤样品126个，化验938项次，全部化验完毕。在果品、蔬菜、花生、春玉米、夏玉米和冬小麦生产中，推广和普及应用测土配方施肥技术，全年推广测土配方施肥技术面积2133公顷。应用测土配方施肥技术效果显著，经全区测产考察，花生应用测土配方施肥技术较习惯施肥平均亩增产花生荚果22.6千克，亩节肥3.4千克，亩均节本增效159.4元，总节本增收168.96万元。

畜牧业

【概况】 2020年，全区肉类总产量3172.34吨，蛋类总产量6268.1吨，奶类总产量1626.78吨。至年末，生猪存栏16645头，完成省级生猪稳产保供目标的113%，完成市级生猪稳产保供目标的101%。牛存栏1145头，羊存栏4226只，家禽存栏49.66万羽，奶牛存栏217头。

【生猪稳产保供】 2020年，区畜牧业发展中心贯彻落实上级决策部署，加快生猪生产恢复发展，设立恢复生猪生产协调办公室，每季度组织成员单位召开协调会，通报稳产保供完成情况，目标任务明确到相关镇（街道），每季度调度。强化政策引导和扶持，制定《威海市环翠区2020年生猪奖励资金项目实施方案》，申请财政预留待批资金50万

元，用于鼓励全区养猪场（户）扩大生猪生产。从2020年的乡村振兴重大专项资金中争取畜禽粪污资源化利用专项资金20万元，用于提升辖区4家生猪规模养殖场（环翠区华义猪场、威海康源藏香猪养殖场、威海麟海牧歌生态养殖公司、环翠区春绿家庭农场）粪污处理和标准化建设。在仔猪没有货源、不能从外地购买的情况下，指导环翠区华义猪场从烟台购进178头母猪，并做好隔离、饲养工作。加大生猪保险政策宣传，通过畜禽养殖微信群以及区畜牧业发展中心公众号等平台，发布生猪、能繁母猪保险政策，提高畜禽饲养场（户）的养殖积极性。至年末，生猪存栏16645头，完成省级生猪稳产保供目标的113%，完成市级生猪稳产保供目标的101%。

【无疫区维护】 2020年，面对新冠肺炎疫情防控的严峻形势，区畜牧业发展中心严把审批关口，加强无疫区外引易感动物和动物产品的监督管理。对申请输入易感动物或动物产品的货主，认真核查身份证件、规范动物疫病病原学检测报告、厂家资质等相关资料；接到动物落地报告后，到现场查证验物，指导养殖场（户）做好隔离饲养。制订并印发输入无疫区易感动物和动物产品流程、无疫区指定通道告知书等宣传资料100余份，提高养殖场（户）的法律意识和责任意识。全年受理易感动物输入申请2批次、2.07万头（只），易感动物产品66批次、264.7吨。

【畜牧科技推广】 2020年，区畜牧业发展中心建设运行高效示范服务载体，加强绿色高效技术推广服务，3家示范基地（环翠区广源养殖场农业科技示范基地、山东望联种禽集团有限公司农业科技示范基地、环翠区江德胜鸡场农业科技示范基地）均完成各自承担的农技（畜禽粪污资源化利用技术、规模养殖场除臭技术、肉鸡规模化高效养殖技术、蛋鸡标准化规模养殖技术）推广任务，养殖效益明显提升，辐射带动周边7家规模养鸡场利用新技术。区畜牧业发展中心指导26家养殖场（户）种植紫花苜蓿、多年生黑麦草、墨西哥玉米、高丹草、沙打旺等多种高产高效牧草，种植牧草17.53公顷。选定环翠区广源养殖场作为牧草种植示范基地，由区畜牧业发展中心牵头，依托该场筹备种植0.08公顷牧草试验田。指导养殖场（户）进行粪污就地就近资源化利用，作为农家肥施用于牧草田，收割的牧草作为补充饲料饲喂家畜家禽。通过微信公众号、乡镇中心站畜禽养殖群、电子屏、农村集日、进场入户等多种形式发放明白纸、告知书，提高养殖户的技术水平和责任意识，宣传解读畜产品质量安全、放心农资下乡、畜禽产地检疫、病死畜禽无害化处理、畜禽粪污资源化利用、非洲猪瘟常态化防控、生猪稳产保供等相关政策规定。开展集中培训5次，农村集日宣传1次，制作宣传条幅6个，发放宣传资料300余份，指导培训监管人员和相关从业人员1000余人。根据现代农业生产的需要，学习外地经验，实践探索“专家—农技人员—科技示范基地（户）”的畜牧业科技成果转化应用模式，建立技术人员抓示范基地、示范户带动辐射户的技术推广机制。针对全区31名基层农技人员的业务特点和承担的日常工作情况，采取集中培训、分批次培训以及以会代训相结合的方式，开展基层农技人员业务培训。4月，31名基层科技人员分两批到临沂大学参加基层农技推广培训暨观摩活动，每批培训5天。

2020年5月15日，区畜牧业发展中心工作人员在羊亭镇开展“打击生猪私屠滥宰 维护畜产品质量安全”活动 （区畜牧业发展中心 供图）

【畜产品质量安全监管】 2020年，区畜牧业发展中心持续开展畜产品质量安全管理工作，维护国家食品安全城市和山东省农产品安全城市建设成果。开展生鲜乳、兽用抗菌药、自配料检查及生猪私屠滥宰、守护舌尖安全等专项行动，与48家养殖场（户）签订畜产品质量安全承诺书，明确畜产品质量安全主体责任，落实畜牧投入品使用记录制度，规范兽药、饲料使用行为，推行兽用抗菌药减量行动。年内，检查生产经营企业316家次，出动执法人员1714人次，指导培训1144人次。定期开展畜产品兽药残留监测，印发《2020年畜产品质量安全监测计划及实施方案》，开展4次风险监测，抽检107批次蛋、奶等畜产品，抽检肉用畜尿液1000余份进行“瘦肉精”快速检测，检测结果全部合格。

【养殖污染整治】 2020年，区畜牧业发展中心引导、督导养殖场（户）按照“一控两分三防两配套一基本”（“一控”即改进节水设备，控制用水量，压减污水产生量；“两分”即改造建设雨污分流、暗沟布设的污水收集输送系统，实现雨污分离，改变水冲粪、水泡粪等湿法清粪工艺，推行干法清粪工艺，实现干湿分离；“三防”即配套设施符合防渗、防雨、防溢流要求；“两配套”即养殖场配套建设储粪场和污水储存池；“一基本”即粪污基本实现无害化处理、资源化利用）的原则，配齐粪污收集、转运、利用的设施、设备。至年末，全区畜禽养殖场（户）粪污处理设施装备配套率100%，粪污资源化处理利用模式基本建立。建立禁养区巡查机制，对禁养区每季度巡查1次，防止出现“复养”情况，建立畜禽养殖粪污“源头减量、过程控制、末端利用”的长效监管机制，实行每季度开展1次畜禽养殖粪污巡查制度，对重点养殖场（户）每月开展1次随机抽查，督导养殖场（户）定期维护粪污设施，及时清运粪污。至年末，禁养区未出现“复养”情况，养殖区内养殖场（户）粪污治理实现资源化利用，未发生溢流或直接排放。

【病死畜禽无害化处理】 2020年，区畜牧业发展中心以威海天保生物科技有限公司为依托，创立全区病死畜禽“统一收集、集中处理”模式，与威海天保生物科技有限公司续签《病死畜禽无害化处理委托协议》，督导养殖场（户）做好病死畜禽收集，对病死畜禽进行统一收集、集中处理。年内，无害化处理病死生猪859头、其他病死畜禽16.2吨，发放无害化处理补助23.69万元。

【动物重大疫病防控】 2020年春季，区畜牧业发展中心组织开展全区动物重大疫病防控培训，把动物防疫工作任务具体细化分解落实到场、到户、到人。防疫期间，动物疫病防控信息报表、动物疫情信息报告和动物疫病监测报告发放及时率、准确率100%。加强疫苗领用发放台账管理和疫苗冷链系统管理，确保免疫效果达到国家规定的标准。年内，全区注射各类疫苗45万毫升，免疫家禽58.2万羽、牛羊O型口蹄疫0.68万头（只）、猪O型口蹄疫0.88万头。为保障动物重大疫病防控，保证国家强制免疫病种的免疫效果，按照年初制订的监测方案，全年化验检测出栏肉食鸡血样270份、生猪口蹄疫210头份、羊口蹄疫70只份，化验鸡新城疫270羽份、高致病性禽流感620羽份；化验羊小反刍兽病280只份、羊布鲁氏菌490只份，合格率100%。

【非洲猪瘟防控】 2020年，区畜牧业发展中心结合胶东半岛地区猪病流行现状和外源性生猪疫病传播风险，制定《猪病防疫技术指南》《加强冬季生猪饲养管理的关键技术措施》《非洲猪瘟常态化防控技术指南》，增强养殖场（户）科学养殖、防治疫病的技能。组织专业技术人员对辖区内的生猪饲养场（户）和生猪贩运经纪人进行拉网式排查，出动1100余人次，巡查生猪养殖场（户）997次，排查生猪3.22万头次，未发现疑似非洲猪瘟疫情。制定《2020年环翠区非洲猪瘟监测实施方案》，对中小规模养猪场（户）开展非洲猪瘟监测流调工作，随机采集4个场（户）28份环境样品，全部阴性；检测备案生猪运输车辆22辆，样品89份，全部阴性；检测病死猪无害化处理环节29个养殖场（户），样品77份，全部阴性。落实检疫申报制度，按照检疫规程实施生猪产地检疫和畜产品分销换证，产地检疫生猪1.20万头。印发《生猪运输车辆备案告知书》100余份，引导生猪养殖场（户）进行车辆备案26辆，定期对备案车辆进行非洲猪瘟抽样检测，未备案的车辆一律不得运输生猪。加强生猪保险的宣传力度，全区能繁母猪投保246头，育肥生猪投保4920头，政府财政补贴20.33万元。

【布鲁氏菌病净化】 2020年，区畜牧业发展中心按照《山东省布鲁氏菌病防治计划（2017—2020年）》《威海市中长期动物疫病防治规划（2013—2020年）》要求，制定《环翠区创建牛羊布鲁氏菌病净化示范场实施方案》，选取环翠区勇强绵羊养殖场为创建单位，通过统一技术路线、统一操作规范、统一诊断试剂、统一判定标准、统一记录档案、统一监管要求等技术手段，对5批次、264只羊进行化验检测，未检出血清学阳性病例。9月18日，环翠区勇强绵羊养殖场通过省畜牧兽医局组织的现场验收。12月8日，省畜牧兽医局授予勇强绵羊养殖场“山东省省级牛羊布鲁氏菌病净化场”称号。

【动物诊疗机构监管】 2020年1月，区畜牧业发展中心为规范动物诊疗活动和兽医从业行为，举办动物诊疗机构普法宣传培训班，与16家动物诊疗机构负责人签订动物诊疗单位承诺书。年内，对辖区内的动物诊疗单位进行4次监督检查，出动工作人员170余人次，未发现违法违规线索。

【动物及动物产品检疫】 2020年，区畜牧业发展中心执行农业农村部畜牧兽医行政执法“六条禁令”（严禁只收费不检疫、严禁不检疫就出证、严禁重复检疫收费、严禁倒卖动物卫生证章标志、严禁不按规定实施饲料兽药质量监测、严禁发现违法行为不查处），杜绝“越权出证”（工作人员越权出具动物及动物产品检疫合格证明）、“隔山开证”（动物检疫人员不到现场检疫，直接开具动物检疫合格证）等违法违规行为，落实检疫申报制度，全区受理申报动物检疫率、到现场或指定地点检疫实施率和操作到位率均100%。以方便群众为工作出发点，发挥市区动物检疫申报点的窗口便捷服务作用，落实无疫区调运监管。年内，受理产地检疫畜禽1965.14万头（羽），外地输入动物产品申报检疫347.8吨，监督消毒车辆534辆次，有效阻止外疫传入。

【兽医实验室建设】 2020年，区畜牧业发展中心完善实验室质量管理文件体系，组织人员对实验室《质量管理手册》《程序文件》《作业指导书》《生物安全管理手册》等质量控制体系文件进行修订，确保实验室质量管理工作稳定安全。成立生物安全管理委员会，明确生物安全负责人及管理员，贯彻落实《病原微生物实验室生物安全管理条例》等有关法律法规和行业标准，确保实验室检测工作各环节生物安全措施执行到位。开展检测能力验证，在参加省疾病预防控制中心组织的实验室检测能力比对的同时，不定期组织相关人员进行比对及能力验证，保证检测结果的准确性，提高检测人员的检测能力。11月5日，区畜牧业发展中心实验室通过省兽医系统实验室续展考核验收。

农业机械管理

【概况】 2020年，全区有农业机械总动力8.39万千瓦，比上年增加0.2%；农用排灌动力机械900台，与上年持平；农用拖拉机3273台，增加0.1%。年内，完成机耕作业面积706.6公顷，机播面积707.6公顷，机收面积774.6公顷。

【农机购置补贴】 2020年，区农业农村局发放农机购置补贴47730元，补贴机具7台。其中拖拉机3台、微耕机3台、田园管理机1台，受益农户7户。

【农机安全生产】 2020年，区农业农村局开展农机安全生产集中整治行动，加大安全宣传力度，组织人员下乡宣传4次，发放各种安全宣传资料2000余份，免费粘贴农机反光贴2000余份；开展春耕备耕、“三夏”（夏收、夏种、夏管）、“三秋”（秋收、秋种、秋管）等安全生产检查，建立隐患排查台账，限时整改；开展农机事故应急演练1次；对辖区内4家农机维修网点（威海市环翠区成鑫农机配件门市部、威海羊亭港头农机修配厂、环翠区永刚农机配件商店、威海市区羊亭建昌修理部）每季度进行1次安全生产检查，确保农机安全生产形势持续向好。

2020年6月17日，“平安农机”创建活动在羊亭镇开展

（区农业农村局　供图）

（刘雅静　马希瑞）

工　业

综　述

【概况】　2020年，环翠区聚力推动高质量发展，产业集群实现更优布局，紧盯主导产业、优势产业、新兴产业，建立推行“链长制”，产业体系向现代化、高端化加速迈进。高端制造业集聚成势，坚持以新材料产业为核心，中节能环保产业园、亿达（威海）新材料应用创新中心等高品质园区加快推进，新引进爱华海绿色图文影像新材料等制造业项目8个。推动数字经济创新发展，建成5G基站513个，新增“上云”企业366家，三角轮胎股份有限公司入选市级智能工厂，威海宝威新材料科技有限公司入选市级数字化车间。重点企业率先领跑，威海魏桥科技工业园有限公司、威海广泰空港设备股份有限公司等18家冲击新目标入库企业实现营业收入512亿元，全区5个项目纳入2020年省新旧动能转换优选项目库。威海市海王旋流器有限公司被认定为国家级“专精特新”小巨人，威海银兴预应力线材有限公司被评为“国家制造业单项冠军”，新增省瞪羚企业3家、省级“专精特新”企业1家、省高端品牌培育企业5家。至年末，全区有规模以上工业企业113家，工业增加值比上年增长2.4%；完成工业总产值268.9亿元，增长1.9%。全区规模以上工业企业实现营业收入269亿元，增长3.8%；实现利润32亿元，增长22.5%；营业收入利润率11.85%。

【骨干企业发展】　2020年，全区总投资121.4亿元的41个区级重点工业项目完成投资46.2亿元，完成年度计划103.2%。其中，威海新北洋数码科技股份有限公司智能零售终端设备产业化项目、山东双轮股份有限公司大型节能泵智能生产线项目、山东威高骨科材料股份有限公司新型关节假体系统产业化项目等21个项目投产。至年末，全区实现制造业技术改造投资增长36.3%。

2020年环翠区重点工业项目一览表

表8

序号	项目名称	序号	项目名称
1	威海爱华海图文影像有限公司绿色图文影像新材料生产项目	5	威海龙惠环保科技有限公司纸塑制品生产项目
2	广东仁帮实业投资有限公司新型薄膜铝包装容器生产制造项目	6	威海新北洋数码科技股份有限公司智能零售终端设备产业化项目
3	山东环球渔具股份有限公司环翠钓具共享平台基地项目	7	山东环球渔具股份有限公司高自动化渔具生产项目
4	威海人生药业集团股份有限公司新型智能化中医药生产项目	8	威海汉鼎渔具有限公司体育产业研发生产基地项目

续表8

序号	项目名称	序号	项目名称
9	威海宝威新材料科技有限公司新材料智能工厂项目	26	威海伟建实业有限公司精密机械智能制造项目
10	威海方舟仿生科技有限公司科技创业园建设项目	27	威海如一食品有限公司航空食品研发生产二期项目
11	威海集元电子科技有限公司集元电子配件项目商用冰箱生产项目	28	山东威高骨科材料股份有限公司新型关节假体系统产业化项目
12	威海凡洋电子有限公司车辆线束生产线项目	29	山东双轮股份有限公司大型节能泵智能生产线项目
13	中节能（威海）环保科技产业园有限公司环保产业园项目	30	威海恒煜医疗器材有限公司医疗器材生产项目
14	威海市环翠区城市发展投资有限公司国际新材料创新中心项目	31	威海海朝机械有限公司机械研发生产项目
15	威海正宇设备有限公司自动化设备研发生产项目	32	威海震宇智能科技股份有限公司智能化节能供暖系统研发项目
16	威海市环翠区城市发展投资有限公司环晟环保建筑新材料生产研发基地项目	33	威海先优纸业有限公司先优二期扩产项目
17	山东威高四海酿造有限公司食品研发生产项目	34	山东科建质量检测评价技术有限公司检验检测中心项目
18	威海北途威科技有限公司碳纤维制品生产项目	35	威海广泰特种车辆有限公司特种车扩产项目
19	威海顺迈华峰自动化科技有限公司自动化设备研发生产项目	36	威海温商智造工业科技有限公司连城智谷高端装备新材料产业园项目
20	威海森亿服装整理有限公司服装检测项目	37	威海晤松电子有限公司精密电子部件加工项目
21	威海鲜之郎食品有限公司海洋食品研发生产项目	38	威海市世一网业有限公司特种复合材料项目
22	威海市环翠区城市发展投资有限公司中欧水处理及膜技术创新产业园二期项目	39	威海银凯特智慧信息技术企业孵化器有限公司科创中心智能集控系统开发项目
23	威海怡和专用设备制造有限公司海洋激光环保检测设备研发生产项目	40	威海博宇食品有限公司海洋调理食品生产线技术改造升级项目
24	威海正森新材料科技有限公司新材料项目	41	威海华新药业集团有限公司药业药品扩产项目
25	威海沃达新材料有限公司新材料项目		

【钓具产业提档升级】 2020年，区工业和信息化局开展钓具产业综合整治行动。至年末，排查筛选目标治理企业339家，检查企业339家。其中，合格企业194家，关停取缔66家，限期整改79家。打造钓具产业喷涂中心，牵头修订喷涂中心扶持政策，提高扶持比例，缓解企业运营成本压力，引进威海百洲体育用

品有限公司、威海盛卡林户外用品有限公司、威海新江友渔具有限公司等14家企业入驻喷涂中心。推动建立共享工厂，鼓励引导山东环球渔具股份有限公司、威海宝飞龙钓具有限公司等龙头企业搭建共享工厂，不断放大产业集聚效应。年内，引进山东环球渔具股份有限公司共享工厂项目并开工建设，项目总投资4亿元，占地10公顷。

【技术创新】 2020年，山东威高骨科材料股份有限公司人工髋关节假体项目、威海山花华宝地毯有限公司熔纺负离子膨体地毯纱技术研究项目、威海新北洋数码科技股份有限公司面向无人微仓的智能货架项目等20家企业的52个项目被列入2020年山东省技术创新项目计划；威海西港游艇有限公司的35米玻璃钢豪华游艇获得"省长杯"工业设计大赛铜奖；三角轮胎股份有限公司、山东双轮股份有限公司、威海新元化工有限公司3家企业入选山东创新工业产品目录；山东双轮股份有限公司、威海化工机械有限公司、威海宏程机电设备有限公司、山东名流餐处装备股份有限公司、威海中远造船科技有限公司5家企业入选2020年度山东省首台（套）技术装备和关键核心零部件及生产企业名单。

【工业设计中心认定】 2020年，山东环球渔具股份有限公司工业设计中心被认定为省级工业设计中心；威海新元化工机械有限公司、威海魏桥科技工业园有限公司2家企业工业设计中心被认定为市级工业设计中心；威海市宇王集团有限公司、威海海鑫新材料有限公司、威海三方橡胶机械有限公司、威海宝威新材料科技有限公司4家企业工业设计中心被认定为区级工业设计中心。至年末，全区有各级工业设计中心26家。其中，国家级1家、省级5家、市级11家、区级9家。

【智能制造和市级数字化车间】 2020年，区工业和信息化局实施智能制造工程，以三角轮胎股份有限公司、威海宝威新材料科技有限公司、山东双轮股份有限公司等10家企业为重点，建立企业培育库，开展智能化改造企业培育。威海震宇智能科技股份有限公司被认定为"现代优势产业集群+人工智能"试点示范企业，三角轮胎股份有限公司的高性能商用车胎智能工厂和威海宝威新材料科技有限公司的碳纤维预浸布数字化车间分别列入威海市智能工厂和数字化车间名单。至年末，全区有市级智能工厂2家。其中，三角轮胎股份有限公司2家。全区有数字化车间5家。其中，威海新北洋数码科技股份有限公司2家，威海海鑫新材料有限公司1家，威海广泰空港设备股份有限公司1家，威海宝威新材料科技有限公司1家。

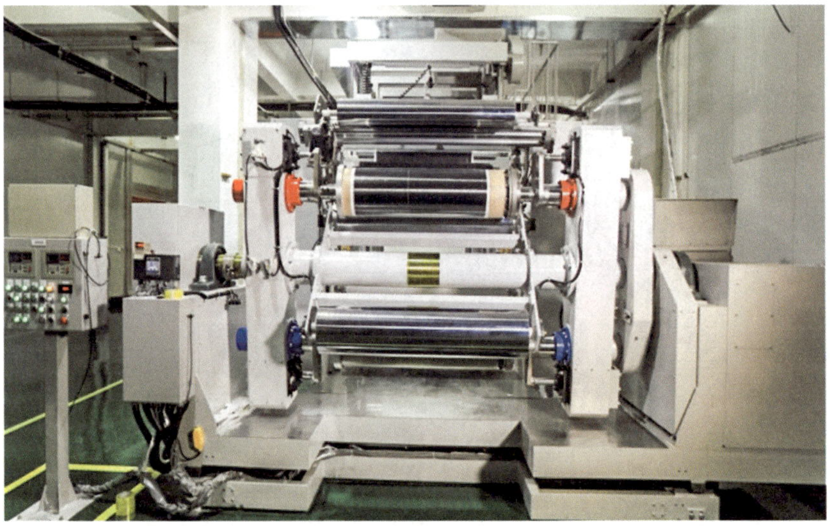

2020年3月17日，威海宝威新材料科技有限公司数字化车间

（区工业和信息化局　供图）

【"两化融合"管理体系贯标验收】 2020年，区工业和信息化局推进"两化融合"（工业化和信息化），以"山东省'两化融合'贯标"工作为抓手，提高全区工业化和信息化融合水平。山东名流餐处装备股份有限公司、山东名流泵业科技股份有限公司、威海瑞阳船艇开发有限公司、威海畅享海天新材料科技股份有限公司、威海三元塑胶科技有限公司、山东环球渔具股份有限公司、威海西港游艇有限公司、威海盈盾特种工程材料有限公司8家企业通过"两化融合"管理体系贯标验收。

【"企业上云"行动】 2020年，区工业和信息化局推进"企业上云"，以"企业上云"工作推动企业信息化转型升级。至年末，全区在省"企业上云"公共服务平台注册企业846家。其中，规模以上工业"企业上云"比例达到100%，领取并使用服务券企业396家，完成3年目标任务。

【重点项目集中开工仪式】 2020年3月6日，2020年环翠区重点项目集中开工仪式在张村镇举行，市区领导王鲁明、张海波、王学文、高旭光、徐明、邢海波、王大治等参加

2020年3月6日，2020年环翠区重点项目集中开工仪式在张村镇举行　　（区融媒体中心　供图）

主会场仪式。开工仪式在环翠区设有1个主会场、4个分会场，主会场开工的投资方代表分别在河南公司总部、深圳公司总部同步参加开工仪式。

（王春辰　崔向华）

新材料及其制品产业

【概况】 2020年，环翠区规模以上新材料及其制品企业有12家。实现营业收入25.68亿元，利润7304万元。其中，重点企业有威海海鑫新材料有限公司、威海银兴预应力线材有限公司、威海新元化工有限公司、威海宝威新材料科技有限公司等，主要产品包括新型化工材料、铝箔材料、碳纤维复合材料等。全区新材料及其制品业加快转型升级、培育新的经济增长点，总体经济发展态势较好。

【重点企业简介】 威海银兴预应力线材有限公司。公司主要产品用于铁路桥梁、隧道、码头等大中型基础设施建设，如京广高铁、哈大高铁、石武客专、京津城际铁路、青烟威荣城际铁路、港珠澳大桥、青岛跨海大桥等国家重点工程。产品遍布全国各地，并出口到欧美、中东、非洲、东南亚等国家和地区，在技术水平、生产规模、产品质量、产品品种、市场份额等方面均居行业领先水平。公司先后通过ISO 9001质量管理体系认证、ISO 14001环境管理体系认证、OHSAS 18001职业健康安全管理体系认证、方圆标志产品质量认证，获得国家冶金工业产品生产许可证、国家级完善计量检测体系认证证书等，成为国内仅有的通过美国PTI产品认证的2家企业之一。“银兴”牌产品获得“山东省免检产品”“山东省标志产品”“山东名牌”“全国制造业单项冠军”等称号。公司建有山东省院士工作站、山东省级工程实验室、山东省级企业技术中心、山东省博士后创新实践基地、山东省“一企一技术”研发中心等高水平研发平台。2020年，申请实用新型专利8项，获得授权专利5项；获得山东省企业优秀创新成果一等奖；实现主营业务收入5.6亿元、利润1409万元。

威海海鑫新材料有限公司。公司主要生产CTP版基、高精度铝板

2020年4月12日，威海海鑫新材料有限公司生产车间

（区工业和信息化局　供图）

带箔等材料，引进德国Achenbach冷轧机组、Vollert卷材立体化智能管理装置、Herkules轧辊磨床、BWG纯拉伸机组、Kampf纵剪机组等先进生产设备，生产过程实现高度自动化和智能化。公司为国家认定的高新技术企业，是山东省智能制造示范企业。2020年，公司在确保生产状态及质量稳定的前提下，不断强化成本管理，深入挖潜、深拓市场，节能、技改成效显著，抓住铝价上涨的机遇期强链拓市，提质增效。新材料铝箔项目在外国专家无法如期抵达的情况下，克服困难自主完成设备调试，并与中南大学合作研究铝加工技术，获评“威海市一企业一技术中心”，被认证为全国“两化融合”贯标企业、威海市绿色工厂。年内，实现主营业务收入12.8亿元、利润559万元。

威海新元化工有限公司。成立于2001年，注册资本1.5亿元，占地面积5.8公顷，致力于高端新材料的研发、生产，是国内唯一具备完整产业链的氟硅橡胶生产企业，是国家火炬计划重点高新技术企业、山东省高新技术企业、山东省科技自主创新型先进企业、中国氟硅有机材料工业协会理事单位。公司研发生产三氟乙醇系列产品、三氟丙烯系列产品、氟硅油、氟硅混炼胶、氟硅改性涂料产品40余款，年产新材料产品1万吨以上，氟硅橡胶及三氟丙烯系列产品，在国内市场占有率达40%，产品被广泛应用于航天、汽车、医药、机械、石油化工等领域，为各行业提供优质原材料。至2020年年末，公司有研发成果30余项，承担中央预算内扶持项目3项、国家火炬计划2项、国家重点新产品4项、山东省自主创新项目2项，获得省级科技进步奖5项。公司主要产品均有自主知识产权，多项产品填补国内空白，累计申请国家发明专利50项，获得授权专利27项。公司成立国家级博士后科研工作站，是山东省氟硅耐油特种橡胶材料工程实验室、山东省氟硅新材料产品工程技术研究中心和山东省企业技术中心。“新元”商标被评为山东省著名商标，“新元”氟硅涂料被评为“山东名牌产品”。2020年，威海市氟硅新材料重点实验室通过验收，投资“高端新材料生产项目”并获批山东省重大建设项目，获得威海市新旧动能转换专项资金支持。至年末，项目土建工程基本完工，进行设备购置与前期安装准备工作。年内，公司实现主营业务收入1.2亿元、利润5470万元。

威海宝威新材料科技有限公司。公司创立于2001年，注册资本2680万元，固定资产1.1亿元，占地面积4.4公顷。公司先后引进德国、日本的先进生产线，并坚持自主研发预浸布加工工艺及设备，建成年产能600万平方米的智能化全自动生产线3条。公司致力于高端超薄、超低树脂含量碳纤维预浸布的研发和生产，“T-POWER拓力”牌产品涵盖24T、30T、40T、46T低中高模高强碳纤维预浸布，产品以树脂稳定、外观平整、面密度均匀等特点得到客户的一致好评。公司为国家高新技术企业，先后被认定为市级企业技术开发中心、省级“一企一技术”研发中心、威海市薄系列碳纤维预浸布工程实验室、市级工程技术研究中心，通过质量体系、环境体系、能源体系、职业健康安全体系、测量管理体系5项管理体系认证，通过“两化融合”管理体系贯标，先后承担8项省级项目和3项市级科技项目，授权专利24件，6项新产品新技术、市级数字化车间通过认定。“T-POWER拓力”品牌被评为“山东名牌产品”。与哈尔滨工业大学、山东大学保持密切产学研合作关系，有完整的自主知识产权体系。2020年，公司在张村镇沈阳路东、东鑫路北新建智能工厂项目，总投资1.75亿元，占地3.2公顷，建筑面积3.2万平方米，从事碳纤维预浸布装备及制品生产，年产量600万平方米。至年末，A栋智能工厂建成，其中1条生产线投入生产，实现当年拿地当年投产，B栋智能工厂处在建设中。年内，实现主营业务收入8668万元、利润－79.3万元。

（宋奎学）

生物医药产业

【概况】 2020年，环翠区规模以上生物医药企业有8家，实现主营业务收入25亿元、利润7.5亿元。重点企业有山东威高骨科材料股份有限公司、威海威高医用材料有限公司、山东华素制药有限公司、威海华新药业集团有限公司、威海人生药业集团股份有限公司等，主要产品涉及脊柱、创伤及关节骨科植入物，预灌封注射器等医疗器材，医用耗材，手术防护产品和疫情防护产品，维生素类、感冒类、高血压类、糖尿病类等药品及中药类。

【威海威高医用材料有限公司转产】 2020年2月，威海威高医用材料有限公司面对新冠肺炎疫情，组织员工复工生产新冠肺炎疫情防控物资，获批医用外科口罩等医疗器械注册证，成为全市医用外科口罩、医用防护服等重点防疫物资生产企业。

承担省、市政府的调拨任务，保质保量地提供防疫物资产品，获得省级国标医用防护服生产项目资金80万元，被列为市级新冠肺炎疫情防控重点保障物资生产企业，获得市级财政专项补助资金20万元。

【威海人生药业集团股份有限公司获评“山东省瞪羚企业”】 威海人生药业集团股份有限公司成立于2014年8月，注册资本8578.89万元，占地面积10公顷。企业主导产品有以小儿解表口服液、小儿健胃宁口服液等为代表的儿科系列中成药，以伸筋片、麝香正骨酊、抗骨质增生丸等为代表的骨科系列中成药，以丹芎瘢痕涂膜、消炎生肌膏等为代表的皮肤科系列中成药。公司系中华中医药学会团体会员，先后获评省级工程实验室、山东省海洋工程技术协同创新中心、山东省“一企一技术”研发中心。2020年，被山东省工业和信息化厅评为“山东省瞪羚企业”；至年末，实现主营业务收入2.3亿元、利润2125万元。

【重点企业简介】 山东威高骨科材料股份有限公司。成立于2005年，是亚太地区最大的骨科材料制造商，是专门研究、开发、生产及销售脊柱、创伤及关节骨科植入物的厂家，按照美国FDA骨科医疗器械GMP规范运行，拥有脊柱、创伤、关节3大产品线，产品质量达到欧美先进水平，可替代进口产品。企业拥有国家“863”计划成果产业化基地，是国家级火炬计划重点高新技术企业、生物医用材料产业技术创新战略联盟副理事长单位、中国医疗器械行业协会外科植入物专业委员会副理事长单位，是省级企业技术中心、省级工业设计中心和山东省医用高分子材料工程技术研究中心（省示范），先后承担科技部重点研发计划、工业和信息化部技改项目、省重点研发计划等项目，获得省部级科学技术进步奖1项、山东科技进步奖2项，拥有100余项专利和10余项省级以上科研成果。2020年，公司参与工业和信息化部生物医用材料平台项目建设，突破关节用超高分子量聚乙烯产品研究，获批资金820万元；申报山东省科技重点研发计划项目——医用聚乳酸材料的关键技术研究及在可吸收骨科植入物中的应用项目，获批省级资金1404万元。年内，实现主营业务收入15.2亿元、利润5.9亿元。

威海华新药业集团有限公司。成立于1976年，是国内最早引进国外软胶囊生产线生产软胶囊产品的制药企业之一。2020年，厂区占地8.8公顷，建筑面积2.4万平方米。企业拥有软胶囊剂、胶囊剂、片剂、栓剂（含肿瘤类）、颗粒剂、溶液剂（外用）、滴耳剂、酊剂、擦剂、膜剂10个药品剂型，68个中药、西药产品批准文号，涉及心脑血管、呼吸系统、妇科、寄生虫、内分泌、消化系统等多个临床使用领域。主要产品有复方三维亚油酸胶丸（脉通）、维生素E胶丸、月见草油胶丸、维生素AD胶丸、复方氨酚烷胺胶囊、小儿氨酚黄那敏颗粒、诺氟沙星胶囊、硝酸咪康唑阴道软胶囊、单硝酸异山梨酯胶丸、碘仿溶液和苦参栓等。与山东大学联合成立山东大学（威海）实践教学基地，为高校学子提供学习实践的优质平台，也为集团公司人才储备搭建桥梁。至年末，实现主营业务收入6893万元、利润-24万元。

威海威高医用材料有限公司。始建于2002年，占地面积7公顷，注册资本663万元，有职工300余人，固定资产1.1亿元。公司拥有感染防护、养老和妇婴护理及医疗配件3大系列产品，是集研发、生产、销售为一体的医疗器械企业。感染防护系列产品主要包括手术防护产品和新冠肺炎疫情防护产品。新冠肺炎疫情防护产品主要有医用外科口罩、防护口罩、医用一次性防护服、隔离衣、医用帽、医用隔离眼罩、医用隔离面罩等。养老和妇婴护理系列产品主要有护理垫、纸尿裤等。医疗配件围绕集团内部产品供应，主要有微计量调节器、涂胶纸、不干胶标签、印刷品等。公司先后被认定为国家高新技术企业、国家科技型中小企业、市级“专精特新”中小企业、市级“一企一技术”研发中心。2020年，实现主营业务收入4.4亿元、利润9809万元。

山东华素制药有限公司。成立于2013年4月，是北京华素制药股份有限公司的全资子公司，为中关村医药科技产业园的一期项目，注册资金1亿元，占地面积4.2公顷，是以生产心脑血管类药物为主的现代化制药企业，产品涵盖抗高血压药、降血糖药两大领域。企业现有产品均列入国家重点支持的高新技术领域目录，其中盐酸贝尼地平片（元治）及原料为国内首仿独家产品，为钙通道阻滞剂（CCB），被列为国家“863”火炬计划产品。格列吡嗪分散片（元坦）为国内独家剂型产品，适应征为Ⅱ型糖尿病。2020年，企业通过国家高新技术企业认定备案，并通过“威海市企业技术中心”认定，获得2020年度“科技创新先进单位”称号。至年末，实现主营业务收入2.7亿元、利润3823万元。

（李裕伟）

电子信息产业

【概况】 2020年，环翠区规模以上电子信息企业有9家，实现主营业务收入17.3亿元，利润4157.8万元。重点企业有威海新北洋数码科技股份有限公司、威海新北洋荣鑫科技股份有限公司、威海三元塑胶科技有限公司等，产品主要涉及计算机及自主终端设备、金融终端产品、电子元器件、汽车线束等。

【重点企业简介】 威海新北洋数码科技股份有限公司。成立于2007年12月，注册资本1.88亿元，职工1370人。公司专注于自助服务设备及系统集成解决方案的研发、生产、销售和服务，是国内领先的钣金精密加工与自助服务设备及系统解决方案的供应商，产品广泛应用于物流、新零售、通信、医疗、金融、电力、彩票、交通、食品安全、公共事业服务等行业和领域。2020年，公司通过工业和信息化部“两化融合”管理体系评定；实现主营业务收入6亿元、利润－1999.2万元。

威海新北洋荣鑫科技股份有限公司。成立于2013年6月，注册资本1.7亿元，职工380人。公司专业从事各类金融终端产品与解决方案的研发、生产、销售和服务，向银行客户提供金融创新产品、一站式解决方案，成为金融机具解决方案创新应用的开拓者。公司拥有5大产品线，包括硬币流通解决方案、纸币清分解决方案、智慧网点解决方案、重空凭证风控管理方案和银行柜面系列产品，应用于多家金融机构。2020年，纸币清分机获得“山东省企业技术创新奖”，多功能大额现金存取款一体机获得“山东省企业技术创新奖”“山东省专利一等奖”。年内，实现主营业务收入5.8亿元、利润4280万元。

威海三元塑胶科技有限公司。成立于2010年5月，注册资本1665万元，职工500人。公司致力研发的大型精密橡塑制品和模具制造技术是以高分子、高性能材料为工作介质进行新型高精度、高强度加工的工程技术，集合气源处理、压力控制、流量控制、高分子材料高性能改性和加工技术，属于国家重点支持的高新技术领域的新材料领域。2020年，实现主营业务收入1.5亿元、利润－78.9万元。

（王文建）

2020年3月2日，威海新北洋荣鑫科技股份有限公司生产车间

（区工业和信息化局 供图）

装备制造产业

【概况】 2020年，环翠区规模以上装备制造企业有24家，实现主营业务收入133.9亿元，利润20亿元。涵盖通用设备制造业，专用设备制造业，汽车制造业，铁路、船舶、航空航天和其他运输设备制造业，电气机械和器材制造业5个行业大类。重点企业有威海广泰空港设备股份有限公司、威海市海王旋流器有限公司、威海西港游艇有限公司等，产品主要涉及空港地面设备、泵类产品、高压反应釜、矿山设备、改装车、汽车零部件、船舶等。

【威海西港游艇有限公司获评“山东省瞪羚企业”】 威海西港游艇有限公司始建于1986年，是一家集游艇、钓鱼艇、渔船、公务执法船、客船、帆船、新能源船舶、无人船、水陆两栖艇、海洋牧场平台等复合材料船艇研发设计、制造总装、销售服务于一体的大型玻璃钢船艇生产基地，拥有大型玻璃钢船艇成型车间、模具车间、舾装车间、机电车间、加工车间等基础生产设施车间，先进的检测、试验和生产加工设备以及小石岛海湾游艇码头、海边组装船台、下水坞道等，具备年建造400艘大型玻璃钢船艇的生产能力，先后建造5～39米各类玻璃钢船艇6000余艘。有研发人员60余人，承担国

2020年2月25日，威海西港游艇有限公司制造的70米豪华游钓艇
（区工业和信息化局　供图）

家“七五”“九五”和“863”科技攻关计划，3次填补国内空白，产品被认定为“中国渔船渔机渔具行业名牌产品”“山东名牌产品”“山东省著名商标”，企业被认定为隐形冠军、“专精特新”企业、高新技术企业、省级企业技术中心、山东省休闲海钓船研发与建造基地、山东省复合材料海洋牧场平台研发与制造基地、山东省复合材料船艇先进制造工程技术协同创新中心、山东省工程技术协同创新中心、威海市工业设计中心和威海市游艇技术创新中心。公司先后通过ISO 9001质量管理体系认证和欧洲标准化组织（CE）认证，是中国休闲垂钓协会游钓艇分会会长单位、山东省船舶工业行业协会常务理事单位和威海市游艇行业协会会长单位。2020年，公司获评“山东省瞪羚企业”，实现主营业务收入5803万元、利润403.8万元。

【重点企业简介】 威海广泰空港设备股份有限公司。创办于1991年，是一家集空港地面设备、消防装备、消防报警设备、特种车辆、无人飞行器等产业于一体的多元化上市集团。先后通过质量、环境、职业健康安全和售后服务等体系认证；拥有行业唯一的国家空港地面设备工程技术研究中心，拥有国家认定的企业技术中心和国家地方联合工程实验室，被认定为国家高新技术企业、国家创新型企业、国家技术创新示范企业、对外援助物资项目总承包企业，设有博士后科研工作站，主持或参与制（修）订并发布实施国家标准5项、行业标准4项，获得技术专利754项，获得国家和省部级各类科技国家进步奖46项。2020年，公司不断加大科技研发力度，交付行业最大吨位的电动平台车——35吨电动平台车，行业最大吨位的电动牵引车——50吨电动牵引车。电动电源车填补行业空白，解决远机位APU替代；提升产品智能化、数字化水平，部分产品增加无人驾驶技术、人脸识别功能、360度环视功能和车联网技术。公司研发的无人驾驶行李牵引车在空港地面设备技术研讨会上展示；引入新工艺、新材料，提高生产效率，产品质量得到进一步提升。年内，实现主营业务收入17.4亿元、利润3.6亿元。

威海市海王旋流器有限公司。成立于1998年，是研发生产用于矿山、煤炭、电力、环保等行业的固固分离、固液分离等旋流器的专业厂家，在油泥处理、航道疏浚、高铁建设、土壤修复、污水处理等新领域有较大突破。2020年，申请专利40余项，其中发明专利6项；获得山东省科技进步奖三等奖、中国煤炭工业协会科学技术奖三等奖、山东省装备制造业优秀新产品奖等奖项；被工业和信息化部评为国家“专精特新”小巨人。完成2020年度“冲击新目标”的任务。至年末，实现主营业务收入4.6亿元、利润8225万元。

（李晓清）

纺织服装产业

【概况】 2020年，环翠区规模以上纺织服装企业有23家，实现主营业务收入31.1亿元，利润1.3亿元。重点企业有威海魏桥科技工业园有限公司、威海市山花地毯集团有限公司、山东汇泉工业有限公司等。

【重点企业简介】 威海魏桥科技工业园有限公司。成立于2001年5月，是魏桥纺织股份有限公司在威海市投资兴建的首个驻外子公司，下设2个生产区，生产纯棉精梳纱线和高支高密纯棉坯布两大类主导产品，棉纱最高纱支达500支，坯布最高密度达1800根，处于棉纺织行业领先水平。公司通过ISO 9001质量管理体系和ISO 14001环境管理体系认证，出口棉纱达到国际2013乌斯特公报5%~25%的水平。“魏桥”牌纯棉本色纱线、纯棉本色坯布被中国

2020年1月16日，威海魏桥科技工业园有限公司生产车间

（区工业和信息化局 供图）

棉纺织行业协会推荐为“最具影响力产品品牌”，获“中国名牌产品”称号。公司以创新为支撑，大力推进企业转型升级，引进世界先进纺织设备，整体装备和设备自动化程度均保持国内领先水平。公司高度重视自主研发，被认定为省级企业技术中心，与武汉纺织大学共建现代纺织技术工程中心，拥有威海市工业设计中心，致力于新型纺纱、新型面料研究与开发，先后研发薄荷、丝麻、舒米乐、瑛赛尔等新型功能性纺织品。2020年，“魏桥”品牌列“中国500最具价值品牌”排行榜第61位。“魏桥”牌产品作为中国名牌产品和世界著名品牌产品，以其档次高、质量好、规格全的优势，覆盖美国、日本、韩国以及东南亚等70余个国家和地区。至年末，实现主营业务收入6.9亿元、利润507.7万元。

威海市山花地毯集团有限公司。成立于1982年，集团创立初期就确立“兴民族产业 创世界名牌”的发展战略。辖威海山花华宝地毯有限公司、威海山花惠美地毯有限公司、山花地毯销售有限公司、威海山花君芳家饰有限公司等5家控股子公司和温泉、桥头两大工业园，占地面积100余公顷。企业主要生产阿克斯明斯特地毯、威尔顿地毯、单面威尔顿地毯、彩印地毯、方块地毯、簇绒地毯、手工地毯等高端地毯及汽车地毯等产品，拥有地毯毛纱、尼龙及丙纶长丝、纱线及地毯染整、地毯PP纬纱等原材料配套产品，产业链条完整，生产结构灵活，年综合生产能力1800万平方米。公司建立覆盖国内和全球主要地毯消费地区的销售网络。2020年，公司推进优化改革，围绕“三精”（精益生产，精准营销，精细管理）战略开展工作，优服务、优设计、补短板，逐步梳理和优化内部工作流程，细化调整分公司考核指标。为深圳湾安达仕酒店、上海JW万豪酒店、苏宁中心高尔夫等酒店宾馆提供优质服务；完成前海国际会议中心、人民大会堂山东厅、北京大兴国际机场等一批重点工程地毯服务。8月5日，世界品牌实验室在北京发布第十五届“中国500最具价值品牌”排行榜，“山花”品牌以102.15亿元的品牌价值，连续12届入围该排行榜，为中国地毯行业唯一入围品牌。至年末，实现主营业务收入8778.4万元、利润3699.3万元。

山东汇泉工业有限公司。创建于1992年3月，主要从事品牌服装设计生产、服装出口贸易业务，是威海市纺织服装行业重点企业，山东省纺织行业协会副会长单位。拥有先进的服装专业设备和服装CAD制版系统，引进国际水准的服装吊挂自动生产线，年生产服装300万件（套），产品主要包括风衣、西服、夹克、裤子等，出口美国、欧盟、日本、南美等国家和地区。国内业务方面，公司主要运营两大自主服装品牌：Valafranca（威朗法兰）和LUNDUNWU（伦敦雾），以高端商务系列服装为主，产品包括男女风衣、夹克、休闲装、防寒服等。先后被评为“山东省著名商标”、“山东省守合同重信用”企业、“山东省消费者满意单位”、“山东省富民兴鲁劳动奖状”、“山东省知识产权示范企业”、“重点跟踪培育纺织服装自主品牌企业名录”、“中国服装成长型品牌商业先锋”；Valafranca品牌先后被评为“中国服装成长型品牌”“最具竞争力品牌”。2020年，公司成为“山东省轻纺行业劳模和工匠人才创新工作室联盟成员单位”；实现主营业务收入2.1亿元、利润1004.7万元。

（张铭真）

食品制造产业

【概况】 2020年，环翠区规模以上食品制造企业有7家，职工1500余人。实现主营业务收入6.9亿元，利润461万元。重点企业有威海喜盈门乳品有限公司、威海浦源食品有限公司、威海博宇食品有限公司等，产品涵盖冷冻水产品、冷冻调理食品、藻类食品、即食休闲食品、保健品、粮油果蔬产品、畜禽产品、酒类产品、乳制品、调味品十大类上千个品种。

【威海浦源食品有限公司获评“山东省瞪羚企业”】 威海浦源食品有限公司成立于2002年11月，注册资金1000万元，固定资产2亿元。公司是鱼露国家标准、鱼露加工技术规范国家标准和虾酱水产行业标准的起草制定执笔单位、中国调味品协会理事单位。公司先后获批“山东省制造业单项冠军、山东省中小企业隐形冠军”、山东省“一企一技术”研发中心。2020年6月，公司试水淘宝直播、抖音、拼多多等新零售模式；11月，重启海鲜冻品业务；12月，被山东省工业和信息化厅评为“山东省瞪羚企业”。其自主研发的鱼酿酱油系列产品，获得国家级发明专利，是全国唯一利用动物蛋白酿造酱油的企业；利用威海当地渔业资源生产的海鲜酱，出口韩国、日本等国家，年出口量3000吨，年发酵能力3万吨，是中国最具规模、最具影响力的鱼露和鱼酿酱油生产企业。至年末，实现主营业务收入5374.1万元、利润55.1万元。

【重点企业简介】 威海喜盈门乳品有限公司。成立于1999年，注册资本100万元，固定资产3000万元，是集研发设计、生产加工、品牌销售、供应链等为一体的综合性乳制品企业。喜盈门新智能化生产基地项目占地面积3.98公顷，规划总建筑面积2.7万平方米，总投资2.2亿元。该项目新引进全自动塑料瓶灌装线2条、全自动玻璃瓶灌装线2条、PP全自动塑料瓶灌装线1条，日产量由80吨提升到200吨。公司主要生产藏秘灵菇酸奶、养味系列果味奶、养味系列乳酸菌饮品、养味系列果汁、奔跑系列功能性饮料、焙尔先生系列咖啡饮料六大系列乳制品。产品销往全国26个省（直辖市）、“一带一路”沿线多个国家和北美地区，形成以线上大型电商平台和线下各大、中、小型商超连锁店、无人超市有机结合的销售网络。2020年，投资4000万元建设新厂房，研发养味果果系列果汁（4个口味）、奔跑功能饮料（4个口味）新产品。年内，实现主营业务收入1.6亿元、利润515万元。

威海博宇食品有限公司。公司成立于2000年，是集水产品精深加工与研发、进出口贸易于一体的综合性外向型企业，同时也是全国最大的多春鱼制品生产商之一。主导产品为鱿鱼系列调理水产品、多春鱼系列调理水产品、新型功能性海洋制品及保健品等百余种，产品主要销往日本、韩国及东南亚等地。先后通过多项ISO体系认证和HACCP食品安全管理体系认证，获得GLOBALGAP全球良好农业操作认证证书。公司与哈尔滨工业大学、山东大学、中国海洋大学、日本北海道大学水产学院等国内外专业高校院所达成长期产学研合作协议，同步开展多项研究课题。申请国家专利76项，其中，发明专利66项、实用新型专利9项、外观专利1项。制定企业标准2项；承担山东省科技发展计划1项、山东省技术创新计划项目6项、新产品新技术鉴定6项、国家级星火计划1项、威海市重大专项计划1项。公司先后被认定为“山东省中小企业隐形冠军”、“全国食品工业优秀龙头企业”、“威海市农业产业化重点龙头企业”、“威海市进出口先进企业”、“科技创新先进单位”、省级“一企一技术”创新企业、山东省“专精特新”企业、山东省重点培育和发展的国际知名品牌。2020年，投资1000万元进行技术改造，引进ERP系统；投资2000万元改造羊亭厂区。建设环翠区唯一一家冷链防疫专仓并投入使用；被省农业农村厅评为“省级农业产业化联合体企业”。年内，实现主营业务收入2.9亿元、利润270万元。

（王春辰）

产业园区

【威海国际新材料产业园】 2020年，环翠区把新材料产业作为战略性支柱产业培育，坚持将园区经济作为新旧动能转换的重要引擎，聚焦推动新材料产业“加速跑”，以威海国际新材料产业园为核心阵地，狠抓“建链、延链、强链”，引导区域新材料产业向创新链高端转型、向价值链高端延伸，加快实现规模化、集群式发展；力争培植一批具有“链主”地位的引领型企业，持续完善区域产业内部“微循环”体系。加快推进威海国际新材料产业园和中节能环保科技产业园、魏桥（威海）铝精深加工产业园等8个“园中园”建设，园区拥有新材料及其相关产业规模以上企业40余家，年产值近200亿元。至年末，爱华海绿色图文影像新材料生产线、宝威新材料智能工厂、环球高自动化渔具生产等总投资80亿元的17个重点产业项目全部开工建设，其中宝威新材料智能工厂、汉鼎体育产业研发生产基地、威高骨科新型关节假体系统产业化、中欧水处理及膜技术创新产业园二期、正森新材料5个项目投产。

3月6日，高端装备新材料产业园和魏桥（威海）铝精深加工产业园落户的首个项目——爱华海绿色图文影像新材料生产线项目开工建设；以中节能环保产业园为载体，申列2020年山东省重大项目。10月，中欧水处理及膜技术创新产业园举办第十七届中欧膜产业技术创新合作大会，中润水污智能环保科技（山东）有限公司、威海润蓝水处理设备有限公司、威海新欣环保科技有限公司3家企业签约入驻。

【中欧水处理及膜技术创新产业园】 产业园位于威海国际新材料产业园内，总投资3.5亿元，占地面积6.67公顷，建筑面积6.76万平方米。项目一期工程有7幢建筑，建筑面积3.7万平方米。2020年，园区围绕水处理及膜技术产业链，加强双招双引力度，借力中欧膜产业技术创新合作大会等活动，推介环翠区相关政策、膜产业发展情况、产业园建设情况等，吸引25家企业落户园区，形成从前端膜材料生产至中端膜组件及水处理设备研发生产，到终端整体方案提供的水处理及膜技术全产业链条。同时，配套建设人才公寓房间66套，由威海市环翠区城市发展投资有限公司投资3500万元建设，建筑面积5335平方米，设有可同时满足200人就餐的现代化餐厅，并为入驻企业建设1100平方米的公共服务平台，其中有大中小型共享会议室4个、大型路演厅1个、洽谈接待室1个、中央水吧1个，满足企业日常会议及商业接待需求；户外设有现代化篮球场及羽毛球场，满足职工业余生活娱乐需求。年内，3栋研发中试车间、2栋生产车间、1幢中欧创新大厦和1幢专家公寓竣工，交付建筑中，生产区域入驻率85.38%，办公区域入驻率93.3%。中欧水处理及膜技术创新产业园被列入市级科技创新重点项目，成为全市首批创新创业共同体。

【中节能环保新材料产业园】 园区由中节能（烟台）国际节能环保有限公司全资子公司——中节能（威海）环保科技产业园有限公司开发建设。占地面积17.47公顷，总建筑面积17万平方米。其中，项目一期占地6.86公顷，建筑面积4.7万平方米。2018年10月，项目进入实施阶段。2020年，项目被列为山东省重大项目。

产业园定位为集总部创新研发、先进生产制造、产品示范展示、综合配套服务等于一体的绿色科技产业园区。项目发挥中国节能在节能环保领域的产业资源优势，承接烟台、青岛等周边地区的先进节能环保企业转移，促进当地节能环保企业、发展中企业的转型升级，为企业提供高端装备制造、创新孵化基地、研发办公总部、综合配套等服务，打造节能环保、智能制造、电子信息、新材料等重点产业的承接平台，打造先进产业聚集地、高端人才聚集地、新旧动能转换示范区和国家低碳环保产业高端园区。

园区确立三大招商方向，以中国节能强大产业资源为依托，汇聚中外节能环保先进技术为主体的节能环保产业方向；以威海市及环翠区倡导的先进装备与智能制造、新材料、电子信息等新兴产业方向；对接威海市原有产业优势，承接医疗器械制造、智能终端制造、渔具等优势产业方向。至2020年年末，主体大楼竣工。

【桥头高技术产业园】 原名为威海临港科技产业园，始建于2002年，分为东西两个园区，西部园区位于桥头镇埠上村北、产里村西，东部园区位于埠上村东、教里村西，总占地1813公顷，园内路、水、电、气等设施配套齐全。2012年9月区划调整后，规划占地4413公顷，更名为中外（威海）生态科技产业园。2013年，更名为中外（威海）科技工业园。2014年，更名为中韩（桥头）产业园。2018年，更名为桥头高技术产业园。园区高起点运作，对接东部滨海新城建设，重点布局智能医疗、智能电子、智能装备和海洋健康、海洋环境等战略新兴产业项目，加快实现产业提档升级。其中，威海邦德散热系统股份有限公司由上海邦德汽车零部件制造有限公司投资建设，从事汽车零部件生产，总投资3亿元，产品包括汽车和家用空调冷凝器、蒸发器、散热器、微通道扁管、集流管等，年产量300余万台，90%以上销往美国、韩国、印度和欧洲等国家和地区。2020年，园区实现工业总产值2.04亿元、利税4932万元。至年末，园区累计入驻项目45个，实现产值9.3亿元、利税3.1亿元。

（王华红　王彦力　王义凯　林　越）

建筑业

建筑行业监管

【概况】 2020年，全区有房屋建筑工程项目170个，施工面积494.5万平方米，比上年下降8.4%；竣工项目52个，竣工面积39.5万平方米，下降10.2%。全区有建筑业企业85家（不含市政、装修企业），具有总承包资质企业41家（含建筑工程、公路工程、电力工程、机电工程、水利水电工程、石油化工工程）。其中，一级资质总承包企业1家（水利水电工程施工总承包），一级资质专业承包企业3家（地基基础工程专业承包、消防工程专业承包、电子与智能化工程专业承包）。在建工程质量验收合格率、安全监督覆盖率、起重机检测率均达到100%，负伤频率控制在2‰以下。至年末，全区建筑业实现总产值137.8亿元，比上年增长0.4%。

【建筑市场管理】 2020年，区住房城乡建设局打击建筑市场违法违规行为，结合日常巡查检查，对建筑工地市场行为进行抽查检查，重点检查在建项目保障农民工工资支付相关制度落实情况，施工、监理单位人员配备及到岗履职情况，建设单位工程款拨付情况以及转包、肢解发包、违法分包情况，打击整顿靠转包、违法分包、挂靠等手段生存的企业，靠压缩合理工期、拖欠工程款和人工费经营的企业，以及治欠保支制度不落实、管控机制严重缺失的企业，杜绝违法分包、层层转包问题发生，规范全区建筑领域市场秩序，优化建筑施工行业发展环境。对保障农民工工资支付相关制度落实不到位的企业，综合运用行政、经济、信用等多种手段，对4家企业记录不良信用，扣9分。

【建筑施工企业管理】 2020年，区住房城乡建设局到辖区企业，了解企业发展情况，鼓励具有总承包资质的企业做大做强，横向扩张发展；鼓励专业承包企业做精做细，纵向深入发展。年内，为保障全区建筑业企业在新冠肺炎疫情防控情况下顺利复工复产，区住房城乡建设局协调复工复产保障物资，以解决部

2020年5月12日，区住房城乡建设局在羊亭镇港头村（B地块）城中村改造项目开展送法律进工地活动 （区住房城乡建设局 供图）

分企业消毒物资短缺问题；缓解全区建筑业企业因新冠肺炎疫情防控带来的经营压力，从建筑企业养老保障金结余资金中列支，给予全区符合要求的威海市鸿安建筑集团有限公司、威海辰宇建设工程有限公司、威海华夏建筑工程有限公司等76家建筑施工企业，威海市环翠区通达市政工程有限公司、山东绿苑环境科技集团有限公司、威海西海建设工程有限公司等19家市政施工企业发放一次性疫情防控补贴582.3万元。

2020年6月3日，区住房城乡建设局协同市住房城乡建设局在羊亭镇开展威海市住建系统“安全生产月”启动仪式暨施工现场突发事件应急演练观摩活动　（区住房城乡建设局　供图）

【劳务用工管理】　2020年，区住房城乡建设局通过网格化管理、智慧化建设、一体化推进，提升农民工工资治欠保支工作能力。按照“老项目改造升级一批、新项目自行采购一批”的工作思路，推进羊亭镇大西庄村城中村改造项目、威海国际新材料创新中心、绿轴住宅项目等59个在建项目完成农民工工资支付监管平台基础建设。至年末，完成实名制录入42598人，覆盖率100%。发放农民工工资62046.02万元。按照“一项目一账户”的设置原则，将企业开设工资专户、工资保证金存入专户作为施工许可前置条件，全区专户开设率实现100%，理顺历年财政专户的农民工工资保证金716.2万元，并拨付至企业专户。采取“日排查、日报告、周销号”工作机制，督导各镇（街道）排查化解隐患问题358个，涉及农民工1300余人，协调发放工资1986万元。开展送法律、送文化等农民工关爱活动4次，联合梦海演艺公司举办《寻梦威海》农民工专场慰问演出1次。

2020年11月16日，区住房城乡建设局联合梦海演艺公司举办《寻梦威海》农民工专场演出　（区住房城乡建设局　供图）

【安全生产】　2020年，区住房城乡建设局按照“工作项目化、项目清单化、清单责任化、责任实效化”的总要求，强化“三到位”（应急预案到位、应急演练到位、安全生产教育培训到位）检查工作，促进房屋建筑工地安全生产管理水平稳步提升。年内，组织监督检查562人次，开展各类检查9次，排查整治各类安全生产隐患259处。创新性实施特种作业人员“四证合一”（特种作业人员身份证明、特种作业操作资格证明、特种作业人员现场照片证明、省级操作资格证颁发机关官网查询证明）管理，检查特种作业人员400余人次；聘请专家对全区在建项目起重机械进行逐一检查，排查起重设备244台，下发隐患整改通知书17份，提出整改意见91条，封停塔吊3台。每季度召开全区房屋建筑领域安全生产工作专题会，并协同市住房城乡建设局在羊亭镇港头村城中村改造项目开展威海市住建系统“安全生产月”启动仪式暨施工现场突发事件应急演练观摩活动。强化新冠肺炎疫情防控指导，建立外来务工人员数据库。

新冠肺炎疫情防控期间实行“日排查、日报告”制度，摸排全区在建项目施工人员8868人次，组织施工企业采用“点对点”包车方式到四川、河南等省接送1117名农民工返回威海，全区21个项目887名湖北籍建筑工人经信息登记和核酸检测合格后返岗。

建筑工程管理

【概况】 2020年，环翠区坚持以工程管理标准化为目标，推进建筑工地环境综合治理、建筑工程质量监管、建筑原材料监管、混凝土搅拌企业管理等方面常态化监管。年内开展各类日常巡查500余次，下达整改通知200余份，抽查原材料样品350余批次；推广绿色建筑设计，保障绿色建筑品质，21个民用建筑、建筑面积154.5万平方米，全部达到绿色建筑设计相关强制标准，绿色建筑设计执行率100%；推广建筑新技术应用，建设2处被动式超低能耗绿色建筑示范项目。

【重点工程项目】 威海绿轴一期7号商务办公楼项目。位于塔山中路东、即墨路南，建筑面积8.01万平方米，总造价2.58亿元，由威海城市投资集团有限公司投资建设，上海大境建筑规划设计有限公司设计，威海建设集团股份有限公司负责施工，山东同力建设项目管理有限公司负责监理。2020年10月，项目开工建设，至年末，进行主体施工。

威海环翠万达城市综合体项目。位于统一路东、望岛路南，建筑面积11万平方米，总造价2.6亿元，由威海万达商业公司投资建设，上海天华建筑设计有限公司设计，中国建筑第八工程局第四建设有限公司负责施工，西南监理公司负责监理。2019年6月，项目开工建设，2020年11月竣工。

恒大·御龙天峰项目。位于华夏大道北、嵩山路西，由29个单体建筑组成，建筑面积31.5万平方米，总造价11亿元。由威海中恒置业有限公司投资建设，青岛腾远设计事务所有限公司设计，天元建设集团有限公司负责施工，山东恒信建设监理有限公司负责监理。2020年9月，项目开工建设，至年末，进行主体施工。

【重点工程建设推进】 2020年，规划环翠分局坚持规划刚性控制，加强用地规划管理，做好土地出让规划研究，加快推进经营性用地和工业用地出让工作，出具用地出让规划示意图40份，用地面积143.3公顷。结合城市三维实景模型，利用城市设计数字化平台，将城市设计应用到规划设计和实施管理中，提升规划设计方案的科学性、合理性。推进设计方案联合审查，简化办事流程，提高审批效率，推进重点工程项目建设，审批规划建筑设计方案140项，建筑面积337万平方米。其中，居住项目40项、商业及公共设施项目48项、工业仓储项目52项。威海市胸科医院集中救治场所建设期间，坚持每日驻守现场办公，研究解决各类问题，确保项目按期建设完成。

【建筑工程招投标管理】 2020年，环翠区完成工程项目公开招标133项，涉及合同总额22亿元。根据市住房城乡建设局《关于进一步优化招标投标管理工作的通知》，区住房城乡建设局在推行招标投标全程电子化的基础上，优化招标流程。企业在提交承诺书后直接发布交易文件，招标文件的审查由事前审查改为事后抽查；探索推行使用有关部门出具的用地和规划预审意见替代正式手续，可实现提前60余天进入招标程序。通过简化办理环节、优化办理流程等措施，打造工程建设项目审批“环翠速度”。

【建筑工地环境综合治理】 2020年，区住房城乡建设局开展扬尘综合整治行动，组织全区在建房屋建筑项目开展“四优”（房屋建筑工程安全管理优、工程质量优、扬尘治理优、工资保障优）精致工地创建活动，督导企业落实扬尘治理“六个百分百”（施工区域100%围挡、裸土及物料堆放100%覆盖、施工场地100%洒水清扫、出入车辆100%冲洗、施工道路100%硬化、渣土车辆100%密闭运输）和“两个全联网”（扬尘监测设备、视频监控设备全联网）措施。年内，组织开展日常巡查350余次、扬尘治理专项检查2次，整治各类问题93个。发挥“建管通APP”平台监控作用，促进现代技术与工地规范化建设深度融合，从人员、机械、安全、环境等多角度入手，通过硬件设备采集施工现场安全、环境数据，实现手机终端的现场动态监管、数据动态监测、执法过程全程留痕和闭环管理，打造安全、绿色、高效的智慧工地一体化管控平台，全区59个项目全部接入监控平台。提升建筑围挡品质，以标准化、美化、绿化、亮化、可视化，创新外观外形、画面图案、宣传内容、材质材料、监管方式为原则，推动建筑围挡标准化，更新标准围挡33千米，提升建筑工地整体面貌和城市环境质量。聚焦上级检查重点，促进上级督导与工地建

2020年8月21日，威海海洋科技大厦项目修建的景观围挡

（区住房城乡建设局　供图）

设提质升级深度融合，一体化制订实施方案，压实责任，倒排工期，挂图作战，确保整改责任落实到位。年内，迎接市委、市政府精致城市无人机检查2次，市住房城乡建设局扬尘治理大排查检查1次，对发现的14个不精致问题、7个扬尘治理问题责令相关企业全部整改到位。

【建筑工程质量管理】 2020年4月，区住房城乡建设局印发《关于强化住宅工程质量管理和责任的意见的通知》等4份质量管理方面的通知文件，全面规范五方（建设单位、施工单位、监理单位、设计单位、勘察单位）责任主体质量行为，优化监督工作流程。坚持问题导向，针对巡查验收监管过程中发现的擅自变更图纸、不按图施工现象，下发不得擅自修改经审查合格设计文件告知书15份，强调参建单位职责，明确设计变更和告知程序，全面保障项目顺利推进。年内，组织开展专题研讨会、培训会等活动，下达隐患整改通知单70余份，提出整改意见200余条，促进隐患问题整改完成。开展建筑工程质量大检查4次、专项检查1次，提出整改意见40余条。促进企业严格主体责任落实，坚持用数据“说话”，充分发挥第三方检测机构的作用，对影响结构质量安全及主要使用功能的建筑材料进行随机抽查抽测。9月25日，在恒大·御龙天峰项目现场开展“送法律进工地”活动，采取发放资料和现场咨询的方式，向100余名施工人员宣传质量强区创建、工程质量监管和质量保修等方面的知识，发放宣传资料400余份。

【建筑原材料监管】 2020年，区住房城乡建设局以影响结构质量安全及主要使用功能的建筑材料为重点，对全区建筑工程项目、商品混凝土企业原材料实施监管，在监管过程中随机抽取检查对象，随机选派执法检查人员，抽查情况及查处结果及时向社会公开。年内，抽测钢筋、防水卷材、用于电气安装的主要设备及预拌混凝土搅拌用砂和石子等各类建材358批次，经抽检全部合格。

【混凝土搅拌企业管理】 2020年，区住房城乡建设局对混凝土搅拌企业开展规范化、常态化监管。每月不定期抽检各商品混凝土企业原材料，抽检各类原材料80余批次；组织商品混凝土企业实验室检查，重点检查普通混凝土用砂、用石、用水等的试验资料及合格证。大部分混凝土搅拌企业管理规范，质保体系及各项制度基本完善，原材料管理规范，实验室配置及运行情况较好，技术资料整理比较及时。

【建筑工程消防管理】 2020年3月16日，区住房城乡建设局向全区各参建主体、检测、商砼、消防技术服务机构印发《关于对建筑工程质量巡查、竣工验收监督和消防验收、备案抽查中发现问题情况通报的通知》，进一步规范企业行为。严格落实住房和城乡建设部《建设工程消防设计审查验收工作细则》，贯彻“预防为主、防消结合”的方针，强化主体单位消防责任意识，规范管理行为，按照消防验收规范进行现场抽样检查及功能测试，确保建筑工程消防安全。年内，出具验收、备案文书53份，下发整改通知51份，巡查检查73次。主动对接区行政审批服务局，理顺校外培训机构消防验收、备案手续办理，明确1998年前建设完成的房屋消防改造施工不需办理消防验收、备案手续，为企业减少跑腿次数，减轻企业手续办理压力。

【绿色建筑发展】 2020年，区住房城乡建设局落实《山东省绿色建筑促进办法》等法规政策，推进民用建筑至少达到一星级绿色建筑标准，强化源头控制，严把施工图设计文件审查关；督导责任单位加强绿色建筑全生命周期管理，保障绿色建筑品质。年内，全区完成施工图审查建筑面积154.5万平方米的21个民用建筑工程，全部达到绿色建筑设计相关强制标准，执行率100%。区

2020年7月2日，区住房城乡建设局开展绿色节能进工地宣传活动

（区住房城乡建设局　供图）

住房城乡建设局用足用活政策福利，鼓励建设单位提升建设品质，指导建设项目参评高星级绿色建筑设计标识，争创山东省绿色施工科技示范工程和被动式超低能耗绿色建筑示范项目。盛德世纪新城（北地块B区）项目获评“山东省绿色建筑二星级设计标识”，威海市里口山医院获评“山东省绿色施工科技示范工程”，威海国际新材料创新中心7号项目作为威海市唯一项目被推荐申报山东省被动式超低能耗绿色建筑示范项目。

【建筑新技术应用推广】 2020年，区住房城乡建设局利用中德生态示范城市创建的契机，推动国内外技术合作交流，引进德国被动式建筑技术，严格按照山东省被动式超低能耗绿色建筑示范项目标准设计建设区公共文化服务中心、威海国际新材料创新中心6—7号；同时，区住房城乡建设局推进装配式建筑发展，将装配式建筑要求纳入项目建设条件意见书中，作为施工图设计文件审查的重要依据；委托施工图审查机构从严审查装配式建筑专篇，确保符合规范要求；鼓励提高建筑装配率，推广应用预制内墙板、高精度砌块、建筑节能保温一体化板等预制构件，推进装配式建筑高质量发展。年内，区住房城乡建设局利用视频培训等方式组织建设、设计、施工、监理等企业参与建筑节能、绿色建筑相关政策及规范的宣讲培训4次。5月14日，区住房城乡建设局联合威海市环翠区城市发展投资有限公司邀请青岛中德生态园被动房建筑科技有限公司专家，在威海市环翠区城市发展投资有限公司会议室召开被动式超低能耗绿色建筑项目交流会，介绍被动房概念、讲解认证流程及施工注意事项，确保项目执行山东省被动式超低能耗绿色建筑示范工程标准到位。7月2日，区住房城乡建设局到区公共文化服务中心、国际新材料创新中心施工现场开展绿色节能进工地宣传活动，现场为企业解读《山东省绿色建筑促进办法》《山东省民用建筑节能条例》，推进责任主体依法依规开展工程建设活动。11月13日，区住房城乡建设局组织监管人员参加第五届山东省绿色建筑与建筑节能新技术产品博览会，了解行业发展新动向，参观行业新技术产品，与其他市、区交流相关政策措施及管理经验。至年末，区公共文化服务中心、威海国际新材料创新中心6号主体封顶，威海国际新材料创新中心7号处于主体施工阶段，全区开工装配式建筑面积15.67万平方米。

【装饰装修管理】 2020年，全区有装饰装修专业承包企业27家。其中，一级专业承包资质企业2家，二级专业承包资质企业25家。区住房城乡建设局加强对建筑装饰装修市场的管理，促进建筑装饰装修业的发展。按照《建筑业企业资质标准》对装饰装修企业资质进行动态核查，对涉及问题的企业进行跟踪督导整改。

【新建住宅全装修工程监管】 2020年，区住房城乡建设局针对全装修交房项目日益增多的趋势，分析梳理已建成项目在全装修方面存在的问题，制作明白纸，组织相关参建单位召开交底会，明确全装修交房注意事项。加强巡查力度，对关键部位、关键节点及热点部位着重检查，对存在问题及隐患从严整改。强化“室内装饰装修前分户交接检验”“竣工预验收和分户验收”等环节管理，避免房屋“带病交付”。完善“业主开放日”活动形式、内容，在全区住宅工程中推广“业主开放日”活动，改变以往业主被动收房的局面，让建设单位倾听业主的评价，搭建建设单位与业主沟通的桥梁，促进业主满意度不断提升。

【重点建筑企业简介】 威海市鸿安建筑集团有限公司。1975年成立，1980年更名为威海市区建筑工程公司，取得工业与民用建筑三级资质，1994年晋升为二级资质。1996年组建威海市鸿安建筑集团有限公司，1997年企业改制，注册资本2000万元。主项资质为房屋建筑施工总承包二级、市政公用工程施工总承包三级，另有预拌混凝土专业承包资质、消防设施工程专业承包二级资质、钢结构工程和建筑机电安装工程三级专业承包资质。公司先后创山东省建筑质量“泰山杯”奖9项、省级优良工程奖48项、省级优质结构工程7个、市级优良工程205个、市级优质结构工程50个、省级安全文明工地50个、市级安全文明工地96个，先后获得“全国重合同守信誉企业”“山东省建筑系统先进集体”“山东省建筑企业安全生产先进单位”“山东省建筑业十佳安全管理企业”“山东省‘安康杯’竞赛优胜单位”“山东省现场管理样板企业”“威海市百佳诚信企业”“威海市建设行业明星企业”“威海市建筑施工诚信企业”等称号。2020年，获得国家级“重合同守信用”单位、山东省建筑施工企业安全生产“五赛一创”（赛企业安全生产管理、赛企业安全技术管理、赛企业设备和设施管理、赛施工企业市场行为、赛企业施工现场安全管理，创建“安全优良工程”）劳动竞赛优胜单位、威海市文明单位、威海市建筑业先进单位、威海市建筑业十佳诚信标杆企业、威海市建筑业劳务用工管理工作先进单位、威海市建筑业企业信用评价AAA级单位、威海市纳税信用A级单位、威海市查保促安康“安全生产标准化示范班组”等称号；《C50自密实高性能混凝土配合比研制》获得威海市建筑业优秀QC成果一等奖、山东省建筑业优秀QC小组成果三等奖，《剪力墙配电箱体预埋新方法》获得威海市建筑业优秀QC成果二等奖。承建丽景茗都54号、57号及地下车库项目，绿轴住宅项目二期，城建新苑壹号工程，威海市金线顶公园建设项目地下车库，环翠钓具共享平台基地青年中心项目。至年末，完成施工面积50万平方米，实现建筑业总产值3.53亿元，利税940万元。

2020年8月17日，威海市鸿安建筑集团有限公司办公楼

（区住房城乡建设局　供图）

华东岩土工程集团有限公司。成立于1968年10月。2018年12月28日，更名为华东岩土工程集团有限公司，注册资本1亿元。主要资质包括桩基、勘察、设计、土建、水利、建筑物纠偏与平移、检测监测等。绿轴一期文化活动中心工程勘察设计、威海市档案中心勘察设计等项目获得国家优质工程奖3项，威海北站交通枢纽工程边坡防护工程勘察设计、华润中心·威海湾九里三期工程等项目获得省、市级优秀工程勘察设计奖21项，威高广场·迪尚大道基坑支护工程、威海高新城市广场A地块CFG桩复合地基工程等工程获得省、市级深基础优秀工程奖24项。取得桩基实时监控、废旧桩处理技术、长螺旋灌注桩后注浆技术等50余项国家发明及实用新型专利。被市科技局、市税务局、市财政局评为“高新技术企业”和“创优型企业”。2020年，承接广东石化炼化一体化项目化工区及部分炼油区桩基工程、胶州海口路地下停车场项目、科创中心一期项目桩基及强夯工程、三盛地产鲁东、鲁中区域2020—2022桩基工程等项目。至年末，实现建筑业总产值6.7亿元，利税2118万元。

威海辰宇建设工程有限公司。成立于2009年12月25日，注册资本2008万元，公司具备建筑施工总承包二级资质、起重设备专业承包三级资质。承建的世纪家园3号楼获得“山东省无质量通病示范工程”，多个项目获得“市级安全文明工地”和“市级优良工程”；公司自成立起连续多年被主管部门评为“威海市建筑工程安全管理先进单位”“先进集体”“诚信品牌企业”。2020年，承接浦林成山原材料仓库、利辛县尚居·文竹园建设项目等工程。至年末，完成施工面积35万平方米，实现建筑业总产值1.74亿元，利税320万元。

（常乔祉）

商贸服务业

综　述

【概况】 2020年，全区商贸企业采取灵活多样的经营方式和手段，提升优化服务，在做强自身品牌的同时，应对新冠肺炎疫情带来的制约，为区域经济发展和人民生活提供更加安全、周到、多元的服务。年内，社会消费品零售总额增长1.2%，其中限额以上单位社会消费品零售总额下降0.3%。在限额以上批发和零售单位商品零售额中，粮油、食品类增长15.9%，烟酒类下降38.4%，服装、鞋帽、针纺织品类下降28%，化妆品类下降26.1%，金银珠宝类下降40.5%，日用品类下降7.4%，家用电器和音像器材类下降28.3%，文化办公用品类下降40.3%，石油及制品类下降22.8%，汽车类增长8.0%。全区有纳税过千万元楼宇30座，其中环翠楼街道12座、竹岛街道11座、鲸园街道7座；有规模以上住宿企业17家（含市管星级旅游饭店6家、区辖星级旅游饭店1家），规模以上餐饮企业10家（含区辖星级旅游饭店2家），星级饭店12家。至年末，区属11家重点商贸企业实现营业收入161.7亿元；全区实现服务业增加值239.82亿元，比上年增长5.6%，服务业增加值占地区生产总值比重62%。

【《环翠区关于进一步加快服务业发展的扶持意见》修订】 2020年5月25日，区发展改革局、区财政局、区服务业发展中心联合印发新修订的《环翠区关于进一步加快服务业发展的扶持意见》。修订后的意见仍为5大部分，分别为资金安排和扶持方向、加快发展生产性服务业、提升发展生活性服务业、加大市场主体培育力度、附则。扶持产业11类，分别为金融服务业、现代物流业、商务服务业、商贸流通业、旅游业、文化产业、体育产业、社区服务业、康养服务业、医疗美容产业、市场主体培育。原48条具体扶持内容中，删除5条，其中金融业2条、文化产业1条、康养服务业2条，新增3条均为旅游业，修改20条，总数调整为46条。

【特色商业街区打造】 2020年，环翠区持续优化完善孙家疃海滨特色街和半月湾休闲体验街街区配套，

2020年4月13日，孙家疃海滨特色街一角　（区服务业发展中心　供图）

2020年5月15日，半月湾休闲体验街一角　（区服务业发展中心　供图）

加大业态招引力度，致力打造诚信街区。重点推进属相街特色风貌街区、栖霞街特色商业步行街和新威附路历史文化街区提升改造工程。

孙家疃海滨特色街。2020年，新增空调罩140余处；优化彩绘5处；完成500米廊道灯光改造，增加投影灯40盏；更换街区花坛、部分节点绿地草花，栽植苗木2万余株，完成绿化900余平方米；完成200米管线下地工程，改造道路铺装800平方米；配备室外桌椅200套、防滑塑胶800余平方米。新引入餐饮业态6家。7月11日，"2020北山之夜"威海市夜经济启动仪式在孙家疃街道北山街举行，市、区领导及相关负责人40余人参加活动。

半月湾休闲体验街。2020年，环翠区结合中国油画小镇建设，对半月湾休闲体验街着重进行艺术化改造提升和艺术业态招引，新引进谢尔盖、五色艺术空间、艺林美术、杜春晖工作室、不咸工作室、自变量艺术空间、宝空间少儿美学馆7个艺术机构。举办2020年半月湾国际沙滩音乐节，开展"潮起威海卫"威海油画作品进京汇报展、首届创意集市等系列展览展销活动20余次，公益培训、艺术体验等普及推广活动80余场次。重点招引以特色婚礼服务、宴会为特色的山海月缘婚礼酒店，酒店以私人订制婚宴为主，由山东山海月缘餐饮管理有限公司投资运营，9月23日开业。

属相街特色风貌街区。位于环翠楼街道公园路，由环翠区城市发展投资有限公司投资1.5亿元建设。2020年，对街区全路段地下管线、地面铺装、沿街建筑外立面及绿化景观改造更新，以卫城故事、生肖故事等为内容载体，将十二生肖与街区有机结合，引进具有威海特色的小吃店铺和网红店，打造成既有景观特色又有文化展示的特色风貌步行街。至年末，主街完成总工程量的95%，主路青铜地雕、景石，跨年广场、十二时辰广场铺装及老话威海、旧影长廊景墙、西入口景墙等景观节点砌筑、绿化、路灯安装等基本完成。10月1日，主街开街运营。

新威附路历史文化街区。位于竹岛街道新威附路，由环翠区城市发展投资有限公司和竹岛街道共同投资2000万元打造，街区改造范围北起陶瓷路，南至大润发北支路，东至海滨路，西至新威路。借力与刘公岛景区位置优势，以"威海1902"时光漫步为主题，完善基础配套设施，优化街区景观、灯光设置，巧妙融合老威海历史文化与现代文化，打造集特色酒吧咖吧、餐饮、服装定制、文化创意、艺术体验等时尚潮流业态于一体，文化气息浓厚的慢生活街区。完成六角亭书咖（物种起源）、时光墙、"初心·1932"红色印迹馆、74号口袋公园、休闲长椅、1902街头公园、彩绘墙、海平街、街角公园9个景观节点的打造和630米长的东西人行道板铺装改造，拆除私搭乱建23处，清除卫生死角80余处，增加沿街车位60余个，7月末，街区改造项目竣工。街区内聚集特色餐饮、酒吧咖吧、文化创意、艺术体验、服装定制等11大类特色业态商铺59家。

【服务贸易主体培育】 2020年，环翠区参与新一轮深化服务贸易创新发展试点任务，深化拓展试点范围和探索模式，发挥威海国际经济技术合作股份有限公司、威海倍佳贸易有限公司等行业领军企业的带动作用，鼓励辖区企业围绕文化旅游、物流、仓储、设计、展销等优势产业开展服务贸易。至年末，服务贸易进出口额6.7亿美元，培育青岛龟田食品威海分公司、威海君特国际物流公司、威海欧利多信息科技公司、威海思来服饰有限公司4家服务贸易主体，其进出口总额位于各区、市前列。

【"老字号"企业】 2020年12月2日，威海中威橡胶有限公司被威海市商务局认定为第二批"威海老字号"。至年末，全区有山东威高四海酿造有限公司、金猴集团有限公司、威海裕红祥实业有限公司、山东威海卫酒业集团有限公司4家“山东老字号”企业，威海市光明眼镜有限公司、威海市康乐实业有限公司、威海云汉刀具有限责任公司、山东双轮股份有限公司、家家悦集团股份有限公司、威海人生药业集团股份有限公司、威海中威橡胶有限公司7家“威海老字号”企业。

【安全生产】 2020年，区服务业发展中心指导督促威海市百货大楼集团股份有限公司、威海振华商厦有限公司、威海润华商业有限公司等64家商场、超市的安全生产工作，加强寄递行业安全生产监管，防范重大事故事件，督促全区商贸流通企业抓好安全生产工作。以商超为重点，组织开展岁末年初专项整治、“打非治违”、“三到位”、拉网式大排查、百日攻坚等专项行动和集中整治活动。落实重要时间节点、暑期汛期安全生产监管责任，开展行业安全生产督导检查。至年末，派出98个次督导组，检查企业516家次，发现并督促企业整改消除安全隐患197项。年内，分管领域安全生产实现“零事故”。

【服务业复商复市】 2020年，区服务业发展中心完成117家规模以上批发零售企业开复工审核，指导企业完善细化经营场所运营管理、清洁消毒、个人防护和功能区设置等操作细则，保障企业有序复工复产并平稳运营。常态化指导督促威海市百货大楼集团股份有限公司、威海振华商厦有限公司、威海润华商业有限公司等64家商超新冠肺炎疫情防控工作，落实落细查验健康码、测量体温、提醒佩戴口罩、消杀、通风等防控措施。年内，开展防疫督导检查212次，督导企业1061家次；突出防控重点，加大对节假日重点时段、客流密集区域、人员进出管理等重要环节防控力度，抓实经营销售环节防控；压实责任分工，对重点商超企业和普通超市企业进行分包督导、指导和检查；抓好问题整改，指导企业从内部管理、卡点监测、宣传引导等方面落实整改，完成整改单位56家、问题点108个。指导57家超市开展冷链环节疫情防控，对超市冷链从业人员实现应检尽检，开展15轮检测、5400余人次；超市执行进口冷链食品预约进仓、24小时提前报备、全面消毒、定期检测、员工防护等防控要求，对进口冷链食品索证索票、分区存储、亮码销售。

【社区菜市场建设】 2020年，区商务局、环翠楼街道联合对威海水产品批发市场进行升级改造，总投资1800万元。进行市场冷库配套设施、电子结算系统和水产品检验检测配套服务改造建设，彻底解决市场脏、乱、差等问题，为市场经营业户提供畅通有序、布局合理的经营环境，为消费者提供更加便利的服务。

【“2020北山之夜”威海市夜间经济启动仪式】 2020年7月11日晚，“2020 北山之夜”威海市夜间经济启动仪式在孙家疃街道北山街举行。北山街沿途冷焰火梯次燃放，2020系列夜间消费促进活动正式开启。副市长杨丽为威海市夜间经济代言人“黑胖胖组合”授牌。该次活动采取“主会场+分会场”的形式，主会场设在孙家疃街道北山街，两个分会场分别设在荣成市樱花湖海鲜美食街区和经开区韩乐坊。启动仪式上，威高盛祥商业管理有限公司代表全市商家发出促进夜间消费相关倡议，与会嘉宾通过直播连线的形式了解荣成、经开区分会场相关活动情况，并与市民一起品尝烤串等小吃，以实际行动鼓励引导市民放心消费。

（邓晓媛　孙海英　庄思雨　王　磊　李璐璐　焦文力　崔向华）

商贸服务管理

【概况】 2020年，区商务局强化督导检查，开展专项整治行动，宣传行业规范，排查排除安全隐患，营造更安全、更健康、更透明、更有序的商贸发展环境。年内，建立加油站诚信监管制度，出台诚信惠民优惠政策；组织开展“自流黑”专项整治行动和再生资源回收站点集中专项整顿治理行动。

【成品油监督管理】 2020年，区商务局牵头成立区成品油监管领导小组，建立健全相关工作制度，并牵头制订《威海市环翠区2020年度“自流黑”专项整治行动方案》和《威海市环翠区成品油“自流黑”监管环节工作责任分工和流程》。向各镇（街道）、相关企业印发“自流黑”宣传资料3万余份，通过区融媒体中心等媒体开展公益广告宣传，同步公布举报电话，宣传“自流黑”带来的安全隐患、开展整治的必要性，发挥群众力量重拳打击成品油违法违规经营行为，形成全民共治的良好氛围。开展成品油经营企业年检，对全区成品油经营企业的各类证件、台账、发票、位置、地块信息等方面开展全方面的检查，通过线上山东省原油成品油经营企业信息管理监控系统及线下报送相关纸质材料同步进行。至年末，有30

家成品油零售企业（加油站）参加并通过年检。

【再生资源回收管理】 2020年5月12日，区商务局联合区自然资源局、区市场监管局、区综合行政执法局、公安环翠分局、生态环境分局、规划环翠分局及相关镇（街道），开展精致城市建设攻坚突破行动，分3个阶段对辖区128家再生资源回收网点进行专项整治，取缔46家无照经营网点。规范再生资源回收站点的经营秩序和经营环境，建立健全再生资源回收站点的长效管理机制，解决再生资源回收站"脏、乱、差"问题。

（邓晓媛）

科技服务业

【概况】 2020年，环翠区立足中心城区优势，以新技术、新产业、新业态、新模式为核心，以生产性科技服务业为重点，打造威海创新园，助推区域经济转型升级。威海创新园坚持"1+N"纵横延伸发展思路，纵向拓展服务深度，做强"1"处综合服务中心，横向覆盖区域优势产业，壮大"N"处专业分中心，专业分中心依托"有园无界"的理念，按照"一个中心"发展"一个主导产业"的定位，瞄准海工装备、节能环保、新一代信息技术、智能控制、健康医药等领域，推动同类科技资源集聚，实现园区错位发展。年内，威海创新园被纳入威海市"1＋4＋N"［1是：威海市产业技术研究院；4是：工业和信息化部威海电子信息技术综合研究中心、山东省高性能医疗器械创新中心、哈尔滨工业大学（威海）创新创业园、山东大学（威海）工业技术研究院；N是：N处创新平台］创新平台体系。

【威海创新园】 2020年，威海创新园建设综合服务中心1处和海洋智能装备研究中心、节能环保装备研究中心、新一代信息技术科创中心、威海创客大街、工业互联网研究中心、智能控制研究中心、食品药品研发检测中心、水上休闲用品设计中心8处专业分中心，新设立大数据智能科技中心、海洋科技创新中心、健康医药科技研发中心3处专业分中心。年内，对《环翠区关于加快建设威海创新园的专项扶持意见》进行修改完善，兑现扶持资金1218.29万元，扶持企业21家。累计引进企业197家，吸引30名高端人才。其中，吸引姚建铨、科尔图诺夫·伊万诺维奇2名院士，周志权、周文龙、叶秀芬、威科多、王佰玲、刘川意、谷永辉、李伟、顾而丹9名泰山产业领军人才。新招引入驻威海自主智能科技有限公司、国容（山东）科技服务有限公司、陕西远望防务科技研究院有限责任公司威海分公司等企业79家。至年末，园区有纳税企业98家，实现税收收入1411.26万元。

威海创新园综合服务中心。2020年，中心优化人才公寓入住流程，实现"今日办，今日住"。提升服务质量，实行"酒店式"管理，定期对人才公寓环境、设施进行维护，提高人才居住舒适度。接待泰山产业领军人才顾而丹、青岛大学于建强等206人入住，其中博士、副教授以上人员44人，其他高层次人才25人。举办人力资源行业线上直播课、星汇谷精致城市沙龙角、论坛、培训等活动62场。7月24日，举办威海市人力资源服务业高级管理人员研修培训班，威海市人力资源管理协会，威海市人力资源服务协会，威海市重点企业高管、骨干人力资源机构负责人等70余人参加培训，500余人在线观看；9月23日，举办"感受精致城市——高端人才走进威海"活动暨2020威海人力资源高峰论坛，采用"线下＋线上"模式，1万余人次参与观看、讨论。新入驻威海自主智能科技有限公司、国容（山东）科技服务有限公司、陕西远望防务科技研究院有

2020年9月23日，2020威海人力资源高峰论坛在威海创新园综合服务中心举办（区服务业发展中心 供图）

限责任公司威海分公司等19家企业。

海洋智能装备研究中心。2020年，中心承接70场不同类型的座谈会、研讨会，53场参观、观摩活动。承办第二十一届中国遥测遥控科技大会、第二十二届中国科协年会海洋智能装备及智慧海洋论坛（威海）、第三届“太空与海洋”创新发展高峰论坛、2020威海英创会高端海洋装备产业发展校地合作推进会、海洋试验技术需求研讨会5次大型会议，先后有包为民、邱志明、杜善义等7名中国科学院、中国工程院院士，700余名专家到远遥浅海科技湾区，以活动为载体推介远遥浅海科技湾区，实现精准推介。中心依托自身“朋友圈”，同中国航天科技集团有限公司、中国航天科工集团有限公司、哈尔滨工业大学等特大型企业和重点科研院所对接，签约海洋无人装备与技术联合创新中心、海洋大数据中心、无人机综合服务中心3个项目。12月1日，与中国航天科技集团有限公司、哈尔滨工业大学签约共建海洋无人装备与技术联合创新中心，重点打造从研发、测试到生产、应用的海洋高端装备产业链，该项目将成为国内无人装备研发的高地和人才聚集的高地。与中国航天科工集团有限公司共建激光通信先进技术研究院项目，该项目将整合航天科工的相关科研资源和订单，在威海打造空间激光通信全产业链条，并达成合作意向。新入驻威海远遥海工技术服务有限公司、山东科邦威尔复合材料有限公司、千尧（威海）新能源科技有限公司3家企业。引进于思源、周文龙、叶秀芬3名高层次人才到中心创业，周文龙、叶秀芬2人入选2020年泰山产业领军人才，孙小钎获批留学来鲁创业启动支持计划。

节能环保装备研究中心。成立于2017年10月。2018年通过省级科技企业孵化器认定。加速器一期面积6008平方米，中试车间6000平方米，产业园占地面积10公顷。中心有33家节能环保类企业入驻，引进外国专家7人（威科多、古里阳、李尚勋、安博德、克罗默、史蒂芬、马可），其中泰山产业领军人才1人（威科多）；引进留学人员来鲁创业人才1人（刘冠林）。孵化企业威海恒煜医疗器械有限公司，年产值3000余万元。中心逐步成为集创业孵化、融资服务、市场开拓于一体的科技型中小企业创新创业服务平台。2020年，新入驻威海彬凯环保科技有限公司、威海华路新能源技术有限公司、威海德鑫节能环保科技有限公司等11家企业。向中欧水处理及膜技术创新产业园输送威海德润环保科技有限公司、威海格润环保科技有限公司、威海博迪环保科技有限公司、威海业和环保科技有限公司、威海德润环境治理有限公司、山东德实环保科技有限公司企业6家。

新一代信息技术科创中心。2020年，园区有企业24家、创业团队7个；在孵企业有发明专利、实用新型专利、软件著作权等知识产权80件，在申请专利10余件；入园企业实现销售收入9600余万元，上缴税金280余万元，解决就业300余人。中心及入驻企业对接哈尔滨工业大学本部、哈尔滨工业大学（威海）、中国科学院（烟台）海岸带研究所、山东省科学院自动化研究所、威海职业学院等多家高校院所。年内，中科院院士姚建铨的“威海激光与光电子信息技术研究院”项目落地。该研究院落户于中心4-3号楼，建筑面积3600平方米。新入驻威海微购电子信息技术有限责任公司、威海华辰智能科技有限公司、威海光子信息技术产业研究院有限公司、山东善仁智慧科技有限公司、威海麒铭电子有限公司、威海智信光电科技有限公司6家企业。

威海创客大街。2020年，威海创客大街牵头在深圳、沈阳、义乌3地设立威海市环翠区对外交流中心，展示环翠区的招商优势和营商环境。与齐鲁工业大学（山东省科学院）共同成立工业设计产学研基地。年内，入驻孵化企业或项目94个，行业涵盖工业设计、动作捕捉、激光、机器人、物联网、区块链、新材料、融媒体、海洋科技等领域。新入驻威海美合生物科技有限公司、威海以琳生物科技有限责任公司、山东众缘智能科技有限公司等20家企业。

工业互联网研究中心。中心由环翠区新创投资运营有限公司运营，重点引进信息技术、智能制造、物联网技术、人工智能等科技项目，依托新创基金建立“筛选+辅导+投资”的模式，将入驻企业同投融资紧密关联，加速优秀项目进入成长。新入驻山东智工通信科技有限公司、山东华威东方信息科技有限公司、威海博睿软件科技有限公司、威海好好采信息技术有限公司4家企业。

智能控制研究中心。2020年，中心实现销售收入9665万元，缴纳税金450万元；园区企业取得授权知识产权37项。园区申报5G智能感知与信息处理实验室和环翠区工程技术研究中心两项创新平台，其中5G智能感知与信息处理实验室为威海市重点实验室。吸引高层次人才6人，引进归国博士于明鑫，为园区企业在智能感知与计算、机器学习、模式识别、智能物联网领域带来全球先进研发成果，其中，恰恰云物联网集成环境软件开发被园区企业山东捷讯通信技术有限公司应用到林长制项目中；通过“高端人才走进威海”活动，促成山东捷讯通信技术有限公司与智慧泉环境修复技术研究院专家张伦梁签约，达成智慧环保大数据服务项目合作。年内，新入驻威海奥牧智能科技有限公司、中网云端科技有限公司威海分公司、北京永通卓越科技有限公司威海分公司、念仁（山东）智能科技有限公司4家企业。

水上休闲用品设计中心。2020年，中心进行战略调整，将产业发展方向明确到游艇及零部件、造船装备、船用材料、仪表仪器、电机设备等设计研发和技术服务。年内，中心引进威海中海源船舶物资有限公司、威海市游艇行业协会、威海市装备制造业协会等企业和单位入驻。

食品药品研发检测中心。位于羊亭镇双城路99号，总建筑面积5600平方米，中心围绕食品药品、保健食品、化妆品及医疗器械等5大产业，打造食品药品研发检测基地。8月，中心运营方更换为威海羊企创业园运营管理有限公司，负责中心具体运营、招商工作。2020年，新入驻威海中腾医药科技有限公司、威海麦高医疗设备有限公司、威海汉景堂中医药科技有限公司等9家企业。

海洋科技创新中心。位于孙家疃街道环海路298-3号，建筑面积2248平方米，依托山东省海洋生物繁育工程技术研究中心和山东省海洋微生物资源中心，建设海洋产业发展特色专家智库、重点科技成果中试展示基地、全民共享型海洋科学知识普及基地等，为环翠区海洋发展提供技术支撑与创新成果示范。2020年，成立威海浅湾海洋科技有限公司，作为运营公司负责中心整体运营，中心完成基础装修，达到入驻条件。至年末，新入驻威海浅湾海洋科技有限公司、山东智汇达海洋生物科技有限公司、威海环海益康生物科技有限公司3家企业。

健康医药科技研发中心。位于张村镇黄河街12-3号楼，建筑面积1.8万平方米。中心以生物医药产业为主导，招引健康医药、生物医学、精准医疗等领域的科研院所、企业及专家，提供共享实验室、成果展示区、学术交流区等硬件配套服务以及资金、技术、人才、生活等软件配套服务，打造“政策扶持+平台共享+技术交流”的创新创业环境，促进健康医药及生物医学领域的技术转化与发展。2020年，进行展厅设计和公共配套设施的完善。

大数据智能科技中心。位于环翠楼街道海滨北路56号金海岸大酒店，建筑面积8960平方米。重点围绕大数据技术产品研发、工业大数据、行业大数据、大数据产业主体、大数据安全保障、大数据产业服务体系，数据储存、采集、分析、系统研发、应用及云计算等技术开展研发，旨在建成国内一流的大数据智能研发中心、成果孵化和转化中心。2020年，与东南大学、南京理工大学等6所高校，以及冠群信息技术（南京）有限公司、伏泰信息科技股份有限公司等10家企业签订合作框架协议。

楼宇经济

【概况】 2020年，环翠区围绕破解发展瓶颈、助推转型升级，挖掘中心城区资源优势，抓好楼宇经济建设工作，着力构建中心城区“垂直经济带”。5月25日，区服务业发展中心与区发展改革局、区财政局联合印发《关于修改〈环翠区关于加快楼宇经济发展扶持意见〉的决定》，修改“鼓励打造特色专业楼宇”的奖励标准，助推全区楼宇经济高质量发展。至年末，区服务业发展中心兑现金额70.5万元，扶持企业31家。

【税收过千万元楼宇】 2020年，全区有纳税过千万元楼宇30座，总面积63.1万平方米，全口径税收总额12.39亿元，全部集中在环翠楼、鲸园、竹岛3个街道。其中，环翠楼街道有纳税过千万元楼宇12座，总面积35.9万平方米，全口径税收总额6.48亿元；竹岛街道有纳税过千万元楼宇11座，总面积23.9万平方米，全口径税收总额2.88亿元；鲸园街道有纳税过千万元楼宇7座，总面积3.3万平方米，全口径税收总额3.03亿元。环翠楼街道的威海市市级机关八号办公楼、威高SOHO-A座，鲸园街道的威建集团办公楼纳税过亿元。环翠楼街道的国资大厦、海裕城C座；竹岛街道农村商业银行大厦，南竹岛C、D座，港华燃气大楼，中信大厦纳税超3000万元。

2020年环翠区税收过千万元楼宇一览表

表9

序号	楼宇名称	地址	楼层（层）	建筑面积（平方米）	纳税总额（万元）
1	威高SOHO-A座	海滨路17号	15	114420	24072
2	市级机关八号办公楼	世昌大道45号	12	10000	18198
3	威建集团办公楼	昆明路13号	5	7000	18111
4	南竹岛C、D座	青岛北路69号	4	8000	3998
5	海裕城C座	世昌大道3号	12	12000	3900
6	港华燃气大楼	青岛中路69号	6	3500	3852
7	农村商业银行大厦	海滨中路56号	21	49000	3609
8	中信大厦	青岛北路2号	39	50255	3570
9	中国人民财产保险大楼	世昌大道13号	12	7000	3493
10	国资大厦	世昌大道8号	7	8000	3045
11	怡和写字楼	高山街28号	6	4500	2895
12	水利局大楼	渔港路38号	5	6000	2663
13	祥云房地产办公楼	祥云花园20号	4	3500	2547
14	品乐坊	青岛北路75号	18	59986	2119
15	外运大厦	海滨中路28号	17	16621	2100
16	邮政储蓄银行大楼	文化东路47号	9	5000	2079
17	中国建设银行大楼	世昌大道19号	18	25000	2074
18	恒升大厦	西城路24号	8	18000	1983
19	振华商厦	新威路89号	6	63000	1924
20	太平洋保险大楼	育华路21号	6	3600	1877
21	金融大厦	青岛北路9号	26	20000	1865
22	烟台银行大楼	世昌大道16号	12	7500	1832
23	城投大楼	青岛北路158号	12	12000	1741
24	滨海商厦	海滨北路103号	4	12000	1713
25	威高广场	新威路17号	12	11000	1542
26	名座大厦	海滨北路111号	18	18700	1538

续表9

序号	楼宇名称	地址	楼层（层）	建筑面积（平方米）	纳税总额（万元）
27	华联商厦	新威路58号	20	60000	1536
28	工商银行大楼	海滨北路14号	6	6000	1387
29	交通银行大楼	海滨北路34号	6	3600	1379
30	迪尚大厦	新威路17-6号	17	23000	1167

说明：市级机关八号办公楼闲置空间出租给威海市商业银行和威海市水务集团有限公司

【特色楼宇】 2020年，区服务业发展中心探索楼宇发展新模式，制订《环翠区特色专业楼宇打造方案》，明确全区楼宇经济专业化、集聚化发展目标及思路，以楼宇为载体，打造威海创新园，重点发展生产性科技服务业，“一个中心发展一个产业”，集聚同类企业入驻。至年末，全区打造15座专业特色楼宇，分别是基金小镇、中信大厦（金融保险）、恒远国际（国企总部）、海洋智能装备研究中心、节能环保装备研究中心、新一代信息技术科创中心、威海创客大街、工业互联网研究中心、智能控制研究中心、食品药品研发检测中心、水上休闲用品设计中心、大数据智能科技中心、海洋科技创新中心、健康医药科技研发中心、威海国际人力资源产业园。

中信大厦。位于威海市青岛北路2号。1996年1月开工建设，1998年8月竣工并投入使用。大厦总高度171.2米，地下3层，地上39层，建筑面积50255平方米，是集办公、会议为一体的综合性高端商务写字楼，旨在打造专业金融楼宇。大厦由中信银行股份有限公司总行投资建设，由中信银行自有物业——北京信隆酒店物业管理有限公司运营管理。为发挥党建服务经济发展的作用，2019年3月，竹岛街道办事处在中信大厦成立金融商圈党群服务中心，为大厦金融企业提供会场使用、资源链接、党群活动开展等服务。2020年，入驻大厦的企业有48家，其中包括中信银行威海分行、中国人寿财产保险公司威海中心支公司、中信保诚人寿保险有限公司、中航证券有限公司等14家金融机构，占楼宇纳税额90%以上。至年末，中信大厦实现纳税3570万元。

恒远国际大厦。位于威海市青岛北路132号，由威海山水投资有限公司于2015年投资建设，2018年竣工并投入使用。大厦建筑面积3.2万平方米，共22层，有300余间商务办公用房，由威海市沃德物业服务有限公司运营，旨在打造国企总部集群楼宇，先后引进山东土地集团（环翠）有限公司、中建八局第四建设有限公司、山东调水工程运行维护中心威海分中心、山东科成建设项目管理有限公司、中国人民人寿保险股份有限公司威海中心支公司、瑞丽数字科技（威海）有限公司等30余家企业，入驻率60%。2020年，恒远国际大厦实现纳税104万元。

【楼宇经济扶持政策】 2020年5月25日，区服务业发展中心与区发展改革局、区财政局联合印发《关于修改〈环翠区关于加快楼宇经济发展扶持意见〉的决定》，修改“鼓励打造特色专业楼宇”的奖励标准，对于金融、类金融以外的商务楼宇，根据各特色专业楼宇打造情况分等次给予扶持；修改“鼓励提高楼宇服务质量”的奖励标准，对设立楼宇服务中心党建活动中心等配套服务设施的楼宇，根据配套服务设施分等次给予扶持。

住宿餐饮

【概况】 2020年，全区有规模以上住宿企业17家（含市管星级旅游饭店6家、区辖星级旅游饭店1家），规模以上餐饮企业10家（含区辖星级旅游饭店2家），星级饭店12家，其中四星级饭店7家、三星级饭店4家、二星级饭店1家。

【政策宣传】 2020年，区文化和旅游局贯彻落实市政府办公室《关于全力防控疫情支持服务业企业平稳健康发展的若干意见》、区政府办公室《关于应对新型冠状病毒感染肺炎疫情支持中小企业平稳健康发展的若干意见》等涉及文旅企业的政策措施，对星级旅游饭店加强政策宣传督导，协调帮助企业将政策落实到位。

【威海首家民宿协会成立】 区文化和旅游局坚持绿色环保、改革创新、示范引导、国家从业者标准、本地特色原则，2020年6月22日，组织全区31家精品民宿商户成立威海市首家区级民宿协会——环翠区民宿协会。协会以发扬行业自律作用，引导民宿从业者标准化、规范化建设，助力民宿产品特色化、服务品质化、治理规范化，实现民宿行业经济效益、社会效益和生态效益相统一的目标。

【“精致城市·寻味威海”“威字号”“三名三特”评选】 2020年4月，市文化和旅游局在全市开展“精致城市·寻味威海”“威字号”“三名三特”征集活动，区文化和旅游局组织20余家区属企业参与评选。经过4轮摸底、市民推荐、商家申报、网络投票和专家评审，威海卫大厦等18家饭店，抱海大酒店“红鳍河豚汤”、东山宾馆“春蚕吐丝”、庆喜楼“胶东花饽饽”等24道美食获评“三名三特”（威海餐饮名店、名菜、名点，威海餐饮特色店、特色菜、特色小吃）称号。

【“无废饭店”创建】 2020年，区文化和旅游局宣传“无废”理念，推行垃圾分类制度。9月，区文化和旅游局组织威海百纳中心大酒店、银鹏大酒店、威海祥泉酒店、威海电子宾馆、清泉大酒店5家星级饭店参与“无废饭店”创建。12月11日，威海百纳中心大酒店、威海电子宾馆和银鹏大酒店3家星级饭店获评“无废饭店”称号。

2020年环翠区星级饭店一览表

表10

序号	名　称	级　别	电　话	地　址
1	威海百纳中心大酒店	★★★★	0631-5222888	新威路58号
2	威海卫大厦	★★★★	0631-5285888	海港路82号
3	威海蓝天宾馆	★★★★	0631-5231670	环海路1号
4	威海海景花园大酒店	★★★★	0631-5262999	连林岛路9号
5	威海阳光大厦	★★★★	0631-5208999	统一路88号
6	威海塔山宾馆	★★★★	0631-5317777	塔山西路10号
7	威海抱海大酒店	★★★★	0631-3688888	海滨中路29号
8	银鹏大酒店	★★★	0631-5696000	火炬南路531号
9	威海祥泉酒店	★★★	0631-5778888	宝泉路3号
10	威海电子宾馆	★★★	0631-5262500	环海路15号
11	玉龙湾大酒店	★★★	13561848268	环海路300号
12	清泉大酒店	★★	13963118086	公园路5号

（孙晶怡　孙海英　庄思雨　王　磊　李璐璐　焦文力　宋雨露）

金融业

综　述

【概况】 2020年，全区地方金融监管工作提升金融服务水平，防范化解金融风险，助力金融更好地服务实体经济。年内，引进兴业证券股份有限公司威海分公司1家金融机构。至年末，全区有金融机构111家。其中，银行业金融机构24家，保险业金融机构46家，证券公司营业部17家，期货公司1家，小额贷款公司6家，融资性担保公司3家，民间融资机构2家，基金管理公司8家，典当行4家；全区市级以上银行业金融机构本外币各项存款余额4010.46亿元，本外币贷款余额3001.20亿元，分别比上年增长12.22%、18.84%。

【金融上市】 2020年，区地方金融监管局紧抓国家资本市场重大政策改革有利时机，通过“一对一”指导，提供“一站式”“保姆式”服务，攻坚解决上市过程中的困难问题，推动企业上市。10月12日，威海市商业银行股份有限公司在香港联合交易所主板上市，登陆资本市场，募集资金净额32.66亿港元，为全市首家、全省第三家实现上市的地方法人银行。

【金融服务能力建设】 2020年3月6日，区地方金融监管局组织召开驻企金融辅导员工作动员会，深度解读金融辅导员工作职责，印发致企业的一封信、环翠区企业金融辅导服务联系卡，帮助金融辅导员与辅导企业建立常态化密切联系。组织金融辅导员在对接企业时将省委经济运行应急保障指挥部涉企政策“明白册”以及科技支行、小微企业风险补偿基金等政策文件传达到所有辅导企业并进行政策解读，让辅导企业更好地学政策、懂政策、用政策，使企业根据自身实际情况享受到更多政策扶持。每周调度了解各金融辅导员对接调研情况以及融资需求办理进展情况，督促各辅导员发挥好政策宣导、咨询指导、融资策划作用；对调研对接过程中遇到的问题以及企业反映的困难情况，由区级金融辅导工作协调小组协调相关部门解决，确保金融辅导帮到

2020年10月12日，威海市商业银行股份有限公司在香港联合交易所主板上市
（区地方金融监管局　供图）

实处、助到点上。联合竹岛街道办事处和威海农村商业银行，建设信用一条街。年内，走访新威附路（观海社区）、戚家夼（海天社区）等126家商户，为商铺发放创业贴息贷款120万元、经营贷款205万元、授信100万元，用于商户的经营周转；为98户社区商户办理免手续费聚合支付码牌。

【金融企业调度管理】 2020年，区地方金融监管局采取非现场监管和现场检查的方式监管地方金融组织。每月通过“山东省金融综合信息服务平台”调度报表，对地方金融组织的业务活动及风险状况进行监管分析；采取到地方金融组织营业场所进行检查，询问相关人员，查阅、复制有关文件、业务数据资料等措施，深入了解公司运营状况，加强地方金融组织的监督管理。

【金融助企抗击新冠肺炎疫情】 2020年，区地方金融监管局贯彻落实《威海市环翠区人民政府办公室关于应对新型冠状病毒感染肺炎疫情支持中小企业平稳健康发展的若干意见》，发挥好区级应急转贷专项基金作用，累计为威海祥同彩印包装纸业有限公司、威海宝威新材料科技有限公司等7家企业解决6530万元转贷难题；提高科技支行贷款企业区级财政贴息比例，为威海广泰空港设备股份有限公司、威海华新药业集团有限公司等30家科技企业拨付市区两级贷款贴息和风险补偿资金865.7万元。引导各银行机构相继推出50余种惠企金融产品，加大信贷支持力度，帮助受疫情影响、授信到期还款确有困难的中小微企业通过降低利率、减免逾期利率、调整还款期限等方式渡过难关。

金融监管

【概况】 2020年，区地方金融监管局通过现场检查、非现场监管、年审和分类评级等多种形式，加强对地方金融组织的监管。依托网格化风险防控体系和企业信息双向推送机制等多种举措防范地方金融风险，牢牢守住不发生区域性、系统性金融风险底线。年内，依法受理并转报地方金融组织变更高管、减资等依申请政务服务事项13项，到社区开展39次宣讲活动并发放防范非法集资宣传材料，提升群众金融风险防范意识。

【分级监管】 2020年3月，区地方金融监管局提前谋划，组织2家会计师事务所在进场前后多次召开会议，并根据评分表逐项研究讨论赋分情况，确保评级结果与省地方金融监管局、市地方金融监管局抽查结果一致。对于检查出的问题，责令地方金融组织限期整改，并针对整改完成情况再次联合会计师事务所进行“回头看”。

【分类监管】 2020年，区地方金融监管局依法对审批、备案事项进行初审，切实把好行业准入关，加强对准入要素的审查，依法受理并转报地方金融组织变更高管、减资等依申请政务服务事项13项。对于经营合规性较差、支持实体经济作用不大的地方金融组织，稳妥有序开展退出工作，山东恒丰融资担保有限公司、威海市环翠区金猴民间资本管理有限公司和威海市环翠区会英楼民间资本管理有限公司3家取得山东省地方金融监管局批复退出，威海邦信小额贷款有限公司1家提报退出材料待审批。排查新划转机构，根据现场检查情况，对威海金玖典当有限公司、山东润丰典当有限公司、威海上利典当行有限公司和威海瑞通典当有限公司4家典当行分别开展整改完成情况现场检查验收和年审工作；现场检查辖区内泰和融资租赁有限公司、威海近川融资租赁有限公司、威海富海融资租赁有限公司、威海弘浩融资租赁有限公司、五花马（山东）融资租赁有限公司5家融资租赁公司，摸清底数，为后续的分类处置工作奠定基础，并指导正常经营的泰和融资租赁有限公司对存在的问题进行整改；排查威海市房地产置业担保有限公司，并引导其停止开展融资性担保业务。

【防范和打击非法集资】 2020年，区地方金融监管局通过抖音等线上社交媒体发布防范非法集资宣传视频，通过报纸等传统媒体宣传防范非法集资活动；在威高大厦、迪尚大厦、银座等商务楼宇电子屏上播放打击非法集资宣传标语；发放宣传单50万余份；在村（社区）、公交站点等地设置189个宣传栏；邀请律师和金融专业人员到翠竹、古陌等社区开展39次宣讲活动；结合创建全国文明城市活动，入户发放防范非法集资宣传材料，提升群众金融风险防范意识。同时，区地方金融监管局加强企业监测排查力度，利用网格化风险防控体系和企业信息双向推送机制，排查新注册企业是否存在非法集资风险。年内，新注册企业未出现涉嫌非法集资的问题。组织开展打击非法金融活动专项整治行动，对区内投资类企业展开深入细致的摸排工作，建立明细台账，分类动态管理，对于问题企业开展调查处置工作，并逐企制定应急预案或应对措施。对未立案但不能兑付的企业，与总部、总部所在地金融监管部门进行沟通协调，紧盯总部处置状态，了解最新进展情况，尤其对涉稳风险较为突出的企业，摸清投资人底数，掌握受损群体动向，做好政策解释、教育稳控工作。对于正常兑付的企业，加强管控，通过约谈、行政核查等措施，督促其进行良性清退。对失联、空壳企业，由区市场监管局列入经营异常名录，或及时督促企业进行注销。对涉嫌非法集资问题严重的按时上报，并将风险线索移交司法部门处理。

金融服务

【概况】 2020年，区地方金融监管局结合市级政策，修订《环翠区关于进一步加快服务业发展的扶持意见》中的金融服务业部分，扩大政策扶持的覆盖面、提升精准度，为33家企业兑现扶持资金1109.73万元。创新投融资模式，深化政金企合作，发展多层次资本市场，帮助企业拓宽融资渠道，着力缓解企业融资难、融资贵问题。年内，1家企业实现上市，15家企业在省内区域性股权交易市场挂牌；驻区银行为578家区内企业提供贷款44.97亿元。

【基金招引】 2020年，区地方金融监管局发挥股权融资在促进公司优化治理、产业升级等方面的作用，引进设立威海鲁韵股权投资基金合伙企业（有限合伙）、威海国源企望投资管理合伙企业（有限合伙）、山东中泰齐东世华节能投资中心（有限合伙）、山东中泰齐东信息产业发展投资中心（有限合伙）4只基金。不断创新投融资机制，联合环翠区国有资本运营有限公司、招商银行股份有限公司威海分行共同打造“基金+银行‘投贷联动’融资模式”，完成对山东百盟信息技术有限公司、威海人生药业集团股份有限公司2.39亿元的股权投资，同时与招商银行股份有限公司威海分行开展投贷联动，为企业提供1000万元信用贷款授信额度。至年末，全区有基金24只，总规模突破270亿元。

【金融招商】 2020年，区地方金融监管局结合上级政策不断提高招商扶持补助标准，考虑落户金融项目的需求和发展，为机构落户提供“一条龙”式全程服务。引进兴业证券股份有限公司威海分公司1家金融机构，3月18日完成工商注册。

【银企合作】 2020年，区地方金融监管局联合镇（街道）采取“一对一”“多对一”的形式常态化举办“大集中”与“小专场”相结合、线上线下相结合的银企对接活动。9月29日，举办“金融点子”送春风暨金融辅导工作环翠区专场推介活动，将各金融机构的优质产品和惠企政策送达企业，促进银企双方对接交流。发挥好区级应急转贷专项基金作用，为威海祥同彩印包装纸业有限公司、威海宝威新材料科技有限公司等7家企业解决6530万元转贷难题；提高科技支行贷款企业区级财政贴息比例，申请并拨付市区两级贷款贴息和风险补偿资金865.7万元；“政银保”贷款保证保险为威海通佳电器有限公司等9家企业提供485万元的融资服务，发放保费补贴7.28万元，有效降低企业融资成本。推动5支区级金融辅导队对全区重点辅导企业“一对一”对接调研，为威海市山花地毯集团有限公司、华夏文化旅游集团股份有限公司等33家企业提供8亿元贷款。

【“三联三服”】 2020年，区地方金融监管局提升服务质量，为企业、项目、人才办实事、解难题。驻区银行为578家区内企业提供贷款44.97亿元。年内，区地方金融监管局多次走访中华联合财产保险股份有限公司威海中心支公司、威海蓝

2020年9月29日，区地方金融监管局举办“金融点子”送春风暨金融辅导工作环翠区专场推介活动 （区地方金融监管局 供图）

海银行股份有限公司、威海市商业银行股份有限公司、山东威海农村商业银行股份有限公司等金融机构，了解辖区金融人才的思想、工作、生活情况和需求，为人才提供“点对点”贴身服务。加快区域金融人才队伍建设，对上做好沟通、对下做好服务，5人获评省级人才称号。其中，陶遵建为金融高端人才，杨静怡、谢锋、崔涛、温艳好为齐鲁金融之星。至年末，全区有金融业省级金融人才16人。中华联合财产保险股份有限公司威海中心支公司总经理姜峰被确定为2020年泰山产业领军人才工程现代服务业及社会民生产业创新类人选，是威海市该类别的唯一入选人才。

【企业上市与融资】 2020年，区地方金融监管局紧盯上市储备企业，结合“三联三服”和“大走访、大排查、大服务”活动，邀请证券交易所和券商等金融辅导队上市专员，到企业实地考察、解惑释疑，帮助企业尽快进入上市程序。6月5日，家家悦集团股份有限公司发行可转债6.45亿元，实现环翠区上市企业可转债发行“零”的突破。10月12日，威海市商业银行股份有限公司在香港联合交易所主板上市，集资金净额32.66亿港元，证券代码为9677。11月11日，举办“金融人才大讲堂”暨企业融资服务培训主题沙龙活动，将专家、学者“请进来”与区内企业家“面对面”交流，提高企业认知、消除企业顾虑，引导更多企业放开手脚，主动进入资本市场，推动实现“培养一批、储备一批、上市一批”的既定目标。至年末，全区有上市公司5家、新三板挂牌企业6家。

【区域性股权交易市场挂牌】 2020年，全区新增省内区域性股权交易市场挂牌企业15家。至年末，全区有省内区域性股权交易市场挂牌企业52家。

1月16日，威海雨霖纤维制品股份有限公司收到青岛蓝海股权交易中心挂牌函，证券代码为800482。

2月28日，威海九鼎金属制品股份有限公司收到齐鲁股权交易中心挂牌函，证券代码为305652。

3月13日，威海恒隆塑料包装股份有限公司收到齐鲁股权交易中心挂牌函，证券代码为305613。

3月20日，威海悦浪户外用品股份有限公司收到齐鲁股权交易中心挂牌函，证券代码为305655。

4月8日，威海东蒂泰华服饰股份有限公司、威海威德净化科技股份有限公司2家企业收到齐鲁股权交易中心挂牌函，证券代码分别为305675、305676。

6月16日，威海瑞轩制衣股份有限公司收到青岛蓝海股权交易中心挂牌函，证券代码为801431。

6月30日，山东时代超群科技股份有限公司收到齐鲁股权交易中心挂牌函，证券代码为305728。

7月1日，威海市银河光电设备股份有限公司收到齐鲁股权交易中心挂牌函，证券代码为305739。

7月21日，威海畅享海天新材料科技股份有限公司收到齐鲁股权交易中心挂牌函，证券代码为305738。

7月30日，威海慧壹智能科技股份有限公司收到齐鲁股权交易中心挂牌函，证券代码为305768。

9月25日，山东恒阳电子股份有限公司收到齐鲁股权交易中心挂牌函，证券代码为305791。

10月23日，威海威洋机电设备股份有限公司收到齐鲁股权交易中心挂牌函，证券代码为305853。

11月12日，威海薪源电子科技股份有限公司收到齐鲁股权交易中心挂牌函，证券代码为305905。

11月13日，威海金文兴电子科技股份有限公司收到齐鲁股权交易中心挂牌函，证券代码为305908。

银　行

【概况】 2020年，全区有银行业金融机构24家，为中国银行、中国农业银行、中国工商银行、中国建设银行、交通银行、农业发展银行、中国邮政储蓄银行、威海市商业银行、威海农村商业银行、中信银行、招商银行、中国民生银行、青岛银行、浦发银行、兴业银行、恒丰银行、齐商银行、光大银行、威海富民村镇银行、日照银行、烟台银行、威海蓝海银行、平安银行、齐鲁银行的分支机构。

【中国建设银行股份有限公司威海环翠支行】 1978年，中国建设银行威海市支行成立。1987年9月，更名为中国建设银行威海市分行营业部。1994年9月，更名为中国建设银行威海分行环翠支行。2005年10月，改制更名为中国建设银行股份有限公司威海环翠支行。至2020年年末，各项存款余额42.66亿元，较年初增加7.41亿元；各项贷款余额28.33亿元，较年初增加497万元；实现利息收入1.55亿元，中间业务收入1258万元，完成账面利润9187万元。

【中国农业银行股份有限公司威海环翠支行】 1980年7月1日，中国农业银行威海市支行营业。1987年9月，更名为中国农业银行威海分行环翠支行。2009年1月，改制更名为中国农业银行股份有限公司威海环翠支行。至2020年年末，各项存款余额19.86亿元，较年初增加1.10亿元；各项贷款余额20亿元，较年初增加1.18亿元；实现利息收入8764万元，中间业务收入2113万元，完成账面利润5827万元。

【中国银行股份有限公司威海环翠支行】 1981年7月，中国银行威海市支行营业。1992年9月，更名为中国银行威海市分行环翠区办事处。1994年6月，更名为中国银行威海分行环翠支行。2004年8月，改制更名为中国银行股份有限公司威海环翠支行。至2020年年末，各项存款余额46.55亿元，较年初减少1.65亿元；各项贷款余额30.76亿元，较年初增加5.37亿元；实现利息收入6975万元，中间业务收入1167万元，完成账面利润6907万元。

【中国工商银行股份有限公司威海环翠支行】 1990年10月，中国工商银行威海市分行环翠区办事处成立。1993年11月，更名为中国工商银行威海分行环翠支行。2005年12月，改制更名为中国工商银行股份有限公司威海环翠支行。至2020年年末，各项存款余额55.47亿元，较年初增加11.61亿元；各项贷款余额52.09亿元，较年初增加1.78亿元；实现利息收入2.38亿元，中间业务收入3751万元，完成账面利润10334万元。

【交通银行股份有限公司威海环翠支行】 1993年7月，交通银行威海分行环翠区办事处成立。1999年12月，更名为交通银行威海分行环翠支行。2005年6月，改制更名为交通银行股份有限公司威海环翠支行。至2020年年末，各项存款余额8.55亿元，较年初增加4.28亿元；各项贷款余额18.39亿元，较年初减少1.35亿元；实现利息收入5761万元，中间业务收入84.55万元，完成账面利润1641.06万元。

【威海蓝海银行】 2017年6月29日，威海首家民间银行威海蓝海银行开业。至2020年年末，各项存款余额285.01亿元，较年初增加59.58亿元；各项贷款余额223.64亿元，较年初增加70.7亿元。实现利息收入30.17亿元，中间业务收入1076.03万元，完成账面利润3.37亿元。

【平安银行威海分行】 2018年12月12日，平安银行威海分行开业。至2020年年末，各项存款余额6.11亿元，较年初增加3.55亿元；各项贷款余额15.84亿元，较年初增加8.73亿元；实现利息收入7105.58万元，中间业务收入93.1万元，完成账面利润5431.76万元。

【齐鲁银行威海分行】 2019年12月19日，齐鲁银行威海分行开业。至2020年年末，各项存款余额15.3亿元；各项贷款余额24.6亿元；实现利息收入3028.53万元，中间业务收入901.49万元，完成账面利润2616.94万元。

保　险

【概况】 2020年，全区有中国平安财产保险股份有限公司威海中心支公司、中国人民财产保险股份有限公司威海市分公司、中国太平洋财产保险股份有限公司威海中心支公司、中国人寿保险股份有限公司威海分公司、太平人寿保险有限公司威海中心支公司等保险业金融机构46家。

【中国平安财产保险股份有限公司威海中心支公司】 1998年8月成立。公司承保企业财产损失保险、家庭财产损失保险、短期健康保险、意外伤害保险、建筑工程保险、安装工程保险、货物运输保险、机动车辆保险、船舶保险、能源保险、法定责任保险、一般责任保险、保证保险、信用保险、种植保险、养殖保险，代理国内外保险机构检验、理赔、追偿及其委托的其他有关事宜，以及经中国银保监会批准的其他业务。2020年，完成保额4377亿元，理赔2.4亿元，实现账面利润－491.38万元。

【中国人民财产保险股份有限公司威海市分公司】 2003年成立。公司承保财产损失保险、责任保险、信用保险、意外伤害保险、短期健康保险、保证保险等人民币或外币保险业务以及与上述业务相关的再保险业务，各类财产保险、意外伤害保险、短期健康保险及其再保险的服务与咨询业务等。2020年，完成保额6335.1亿元，理赔4.8亿元，实现账面利润5604.78万元。

【中国太平洋财产保险股份有限公司威海中心支公司】 1991年成立。公司承保人民币和外币的各种财产保险、短期健康保险和意外伤害保险业务。业务涉及航空航天、电力能源、石油化工、基础建设以及金融贸易、船舶汽车、机械设备、电子通信、仓储物流、纺织烟草、科技创新等行业和领域。2020年，完成保额2328.08亿元，理赔1.54亿元，实现账面利润1038.47万元。

【中国人寿保险股份有限公司威海分公司】 1997年成立。公司承保人寿保险、健康保险、意外伤害保险等各类人身保险业务，人身保险的再保险业务，各类人身保险服务，咨询和代理业务以及中国银保监会批准的其他业务。2020年，完成保额5274.29亿元，理赔3.14亿元，实现账面利润4791.42万元。

【太平人寿保险有限公司威海中心支公司】 2004年成立。公司承保个人意外伤害保险、个人定期死亡保险、个人两全寿险、个人终身寿险、个人年金保险、个人短期健康保险、个人长期健康保险、团体意外伤害保险、团体定期寿险、团体终身保险、团体年金保险、团体短期健康保险以及经中国银保监会批准的其他业务。2020年，完成保额3424.95亿元，理赔1.65亿元，实现账面利润－6134.84万元。

证 券

【概况】 2020年，全区新增兴业证券股份有限公司威海分公司1家证券公司营业部。至年末，全区有中泰证券股份有限公司威海分公司、海通证券股份有限公司威海高山街证券营业部、中信证券（山东）有限责任公司威海文化东路证券营业部、中国中金财富证券有限公司威海公园路证券营业部等证券公司营业部17家。

【中泰证券股份有限公司威海分公司】 2001年、2007年分别成立海滨北路、新威路证券营业部。2011年10月成立中泰证券股份有限公司威海分公司。经营范围：证券投资咨询，与证券交易、证券投资活动有关的财务顾问，证券承销与保荐等。2020年，实现交易额3944亿元、营业收入1.38亿元、净利润5878.61万元，缴纳地方税收1275.25万元。

【海通证券股份有限公司威海高山街证券营业部】 1997年11月成立。经营范围：凭许可证经营证券经纪、证券投资咨询，与证券交易、证券投资活动有关的财务顾问，融资融券，证券投资基金代销，代销金融产品，证券承销与保荐等。2020年，实现交易额142亿元、营业收入2508.36万元、净利润1189.19万元，缴纳地方税收419.97万元。

【中信证券（山东）有限责任公司威海文化东路证券营业部】 2009年8月，中信万通证券威海文化东路证券营业部成立。2014年4月15日，公司更名为中信证券（山东）有限责任公司威海文化东路证券营业部。经营范围：证券经纪、证券投资咨询、融资融券、证券投资基金代销、代销金融产品等。2020年，实现交易额472.33亿元、营业收入951.78万元、净利润197.95万元，缴纳地方税收225.62万元。

【中国中金财富证券有限公司威海公园路证券营业部】 2005年11月，中国中投证券有限责任公司威海公园路证券营业部成立。2019年11月，更名为中国中金财富证券有限公司威海公园路证券营业部。经营范围：证券经纪、证券投资咨询、融资融券、证券投资基金代销、代销金融产品、为期货公司提供中间介绍业务等。2020年，实现交易额576.83亿元、营业收入1498.9万元、净利润854.64万元，缴纳地方税收775万元。

担 保

【概况】 2020年，全区有融资性担保公司3家，为山东仁合融资担保有限公司、威海市百盛融资担保有限公司、威海齐东融资担保有限公司。至年末，在保客户870家，在保责任金额6.39亿元。

【山东仁合融资担保有限公司】 2006年9月成立，注册资本1亿元。经营范围：贷款担保、票据承兑担保、贸易融资担保、项目融资担保、信用证担保，诉讼保全担保、投标担保、预付款担保、工程履约担保、尾付款如约偿付担保等履约担保业务，与担保业务有关的融资咨询、财务顾问等中介服务，以自有资金进行投资。至2020年年末，在保客户137家，在保责任金额1.28亿元。

【威海市百盛融资担保有限公司】 2008年7月成立，注册资本5000万元。经营范围：贷款担保、票据承兑担保、贸易融资担保、项目融资担保、信用证担保，诉讼保全担保、投标担保、预付款担保、工程履约担保、尾付款如约偿付担保等履约担保业务，与担保业务有关的融资咨询、财务顾问等中介服务，以自有资金进行投资。至2020年年末，在保客户681家，在保责任金额1.51亿元。

【威海齐东融资担保有限公司】 2014年12月成立，注册资本10亿元，为威海产业投资集团有限公司全资控股子公司。经营范围：贷款担保、票据承兑担保、贸易融资担保、项目融资担保、信用证担保，诉讼保全担保、投标担保、预付款担保、工程履约担保、尾付款如约偿付担保等履约担保业务，与担保业务有关的融资咨询、财务顾问等中介服务，以自有资金进行投资。至2020年年末，在保客户52家，在保责任金额3.6亿元。

小额贷款公司

【概况】 2020年，全区有小额贷款公司6家，为威海市环翠区宏源小额贷款有限公司、威海市环翠区银通小额贷款有限公司、威海信悦小额贷款有限公司、威海市环翠区信元小额贷款有限公司、威海邦信小额贷款有限公司、威海齐东小额贷款有限公司。年内，投放贷款6.15亿元，实现营业收入3969万元。

【威海市环翠区宏源小额贷款有限公司】 2010年12月27日成立，2011年7月11日开业。由威海魏桥科技工业园有限公司作为主发起人设立，注册资本1.5亿元。经营范围：在环翠区行政区域内办理各项小额贷款，开展小企业发展、管理、财务等咨询业务。2020年，投放贷款2060万元，实现营业收入730万元。

【威海市环翠区银通小额贷款有限公司】 2011年7月5日成立，同月27日营业。由威海银兴预应力线材有限公司作为主发起人设立，注册资本1亿元。经营范围：在环翠区行政区域内办理各项小额贷款，开展小企业发展、管理、财务等咨询业务。2020年，投放贷款815万元，实现营业收入20万元。

【威海信悦小额贷款有限公司】 2011年11月29日成立，2012年2月29日营业。由家家悦集团股份有限公司作为主发起人设立，注册资本1.5亿元，2019年增加注册资本至5亿元。经营范围：在环翠区行政区域内办理各项小额贷款，开展小企业发展、管理、财务等咨询业务。2020年，实现营业收入30万元，未开展贷款投放业务。

【威海市环翠区信元小额贷款有限公司】 2013年10月28日成立，11月5日营业。由威海国有资产经营（集团）有限公司作为主发起人设立，注册资本1亿元。经营范围：在环翠区行政区域内办理各项小额贷款，开展小企业发展、管理、财务等咨询业务。2020年，投放贷款400万元，实现营业收入155万元。

【威海邦信小额贷款有限公司】 2014年4月24日成立，5月18日营业。由邦信惠融投资控股股份有限公司作为主发起人设立，注册资本1.2亿元。经营范围：在环翠区行政区域内办理各项小额贷款，开展小企业发展、管理、财务等咨询业务。2020年，投放贷款615万元，实现营业收入958万元。

【威海齐东小额贷款有限公司】 2015年11月12日成立并营业。威海市国有资本运营有限公司全资控股，注册资本5亿元。经营范围：在威海市行政区域内办理各项小额贷款，开展小企业发展、管理、财务等咨询业务。2020年，投放贷款5.76亿元，实现营业收入2076万元。

民间融资机构

【概况】 2020年，全区有民间融资机构2家。为威海市环翠区金蚂蚁民间资本管理有限公司、威海齐东民间资本管理有限公司。年内，累计对外投资14.43亿元，实现营业收入1.18亿元。

【威海市环翠区金蚂蚁民间资本管理有限公司】 2014年7月11日，由威海市地方金融监管局批准成立，注册资本5000万元。经营范围：针对环翠区实体经济开展股权投资、债权投资、资本投资咨询、短期财务性投资及受托资产管理业务。业务许可证号：106312014003。2020年，累计对外投资4803万元，实现营业收入188.54万元。

【威海齐东民间资本管理有限公司】 2015年2月4日，由威海市地方金融监管局批准成立，注册资本5亿元，2019年增加注册资本至16亿元，经营区域扩大至山东省。经营范围：针对实体经济开展股权投资、债权投资、资本投资咨询、短期财务性投资及受托资产管理业务。业务许可证号：106312014020。2020年，累计对外投资13.95亿元，实现营业收入1.16亿元。

（孙晶怡）

旅游业

综　述

【概况】 2020年，全区有省级旅游度假区2家、区属国家AAA级以上旅游景区7家、省级以上工业旅游示范点9家、省级工业旅游示范基地1家、省级旅游强镇8个、省级旅游特色村13个、省级农业旅游示范点18个。年内，区文化和旅游局组织20余家旅游企业开展“环翠旅游周”直播等旅游宣传推介活动；提升华夏城景区、仙姑顶景区、里口山风景名胜区全域旅游配套功能，修建停车场，增设儿童休闲娱乐项目；整合6个样板片区乡村旅游资源，编制完成8条精品乡村旅游线路，印制手绘地图5万份；打造旅游监控中心，实现辖区内5家景区监测信号集中接入并与市监控中心互联互通。为缓解新冠肺炎疫情冲击，区文化和旅游局为100家文旅企业拨付资金444余万元；暂退部分旅游服务质量保证金576万元，惠及38家旅行社；减免旅游业务暂停期间责任险保费，为旅行社节省保费10万元。受理旅游投诉400余件，均在规定时限内处理完成；规范旅游市场秩序，检查旅游企业600余家次；与23家旅游企业签订安全生产责任书。至年末，重点收费旅游景区接待游客58.91万人次，实现营业收入3012.27万元。

【山东省全域旅游示范区创建】 2020年，区文化和旅游局贯彻落实《国家全域旅游示范区验收认定文件解读》《山东省全域旅游示范区验收、认定和管理实施办法（试行）》，统一规划布局，围绕体制机制、政策保障、公共服务、供给体系、秩序与安全、资源与环境、品牌影响、创新示范8个方面整合全区文旅资源，创新体制机制，优化公共服务，推进融合发展，提升服务品质，实施整体营销，实现旅游发展全域化、旅游供给品质化、旅游治理规范化和旅游效益最大化。12月31日，环翠区获评省级全域旅游示范区。

旅游规划与项目建设

【概况】 2020年，全区规划打造“一核引领　两翼驱动　全域提升”的旅游发展新格局。“一核引领”指以里口山风景名胜区为核心，引领精品旅游提档升级。“两翼驱动”指北翼依托北海旅游度假区，打造滨海旅游带，做活“海”的文章；南翼依托近郊水源地，做活“湖”“河”的文章。“全域提升”指实施全域旅游战略，解决“夏季热、冬季冷”“白天热、晚上冷”的短板，带动全域旅游产业发展。

【乡村旅游提档升级】 2020年，里口山风景名胜区按照“坚持人与自然和谐共生”和“实施乡村振兴战略”要求，立足全域旅游，将旅游业与农村建设、现代农业、休闲观光、亲子研学、红色旅游等相结合，发展乡村旅游，推动里口山区域提档升级，助推乡村振兴。以创建国家AAAA级旅游景区为契机，对景区内游客中心、旅游公厕、停车场、智慧景区、景区标识系统等基础设施进行调整优化，挖掘自然及文化资源，丰富景区内涵。强化精细管理，推进旅游服务标准化、规范化建设，提升景区旅游服务水平。8月12日，景区通过景观质量答辩。对张村镇王家疃村进行旅游产业升级、文化资源开发方面指导提升，同月26日，王家疃村获评第二批全国乡村旅游重点村。

【省级工业旅游示范基地创建】2020年，区文化和旅游局对照省级工业旅游示范基地创建标准，指导威海豪仕达碳纤科技有限公司在旅游资源开发、旅游基础设施建设、旅游功能及服务提升等方面提档升级，打造集游憩、观赏、娱乐、科普教育、创意设计于一体的工业旅游空间，促进全区“旅游+工业”融合发展。4月15日，威海豪仕达碳纤科技有限公司获评第二批“山东省工业旅游示范基地”。

【旅游监控中心建设】2020年，区文化和旅游局推动全区智慧旅游建设，在局会议室集中打造旅游监控中心，将辖区监测信号集中接入并与市监控中心互联，实现辖区内景区监测管理。4月28日监控中心竣工，6月15日接入市监控平台，对旅游业态实行实时化、动态化监督和分析。

旅游资源

【概况】2020年，全区有旅游景区（点）10余处。其中，华夏城景区为国家AAAAA级旅游景区，仙姑顶景区、海滨生态风情带·“侨乡号”游轮为国家AAAA级旅游景区。自然资源以海、岛、滩、湾、泉、山为特色，有43千米海岸线，沿线沙滩细腻绵延，海水碧蓝清澈，有葡萄滩海水浴场、半月湾海水浴场等，有刘公岛、褚岛、日岛、黑岛等大小海岛17个，有宝泉汤、温泉汤2处优质地下温泉，有里口山、正棋山、猫头山等山地风景区。人文资源以秦汉文化、民俗文化、道教文化、甲午文化、英租文化为代表。

2020年环翠区属国家AAA级以上旅游景区一览表

表11

名　称	级　别	获得日期
华夏城景区	AAAAA	2017年2月
仙姑顶景区	AAAA	2010年5月
海滨生态风情带·“侨乡号”游轮	AAAA	2014年6月
伴月湾风景区	AAA	2015年11月
里口山风景名胜区	AAA	2015年11月
羊亭河湿地公园	AAA	2020年1月
裕红祥丝绸文化馆	AAA	2020年9月

【华夏城景区】国家AAAAA级旅游景区，位于城区西部，东临大海，西枕龙山，群峰苍翠连绵，富含浪漫山海神韵，是一处古典与现代结合，自然与科技融为一体的新型生态旅游度假胜地。“一步一画卷，一城览千年。”在这里可以踏青、赏花、登山、戏水，欣赏风景；可以发现、探索、体验华夏五千年悠久文明；可以领略、感受舞蹈、武术等中国传统艺术的魅力，夜晚设有360°山水实景演出《神游传奇》秀。

会跑的实景演艺——《神游传奇》秀。华夏演艺传奇系列之一，是“华夏城”城市文化旅游综合体的重要组成部分，也是国家AAAAA级旅游景区威海华夏城的灵魂所在。舞台置于华夏城景区内的自然山水天地间，打破世界单一舞台演出模式，让会跑的看台带领观众去体验全新的视听感受，通过《天赐华夏》《先祖部落》《凤凰涅槃》《八仙贺喜》《东游求仙》《龙的传人》《天佑华夏》7个篇章以及真山真水的舞台变化和现代化的手法，展现盘古开天地以来经典的神话传奇故事，开创自然景观与人文景观相结合的实景演艺先河，观众乘坐会跑的移动式看台可以欣赏到水、陆、空全方位的跨时空精彩演艺。

生态教育长廊。主要以6组新旧对比图，展现华夏文化旅游集团股份有限公司因地制宜、在修山过程中从根本开展生态治理的生动纪实，以华夏城真实案例宣传贯彻中共中央总书记习近平的生态文明思想。

华夏生态文明馆。建筑面积1.6万平方米，外观为红色中式古建筑风格，馆内分为地球呐喊、矿坑历

2020年6月6日，华夏生态文明馆　　（区文化和旅游局　供图）

险、威海之翼、飞跃华夏等项目。打破传统展馆模式，通过展陈、实景复原、黑暗骑乘、模拟过山车、飞行影院等多样化展现方式，采用虚拟交互、4D立体电影、仿真布景、机械造景、特技特效等系列高科技手段，将观展与体验相结合，注重参与性、体验性、互动性，寓教于乐，再现华夏城生态修复过程，更好诠释中共中央总书记习近平“绿水青山就是金山银山”的生态文明理念。

高空5D玻璃桥。横跨景区两座山峰之间，全长370米，高80米，站在桥上，山峦起伏、绿野葱葱，秀美景色尽收眼底；向左向右，都可以看到景区的绝美风光；极目远眺，还能饱览威海市区城市风貌，体验一望无垠的震撼视觉效果。

威海神游海洋世界。是华夏文化旅游集团股份有限公司在华夏城景区北侧打造的现代化大型海洋生态馆，集海洋观光旅游与科普教育于一体，以海洋文化和渔业文化为主题，通过深度还原胶东渔家百姓生活场景、祭海等胶东渔家风俗，展示胶东特色渔业文化，同时结合群鱼表演、海洋科普知识宣传等项目，让游客全方位地感受神奇的海洋渔业文化。

威海人民防空教育馆。又名“走进未来战争馆”，长172米、宽93米，是依势陡坡山体、在矿坑里打造的地下人防馆，矿坑上面覆土绿化，下面供游客参观。馆内设有自然灾害体验区、国际国防知识区、中国防空史区、城市防空及核生化防护知识区、4D电影院等多个区域，采用现代声光电技术，让游客亲临其境，直接参与体验。

民俗文化馆。通过蜡像、情景故事、动漫、三维立体声、光、电等多种表现形式，展示旧时胶东极具特色的婚嫁、出海祭祀、生产劳作和技艺习俗等胶东历史民俗与风土人情。吸收南北古建筑精华，蕴含东方古典建筑美，并融合现代时尚设计元素，错落有致地分散在山水之间，既有北方的开朗大度之形，又有南方的细腻柔和之美。

龙山花谷。移除原有患线虫病黑松树林，重新设计并覆土绿化。依照地势栽植各种开花植物66.67公顷，包括紫薇、欧石竹、地被菊、天鹅绒等，一年四季都能看到漫山遍野鲜花竞放场景，呈现唯美、浪漫、大气和蓬勃的生命力风格。同时，配套打造彩虹滑道、步步惊心彩虹桥、火车餐厅、水陆两栖战车等10余种娱乐设施，提升游客旅游体验。

文化谷。谷内打造仿石崖壁，精选各朝各代书法名家作品，雕刻于两侧崖壁，崖壁上刻有47处、30多位中国古今名人大家的书法字词，或遒劲刚健，或圆润流畅，或纵逸奔放，或严整秀丽，展现中华书法文化的博大精深。

禹王宫。建筑面积约为5000平方米，整个建筑群包括山门、禹王殿、老子殿、夫子殿、厢房等建筑，山门、殿房为重檐歇山式顶，檐下饰如意斗拱，设计精巧，气势恢宏。宫内展示华夏文明始祖尧、舜、禹时期的历史文化、人文精髓及数千年来中国疆域的发展历程。

【仙姑顶景区】　国家AAAA级旅游景区，集自然风光、神话传说、道家文化于一体。仙姑顶是巍峰山脉主峰，海拔375米，位于望岛社区西北部，距威海市中心不足5千米，是现代城市中为数不多的生态绿洲。2020年4月28日，景区以“仙姑顶玉文化旅游区”的新形象重新对外开放，以仙姑文化、玉文化和福文化作为景区主题，从辽宁省鞍山市引进2000余吨优质岫玉，依托道家文化和民间传说，由高师名匠精工细雕，制作近千件大型玉雕艺术品，是全国玉石总量最多、单体玉雕最大的旅游风景区。景区内还分布有五行门、通灵元玉、三多桥、如意湖、万寿广场、玉福广场、仙禄广场、乾坤玉道、通灵玉道元宝台、九龙壁、仙姑神殿等景观。

【羊亭河湿地公园】 国家AAA级旅游景区，以羊亭河两岸为主体，从贝草夼村一直到孙家滩村河桥，东西长10余千米，湿地面积近40公顷。两岸打造的景观形式多样，绿化物种十分丰富，水系生态保护完好，芦苇茂盛，蛙声悠扬，野鸭成群，白鹭啾鸣，自然生态和谐之美展现得淋漓尽致。羊亭河湿地公园以各种时令花卉为依托，自春天开始，随着温度气候变化，各种花卉竞相开放，4月—5月有郁金香、牡丹、高山杜鹃，5月—6月有樱花，7月—8月有荷花，9月—11月有粉黛乱子草、矢羽芒。一年当中三季有花，四时花不同。羊亭河湿地公园设有动物园、亲鸟园、戏水区、儿童运动场、儿童游乐场等多处游玩场所，让游客体验亲子互动的乐趣和探索自然的奇妙。

【裕红祥丝绸文化馆】 国家AAA级旅游景区，位于戚谷疃社区2号楼1层，面积860平方米。馆内设有游客中心、丝绸与文化展区、柞蚕放养过程展区、威海老纺车展区、柞蚕制种标本展区、桑蚕生长标本展区、熨斗梭子演变展区、威海老织机展区、丝绸检测仪器展区、古代草木染色展区、产品展区11个展区，展示威海的山蚕文化。2017年9月，威海裕红祥被省商务厅认定为“中华（山东）老字号”；同年10月，裕红祥丝绸文化馆被评为“威海市科普教育基地”；2018年6月，裕红祥被中国标准化协会传统工艺委员会授予“中国传统工艺示范基地”称号；2019年9月，裕红祥丝绸被中国纺织品商业协会授予“丝绸中国”四星级示范店；2020年11月，裕红祥丝绸文化馆获评“省级非物质文化遗产保护单位”。

旅游宣传推介

【概况】 2020年，区文化和旅游局组织20余家旅游企业开展旅游宣传推介活动。先后举办“环翠旅游周”直播宣传推介活动、仙姑顶七夕鹊桥交友旅游文化节、文旅环翠2020仙姑顶第三届才艺大赛、文旅环翠2020第二届威海市民武术文化节暨环翠区老年体协太极拳业务骨干培训展演。

【新型旅游产品推介】 2020年4月和6月，区文化和旅游局组织全区31家旅行社对区属14家研学旅游点和17家特色民宿开展研学旅游调研及推介活动，帮助旅行社策划开发研学游新线路，挖掘新型旅游产品，进一步对全区研学旅游资源和民宿资源进行宣传推介。

【“环翠旅游周”直播宣传】 2020年5月19日—25日，区文化和旅游局在礼尚威海创意旅游直播间开展“环翠旅游周”直播宣传推介活动，主要推介全区景区、酒店、民宿、非物质文化遗产、特产等20余家特色文旅产品100余件。

【旅游文化展演】 2020年8月22日—25日，区文化和旅游局联合环翠区总工会、经开区总工会、威海广播电视台、威海广播电视报社，在仙姑顶旅游景区举办仙姑顶七夕鹊桥交友旅游文化节暨“唱响七夕　情满环翠”威海情歌盛典赛活动，参与人员312人。9月17日—19日，区文化和旅游局联合威海市文学艺术界联合会、区文联、团区委、威海望岛仙姑顶景区管理有限公司，在仙姑顶旅游景区举办文旅环翠2020仙姑顶第三届才艺大赛，226人参加演出，表演节目59个，大赛设一、二、三等奖。同月20日，区文化和旅游局联合威海市体育局、威海市体育总会、威海广播电视台、威海广播电视报社，在仙姑顶旅游景区举办文旅环翠2020第二届威海市民武术文化节暨环翠区老年体协太极拳业务骨干培训展演，全市40支代表队、600余名运动员参与活动。

【第四届半月湾国际沙滩音乐节】 2020年7月31日至8月9日，环翠区在孙家疃街道半月湾举办第四届半

2020年9月17日，区文化和旅游局在仙姑顶旅游景区举办文旅环翠2020仙姑顶第三届才艺大赛 （区文化和旅游局　供图）

月湾国际沙滩音乐节。音乐节活动以打造“城市新节日”为宗旨，邀请20多支国内外乐队、150余名演艺人员进行了10场高水平的演出，市区主要宾馆酒店现场提供高品质海鲜美食，约7万市民和游客到场感受海风音乐美食的魅力。音乐节通过“最威海 是环翠”APP、山东卫视闪电新闻手机台等面向省内外四屏直播，线上覆盖人群过百万，推动品牌文化建设。

里口山风景名胜区管理

【概况】 2020年，里口山景区坚持“城市山地公园”定位，加大基础设施建设，完善基础配套，逐步形成产业项目集群。年内，编制《威海市里口山自然保护地整合优化推荐方案》《威海市里口山自然保护地调查评估报告》《里口山风景名胜区总体规划》；修改完善国家AAAA级旅游景区建设，实施基础设施类建设工程4项，改造景区内配套设施3类，引进产业项目3个。

【景区总体规划编制】 2020年8月20日，里口山管理服务中心整合优化自然保护地建设，编制《威海市里口山自然保护地整合优化推荐方案》《威海市里口山自然保护地调查评估报告》；11月17日，编制《里口山风景名胜区总体规划》；12月14日，依照法定程序由威海市人民政府行文上报山东省人民政府审批。

【国家AAAA级旅游景区建设】 2020年8月12日，里口山管理服务中心旅游管理与产业发展局局长逄万涛到省文化和旅游厅作国家AAAA级旅游景区景观质量汇报并通过专家评审。年内，里口山管理服务中心按照国家AAAA级旅游景区创建标准，投资361万元，在广福寺西侧新建停车场，停车场占地面积1500平方米，可提供车位30余个。完善景区停车收费制度，规划景区观光电瓶车路线，在景区内人流、车流量较多地点设置限停标识，优化景区封闭管理，并在节假日安排安保人员在主要路口疏导交通，规范车辆停放。完善旅游标识系统，整改专家组指出的多语种标识牌问题，再次规范所有标识牌的中、英、韩翻译。10月21日，里口山景区通过威海市城市国际化语言环境建设工作领导小组办公室实地审核检查。

【基础设施建设】 2020年，里口山管理服务中心投资2.2亿元，治理采石场32处，其中张村镇9处、羊亭镇16处、嵩山街道4处、竹岛街道3处，治理总面积70万平方米。其中，采取回填续坡治理8处、飘台绿化治理7处、挂网喷播治理17处。投资1800万元，承担张村镇8处采石场整治任务，总治理面积12.6万平方米，其中采取回填续坡治理1处，飘台绿化治理3处，“回填+挂网”治理2处，“飘台+挂网”治理2处。投资1200万元，进行水库周边停车场、平台及索桥工程，水库周边土方及道路工程，水库周边绿化提升工程，刘家疃桥至水库景观提升工程建设，完成观景平台建设3处，铺设碎石道路1.5千米，安装路灯110基，绿化面积2万平方米。投资550万元，搭建三期新修防火道5处，其中刘家疃至姜家疃防火道1处、姜家疃至王家疃2处、王家疃至福德庄2处。投资920万元，沿佛顶河水系打造蓄水景观点2处，打造占地1.8公顷引水蓄水河塘，修建拦水坝7座，并栽植水生植物。

【配套设施改造】 2020年，里口山景区结合国家AAAA级旅游景区创建标准，在三亩地停车场北侧建立乡村旅游特色商业街区，打造木屋16个、招租商铺11个，引进美食餐饮、纪念品、果蔬售卖等特色商业服务项目。对王家疃、刘家疃、姜家疃3个村进行景观提升，在王家疃休闲公园栽种鲁冰花、石竹、橄榄等草本类、乔木类植物2万平方米；在刘家疃建设苗圃景观基地，面积4.67公顷，栽种苗木4710余株；在姜家疃建设苗圃景观基地，面积2.67公顷，栽种苗木3200余株。

【智慧景区项目建设】 2020年，智

2020年11月8日，工作人员查看智慧景区监控系统

（区里口山管理服务中心 供图）

2020年9月8日，清怡茶园一角　　（区里口山管理服务中心　供图）

慧景区项目总投资1200万元，在广福寺游客中心建设景区监控中心1处，整合一期、二期及张村镇政府防火监控104处。在景区8条主要旅游线路（总长37千米）布设监控点109处、摄像头240台、客流量统计设备点5处、车流统计点3处、行为分析点110处、越界报警点9处、无线Wi-Fi 98处、报警按钮70处、室外音柱77处，并对所有硬件及软件设备进行调试、管理和维护。

【产业项目推进】　2020年，里口山景区打造民宿产业，引进清怡茶园项目，打造红色教育基地，完成景区产业项目串点成线。

里口山民宿产业。2020年，里口山景区打造精品民宿9栋。至年末，景区有民宿36栋，形成里口山民宿产业集群。以柿园民宿、琴舍民宿等精品民宿为示范样板，里口山区域民宿成为威海市民宿产业发展示范基地。通过精品民宿示范引领，社会资本带动村民盘活村内闲置民居，引导村民参与到乡村旅游中，增加村民收入，为游客提供更多住宿选择。

北山亲子林。北山亲子林位于王家疃村，占地17.33公顷，栽有樱桃、蟠桃、柿子等经济果树。2020年，开展家庭认养、亲子互动、采摘、研学等活动，丰富景区旅游业态，实现生态效益、经济效益双丰收。

清怡茶园。茶园建于里口山郭家庄水库东南方向，项目总投资4500万元，栽种茶树2.67公顷，是以“茶文化”为核心的文旅融合型景点。清怡茶园以“茶文化”为特色，实行“旅游+农业”“旅游+研学”综合型发展模式，规划踏雪寻梅区、茶文化体验区、清怡茶园区、果香溢远区、生态观鸟区等功能区域，为游客提供采茶、制茶、炒茶、品茶体验。2020年8月18日，茶园正式投入运营，先后举办建水研学、山里人家星空宿营、首届青年企业家交流分享会等活动。

“十八里担架道”红色印记馆。位于张村镇姜家疃村委东侧，总投资860万元，占地面积2300平方米。2020年3月开工建设，12月投入运营。展馆以现场交流、音像教学和实践体验等形式，建设打造红色教学展示区、红色中心广场、会议接待中心、红色拓展基地等功能区。

【安全生产】　2020年，里口山景区组织指导规划建设局与所有施工单位签订新冠肺炎疫情防控安全责任书16份，召开安全工作会议31次，对施工现场安全检查65次。联合张村镇政府食品安全办公室对景区农家乐食品安全、消防安全进行检查7次；联合张村镇市场监管所对营业执照、商品标价进行督查2次；联合区消防救援大队举办农家乐专项消防安全演练1次；不定期对旅游民宿、采摘园、萌宝动物园等场所进行消防安全检查。利用智慧景区大数据管理平台，开展景区内旅游安全宣传及新冠肺炎疫情防控安全宣传。

【公益服务】　2020年，里口山景区依托乡村美学堂公益教育培训基地，与山东大学艺术学院、威海尼山书院等院校、公益组织合作，常年免费举办中医养生、国学、摄影、剪纸、绘画等公益培训。至年末，组织培训21场次，参与人员800余人次。

【新冠肺炎疫情防控】　新冠肺炎疫情防控期间，里口山景区在景区各入口处设立威海市公共场所出入二维码牌，各重要景点悬挂新冠肺炎疫情防控宣传条幅；景区内广播实时播报新冠肺炎疫情防控温馨提示；景区LED显示屏及景区官方微信平台推送新冠肺炎疫情最新动态；制定清明节、劳动节、端午节、国庆节、中秋节等节假日景区新冠肺炎疫情防控应急预案；严格按照上级旅游主管部门要求，控制景区人流量；督导景区内各文旅、农旅产业项目做好各自范围内的新冠肺炎疫情常态化防控工作，保障游客安全游览。

（崔向华　宋雨露　翟英娜）

经贸合作

国外招商引资

【概况】 2020年，全区国外经济合作聚力高质量发展，围绕全区优势资源和产业布局，创新招商方式，提升招商质效，开辟云洽谈、云签约等招商新途径，强化外资到账力度，多次与金桥联盟秘书长高绍山和山东大学商学院教授郝延伟等专业人士对接并座谈；成立“博士港”国际人才合作平台，对接英国“博士联盟”，依托国际博士生以及学者融入并参与的全球性平台，为环翠区企业、高校及科研机构搭建全球人才资源合作平台。至年末，全区实际使用外资2.37亿美元，比上年增长43.1%。

【外商投资管理】 2020年，区商务局组织全区293家外资企业报送外商投资信息报告（年度报告），通过信息报告，系统了解外商投资企业的生产经营情况，为有针对性地开展工作提供数据支撑，促进全区外资工作健康有序发展。

2020年环翠区重点境外投资企业一览表

表12 单位：万美元

序号	企业名称	注册地址	投资总额	注册资本
1	威海海鑫新材料有限公司	张村镇沈阳中路1号	60000	21000
2	华润置地（威海）有限公司	威海湾九里-32号楼	59600	29800
3	中海海嘉（威海）地产有限公司	东窑东街11号	21033	7712
4	威海君和置业有限公司	东窑东街11号4层	21033	7011
5	山东环晟供应链管理有限公司	嵩山路106-2号206室	42533	14178
6	锦湖韩亚高尔夫俱乐部（威海）有限公司	孙家疃街道远遥社区	9840	7910
7	威海泉悦旅游开发有限公司	温泉镇山水城-13号-7	9559	3202
8	山东威高骨科材料股份有限公司	张村镇香江街26号	5118	5118
9	威海裕罗电器装配有限公司	温泉镇柳林工业园	3822	1529
10	山东龙之乐影城有限公司	新威路17-5号	3329	1543
11	瑞文股权投资（威海）有限公司	孙家疃街道北海大厦	3000	3000

续表12

序号	企业名称	注册地址	投资总额	注册资本
12	威海华韵服装有限公司	孙家疃街道北海大厦	2985	2985
13	威海港华燃气有限公司	青岛中路69号	2960	1199
14	威海尚元壹期创业投资合伙企业（有限合伙）	海滨北路15-1综合服务区	2746	2746
15	山东威明盛达能源科技有限公司	樱花小区11-D201室	2439	2439
16	光进光学机械（威海）有限公司	张村镇火炬南路571-1号、571-2号	1770	714
17	威海山花惠美地毯有限公司	温泉镇温泉路118号	1500	600
18	景美彩色印刷（威海）有限公司	张村镇火炬南路567号	1500	600
19	威海金富电子有限公司	张村镇沈阳中路-911-3号	1273	869
20	薪得付信息技术（山东）有限公司	东窑东街11号	1000	1000

【外资项目引进】 2020年，区商务局立足招大引强，紧盯世界500强、行业领军等重点企业资源，推动总投资50亿元的富力星光天地等重点优质外资项目落地建设。全区新引进外资项目41个，其中总投资1000万美元以上项目12个，分别是中海海嘉（威海）地产有限公司、威海君和置业有限公司、威海华益房地产开发有限公司、威海市富环房地产开发有限公司、威海辰鑫新材料有限公司、威海凤舞房地产开发有限公司、威海昊为置业有限公司、山东威明盛达能源科技有限公司、威海建大云顶置业有限公司、中南山河股份有限公司、海纳根润滑油有限公司、薪得付信息技术（山东）有限公司。

富力星光天地项目。总投资34.5亿元，占地面积17.02公顷，总建筑面积43.5万平方米，选址竹岛街道，打造集高端商务、五星级酒店、科技孵化、生态居住为一体的大型城市综合体。整个项目分为商业服务和生活居住两部分，商业服务部分涵盖五星级酒店、双创中心、高端商务办公、活力商街等多种业态。至年末，完成设计方案并进行建设。

CDP全球数字运营中心项目。总投资5000万美元，计划选址竹岛街道城投绿轴商务楼宇C座，设立山东省首个人力资源共享服务运营基地，依托威海的区位优势，将业务推广全国，辐射日本、韩国。其中，一期计划投资1000万美元，打造CDP全球数字运营中心，举办年度峰会及各类活动，招引企业入驻。至年末，完成注册与选址工作。

威海智远进出口有限公司项目。位于海滨北路46号，韩国客商黄铉德投资50万美元，租赁威胜大厦A座，主打中韩跨境电子商务平台。主要经营翻译服务，普通货物的仓储、中转、物流分拨，物流信息咨询服务，货物进出口代理等。至年末，到账资金10万美元。

创芯（威海）大数据产业运营服务有限公司项目。位于环翠楼街道，俄罗斯客商莫诺夫·巴依尔投资1000万美元，租赁威海海滨北路原速8酒店4800平方米楼宇，招引大数据产业项目聚集，并负责运营管理，打造威海创新园分中心。至年末，完成设计方案，开始室内装修，到账资金266万美元。

国际经济合作

【概况】 2020年，环翠区备案设立境外企业11个，中方协议投资额14.8亿元；对外（境外）承包工程合同额56亿元，比上年下降33.4%，完成营业额38.3亿元，下降41.9%；外派各类劳务人员1501人，下降70%。

【境外承包工程】 2020年，威海国际经济技术合作股份有限公司、威海建设集团股份有限公司开展境外承包工程业务，签订刚果（金）建设Kilubi1水电站改造项目、博茨瓦纳建设卢八策“市政供水工程设计＋施工项目”等合同额1000万美元以上项目18个，投资额46626万美元。

2020年环翠区境外投资新签工程项目一览表

表13　　　　单位：万美元

序号	工程项目名称	国家（地区）	合同额	承建企业
1	马达加斯加MANOGARIVO河上游农田整治项目	马达加斯加	1520	威海国际经济技术合作股份有限公司
2	多哥大市场重建项目	多　哥	2436	威海国际经济技术合作股份有限公司
3	加蓬利伯维尔城市铺砖路和排水工程标段一：Petit路—Paris“Baie des cochons”路	加　蓬	1232	威海国际经济技术合作股份有限公司
4	中开赛省微型管网供水系统建设项目A标段	刚果（金）	1698	威海国际经济技术合作股份有限公司
5	ALLURE公寓项目	塞内加尔	2303	威海国际经济技术合作股份有限公司
6	马达加斯加132千伏输电线路项目	马达加斯加	1082	威海国际经济技术合作股份有限公司
7	刚果（金）金沙萨恩赛莱修复项目	刚果（金）	3977	威海国际经济技术合作股份有限公司
8	塞内加尔荣耀公寓项目	塞内加尔	3441	威海国际经济技术合作股份有限公司
9	贝宁空管局办公楼项目	贝　宁	1877	威海国际经济技术合作股份有限公司
10	几内亚机场围墙项目	几内亚	1673	威海国际经济技术合作股份有限公司
11	赤道几内亚空管局办公楼项目	赤道几内亚	1595	威海国际经济技术合作股份有限公司
12	赤道几内亚总统夫人里亚巴十套别墅项目	赤道几内亚	1514	威海国际经济技术合作股份有限公司
13	埃代阿—博纳普巴道路项目	喀麦隆	5700	威海国际经济技术合作股份有限公司
14	Kilubi1水电站改造项目	刚果（金）	6200	威海国际经济技术合作股份有限公司
15	Kilubi2水电站新建项目	刚果（金）	3800	威海国际经济技术合作股份有限公司
16	四号国道基桑加尼　尼亚尼亚—卡曼达路段（630千米）土路维修项目	刚果（金）	1878	威海国际经济技术合作股份有限公司
17	卢八策“市政供水工程设计+施工项目”	博茨瓦纳	3500	威海建设集团股份有限公司
18	R+10住宅楼项目	科特迪瓦	1200	威海建设集团股份有限公司
合计			46626	

【境外企业投产】 威海纺织集团进出口有限责任公司于2018年6月获批在缅甸设立迪尚集团（缅甸）有限公司，建设服装加工生产工业园区，该项目总占地19.33公顷。至2020年，投资5200万美元，进驻集团下属企业敏达利有限公司、缅甸迪华利制衣有限公司、缅甸堡垒财富服装有限公司3家并分别投产，实现总贸易额2800万美元。

2020年环翠区备案设立境外骨干企业一览表

表14　　　　单位：万美元

序号	中方投资主体名称	投资国别	境外企业名称	境外项目总投资	中方协议投资额	境外项目设立概况	投资方式
1	威海国际经济技术合作股份有限公司	乌干达	乌干达正威技术有限公司	29	29	工程项目承包、货运代理和进出口贸易	新设/独资
2	威海市环海水产有限公司	乌拉圭	中港港务有限公司	21000	21000	远洋渔业捕捞、渔船修理、海产品加工、储藏、销售及货物进出口业务、矿山开采及矿石回运业务	新设/独资
3	威海国际经济技术合作股份有限公司	孟加拉国	孟加拉国正威技术有限公司	25	25	工程项目承包、进出口贸易和货运代理	新设/独资
4	山东新大东股份有限公司	韩　国	新大东株式会社	100	100	预包装食品、乳制品、粮食等批发、零售；广告的设计、制作、发布；航空、陆运国际货运代理业务电子商务平台的建设	新设/独资
5	威海国际经济技术合作股份有限公司	马　里	威海国际（马里）有限公司	34	34	工程项目承包、进出口贸易和货运代理	新设/独资

（邓晓媛　张竞文　周　波）

对外及对港澳台贸易

【概况】　2020年，区商务局贯彻落实各级稳外贸政策，组织300余人次参加外贸政策线上宣讲会。至年末，全区实现对外贸易进出口总额183亿元，比上年下降17.2%。其中，出口150.7亿元，下降7.2%；进口32.3亿元，下降44.8%。外商投资企业进出口22.3亿元，下降14.5%，占全区进出口的12.2%；私营企业进出口82.8亿元，下降21.8%，占全区进出口的45.2%；其他企业进出口77.9亿元，下降13.1%，占全区进出口的42.6%。一般贸易进出口130.8亿元，下降21.8%，占全区进出口的71.5%；加工贸易进出口50.7亿元，下降3.9%，占全区的27.7%；其他贸易进出口1.5亿元，增长9.1%，占全区的0.8%。

【出口产品结构】　2020年，环翠区服装、纺织品、轮胎、电器及电子产品四大类商品完成出口106.6亿元，比上年增长4.3%，占全区出口总额的70.8%。其中，服装出口53.0亿元，下降6.7%；纺织品出口23.0亿元，增长85.9%；轮胎出口21.4亿元，增长2.7%；电器及电子产品出口9.2亿元，下降24.5%。

【出口市场结构】　至2020年年末，全区企业与192个国家和地区有贸易来往，对韩国、日本、欧盟、美国四大传统市场出口109.8亿元，比上年增长1.3%，占全区出口的72.8%。其中，对欧盟出口42.8亿元，增长48.1%，占全区出口的28.4%；对日本出口27.2亿元，下降4.0%，占全区出口的18.0%；对韩国出口21.0亿元，下降27.4%，占全区出口的13.9%；对美国出口18.8亿元，下降15.8%，占全区出口的12.5%。

【“一带一路”国际贸易】　2020年，全区与“一带一路”沿线63个国家有贸易往来，完成货物贸易进出口31.6亿元，下降25.2%，有进出口实绩企业383家。其中，出口22.3亿元，下降30.9%；进口9.3亿元，下降6.7%。主要出口商品为轮胎、渔具、纺织服装等；主要进口商品为合成橡胶、天然橡胶、水泥等。

【市场开拓】 2020年，区商务局组织105家企业参加俄罗斯渔具狩猎用品展、中国香港玩具展、美国拉斯维加斯国际服装展、第三届中国国际进口博览会等国内外展会116场次。

【服务贸易】 2020年，全区完成数据库服务进出口6.7亿美元；培育新增主体7个权重。区商务局筛选目标企业200余家并深入走访，详细解读扶持政策，对业务转型等问题给予指导，培育青岛龟田食品威海分公司、威海君特国际物流公司等新增主体。为威海倍佳贸易有限公司搭建平台，对接辖区内威海宁威户外用品有限公司、威海三鼎体育器材有限公司等企业开展线上跨境电商业务，推动服务贸易产品展销中心。年内，为相关企业争取中央及区级资金59.79万元。其中，中央外经贸发展专项资金获批24.79万元，区级商贸服务业资金扶持35万元。

【贸易促进】 2020年，区贸促会向辖区内贸易企业推介不可抗力证明办理方式，为威海广泰空港设备股份有限公司、威海国际经济技术合作股份有限公司等企业办理不可抗力证明，直接降低受新冠肺炎疫情影响带来的超过8000万元的经济损失。实地考察威韩购跨境电子商务有限公司、威海广泰空港设备股份有限公司、山东东荣国际旅行社有限公司等国际商会会员单位，鼓励企业开拓国际贸易市场。带领辖区骨干企业分别到温州、广州、上海等地招商招展，引导辖区贸易企业参加中国国际进口博览会，并邀请美国国际纸业集团亚洲区法律总裁宋晓参加威海产业推介会。

2020年环翠区对外贸易一览表

表15　　单位：万元

类别	进出口		出口		进口	
项目	本期	增幅（%）	本期	增幅（%）	本期	增幅（%）
合计	1829983	－17.2	1506705	－7.2	323278	－44.8
按企业性质划分						
外商投资企业	223346	－14.5	158468	－19.8	64878	2.1
私营企业	827634	－21.8	696330	－25.1	131304	2.4
其他企业	779003	－13.1	651907	30.6	127096	－68.0
按贸易方式划分						
一般贸易	1308065	－21.8	1103111	－8.0	204954	－56.7
加工贸易	506932	－3.9	391104	－5.8	115828	3.0
其他贸易	14986	9.1	12490	11.1	2496	1.0
按大类商品划分						
纺织服装	777682	9.1	760323	9.9	17359	－15.8
机电产品	278311	－31.3	211521	－30.5	66790	－33.9
农产品	137867	－10.1	96196	－4.2	41671	－21.4
渔具	106893	16.3	105963	16.1	929	60.9

2020年环翠区重点企业出口一览表

表16

序号	企业名称	出口（万元）	增幅（%）
1	威海纺织集团进出口有限责任公司	371380	76.6
2	三角轮胎股份有限公司	213598	2.5
3	威海裕罗电器装配有限公司	47779	－21.4
4	威海倍佳贸易有限公司	47478	2.0
5	威海博宇食品有限公司	28313	18.5
6	威海市纺织服装进出口有限公司	21960	3.0
7	威海亿美运动器械有限公司	20226	57.5
8	威海山花华宝地毯有限公司	17321	－7.3
9	威海精诚进出口有限公司	16120	80.3
10	威海思来进出口有限公司	15789	－52.0
11	易华通供应链管理有限公司	14906	1.2
12	威海海思纺织品销售有限公司	14560	151.2
13	威海邦德散热系统股份有限公司	13682	－29.6
14	威海丰国电子有限公司	13393	－11.5
15	威海市农盛农副产品有限公司	12895	6.1
16	威海好龙食品有限公司	11291	－19.8
17	威海国际经济技术合作股份有限公司	11185	43.9
18	威海凯华进出口有限公司	10711	－25.4
19	威海泰信国际贸易有限公司	8240	－23.6
20	威海新北洋数码科技股份有限公司	8134	0.6

（邓晓媛　张竞文）

国内经济合作

【概况】 2020年，面对新冠肺炎疫情和复杂的国际经济形势，全区国内招商工作围绕环翠区产业发展定位，发挥中心城区的区位优势、环境优势、资源优势，紧盯世界500强企业、中国500强企业、中央企业、国有企业、行业领军企业等重点资源。年内，外出招商345次，对接深圳优必选科技股份有限公司、中国科学院深圳先进技术研究院、亿达未来（中国）科技有限公司、北京联东投资（集团）有限公司、北京中国航天科技集团有限公司、国家电投集团氢能科技发展有限公司、深圳万科企业股份有限公司、北京炎凌嘉业机电设备有限公司等多家企业洽谈合作项目。累计接待80余批团队和200余人次客商，储备新材料、生物医药、智能制造、电子信息等领域优质项目10余个，落地联东U谷·威海科创智汇港、高端装备新材料产业园、北途威高端碳纤维制品生产项目等重点项目。年内，完成内资实物工作量13.53亿元。至年末，有重点在建项目4个、在谈项目4个。

【招才引智】 2020年，区贸促会建立并发挥动态“候鸟型”人才信息数据库作用，加强与山东大学、哈尔滨工业大学等高校对接联系，建立以任子行网络科技股份有限公司总裁周勇林、山东大学商学院教授郝延伟等10余名为代表的“候鸟型”人才信息数据库。年内，对接上海交通大学深圳校区、西安电子科技大学、佳木斯大学、中山大学等科技类院校人才资源，强化招才引智工作，与上海交通大学深圳校区达成技术精英相互交流意向。

【招大引强】 2020年，环翠区以500强企业作为重要招商抓手，细化工作措施，实施精准对接，着力在招大引强上下功夫，一批投资规模大、辐射带动力强的项目落地。全区引进世界500强和中国500强投资项目4个：中国航天科技集团有限公司投资10亿元的爱华海绿色图文影像新材料项目、中国建筑集团有限公司投资15亿元的中海地产金线顶地块项目、海信集团有限公司投资15亿元的海信地产金线顶地块项目、广州富力地产股份有限公司投资50亿元的富力星光天地项目。

【经济合作】 2020年，环翠区开展“梯次式、小团组、高频次”招商，强化产业链招商，围绕抓龙头、引总部、聚相关攻坚突破，依托北京奥北科技园区、上海紫竹科学园区，

2020年5月15日，威海市环翠区人民政府与北京联东投资（集团）有限公司举行战略合作签约仪式 （区招商中心　供图）

2020年9月10日，区贸促会在广州与广东省山东威海商会签订环翠区粤港澳大湾区招商窗口服务协议 （区贸促会　供图）

以点带面辐射京津冀、长三角区域优质资源，发挥广东高新技术产业商会、上海浙江商会、深圳进出口商会以及外地威海分会桥梁纽带作用，与上海企业家协会、宁波企业家协会、大岭山台商协会、中国华商集团及会计师事务所等行业协会建立招商合作关系，加强与中国科学院微电子研究所、大连理工大学、北京化工大学等院所、大学的交流合作。通过窗口招商、商会招商、协会招商、院所招商等招商形式，形成齐抓共管的工作合力。年内，先后到北京、上海、深圳、广州、惠州、宁波、杭州、青岛、潍坊等地开展经济合作活动，拜访深圳华汇教育集团有限公司、惠州市启迪科技有限公司、深圳紫旭科技有限公司、上海企业家协会、宁波企业家协会、中国科学院微电子研究所等重点企业、行业协会、科研院所200余家，储备优质项目。

【商务考察】 2020年，全区接待北京联东投资（集团）有限公司、国家高分辨率对地观测系统青岛创新示范中心、北京国泰创业投资集团有限公司等重点客商80批200余人次。综合运用各种招引模式，储备、落地新材料、生物医药、智能制造、电子信息等领域重点项目10余个。

【重点项目建设】 2020年，北途威高端碳纤维制品生产项目、高端装备新材料产业园项目、一正轩（威海）文化产业有限公司项目、联东U谷·威海科创智慧港项目、威海温商智造工业科技有限公司高端装备新材料产业园项目4个重点项目落地并开工建设。北途威高端碳纤维制品生产项目。位于羊亭镇，由北京客商白立革投资1亿元，占地面积2公顷，总建筑面积2万平方米，主要从事高端碳纤维制品的生产。年内，进行基础施工和部分车间的砌体施工。高端装备新材料产业园项目。位于羊亭镇，由温州客商陆建林投资5.2亿元，位于S302以北、中欧水处理及膜技术创新产业园以东，占地面积9.67公顷、建筑面积11万平方米。其中，一期占地面积5公顷、建筑面积5.8万平方米。围绕新材料装备产业，聚焦产业链条延伸，承接产业转移，建设集生产、创造、创意研发、服务配套、绿色生态、综合配套等为一体的产业园区。计划建设20栋车间、1幢综合楼。至年末，1—14号车间主体封顶，其余主体施工。一正轩（威海）文化产业有限公司项目。位于鲸园街道，由北京客商王绍凯投资3000万元，购买威海市百货大楼集团股份有限公司位于花园中路的仓库（含负一层，共7层）进行建设。该项目建成后将成为环翠区完善文旅产业链条、构建高端艺术品收藏交流的平台。至年末，完成注册、账户设立等工作，规划装修方案。联东U谷·威海科创智慧港项目。位于张村镇，由北京联东投资（集团）有限公司投资，一期计划投资7亿元，占地面积9.2公顷，选址威海人生药业集团股份有限公司东地块。项目以智能制造、电子信息、生物技术、新能源材料及其相关周边产业为主导产业，打造集生产制造、中试成果转化、生产企业总部和生产配套等功能于一体的都市型产业集聚地，项目达产后年产值可达10亿元。2月24日，项目开工建设。至年末，进行基础施工。

【重点在谈项目促进】 2020年，全区储备内资在谈项目4个。威海环翠国际机器人产业园项目。北京国泰创业投资集团有限公司拟投资5亿元，占地面积6.67公顷，打造集科技办公、研发设计等多环节的全产业链生态体系。项目投产后，5年内园区机器人及智能制造企业总市值累积超过600亿元，企业年总产值累积达到60亿元，为区域实现年利税额累积达到6亿元。年内，区招商中心围绕项目落地诉求进一步磋商。易能卫星数据湖项目。计划在环翠区成立威海分中心，拟投资29亿元，占地面积19.3公顷，建设集数据存储中心、数据运维中心、产业孵化中心、航天科普研学基地于一体的卫星数据应用产业园。年内，区招商中心协调羊亭镇、投资方修改完善投资协议初稿。帝亚一维电动车项目。帝亚一维新能源汽车有限公司计划在环翠区投资5.6亿元，占地面积6.67公顷，打造集电池pack工厂、电池应用技术研究中心、换电综合运营中心、新能源电动车生产基地于一体的综合产业园。年内，区招商中心就新能源汽车生产项目提出合作方案，并会同环翠区国有资本运营有限公司进行初步洽谈。人工智能教育产业链园区项目。深圳华汇教育集团有限公司计划在羊亭镇投资4.5亿元，占地面积10公顷，打造以智能制造中心、产融中心、产学研中心于一体的人工智能教育产业链园区。至年末，投资方到环翠区进行选址并洽谈投资细节。

（张竞文　周　波　邓晓媛）

城乡建设

城市规划

【概况】 2020年，全区规划工作坚持稳中求进工作总基调，贯彻新发展理念，落实生态优先、全域一体、高质量发展要求，做好规划管理服务工作，推进“幸福威海·精致城市”首善之区建设。年内，环翠区栖霞街街区改造规划设计及控制性详细规划调整方案审议通过。加快推进经营性用地和工业用地出让工作，出具用地出让规划示意图40份，用地面积143.3公顷。推进重点工程项目建设，审批规划建筑设计方案140项，建筑面积337万平方米。完成建设项目选址技术审查16项，用地面积58.0公顷；建设用地规划技术审查41项，用地面积152.1公顷；建设工程规划技术审查73项，建筑面积220.3万平方米。核发建设工程竣工规划核实合格证54份，建筑面积207.2万平方米。

【栖霞街街区改造规划设计及控制性详细规划调整方案审议通过】 2020年12月28日，市国土空间规划委员会2020年第2次会议审议通过环翠区栖霞街街区改造规划设计及控制性详细规划调整方案。改造设计方案完整保留栖霞街特色商业步行街，依据原有的传统民居建筑肌理、风貌特色、建筑格局，对现状建筑进行等级分类，划定具有传统历史代表性的建筑保留范围，采取积极措施进行保护与活化，提升中心城区整体品质；通过更新、织补方式新建部分传统院落建筑，并根据历史记载复建同乐剧院，整体延续威海栖霞街历史文脉，打造城市标志性特色街区。

【村庄分类及村庄规划编制】 2020年，环翠区成立村庄分类甄别小组，对位于城镇开发边界的45个村庄类型提出甄别意见，并在各村进行公示，广泛征求村民意见。组织各镇（街道）编制完成24个村庄规划初步方案（方案包含35个村庄）并通过编制村庄规划方案的相关专家评审，达到村庄规划应编尽编的要求。

【低效用地规划整治和土地节约集约利用】 2020年3月23日，市政府办公室印发《威海市中心城区低效用地规划整治方案》。为盘活存量土地，提高土地利用效率，环翠区制订低效用地规划整治工作方案，成立工作专班和5个工作组，对竹岛街道青岛路东、望岛河南地块，张村镇环翠路北、世昌大道东地块，嵩山街道珠海路南地块，孙家疃街道古寨西路东、环海路南地块，温泉镇温泉明珠东地块等12宗低效用地逐个制定处置计划和推进措施，用好用活支持政策，统筹加快推进评估洽谈、土地回收、控制性规划调整、招商引资等各项工作。

【城乡规划审批管理】 2020年，规划环翠分局按照建设项目规划许可审批流程，做好规划技术审查工作，完成建设项目选址技术审查16项，用地面积58.0公顷；建设用地规划技术审查41项，用地面积152.1公顷；建设工程规划技术审查73项，建筑面积220.3万平方米。核发建设工程竣工规划核实合格证54份，建筑面积207.2万平方米。推进“拿地即开工”审批，在土地出让期间，对唯一意向单位，配合相关部门启动“拿地即开工”审批模式。威海宝威新材料科技有限公司宝威科技智能工厂项目、威海蓝杭新材料科技有限公司蓝杭高端复合材料生产项目、山东恒涵国际贸易有限公司恒涵跨境电商项目均于7个工作日取得用地规划许可证、工程规划许可证、不动产权证、施工许可证“四证”，创出环翠项目“拿地即开工”速度。

（张　磊）

精致城市建设

【概况】 2020年，区住房城乡建设局践行“精当规划、精美设计、精心建设、精细管理、精准服务、精明增长”的建设理念，推动全区精致城市建设深入攻坚突破。至年末，推进77项、总投资9.5亿元的区级城建重点工程，39项、总投资3.87亿元的城市双修（生态修复、城市修补）工程及14项、总投资1.07亿元的海绵城市建设工程，修（改）建道路45.6千米，敷设改造各类管网11千米，新增、改造绿化面积60.83万平方米，安装改造路灯259基，更换灯头472个，改造路灯箱变10台。

【城镇精致建设】 2020年，环翠区高标准实施精致城市建设项目，推进羊亭河湿地公园四期景观绿化项目、庐山路西段新建工程、华夏城景区产业提升项目道路管网工程、统一路南延道路罩面及附属工程、仙姑顶路连接S201道路工程等77项、总投资9.5亿元的区级城建重点工程，推动城市硬件提档升级，城市功能不断完善；梳理排查全区垃圾死角、乱堆乱放、乱搭乱建等城市不精致的问题，对照市级整改标准强力整改市级转派的不精致问题，在7月、9月、12月全市组织开展的3次精致城市观摩评比中，均取得第一名。

【市政精致建设】 2020年，区市政园林中心实施“巡查、整治、验收、复查”闭合管理机制，按照“修旧如初”的精细化整修标准，重点整修路面、人行道板、路缘石、路灯、检查井等，将“病害”问题登记在册，形成隐患记录台账。至年末，维修沥青道路3.9万平方米，整修人行道3.2万平方米，修补路缘石、绿带石14千米，整修雨水井、检查井1600座，挡车石500块，护栏130米，灌缝15千米。加大道路安全设施建设，施划道路标线2.1万平方米，安装隔离护栏1000米、标志牌209套。对育华路、东山路（北山路—半月路加油站）、北山路（海滨北路—菊花顶路）、宝泉路、安平巷5条道路非机动车道及塔山隧道北侧出口铺装彩色防滑路面，长4780米，面积1.77万平方米。道路建设理念由“以车为本”回归到“以人为本”，提高交通资源利用效率，城市道路更加人性化。对辖区125条市政道路开展无障碍通道整治工作，排查问题121处，及时安排养护单位逐项整治维修，提升残障人士通行便利度。右转匝道增设。为缓解城区交通压力，在人防路—世昌大道、世昌大道—统一路增设右转匝道2处，提升交叉口车辆通行效率。

【环境卫生精致建设】 2020年，区环境卫生中心在城区道路推行“深度保洁”模式，深度保洁率100%。在精致城市攻坚突破行动中，强化保洁标准和责任延伸，坚持“宁有交叉、没有空档”的思路，道路保洁组、队之间责任范围相互延伸50米，确保保洁“零”死角。重点排查不精致、不精细问题及服务缺陷，解决道路洒水影响交通通行、环卫工人顺向作业存在安全隐患等问题，坚持边查边改，通过一个问题的整改，达到完善一套流程、健全一项制度的效果。为解决垃圾桶突发满溢处置不及时问题，完善多工种补台机制，扩大应急保障“朋友圈”“工作群”，环卫工人、社区工作者、服务单位等群成员“随手拍”反映问题，清运车组第一时间到现场处置，每日平均整治突发问题60余个。主动向大企业、商超等发放清运联

2020年8月12日，东山路非机动车道彩色防滑路面

（区市政园林中心　供图）

2020年4月21日，童心园公厕　（区环境卫生中心　供图）

系服务卡400张，及时解决问题，服务企业需求。至年末，清运生活垃圾13.3万吨。扩大餐厨废弃物收运范围，服务辖区1380家企事业单位，收运餐厨废弃物274.88吨。严抓保洁员队伍管理，强调“六无六洁”（六无：无痰涕纸屑、无蝇蛆粪迹、无尿碱污垢、无泥土积水、无积尘蛛网、无堵塞臭味；六洁：墙壁洁、门窗洁、地面洁、隔板洁、便槽洁、厕所周围5米洁）作业标准，确保卫生质量。提高设施维修效率，坚持早发现、快处置，发挥工作合力，管理员和专职维修人员划片分工，加班维修，平均单日维修完成量由10余处增加到20余处；为70余组公厕水表安装保温层，防止低温上冻，自制大门伸缩带，确保冬季室内保暖和设备正常使用。7月，北门外步行街、中医院、童心园、统一路4处公厕被威海市精致城市建设工作领导小组评为第二届精致城市评选活动入选项目。10月，童心园公厕改造提升项目作为“‘走环翠·品精致·话小康’——2020新闻媒体环翠行”观摩采访点，被人民网、新华网、中国山东网等全国100余家主流媒体平台联动宣传推广。

【卫城省级城市品质提升试点片区创建】　2020年，环翠区开展卫城片区城市品质提升工作。坚持以城市环境品质、人文品质、生活品质“三大提升”为主旨，成功创建环翠区卫城省级城市品质提升试点片区。该片区纳入省财政安排城市品质提升试点片区建设补助范围（全省仅5个），计划投资39亿元，实施金线顶公园、老海港改造、鲸园文体公园等15项重点工程，打造成为全省城市治理体系和治理能力现代化的重点示范片区。

【特色小（城）镇建设】　2020年，区住房城乡建设局指导张村镇刘家疃村、嵩山街道五家疃村获评市级美丽村居建设试点。5月，全省开展新生小城市、重点示范镇和特色小

2020年6月20日，卫城省级城市品质提升试点片区一角　（区住房城乡建设局　供图）

镇年度绩效评价工作，环翠区张村镇、羊亭镇分别获得重点示范镇、省级特色小镇绩效评价第一名。

【精致街区打造】 2020年，环翠区推进栖霞街历史文化街区整治改造，全力复原百年前威海卫最繁华的街区风貌，打造“百年栖霞街”城市名片。高标准实施新威附路、属相街2条特色街区改造工程，融合历史文化、地域特色、人文风采、时代风尚，精心打造以“生肖文化和卫城印象”为主题的属相街和以“威海1902”时光漫步为主题的新威附路历史文化街区。对外推介北山街特色海鲜街和半月湾休闲体验街，发掘两条街区的特色优势。年内，举办威海市夜经济启动仪式暨“2020北山之夜”、国际沙滩音乐节、国际海鲜美食节等活动，实现餐饮、油画、写生、精品住宿多业态融合发展，进一步激发城市活力，提升城市美誉度。

【城市双修】 2020年，区住房城乡建设局开展背街小巷、特色街区、断头路、海绵城市等专项整治以及建筑外立面改造、水生态修复、山体修复、基础设施、绿化环卫、城市交通、社区服务等城市双修工作，建立2020年城市双修项目库；制定2020年工作要点，实行项目“月调度”机制。11月下旬，组织开展实地督导检查，全面评估项目完成情况，确保城市双修工作取得实效。年内，实施10大类、39项城市双修建设工程。其中，建设整治背街小巷5处、特色街区2处、断头路2条、海绵城市项目12个、建筑外立面改造项目1个，推进完成水生态修复1处、山体修复1处、基础设施项目5个、绿化环卫项目5个、城市交通项目4个、社区服务项目1个，争取城市双修项目市级专项补助资金110.8万元。

（常乔社）

美丽乡村建设

【概况】 2020年，环翠区完成6个乡村振兴样板片区规划，投入4.4亿元，建设并投产35个产业项目，重点打造以近郊休闲为主题的里口山近郊休闲样板片区和以轻户外运动为主题的环翠轻户外运动小镇样板片区；全区创建省级示范村2个、市级示范村5个，基础设施进一步完善；创建17个省级清洁村庄、32个市级清洁村庄，通过农村人居环境整治三年行动市级验收，完成改厕任务，建立农村改厕长效管护机制，人居环境进一步提升。

【乡村振兴样板片区建设】 2020年，区农业农村局立足城郊优势，发展以“吃住行游购娱，商养学闲情奇”为特色的农业文化旅游融合产业，投入4.4亿元，建设并投产35个产业项目，重点打造以近郊休闲为主题的里口山近郊休闲样板片区和以轻户外运动为主题的环翠轻户外运动小镇样板片区。年内，1个市级样板片区（里口山近郊休闲样板片区）和5个区级样板片区（环翠轻户外运动小镇样板片区、玉皇顶文化旅游融合样板片区、宝石山高效生态农业样板片区、正棋山休闲样板片区、五渚河休闲样板片区）完成规划方案编制。

【人居环境整治】 2020年，全区创建17个省级清洁村庄、32个市级清洁村庄，实现省级清洁村庄覆盖率达到20%以上、市级以上清洁村庄覆盖率100%，通过农村人居环境整治三年行动市级验收；完成羊亭镇阮家口村，温泉镇双寺夼、张家山、刘家台、小庄5个村（社区）的公厕建设，全区300户以上行政村（保留村）全部建成1座农村公共厕所；完成农村改厕后续管护智能化平台建设并投入使用；完成全省农村无害化卫生厕所改造提升东部地区试点任务，实现80%行

2020年8月20日，环翠区农村人居环境整治三年行动市级验收入户调查现场

（区农业农村局 供图）

政村厕所粪污和生活污水一体化处理。

【新农村建设】 2020年，全区创建省级示范村2个（羊亭镇梅家沟村、温泉镇张家山村）、市级示范村5个（羊亭镇南郊村、半壁山村、大北山村、宋家疃村，温泉镇马夼村）。至年末，投资1950万元，完成7个村美丽乡村建设。

（刘雅静）

房地产开发

【概况】 2020年，环翠区房地产业持续稳定发展。年内，房地产新增施工建筑面积91.4万平方米，比上年下降49.4%；房地产项目竣工面积39.5万平方米，下降10.25%；商品房销售面积61.9万平方米，下降2.9%；商品房销售额76亿元，增长2.7%。至年末，全区有房地产企业112家。其中，二级开发资质企业3家，三级开发资质企业17家，四级开发资质企业28家，暂定开发资质企业64家。

【房地产行业管理】 2020年，面对新冠肺炎疫情，区住房城乡建设局整合媒体资源，创新销售模式，实行线上推介。在新冠肺炎疫情得到有效控制后，联合威海广播电视台、威海市房地产业协会对辖区内春和里、云顶阳光、望府公馆3个重点楼盘在抖音、安居客等平台线上直播推介，吸引各年龄段、各社会阶层的关注力，提升整体销量。年内，区住房城乡建设局督导售楼处落实防疫措施，防止人员聚集，人员到访时必须佩戴口罩、检测体温、查验健康码，入口、财务等人员密集处设置一米线，张贴疫情防控明白纸等。采取“四不两直”的方式对辖区内25家售楼处及开发企业办公场所进行多次督导检查，督导检查售楼处50余家次。对防疫措施落实不到位的房地产企业予以通报批评，督促其进行整改并跟踪整改落实情况。至年末，商品房销售面积61.9万平方米。

【房地产开发领域矛盾纠纷化解】 2020年，区住房城乡建设局对成因相对简单、时间跨度相对较短、牵扯部门相对较少、化解难度相对较小的5个房地产开发领域历史遗留项目房产证办理问题化解完成。至年末，全区78个问题项目中有74个进入不动产分户办证程序，剩余4个问题项目正在逐步完成销号。

住房保障和房产管理

【概况】 2020年，区住房城乡建设局完成省政府下达的25户廉租货币补贴年度指标任务，为取得廉租住房补贴资格的55户家庭，按季度发放廉租住房货币补贴12.21万元；为13名农村适龄青年发放购房扶持补助215万元；对全区213户“4类重点对象”住房逐户开展危险性鉴定，保障农村贫困人口住房安全；新冠肺炎疫情防控期间，对符合条件的租赁业户减免公租房租金或按廉租住房租赁补贴标准的2倍发放租赁补贴，为3人减免租金3001.74元，3人补发租赁补贴2700元；温泉镇冶口，嵩山街道闫家庄，羊亭镇鲁东、中阳、港头、于家夼、大西庄7个续建的棚改项目有序推进；全面启动农村房屋安全隐患排查整治工作，排查748户用作经营自建房、8673户未用作经营自建房。

【棚户区改造】 2020年，区住房城乡建设局继续推进温泉镇冶口，嵩山街道闫家庄，羊亭镇大西庄、港头、于家夼、鲁东、中阳7个棚户区改造项目。9月3日，羊亭镇鲁东完成房屋分配并开始装修；同月19日，中阳项目完成房屋分配并开始装修。至年末，剩余5个项目回迁楼封顶，进行室内外配套施工。

【老旧小区改造】 2020年，区住房城乡建设局投资1.36亿元，对张村镇、竹岛街道、环翠楼街道、鲸园街道、孙家疃街道、温泉镇的18个老旧小区进行改造整治，改造面积126万平方米，改造楼宇469幢、直接受益群众13371户。改造内容主要包括小区道路改造、楼体维修、雨污管网改造、弱电工程改造、绿化提升改造、公共活动场地、室外安防设施和健身设施整修等。改造资金主要来自国家、省级、市级财政资金支持和区级、镇（街道）财政配套资金投入。其中，鲸园街道的花园、长征、光明片区，竹岛街道的园中园、农行家属院、中信苑片区被列入国家级试点项目。

【“平改坡”换瓦工程】 2020年，区住房城乡建设局投资2800万元，对环翠楼街道、鲸园街道、竹岛街道的132幢住宅楼实施“平改坡”换瓦改造，并列入为民实事计划。其中，环翠楼街道完成54幢楼、鲸园街道完成60幢楼、竹岛街道完成18幢楼。工程由各街道组织实施，4月开工，12月末竣工。通过换瓦改造，为群众解决屋面锈蚀、漏雨

2020年11月11日，区住房城乡建设局在黄金顶公租房开展安全用气宣传
（区住房城乡建设局　供图）

渗水等问题，消除安全隐患，改善居民居住条件。

【农村危房改造】 2020年，区住房城乡建设局通过政府购买服务的方式聘请山东东汇工程检测鉴定有限公司对全区213户“4类重点对象”住房逐户开展危险性鉴定，对于新出现的C级和D级危房实施精准管理，有效保障贫困户住房安全；建档立卡贫困户逐户制作住房保障明白卡上墙，标明房屋危险等级、鉴定时间及鉴定单位等信息，做到户户精准、户户可查；先后2次会同扶贫部门对照贫困户名单，组织专业技术人员，以实地查看、查阅资料的方式，对165户建档立卡贫困户住房安全开展再核查，摸清住房安全鉴定情况、解决情况、信息档案情况。至年末，完成住房保障脱贫攻坚任务。

【公租房管理】 2020年，区住房城乡建设局对公租房实行动态管理，办理公租房退租、配租40户；每季度核查承租户使用情况并按时收取房租。全面加强公租房的日常管理与维护，联合物业公司定期进行消防设施设备检查，加强燃气使用安全宣传。11月11日，在黄金顶公租房开展安全用气宣传，发放安全用气明白纸200余份。

【城市房屋租赁管理】 2020年，区住房城乡建设局加强商品房租赁管理，规范商品房屋租赁行为，维护商品房屋租赁双方当事人的合法权益，受理商品房屋租赁登记备案63份，对违法建筑物进入租赁市场的一律不予受理。

【直管公房管理】 2020年，区住房城乡建设局继续加强直管公房管理。摸清直管公房底数，做好基础普查工作，建立纸质档案和电子档案，实行动态跟踪管理。针对辖区直管公房设施老化、存在安全隐患的现象加大巡查力度，特别是在雨季来临前进行全方位的安全隐患排查，对存在安全隐患的公房及时进行维护维修，确保人民群众生命安全和财产不受损失。建立健全准入退出机制，规范公房租住管理制度，妥善处理好直管公房的历史遗留问题。禁止任何形式的占用或转租转借，不再符合标准的承租人在租赁期满后无条件退出公房。按照直管公房租金收费标准收取租金，对不及时缴纳租金的，上门催缴，确保国有资产不流失。

【“红色物业”创建】 2020年，区住房城乡建设局坚持党建引领，推行“红色物业”创建。通过强化组织引领、机制引领，建立“党建引

2020年9月8日，“齐鲁红色物业”工作推进会观摩团观摩祥云花园小区
（区住房城乡建设局　供图）

领、行业主管、基层主抓”的物业管理模式，设立“红色物业联盟议事厅”，推动居委会、业委会、物业企业、驻区单位、相关部门和广大居民共商事务，共建共商共治。重新修订完善《环翠区住宅物业项目服务质量星级管理办法》，将“红色物业”开展情况纳入考核，进一步明确评定结果运用和奖惩激励标准，指导镇（街道）动态化开展物业服务质量星级考评，评定结果与企业诚信、物业选聘、准入退出、评先选优、奖罚激励挂钩，以考核促整改、以整改促提升。连续两年组织优秀项目经理10余人外出学习先进管理经验，组织镇（街道）物业管理办公室主任及项目经理开展4次物业管理培训，对镇（街道）物业管理部门、社区相关工作人员举行5场“业主大会和业主委员会”知识培训会，搭建“红色物业”交流平台，组织物业服务企业项目经理到优秀示范项目现场观摩学习交流11次。开展“啄木鸟”行动、“吹哨报到”攻坚月、小区卫生自查自纠等活动，指导各镇（街道）督导物业服务企业排查并整治完成乱堆乱放、绿地裸露、道路损毁等各类问题8864处。7月，开展物业领域矛盾纠纷排查整治，抓住排查、化解、防范3个环节，推进矛盾纠纷化解工作，排查和化解7件重难点案件。打造出东北村社区、蓝湾怡庭小区、祥云花园小区等20个区级“红色物业”示范项目。其中，东北村社区、海源社区、蓝景城小区等18个项目获评市级“红色物业”示范项目；18个“红色物业”示范点全部与所在社区签订党建联建协议，认领党建服务项目36个，建设“党员示范岗”“党员服务责任区”36处。9月8日，全省加强“齐鲁红色物业”建设提升社区治理水平工作推进会在威海召开，全市有3个“红色物业”住宅小区观摩点（祥云花园小区、海源社区、东北村社区）在环翠区，其经验做法被省委组织部、省住房城乡建设厅在全省范围内推广。年内，召开首届全区“红色物业”星级管理表彰大会，对2019年考评为三星级以上的物业企业进行表彰挂牌，发放奖补资金111万元。

（常乔祉）

市政基础设施建设

【概况】 2020年，区市政园林中心稳步推进市政设施建设提速、维护提档、服务提效3项重点工作。实施17项市政道路工程，新建（改造）道路5.14千米，摊铺沥青路面4.28万平方米；推动海绵城市改造，铺设透水砖3.4万平方米、污水管道1550米；维修沥青道路3.9万平方米，整修人行道3.2万平方米，修补路缘石、绿带石14千米，整修雨水井、检查井1600座。聘请西安长大公路工程检测中心检测辖区内27座桥梁，确保桥梁运行状况良好。加大安全生产检查、整改力度，开展安全检查40余次，整改安全隐患70余处。年内，接收数字城管案件2213件、“12345”政务服务便民热线案件3488件，案件处置率100%。

【市政道路改造工程】 2020年，区市政园林中心实施塔山中路（世昌大道—戚家夼路）、古陌西路（古陌路—卧龙山路）、古陌路（文化路—花园中路）、顺河街（曙光男科—古山五巷）等17项市政道路工程，新建（改造）道路5.14千米，摊铺沥青路面4.28万平方米，施划道路标线2.1万平方米，安装隔离护栏1000米。启动DC11（疏港路—泉盛路）、望岛河南路（海滨路—青岛路）、文化路西延等7条断头路建设。其中，城阳路新建工程竣工，平度路全路段悬臂挡土墙及框构桥建设完成，环山路以西沥青铺筑基本完成，浇筑悬臂挡墙1200米，铺筑沥青路面2万平方米。按照“调蓄防洪，涵养水源”的城市建设理念，对塔山中路、顺河街、古陌路等6条市政道路进行海绵城市改造，铺设透水砖3.4万平方米。

【桥梁维护管理】 2020年，区市政园林中心组织威海市环翠区通达市政工程有限公司、威海威畅市政工程有限公司对所属31座桥梁进行巡查养护，发现问题及时整治解决。同时，聘请西安长大公路工程检测中心检测辖区内27座桥梁，检测报告桥梁运行状况良好。至年末，更换灯管310支、镇流器230个、应急灯70个、电缆380米。

【城市路灯管理】 2020年，区市政园林中心开展全区路灯箱变检查，记录损坏、老化、外接电等情况并检修高压侧断路器、变压器接地是否良好，清洁变压器配件灰尘。发现问题立即安排人员维修，全程跟踪维修情况并检查验收，确保路灯设施完好率达到95%以上，路灯亮灯率达到98%以上。至年末，安装箱变围栏10个，清淤接线井1800个，改造箱变接地体20个，喷涂路灯杆772基，更换监控系统10套。

【城市防汛】 2020年，区市政园林中心对辖区内的桥涵、河道、暗沟、涵洞、排水管网、道路设施、照明设施、高墙险崖等所有防汛设施全面检查，清理雨水斗、检查井6289

座、沟涵3000米，清淤5100立方米，疏通雨水管道13千米。疏通清理四眼楼、胶州路等6处泄洪沟入海口，完成新威路亿特隆门前、崂山路与海滨路交叉口、昆明路威高广场北门、文化东路税务局门前4处积水点改造，整修戚东夼路、通海路暗沟及望岛河、青年河、戚家庄河挡土墙，重筑渔港路招商银行暗沟，改造纪念路、胶州路等雨水管道。顺利完成8月25日台风“巴威”防御工作。

【清雪防滑】 2020年，环翠区以提高城市精细管理水平、确保市民出行顺畅为目标，按照“以雪为令、随下随清、雪中路通、雪停路畅”的标准，建立以监督考评为抓手、机械与人工相配合的清雪管理机制，规范融雪剂使用管理，提高清雪效率和质量，实现清雪工作科学化、机械化、精细化、生态化。利用现有监控系统，对全区的清雪工作进行调度和指导，完善清雪工作方案，完成230条道路的分类工作，明确区直48个部门的分片包干任务。通过招投标采购3000吨融雪剂，改造清雪消纳场1处，为清雪工作顺利推进提供有力保障。年内，参加清雪500余人次，出动清雪车辆300余辆（台）次，为市民创造交通顺畅、市容整洁的人居环境。

【市政设施管理】 2020年，区市政园林中心采取“常态巡查、随机抽查”相结合的管理模式，全面监管辖区道路、路灯等各类市政设施，及时排查安全隐患，做到基础设施“发现一处，维修一处”，排查整改安全隐患1725处。创立预防性养护新常态，在市政设施出现病害前或轻微病害时，通过灌缝、罩面、就地热修复等预防性养护措施，将病害解决在发生初期，提高市政设施的运行质量，降低养护成本，延长使用年限，实现养护工作的科学化、精细化、标准化。

【安全生产】 2020年，区市政园林中心按照“科学严谨、依法依规、实事求是、注重实效”和“四不放过”（原因未查明不放过、责任人未处理不放过、有关人员未受到教育不放过、整改措施未落实不放过）原则，完善市政园林重点领域、重要部位“打非治违”工作机制，严格压实企业安全生产主体责任。组织安全生产培训5次，营造良好的安全生产氛围。加大安全生产检查、整改力度，采取定期检查与随机抽查相结合、综合检查与专项检查相结合，至年末，开展40余次安全检查，整改安全隐患70余处。

（王维美）

2020年12月30日，区市政园林中心在青岛路清除路面积雪

（区市政园林中心　供图）

公路交通

【概况】 2020年，全区公路交通工作以“重点工作攻坚突破年”为工作总基调，推进“四好农村路”及户户通工程建设，改善路面状况，优化路网结构，提升农村公路建管养运水平。年内，完成农村公路改造工程10条、19.6千米，S201环翠段主线路基工程、S201辅路工程及国省道大中修工程3项续建工程竣工。高标准建设农村公路桥梁智能管理系统，争取无偿资金366.95万元助力工程建设和企业复工复产。解决群众诉求310件，新建农村公交站亭20座。

【“四好农村路”三年攻坚行动】 2020年，环翠区列入“四好农村路”三年攻坚行动计划的农村公路23条、长42.6千米，总投资9340万元。区县乡公路发展中心和羊亭镇投入资金200万元，对羊亭、孙家滩、阮家口3个村庄实施村内道路硬化，硬化面积20540平方米，8月末竣工，实现全区村内道路硬化率100%。区县乡公路发展中心强化与各镇（街

2020年10月15日，齐鲁大道辅路工程通过验收

（区县乡公路发展中心　供图）

道）、环翠区城市发展投资有限公司等单位沟通协调，严格招投标管理，狠抓工程质量，强化工程调度，确保工期进度，路面状况改善项目15条、25.6千米，提档升级项目8条、17千米。10月末，项目全部竣工。12月中旬，满分通过市交通运输局考核。

【智慧交通】 2020年，区县乡公路发展中心投资90万元，对全区部分农村公路桥梁进行智能化建设，建设运营环翠区农村公路桥梁智能管理系统。形成桥梁管理“查阅—管理—运营—预警”的“四维一体化”管理模式，12月上旬，竣工投入运营。引入农村公路微表处养护技术。该技术能够有效降低农村公路综合养护投资成本，延长道路使用寿命，减少大修建设成本，率先在全区农村公路养护工程中采用该技术。

【农村公路改造工程】 2020年，区县乡公路发展中心开展农村公路改造工程，认真听取相关镇（街道）意见，及时沟通协调解决施工难题，创新性推广微表处养护技术等新技术，科学提高道路使用寿命，降低养护投资成本。年内，改造羊汪线北段、黄埠屯—吐羊口、于家夼—北上夼、黄埠屯—宋家疃、东（西）七夼进村路、柳河路、环翠路、后双岛—大西庄、环山路—柳沟、后峰西—黄泥沟农村公路10条、长度19.6千米，9月末竣工，10月15日前交付至属地镇（街道）管理。

【续建道路工程】 2020年，S201环翠段主线路基工程、S201辅路工程及国省道大中修工程3项续建工程竣工。S201环翠段主线路基工程全长8.8千米，主线路基工程2019年完成移交。6月30日，排水设施、边坡防护工程及路基小桥涵等配套设施工程全部竣工并交付威海市公路事业发展中心。S201辅路工程长1.01千米。其中，A辅路长304米，路面宽10.25米；B辅路长488米，路面宽7.75~10.25米；C辅路长220米，宽15米。华夏路至齐鲁大道辅路改造工程长1.12千米，路面宽8.25~11.75米。终点立交辅路改造工程长0.3千米，路面宽6米。6月项目开工，10月15日竣工并移交至区市政园林中心及张村镇、温泉镇和嵩山街道。区县乡公路发展中心配合市公路部门实施普通国省道大中修改造工程，涉及环翠区的3条道路总长度17.21千米，环翠区负责路基、小桥涵工程，总投资1300万元。其中，S301成初线江家寨立交桥至郝家庄立交桥环翠段位于环翠区嵩山街道和温泉镇，长度为7.33千米，宽21米；S301成初线荣成环翠界至温泉镇栾家店环翠段，长度为6.23千米，宽13.5~24米；S202威青线环翠区冶口至文登区十里头环翠段位于温泉镇，长度为3.65千米，宽21米。大中修改造工程完成后及时交付至威海市公路事业发展中心实施路面工程。11月上旬，威海市公路事业发展中心进行综合交工验收。

【无偿资金争取】 2020年，区县乡公路发展中心加强与上级交通部门沟通对接，认真研究相关补助政策，做好争取无偿资金计划项目编制、包装与申报。至年末，公路工程项目、复工复产、国三排放标准柴油货车淘汰等各项目到位无偿资金366.95万元。

【新冠肺炎疫情防控交通联防】 2020年，面对新冠肺炎疫情，区县乡公路发展中心作为交通联防组牵头单位，负责双岛收费站卡点疫情防控工作。从1月30日到3月25日的56天里，组织全区27个部门92名机关干部不分昼夜严控车辆准入、严盯人员检测和转运，检测车辆18.85万辆，检测人员37.23万人次，完成双岛收费站卡点疫情防控检测工作任务。根据威海市和环翠区疫情防控工作需要，2月29日至3月2日，区县乡公路发展中心负责青岛流亭国际机场到威海的入境人员“点对点”接返工作；3月5日起，

2020年2月10日，工作人员在双岛收费站卡点进行新冠肺炎疫情防控检测
（区县乡公路发展中心　供图）

负责乳山分流点、威海国际机场分流点、高区分流点及济南遥墙国际机场境外返回环翠区人员，入境船员接返、国内重点地区人员接返（包括飞机、高铁、轮渡等）工作，出动车辆1499辆次，接送人员4721人次。2月14日至3月18日，区县乡公路发展中心负责协助企业务工人员接返工作，出动车辆152辆次，接返人员3458人次。其中，省外发车110辆次，接回2645人次；省内发车42辆次，接回813人次。区县乡公路发展中心牵头的交通疫情防控工作实现“疫情零输入，工作零差错，工作人员零感染”目标。

【交通安全监管】 2020年，区县乡公路发展中心开展“安全生产月”“全国交通安全宣传日”等主题宣传活动和“礼让斑马线”“路口让行”等志愿服务活动，组织开展酒驾醉驾宣传教育140次，发放交通安全一封信、宣传单等宣传材料1.9万余份，张贴宣传海报、画册730余份；协调市交警部门、区教育体育局、镇（街道）等部门全力做好新冠肺炎疫情防控期间中小学校复学复课前校车安全核验及开学后的校车安全保障工作，开展课堂讲座20余次，发放挂图、手册300余份，开展校车检查3次，最大限度地保障学生上下学安全。深入开展安全隐患大检查综合整治工作，加强汛期农村公路桥梁安全抽查工作，加大对承建公路施工工地隐患排查力度，督导施工企业严格落实安全生产作业操作规程，协调威海市交警部门和各镇（街道）全面排查村路长下坡、急弯陡坡、临水临崖等危险路段，以及客运车辆、校车通行和穿镇穿村等重点路段安全隐患，整改隐患169处，安装护栏、道路设施牌、信号灯等系列安保设施528处。区道路交通安全委员会办公室联合威海市交警部门、区教育体育局、区文化和旅游局、各镇（街道）等部门对客货运企业开展安全检查92次，下发整改通知78份，并逐条逐项跟踪抓好整改落实。协调威海市交警部门深入推进道路交通事故预防“减量控大”（削减交通事故总量及控制特大交通事故发生）工作，严查“两客一危”（从事旅游的包车、三类以上班线客车和运输危险化学品、烟花爆竹、民用爆炸物品的道路专用车辆）、农村面包车、校车等重点车辆“三超一疲劳”（超速、超员、超载和疲劳驾驶）、非法载人、涉牌涉证等严重交通违法行为，查处各类交通违法行为为3.5万余起，查处酒驾140余起、醉驾81起。

（杨晴霞）

城市管理

【概况】 2020年，全区综合行政执法工作持续开展精致城市攻坚突破行动、三线环境整治、市容市貌提升等工作，推行街长制工作模式，提高数字城管平台的处置效能，实施7条背街小巷整治，在城市环境综合整治、城市精细化管理水平等方面取得显著成效。至年末，区综合行政执法局接收上级部门案件35380件，按期结案率99.82%。其中，重点案件13689件，占比38.70%；返工案件994件，占比2.81%；其他案件20697件，占比58.49%。现场办公90余件次，下发督办通知90个，有效提升案件处置效率。

【城市建设攻坚突破行动】 2020年4月24日，区综合行政执法局按照《环翠区精致城市建设攻坚突破行动实施方案》要求，牵头开展精致城市攻坚突破行动，组织各镇（街道）、相关部门对市级派遣问题进行整治，整治成效纳入绩效目标考核。发挥“数字村居”、基层社区网格员、现场督查、投诉热线等问题反馈途径作用，主动对照市派问题类型“举一反三”自查自改，开展自查自纠类重点难点问题283处，“数字村居”管理平台采集派遣并处结案件3482件，建立追踪管护机制，强化常态巡查管控，长效巩固环翠区精致城市攻坚突破整治成果。至年末，完成第一、第二阶段攻坚突破任务，组织镇（街道）完成问题整改301处，协调配合市区两级完成现场核查验收，整改完成率100%；组织各镇（街道）开展“举一反三”自查自改整治行动，发现并处置各类自查问题470处，整治完成470处，完成率100%。第三阶段攻坚突破整治行动，接收市派整治问题44处，完成整治38处；接收区精致城市建设工作专题推进会新发现问题154处，完成整治140处，暂无法整改提报情况说明的14处；各镇（街道）、部门继续开展自查自改整治行动，提报各类自查问题2587处，整治完成2527处。

【早夜市管理】 2020年，区综合行政执法局严格落实新冠肺炎疫情防控要求，第一时间对古陌早市、古北早市、塔山早市、东城路夜市、四方路夜市、徐家疃夜市、永兴路夜市等13处早夜市实行临时闭市措施，对流动摊贩、占道经营、乱堆乱放进行劝阻。增设露天临时蔬菜、水果售卖点42个，缓解群众买菜难的问题。2月20日，对完成复市的徐家疃夜市、戚家庄夜市、古北早市、塔山早市、小商品夜市、金谷夜市、四方路夜市开展专项检查，督导对早夜市、临时摊点周边进行消毒防控139次。新冠肺炎疫情防控期间开展早夜市检查113次，下发问题督办11次，督导整改各类不规范问题159件次，有效保障临时售卖摊点、早夜市的安全运行。区综合行政执法局响应国家、省、市关于发展夜经济、小店经济的号召，统筹新冠肺炎疫情防控、民生保障和全国文明城市创建工作，强化服务意识、保持环境卫生，维护良好的交通和市场秩序，围绕打造“夜经济”“小店经济”，出台摊点“负面清单”，开放世昌大道附路、古陌路、花园中路—土产小区、北山路、珠海路徐家疃南、润和路等临时摆摊区域29处，在统一路、和平路、纪念路、古陌路、望海街、北山路、峰北路等26条道路两侧开放临时店外占道经营，设立海港路口腔医院东外墙、和平路食品公司、新威附路、北山路北侧家家悦门前公交站点等“季节性惠民摊点”19处，提供售卖点位560余个。联合区住房城乡建设局、区市场监管局及公安环翠分局开展早夜市联合监督检查9次，督导并完成整改问题460余处。

【营商环境建设】 2020年，区综合行政执法局优化营商环境，打通堵点、痛点。办理临时占道经营、大型户外广告牌等行政许可事项684件，接受群众现场及电话咨询200余次。印发《综合行政执法局政务服务指标样本企业统计表》和《惠企政策明白纸》，对山东威海百货大楼集团股份有限公司、威海振华商厦有限公司、山东威海农村商业银行股份有限公司等12个样本企业电话回访2次。深化“放管服”改革，区综合行政执法局将行政许可事项的平均承诺办理时限由原来的5.33个工作日优化压缩至0.67个工作日，位列全市、全省前茅。

【街长制推行】 2020年，区综合行政执法局创新推行街长制管理模式，各级街长巡查发现并处置问题14018件次。对比市住房城乡建设局城市综合管理信息系统（数字城管）数据分析，环翠区年内被市级考评员采集立案问题36449件，其中实行街长制管理的街巷被采集问题1321件，仅占被采集数量的3.62%，运行成效显著。

【背街小巷整治】 2020年，区综合行政执法局按照市区“城市双修”整治工作要求，调度各镇（街道）制定整治计划、落实整治责任，现场督导检查10余次，对发现的问题及时反馈相关镇（街道）落实。至年末，完成塔山东路、文峰一街、

2020年3月25日，区综合行政执法局、区市场监管局、区住房城乡建设局、公安环翠分局联合检查塔山早市　　（区综合行政执法局　供图）

峰北路、柳沟公园周边、戚东夼路、莱海市场的背街小巷整治。

【环山路沿线环境整治】 开展环山路S201环境综合整治，提升环山路沿线环境质量。2020年11月2日，区综合行政执法局印发《关于进一步开展环山路沿线环境整治的通知》，牵头组织相关镇（街道）、部门开展排查整治，自查裸露土地、乱堆物料等各类问题43处，完成整治43处，整治率100%；开展实地督查，督办并整改新问题93处。

【铁路沿线环境整治】 2020年，区综合行政执法局组织相关镇（街道）对辖区铁路沿线环境卫生、安全隐患等问题进行排查，建立整改工作台账，对上级派遣的铁路沿线存在的问题，安排专人现场落实，完成31处铁路沿线环境及安全隐患问题整治。

【沿海岸线环境整治】 2020年，区综合行政执法局结合精致城市建设，开展沿海岸线综合整治修复工作，建立《环翠区2020年海岸带综合整治修复工作项目清单》，项目清单分21类、44小项，实行销号管理。至年末，项目清单及市级反馈问题图片64张全部销号。持续开展靖子码头周边、远遥中心渔港和影视城以西等重点区域环境综合整治，清理渔民门前乱堆乱放、渔网、渔具等杂物417处，出动人员1.46万人次，清运垃圾2800余吨。开展实地督查，下发整改通知21次，整改海岸带沿线问题84个。

【违建治理】 2020年，区综合行政执法局通过深度摸排，制定整治计划，实行月调度、双向督查等措施，加大考核力度，形成强力拆违的工作合力。至年末，完成存量违建治理167处、6.29万平方米，拆除新建违建10处、608平方米，超额完成年初制定的3万平方米违建拆除计划。

【公共环境整治】 2020年3月5日，区综合行政执法局印发《2020年空白地和侵占公共用地种植农作物整治工作实施方案》，组织各镇（街道）、相关单位开展问题摸排，摸排整改问题120处；同月20日，印发《2020年环翠区禁放禁烧及促进文明养犬工作的实施方案》，对辖区内焚烧冥纸情况进行全面检查，督查各类违规焚烧问题56处；6月24日，印发《关于落实创建全国文明城市工作方案的通知》，开展专项巡查42次，印发《环翠区综合行政执法局全国文明城市实地检查问题通报》29期，督导整改问题860个；加强与市级职能部门的沟通协调，联合市交警部门组织召开“环翠区机动车停车线施划工作现场会”，在市政道路、市政道路与主要区间路、小区区间路两侧，规范开展划线限时停车措施，至年末，全区施划机动车停车位8100余个，极大缓解辖区停车难和机动车乱停乱放的问题；开展共享单车治理，11月23日，印发《关于加强共享单车管理的通知》，组织相关镇（街道）分管负责人、哈罗单车管理方召开规范共享单车专题会议，加强日常专项督办，规范共享单车治理。

【矛盾纠纷排查整治】 2020年，区综合行政执法局通过“12345”系统开展矛盾纠纷排查，涉及综合行政执法领域案件1283件。其中，油烟扰民类233件，噪声扰民类473件，违章建设类470件，破坏绿化带类31件，改变建筑物使用性质类35件，户外广告设施类24件，占用城市道路类6件，道路不文明施工类11件。通过制订专项整治方案，实行销号管理，对其中仍未答复满意的问题开展专项清理整治并整治完成。

【专项治理】 2020年，区综合行政执法局开展油烟扰民专项治理工作，

2020年8月11日，区综合行政执法局在嵩山街道向阳社区周边区间路施划停车位
（区综合行政执法局 供图）

2020年6月18日，区综合行政执法局竹岛中队联合交警部门在望岛路开展道路遗撒联合执法　（区综合行政执法局　供图）

制作《饮食业经营者相关法规告知书》1000份，对申请办理营业执照的餐饮经营业户就相关法律法规进行提前告知。督导全区57家幼儿园食堂安装油烟净化设备并定期清洗，委托专业机构对群众反映强烈的竹岛园中园小区，张村怡沁园小区周边餐饮店、单位食堂等进行检测164次，对1家餐饮店油烟排放不符合标准立案查处。开展扬尘专项治理工作，与交警、交通运输等部门开展联合执法40余次，查处散流物体运输及扬尘污染遗撒案件7件，罚款16880元。开展建筑施工噪声污染防治工作，对辖区内被投诉举报较多的建筑施工工地进行夜间抽查检查，对超时施工、噪声扰民违法行为立案查处18件，罚款6.9万元。

【城乡环卫一体化】 2020年，区综合行政执法局修改完善《城乡环卫一体化工作考核办法》《城乡环卫数字村居信息采集管理制度》和《环翠区城乡环卫一体化职责分工》，进一步明确区级各部门职责，完成《数字村居项目软件系统维护服务合同》等签订工作。对全区涉及城乡环卫一体化的93个村（社区）实行全覆盖式采集。至年末，区综合行政执法局数字村居平台派遣案件26060件，按期结案率99.75%，实地督导巡查整改问题696个。

【户外广告安全检测】 创新监管手段，确保群众“头顶”安全。2020年3月25日，区综合行政执法局印发《环翠区户外广告设施设置与监管环节操作规范实施细则》《关于户外广告设施安全检测有关事项的通告》等，引导户外广告所有者或管理者认真履行定期安全检测责任。至年末，开展户外广告安全检测142处，出具安全检测报告142份，拆除各类整改不到位户外广告33处。

【城管法治建设】 2020年，区综合行政执法局查处各类执法案件89件，办结60件，罚款15.49万元。完成重大行政执法案件集体讨论5次，召开执法案件专题讨论会9次，组织听证会1次，对全部案件依法依规进行法制审核。完成4次执法培训、1次年度执法考试，全局执法人员和协管人员参与率100%。对各镇（街道）执法中队执法案卷采取即时评查，评查案卷55宗，有效提高执法人员办案能力。深入推进行政执法公示制度、执法全过程记录制度、重大执法决定法制审核制度，规范法律文书统一标准，强化音像记录合法性和科学使用，依法对行政执法案件进行法制审核，做到“无审核不决定”，提出审核意见并做好案件的归档管理。

（王　鹏）

生态环境保护

环境综合治理

【概况】 2020年，全区环境保护工作严格落实“1+1+8”十个作战方案（《环翠区落实山东省打好渤海区域环境综合治理攻坚战作战方案》《环翠区打好黑臭水体和河道治理攻坚战作战方案》《威海市环翠区加强污染源头防治推进“四减四增”三年行动方案（2018—2020年）》《环翠区打好柴油货车污染防治攻坚战作战方案》《环翠区打好农业农村污染防治攻坚战作战方案》《环翠区打赢蓝天保卫战作战方案暨2018—2020年大气污染防治行动计划》《环翠区全面加强生态环境保护坚决打好污染防治攻坚战工作方案》《环翠区打好危险废物攻坚战作战方案》《环翠区打好饮用水水源地水质保护攻坚战作战方案》《环翠区打好生态保护红线等突出生态问题整治攻坚战作战方案》），深入开展污染防治，全区生态环境质量持续改善。年内，空气质量达到国家空气质量标准二级标准，优良率超过91.8%；改善度10.2%；细颗粒物（$PM_{2.5}$）浓度25微克/立方米，改善度13.8%；土壤及近岸海域环境质量稳定，2条市控河流羊亭河与五渚河年均值达到功能区标准要求；危险废物规范化管理抽查合格率与受污染耕地及污染地块安全利用率100%；行政村完成生活污水治理比例79.66%；未发生一般以上生态破坏和环境污染事故。至年末，全区受理各类环保信访2165起，化解2152起，化解率99.4%，群众满意率96%。

【大气污染防治】 2020年3月7日，生态环境分局制定《环翠区挥发性有机物（VOCs）专项整治方案》，开展有机废气专项整治，120家企业建设高效的有机废气收集处理设施，立案查处30家环境违法企业，罚款96.87万元。联合交警等部门，开展柴油货车专项执法检查，设卡抽检柴油货车1032辆，查处超标排放9辆，罚款1000元。4月21日，联合区住房城乡建设局、区自然资源局等6部门，印发《关于加强非道路移动机械管理的通知》，检查非道路移动机械777台。开展秋冬大气污染防治，加强施工工地扬尘防治监管，检查各类施工工地15处，检查疑似扬尘点位180处，取缔洗砂场10处；开展加油站油气回收设施监督检查，30家加油站油气回收设施正常运转。开展“自流黑”排查检查，取缔“自流黑”罐（车）60个，处理超标油品企业2家；建立重污染天气应急减排清单，严格落实“一厂一策”要求。

【水污染防治】 2020年，生态环境分局完成五渚河流域排查，清除创客园断面以上2000平方米菜地，将栾家店村生活污水并入市政污水管网；完成五渚河污水泵站扩建，污水提升能力由1万吨/日提升到2万吨/日；完成入河入海口核查工作，核查入河入海口134处，确定排污口3处，封堵2处。严格落实湾长制，制订湾长工作职责，落实湾长定期巡查制度，清除13条河流养殖设施，清理海洋垃圾1.2吨。完成33个农村灰水整治和2个新建污水处理站农村生活污水整治，封堵2处排污口。

【土壤污染防治】 2020年，生态环境分局建立土壤污染调查协作机制，与自然资源部门互通信息，确保每块变性土地得到详尽调查。完成40块公共服务用地、居住用地土壤污染调查，污染地块安全利用率100%。完成农业用地污染调查和耕地土壤环境质量类别划分，无受污染耕地，全区所有耕地划为优先保护类。开展土壤污染重点监管单位监督检查，督促威海市环保科技服务有限公司、威海市垃圾处理厂、山东华素制药有限公司、威海新元化工有限公司、威海三和涂料有限公司、威海京富机械有限公司6家重点监管单位严格落实“三项制度”（有毒有害污染物管理制度、土壤污染隐患排查制度、自行监测制度）和责任书规定，并向社会公开。

【噪声污染防治】 2020年，生态环境分局加强生活噪声治理工作，对居民反映餐饮经营单位生活噪声开展监测，超标的依法责令治理，有效减少噪声信访。全年昼间区域环境噪声平均等效声级为53.2分贝，道路交通噪声平均等效声级为69.8分贝。至年末，全区受理噪声信访500余起，化解率98%。

【“无废城市”建设】 2020年，生态环境分局完成46项“无废城市”指标；完成威海市医疗废物焚烧应急处置项目、威海市废弃矿山地质环境恢复治理项目、威海市农业废弃物回收网络建设示范工程项目、青少年宣传教育工程4项重点工程，并形成环翠特色；普陀路小学环境教育基地、花园社区“墙上农场”项目受到国家、省专家领导高度评价；完成党政机关、学校、社区“无废细胞”创建及验收；建成12个分布式光伏发电站、1家市级绿色工厂、7家海洋生态健康养殖示范场、12个农产品“三品一标”认证单位。建成5家废旧资源回收利用企业、1家危险废物综合利用企业、1处履带式移动渣土破碎回收利用点；建立区主抓、镇集中、村收集的农用地膜收集体系，回收利用农用地膜19.3吨；建立“种养结合、以地定养”的畜禽粪污综合利用模式，畜禽粪污资源化利用率100%；推行秸秆肥料化、饲料化、沼气燃料化，秸秆综合利用率96.88%。

【固体废弃物规范化管理】 2020年，生态环境分局深化固体废弃物规范化管理，威海三和涂料有限公司、威海广泰空港设备股份有限公司、山东华素制药有限公司、威海先优包装科技有限公司、威海海鑫新材料有限公司、威海京富机械有限公司、威海新元化工有限公司7家重点固体废弃物监管单位达到规范化要求，通过省生态环境厅的抽检。生态环境分局将固体废弃物规范化管理范围延伸至区内年产1吨以上的固体废弃物的工业企业。至年末，安全处置利用526.6吨固体废弃物，未发生非法转移、倾倒固体废弃物的现象。

【建设项目审批】 2020年，生态环境分局实施建设项目审批承诺制，推行网上受理、网上审批，受理审批124个项目，验收68个项目。协调解决威海市环翠区新创投资运营有限公司爱华海绿色图文影像新材料生产线项目环境影响评估制约因素，促进该项目顺利落地。推进排污许可证核发工作，核发排污许可证1145家。其中，登记1102家，简化管理28家，重点管理15家。

【环境保护宣传教育】 2020年9月24日，区教育体育局、生态环境分局、区环境卫生中心等部门在区教育体育局组织全区中小学、公办幼儿园开展2020年“无废学校”创建活动启动仪式暨垃圾分类知识培训活动。通过“无废学校”创建活动，引导孩子们树立绿色低碳循环发展的理念，发挥“小手拉大手”作用，教育一个孩子，影响一个家庭，带动一个社区，文明整个城市，为建设“无废城市”打下良好基础。

（于宗平）

水资源保护

【概况】 2020年，环翠区投入水资源保护建设资金8000余万元，争取上级无偿资金554万元，完成各类水利建设工程51项。投资532万元，完成张家山水库、栾家店水库、口子水库等7座小型水库除险加固工程。修建农村饮水安全工程43处，争取上级大中型水库移民后期扶持资金20万元，发放2020年大中型水库移民后期扶持资金3.3万元。投资59.7万元，对辖区内港头河、亭子河、海峰河等20条镇级河道和贝草夼水库、小庄水库、里口山水库等24座小型水库进行管理范围划定，并埋设界碑界桩。至年末，全区有小型水库28座（含桥头镇），塘坝191座，总库容1608.8万立方米。

【农村饮水安全】 2020年，区水利局完成农村饮水安全攻坚任务，投资5200万元，将上炉、北小城、小南山等39个单村供水村接入规模化供水管网，改造村内管网4处。至年末，全区农村规模化供水比例达到91%。认真落实《环翠区农村公共供水工程维修资金筹集和使用管理暂行办法》，采取政府购买服务的方式，完成栾家店、小南山、黄埠屯村等65个村的净化直饮设备和过滤消毒设备的维护管理，确保设备正常运行。

【省级美丽示范河（湖）创建】 2020年，区水利局按照山东省河长制办公室《关于加强美丽示范河湖建设的指导意见（试行）》要求，将羊亭河列为省级美丽示范河（湖）申报对象。年内，组织羊亭镇投资3000万元，对羊亭河实施河道治理、绿化等工程，把羊亭河打造成更加优质、生态、特色的河道。至年末，羊亭河通过山东省河长制办公室组织的省级美丽示范河（湖）终期验收。

【河（湖）长制】 2020年，区水利局组织嵩山街道和羊亭镇共同投资1950万元，对五渚河台下段、羊亭河鲁东段2处河道进行高标准绿化整治，新增绿化面积11万平方米，河道生态环境进一步提升。严格落实河（湖）长制，加强河库常态化巡查，安排河管员、库管员对辖区内主要河道和水库进行日常巡查，对河库管理范围内的违章建筑及河道内设置阻水物、私排污水、私倒垃圾等违法违规行为，做到早发现、早反馈、早处理。至年末，排查整改各类问题143处。

【河道岸线利用规划】 2020年，区水利局组织相关镇（街道），对石家河、五渚河、羊亭河、亭子河、张家山河、张村河、王家疃河、柳沟河8条流域面积5平方千米以上的区级河道开展岸线利用规划编制工作，科学划分岸线功能区，严格河道生态空间管控，并印发《环翠区区级河道岸线利用管理规划》。

【水利安全】 2020年，区水利局联合区应急局，在温泉镇开展防汛防台风应急演练，模拟遭遇强降雨发生山洪灾害时应急演练，各专业队伍按照自身职责，对群众进行安全转移，提升群众的避险自救能力和专业队伍的救援能力。对全区所有水库落实安全度汛“三个责任人”（行政责任人、技术责任人、巡查责任人），并在媒体、网站进行公示。5月14日，开展“三个责任人”履职培训，对各水库调度方案和应急预案进行修订完善，明确水库控制运用指标，严禁超汛限水位运行。落实领导带班和24小时值班制度，加强与应急部门的联合值班值守，密切监测雨情、水情，定时报送水雨情信息，及时做好防范应对。汛前汛中，先后3次开展水库、塘坝、河道隐患排查，所有问题均建立台账，明确整改责任人、整改时限，限期整改，排查整改问题20余处。坚持关口前移、重心下移，各镇（街道）、村（社区）安排人员24小时值班，主要负责人、分管负责人全部在岗在位，靠前指挥调度，成功应对强台风“巴威”和多次强降雨，全区安全度汛。

2020年环翠区小型水库一览表

表17

水库名称	位置	流域面积（平方千米）	建成时间	坝高（米）	坝长（米）	坝顶高程（米）	总库容（万立方米）	防洪库容（万立方米）	兴利库容（万立方米）
冶口水库	冶　口	14.00	1961年1月	16.0	744	68.7	690.3	180.00	382.0
里口山水库	姜家疃	4.80	1982年4月	28.1	400	80.5	218.0	34.10	157.2
王家河水库	王家河	0.32	1973年4月	14.2	160	69.5	17.0	3.60	10.7
口子水库	阮家口	1.90	1969年5月	17.5	133	68.0	50.2	2.35	45.1
北观水库	北　观	0.85	1970年5月	20.3	160	107.9	12.8	2.80	8.7
贝草夼水库	贝草夼	1.90	1970年3月	11.2	145	41.0	37.0	10.20	21.8
北上夼（下）水库	北上夼	3.50	1958年7月	8.0	207	37.3	35.0	11.60	17.4
北上夼（上）水库	北上夼	2.10	1971年6月	18.1	160	59.0	59.6	14.00	37.8
大北山水库	大北山	0.95	1980年1月	12.0	160	55.6	21.4	4.98	13.6
小城庄水库	小城庄	0.90	1973年5月	11.7	100	31.5	15.5	5.16	8.5
埠前水库	埠　前	0.32	1979年8月	16.7	118	69.5	12.7	2.38	9.5

续表17

水库名称	位置	流域面积（平方千米）	建成时间	坝高（米）	坝长（米）	坝顶高程（米）	总库容（万立方米）	防洪库容（万立方米）	兴利库容（万立方米）
王家夼水库	王家夼	6.00	1959年4月	11.0	195	37.1	64.0	56.40	31.0
雨夼水库	雨　夼	0.28	1975年3月	14.4	120	103.6	10.0	1.26	7.0
小庄水库	小　庄	0.38	1978年1月	19.2	220	91.5	12.6	1.80	9.4
栾家店1水库	栾家店	0.71	1971年4月	19.8	140	99.6	14.6	2.24	10.4
安夼水库	堂　子	1.04	1975年4月	19.4	140	108.4	62.4	8.70	43.2
张家山水库	张家山	4.00	1979年5月	13.0	181	98.0	36.0	13.20	11.9
西七夼水库	西七夼	0.28	1975年4月	17.5	105	103.1	10.0	1.93	6.2
卢马水库	望　岛	1.03	1971年4月	12.7	200	75.0	17.1	1.62	11.9
孟家疃水库	望　岛	1.41	1966年4月	16.5	135	70.1	15.0	5.30	7.9
抱山泉水库	陶家夼	0.77	2009年5月	10.0	77	104.2	10.3	3.28	6.3
西庄水库	西　庄	1.50	1976年4月	20.9	230	136.7	22.0	4.00	16.9
北葛拉水库	北葛拉	0.93	1976年8月	18.7	410	66.3	62.4	10.00	45.3
宋家店水库	宋家店	1.16	1976年12月	11.2	166	67.0	21.4	5.26	13.2
盘川夼水库	盘川夼	0.65	1972年10月	13.7	157	92.2	22.4	4.78	15.7
于家水库	于　家	0.90	1983年11月	15.7	160	145.1	22.1	5.00	12.2
报信水库	报　信	0.50	1968年12月	12.2	113	104.0	10.0	2.30	3.9
大贞水库	大　贞	0.74	1982年12月	11.7	160	90.7	27.2	5.80	16.8

说明：1.全区有小型水库28座（含桥头镇）

2.小（一）型水库2座（冶口水库、里口山水库），设计洪水标准50年、校核洪水标准500年；小（二）型水库26座，设计洪水标准30年、校核洪水标准300年

3.水库保护对象包括：农田、公路、铁路等，供水方式为农田灌溉和城乡供水

（宋　超）

森林资源保护

【概况】 2020年，全区森林资源保护工作以建设“绿色环翠”为目标，全力开展造林绿化工作，新增人工造林13.3公顷，人工更新造林538.7公顷，栽植各类苗木46万株。围绕提升森林质量，做好森林抚育工程，全区完成森林抚育3000公顷。组织开展“中国森林养生基地”申报工作，威海华夏城被中国林业产业联合会森林休闲体验分会授予“中国森林养生基地”称号。

【林地调查】 2020年，区自然资源局以2018年“林地一张图”为基础，对辖区2019年1月1日至12月31日因森林经营、非森林经营活动和自然灾害损害引起的变化情况进行调查，按时完成森林资源管理“一张图”数据库更新、数据统计分析与成果报告编制，数据成果通过国家核查。2019年国家公益林总面积8098.67公顷，比上年减少200.64公顷。

【林地管理】 2020年，区自然资源局重点推行林长制。11月12日，召开全区总林长会议，印发《威海市环翠区林长制办公室关于公布区林长制办公室组成人员的通知》《环翠区林长制区级会议制度》《环翠区林

长制工作信息管理制度》等文件。至年末，安装区级林长制公示牌11个，进一步压实各级林长职责，切实保护好森林资源。

【自然保护地】 2020年，区自然资源局按照《山东省自然保护地整合优化工作实施方案的通知》和《关于印发威海市自然保护地整合优化工作实施方案的通知》，在调查摸底、科学评估基础上，完成自然保护地整合优化预案编制工作，经区政府审定后上报国家林业和草原局，整合优化数据通过国家复核。

2020年3月12日，威海市委及环翠区委领导和区直机关干部、社区志愿者在仙姑顶区域参加义务植树活动 （区自然资源局 供图）

【造林绿化】 2020年，全区新增人工造林13.3公顷，栽植各类苗木46万株。在羊亭镇、张村镇和竹岛街道开展退化林改造工程538.7公顷，开展里口山区域植被恢复提升工程376.4公顷。采取专群结合，发动机关干部、企业、社会团体、志愿者长期参与基础提升和长效提升区域的苗木栽植与养护活动，同时组织专业施工单位对重点提升区域进行重点打造。

【义务植树】 2020年3月12日，威海市委及环翠区委领导和区直机关干部、社区志愿者等5000余人，在仙姑顶区域参加义务植树活动，栽植黑松、黄栌、红叶李、海桐、连翘等苗木10万余株。年内，全区在张村镇姜家疃村南、羊亭镇义和村东、温泉镇张家山水库南山和林家院东山、竹岛街道仙姑顶区域和陶家夼墓地、孙家疃街道靖子社区蟒家口子、鲸园街道戚谷疃和戚东夼北防火通道两侧、嵩山街道威石路南西庄村西7个植树点完成义务植树10万株。

【森林抚育】 2020年，区自然资源局完成上年度和本年度中央财政森林抚育补贴工作，在雕山林场、里口山生态林场、张家山林场、艾山林场、棉花山林场、双岛林场开展森林抚育3000公顷，森林质量得到有效提升。

【森林防火】 2020年，区自然资源局完善区、镇（街道）、村（社区）三级森林防火责任体系，纳入工作考核；组织各镇（街道）开展隐患大排查大整治行动468人次。出动宣传车300余车次，发放资料10万余份，推送手机短信30万条，制作警示牌、横幅2000余处，设置村（社区）和卡点喇叭400余个，利用微信、微博、电视等媒体推送和播报工作动态200余条；各值守巡查力量联防联动，网格化管控，严防火种进山。新建防火道路13条22千米、阻隔围网15千米、检查站11处、蓄水设施62处，新增灭火装备近300套，清理重点林区、重点路段可燃物2866.67公顷。举行全区性森林灭火比武演练1次、区域性演练14场次。对林区实施网格化管控，专业队、监控、卡点、林内巡护4支管控力量分包片区、地段，联防联动，信息共享，及时发现和排查隐患，严控火种进山。

【林业有害生物防治】 2020年，全区林业有害生物发生面积9747公顷。其中，松材线虫病发生面积9247公顷。年内，伐除病死木41.82万株；对重点林区的健康大树实施打孔注药，注射药剂12.6万瓶；开展3次飞机施药防治媒介昆虫作业，作业面积2.62万公顷。

（丛振宁）

园林绿化

【概况】 2020年，区市政园林中心坚持科学规划、品质建设、精细管理，努力提升区域园林绿化建管水平，不断增强市民的绿色获得感。年内，投资9570万元，高标准实施40处游园新建改造工程，总面积40.78万平方米。打造1处总体国家安全观主题公园——骆驼公园，实施2项校园景观升级改造工程并竣工。投资2673万元，新建、提升9段环海步道，总长6.18千米。利用监督考核机制，受理答复社会信息处理平台案件531件，处置数字城管案件954件，园林绿化品质不断提升，城市生态环境不断改善。

【重点绿化工程建设】 2020年，区市政园林中心遵循“见缝插绿、因地制宜”原则，加大市区街头游园与滨海步道的建设改造力度，满足群众的游园需求，打造城市靓丽风景线。至年末，投资9570万元，新建、改造星乐公园、利川游园、天都游园、杏花湖公园等40处游园，新建、改造面积40.78万平方米。投资2673万元，推进环海步道贯通工程建设，新建、提升金海游艇段、猫头山段、靖子环海路段、山东村段等滨海步道9段。推进环海步道贯通工程建设，新建、提升步道9段，长6.18千米。其中，新建步道6段，长2882米；完善提升步道3段，长3299米。至年末，滨海步道竣工并对外开放，玻璃栈道、海滩栈道、观海平台等多处节点成为热门网红打卡地，在全市精致城市观摩中得到市领导好评。投资489万元，实施威海市第七中学、威海市第八中学校园景观升级改造工程。威海市第七中学景观工程改造面积6700平方米。通过合理布局空间，形成“三区五园”格局，提升绿化景观效果，栽植传统名花牡丹、芍药等，可作为科普教育基地。空地建设运动休闲区——竞美园，设置运动器械、红色钢廊架、坐椅；绿地建成健美园、康美园，设置透水砖甬路，安装石桌石凳，供学生休憩；对运动健身区周边开展绿化改造，增设看台，设置体育运动类图案及宣传标牌。威海市第八中学景观工程改造面积5300平方米。设计以油画为主题，空间布局借鉴著名油画《星空》的螺旋式曲线，体现动感与韵律；铺地以彩色透水混凝土为主，场地高差处理上采用高迪花园油画挡墙，挡墙外饰面图案以马赛克形式展示油画色彩；植物配置上，以造型油松、榉树、杏树、花境为主，打造成休闲娱乐、文化展示、学习交流等多元性的校园空间。

【精致口袋公园】 2020年，全区有11处优秀口袋游园入选威海市精致城市建设奖补项目。其中，一类口袋游园5处，分别是星乐公园、利川游园、羊亭河湿地公园四期、戚谷疃北区游园、童心园；二类口袋游园6处，分别是温泉新和园、天都游园、北门外游园、杏花湖公园、翠柳园、黄家皂游园。全市精致游园建设奖补资金421.6万元，环翠区获得补助资金190.3万元，占全市总奖补资金45.1%。

星乐公园。位于环山快速路以东、统一南路以西、崂山路以南的三角地块，占地面积2.95公顷。公园分为儿童活动区、篮球运动区、滑板极限区、观舞休闲区等不同功能分区，拥有篮球、羽毛球、攀岩、跑步等传统运动场地以及秋千、滑梯、陀螺椅等游乐设施，增加轮滑、滑板、小轮车等新潮运动方式的活动场地，打造成为设计独特、突出个性、功能全面的青少年专属时尚户外运动场地。园区绿植设计以彩叶乔木及球类为主，通过植被搭配，完成空间序列的塑造，形成空间丰富、生机盎然、可持续并兼备为候鸟等多种动物提供优质生态环境的公园。2020年11月竣工并对外开放。

利川游园。位于统一路以东、保利红叶谷以西，占地面积0.6公顷。游园设计以“萌芽”形态作为灵感，以“萌趣”作为设计主题，通过游园的互动装置提升市民的参与性。游园分为幼儿蒲公英乐园、少儿活力乐园、萌芽活动广场三大功能区，设置儿童摇摇乐、活力蹦床、蒲公英滑梯、塑胶休憩丘陵、羽毛球场等设施，将自然生态、人文景观、地域特色等多方面有机融合，把游园建设成为集休闲运动、儿童娱乐、生态体验为一体的综合性游园，形成生态、开放的多功能性景观空间。在植物搭配上突出季相差异性，结合植物色彩，打造不同特色的景观节点，充分利用乡土树种，搭配栽植海棠、美人梅、红叶石楠等植被，重点展现绚烂春花和缤纷秋叶，打造三季有花可观、四时有景可赏的游园景观。2020年9月末竣工并对外开放。

羊亭河湿地公园四期。位于和兴路南侧，西起海利达路，东至S302，治理河道960米，整治面积11.5万平方米，清淤5.5万立方米，绿化面积7.2万平方米。公园践行海绵城市理念，通过对河道疏浚，提高行洪蓄水能力；采用雨水花园的设计理念，利用下凹式绿地、透水铺装收集雨水，涵养地下水。提高羊亭河景观的连贯性、丰富性，擦亮羊亭河湿地公园品牌。2020年11月竣工并对外开放。

戚谷疃北区游园。位于共和巷东侧，菊花顶路北侧，占地面积0.55公顷。结合场地功能性质分为林荫休闲区、休闲健身区、儿童游乐区、楼间休闲区4个景观功能区。林荫休闲区在保留原有柳树的基础上适当增加乔木，形成林荫空间，林下用汀步石铺设小广场，放置石桌、凳供游人休息；休闲健身区部分地面铺装透水砖，部分地面铺装悬浮地板块，设置防腐木休闲桌、凳，健身设施在原有种类基础上增加单双杠、秋千等；儿童游乐区设置儿童攀爬墙、蹦床、攀爬网、传声筒等设施，适当点缀大树遮阴；楼间休闲区更换破损健身设施，铺设卵石甬路。对游园西北角的篮球场进行改造，铺设塑胶地面。2020年9月竣工并对外开放。

童心园。位于文化路以北、少年路以西、长征小学西门对面，占地面积0.18公顷。通过长条的曲线坐墙分割东侧舞蹈广场和西侧健身康体区、儿童游乐区的空间。儿童游乐区地面铺装防腐木，其上设置儿童攀爬墙、太空舱及秋千、跷跷板，沙池内设置儿童滑梯、索连桥及单双杠；健身康体区地面采用彩色的透水砖铺装，保留原有的健身器材；舞蹈广场区和林荫休闲区通过地面铺装形式的变化形成两个独立的区域，东侧设置风雨长廊，外侧设计不同形式的漏窗，形成框景效果，内部供游人休憩。2020年9月末竣工并对外开放。

新和园。位于温泉镇柳河路南、寨河路西，占地面积2.3公顷。游园主要分为儿童游乐区、健身休闲区、娱乐广场等，建设管理房1处、景观桥1座，安装健身器材及儿童游乐设施20套，是一个集休闲健身、沟通交流、生态体验为一体的滨水景观游园。2020年8月竣工并对外开放。

天都游园。位于文化路和西北山路交叉口东北角，天都小区的东侧，占地面积0.26公顷。游园中心设置环形跑道，沿跑道周围设置健身康体区、儿童游乐区、休闲区等空间，提档升级绿化景观，形成一个环形的游览路线。绿地增加标识，设置风雨长廊及文化宣传廊架，周围长廊及坐凳可供居民小坐休息。2020年9月竣工并对外开放。

黄家皂游园。位于张村镇沈阳路南侧，和兴家园南，占地面积1.2公顷。游园布局紧凑，提高土地利用率，将园林中“死角”转化为“活角”，为广大居民“绘出”一幅秋日田园风光图。配有健身步道、健身器材、儿童娱乐设施等。2020年10月竣工并对外开放。

北门外游园。位于文化路五交化商场对面、北门外社区北侧，占地面积850平方米。游园加大绿化升级改造力度，增加观花类植物。重新划分功能，设有健身康体区、儿童游乐区、林荫休闲区、健身区等区域。沿公交站设置格栅式风雨亭及坐墙，供游人休息；健身区增加单双杠，下铺悬浮地板块，南侧增加风雨廊架；儿童游乐区地面铺装悬浮地板块，南侧大树间增加“梅兰竹菊”主题的镂空钢板文化宣传栏。2020年9月竣工并对外开放。

杏花湖公园。位于贝草夼水库周边，水库及周边景观与贝草夼游园项目整合成一体，增加项目延展性，占地面积4公顷。清理公园水库，整理驳岸，设置岸边甬路，增加亲水体验，以贝草夼的特色杏树为主要树种，与贝草夼美丽乡村景观相呼应，结合地形种植宿根花卉、疏林草地，打造有乡村特色的游园。2020年11月竣工并对外开放。

翠柳园。位于张村镇沈阳路北侧，翠柳园小区南，占地面积0.74公顷。设计主导思想突出简洁、时尚、自然、美化环境、以人为本，修建健身步道180米，安装健身器材3套，改造健身广场500平方米。充分发挥绿地效益，满足附近居民不同要求，创造优雅自然环境；植物配置以景观植物为主，疏密适当、高低错落，形成一定层次感；绿地中道路力求通顺、流畅、方便、自然，让游人身心愉悦。根据游园性质、地域特征、资源分布特点将游园划分为三大功能区：“倚翠廊架”区、“柳风棋苑”区、亲子园廊架及“天伦游戏”区。2020年10月竣工并对外开放。

【主题公园打造】 2020年，环翠区将骆驼公园打造为总体国家安全观主题公园，聘请专业人员进行设计，在有限的空间内设立多种国家安全知识展板，旨在通过宣传总体国家安全观，让市民充分认识国家安全的丰富内涵和重大意义，营造全民学习宣传国家安全氛围。至年末，补植苗木247株、地被类180平方米、草花2350盆，粉刷亭柱24平方米。

【监督考核】 2020年，区市政园林中心严格考核，纠正管护质量不高的问题，促进管养水平全面提升。每月不定期对辖区绿化管护情况进行实地检查考核，考核成绩直接与养护费挂钩，引起养护单位重视，提高管护水平。年内，受理答复社会信息处理平台案件531件，处置数字城管案件954件，结案率100%。

（王维美）

环境卫生

【概况】 2020年，区环境卫生中心以精致城市建设为总抓手，以新冠肺炎疫情防控为总基调，以创建全国文明城市行动为关键点，稳步推进城区470万平方米主次干道、人行道、沿线绿化带、小游园的清扫保洁，72座公厕建设管理，清运生活垃圾13.3万吨，实现中心城区垃圾分类全覆盖，其他镇（街道）覆盖面50%以上。全体党员积极响应，为新冠肺炎疫情防控捐款1.81万元。

年内，《威海市环翠区城乡环卫同标同质一体发展》被中国城市环境卫生协会城乡环卫一体化专业委员会评为全国城乡环卫一体化典型案例；《启动红色引擎　打造党建品牌》被中国建设职工思想政治工作研究会市容行业分会推介为2020年度特色工作案例。

【新监管典型示范案例】 2020年，区环境卫生中心新增塔山、石河等32个垃圾分类试点社区，全区有试点社区58个，中心城区覆盖率100%，其中15个社区获评市级分类亮点社区，分别是环翠楼街道5个（塔山、石河、南山、大桥、塔中社区），鲸园街道5个（花园、鲸园、万福、古北、戚谷疃社区），竹岛街道4个（金线顶、翠竹、四方、海韵社区），孙家疃街道1个（北海社区）。区环境卫生中心拓展智能回收体系规模，至年末，新增智能回收设备40套，共投入100套，配建分拣中心2座，回收物资1571.1吨。年内，环翠区"'双四分基本分类法（四色分类法、区域四分法）+智能回收'的生活垃圾分类体系"被山东省住房城乡建设厅评为山东省城市品质提升试点项目。《威海市环翠区垃圾分类智慧模式》获评中国城市环境卫生协会2020年中国智慧环卫典型示范案例——"新监管典型示范案例"，成为全国入选的7例案例之一。

【生活垃圾直运新模式探索】 2020年，区环境卫生中心率先在全省推行"小、快、宁，全直运"（清运设备小型化、清运运转快速化、清运作业噪声小，全过程无中转直运输）生活垃圾清运模式改革，创新"车车对接"方式，小车收集、大车转运，桶内垃圾滞留时间由过去的6~8小时压缩到3~4小时。11月，《"垃圾直运"巧解老社区难题》在《大众日报》要闻版专题报道。

【创建全国文明城市环境卫生保障】 区环境卫生中心作为创建全国文明城市环境卫生保障力量的"主力军""突击队"，每日对135条主次干道湿扫4次、洒水4~6次。年内，清刷路面及人行道板208条，清理绿化带、游园243个，清刷垃圾桶底座1626个，联合镇（街道）解决问题100余个，增设中、英、韩三语公厕指示牌609个、指示标识1228个，完善无障碍坡道16处，增设无障碍扶手93处、无障碍马桶20处，应急求助电话提示牌72个；日均清运垃圾600余吨，车辆月行驶里程1万余千米，完成承担的创建全国文明城市环境卫生保障任务。

【环境卫生中心新冠肺炎疫情防控工作】 2020年春节前夕，区环境卫生中心主动联系宾馆、医院、饭店等，对全区1.2万个垃圾桶、2000个果皮箱、146座公厕进行消毒杀菌。向全区8个镇（街道）及50余个部门印发《关于进一步明确疫情期间废弃口罩收集处置方式的通知》，设立550个废弃口罩专用收集桶、安排4辆废弃口罩回收车，对废弃口罩专门消毒、集中回收，阻断病毒传播途径。区环境卫生中心承担全区集中隔离点生活垃圾清运，对口罩及隔离人员生活垃圾单独收运，改建2处紫外线消毒室。全体职工每日测量体温3次，利用明白纸、钉钉群、宣传标语、横幅等，持续开展新冠肺炎疫情防控宣传，向在岗职工发放一次性口罩30余万只，实现工作人员"零"感染。

【公厕建设】 2020年2月，区环境卫生中心克服新冠肺炎疫情停工的困难，13天完成重庆街老旧旱厕拆除及改建工程，解决困扰居民多年的难题，彰显"环卫速度"。4月，按照二类公厕标准，分两批次新建1座（花园新村公厕），改建公厕9座（建设街公厕、塔山中路142号公厕、统一路法院南公厕、顺河街鱼市公厕、翠沁园公厕、庙墉路公厕、菊花顶公厕、四方路清洁站公厕、塔山西路1号公厕）。10月末，10座新（改）建公厕投入使用，每日如厕4100人次，服务范围覆盖附近12个社区。

【安全生产】 2020年，区环境卫生中心委托山东天弘质量检验中心有限公司，构建安全生产风险分级管控和隐患排查治理双重预防体系，确定27个部门及各工种的安全风险等级；制定《安全生产风险分级管控实施手册》《安全生产隐患排查治理实施手册》，形成人人参与安全生产的良好氛围，事故发生率比上年下降32.4%。

（邹梦娟）

科学技术

综　述

【概况】 2020年，区科技局聚焦创新主体培育、科创平台建设、产学研合作、招才引智等重点工作，市级考核4项指标均列同平台第一，综合成绩实现“三连冠”。兑现区级科技创新扶持资金2400余万元，为200余家企业争取研发费补助等无偿资金5800余万元；帮助威海宝威新材料科技有限公司等43家在孵企业、资金短缺企业申报贷款6312.7万元；规模以上工业企业研究与试验性发展经费投入10.54亿元；威海天之卫网络空间安全科技有限公司等项目获批科技部“科技助力经济2020”重点专项，威海市海王旋流器有限公司项目获批中央引导地方基金项目；入库国家科技型中小企业244家。威海激光与光电子信息技术研究院等3家科研及技术转移机构落地；双创人众创空间获批全区首家国家备案众创空间，中欧水处理及膜技术创新产业园获批全市首批创新创业共同体；威海创新园等纳入威海市“1+4+N”创新体系建设。打造“北京—大连—济南—威海”技术转移朋友圈；首高科技术转移中心获批省级技术转移机构，环翠区入选全省首批技术转移先进区；签订产学研合作项目43项，技术合同交易额12.2亿元。威海天之卫网络空间安全科技有限公司王佰玲入选国家高层次人才特殊支持计划，实现国家级人才项目“零”突破；国家高层次人才李保安、泰山产业领军人才周文龙等高层次人才项目落户环翠区。

【《环翠区关于推进科技创新的扶持意见》修改】 2020年5月25日，区科技局与区财政局联合印发《关于修改〈环翠区关于推进科技创新的扶持意见〉的决定》，新修订扶持意见增加对企业研究开发财政补助，对考评优秀孵化载体，对国家级、省级技术转移机构的扶持，从产学研合作、高新技术发展、创新平台、科技企业孵化载体、知识产权、大型仪器共享、科技发展计划、科技服务机构、重大科技专项9个方面，对办理市场注册、在环翠区纳税的具有独立法人资格、财务制度健全的企事业单位、科研机构、民办非企业单位及专利列入环翠区统计的专利权人进行扶持，激发全社会科技创新积极性和主动性。

【科技计划】 2020年，区科技局组织实施区级以上各类科技计划72项。其中，获批国家和省级科技计划项目5项[其中科技部“科技助力经济2020”项目2项、省重点研发计划（重大科技创新工程）项目2项、中央引导地方科技发展资金项目1项]；获批市级科技计划项目16项，均为威海市市级重点科技创新项目；新实施区级科技计划项目15项。通过计划实施，提高企业研发经费投入，加大重大关键技术和高端产品研发力度，在点上攻克核心技术、线上拥有创新链条、面上提升创新水平。至年末，全区规模以上工业企业研究与试验性发展经费投入10.54亿元，占地区生产总值的2.72%。

2020年环翠区新增国家、省级科技计划项目一览表

表18

序号	项目名称	项目类别	承担单位
1	高端降压药用无毒关键中间体原料研发及应用	科技部“科技助力经济2020”	山东华素制药有限公司
2	基于SDWAN的网络安全互联平台及工业转型升级应用示范		威海天之卫网络空间安全科技有限公司
3	微细颗粒高效节能旋流分离技术研发及装备产业化	山东省2020年度中央引导地方科技发展资金项目	威海市海王旋流器有限公司
4	医用聚乳酸材料的关键技术研究及在可吸收骨科植入物中的应用	2020年度山东省重点研发计划（重大科技创新工程）	山东威高骨科材料股份有限公司
5	海空天一体化海洋观测技术与智能装备研发		威海西港游艇有限公司

2020年环翠区新增市级科技计划一览表

表19

序号	项目名称	承担单位
1	威海市高性能轮胎技术创新中心	三角轮胎股份有限公司
2	青岛大学威海创新研究院	青岛大学威海创新研究院
3	威海市激光与光电子信息技术研究院	威海市激光与光电子信息技术研究院
4	威海创新园海洋智能装备研究中心	威海蓝湾海洋工程装备研究院有限公司
5	山东大学（威海）海洋科技创新中心	环翠区人民政府、山东大学（威海）
6	威海市航空设备技术创新中心	威海广泰空港设备股份有限公司
7	威海市海洋生物资源军用食品技术创新中心	威海市宇王集团有限公司
8	反渗透海水增压与能量回收一体机关键技术研究及产品开发	山东双轮股份有限公司
9	南极磷虾小分子肽规模化生产技术研究及应用	威海市宇王集团有限公司
10	超高性能轮胎全电磁感应加热直压硫化智能制造成套技术及装备	三角轮胎股份有限公司
11	碳纤维预浸布智能化生产集成制造系统	威海宝威新材料科技有限公司
12	翻修股骨柄系统	山东威高骨科材料股份有限公司
13	无色透明聚酰亚胺树脂及其薄膜的研发及产业化	威海新元科盛新材料有限公司
14	预灌封注射器用配件研发	威海恒煜医疗器材有限公司
15	污水管道带水在线检测及清淤机器人关键技术研发	威海浦鲸智能设备有限公司
16	中欧水处理及膜技术创新产业园	中欧水处理及膜技术创新产业园

2020年环翠区新增区级科技计划一览表

表20

序号	项目名称	承担单位
1	新型脊柱内固定系统	山东威高骨科材料股份有限公司
2	协同增效PD-1抗肿瘤的海洋药用产品开发	威海人生药业集团股份有限公司
3	船舶高压岸电系统的研发与应用	威海中远造船科技有限公司
4	百盟校园物联感知系统	山东百盟信息技术有限公司
5	电子显示屏面板玻璃加工智能装备的研发	威海市银河光电设备股份有限公司
6	多肽产品全生命周期绿色生产工艺技术研发	威海凯硕生物科技有限公司
7	循环水系统中大菱鲆幼鱼对硝酸盐及磷酸盐耐受研究	威海圣航水产科技有限公司
8	一次性使用肠套叠灌肠复位仪的研发	威海美迪森医疗器械股份有限公司
9	LJS免拆复合模板现浇混凝土墙体保温系统的研发	山东隆济时节能科技股份有限公司
10	潆射电制热清洁能源分布式智能化节能供暖系统及产品的研究	威海震宇智能科技股份有限公司
11	智慧工地管理系统的研发与示范应用项目	威海毅诺信息科技有限公司
12	智慧林业综合运营集成服务平台——5G示范项目	威海丰瑞信息科技有限公司
13	胶片环形冷却设备技术研发项目	威海三方橡胶机械有限公司
14	房屋交易与产权管理平台的研发	威海时空云图信息技术有限公司
15	柱式超滤膜的研究	威海锦盛源环保科技有限公司

科技成果及应用

【概况】 2020年，区科技局登记重要科技成果10项。其中，威海市海王旋流器有限公司自主研发的“叠层细筛精准分级回收选煤厂煤泥技术研发与应用”项目，获得山东省科技进步奖三等奖。

【科技成果登记】 2020年，环翠区登记科技成果10项。其中，三角轮胎股份有限公司3项（高性能绿色轮胎标签等级及安全性能提升、耐热氧老化的低切割量复合胎面胶开发、全新L-4系列装载型工程机械轮胎研发）、山东百盟信息技术有限公司1项（IPTV业务软终端方案）、威海广泰空港设备股份有限公司1项（航空装备智能化控制技术研究及应用）、大连理工大学威海技术转移中心2项（无人化车间物流设备的智能化运行、碳纤维复合材料废弃物制造高性能摩擦材料技术及应用）、威海银兴预应力线材有限公司1项（新型钢桥面铺装绿色耐久型高分子聚合材料工艺研发及产业化）、威海中远造船科技有限公司1项（光电催化助快速芬顿氧化技术研究及其关键设备）、威海新元化工机械有限公司1项（精细化工绿色高效连续催化加氢关键技术研究及工程化）。

【山东省科技进步奖三等奖项目及其应用】 2020年9月21日，威海市海王旋流器有限公司自主研发的“叠层细筛精准分级回收选煤厂煤泥技术研发与应用”项目被省科技厅评为山东省科技进步奖三等奖。该项目针对选煤厂粗煤泥分选回收利用中存在的分选精度低、分级效率低、粗精煤灰分高等难点问题，开发高效精细分级设备——叠层高频振动细筛和大直径分级浓缩旋流器，并应用到粗煤泥传统分级分选工艺流程中，创造出“1+1+1+1”（大直径分级旋流器+高效粗煤泥分选机+分级浓缩旋流器+叠层细筛）等新型粗煤泥分级分选工艺流程；研制煤泥重介质分选机并开发煤泥三产品重介质洗选新工艺，实现粗煤泥两段分选，提高粗煤泥分选效率和精煤回收率，选用叠层高频振动细筛作为煤泥回收系统，对煤泥重介质分选机分选下限粒度进行有效回收。该成果获得授权专利8项（其中发明专利2项），形成行业标准2项，获得“中国煤炭工业协会科学技术奖”1项；获得“山东省节能奖”1项，经过科技成果鉴定达到国际先进水平。年内，推广应用到国内100余家洗煤厂，大大提高粗煤泥分选效率、粗精煤回收率、煤炭资源综合利用率，促进洁净煤技术发展。2017—2019年实现直接销售收入8896万元，利润1280余万元，税收856万元。

（王义凯）

2020年8月27日，区市场监管局工作人员到威海海裕城孵化器进行知识产权政策宣传（区市场监管局　供图）

知识产权

【概况】 2020年，全区授权专利1967件，其中授权发明专利123件。威海中远造船科技有限公司、山东名流餐处装备股份有限公司等14家企业通过知识产权管理体系初次认证，三角轮胎股份有限公司的“胎肩和胎侧部位具有耐划伤功能的子午线轮胎制造方法”发明专利获得山东省第三届专利奖三等奖。

【知识产权宣传】 2020年，区市场监管局利用知识产权宣传周、“3·15”国际消费者权益日、中国专利周等活动，结合新冠肺炎疫情防控特殊形势，通过线上线下宣传，走进企业孵化器、园区、服务机构等地，开展知识产权政策、知识产权保护、知识产权服务等知识的宣传和普及。通过召开座谈会、实地走访调研、集中培训等方式，帮助企业挖掘专利资源、增强公众专利维护意识、提高机构服务水平。年内，培训人员180余人次。

【知识产权保护】 2020年，区市场监管局将保护知识产权作为市场监管综合执法重要内容，推进知识产权行政执法体系建设，提升知识产权执法效能，强化重点市场、重点领域执法，查处专利侵权假冒违法行为，保护权利人和消费者合法权益，促进创新环境持续优化。5月12日，开展“铁拳”行动，按照2020年威海市知识产权执法“铁拳”行动方案要求，做好线索摸排处理，多渠道搜集侵权假冒案件线索，集中梳理、筛选涉黑涉恶犯罪线索，至年末，立案33件，结案27件，罚款10.59万元。7月27日，开展“蓝天”行动，梳理全区所有代理机构，组织开展自查，强化监管，推动知识产权代理行业健康有序发展，为优化本区创新环境和营商环境提供保障。年内，出动执法人员140余人次，检查经营场所52处。

【知识产权强企体系建设】 2020年，区市场监管局持续推进知识产权管理体系建设，培育知识产权优势企业。年内，威海中远造船科技有限公司、山东名流餐处装备股份有限公司等14家企业通过知识产权管理体系初次认证；三角轮胎股份有限公司、山东双轮股份有限公司通过国家知识产权示范企业、优势企业考核；山东威高骨科材料股份有限公司挂牌设立国家知识产权局专利局专利审查协作天津中心专利审查协作和服务实训基地，全区授权发明专利实现“零”突破企业33家。

（李正杰）

科研开发服务体系

【概况】 2020年，区科技局完善全区科研开发服务体系，指导企业建设科技创新平台，推动科技企业孵化器提质升级。年内，全区新增省级技术创新中心1家、省级新型研发机构1家、市级技术创新中心1家、市级重点实验室2家、市级工程技术研究中心2家、市级新型研发机构1家、市级创新创业共同体1家。

【创新平台建设】 2020年，区科技

局按照《环翠区区级工程技术研究中心管理办法》，搭建合作平台，鼓励骨干企业与高校院所合作设立联合研究中心，整合集聚科技资源，探索共建试验、研发检测平台。年内，全区新增省级技术创新中心1家（威海广泰空港设备股份有限公司——山东省空港地面设备技术创新中心）、省级新型研发机构1家（青岛大学威海创新研究院）、市级技术创新中心1家（威海西港游艇有限公司——威海市游艇技术创新中心）、市级重点实验室2家（山东捷讯通信技术有限公司——威海市智能感知与信息处理重点实验室、威海人生药业集团股份有限公司——威海市海洋天然药物重点实验室）、市级工程技术研究中心2家（威海新元果业技术服务有限公司——威海市现代果业装备工程技术研究中心、威海市银河光电设备股份有限公司——威海市汽车玻璃预处理智能装备工程技术研究中心）、市级新型研发机构1家（山东中欧膜技术研究有限公司）、市级创新创业共同体1家（中欧水处理及膜技术创新产业园——威海市水处理及膜技术创新创业共同体）。至年末，全区有国家级工程技术研究中心1家（威海广泰空港设备股份有限公司——国家空港地面设备工程技术研究中心）、省级技术创新中心1家（威海广泰空港设备股份有限公司——山东省空港地面设备技术创新中心）、省级新型研发机构1家（青岛大学威海创新研究院）、省级工程技术研究中心10家（其中省级示范工程技术研究中心4家）、省级重点实验室3家、院士工作站4家、市级技术创新中心3家、市级重点实验室5家、市级工程技术研究中心30家、区级工程技术研究中心12家。

2020年环翠区新建省级平台一览表

表21

序号	依托单位	平台名称
1	威海广泰空港设备股份有限公司	山东省空港地面设备技术创新中心
2	青岛大学威海创新研究院	新型研发机构

2020年环翠区新建市级平台一览表

表22

序号	依托单位	平台名称
1	山东捷讯通信技术有限公司	威海市智能感知与信息处理重点实验室
2	威海人生药业集团股份有限公司	威海市海洋天然药物重点实验室
3	威海新元果业技术服务有限公司	威海市现代果业装备工程技术研究中心
4	威海市银河光电设备股份有限公司	威海市汽车玻璃预处理智能装备工程技术研究中心
5	山东中欧膜技术研究有限公司	新型研发机构
6	中欧水处理及膜技术创新产业园	威海市水处理及膜技术创新创业共同体
7	威海西港游艇有限公司	威海市游艇技术创新中心

【政策解读暨实务培训】 2020年6月17日，区科技局联合区人力资源社会保障局召开“2020年环翠区孵化器政策解读暨管理联席会议”，科技企业孵化器、威海创新园分中心等8家机构负责人及威海创客大街入驻企业代表20余人参加。培训内容为孵化器政策解读、分享交流及相关工作安排。区人力资源社会保障局创业指导服务中心解读创业企业补贴政策，包括小微企业创业担保贷款、一次性创业补贴等。区科技局高企孵化中心逐条解读2020年环翠区科技创新扶持政策，使孵化机构和企业了解并运用政策解决当前困难。

2020年6月17日，2020年环翠区孵化器政策解读暨管理联席会议召开
（区科技局　供图）

2020年环翠区省级科技企业孵化器新增培育国家高新技术企业一览表

表23

序号	孵化器名称	企业名称
1	环翠区科技创新孵化器	山东华德生物科技股份有限公司
2		威海玥瑄信息技术有限公司
3		威海毅诺信息科技有限公司
4	威海大鹰电商孵化器	威海诗航软件科技有限公司
5	威海银凯特智慧信息技术企业孵化器	威海浦鲸智能设备有限公司
6	威海市蓝玻科技企业孵化器	威海科尼利合环保科技有限公司
7	威海吉升昌科技服务有限公司	山东龙鹰无人机科技有限公司
8	山东双创人孵化器	威海畅享海天新材料科技股份有限公司
9		威海凌锋航空科技有限公司

【科技企业孵化器建设】 2020年，全区科技企业孵化器建设以聚焦专业、强化服务、提质增效为主线，提高运营和管理水平，提升创新创业服务质量。年内，新孵化培育国家高新技术企业9家，国家科技型中小企业入库20家，省级科技企业孵化器和众创空间7家；在孵企业213家，孵化国家高新技术企业29家、国家科技型中小企业68家。

【国家级科技企业孵化器】 2020年，环翠区科技创新孵化器（2019年获批国家级科技企业孵化器）入驻项目48个，培育高新技术企业9家、国家科技型中小企业33家，授权知识产权350项，指导8家企业获得融资6709.9万元。至年末，在孵企业实现主营业务收入4889万元，比上年增长46.6%；纳税59.1万元，增长13.2%。

【国家级众创空间】 2020年4月16日，科技部公布2020年度国家备案众创空间名单，双创人众创空间成为环翠区首家获得国家备案的众创空间。至年末，双创人众创空间入驻企业28家、创客项目41个；举办跨境电商、知识产权、人力资源、主题沙龙讲座22场，800余人次参加；与9所高校签约人才合作协议；帮助在孵企业申请知识产权64项；培育科技型中小企业6家；帮助威海金文兴电子科技股份有限公司在区域股权交易市场挂牌上市，形成以孵化办公为核心、创业服务为特色、创新资源聚合为支撑的生态型众创空间。

【威海激光与光电子信息技术研究院】 2020年4月27日，威海市政府、环翠区政府、中科院院士姚建铨三方签订协议，共建威海激光与光电子信息技术研究院。研究院主要聚焦激光与光电子、信息光学相关技术，在海洋、医疗、工业智能装备等领域开展技术研究和成果产业转化，以中科院院士姚建铨为首席科学家，组建团队，实现国际先进激光与光学技术在前沿科学领域的跨学科创新发展，促进信息、智能制造与传统制造业融合，利用5年时间，将研究院建设成以激光应用为主导、多学科相互融合的科创平台。

【山东省科学院中试基地威海创新服务中心】 2020年8月21日，区科技局举行山东省科学院中试基地威海创新服务中心启动仪式，派驻1名副研究员、1名博士、3名行政人员常驻环翠区开展工作。年内，促成区内企业产学研合作协议6项，金额620万元，其中5项成功申报“威海市人民政府——山东省科学院产学研协同创新基金”，项目数量占全市二分之一，位列各区、市第一，获得市级资金228万元。

【孵化器管理】 2020年，区科技局修订在孵企业考核办法等管理制度，加大项目引进和淘汰力度，促进孵化器优胜劣汰。规范孵化载体服务行为，指导海裕城孵化器通过首次国家级科技企业孵化器年度评价；组织孵化器参加省级绩效评价，威海大鹰电商孵化器有限公司、山东双创人孵化器有限公司合格通过；淘汰山东巨蟹云电商孵化器、猫这儿众创空间、影创空间3家运营质量差、科技含量低的孵化载体，推动孵化行业健康发展。

【孵化器活动】 2020年9月22日，区科技局举办“星耀环翠”第四届创客嘉年华活动，各孵化器、众创空间运营管理人员等100余人参加。活动邀请9车库咖啡教育董事长、CEO金子森以“围绕企业生命线打造孵化价值链”进行主题演讲；组织活动参加人员到智慧谷、泰美联华科技企业孵化器、瑞欣科技企业孵化器现场观摩，提升孵化器从业人员格局和高度，增强孵化器运营管理和服务水平。

科技交流与合作

【概况】 2020年，区科技局以加快科技成果转移转化为主线，推进科技交流与合作，推动产业链、创新链深入融合，在用好驻威高校资源基础上，拓展北京、大连、济南等地高校资源，建设高端创新平台，加速创新成果转化应用，构建科技合作全生态系统。年内，与哈尔滨工业大学（威海）签订战略合作协议，推动威海激光与光电子信息技术研究院、山东省科学院中试基地威海创新服务中心等科研和技术转移机构落地。邀请60名专家对接50余家企业，组织对接活动30余次，签订产学研协议43项。

2020年山东省科学院产学研协同创新基金一览表

表24

序号	项目名称	承担单位
1	维生素C衍生物类诱导体和索马鲁肽合成工艺关键技术研究	威海中腾医药科技有限公司
2	基于CARTA-IoT的物联网安全监控系统研发及示范应用	山东同域网络安全技术有限公司
3	水下构筑物射流清洗机器人系统研发	威海浦鲸智能设备有限公司
4	航天潜航特种食品的研究和开发	威海市宇王集团有限公司
5	叶菜类连作障碍土壤微生物修复技术	威海益丰农业科技有限公司

【技术转移】 2020年，区科技局与哈尔滨工业大学（威海）签订战略合作协议，各技术转移机构促成区内企业与高校科研院所签订产学研协议16项；促成山东同域网络科技有限公司与北京邮电大学网络安全合作及共建“北京研发中心”；引荐大连理工大学教授周文龙在环翠区创业；落地“碳纤维刹车片”项目，并完成山东科邦威尔复合材料有限公司注册。4月14日，环翠区首高科技术转移中心获省级技术转移服务机构备案。9月1日，环翠区入选山东省首批技术转移先进区。

【产学研合作】 2020年，区科技局坚持点面并举，通过“走出去、请进来”方式，深化产学研合作，加强与全区产业技术关联度较高、科研实力较强的“985”“211”高校对接合作，促进全区高端制造、新材料、生物医药等领域的技术研发与成果转化。年内，区科技局走访60余家企业，有针对性地搜集高校和科研院所各类科研成果100余项，签订产学研合作项目43项，合同金额3300万元。

【中欧膜产业技术创新合作大会】 2020年10月15日，由山东省科技厅、威海市政府、中国膜工业协会、欧洲膜学会联合主办，威海市科技局、环翠区政府、哈尔滨工业大学（威海）、中欧膜技术研究院、青岛农业大学联合承办的第十七届中欧膜产业技术创新合作大会举行，大会现场签署合作协议4项，达成合作意向7项，5万余人次收看3小时线上同步直播。

高新技术及其产业发展

【概况】 2020年，区科技局强化科技型企业梯次培育，加强对科技型企业的政策引导和服务支持，全面激发企业创新创造活力，助推全区高新技术产业加速发展。年内，全区57家企业通过高新技术企业认定，244家企业通过国家科技型中小企业评价，全区高新技术产业产值占规模以上工业总产值比重达到75.41%。

【科技型企业培育】 2020年，区科技局持续发动企业参加科技型企业申报工作，重点向企业解读研发费加计扣除、税收优惠、申报补贴等科技型企业扶持政策，通过上门推介、网络宣传、培训会等方式，宣传辐射影响企业200余家。与各镇（街道）沟通协作，实地摸排企业技术研发、平台建设、人员配置、营业收入等运维状态，为企业提出专利申请保护、产学研合作、财务规范等意见建议。至年末，实地走访近30次，走访企业近百家。根据企业所处发展阶段及申报不同类型科技型企业的实际需求，细化申报辅导服务方式，分别采取流程图提示、在线提示指导、协调优质中介机构介入等不同方式给予企业申报服务支持，提高申报成功率。

【高新技术企业】 2020年，全区有三角轮胎股份有限公司、威海广泰空港设备股份有限公司、山东威高骨科材料股份有限公司、威海宝威新材料科技有限公司、威海普益船舶环保科技有限公司、山东华素制药有限公司、威海华新药业集团有限公司等57家企业通过高新技术企业认定。至年末，全区有高新技术企业129家，比上年净增26家。

【国家科技型中小企业】 2020年，全区有山东华素制药有限公司、威海美迪森医疗器械股份有限公司、山东名流泵业科技股份有限公司、威海市银河光电设备股份有限公司、威海幹兹真空科技有限公司等244家企业通过国家科技型中小企业评价。

【高科技企业发展扶持】 2020年，全区新申报和重新认定高新技术企业57家。区科技局组织帮助威海新元化工机械有限公司、威海宝威新材料科技有限公司、威海宝飞龙钓具有限公司、威海博世特精密机械有限公司、山东鸿祥汽车内饰件股份有限公司等13家企业获得市科技成果转化先导资金扶持贷款6096.28万元。通过送政策上门、新闻发布会及QQ群、微信公众号推送等途径，为高科技企业推广科技创新政策，指导企业申报上级各类科技计划项目。年内，区科技局助力企业争取无偿资金5800余万元，帮助威海新北洋数码科技股份有限公司、威海新元化工有限公司等208家企业争取研究开发财政补助资金2447万元。

2020年环翠区新增高新技术企业一览表

表25

序号	企业名称	序号	企业名称
1	三角轮胎股份有限公司	30	威海益丰农业科技有限公司
2	威海广泰空港设备股份有限公司	31	威海诗航软件科技有限公司
3	山东双轮股份有限公司	32	威海泓方金属复合材料股份有限公司
4	山东威高骨科材料股份有限公司	33	威海多普瑞电子有限公司
5	威海宝威新材料科技有限公司	34	威海恒锐精密机械有限公司
6	威海怡和专用设备制造有限公司	35	威海华顺精密机械有限公司
7	威海化工机械有限公司	36	威海畅享海天新材料科技股份有限公司
8	威海锦阳电子有限公司	37	威海凌锋航空科技有限公司
9	威海中远造船科技有限公司	38	威海韩兹真空科技有限公司
10	威海山花华宝地毯有限公司	39	威海普益船舶环保科技有限公司
11	威海新元化工有限公司	40	山东昕达智能装备有限公司
12	威海海鑫新材料有限公司	41	威海中颐现代农装科技有限公司
13	华东岩土工程集团有限公司	42	威海金威体育文化发展有限公司
14	威海银兴预应力线材有限公司	43	山东华素制药有限公司
15	威海市银河光电设备股份有限公司	44	威海水瑞体育用品有限公司
16	威海新北洋荣鑫科技股份有限公司	45	山东龙鹰无人机科技有限公司
17	山东名流泵业科技股份有限公司	46	威海秀泰电子科技有限公司
18	威海市海王旋流器有限公司	47	威海朝阳船艇开发有限公司
19	威海博睿软件科技有限公司	48	威海科尼利合环保科技有限公司
20	威海鑫泰化工机械有限公司	49	威海雨霖纤维制品股份有限公司
21	威海亿美运动器械有限公司	50	威海鼎捷信息科技有限公司
22	威海华陆数控机床有限公司	51	山东华德生物科技股份有限公司
23	威海玥瑄信息技术有限公司	52	山东东鲁建筑设计研究院有限公司
24	威海毅诺信息科技有限公司	53	威海若维信息科技有限公司
25	威海市规划设计研究院有限公司	54	山东华威东方信息科技有限公司
26	山东时代超群科技股份有限公司	55	威海华有宝精密模具有限公司
27	威海市房地产测绘中心有限公司	56	威海华新药业集团有限公司
28	威海市城市规划技术服务中心有限公司	57	威海浦鲸智能设备有限公司
29	山东华威消防科技有限公司		

2020年环翠区国家科技型中小企业评价入库企业一览表

表26

序号	企业名称	序号	企业名称
1	山东华素制药有限公司	30	山东名流泵业科技股份有限公司
2	山东思维纺织有限公司	31	山东龙鹰无人机科技有限公司
3	威海鑫泰化工机械有限公司	32	威海丰润机械有限公司
4	山东昕达智能装备有限公司	33	威海中颐现代农装科技有限公司
5	威海普益船舶环保科技有限公司	34	威海市芙锦门窗有限公司
6	威海德润环保科技有限公司	35	威海金威体育文化发展有限公司
7	威海新元科盛新材料有限公司	36	威海平和复合材料制品有限公司
8	威海新元化工机械有限公司	37	威海铭威耐磨科技有限公司
9	威海新元果业技术服务有限公司	38	威海科尼利合环保科技有限公司
10	山东捷讯通信技术有限公司	39	威海格润环保科技股份有限公司
11	威海新城智能科技有限公司	40	威海奥牧智能科技有限公司
12	威海大河新材料科技股份有限公司	41	威海承盾新材料有限公司
13	威海朝阳船艇开发有限公司	42	威海金田环境科技有限责任公司
14	威海震宇智能科技股份有限公司	43	威海先优包装科技有限公司
15	威海博世特精密机械有限公司	44	威海晟威试验机有限公司
16	山东名流餐处装备股份有限公司	45	威海君创环保科技有限公司
17	威海宝飞龙钓具有限公司	46	威海澳多碳素运动用品制造有限公司
18	威海东山自动化科技有限公司	47	威海博锐化工机械有限公司
19	威海豪仕达碳纤科技有限公司	48	威海昱星新材料股份有限公司
20	威海美迪森医疗器械股份有限公司	49	山东中欧膜技术研究有限公司
21	威海松龄诺可佳中药饮片股份有限公司	50	威海市银河光电设备股份有限公司
22	威海博胜气动液压有限公司	51	威海市鸿扬节能设备有限公司
23	威海宇旸机械制造有限公司	52	威海鹰扬电子科技有限公司
24	威海市威洋机电设备股份有限公司	53	山东鲁滨逊体育用品有限公司
25	威海通佳电器有限公司	54	威海宝威新材料科技有限公司
26	美水泽元净水设备（威海）有限公司	55	威海诺葳信和新材料有限公司
27	威海天正涂料科技有限公司	56	威海人生药业集团股份有限公司
28	威海斡兹真空科技有限公司	57	威海赛飞扬机械自动化有限公司
29	威海秀泰电子科技有限公司	58	威海西港游艇有限公司

续表26

序号	企业名称	序号	企业名称
59	威海水瑞体育用品有限公司	89	威海锦阳电子有限公司
60	威海维特利机电科技有限公司	90	威海盈盾特种工程材料有限公司
61	山东德实环保科技有限公司	91	山东鸿祥汽车内饰件股份有限公司
62	石中剑（威海）渔具有限公司	92	威海菲沃瑞体育用品有限公司
63	元硕机器人（威海）有限公司	93	威海凌锋航空科技有限公司
64	威海金鼎机械制造股份有限公司	94	威海两岸环保新材料科技股份有限公司
65	威海宇泽环保科技有限公司	95	威海市怡和橡塑制品有限公司
66	威海锦盛源环保科技有限公司	96	威海华顺精密机械有限公司
67	山东百盟信息技术有限公司	97	威海新北洋正棋机器人股份有限公司
68	威海正泰工程质量检测有限公司	98	威海中腾医药科技有限公司
69	威海市公路勘察设计院有限公司	99	威海恒信模塑有限公司
70	山东汇天润泽知识产权服务有限公司	100	山东威航碳纤维制品股份有限公司
71	山东天弘质量检验中心有限公司	101	威海云飞网络科技有限公司
72	威海市宇王集团有限公司	102	威海市道光网络服务有限公司
73	威海圣航水产科技有限公司	103	威海和润电气有限公司
74	山东华威消防科技有限公司	104	威海众海智能科技有限公司
75	威海新隆德电气有限公司	105	山东双信节能环保技术有限公司
76	山东淞泓机械设备有限公司	106	山东格物智能科技有限公司
77	威海赤那思电子材料有限公司	107	威海金文兴电子科技股份有限公司
78	威海市凯迪斯家用纺织有限公司	108	威海锦铭电子科技有限公司
79	山东东鲁建筑设计研究院有限公司	109	威海铭瑞户外用品有限公司
80	威海市金泰地质勘察有限公司	110	威海劲变信息科技有限公司
81	威海佰时食品有限公司	111	山东哈威智能科技有限公司
82	威海中高知识产权代理有限公司	112	中南山河股份有限公司
83	山东明德生物医学工程有限公司	113	山东垣安智能科技有限公司
84	山东双轮埃姆科泵业有限公司	114	山东塔鑫信息技术有限公司
85	威海浩成精密机械有限公司	115	威海川图自动化设备有限公司
86	威海海腾电子有限公司	116	威海能联信息技术有限公司
87	威海瑞博特智能科技有限公司	117	威海天之卫网络空间安全科技有限公司
88	威海乐踏踏机械设备有限公司	118	威海双鑫金属制品有限责任公司

续表26

序号	企业名称	序号	企业名称
119	威海城旭仪器仪表有限公司	151	威海水知乐户外用品股份有限公司
120	威海畅享海天新材料科技股份有限公司	152	赛奎鹰智能装备（威海）有限责任公司
121	威海恒锐精密机械有限公司	153	威海博睿软件科技有限公司
122	威海利赫自动化科技有限公司	154	天芯电子信息科技（威海）有限公司
123	威海市圣普生物科技有限公司	155	山东瀚顺精准医疗科技有限公司
124	威海向日葵信息技术有限公司	156	智真海洋科技（威海）有限公司
125	威海金盟翔宇节能环保科技有限公司	157	山东华威东方信息科技有限公司
126	威海市长荣网具有限公司	158	山东科邦威尔复合材料有限公司
127	威海信泰机械设备科技有限公司	159	威海天航信息技术有限公司
128	威海浩渔户外用品有限公司	160	艾瑞（威海）信息技术有限公司
129	威海三元塑胶科技有限公司	161	威海凯润网络信息有限公司
130	海智医疗健康管理（山东）有限公司	162	山东带路知识产权咨询服务有限公司
131	威海爱德信息科技有限公司	163	山东易网鸿联电子有限公司
132	威海鸿泰生物科技有限公司	164	威海市科盛电子有限公司
133	迈凯恩（威海）电动车有限公司	165	威海君悦信息工程有限公司
134	威海多普瑞电子有限公司	166	山东九鼎世纪电子有限公司
135	威海爱羽信息科技有限公司	167	威海美合生物科技有限公司
136	威海千千鸟家纺有限公司	168	威海市城市规划技术服务中心有限公司
137	威海市新会渔具有限责任公司	169	威海和光电子有限公司
138	威海辰星电子有限公司	170	威海惠光电子系统工程股份有限公司
139	威海华成纺织服装有限公司	171	山东优住环境科技有限公司
140	威海弘科自动化设备有限公司	172	威海时空云图信息技术有限公司
141	山东鼎泰智能科技有限公司	173	山东汇丰电力有限公司
142	威海颢福自动化设备有限公司	174	山东时代超群科技股份有限公司
143	威海鹏飞自动化技术有限公司	175	威海市方腾科技有限公司
144	威海星辰自动化设备有限公司	176	威海泰久电子科技有限公司
145	威海兰科流量设备有限公司	177	山东三品教育科技有限公司
146	威海品创渔具有限公司	178	威海市建筑设计院有限公司
147	威海瑞沐精工科技有限公司	179	威海红瑞生电子科技有限公司
148	威海凯硕生物科技有限公司	180	威海市房地产测绘中心有限公司
149	威海若维信息科技有限公司	181	威海泽奕网络工程有限公司
150	威海市规划设计研究院有限公司	182	威海华软信息技术有限公司

续表26

序号	企业名称	序号	企业名称
183	威海市城乡规划编研中心有限公司	214	威海富创电子科技有限公司
184	威海恒泰知识产权服务有限公司	215	山东中瀚信息技术股份有限公司
185	威海云通信息科技有限公司	216	威海玥瑄信息技术有限公司
186	威海三方橡胶机械有限公司	217	威海创惠环保科技有限公司
187	威海市和铭祥机械科技有限公司	218	威海惠安康生物科技有限公司
188	威海瑞阳船艇开发有限公司	219	威海绿苑风景园林设计有限公司
189	威海浦源食品有限公司	220	威海数和智能科技有限公司
190	山东银凯特能源科技有限公司	221	威海毅诺信息科技有限公司
191	威海迅展智能科技有限公司	222	山东新翰驰机电设备有限公司
192	威海蕴安智能电子工程有限公司	223	威海诺曼底船舶技术有限公司
193	威海企源网络有限公司	224	威海慧壹智能科技股份有限公司
194	同舟智慧（威海）科技发展有限公司	225	威海五度体育科技有限公司
195	山东省托威达电气有限公司	226	威海俊博医疗科技有限公司
196	威海威仕泰医疗科技有限公司	227	威海溯源信息科技有限公司
197	威海浦鲸智能设备有限公司	228	山东博派生物科技有限公司
198	威海华有宝精密模具有限公司	229	山东金佰瑞节能科技有限公司
199	威海银创微电子技术有限公司	230	威海易诚智慧科技有限公司
200	威海正德电子设备有限公司	231	弗陆米特（威海）智能科技有限公司
201	威海市三元渔具材料有限公司	232	威海海恩蓝海水产养殖有限公司
202	威海海旭体育用品有限公司	233	山东至强奔腾信息技术有限公司
203	威海磐升生物技术有限责任公司	234	威海军之翼智能科技有限公司
204	威海华新药业集团有限公司	235	山东友大慧成科技有限公司
205	威海益海软件科技有限公司	236	威海鼎捷信息科技有限公司
206	山东一二多维教育科技有限公司	237	山东视见信息科技股份有限公司
207	威海俊奇信息科技有限公司	238	威海云数数据科技有限公司
208	威海卫媒文化传媒有限公司	239	山东华德生物科技股份有限公司
209	威海山威软件科技有限公司	240	威海诚悦光电科技有限公司
210	山东履信思源防伪技术有限公司	241	山东众志军创电子科技有限公司
211	威海丰瑞信息科技有限公司	242	山东汇泉工业有限公司
212	威海悦天三维科技有限公司	243	山东壹联软件技术有限公司
213	威海亿美运动器械有限公司	244	尚锐普（威海）环境科技有限公司

（王义凯）

教　育

综　述

【概况】 2020年，环翠区有中等职业学校2所、教职工90人、在校学生973人；义务教育学校33所（十二年一贯制学校1所、九年一贯制学校4所、初中9所、小学19所）、在编教职工3382人、在校学生55239人，全区省级规范化学校占比87%。全区有幼儿园62所、教职工2343人、在园幼儿17171人，全区省市级示范幼儿园占比95%，学前教育普惠率98.2%。年内，实施校园建设扩容提质工程，新建幼儿园3处、新投入使用幼儿园7处，新增学位2500个；完成19处居住区配套幼儿园专项整治、28所学校和幼儿园的校舍升级改造工程，新增普惠性学位4830个。出台《环翠区幼儿园综合督导及分类认定细则》，规范幼儿园管理。以“素质教育四项行动2.0提升版”为载体，推进“深度教学”向纵深发展。印发《环翠区关于加强新时代劳动教育的实施意见》，制订家务、校内、校外劳动清单，打造劳动教育特色学校。

【教育经费】 2020年，全区教育经费总投入12.26亿元（不含2020年结余），其中国家财政性教育经费投入7.11亿元，占比57.99%。教育经费总支出12.08亿元（人员经费支出6.2亿元，占比51.32%；公用经费支出5.78亿元，占比47.85%；其他支出0.1亿元，占比0.83%），其中国家财政性教育经费支出7.08亿元（人员经费支出4.93亿元，占比69.63%；公用经费支出2.15亿元，占比30.37%）。生均一般公共预算公用经费支出中，普通初中2789.07元，小学2102.68元；生均公共财政预算教育事业费支出中，普通初中1.37万元，小学8717.3元（公用经费分别为2698.04元、2129.76元，日常公用经费分别为2087.5元、1539.37元）。

【教育资助】 2020年，区教育体育局发放各类政府资助金538.54万元，惠及6957人次；发放社会资助金54.2万元，惠及486人次。发放中职助学金34.1万元，惠及341人次；发放中职免学费223.63万元，惠及1789人次；发放高中助学金7000元，惠及7人次；发放高中免学费2400元，惠及3人次；发放义务教育非寄宿生生活补助99.96万元，惠及2530人次（其中建档立卡贫困家庭学生发放7.2万元，惠及254人次）；发放义务教育寄宿生生活补助6400元，惠及10人次；发放农村学校班车补助13.89万元，惠及学生453人次；发放残疾学生（幼儿）生活补助56.8万元，惠及142人次；发放学前政府助学金96.42万元，惠及1602人次；发放学前减免保教费12.16万元，惠及80人次。发放“爱心一日捐”资助金54.2万元，惠及486人次。

【招生考试】 2020年，区招生考试服务中心组织面向社会的学历考试：教师资格笔试2次，9656人报考24140科次；自学考试2次，2018人报考5045科次；成人高等教育考试1次，6556人报考19698科次；研究生考试报名1次，1502人报名。组织面向初中学校的学业水平考试：组织15706人参加中考会考，其中初二6052人、初三5025人、初四4629人；学业水平考试5次，36447人次参加1860场次考试。

【校园建设】 2020年，环翠区投资2.5亿元，用于解决中小学大班额问题及校舍升级改造。其中，投资2亿元解决中小学大班额问题，新建福泰中学一期、明湖路学校二期，建成后增加校舍面积5.9万平方米，增加学位6200个；投资3000万元，对28所区直中小学校和幼儿园进行校舍设施改造及绿化；投资1500万元，对红叶谷幼儿园、玉兰幼儿园、恒大幼儿园进行装修改造；投资150万元，对环发幼儿园南院进行改造；投资200万元，对鲸园小学综合楼（二期）进行装修改造；投资150万元，建设羊亭学校射箭棚。推进“无废学校”建设和校园生活垃圾分类工作，全区70%的中小学校参与“无废学校”创建和校园垃圾分类活动。

【校园安全】 2020年，区教育体育局秉承“安全第一、预防为主、综合治理”的安全发展理念，健全安全责任体系，强化安全宣传教育和安全专业培训，突出抓好重点治理。依托专业力量强化校园安全专业培训，扩大培训覆盖面，6月—11月培训2100人次，提高校园安全从业人员业务素质。全区33所中小学、62所幼儿园均建立校园安全风险源管理台账“一校一册”，每月进行自查评估，定期开展校园风险辨识。9个安全督查组下发校园安全工作督办单134份，整改安全隐患165个，安全隐患整改率比上年提高6个百分点。全区113辆校车均建立“一车一档”信息，严格执行“六定”（定人、定车、定座、定检、定线、定时）及“一日三检”管理制度。8月末，对服务满8年的平头校车予以更换，完成民办学校、民办幼儿园大门口高清监控点位安装，与9个公安派出所实现联网，在全市率先完成校园智慧门禁安防系统建设。9月起，根据省、市校园消防专项整治工作安排，区教育体育局先后召开专题会议5次，摸底排查3轮，建立“一校一册”“一幢一册”消防安全档案。通过公开招标，引入2家消防专业服务机构开展校园消防维保服务。

【开门办学】 2020年，区教育体育局开放学校资源，满足居民多元化需求。挖掘学校师资潜力，推行“学校—社区”互动选课服务模式，向周边社区开放76门修身益智类公益课程，开课50余次。组建200余名教师志愿者团队，为居民量身定制养生保健、隔代教育等课程，服务社区居民，受益居民近3万人次。采用整合策略，完善校外实践基地共建模式。整合镇（街道）、部门、社区等校外教育资源，利用红色教育基地以及科技馆、博物馆、驻威部队、养老机构、特殊教育机构、重点企业、科技企业等教育基地，组织校外实践活动295次，开阔学生视野。链接社会资源，提升学生综合素养。邀请150余名“五老”人员、社会名人、行业精英等校外志愿者进入校园，对学生宣讲消防避险、饮食卫生、医疗保健、生活理财、职业规划、人际交往、法制安全等知识，完善学生知识结构，提高学生综合素质。

【复学复课】 2020年，区教育体育局开创“线上+线下”双轨并行的教育教学模式，全员搭建信息化教学平台，开发各类教学资源4500余个（线上教学资源2653个、微听读资源100余个、优质资源包1800个），构建线上课程资源库。制订新冠肺炎疫情防控相关工作方案、预案、制度、流程20余项，形成工作汇报、简报260余份，整理档案资料5591件，排查重点人员8024人，统一调配防疫物资41.48万件。建立“一对一”驻校医生、绿色诊疗通道、巡查巡诊等8项联防联控制度。通过线上、线下相结合的方式，开展各类培训会议10余场。开展新冠肺炎疫情防控校园专项督导、开学条件核验、驻校督导、巡查巡诊等督导检查19轮次，形成校园相对封闭管理、健康监测、校园常态化防控等防疫措施30余项。2020年5月8日，实验中学、城里中学、塔山中学等12所学校初中毕业年级和威海市海诚商业学校毕业年级学生复学复课，区教育体育局为首批开学的451名乘坐公交车的毕业年级学生订制23条上下学公交专线。同月25日，实验中学、城里中学、塔山中学等14所学校初中非毕业年级和威海市常春藤外国语学校学生复学复课。同月26日，统一路小学、长征路小学、实验小学等24所小学三年级至五年级学生复学复课。6月2日，统一路小学、长征路小学、实验小学等24所小学一、二年级学生复学复课。同月9日，机关幼儿园、教育幼儿园、望岛幼儿园等55所幼儿园复学复课。至11月2日，全区中小学校、幼儿园全部复学复课。

教师队伍建设

【概况】 2020年，区教育体育局贯彻落实《山东省人民政府办公厅关于进一步加强中小学教师队伍建设有关问题的意见》，坚持师德为先，立德树人，着力提升教师思想政治素质和职业道德水平，努力打造一支师德高尚、业务精湛、结构合理、充满活力的高素质专业化的教师队伍。至年末，环翠区有在编教职工

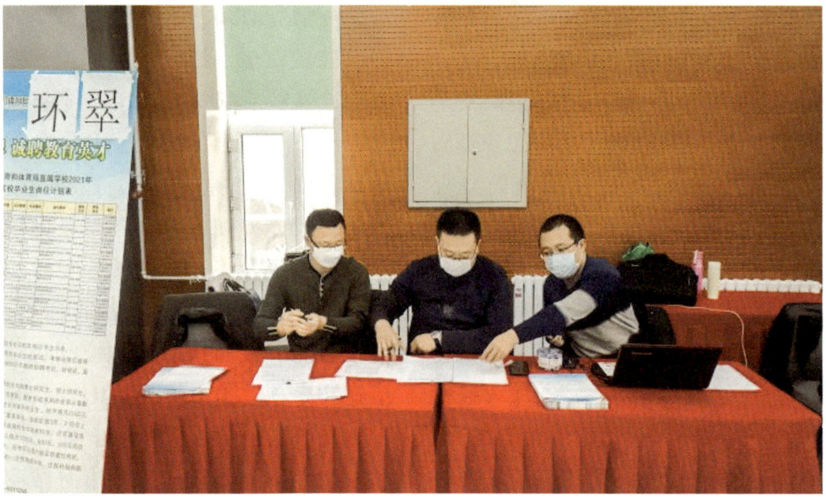

2020年11月2日，区教育体育局直属学校2021年引进优秀高校毕业生校园招聘会在东北师范大学举行（区教育体育局 供图）

3382人、纳入政府集中管理编外教师271人，民办中小学校自聘教职工409人。

【人才储备】 2020年，区教育体育局在引进“双一流”人才基础上，拓宽人才选聘类型，引进省内技能大赛二等奖以上和省级优秀毕业生等多种类型人才。引进优秀高校毕业生50人，其中“双一流”高校毕业生30人、省内师范类高校从业技能大赛省级二等奖以上和省级优秀毕业生20名，引进总量比上年增长67%。年内，区教育体育局招聘中小学教师150人、幼儿园人员控制总量备案管理制教师100人，有效缓解全区师资紧缺压力。

【交流轮岗】 2020年8月中旬，区教育体育局出台《环翠区教育体育局关于开展“区管校聘”暨城乡教师交流轮岗工作实施方案》，根据新学年农村学校建设、生源变化、师资结构等情况，结合学校实际需求和教师个人意愿，通过对口支援、支教和设岗竞聘等形式，引导教师参加交流轮岗工作。年内，符合交流轮岗条件的教师有762人，交流轮岗135人，占比17.71%；其中骨干教师交流轮岗37人，占比27.4%。

【干部、教师培养培训】 2020年，区教育体育局组织中小学校长参加省、市举办的“线上+线下”高端培训活动142人次；组织初中教育管理干部63人开展线下集中培训，围绕课程建设、校园安全、家校合作、中考备课等方面进行学习、研讨；按需、分批组织全区中层及以上负责人、班主任、学科骨干教师等近2000人，参加为期28天的“第七届中国教育创新年会”学习活动；组织204名新招中小学教师开展通识培训和跟踪培训。

【职称评审】 2020年，全区中小学教师申报正高级职称7人，比上年提高133.3%；申报副高级职称143人，提高81.01%；申报一级教师职称215人，提高82.2%。严格落实“321”政策（“321”指在农村学校工作30年、20年、10年以上且符合职称申报条件的人员），相关人员在申报相应中级、副高级、正高级职称时，不受单位岗位结构比例限制，评审通过的，设置特设岗位予以聘用，不占单位岗位数量。结合省、市相关政策，出台《威海市环翠区教育和体育局关于在农村学校工作10年、20年、30年以上教师申报职称的基本标准条件（试行）》，进一步明确“321”政策职称申报基本标准条件，充分释放职称改革红利。

【典型推树】 2020年，区教育体育局先后开展最美教师和教书育人楷模、“树典型、爱英模、学先进”、山东省特级教师等推荐评选活动，其中威海市望海园中学王静、威海市新苑学校方静、威海市第二实验小学于爱敏3人被评为“山东省特级教师”，威海环翠国际中学羊亭校区杜敬荣、威海市塔山小学宋小芳2人被评为“2020威海最美教师”，威海市环翠教育幼儿园胡滨被评为“威海市教书育人楷模”。

【师德师风建设】 2020年3月，区教育体育局印发《关于在疫情防控期间进一步加强师德师风建设的通知》，对新冠肺炎疫情防控期间有偿补课行为提出新的要求。印发《开展“树师德、正师风”治理教师有偿补课专项活动的通知》，对有偿补课提出进一步要求，9月1日前实行周报告制度，9月1日后实行月报告制度。强化师德实践，创建“为了人民”基层党建教学点和“树山印迹”2个市级教师师德涵养基地。印发《威海市环翠区教育和体育局关于庆祝2020年教师节暨开展“师德建设月”活动有关工作的通知》，要求各学校在9月广泛深入开展“师德建设月”活动，通过宣誓、座谈会、集体学习等形式，组织教师学习职业道德规范以及相关政策文件，提高全体教师的法治素养、规则意识，提升依法执教、规范执教能力。

基础教育

【概况】 2020年，环翠区聚焦基础教育攻坚突破项目，完成居住区配套幼儿园整治任务，新建幼儿园3所，新增普惠性学位540个，新投入使用公办幼儿园7所，增加学位2500个。在全省率先实现小学每班不超过45人、中学每班不超过50人的标准化班额，采取分类建立台账、启动流动法庭、实施关爱工程，实现控辍保学动态清“零”目标。完成市级义务教育招生入学“一网通办”和“公民同招”改革试点，全区24所小学全部恢复课后托管。

【学前教育】 2020年，环翠区第三期“学前教育三年行动计划”结束，该行动计划围绕规范管理和内涵发展两条主线精准施策，增加普惠性学前教育资源，提升幼教队伍专业素养，提高规范化办园水平。完成2020年度居住区配套幼儿园整治任务，提前实现平台全部清“零”。新建幼儿园3所，新增普惠性学位540个。新投入使用公办幼儿园7所，增加学位2500个。认定普惠性民办幼儿园24所，公益普惠性学前教育资源持续扩增。典型案例《环翠区以“公办优先”回应百姓“入好园”需求》被收入《山东省基础教育改革攻坚案例选编》。出台《环翠区幼儿园综合督导及分类认定细则》，加大常态督导力度，科学评价幼儿园办园水平，规范幼儿园管理。完成第三批全国幼儿园办园行为督导，认定恒大幼儿园、明辰幼儿园、东骏阅山幼儿园、玉兰幼儿园、威高幼儿园、宝威幼儿园塔山园6所幼儿园为省级二类幼儿园。年内，环翠区省级一类及以上幼儿园占比88.2%，其中省级示范幼儿园占比55.9%。以“四名工程”（名师建设工程、名班主任建设工程、名校长建设工程、名课程团队建设工程）为核心引擎，系统推进师德建设、师幼大阅读、名师名园长和保育员素养提升四大工程。立项省级课题1个、区级课题13个，承办威海市“基于幼儿发展的入学准备策略研究”课题开题暨学前教育教学成果推广会议，典型经验市级交流2次。获评全国足球特色幼儿园1所。

【中小学义务教育】 2020年，环翠区小学招生7304人，比上年增长11.78%；全区在校小学生32681人，增长4.55%；小学毕业生6196人。初中招生6029人，与上年持平；在校初中生22558人，比上年增长5.50%；初中毕业生4906人。除了经残疾人教育专家委员会鉴定不具备接受教育能力的，全区适龄儿童入学率100%。全区在校生辍学率（退学人数/上学年在校生人数）为0。年内，区教育体育局继续以“四项行动”深化实施为载体，抓住“高阶思维能力培养”关键切入点，推进“深度教学”向纵深发展。通过线上教学研究、基础教育教学成果培育与推广、教研员及中层领导高端定制培训、中小学优质课评选、中小学业务校长工作论坛等活动，促进教育内涵发展再上新台阶。9月，承办威海市基础教育教学成果推广应用启动会及山东省课改项目中期研讨会，环翠区获得的市级教学成果特等奖和一等奖2项成果参与交流分享，统一路小学、千山路小学汇报省级培育项目推进情况，专家组进行现场点评。11月，举行中小学业务校长工作论坛活动，推广教育教学质量提升有效经验。12月，在全区中小学进行学科高阶思维培养情况调研活动。通过联手上海方略、省市专家专题培训等路径，强化教研员与中层领导业务指导能力，促进其掌握课程的设计与实施，确保优势学科建设落地、落细、落实。年内，全区各级各类课题立项15项、结题76项，遴选出49项区级基础教育教学成果培育项目进行重点培育。中小学教师执教区级公开课45节、市级公开课56节；79节优质课获得市级以上奖励，其中市级一等奖39节。在威海市网上教学工作优秀案例评选中，环翠区10个案例获奖，其中一等奖4个。

【素质教育】 2020年，环翠区持续深化省级人工智能教育试点区建设，承办威海市以“AI赋能 智联你我”为主题的第九届中小学生科技节，举办环翠区第十一届中小学生科技创新大赛，189支代表队和322件作品参赛，其中166件作品获得一等奖，158名教师获得优秀指导教师奖。“发挥省试点区优势，构建AI教育新高地”的环翠经验在全市推广。继续推进素质教育“四项行动”，聚焦课程建设和深度教学研究，不断提升区域教育品质。举行第三届“大阅读”工程系列比赛活动，330人参加区级比赛，68人参加市级比赛，30人获得市级一等奖，3人获得现场作文市级前3甲。近1.3万名中小学生参加为期1天的创客研学活动，《环翠教育》增版发表“首届中小学研学旅行案例成果集”。印发《环翠区关于加强新时代劳动教育的实施意见》，制订家务、校内、校外劳动清单，打造劳动教育特色学校，区教育体育局被评为“山东省美丽庭院创建劳动小模范”优秀组织单位，新苑学校的“小豆子，折射知

2020年11月21日，威海市第九届中小学生科技节暨环翠区第十一届中小学生科技创新大赛举行　　（区教育体育局　供图）

行劳动‘大学问’”被山东省教育厅评为省级劳动教育优秀案例，明湖路学校被评为山东省乡村温馨校园建设优秀案例。在第35届山东省青少年科技创新大赛和威海市2020年青少年科技创新大赛中，环翠区分别获得一等奖18项和29项，获奖作品数量和质量名列威海市各区、市第一名。12月，举办环翠区中小学生器乐大赛，全区33所中小学1000余名学生参加比赛，该次比赛在人员组合、学生演奏技巧、教师指挥水平等方面都有较大进步。选拔优秀器乐、舞蹈节目参加省、市艺术展演，获得省级一等奖4个、二等奖6个，市级一等奖11个、二等奖3个，威海七中、翠竹小学分别获评全国青少年校园篮球、排球体育传统特色学校，城里中学获评“山东省美育特色学校”，新苑学校、千山路小学、河北小学获评“全国青少年校园足球特色学校”。

特殊教育

【概况】 2020年，区教育体育局在“威海市第二期特殊教育提升计划”实施过程中，逐步形成以普通学校随班就读为主体、以送教上门为辅助、以远程教育为补充，统筹推进普通教育和特殊教育不断融合的残疾人教育体系。成立残疾人教育专家委员会1个，建成特殊教育资源中心2个、特殊教育资源教室13个，其中示范性特殊教育资源教室9个。至年末，全区义务教育阶段接收残疾学生164人，其中安排随班就读145人、送教上门19人。

【分类施教】 2020年，环翠区成立由教育、民政、卫生健康、残联4个部门、单位专家组成的残疾人教育专家委员会，对适龄残疾儿童接受教育能力进行科学评估认定，对不具备接受教育能力的残疾儿童由相关机构对其进行康复治疗，使其向健康方向发展；对具备接受教育能力的适龄残疾儿童，由教育部门负责进行教育安置，依据其接受教育能力水平，提出随班就读、送教上门及远程教育等建议。

【融合教育】 2020年，区教育体育局优先采用普通学校随班就读方式，安排适龄残疾儿童少年就近或者到指定具备条件的普通学校接受义务教育。发挥孙家疃小学、望海园中学特殊教育资源中心的引领作用，加强普通中小学校特殊教育资源教室建设，为有需求的学生提供特殊教育资源教室设施设备，选派骨干教师进行业务支持、就读指导、信息咨询等。将随班就读培训纳入教师培训规划，新教师、在职教师培训课程中均有一定比例的特殊教育内容，通过岗前培训、骨干引领、实践体验等系列研训，提高教师的特殊教育专业技能。

【经费保障】 2020年，环翠区按照不低于义务教育10倍的标准拨付残疾学生生均公用经费，小学阶段每生每年9100元，初中阶段每生每年1.11万元，并随义务教育生均公用经费标准提高而增长。在“三免一补”（免课本费、免杂费、免文具费，对小学半寄宿制学生和初中困难学生生活给予补助）的基础上，进一步提高义务教育阶段残疾学生的补助水平，给予残疾幼儿、中小学学生交通费、学习用品和生活费补助，每生不低于4000元，为家庭经济困难的残疾学生提供免费教育。

民办教育

【概况】 2020年，环翠区有民办校外培训机构127所，各机构按照《环翠区校外培训机构管理办法》《关于加强民办教育培训机构办学信用管理的通知》，将课程内容、师资聘用、教学制度、安全制度、收退费制度等信息进行公示，落实收费时长、培训协议签订等常规要求，推进民办教育教学常态化规范发展。

【监督管理】 2020年，区教育体育局按照新冠肺炎疫情防控工作要求，联合卫生健康、市场监管部门对申请复学复课的机构按标准进行复课核验，不定期抽查，确保民办教育机构新冠肺炎疫情防控保持常态化；开展暑期规范办学专项督查、“双随机、一公开”专项检查、培训机构从教人员授课内容清查，针对检查发现问题限期进行整改。

【重点督查】 2020年，区教育体育局联合镇（街道）、公安、文化旅游、市场监管、消防救援等部门、单位，分别在暑假期间、秋季学期中间开展学校辖区、周边违规办学查纠20余次，对违规培训机构下发停办通知书，促进教育培训市场健康有序发展。

职业教育

【概况】 2020年，环翠区有民办中等职业学校2所，分别为威海市海诚商业学校、威海市常春藤外国语学校，有教职员工90人、在校学生973人，开设航空服务、计算机应用、会计事务、市场营销、商务英语等专业，其中航空服务、商务英语专业是市域中等职业学校的特色品牌。

2020年10月21日，区教育体育局工作人员到威海市常春藤外国语学校进行教材专项检查 （区教育体育局 供图）

【威海市海诚商业学校】 2020年，威海市海诚商业学校（原名威海市商业学校）招生383人，毕业314人。主要开设航空服务“3+2”班、职教高考班，主要专业包括计算机应用、会计事务、市场营销等。有专任教师53人，其中“双师型”（教师同时具备教师任职资格和工程技术人员职务任职资格）教师16人，占专任教师的30%。年内，学校与山东通和船务有限公司签订人才输送协议，为企业进行“订单式”培养；与威海亚伟速录有限公司和北大青鸟公司合作，采用“职业技能培养+学历教育+实训实习+推荐就业”相结合的教学模式，开展学生技能培训159人次。

【威海市常春藤外国语学校】 2020年，威海市常春藤外国语学校招生12人，毕业18人。有专任教师19人，其中“双师型”教师4人，占专任教师的21.1%。年内，学校与威海泛海国际货运代理有限公司、威海明信进出口有限公司分别签订跟岗实习和顶岗实习计划，根据人才培养的需求，结合自身课程优点，确立“就业有优势，创业有能力，升学有希望，终身学习有基础”的“四有”人才培养定位，实现“课程期间，岗位见习；课程结束，岗位实践；学习期满，顶岗跟岗实习”的“校企合作，学岗交替”三级递进式人才培养模式，实施“订单式”培养，引企入校，推动“教—学—做”的统一和学校与企业的“零距离”，实现学校和企业共同完成人才培养的目标。至年末，2018级商务英语专业18人到威海泛海国际货运代理有限公司顶岗实习，19人到威海明信进出口有限公司跟岗实习。

（汪 鹏 吴永娜）

文 化

综 述

【概况】 2020年，环翠区加快推进文化强区战略，打造文创产业核心区，激发文化创造活力，助推新旧动能转换。推动文化馆、图书馆新馆及总分馆制建设，实现市、区图书馆及城市书房通借通还。环翠区在中共中央宣传部、农业农村部组织的2020“新时代乡村阅读季”之“我爱阅读100天”活动中进入“全国百强”。坚持世界眼光、国际标准、中国特色、高点定位，举办中国（威海）合唱节暨第47届“5·23”歌咏会。结合国家公共文化服务体系示范区创建，开展线上、线下公益培训500余场。培育出一批具有较强实力和竞争力的文化企业和企业集团，引导文创企业创新发展。

【公共文化服务体系建设】 2020年，环翠区城市书房总量达到11处，实现市、区图书馆及城市书房通借通还，城市书房先后接待省内外学习考察团组10余批次。区文化和旅游局推进图书馆、文化馆总分馆制建设，图书馆分馆、文化馆分馆挂牌运行，打造80个总分馆制基层服务点，安装图书借还设备，实现与市、区图书馆及城市书房的通借通还。结合总分馆制基层服务点建设，发动农家书屋管理员、阅读爱好者参与“新时代乡村阅读季”活动。对接群众需求，区文化馆开展菜单式、订单式培训，区图书馆开展“你选书我买单”活动。8个镇（街道）均建有综合文化站并达到国家一级标准。推进历史文化展室和儒学讲堂建设，村（社区）儒学讲堂覆盖率100%，有条件的村（社区）历史文化展室覆盖率100%。结合国家公共文化服务体系示范区创建，尼山书院举办名师公益讲座、国学春秋季公益课程、国学冬令营（夏令营）、传统文化进社区和学校等线上、线下公益培训300余场，5000余名市民接受国学普及；区文化馆开展声乐、合唱、曲艺、小品等线上、线下培训200余场，受益群众1万余人。实施“一村（社区）一年五场戏（文艺演出）”工程，开展各类文化活动1000余场次。高标准指导企业布展，举办“不忘乡愁——周韶华画

2020年10月18日，区文化和旅游局扶贫日慰问演出在温泉镇举行
（区文化和旅游局　供图）

展”“经典当代名家油画精品展”“超然物外　神归画中——刘知白中国画展”“‘九九归一　国运长远’庆祝中国共产党诞生99周年邵力华绘画展”“‘澄怀观道’张津成唐晓丽书画展”等高端、大型文化展览活动30余场。推进各类特色博物馆建设，至年末，建成“初心·1932”红色印迹馆、“十八里担架道”红色印记馆、羊亭镇吕剧文化馆等48个特色博物馆。

2020年10月1日，“一十百千万”文旅嘉年华威海市系列活动暨环翠区非遗展演活动在市人民广场举办　　（区文化和旅游局　供图）

【文化产业发展】 2020年，全区有市级重点在建文化产业项目48个，总投资120亿元，完工投产20个。对接招商项目12个，计划总投资3.25亿元。培育出一批具有较强实力和竞争力的文化企业和企业集团，华夏演艺创新提升项目、中国海洋非遗文创基地项目获评第六批省重点文化产业项目，华夏文化旅游集团股份有限公司获评第六批省重点文化企业。引导文创企业创新发展，威海风物文化创意有限公司创作的“大天鹅”文创雨衣作品和姜不老电子商务有限公司的姜不老姜粉蜜系列产品获得第二届省文化和旅游商品创新设计大赛铜奖。加大对宣传环翠形象题材的影视作品的扶持力度，注重对高端人才的培养。对新设立的文化核心领域项目，新认定的省级、国家级文化产业示范（重点）基地或单位（园区、项目），高档次展览活动，非遗产业项目，新引进的61个艺术机构和艺术家等给予资金扶持，扶持资金554.53万元。

【非物质文化遗产保护】 2020年，区文化和旅游局加大对非遗产业的保护力度，深挖非遗内涵，开展展览展示活动。在威高民俗文化邨举办“非遗传承健康生活·全民共享非遗盛宴”2020年环翠区文化和自然遗产日主题活动，邀请多家媒体，通过线上线下对非遗产品进行宣传推广，组织群众进行研学体验，拉近非遗文化与群众的距离。组织评选出第六批区级非遗代表性项目10项（威海打尜丸游艺、威海玻璃画、黑芝麻九蒸九晒技艺、威海“老乌货”传统制陶技艺、传统手工字画装裱技艺、字画修复技艺、古家具修复技艺、胶东传统婚服、“瑞连祥”传统服饰制作技艺、胶东面供民俗）、扩展项目1项（胶东麦麸箐叶曲花饽饽制作技艺）。至年末，全区列入非遗保护名录项目39个。吉呈轩非物质文化遗产保护有限公司、威海裕红祥丝绸文化科技有限公司、威海磨爱麦食品有限公司、威海庆喜楼面食有限公司获评“威海市非物质文化遗产生产性保护基地”；豆面酱手工制作工艺、胶东民间山蚕茧土法纩丝技艺获评“省级非物质文化遗产代表性项目”；环翠楼街道获评第三批全省“非遗助力脱贫、推动乡村振兴”典型乡镇（街道），开展非遗文化进村（社区）活动163场，培训群众4890余人。

【文化交流】 2020年6月8日，区文化和旅游局与市文化和旅游局、市文化产业协会到陕西拜访秦商总会、陕西山东商会，对接天朗控股集团、陕西华海信息技术有限公司等企业，推介环翠区文旅产业招商项目，邀请曲江文化产业投资（集团）有限公司、陕西华海信息技术有限公司负责人到环翠区考察。7月31日，区委常委、宣传部部长孙军带领区文化和旅游局主要负责人和华夏文化旅游集团股份有限公司总裁夏振翔等到青海省门源县开展交流合作，考察双方在文化和旅游领域的可合作项目。11月8日，区文化和旅游局与市文化和旅游局招商代表团到江苏进行文旅产业招商，在南京、无锡开展多场招商活动。

（宋雨露）

文学艺术

【概况】 2020年，区文联统筹做好新冠肺炎疫情防控和满足群众文化生活需求工作，带领协会会员创作抗疫题材文艺作品1070件，以线上、线下相结合的方式宣传推广，在声援新冠肺炎防控工作的同时，不断提升人民群众的文化获得感。

【文学活动与创作】 2020年，区作协举行卞传忠散文集《空谷足音》首发式。联合市朗诵协会开展“奋进小康路 幸福威海行”采风活动，创作编辑作品集《奋进小康路 幸福环翠行》。阿华的诗集《香蒲记》获得第四届泰山文艺奖（文学），组诗《幸福都是奋斗出来的》获得省作协“聚焦八大发展战略助力九大改革攻坚行动”主题征文一等奖，苏军的长诗《胜利之地，万物都有资格夸下海口》获得省委宣传部、省作协举办的“纪念改革开放40周年”主题文学征文诗歌三等奖；何学滔的小说《老班长》获得“赤系杯”2019年“家国情怀”世界华文闪小说大赛三等奖，夏照强的小说《请赔我一块糖》获得“巨人之路杯”全国首届华语闪小说大赛优秀奖；兰鹏燕出版散文集《秋声鸿影》，肖遥出版散文集《行走》、诗集《我们》。李秀英加入中国作家协会，宫再红（海玉）加入山东省作家协会。新冠肺炎疫情防控期间，区作家协会组织会员创作诗歌、散文、小说等文学作品100余篇，先后在《山东文学》《威海文艺》上刊登，其中阿华的组诗《敬畏》、兆艮的诗歌《请原谅我这样赞美一个女人》、纪小北的组诗《没有人是一座孤岛》先后被录制成朗诵音频刊登在“学习强国”平台上。

【京剧活动与创作】 2020年，区京剧家协会会员深入基层传播京剧艺术，先后开展敬老公益演出、广场演出、折子戏专场演出、送戏下乡演出等文化惠民活动65场次。弘扬传统文化，传承国粹艺术，依托市京剧博物馆，开设少儿京胡班、京剧演唱表演班，定期进行京剧教学培训；组织京剧进校园活动，先后在鲸园小学等10所学校增设戏曲辅导课程。新冠肺炎疫情防控期间，发动会员捐款1万余元；与市京剧家协会会员组成文艺小分队举行抗疫京剧联谊演出，联合环翠区书法家协会举行抗疫书法展。

【音乐舞蹈活动与创作】 2020年，区音乐舞蹈家协会开展“一年一村（社区）五场戏”、广场纳凉晚会、流动车展演展览、扶贫慰问、民俗特色展演等文化活动122场次。12月24日，区音乐舞蹈家协会在威海文化艺术中心举办“精致城市·首善之区”2021合唱新年音乐会，音乐会以男女声组合、男女声小合唱、混声合唱形式为主，演唱国内外经典曲目，带给观众高质量的音乐享受；29日，在市群众艺术馆海洋剧场举办“精致城市·首善之区”于志男独唱新年音乐会，李初建、孙淑香、刘晓江等到场支持；新冠肺炎疫情防控期间，创新活动形式，开展线上文艺培训、讲座、演出等活动100余场次。

【摄影活动与创作】 2020年1月，区摄影家协会组织文艺志愿者走进嵩山街道五家疃村，免费为村民拍摄、冲洗照片60余幅；5月，启动“青山绿水 康养温泉”四季摄影大赛，第一季和第二季评选出一等奖2名、二等奖4名、三等奖6名。吕涛摄影作品《圆梦》获得第十三届山东国际大众艺术节教师组一等奖，《风雪中的坚守》《心花怒放》分别获得“孔子故乡·中国山东”国际网络摄影大赛第一季度和第二季度三等奖；邹峰摄影作品《援鄂归来》获得“孔子故乡·中国山东”国际网络摄影大赛第三季度二等奖；刘英红、毕春杰的摄影作品《威海湾之晨》《金色海岸线》《勇往直前》先后入选“聚焦齐鲁最美海岸线——山东‘最美海岸线’摄影展”。新冠肺炎疫情防控期间，区摄影家协会会员深入各行各业，用镜头记录感人事迹，先后推出抗疫摄影作品1000余幅，并联合市摄影家协会在市群众艺术馆举办“抗击疫情摄影作品展”。

2020年12月29日，“精致城市·首善之区”于志男独唱新年音乐会在市群众艺术馆海洋剧场举办

（区委宣传部　供图）

【美术活动与创作】 2020年，区美术家协会依托中国油画小镇建设，参与组织油画艺术普及活动。新冠肺炎疫情防控期间，组织会员用画笔讴歌抗疫英雄，宣传防疫知识。7月10日，参与组织“E起助力 同心抗疫”美术作品网络展，刘传珂、陶洪涛、毕承萌等人获奖；同月20日，参与举办“艺人共筑 众志成城”主题作品展，30余名会员的作品参与展览；陶洪涛、刘传珂、何长峰等20余人创作国画、油画、钢笔画等抗疫作品百余幅，其中国画《春天来了》、油画《火神山医院建设》等20余幅作品在“学习强国”平台上刊登；7月31日至8月6日，联合中国油画小镇举办“艺术创意集市”活动，助力半月湾国际沙滩音乐节；筹划“彩翼计划”公益活动，举办各类美术体验培训28场次；开设“艺术云课堂”32期，定期组织油画骨干人员进行线上培训交流；参与组织“爱·益·家——妇女美术公益培训”15场次。

【书法活动与创作】 2020年，区书法家协会以“以书育人、以书惠人”为导向，组织开展各项活动。7月，邀请著名书法家王炳建到威海开办书法讲座，进行书艺指导；张奇玲、李培起书法作品参与“第27届中韩书艺国际交流展”；苏昭晰、林乐静等20名会员作品参与“2020中韩招待作家亲善交流展”。10月7日，在威海美术馆举办书法临帖展，精选80幅优秀书法作品进行展出；依托威海崇圣书院、戚家庄老年服务中心创办“教育培训示范基地”，开展公益讲堂、评书会22期。12月，省书法家协会授予环翠区书法家协会先进集体称号，授予协会主席苏昭晰先进个人称号。新冠肺炎疫情防控期间，区书法家协会先后组织抗疫专题书法网络展10期，创作、展示书法作品200余幅，其中15名会员的作品入选全市抗疫书法作品展览，并被市档案馆收藏。

【戏剧活动与创作】 2020年，区戏剧家协会创作戏剧作品15件。9月，组织会员参加2020年山东省第八届戏剧红梅大奖赛，黄天宇、董茜分别获得器乐类一等奖、表演类二等奖；组织会员参加山东省第三届农民戏剧展演月文艺演出活动13场次；开展广场文艺演出、送戏下乡演出、戏曲进校园、戏曲进社区等各项文艺汇演活动800余场次。为社区培育文艺骨干，牵头成立鲸园街道花园社区微剧团、万福社区手拉手艺术团、羊亭镇西海社区吕剧团、润和社区吕剧团4个社区文艺团体，定期指导并开展演出活动。新冠肺炎疫情防控期间，向市区媒体推送抗疫题材戏剧作品40余件。

【曲艺活动与创作】 2020年9月17日—19日，区曲艺家协会在仙姑顶旅游景区举办“文旅环翠2020仙姑顶第三届才艺大赛”，59个节目参加海选，28个节目进入决赛，徐小嵛歌曲《问春》、亲情艺术团小品《踏雪寻梅》、仙姑顶太极队武术《逍遥玄武拳》分别获得大赛声乐舞蹈组、曲艺说唱组、器乐才艺组一等奖。年内，鼓励会员不断推出原创作品，其中孙智强的威海大鼓《共产党员最当先》、单弦《只要咱听党的话》、戏曲《抗疫战歌》被市档案馆收藏。依托仙姑顶、栖霞街小剧场活动基地定期开展学习交流活动，并组织会员成立文艺小分队进农村、进学校、进部队演出38场次。

【剪纸活动与创作】 2020年，区剪纸家协会在区老年大学开办剪纸培训班，免费授课32场次。1月22日，区老年大学剪纸班师生集体创作鼠年剪纸画轴并赠予区档案馆收藏；参与图书《中国民间剪纸集成（胶东卷）》《生命的召唤》素材采集和编辑整理等工作。10月3日起，在孙家疃街道伴海社区等12个村（社区）开展名师公益流动剪纸作品展览，每场展览作品30余幅，场均观展群众200余人。新冠肺炎疫情防控期间，组织会员参与网络文化志愿活动，征集作品200余幅参与线上剪纸作品展。

（袁　荃）

群众文化

【概况】 2020年，为加快文化强区建设步伐，环翠区开展一系列文化惠民活动，精心打造中国（威海）合唱节暨第47届“5·23”歌咏会、第30届广场纳凉晚会等品牌文化活动，依托中国油画小镇建设，开展油画艺术活动，不断提升大众审美素养和城市文化内涵，推动精致城市建设。

【第八届百姓春晚】 2020年1月17日晚，“环晟商业管理”2020第八届百姓春晚在市群众艺术馆海洋剧场举办。晚会坚持“百姓春晚百姓演”，600余名群众演员参与演出歌舞、小品、相声、快板、武术、京剧等12个节目，区融媒体中心通过微信公众号开通互动端口，全程3小时直播。

【环翠轻户外运动小镇星垂石窝系列活动】 2020年8月22日至10月25日，区融媒体中心联合环翠轻户外运动小镇开发方，依托小镇的运动

2020年1月17日，“环晟商业管理”2020第八届百姓春晚在市群众艺术馆海洋剧场举办
（区融媒体中心　供图）

休闲特色，通过创意策划、融媒直播，多点发力打造轻户外运动小镇星垂石窝系列活动。活动期间，举行8场主题活动，吸引数万名市民参与，其中6场活动开展多点位直播，时间跨度和内容体量实现重大突破。

【第八届社区文化节】 2020年9月28日晚，第八届社区文化节在市人民广场完美收官。文化节自8月9日启动，因受新冠肺炎疫情影响，创新展演模式，分为集中展演和分片区进行，之后举行2场复赛、1场总决赛暨颁奖典礼，吸引近千名社区居民参赛。该次社区文化节通过“最威海是环翠”APP直播，并同步开展最受观众喜爱节目评选，辐射人群10万余人，使文化节成为沟通社区与群众、扶植草根明星、展现基层文化成果的全民大舞台。

【中国（威海）合唱节暨环翠区第47届“5·23”歌咏会】 受新冠肺炎疫情影响，原计划2020年5月举办的中国（威海）合唱节延期举行。10月12日，2020中国（威海）合唱节暨环翠区第47届“5·23”歌咏会开幕式在威海大剧院举行。该活动由中国合唱协会、中共威海市委宣传部、威海市文化和旅游局、威海市文学艺术界联合会、威海市环翠区人民政府主办，山东省合唱协会、中共威海市环翠区委宣传部、威海市环翠区文化和旅游局、威海市环翠区文学艺术界联合会承办，分为开幕式、合唱指挥大师班、专场演出、基层展演和闭幕式5个部分。中国合唱协会、山东省合唱协会分别在环翠区设立中国合唱协会（威海环翠）合唱基地、山东省合唱协会（威海环翠）合唱示范基地，并在开幕式上举行授牌仪式。同月12日—16日，先后举行环翠区社会文艺团体专场演出、威海市优秀合唱团专场演出和走基层惠民演出。同月13日、14日上午，特别举办合唱指挥大师班，来自威海市各合唱团的合唱指挥及合唱爱好者200余人参加，由中国合唱协会指挥委员会副主任孙相根教授授课。同月15日上午，国家一级指挥、浙江音乐学院指挥系教授、“八秒”合唱团创始人阎宝林为学员们进行专业授课。该次歌咏会有来自威海市的20余支优秀社会文艺团体的500余人参赛。威海市老干部活动中心合唱团、威海市老年大学合唱团获得一等奖，哈尔滨工业大学（威海）校园老年合唱团、东北村合唱团、环翠区亲情艺术团获二等奖，鲸园社区教育学院合唱团、菊花顶社区阳光合唱团、环翠区老年艺术团、高区与海同歌合唱团、威海金城社区艺术团获三等奖，此外还有24支合唱团获评2020中国（威海）合唱节优秀展演团队。

【第30届广场纳凉晚会】 环翠区广

2020年10月12日，2020中国（威海）合唱节暨环翠区第47届“5·23”歌咏会开幕式在威海大剧院举行
（区文化和旅游局　供图）

场纳凉晚会是加强全区基层文化建设、提升公共文化服务水平、丰富群众精神文化生活的一项重要举措，自1991年起已举办30届。第30届广场纳凉晚会2020年7月—10月举办，以幸福门广场为主会场，以各镇（街道）文化广场为分会场，组织纳凉晚会100余场，观众3万余人次。

【中国油画小镇】 2020年，中国油画小镇初步形成以31.5千米环海艺术长廊串联益海路艺术核心区（学术基地）、北海油画产业区（培育基地）、半月湾休闲体验区（产业基地）“三区一线”功能布局，在国内油画领域的知名度和影响力及区域文化建设方面取得一定成效，形成较为清晰的发展方向。启动视觉景观打造工程，天和、北海美术馆建设竣工，改建名家工作室3个、画家公寓16个，打造2处综合性写生服务点。确定“政府主导、国企运营、专业指导”运营模式，引进驻地画家60余名、艺术机构60家，艺术品交易中心常态化运营。开展“潮起威海卫”威海油画作品进京汇报展、“草原与海”学术交流、首届创意集市、“彩翼计划”系列公益培训等活动108场次，“艺术贸易+艺术休闲”于一体的产业链条更加成熟。

【山东省文化消费示范区创建】 2020年是环翠区争创山东省文化消费示范县（市、区）的关键之年。年内，组织开展“2020‘好客山东·冬享环翠’贺年会暨环翠文创集市年货会”“端午传情 匠心2020”威海环翠文旅消费等系列活动10余场。100余家企业加入消费季平台，争取省级活动定向券20万元，发放消费券11批次171万元，吸引群众5万人次，拉动消费1500余万元。针对旅游景区发放两期景区定向消费券15万元，带动全区摆脱新冠肺炎疫情影响，实现文旅经济复苏。

（宋雨露 崔向华）

广播电视

【概况】 2020年，区融媒体中心深化体制机制改革，聚焦融媒体内容建设，在全国率先根据融媒体业务发展要求，启动内设部门创新，初步形成媒体内容一体生产、发布平台分包负责的运行模式；引入KPI（关键绩效指标考核法）机制，激发媒体活力。至年末，中心全平台用户约50万人，总浏览量近5亿次；自办电视频道1套，运营包括移动客户端“最威海是环翠”APP、微信公众号“中国威海环翠”和“乐淘威海”、微博号“环翠发布”、快手号“环翠融媒”、今日头条“环翠融媒”、抖音“最威海”等12个新媒体平台；自办《环翠新闻》《有聊》《传承》《花样旅行团》《我爱威海话》《消费时尚》《养生有道》和《文化大舞台》等新闻、文化、生活和娱乐类节目。

【典型栏目】 《环翠新闻》。时政类新闻节目。坚持“突出时事政治、宣传政策法规、报道行业成就、关注基层百姓”宗旨，树立政府形象、传播大政方针，是权威性发布环翠新闻的电视新闻栏目。2020年，牢牢把握正确舆论导向，围绕区委、区政府中心工作，探索电视新闻报道的创新、融合转型之路，不断丰富新闻表现形式，通过新闻现场、新闻故事等形式，进一步加大主题报道、综合报道、深度报道的播发力度和频次，让新闻更加真实生动、接地气，综合报道、主题报道的比重在全省县（市、区）融媒体中心位居前列。全年制作播出284期，播发稿件2605条，播出总时长300小时。

《有聊》。融媒跨屏栏目。依托“最威海是环翠”APP移动客户端的内容生产，将手机客户端和传统电视平台两个端口打通、联动，小屏反哺大屏、大屏链接小屏，深度融合各分发渠道优势，强化第一现场、第一手资源，拓展新闻深度和广度，为用户和观众提供热点资讯、原创作品、休闲娱乐等品牌化、特色化和互动化兼具的内容产品。2020年，制作播出225期，播出总时长150小时。

《传承》。标志性地方电视文化栏目。2011年5月8日开播，以“探寻卫城风物，传承人文风情”为主旨，以“弘扬传统文化、引领社会进步”为理念，立足威海，通过回眸城市历史、展现今朝人物、重温民俗风情，多角度多层面展现环翠人文风貌，普及优秀传统文化。2020年，以深挖域内非物质文化遗产为抓手，加大对地方文化、特色非遗的宣传力度，并对栏目形式进行革新，以大量现场画面加强节目互动感，“胶东剪纸”“侠者无敌”等多篇优质内容被“学习强国”学习平台采用。全年制作播出38期，播放总时长147小时。

《教体视界》。教体动态节目。2020年9月3日开播，以“打造教体资讯平台、展示环翠教体风采”为主旨，通过小小主播说、师者、名校巡礼、研学之旅、环翠体坛等版块，关注教育体育动态，一览环翠教体大小事。年内，制作播出9期，播出总时长11.25小时。

《花样旅行团》。旅游综艺真人

秀节目。2016年9月17日开播，紧扣威海“全域旅游”概念，以“立足精致威海、展现环翠之美”为主题，带领观众体验威海的精致城市建设以及美景、美食、人文风情。2020年，节目将视角投向新冠肺炎疫情防控一线及本地红色纪念地，带领观众深度发掘背后故事，将景观、景区、纪念地所蕴含的正能量传递给观众。全年制作播出38期，播出总时长68小时。

《我爱威海话》。方言类娱乐节目。2016年11月1日开播，以“本乡本土威海味儿”为特色，通过方言幽默短剧形式，挖掘威海方言幽默特色，结合社会热点，为观众送上最接地气的轻松一刻。2020年，节目巧用方言短剧接地气的特色，将新冠肺炎疫情防控知识拍摄制作成幽默短片，被“学习强国”学习平台采用，获得广泛传播。全年制作播出43期，播出总时长14小时。

【外宣创优】 2020年，区融媒体中心在山东广播电视台发稿45条、中央级媒体发稿3条，在威海广播电视台的发稿统计及市委宣传部的“学习强国”学习平台统计均位居两市五区第二名。人民网舆情数据中心对外发布《2020年度政务微博影响力报告》，“环翠发布”获得山东十大党政新闻发布微博第五名；《壮志如磐共盼春来》在山东省抗击新冠肺炎疫情主题优秀网络视听作品评选中，被省广播电视局评为优秀作品；短视频作品《宪法在身边》获得省级二等奖；电视专题《“1+1+1”全程代办 跑出“环翠速度”——“1+1+1”代办服务威海万达城市综合体项目工作纪实》、电视长消息《雷锋巷里雷锋岗》2件作品获得山东新闻奖县（市、区）级媒体专项奖三等奖；《2019半月湾国际沙滩音乐节片头》获得山东新闻奖美术作品三等奖；《传承》栏目主持人徐建强四度蝉联全国百优“金牌主播”；快手号“龙叔讲故事”主播徐建强获得2020年度亲子垂类最佳主持人全国第三名。电视社教《传承之侠者无敌》被评选为市级一等奖；电视播音《百姓故事（特别节目）初心》、电视主持《见证历史的老洋房》、电视专题《“1+1+1”全程代办 跑出“环翠速度”——“1+1+1”代办服务威海万达城市综合体项目工作纪实》、电视长消息《雷锋巷里雷锋岗》、电视社教特别节目《新时代文明实践 厚德环翠·志愿同行颁奖典礼暨志愿服务队授旗仪式》5件作品被评为市级二等奖。

【新冠肺炎疫情防控宣传】 2020年，区融媒体中心在新冠肺炎疫情防控期间发布权威信息、传播防疫知识、讲述抗疫故事3000余条，用喜闻乐见的形式动员、组织、凝聚群众，将战“疫”宣传延伸到新冠肺炎疫情防控的“最后一公里”。打破传统电视编排思维，第一时间在电视频道推出《环翠战“疫”进行时》特别节目，日均播出超8小时，让群众第一时间知悉防控动态及要求；先后拍摄制作近百部正能量视频，用镜头记录疫情下的环翠以及各行各业逆行者的感人画面；宣传全区复工复产、复学复课、生产生活秩序恢复情况。从不同角度和层面采写产业发展的“春天故事”，重点策划推出《冲击新目标，环翠再出发》系列报道，将打响新冠肺炎疫情防控和经济发展“双线战役”的宣传报道做好做深。

（崔向华）

地方志

【概况】 2020年，区地方史志研究中心编纂出版《环翠年鉴（2020）》；

2020年9月20日，区地方史志研究中心编纂出版《环翠年鉴（2020）》

（区地方史志研究中心 供图）

推进基层志编修工作，出版《环翠区卫生志》《温泉镇志》《冶口社区志》《虎山社区志》4部志书；《温泉镇志》入选省“齐鲁名镇名村志文化工程”。

【《环翠年鉴（2020）》出版】《环翠年鉴（2020）》客观、全面、系统、准确地记载2019年度环翠区自然、政治、经济、文化、社会和生态建设等方面取得的成就和发展变化的基本情况，是一部了解和研究环翠区情的工具书。2020年2月，组织年鉴撰稿员由线下转为线上培训。4月，连续召开3场小规模新调整撰稿员培训会。5月末，所有供稿单位完成供稿任务。9月，由线装书局终审定稿，出版发行，全书1269千字。

【基层志编修】2020年，区地方史志研究中心采用轮流领学制集体学习志书编修基本理论；邀请专家授课，每月召开1次专题培训；召开志书审读会20余场。中心采用镇（街道）、部门、村（社区）3个系列丛书号统一出版的模式出版基层志，统一风格、统一规格、统一装帧，形成环翠区基层志出版整体系列工程。至年末，有7个镇（街道）、10个区直部门、13个村（社区）志编修工作全面铺开，并快速推进。年内，由团结出版社终审定稿，出版《环翠区卫生志》《温泉镇志》《冶口社区志》《虎山社区志》4部志书。

【齐鲁名镇志——《温泉镇志》编纂】2020年8月，区地方史志研究中心启动齐鲁名镇志——《温泉镇志》编纂工作，对于缺失的资料不等不靠，联系各方查询，资料整理、图片筛选、手稿打印、排版校对、内部评审全程无缝对接，历时4个多月，于12月中旬一次性通过省专家组评审，入选“齐鲁名镇名村志文化工程”。该书是威海市首部入选的志书。

（王浩宇）

档　案

【概况】2020年，区档案馆在进行新馆建设的同时，推进省级试点创建工作；开展新冠肺炎疫情防控档案资料指导工作，指导整理各类新冠肺炎疫情防控档案4000余件；加大地方特色档案征集力度，不断丰富馆藏资源；将馆藏数字化数据全部迁移到区档案一体化平台，实现新旧信息系统的全面对接。

【档案服务社会发展】2020年，区档案馆推进经略海洋、医养结合、美丽乡村档案工作方面的3处省级试点（威海浦源食品有限公司、孙家疃社区卫生服务中心、张村镇王家疃村）创建工作，为3处试点制订规范化档案室建设方案，强化基础设施建设，健全管理网络，打造特色档案资源。至年末，3处试点高标准建成规范化档案室、荣誉档案室等，集中统一管理核心档案资源，理顺档案工作体制机制。12月4日下午，全省档案工作服务农村基层社会发展现场会召开，与会人员观摩3处试点，肯定环翠区在档案工作服务农村基层社会发展方面取得的成绩。区档案馆制定的《威海市环翠区村级档案管理工作细则》入选《山东省档案馆村级档案工作服务手册》，是全省县级档案馆中唯一一家。

【新冠肺炎疫情防控档案管理】2020年，区档案馆印发《关于加强疫情防控档案管理工作的几点要求》《关于做好疫情防控工作文件材料收集归档工作的通知》《致环翠援鄂、援助一线医务工作者的一封信》，面向新冠肺炎疫情防控重点部门和群体，开展各类疫情防控档案资料归档指导工作。至年末，指导整理各类新冠肺炎疫情防控档案4000余件。

【机构改革单位档案管理】2020年，区档案馆在前期多次对接、指导、整改的基础上，完成机构改革单位文书档案的接收工作，包括区地税局、区林业局、国土资源环翠分局等15个单位的相关档案668盒、12934件、21卷，全宗卷15本，归档文件目录30本，并在该基础上逐步推进入馆档案数字化工作。

【地方特色档案征集】2020年，区档案馆加大对具有地方特色的本地书籍、民风民俗、文化艺术、历史资料、荣誉等档案的征集力度，不断丰富馆藏资源。至年末，接收全区民间艺术家、退休干部等捐赠图书资料600余册。

【档案信息化建设】2020年7月，区档案馆的自主可控环境下县（区）级党政机关电子公文归档单套制管理项目被国家档案局列入全国科技项目计划，全国县级档案馆唯此一家。依托全区档案信息一体化智能研究平台开展单套制研究，初步实现在线归档、在线移交。10月31日，该平台项目通过省档案专家组测评，成为山东省首个通过验收的单套制接收平台。12月，该平台项目被省档案馆评为“全省档案业务工作制度创新成果”二等奖。区档案馆将

2020年10月31日，"威海市环翠区档案信息一体化智能研究平台"项目验收会议召开（区档案馆 供图）

文书档案、实物档案、专项档案等馆藏数字化数据全部迁移到区档案一体化平台，实现新旧信息系统的全面对接。对未数字化馆藏档案及新接收档案进行数字化加工，扫描文书档案、名人档案、专业档案、专门档案、资料等7万余页。

【档案公共服务能力建设】 2020年，区档案馆创新编研主体，挖掘本地资源，编辑出版《威海卫轶事》《麒艺海韵（续编）》。为更好地记录抗击新冠肺炎疫情特殊历史时期，区档案馆面向全国征集优秀抗疫剪纸作品230余幅，结集出版《生命的召唤——全国抗疫剪纸精品集》。申报的"实施档案编研精品工程、提升档案编研质量"项目被省档案馆评为全省档案业务工作制度创新成果三等奖；编辑出版的《环翠传承》《威海卫英烈传》《麒艺海韵》获得2019—2020年度山东省档案学会优秀成果一等奖1个、二等奖2个。邀请20余名全国知名剪纸艺术家制作廉政文化剪纸精品，联合区纪委监委推出"清风廉韵"廉政剪纸文化作品微展。围绕"档案工作与国家治理体系和治理能力现代化"和"传承与创新——新时代档案文化建设和社会治理现代化"两个主题，在全区开展主题征文活动，征集各类论文100余篇；根据"国际档案日"主题征文活动安排，在全区征集文章110余篇。区档案馆被国家档案局授予"档案见证小康路、聚焦扶贫决胜期"全国征文活动优秀组织奖。与威海职业学院联合创办"威海职业学院爱国主义教育实践教学基地"。全年接待查档利用者149人，查阅档案280余件。

【新档案馆建设】 2020年，区档案馆相关人员多次查看建设现场，就内部功能及弱电设计等方面与相关部门多次沟通对话，以便达成实用节俭的最优设计方案。先后组织相关人员到江浙等地学习新馆建设先进经验。

（许经彩）

卫生健康

综 述

【概况】 2020年，面对突发新冠肺炎疫情，环翠区在抓好各项疫情防控工作的同时，突出问题导向，坚持“强区活镇稳村”主基调，全面推进医院集团实质化运行，重点强化基层医疗服务能力，公共卫生和重大疾病防治能力不断提升。年内，区卫生健康局获得“2018—2020年全国计划生育优质服务先进单位”“山东省抗击新冠肺炎疫情先进集体”“山东省先进基层党组织”“2020年全省卫生健康统计工作先进单位”等省级以上集体荣誉8个、个人荣誉9个，市级集体荣誉13个、个人荣誉48个，收到表扬信258封、锦旗248面。

【群众满意度提升】 2020年，区卫生健康局先后出台《2020年加强行风建设提升群众基本医疗服务满意度工作方案》和《2020年环翠区卫生健康系统群众基本医疗服务满意度考核方案》，成立工作专班，细化责任分工，层层压实工作责任。对照《2020年卫生健康系统优化流程改善服务任务清单》，对全区11家医疗机构现场督导60余次，对发现的问题要求立即整改、不留死角。建立群众回访样本数据库，收集有效数据13万余条。6月，开始委托第三方社会评价机构组织开展群众基本医疗服务满意度测评，全年拨打有效电话6000个，收集群众意见760余条，测评结果及时反馈给各医疗卫生机构并限时整改。通过督导整改，群众平均基本医疗服务满意度提升至97.10%。

【健康美丽产业】 2020年，区卫生健康局修订医疗美容产业聚集发展扶持政策，规范扶持政策兑现申请审核程序，兑现扶持资金25万元。开展打击非法医疗美容专项整治，对区内14处医疗美容机构进行专项督导检查，促进医疗美容服务市场健康发展。10月31日，区整形美容协会举行脂肪整形分会成立大会暨脂肪塑形学术高峰论坛，邀请国内整形学术领军人物分享经验心得，打响医疗美容服务品牌。

医疗卫生体制改革

【概况】 2020年，环翠区全面推进医疗卫生体制改革，立足提升基层医疗服务水平，创新区域医疗卫生改革思路，以环翠医院集团建设为抓手，探索整合全区医疗资源，统筹推进区、镇（街道）、村（社区）三级医疗卫生服务工作。至年末，成立人力资源管理中心、医保与财务结算中心、信息管理中心、医疗业务管理中心、公共卫生管理中心、物资采购配送中心、后勤服务保障中心七大管理中心，初步实现人员、财务、物资、公共卫生、信息、质量控制“六统一”运转。

【环翠医院集团建设推进】 2020年4月14日，中国共产党威海市环翠医院集团委员会成立。区卫生健康局发挥集团优势进行资源整合，推动“区级强、镇（街道）活、村（社区）稳”落实落地。威海卫人民医院骨科获评全区首个省级临床重点专科，以大骨科和肛肠科引领发展，多项医疗技术实现突破进展，完成5项市区范围内首例手术，成立女子肛肠专科门诊及病房。威海口腔医院成为全市首个滨州医学院口腔教学医院，各项成绩在教学医院中排名第一。区妇幼保健院顺利通过二级评审，妇女保健部学科进入快速发展序列。年内，开始实施基层医疗设备配套三年行动计划，为张村、羊亭、温泉3处镇卫生院配备CT、麻醉机、血液分析仪、心电监护仪等设备。选派威海卫人民医院李新刚任羊亭中心卫生院院长、纪伟彬任温泉镇卫生院副院长（主持工作），将二级医院先进管理经验导入基层医疗机构。在区级医疗机构的支援下，张村镇卫生院口腔专科，环翠楼街道、孙家疃社区卫生服务中心妇幼保健专科打造“一院一品”特色专科取得阶段性成果；羊亭中心卫生院肛肠科、创伤骨科取得快速发展，技术水平、专家团队不断升级；孙家疃社区卫生服务中心康复科依托山东中医药大学专科联盟和威海市立医院、威海市中医院医联体平台，医疗服务水平逐步提高，与佳木斯大学合作成立小儿脑性瘫痪治疗中心后，小儿康复科发展快速提升。

【桥头镇卫生院划转】 2020年，桥头镇成建制由经开区划转至环翠区，涉及划转医院1所，为桥头镇卫生院。桥头镇卫生院是1所一级甲等非营利性医疗机构，编制42人，为辖区111.17平方千米的3万余人口提供医疗、预防、保健、康复、健康教育、计划生育等服务，11月9日完成交接。桥头镇卫生院划转105人，其中在编40人、乡医38人、合同制27人。

【“放管服”改革】 2020年，区卫生健康局加强审批、监督信息互动，完善信息双向反馈机制，建立信息即时推送与接收跟踪落实制度。尤其做好医疗机构申请注销的相关信息互通工作，加强与区行政审批服务局信息实时对接，确保卫生行政许可和监管无缝对接。依托“互联网+监管”系统，强化事中事后监管，推动构建统一、规范、多级联动的“互联网+监管”体系。实时录入监管信息5576条，数据录入及时率100%；“双随机”部门联合抽检入库21条；“互联网+监管”系统入库5597条，正确率100%。

【推进分级诊疗】 2020年，环翠区推行双向转诊，推动医疗资源和患者资源分级。全年基层医疗卫生机构上转患者600余人次，威海卫人民医院下转患者300人次。持续完善基层医疗卫生机构标准化建设工作，投资600余万元，重新规划设置46处村卫生室，配备5种中医药诊疗设备。建设远程影像系统，为羊亭中心卫生院、温泉镇卫生院配备CT。威海卫人民医院与张村镇、羊亭镇、温泉镇3处镇卫生院组建区级远程影像诊断中心，实现基层医疗机构检查、区级专家诊断，为肺癌早期诊断和脑血管病快速诊断打下基础。通过远程影像诊断中心开展会诊200余人次，检查诊断4000余人次。

医疗服务

【概况】 2020年，环翠区围绕《医疗质量管理办法》，持续完善医疗质量管理与控制体系建设，切实提高医疗质量和技术水平，保障医疗安全。推进基层中医药服务能力提升，实施基层中医特色技术挖掘提升项目，加快基层中医适宜技术推广培训。

2020年环翠区医疗卫生机构一览表

表27

单位名称	在职职工（人）	副高级以上职称（人）	中级职称（人）	门诊量（万人次）	业务收入（万元）	地址	负责人
威海卫人民医院	949	134	291	39.2	42166	青岛北路70号	赵　军
威海口腔医院	371	32	75	18.1	10701	统一南路268号	于华强
环翠区妇幼保健计划生育服务中心	98	11	28	5.9	1581	统一南路268号	于华强
威海市结核病防治所	11	2	1	0.7	93	和平路47号	岳善峰

续表27

单位名称	在职职工（人）	副高级以上职称（人）	中级职称（人）	门诊量（万人次）	业务收入（万元）	地址	负责人
环翠楼社区卫生服务中心	42	4	14	5.4	251	和平路93号	于春晓
竹岛社区卫生服务中心	49	4	16	8.4	452	南竹岛C区C3-6号	曲志斌
鲸园社区卫生服务中心	64	3	12	12.0	542	花园北路35号东	李海玲
嵩山社区卫生服务中心	44	1	8	3.2	136	嵩山街道高家庄居委会山水绿城4号楼	丛大林
孙家疃社区卫生服务中心	97	3	26	8.0	666	孙家疃街道永兴路	许　伟
张村镇卫生院	169	7	43	10.0	2022	张村镇长江街236号	刘向阳
羊亭中心卫生院	103	5	17	3.6	754	羊亭镇政府驻地	李新刚
温泉镇卫生院	126	2	31	4.1	713	温泉镇政府驻地	纪伟彬
桥头镇卫生院	40	1	14	3.3	215	桥头镇政府驻地	孙华卫

【医疗服务管理】 2020年，区卫生健康局对威海卫人民医院开展巡查，进一步提升公立医院管理能力和服务水平。重点加强医疗质量监管，结合常态化新冠肺炎疫情防控，开展实验室病原微生物、医院感染预防控制、医疗废弃物等专项督查，开展抗菌药物使用管理、医院感染预防控制等培训10余期，培训1200余人次，覆盖全区医疗卫生机构375处。加强辅助用药管理，规范精神药品和麻醉药品管理，对5处医疗机构进行现场督导，重点对精神药品和麻醉药品安全储存、管理制度、处方等进行检查，确保精神药品和麻醉药品安全、合法、合理使用。印发《关于进一步加强医疗技术临床管理应用的通知》，所有镇卫生院完成手术分级备案，明确限制类技术备案流程。核准全区46处村卫生室静脉输注资质。

【中医药服务】 2020年，环翠区实施中医适宜技术惠民工程，9处基层医疗卫生机构实现“艾灸体验室”全覆盖，发放艾灸礼包1.4万余份，免费体验4万余人次。在8处医疗机构开展中医日间病房医保结算试点工作，发挥中医诊疗简便优势，缩短患者在院时间。中医日间病房结算478例，节省患者自付资金64万元，节省医保资金56万元。开展中医诊所备案工作，鼓励社会办中医，促进中医药服务市场发展，对17处中医备案制诊所备案申请进行审核验收。11月6日，在孙家疃街道外窑社区组织“中医中药中国行——中医药健康文化推进行动主题活动”启动仪式，各医疗机构开展义诊活动19场，派遣专家30名，发放健康宣传资料1041份，受益群众910余人次。孙家疃社区卫生服务中心、张村镇卫生院获得全市“2020年中医药工作先进单位”称号。刘静被评为省级名中医，岳恒祥、刘晓平被评为市级基层名中医。

【公共卫生服务】 2020年，环翠区基本公共卫生服务项目（12大类）人均年补助标准从60元提高到65元。以专业公共卫生机构为技术指导和业务管理中心、镇卫生院和社区卫生服务中心为基础、村卫生室和社区卫生服务站为支撑，建立覆盖全区的基本公共卫生服务网络，做到公共卫生工作重心下沉、关口前移。全区累计建立居民健康档案

2020年12月2日，孙家疃社区卫生服务中心举行居民健康知识讲座

（区卫生健康局　供图）

31.6万余份，在管高血压、糖尿病患者3.77万人，居民健康档案电子化水平达100%。年内，各基层单位开展健康讲座等公共卫生服务活动150余次。

【智慧医疗服务】 2020年，环翠区启动健康信息平台建设，完成信息化硬件设备招标采购、基层系统[包括医疗信息管理系统（HIS）、住院电子病历系统（EMR）、基本公共卫生管理系统、家庭医生签约服务系统、检验信息管理系统（LIS）、影像信息管理系统（PACS）、村医工作站系统]更换、基层公共卫生数据导入、区级医院数据与平台对接、基层医疗卫生机构电子健康卡线上应用环境部署。实现区属公立医疗卫生机构在“健康威海服务号”微信公众号上线，基层医疗卫生机构不同业务系统之间健康信息互联互通、实时共享，远程影像系统实现“基层医院拍片，区级医院阅片”模式，群众就医更加方便快捷。

【公共卫生应急服务】 2020年，环翠区完善卫生应急组织体系和工作机制，健全卫生应急工作协作机制。定期开展卫生应急培训，提升卫生应急综合管理水平和规范处置能力。投资600万元购买新冠肺炎疫情防控相关医疗应急物资，确保物资使用不断档，保障新冠肺炎疫情防控工作有序进行。投资50万元，为羊亭中心卫生院、温泉镇卫生院配备2辆负压救护车，提升院前急救单位综合救援能力。调整应急救援专家团队，设置24小时专人值守应急值班电话，确保卫生应急处置迅速有效。制定《威海市环翠区洪涝灾害卫生应急预案》《威海市环翠区应对秋冬季新冠肺炎疫情应急预案》等相关预案，形成“横向到边、纵向到底”的卫生应急预案体系。完善“山东省卫生应急指挥与决策系统平台”，定期更新维护信息，形成卫生应急网络大数据。突发公共卫生事件报告率、报告及时率、网络直报率、报告完整率和事件评估率均为100%。9月初，对3处农村院前急救站进行年度考核验收，考核成绩均为A级。

基层卫生

【概况】 2020年，环翠区依托环翠医院集团建设，通过专家坐诊、学科带动、远程会诊等形式，提升基层医疗技术和服务能力。加强乡村医生队伍建设，选派医疗专家下村巡诊，为基层医疗机构引进、招聘人才，将镇卫生院下沉到村卫生室人员增加到146人，为老年乡村医生发放生活补助金。组建89个家庭医生服务团队，上门开展爱心服务。各基层医疗服务机构与25处养老机构签订协议，开展医养结合服务。

【基层卫生服务能力建设】 2020年，环翠区根据服务人口、服务覆盖范围等因素合理设置村卫生室，规划村卫生室46处，其中中心村卫生室18处、一般村卫生室28处。对12处村卫生室进行标准化建设，做到诊断室、治疗室、药房、观察室“四室分开”，达到通水、通电、通暖、通路、通信等条件。投资85万元，为村卫生室配备计算机、空调、电动车、电饭煲等设备，逐步改善村卫生室医护人员工作和生活条件。以政府为主导，建立稳定的筹资和动态投入机制，将基层设施设备配备纳入民生实事项目，实施基层设备配备三年行动计划，每年投资600万元，分3年完成基层设备配备。投资568.44万元，为羊亭、温泉、张村3处镇卫生院购买CT、麻醉机、血液分析仪、心电监护仪等设备。加强乡村医生队伍建设，依法开展在岗乡村医生执业注册审批工作和老年乡村医生生活补助发放，为508名老年乡村医生发放生活补助金186.01万元。

【基层人才队伍建设】 2020年，区卫生健康局开展人才定向培养。至年末，与22名医学大专生签约。威海卫人民医院和8个基层医疗卫生机构作为山东医学高等专科学校实习基地，接收两批51名学生实习。多名实习生报考环翠区基层医疗卫生机构岗位，其中事业编岗位录用1人，编外村卫生室岗位录用6人。为吸纳更多优秀医学毕业生到基层医疗卫生机构工作，充实基层人才队伍，区卫生健康局建立基层急需紧缺医务人员招聘绿色通道，采取免笔试招考方式，5月，为村卫生室岗位定向招聘40名医务人员（医生24名、护理人员16名），6月中旬，由区卫生健康局统一培训后全部到岗。为基层医疗卫生机构公开招聘事业编人员17名，11月初全部到岗。11月中旬，根据新冠肺炎疫情防控需要，紧急为基层医疗卫生机构补充招录9名事业编人员。

【医疗专家下村巡诊】 2020年，区卫生健康局出台《环翠区基层医疗卫生机构人员下沉到村卫生室工作方案》，将镇卫生院人员下沉到村卫生室，下沉医护人员由原来的81名增加到146名。由威海卫人民医院、威海口腔医院、区妇幼保健计划生育服务中心3个区级医院分别组建医疗专家巡诊团队开展下村巡诊活动，7月末，实现设有卫生室岗位的77个行政村巡诊全覆盖。至年末，完成3轮巡诊，下派专家549人次，巡诊231村次，服务群众4866人次。

【家庭医生签约服务】 2020年，环翠区组建89个家庭医生服务团队，走进社区、农村、学校、企业、机关，上门集中建档签约，开展基本公共卫生延伸服务和爱心服务。5月15日，利用“世界家庭医生日”举办义诊活动。在为居民提供基础服务包的基础上，结合实际设计中医、康复、健康查体等个性服务包，根据不同人群的多样化需求，提供上门、预约、电话咨询等服务。至年末，集中建档签约8万余人。

2020年5月15日，“世界家庭医生日”义诊活动在威海大世界步行街举行 （区卫生健康局 供图）

【医养结合】 2020年，环翠区依托家庭医生服务团队，为老年人提供医疗护理、精神慰藉、康复指导、健康宣讲等医养结合服务。各基层医疗卫生机构与25处养老机构签订医养结合服务协议，9处健康养老需求评估中心对全区失能、半失能、失智老年人群体开展入户评估，评估老年人3069人。12月，孙家疃街道被省卫生健康委员会评为第二批省级医养结合示范镇（街道），医养结合推动健康养老的服务理念逐渐形成。投资38.95万元，为全区60~80周岁老年人投保银龄安康意外伤害保险。为19427名80周岁以上老年人发放高龄津贴和长寿补贴146.03万元。

疾病防控

【概况】 2020年，全区疾病预防与控制工作在做好新冠肺炎疫情防控工作的同时，开展疫苗接种管理、地方病防治、结核病和艾滋病双重感染防控以及严重精神障碍患者管理服务等工作。在张村镇卫生院打造威海市首家集互联网和物联网为一体的智慧化预防接种门诊。为全区2000名40~69岁居民进行胃癌筛查。开展儿童龋病预防治疗项目，为6431名学生进行口腔疾病筛查并建立健康档案，对3434名符合窝沟封闭适应症且自愿接受治疗的适龄儿童实行窝沟封闭。随机抽取4个镇（街道）8个村（社区）1000个家庭进行入户健康素养调查。结果显示，环翠区居民健康素养平均水平为24.2%。

【疫情报告管理】 2020年，环翠区完善传染病疫情监测网络，加强传染病疫情报告质量控制，疫情报告及时率和准确率处于各区、市前列。年内，无甲类传染病报告。报告乙类、丙类传染病18种，其中乙类12种、丙类6种。法定传染病报告发病总数5711例，报告发病率610.30/10万，比上年（1016.92/10万）下降39.99%。报告发病数居前5位的病种是：感染性腹泻病（2793例）、流行性感冒（1557例）、梅毒（377例）、肺结核（273例）、手足口病（235例），占法定传染病发病报告总数的91.67%。报告死亡7例，报告死亡率

2020年8月8日，环翠区"万步有约"职业人群健走激励大赛启动仪式在威海公园中心文化广场举行（区卫生健康局 供图）

0.75/10万，比上年（0.71/10万）上升16.42%。

【艾滋病防控】 2020年，环翠区规范艾滋病咨询检测服务，全区医疗机构检测各类人群13.2万人次。强化对感染者的规范管理，提高流行病学调查及随访质量，有效落实艾滋病感染者的发现及治疗，治疗覆盖率94.41%。加强与抗病毒治疗定点医院的沟通合作，做好感染者抗病毒治疗依从性（按医嘱服药）教育与抗病毒治疗转介工作（由区疾控中心将自愿服药的艾滋病感染者转介到威海市胸科医院），提高抗病毒治疗覆盖率。加强社会动员，扩大全人群尤其是重点人群的艾滋病防治知识宣传。

【慢性病防控】 2020年，环翠区持续开展省级慢性非传染性疾病综合防控示范区建设。各成员单位及"健康细胞"（健康社区、健康单位、健康学校、健康家庭）发挥专业优势，利用自身单位特点，加强慢性病防控能力建设。区疾控中心指导建立和完善慢性病防控工作体系，加强慢性病防控队伍建设，提高从业人员业务水平和服务能力。8月8日，动员各单位职工488人参与环翠区第三届"万步有约"（每天1万步）职业人群健走激励大赛。持续开展"健康口腔"活动，收集整理氟斑牙患者信息。11月，开展"减盐、减油、减糖进校园"活动，引导学生正确认识健康食品。加强死因、肿瘤、脑卒中、冠心病监测管理，同月，如期开展住院伤害监测，完成各类慢性病报告卡2万余张。在全民健康生活方式日、高血压日、糖尿病日、全国爱国卫生月、全国肿瘤防治宣传周、国际家庭日等重大宣传日期间，通过公众号、手机短信发布慢性病防治知识信息，在大众网等媒体发布健康教育短片，让居民直观了解慢性病危害及预防方法。

【寄生虫病防控】 2020年，环翠区首次开展近海海产品异尖线虫监测项目，通过监测调查摸清全区异尖线虫感染情况。结合辖区疟疾发病实际情况，区卫生健康局与威海建设集团股份有限公司、威海联桥国际合作集团有限公司及威海国际经济技术合作股份有限公司等主要劳务输出单位建立定期信息沟通机制，对相关公司反馈的归国务工人员按照"属地管理"原则，定期追踪随访，电话随访归国务工人员15人。"三热病人"（发热在38.5℃以上的临床诊断为疟疾、疑似疟疾、不明原因发热者）血检702人，复检血涂片81张，复检率11.54%。报告恶性疟疾病人1例，为境外输入性病例，及时上报疫情并做好病例的治疗、流行病学调查及疫点处置工作，避免由输入性病例引发二代病例。

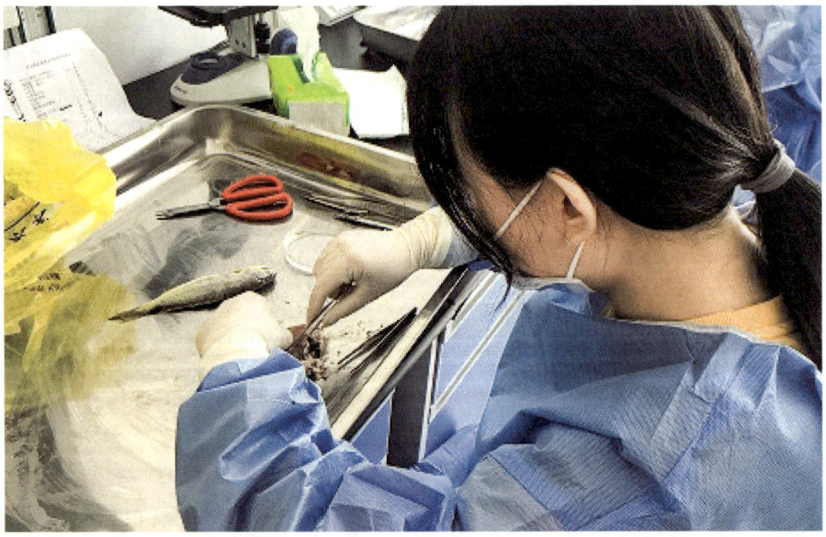

2020年10月28日，区疾控中心工作人员检测海产品中的异尖线虫（区卫生健康局 供图）

【地方病防控】 2020年，环翠区完成2020年度碘缺乏病防治项目，开展“碘缺乏病健康教育”。7月12日—13日，在羊亭镇和嵩山街道采集8~12周岁儿童尿样、盐样各80份，孕妇尿样、盐样各99份，进行尿碘和盐碘检测。检测结果表明，环翠区小学生尿碘中位数为0.21毫克/升，碘营养状况处于偏高水平；孕妇尿碘中位数为0.14毫克/升，碘营养水平偏低。小学生合格碘盐食用率70.59%，孕妇合格碘盐食用率77.36%。

【结核病防治】 2020年，各医疗机构报告肺结核患者和疑似患者742例，转诊率100%；转诊到位426例，转诊到位率72.1%；追踪到位（到结核病定点医疗机构就诊）154例，总体到位率（经综合医疗机构转诊自行到结核病定点医疗机构就诊和未及时到定点医疗机构就诊经结核病防治所追踪到结核病定点医疗机构就诊）98.1%。登记治疗肺结核病人298例，其中病原学阳性患者141例、病原学阴性患者121例、结核性胸膜炎36例，完成治疗284例，完成治疗率95.3%。开展结核病与艾滋病双向筛查工作，发现255例肺结核患者，对其中254例进行HIV（艾滋病病毒）筛查，筛查率99.6%，未发现HIV初筛阳性患者。登记筛查耐多药可疑者303例，其中228例进行痰结核杆菌培养，培养结核分枝杆菌阳性87例，并进行结核分枝杆菌药敏试验，确诊单纯对利福平耐药患者5例、对多种抗结核药物耐药患者3例。

【手足口病监测】 2020年，全区报告手足口病128例，重症0例，无死亡病例。其中，鲸园街道6例、环翠楼街道28例、竹岛街道24例、孙家疃街道1例、张村镇36例、羊亭镇5例、温泉镇19例、桥头镇2例、嵩山街道7例。全年采集粪便标本40份，其中EV71（肠道病毒71型）阳性1份、Cox A16（柯萨奇病毒A16型）阳性2份，其他肠道病毒阳性37份。

【病毒性腹泻监测】 2020年，全区监测病毒性腹泻病例60例，其中轮状病毒阳性2例、诺如病毒阳性5例，其余53例均为阴性。

【自然疫源性疾病监测】 2020年，全区医疗机构对报告的肾综合征出血热病例4例、布病病例3例、发热伴疑似病例64例全部进行个案调查，对于死亡病例全部撰写调查报告，对布病调查结果及时通报动物疫控中心，展开联防联控。

【消毒与病媒生物监测】 2020年，区卫生健康局对辖区内有床位的医疗机构进行医院感染危险因素监测，监测医疗单位20家。对5家托幼机构的登记、消毒隔离制度和岗位责任落实等情况进行督导检查，及时纠正1家托幼机构的2个紫外线灯管强度、5处物体表面洁净度方面存在的不规范问题，现场督导使其全部整改。全年采集和监测样品95份，合格90份，合格率94.74%。做好幼蚊成蚊密度、幼虫密度及蝇类密度监测工作，完成病媒生物监测工作。5月—10月，监测1702处幼虫生境地（包括居民户、医院、公园、工地等），查看285个盛水容器。其中，显示阳性容器20个，主要是库蚊、按蚊、伊蚊幼虫。

【严重精神障碍患者管理服务】 2020年，区卫生健康局按照严重精神障碍患者管理服务工作规范要求，严格落实随访制度，及时开展病情评估及用药指导。对登记在管符合免费救治条件的严重精神障碍患者，全部实行门诊和住院免费救治，419名患者申领救治救助卡，享受政府医疗救治兜底政策。环翠区严重精神障碍患者报告患病率4.28‰，年规范管理率88.41%，在册患者服药率85.52%，规律服药率63.79%，面访率92.24%，体检率42.47%；精神分裂症患者服药率87.76%，规律服药率67.49%。

【实验室建设】 2020年，为做好新冠肺炎疫情常态化防控工作，环翠区紧急建设新冠病毒核酸检测实验室，迅速组建新冠肺炎核酸样本采集运送小组和医疗废物处置小组，根据《关于加快建设县级疾控中心核酸检测实验室的通知》要求，迅速筹备并于3月启动新冠肺炎核酸检测和抗体检测工作。9月，投入120万元，配置第二套新冠肺炎核酸检测仪器（包括核酸提取仪、ABI Q5、高速冷冻离心机、掌上离心机、微量移液器、生物安全柜、实时荧光定量新冠病毒核酸检测仪）。新冠肺炎病毒检测人员均按照要求接受省临检中心新冠肺炎核酸检测专项培训，取得合格证书后上岗。年内，区疾控中心实验室累计检测核酸样本4.28万人份，免疫球蛋白G、免疫球蛋白M检测各8248人份。完成水质检测207份4472项、盐碘174份174项、尿碘180份180项、消毒餐具50份200项、消毒卫生检测380份380项、幼儿园消毒检测98份98项、艾滋病检测1183人份、梅毒检测392人份、丙肝抗体检测346人份等疾控常规检测任务。接受上级部门质控考核7项，成绩均为合格；接受监督检查2次，均按照要求进行整改，实验室管理体系日趋完善。

【免疫规划】 2020年，全区接种常规免疫疫苗13.49万剂次，单苗报告接种率继续维持在99%以上；充实第二类疫苗采购品种，玉溪沃森生物技术有限公司生产的13价肺炎球菌多糖结合疫苗、厦门万泰沧海生物技术有限公司生产的双价人乳头瘤病毒疫苗（大肠杆菌）、长春百克生物科技股份公司生产的冻干鼻喷流感减毒活疫苗上市，并全部纳入到环翠区非免疫规划疫苗采购目录，全区接种非免疫规划疫苗12.06万剂次。4月，完成全区疫苗追溯系统设备配备，全程进行疫苗扫码出入库和接种，实现疫苗来源可追溯。环翠区疫苗使用和管理工作质量位于各区、市前列，被选为威海市NRA（疫苗的国家监管体系）评估示范区。由于新冠肺炎疫情，除新生儿首针乙肝疫苗、卡介苗以及有时限要求的疫苗品种以外，儿童预防接种全部停种1个多月，3月各预防接种门诊陆续开诊。根据新冠肺炎疫情防控需要，要求儿童家长进行网上预约接种。12月开始筹备新冠肺炎疫苗紧急接种工作，培训工作人员190人，首批采购北京生物制品研究所有限责任公司疫苗1万支，12月28日到货6000支，按照风险等级优先安排涉进口冷链食品从业人员接种。全区报告AEFI（疑似预防接种异常反应）103例，报告发生率43.98/10万。疫苗可预防传染病监测均按照监测方案要求进行，报告AFP（急性弛缓性麻痹）病例4例，均排除脊髓灰质炎疑似病例；麻疹疑似病例5例，确诊风疹1例，其余均为排除病例；百日咳7例，确诊0例；儿童乙肝4例，戊肝7例；乙型流行性脑炎2例；流行性腮腺炎129例；水痘389例。

【食品卫生】 2020年，全区食品中化学性污染物及有害因素监测、食品中微生物及其致病因子监测完成常规监测和专项监测样品233份，涉及食品流通、餐饮等环节食品7大类20小类。全年报告食源性疾病病例3643例，无疑似食源性异常病例报告。转送威海市立医院主动监测样本261份、阳性菌株39份；参与食源性疾病事件流行病学调查57起，其中排除1起，无危重及死亡病例。

卫生监督

【概况】 2020年，环翠区印发《全区卫生健康综合监督重点任务攻坚年活动实施方案》，统筹兼顾新冠肺炎疫情防控和复工复产、复学复课，科学实施监管服务，查处各类违法违规行为，有效整顿和规范医疗服务市场秩序，确保公共场所、学校、生活饮用水和职业卫生健康安全。

【医疗卫生监督】 2020年，环翠区开展医疗卫生监督检查642户次，开展传染病防治监督检查377户次、消毒产品经营单位监督检查8户次、餐饮具集中消毒单位监督检查8户次，监督覆盖率100%。以聘用非卫生技术人员、超范围执业、医疗诈骗、虚假宣传、乱收费等突出问题为线索，以城乡接合部、城中村、零售药店、推拿按摩店、生活美容店、集市等区域为重点，联合市场监管、公安、新闻媒体等部门开展联合执法行动8次。日常监管采用划区域、分时段分类监管，全年下达卫生监督意见书86份，立案查处89起。其中，依据《中华人民共和国基本医疗卫生与健康促进法》立案查处11起，餐饮具集中消毒不合格案1起。完成民营口腔医疗机构量化分级工作，对5家评定优秀的单位进行宣传，督导不合格单位整改达标。

【公共场所卫生监督】 2020年，环翠区对全区745家宾馆、洗浴场所、游泳场所、商场、超市、美容美发场所等开展日常监督检查，实现监督覆盖率100%，下达卫生监督意见

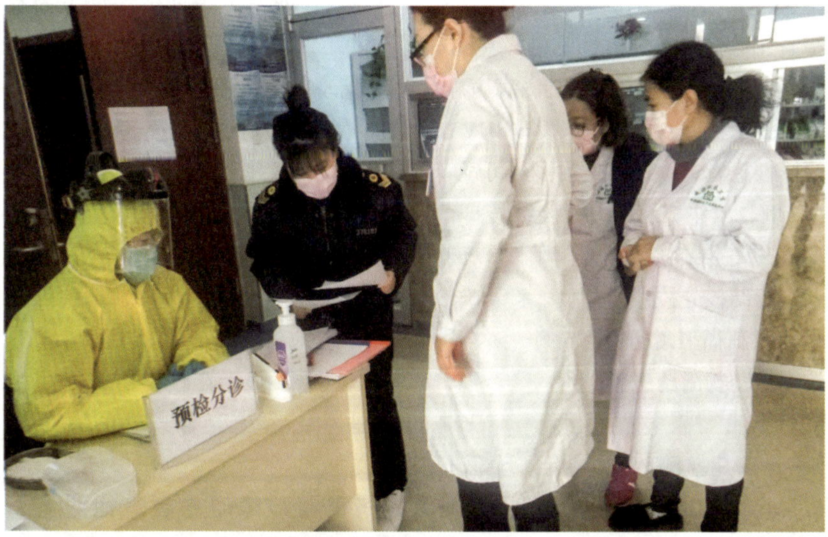

2020年2月18日，区卫生健康综合执法大队卫生监督员在环翠楼社区督导检查基层医疗机构个人防护、消毒保洁、预检分诊、发热门诊制度等的落实情况

（区卫生健康局 供图）

书208份，立案查处37起。根据省卫生健康委员会《关于山东电视台曝光我省部分酒店卫生问题查处情况的通报》，开展住宿场所卫生专项监督检查工作，重点检查顾客用品用具“一客一换”制度、从业人员健康合格证明、公共物品清洗消毒及测量体温、查验健康码等工作，检查住宿场所82家，下达监督意见书20份。组织开展辖区内集中空调使用单位的专业化培训，并通过微信、钉钉等平台，利用线上线下相结合方式，定期推送集中空调分类、组成、运行原理等基本知识。

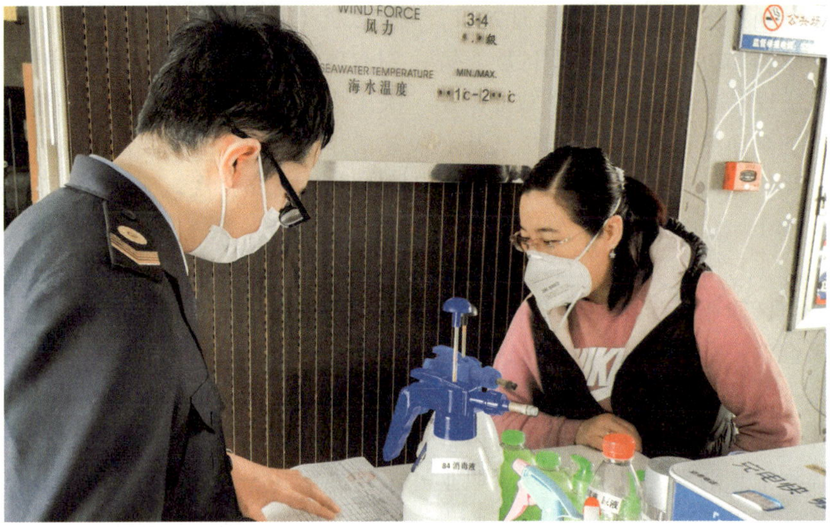

2020年2月26日，区卫生健康综合执法大队卫生监督员在索菲亚商务酒店督导检查宾馆复业后信息登记情况　　（区卫生健康局　供图）

【学校与生活饮用水卫生监督】 2020年，环翠区对35所学校、62所托幼机构、1家集中式供水单位、34家二次供水单位、7家涉水产品经营单位进行日常监督检查，监督覆盖率100%，全年下达卫生监督意见书86份，办理学校卫生行政处罚案件8件。与区教育体育局、区市场监管局联合组成核验小组，采取查阅资料、随机访谈、现场连线、观看演练视频、实地查看等方式，严格按照核验标准和程序，督导检查幼儿园防控体制机制建设、方案制订、措施落实和安全管理等情况，并对在核验中发现的问题现场反馈，提出整改建议。委托第三方检测机构对全区35所中小学的35台直饮水设备进行抽样检查，检测结果均符合卫生标准。对8所学校的教学建筑、环境噪声、室内微小气候、采光、照明等环境质量以及黑板、课桌椅设置是否符合国家有关标准情况，进行全面监督检查，并委托第三方检测机构进行卫生综合评价。

【职业卫生监督】 2020年4月28日，区卫生健康局联合市卫生健康委、市卫生健康执法支队组织开展“送法进基层、进企业”活动，实地查看劳动者的个人防护及工作环境，发送书籍及职业病防治知识宣传单。同月29日，组织全区存在职业病危害因素的企业负责人、职业健康管理人员、广大劳动者，开展“职业健康大讲堂”线上培训活动，强化企业负责人在职业卫生管理方面的主体责任和企业职工自我防护意识，培训1000余人。5月18日，印发《2020年环翠区职业性尘肺病患者随访调查工作方案》，向公安、民政、人力资源社会保障、医保等部门搜集患者基本信息，以走访、电话随访等方式，对14家企业46名职业性尘肺病患者进行信息核查。其中，2年内新增职业病患者4例，现健在职业病患者41人，涉及尘肺病病种6类。7月6日，印发《2020年环翠区职业中毒事件处置技能竞赛活动实施方案》，组织全区检测机构、健康查体机构、用人单位开展职业中毒

2020年4月28日，区卫生健康局以“职业病防治法”宣传周为契机，到张村镇开展“职业健康保护·我行动——送法进基层”活动

（区卫生健康局　供图）

事件处置技能竞赛活动。8月20日，印发《2020年威海市环翠区职业病危害现状调查工作方案》，成立调查组，全面梳理全区电力、燃气及水的生产和供应业，采矿业，制造业3个门类的企业情况；分别在温泉镇、张村镇、羊亭镇、嵩山街道召开全区职业病危害因素现状调查部署会议，300余家企业负责人参会；按期完成257家企业的现状调查工作。通过工作场所职业病危害因素监测信息平台，做好工作场所职业病危害因素监测和重点职业病监测工作。年内，重点职业病监测报告职业病病例19例，收集修订用人单位信息101例，收集职业健康档案9061份。对2家职业健康检查机构、1家职业病诊断机构、70余家职业病危害用人单位、1家职业卫生技术服务机构进行日常监督检查，累计开展职业卫生监督检查107家次，下达卫生监督意见书279份，立案查处35起。

【放射卫生监督】 2020年，区卫生健康局对市立医院、市立医院南院区、孙家疃社区卫生服务中心开展放射诊疗设备放射防护监测，监测设备5台，其中医用电子加速器2台、X射线透视机1台、DR1台、全景牙科机1台；现场开展6家非医疗机构放射性危害因素监测，监测设备18台，其中X射线工业探伤机13台、γ射线工业探伤机1台、非医用电子加速器4台。对51家放射诊疗机构开展监督检查52户次，下达卫生监督意见书52份，立案查处5起。

【计划生育监督】 2020年，环翠区根据国家卫生健康监督信息报告系统2020年计划生育“双随机”监督任务要求，对母婴保健机构进行监督检查，同时结合“蓝盾行动”产前诊断（筛查）技术实施方案，组织专项检查组，着重对产前诊断相关工作展开调查，全面清理、整顿违法违规机构，落实监管责任。开展监督检查20户次，下达卫生监督意见书4份，立案查处4起。

【执法办案】 2020年，区卫生健康局受理上级转办单、“12345”政务服务便民热线、群众举报投诉178件，均按期办结。立案查处179件，人均办案10.5件，与上年相比，人均办案增加2.35件。其中，医疗与传染病违法案件89件、母婴保健违法案件4件、餐饮具集中消毒违法案件1件、职业卫生违法案件40件、公共卫生违法案件37件、学校违法案件8件。

【“双随机、一公开”监督检查】 2020年，区卫生健康局印发《2020年环翠区随机监督抽查计划实施方案》，联合第三方检测机构监督检测8家消毒产品生产经营单位、3家餐饮具消毒单位、35所学校直饮水、20家农村小型集中式供水以及住宿、沐浴游泳、美容美发、集中空调等172家单位的多种产品、多项指标，对不合格单位进行立案查处、采样复检和跟踪督导，保障新冠肺炎疫情防控措施到位，卫生质量达标。

妇幼保健

【概况】 2020年，环翠区探索新时代计划生育服务管理机制，各镇（街道）“计划生育办公室”统一更名为“卫生健康办公室”，工作理念转向服务健康大局。注重完善生育支持体系、促进婴幼儿照护发展、深化服务管理改革等。年内，环翠区实施新生儿遗传代谢性疾病免费筛查2058人，产前筛查与产前诊断1289人，耳聋基因筛查1706人，无创DNA检测212人，产前超声诊断3人，羊水穿刺223人。开展免费婚前、孕前医学检查1401人，为716名农村妇女免费发放叶酸3992瓶，适龄妇女“两癌”筛查5200人。为21942名0~6岁儿童开展眼睛保健和视力检查，建立视力健康档案，检查覆盖率96.87%。

【惠民政策落实】 2020年，全区农村计划生育奖励扶助政策审核通过10020人，发放资金959.33万元；特殊家庭特别扶助政策审核通过741人，发放资金617.22万元；一次性临时救助政策审核通过196户，发放资金111.7万元；特殊家庭其他情况人员政策审核通过70人，发放生活补助金24.96万元；城镇失业无业人员独生子女父母养老补助政策审核通过4872人，发放资金467.71万元；独生子女费政策审核通过7785人，发放资金43.52万元。开展生育关怀行动，从加大经济扶持、纳入养老保障、开展精神慰藉、实施社会关怀等方面，对60周岁及以上和失能、半失能计生特殊家庭进行重点帮扶。为符合条件的181户计生特殊家庭购买价值64.6万元的家政服务。组织各镇（街道）开展“三大节”（春节、端午节、中秋节）走访慰问计划生育特殊家庭活动，发放慰问品价值61.1万元。

【婴幼儿照护服务】 2020年，环翠区注册登记托育机构18家。其中，正式营业12家，正在营业中完成备案手续1家，培育区级示范托育机构1家；只注册登记没有营业6家。区卫生健康局不断加大对婴幼儿早期发展的指导，随访指导2000余次，开展亲子活动20余次，开设家长课堂200余次。

【计划生育协会改革】 2020年，按照《山东省计划生育协会改革实施方案》和《关于调整部分群团机构设置通知》，环翠区将计划生育协会机关列入群团机构序列，依托区卫生健康局开展工作，使用事业编5名，配备会长1名、副会长1名。注销原来以社团方式注册的协会组织，以新的群团机构开展工作。至年末，环翠区计划生育协会有会员1.13万余人、志愿者640余人。

2020年5月29日，古陌社区党员干部在祥云公园开展“清洁环境卫生 助力疫情防控”主题活动 （区卫生健康局 供图）

爱国卫生

【概况】 2020年2月，环翠区印发《关于深入开展爱国卫生运动做好新冠肺炎疫情防控工作的通知》，指导各单位做好环境卫生整治、病媒生物防治和科普宣传等爱国卫生运动重点工作。3月，印发《关于持续做好冬春季爱国卫生运动加强薄弱环节整治的通知》，开展以市场环境整治为重点、以“共建卫生家园，共享健康佳节”为主题的冬春季爱国卫生运动。活动期间，出动人力2.9万余人次，投放药物23吨，消杀190万平方米。4月是全国第32个爱国卫生月，区卫生健康局结合新冠肺炎疫情防控，开展“防疫有我，爱卫同行”主题活动，印发活动方案，发出倡议书，发放宣传海报8000余份。各部门、各镇（街道）积极开展环境卫生清理活动，助力新冠肺炎疫情防控。

【病媒生物防治】 2020年，环翠区动员组织全区居民开展“清扫家园”活动，翻盆倒罐清积水，清理垃圾死角，杀灭越冬蚊虫，结合药物消杀，做好病媒生物防治，重点清理鼠、蚊、蝇、蟑螂等病媒生物滋生环境，从源头切断疾病传播途径。发放灭鼠药物1.9吨、灭蟑饵剂1000余支、灭蚊蝇药物250千克。在半月湾、靖子、葡萄滩3处海边公园设置50个毒饵站。

【卫生创建】 2020年，环翠区印发《环翠区卫生健康系统生活垃圾分类实施方案》，指导各级各类医疗机构带头实行生活垃圾分类管理。区卫生健康系统投资3.8万元，购置四色分类垃圾桶180个，设置分类垃圾桶255个。持续推进卫生创建工作，组织张村镇申请创建国家级卫生乡镇；区人力资源社会保障局、区医保局等21个单位创建为山东省卫生先进单位；孙家疃街道、区文化和旅游局等16个单位创建为威海市卫生先进单位；温泉镇林家庄村等19个村创建为山东省卫生村；区环境卫生中心、区文化和旅游局、区教育体育局等30个单位创建为威海市“健康细胞”。

【健康中国行动环翠行动】 2020年12月，环翠区爱国卫生运动委员会印发《关于印发环翠区爱国卫生运动委员会（健康中国行动威海推进委员会）工作规则及办公室工作细则的通知》，拟定《关于贯彻健康中国行动推进健康威海建设的实施意见（草案）》，成立15个专项行动工作小组，组织开展健康中国行动。健康中国行动开展15个重大专项行动，促进以治病为中心向以人民健康为中心转变，努力使群众不生病、少生病。

（陈程莉）

体　育

综　述

【概况】 2020年，全区体育工作突出“群众体育”和“竞技体育”两大重点，实现新突破。年内，参与举办、协办2020年全国新年登高健身大会等20项大型赛事，开展“冬泳日”、冰雪越野跑等全民健身活动160余场。群众体育组织网络进一步健全，投资100万元为42个村（社区）配置358件健身器材。运用足球“市队县办”激励政策，组建6支足球队参加2020年山东省足球锦标赛，夺得女子丙组亚军、男子丙组季军、男子甲组第6名、女子甲组第9名、男子乙组第5名、女子乙组第10名。全区设体育彩票营业网点75个，销售体育彩票6600万元。

【体育基地建设】 2020年，区教育体育局根据山东省第二十五届运动会、威海市第六届运动会规程总则要求，调整新增7个青少年体育后备人才培养基地，青少年体育后备人才培养基地增至16个，分别为：城里中学田径和篮球基地、古寨中学足球和乒乓球基地、塔山中学篮球基地、实验中学乒乓球基地、第十中学手球基地、温泉学校足球基地、第七中学排球和橄榄球基地、羊亭学校田径和射箭基地、实验小学乒乓球基地、鲸园小学足球基地、长征小学足球基地、古寨小学足球基地、孙家疃小学足球基地、常春藤国际预科学校帆船基地、区网球协会网球基地、区铁人三项运动协会铁人三项基地。

2020年11月5日，区教育体育局在临港区召开2020年环翠区足球项目（市队县办）参加山东省锦标赛工作总结会暨冬季训练动员会

（区教育体育局　供图）

【裁判员培养】 2020年，全区晋升国家级裁判员1人、初审二级裁判员25人（其中，乒乓球2人、手球2人、篮球10人、足球8人、羽毛球3人）。举办2020年中国山地自行车联赛（第一站）山东·环翠站赛事过程中，协助选派本地裁判员19名；组织选派39人参加威海市级比赛执裁工作，其中排球6人、篮球3人、橄榄球4人、足球9人、田径11人、乒乓球6人；选派8人参加省级比赛执裁工作，其中篮球3人、排球3人、足球1人、橄榄球1人。

竞技体育

【概况】 2020年8月—12月，环翠区组队参加13个项目的2020年“中国体育彩票杯”威海市锦标赛，获得13个团体冠军、199个单项冠军，所获金牌总数位列各区、市第二。古寨中学、温泉学校、古寨小学等学校组队参加足球锦标赛，夺得6个冠军中的5个；威海七中组队参加排球锦标赛，夺得4个冠军中的3个；在游泳锦标赛中，环翠区夺得46枚金牌中的31枚。年内，举办“沃克森琦杯”2020年中国威海刘公岛水陆两项赛，承办2020年中国山地自行车联赛（第一站）山东·环翠站赛事。

【威海市乒乓球锦标赛】 2020年8月27日—30日，2020年“中国体育彩票杯”威海市乒乓球锦标赛暨第六届市运会预选赛在乳山体校举行，环翠区37名运动员参加比赛，取得金牌18枚。

【“沃克森琦杯”2020年中国威海刘公岛水陆两项赛】 2020年9月12日，环翠区举办“沃克森琦杯”2020年中国威海刘公岛水陆两项赛，全市100名具有较高水平铁人三项爱好者参加比赛。赛事包括横渡刘公岛公开水域游泳及环刘公岛越野跑2个比赛项目，总竞赛距离22.1千米。其中，游泳从威海湾九里海水浴场至刘公岛旅游码头，全程4.5千米；环刘公岛越野跑单圈8.8千米，需跑2圈，全程17.6千米。

【威海市橄榄球锦标赛】 2020年9月17日—20日，2020年“中国体育彩票杯”威海市橄榄球锦标赛暨第六届市运会预选赛在乳山体校举行，环翠区48名运动员参加比赛，取得金牌20枚。

【威海市帆船锦标赛】 2020年9月19日—20日，2020年“中国体育彩票杯”威海市帆船锦标赛暨第六届市运会预选赛在荣成樱花湖举行，环翠区25名运动员参加比赛，取得金牌3枚。

【威海市田径锦标赛】 2020年10月6日—9日，2020年“中国体育彩票杯”威海市田径锦标赛暨第六届市运会预选赛在文登体育公园举行，环翠区67名运动员参加比赛，取得金牌15枚。

2020年9月17日，2020年“中国体育彩票杯”威海市橄榄球锦标赛在乳山体校举行 （区教育体育局 供图）

【威海市网球锦标赛】 2020年10月7日—8日，2020年“中国体育彩票杯”威海市网球锦标赛暨第六届市运会预选赛在文登体育公园举行，环翠区20名运动员参加比赛，取得金牌4枚。

【威海市足球锦标赛】 2020年10月23日—26日，2020年“中国体育彩票杯”威海市足球锦标赛暨第六届市运会预选赛在临港区全民健身中心举行，环翠区109名运动员参加比赛，包揽男、女（甲、乙、丙）6个组别的35枚金牌。

【威海市国际式摔跤锦标赛】 2020年10月26日—28日，2020年“中国体育彩票杯”威海市国际式摔跤锦标赛暨第六届市运会预选赛在乳山体校举行，环翠区16名运动员参加比赛，取得金牌4枚。

【威海市排球锦标赛】 2020年10月26日—29日，2020年“中国体育彩票杯”威海市排球锦标赛暨第六届市运会预选赛在荣成体育馆举行，环翠区48名运动员参加比赛，取得金牌23枚。

【威海市柔道锦标赛】 2020年10月27日—29日，2020年“中国体育彩票杯”威海市柔道锦标赛暨第六届市运会预选赛在威海市体校柔道馆举行，环翠区8名运动员参加比赛，取得金牌5枚。

【威海市篮球锦标赛】 2020年10月

2020年10月31日，2020年中国山地自行车联赛（第一站）山东·环翠站赛事开幕式在环翠轻户外运动小镇举行　（区教育体育局　供图）

28日至11月1日，2020年“中国体育彩票杯”威海市篮球锦标赛暨第六届市运会预选赛在乳山西苑学校举行，环翠区50名运动员参加比赛，取得金牌20枚。

【2020年中国山地自行车联赛（第一站）山东·环翠站赛事】　2020年10月31日至11月1日，2020年中国山地自行车联赛（第一站）山东·环翠站赛事在环翠轻户外运动小镇（嵩山街道五家疃村）举办。该项赛事属中国山地自行车联赛首次落户环翠区，也是环翠区第四次举办国家级山地自行车赛事。赛事设男子、女子公开组山地越野赛、精英组淘汰越野赛、青年组淘汰越野赛等9个组别和儿童平衡车比赛，吸引包括国家山地自行车队在内的15支国家级、省级专业队和社会俱乐部、个人等500余人参加比赛。

【威海市手球锦标赛】　2020年12月10日—13日，2020年“中国体育彩票杯”威海市手球锦标赛暨第六届市运会预选赛在文登文昌学校举行，环翠区52名运动员参加比赛，取得金牌17枚。

【威海市拳击锦标赛】　2020年12月11日—13日，2020年“中国体育彩票杯”威海市拳击锦标赛暨第六届市运会预选赛在威海市体校举行，环翠区5名运动员参加比赛，取得金牌4枚。

【威海市游泳锦标赛】　2020年12月11日—13日，2020年“中国体育彩票杯”威海市游泳锦标赛暨第六届市运会预选赛在威海市游泳馆举行，环翠区117名运动员参加比赛，取得金牌31枚。

群众体育

【概况】　2020年，环翠区聚焦“10分钟健身圈”建设，进一步升级全民健身场地设施，累计新增和更换358件体育器材，为群众健身提供便利。以“全民健身　共战疫情”为主题，引导社会各界开展线上、线下体育健身活动，组织开展环翠区第十届全民健身运动会篮球、足球、网球等36项次比赛，举办全国新年登高健身大会、“冬泳日”、全民健身日、全民健身月等活动，承办威海市全民健身运动会游泳比赛，参加威海市全民健身运动会门球、象棋等比赛，参与各类志愿服务万余人次。

2020年8月23日，环翠区第十届全民健身运动会五人制篮球赛在祥云健身广场举行　（区教育体育局　供图）

【2020年全国新年登高健身大会】2020年1月1日，2020年全国新年登高健身大会在里口山国家健身步道举行，千余名登山爱好者登高望远，共迎新年。该次登高健身大会以“登高望远览山川　贺岁迎新促健康”为主题，全程7.5千米。

【“冬泳日”活动】2020年1月1日，“冬泳日”活动在环翠区冬泳基地——幸福公园下水点举行，200余名冬泳爱好者有秩序地跃入海中，在冰水中喜迎新年。

【第十届全民健身运动会】2020年是环翠区连续举办全民健身运动会的第十年。该届全民健身运动会自5月持续到10月，根据不同区域、不同人群的健身需求设36个项目，先后举办线上篮球技巧、象棋、骑跑两项、广播体操，线下三人制篮球、五人制篮球、网球（个人、团体赛）、毽球、五人制足球、九人制足球、游泳、象棋、骑跑两项、冰雪越野跑、徒步、沙滩铁人三项、社区趣味运动会、保皇、门球、舒筋拉力操、乒乓球、羽毛球、棒垒球、台球、太极拳、健身气功、广场舞、八段锦、武术等全民健身活动，参与人数近万人次。

【全民健身月系列活动】2020年5月20日，环翠区全民健身月线上健身系列活动启动。活动设有铁人三项线上骑跑两项赛、中国象棋比赛、篮球罚球计时挑战赛、三分球计时挑战赛等项目。通过网络、视频、专项活动APP等线上形式开展健身展示、交流、比赛，标志着全区全民健身线上体育项目正式启动。

2020年8月8日，2020年环翠区全民健身日活动启动仪式在半月湾海水浴场举行　（区教育体育局　供图）

【全民健身日启动仪式】2020年8月8日，环翠区全民健身日活动启动仪式在半月湾海水浴场拉开帷幕。活动以“推动全民健身　助力全面小康”为主题。观众现场观看由区体育总会推送的第九套广播体操展示表演、区铁人三项协会推送的桨板表演。

【社会体育指导员培训】2020年，全区举办三级社会体育指导员培训班5期，培训120名三级社会体育指导员和社会体育骨干。组织30名三级社会体育指导员参加威海市二级社会体育指导员培训班，并全部通过测试。

【基层体育组织建设】2020年，环翠区在全省率先实现每个村（社区）都有一支10人以上的老年太极拳队伍，被中国老年人体育协会评为“全国老年太极拳之乡”。至年末，全区有镇（街道）体育总会8个、村（社区）级体育总会158个；按照山东省《关于加快推进全民健身站点创建注册工作的通知》要求，完成415个全民健身站点的创建和注册任务；全区有体育协会、俱乐部29家，群众体育组织网络进一步健全。

（汪　鹏　吴永娜）

社会生活

居民生活

【概况】 2020年，面对新冠肺炎疫情的严峻考验和复杂多变的国内外环境，环翠区紧盯建设“精致城市·幸福威海”首善之区目标，贯彻新发展理念，统筹推进稳增长、促改革、调结构、惠民生、防风险、保稳定，狠抓“六稳”“六保”工作，社会大局和谐稳定，居民收入保持稳步增长。

【居民收入】 2020年，全区居民人均可支配收入47922元，比上年增长3.9%。其中，城镇居民人均可支配收入51769元，增长2.9%；农村居民人均可支配收入22592元，增长5.2%。

【居民支出】 2020年，全区居民人均消费支出32905元，比上年下降1.0%。其中，城镇居民人均消费支出35704元，下降2.0%；农村居民人均消费支出14473元，增长1.0%。

【物价】 2020年，全区居民消费价格上涨2.5%。在消费八大项中，食品烟酒类价格上涨9%，衣着类上涨2.1%，居住类下降2.1%，生活用品及服务类下降0.1%，交通和通信类下降4.4%，教育文化和娱乐类上涨4.6%，医疗保健类下降0.2%，其他用品和服务类上涨2.9%。

（居民收支、物价数据的统计范围为威海市市区，包含环翠区、高区、经区、临港区）

（于喜龙）

精神文明建设

【概况】 2020年，全区上下坚持以习近平新时代中国特色社会主义思想为指导，深入学习贯彻中共中央总书记习近平关于加强社会主义精神文明建设的重要指示精神，增强“四个意识”、坚定“四个自信”、做到“两个维护”，弘扬社会主义核心价值观，深入推进社会主义精神文明建设，群众思想觉悟、道德水准、文明素养和社会文明程度得到提升，城乡环境面貌、社会公共秩序、公共服务水平、群众生活质量得到改善。年内，新增省级系列文明单位7个、省级文明家庭1个，市级系列文明单位14个、市级文明家庭16个。

【全国文明城市创建】 2020年，区委宣传部成立全国文明城市创建工作专班，实行区级领导包镇（街道）、区直部门包社区、机关干部包路口制度；开展全天候、高密度、全覆盖的拉网式检查，发现并整改公共设施、公共秩序等方面问题7335处；在《环翠新闻》、“中国威海环翠”微信公众号开设《创城攻坚 环翠在行动》专栏，围绕未成年人思想道德建设、市容环境提升等重点工作发布新闻报道1000余篇，以点带面形成全民参与良好局面，助力威海市蝉联全国文明城市“三连冠”。

【文明实践创新】 2020年，区委宣传部成立新时代文明实践指导中心，建立联席会议制度，推进新时代文明实践工作。对中心、所、站进行提档升级，打造中国油画小镇、烟台银行威海分行、长城爱心大本营、威高民俗文化邨、威海职业学院、威海晟仙俊美花卉有限公司6处实践基地，建设“两中心”融合功能室。持续开展“树典型、爱英模、学先进”活动，入选山东战“疫”最美志愿者1名、山东省抗击新冠肺炎疫情优秀志愿者2名，推选中国好人4名、山东好人12名、威海好人31名、环翠好人61名。

【志愿服务建设】 2020年，区委宣传部建立志愿服务项目库，征集区直、镇村两级376个项目，推进“项目化”；实现市、区两级志愿服务网站数据互联，增加“志愿环翠”点单、派单功能，突出“精准化”；联合威海职业学院成立“环翠区新时代文明实践培训学院暨环翠区志愿服务培训学院”，探索“专业化”；启动“蒲公英大篷车”区级文明实践项目，开展优秀志愿服务个人、组织、社区、项目评选表彰，推动“品牌化”；设置志愿服务主题月，成立全市首家“雷锋驿站”，引导659支志愿服务团队、9万余名志愿者开展文明实践活动6000余场次，服务时长20万小时，实现“常态化”。

（田常力 魏国 黄震）

就业创业

【概况】 2020年，全区人力资源管理工作围绕人才强区的思想，搭建高层次人才对接交流平台，精心做好人才服务和毕业生就业工作，不断增强人才集聚实力。落实就业创业各项政策，加大公共就业服务力度，推动形成“大众创业、万众创新”的浓厚氛围，全年城镇新增就业4742人，失业人员再就业598人，就业困难人员再就业308人，城镇登记失业率1.15%，高校毕业生就业率90%以上，就业形势稳定。

【就业政策落实】 2020年，区人力资源社会保障局做好“六稳”工作、全面落实“六保”任务，推动稳就业保就业取得实效。年内，为4家企业吸纳的5名就业困难人员发放社会保险补贴2.3万元，为40家企业吸纳的129名员工发放一次性吸纳就业补贴12.9万元，为威海威高医用材料有限公司发放一次性用工补贴34.58万元，为992名灵活就业的就业困难人员发放社保补贴463.86万元，发放失业动态监测费3.84万元。发放稳岗补贴719.42万元，惠及853家企业；发放技能提升补贴124.15万元，惠及880名职工。为5家企业的30名见习人员发放见习补贴16.8万元，为15家企业的55人发放小微企业社会保险补贴37万元。为19人申领博士硕士住房补贴18.24万元，为723人发放高校毕业生聚集计划“521”生活津贴978万元。

【公共就业服务】 2020年，区人力资源社会保障局加大宣传力度，及时总结推广已认定“四型就业社区”的典型经验和做法，以点带面、示范引领。年内，鲸园街道戚谷疃社区、竹岛街道海韵社区被认定为省级“四型就业社区”，发放奖补资金10万元。新冠肺炎疫情防控期间，针对不同群体就业需求，及时开展“2020年春风行动”，436家企业进驻“网络摊位”，发布求职岗位9120个，联合市人力资源社会保障局组织包括退役军人就业服务、民营企业、高校毕业生、外商投资企业网络专场、重点骨干企业在内的5场网络专场招聘会。

【职业技能培训】 2020年，区人力资源社会保障局推行“互联网+技能培训”模式，鼓励企业自主开展线上理论和公共防疫知识培训。开展新招员工“以工代训”，鼓励企业组织职工边干边学，让职工尽快掌握生产技术，提高技能水平，保障企业生产。利用省人力资源社会保障厅推荐的18家平台，全面实施“百日线上免费职业技能培训行动”，对农民工、离校2年未就业大学生、建档立卡贫困劳动力及贫困家庭子女4类群体落实参训生活费补助。年内，完成线上培训3174人次，发放农民工个人生活费补贴5.18万元，就业转失业人员、在校大中专院校（含普通技工学校）学生、“以工代训”、农村转移劳动力等3631人参加职业培训并取得职业资格证书。审核通过23家，企业9162人次的稳岗扩岗“以工代训”申请，发放职业培训补贴、技能鉴定补贴、稳岗扩岗“以工代训”补贴607万元。

【劳动保障】 2020年，区人力资源社会保障局按照“二级网格、三级网格”机制和人员分片包干模式，向辖区9个镇（街道）80%以上的用工单位宣传普及法律法规。受理举报投诉事项2980余起，协调或依法为3000余名劳动者追回劳动报酬780余万元。相继开展农民工工资支付、人力资源市场清理整顿、书面材料审查等专项检查，检查用人单位668家，评选出劳动保障法律法规落实到位的A级单位107家、B级单位55家、C级单位27家。

【创新创业扶持】 2020年，区人力资源社会保障局发放一次性创业补贴786.5万元、一次性场所租赁补贴17万元、创业担保贷款3135万元、一次性创业岗位开发补贴1.8万元。加强创业孵化平台建设，至年末，

2020年9月23日，区人力资源社会保障局与区委组织部、团区委共同举办第二届“智汇环翠”国际创新创业大赛暨第五届“精致城市　创业环翠”创新创业大赛　　（区人力资源社会保障局　供图）

环翠区2处创业孵化基地通过认定，孵化器总面积2.37万平方米，入驻企业140余家。协助鲸园街道办事处打造省级创业型街道，营造浓厚创业氛围。9月23日，与区委组织部、团区委共同举办第二届“智汇环翠”国际创新创业大赛暨第五届“精致城市　创业环翠”创新创业大赛。依托威海创业大学，推行“创业知识+模拟实践+实际操作+跟踪扶持”四级创业实训模式，组织线上创业培训751人、线下创业培训1130人。

【农民工工资保障】　2020年，区人力资源社会保障局制定并通过《环翠区根治拖欠农民工工资工作专项小组工作规则》《环翠区根治拖欠农民工工资工作专项小组办公室工作细则》《环翠区2020年根治拖欠农民工工资工作要点》等文件，梳理部门职责，为做好全年根治欠薪工作提供制度保障。全年召开8次专项小组联席、专题会议，先后开展4次联合检查和2次专项检查，并建立台账实行销号管理，将问题发现在基层、化解在基层。开展“根治欠薪冬季攻坚”活动，联合行业主管部门检查在建项目工地113户次，发现问题40个，均于春节前整改完毕。牵头解决正生生物装修项目、泉乐坊项目、万达广场项目3起国务院督办的案件，为105名农民工追回劳动报酬76.86万元。办结全国欠薪平台转办欠薪线索126件，为220余名农民工追回劳动报酬90余万元。会同行业主管部门、各镇（街道）解决康宁医院项目、里口山伐树工程、恒大·海上帝景项目等14起集体欠薪案件，及时化解欠薪及重大上访隐患。做好农民工工资支付监管平台建设使用工作，确保项目纳入平台率达到100%，劳动合同签订率达到99.5%以上，在建工程项目每月按时支付农民工工资。承办全市在建工程示范项目规范化现场会，依托环球汇金广场介绍项目管理经验，宣传环翠区根治欠薪工作的成功做法，并将优秀项目的经验做法向其他在建项目普及，达到“标杆带动、整体复制”的效果。

【劳动人事争议仲裁】　2020年，区人力资源社会保障局受理案件796起，调解结案558起，裁决结案238起。处置集体争议案件7起，为职工和用人单位挽回经济损失3000余万元。联合区总工会、区司法局、区法院共同挂牌成立“仲裁+工会调裁衔接工作室”“法院+工会调裁衔接工作室”，形成资源整合、信息共享、协调联动的常态化工作格局。联合区司法局、区法律援助中心制定《关于建立劳动人事争议法律援助衔接工作机制的若干意见》，从法律援助站标准化建设入手，为符合援助条件的劳动者无偿提供法律服务。4月28日，劳动仲裁法律援助工作站正式启用，配备工作人员2名，对接援助律师8名。探索“互联网+调解仲裁”服务新模式，镇（街道）劳动人事争议调解组织实现服务平台使用全覆盖。

（曹雅楠　周　巍　项玉娇
于　芳　马楷征）

社会保障

【概况】　2020年，全区社会保障工作落实“放管服”改革、“一次办好”改革、优化营商环境部署要求，优化办事流程，提升服务水平。全区城镇职工、城乡居民基本养老保险参保近17万人，其中享受待遇人员5万余人，参加失业保险职工6.9万人，累计为企业减免社保费4.5亿元。全区职工基本医疗保险、生育保险参保13.87万人，基金收入4.35亿元；居民基本医疗保险参保16.46万人；职工长期护理保险参保14.19万人，基金收入1266万元。

【落实保费减免政策】　2020年2月，为推动企业有序复工复产，支持稳定和扩大就业，环翠区根据威海市出台的阶段性减免企业基本养老保险、失业保险、工伤保险相关政策，免征各类中小微企业、以单位方式参保的个体工商户2月至12月3项社会保险费的单位缴费部分，减半征收各类大型企业、民办非企业、社会团体等各类社会组织2月至6月3项社会保险费的单位缴费部分，累计为企业减免社保费4.5亿元。根据市医疗保障局、市财政局、市税务局联合印发的《关于进一步阶段性降低企业职工基本医疗保险缴费费率的通知》要求，2月—12月，阶段性降低职工医保缴费费率，环翠区全年为7175家企业减免医保缴费6775万元。为受新冠肺炎疫情影响、无力足额缴纳医疗保险费的威海国鸿兰艺文化传播有限公司办理暂缓缴纳医疗保险费。

【简化办事流程】 2020年，区医保局本着“能简化的全部简化，能取消的全部取消，能压缩的全部压缩”原则，对经办服务事项进行全面梳理和流程再造，在完成业务事项名称、申报材料、经办方式、办理流程、办理时限、服务标准“六统一”的基础上，按照申办材料最少、办事流程更简、办理时限更短、服务质量更优的目标要求，对14类38项业务进行流程再造，办理时间整体压缩50%以上，申办材料整体精简30%以上，同时对医保业务实行“容缺受理”，最大限度避免办事人员重复跑腿。

【养老保险】 2020年，环翠区城镇职工养老保险参保10.75万人，基金收入8亿元。7月，区人力资源社会保障局为环翠区企事业单位退休人员进行待遇调整。为40873名企业退休职工补发1月—7月调资，累计发放调资4134万元，人均发放调资144.5元；为3268名机关事业单位退休职工补发1月—7月调资，累计发放调资506万元，人均发放调资221.25元。至年末，环翠区居民养老保险参保23939人，适龄人口参保率99%，基金收入4029万元。年内，为14279名老年居民发放养老金3308万元。根据《关于提高居民基本养老保险基础养老金标准的通知》，自7月1日起，威海市居民基本养老保险基础养老金标准由每人每月130元提高至154元。推进被征地农民养老保险工作，落实张村镇和徐疃社区、桃园社区、莱海社区，温泉镇雅家庄村、汤河北社区，羊亭镇港头村、义和社区、大北山村、朱家圈社区等23个村（社区）的养老保障资金3043万元。年内，为全区357名重度残疾人代缴居民社会养老保险费10.71万元，为119名低保对象和特困群体代缴居民社会养老保险费3.57万元，为18名建档立卡贫困人口代缴居民社会养老保险费5400元。

区人力资源社会保障局采取单位自查和内审检查相结合的方式，对全区2019年失业保险基金的管理、使用情况进行检查，对发现的问题立查立改，健全完善经办机构内控制度和经办流程，加强失业保险基金内控管理。对2019年1月至2020年5月特殊工种和因病提前退休人员进行逐人核查并完成整改。开展社会保险基金管理风险排查整改工作，明确科室责任和整改时限，组织社保经办机构对业务审批风险、经办管理风险、财务管理风险、信息系统管理风险进行梳理排查。开展社会保险基金非现场监督，安排专人实时监控处理社保基金监管系统疑点信息，处理疑点数据420条，追回多发失业保险金2.62万元。

【医疗保险】 2020年，全区职工基本医疗保险参保13.87万人，基金收入4.35亿元。全区居民基本医疗保险参保16.46万人，基本实现应保尽保。为切实减轻新冠肺炎疫情期间群众看病就医负担，年内城乡居民参保缴费享受待遇不设置等待期。为提高“两病”（高血压、糖尿病非胰岛素治疗）居民受益率，确保参保居民及时享受待遇，根据市医疗保障局《关于加快推进居民“两病”医疗保障工作有关问题的通知》，进一步压缩居民普通门诊慢性病的鉴定时限，完善居民“两病”认定办法，健全“两病”受益率跟踪落实机制。

区医保局实行日常检查和专项检查并行，开展辖区内定点医疗机构医保资金使用情况自查自纠活动，打击医疗保险基金使用违法违规行为。全年检查定点医疗机构400余家次，其中行政处罚1家次，协议处理28家次，暂停医保协议24家次，责令限期整改64家次，追回医保资金600余万元，罚款36.95万元。

【生育待遇调整】 2020年，区医保局落实《关于完善参保人员生育待遇政策有关问题的通知》，优化孕期检查费结算方式，不再统一设定具体的孕检项目，由参保人员根据自身情况自主选择。取消孕检备案手续，参保人员的孕期检查待遇在生育时与生育医疗待遇一并结算。调整生育医疗待遇标准，参保居民生育待遇限额及参保职工顺产待遇限额维持不变，参保职工剖宫产待遇限额由2800元提高到3800元。规范职工生育津贴享受待遇条件，参保职工连续足额缴纳医疗保险费满1年的，方可领取生育津贴，其中，生育时已参保但连续缴费不满1年的，待连续足额缴费满1年后，由医疗保险基金补支生育津贴。

【异地就医】 2020年，区医保局落实《威海市医疗保障异地就医管理办法》，将未备案参保人员在异地定点医院发生的符合政策规定的住院医疗费用纳入医保基金支付范围，由个人首先负担30%，再由医保基金按政策比例报销。扩大异地就医覆盖范围，推动威海卫人民医院、威海口腔医院、孙家疃社区卫生服务中心、羊亭中心卫生院、温泉镇卫生院、张村镇卫生院、桥头镇卫生院7家公立医院和现代妇产医院、爱尔眼科医院、滕玉明眼科医院、山海中医院4家民营医院实现异地联网结算，满足外地到威人员就医需求。

【工伤保险】 2020年，环翠区工伤申请受理808件，工伤认定534件，工伤调查取证1068人次；审核受理劳动能力鉴定申请485件，参加伤残鉴定10批次，发放鉴定书822件；根据《关于加强工伤康复早期介入工作有关问题的通知》，进行康复查体50人，确认康复治疗6人；审核1300家工伤保险缴费单位的缴费比例。

【失业保险】 2020年，环翠区参加失业保险单位5199家，参加失业保险职工6.9万人，为9241人（次）失业人员发放失业保险金1573.15万元、支付医疗保险费291.7万元，为8397人（次）失业人员发放临时价格补贴126.88万元，为10581名失业人员发放失业补助金713.65万元。

【医保工作站】 2020年，为打通医保便民服务“最后一公里”，区医保局将医保业务下沉、关口前移。8月3日，环翠区首个医保工作站在威海卫人民医院正式对外服务，将生育津贴领取、转诊转院备案等16项业务下放，标志着环翠区医疗保障服务向基层延伸的新模式建立。9月28日，威海口腔医院、现代妇产医院2家定点医疗机构也正式成立医保工作站，方便群众就近办理业务。

【医保电子凭证】 2020年5月28日，医保电子凭证正式上线，全区11.53万名参保人员开通使用，400余家医保定点医疗机构基本实现全覆盖。医保电子凭证具有药店购药、医院结算以及信息记录等功能，参保人员在定点药店和定点医疗机构购药、就医时，出示个人医保电子凭证即可完成医保结算。

（张鲁宁　孙英丽　丛婷婷　刘梓恒）

2020年8月3日，威海卫人民医院设立环翠区首个医保工作站

（区医保局　供图）

民　政

【概况】 2020年，全区民政工作注重做好“一老一小”服务，环翠区被民政部和联合国儿童基金会确定为“护童成长”——儿童关爱服务体系建设试点地区；建成17处社区食堂和6处老年餐桌，覆盖8个镇（街道）；新冠肺炎疫情防控期间，接收慈善捐赠物资公允价值2177.71万元；使用冠名基金170.06万元，救助困难群众1489人次。

【困难群体救助】 2020年6月1日起，城市居民最低生活保障标准由每人每月650元调整为每人每月690元，农村居民最低生活保障标准由每人每月470元调整为每人每月530元。同日起，农村特困人员供养基本生活标准由每人每月620元调整为每人每月690元，城市特困人员供养基本生活标准不变，为每人每月900元。10月1日起，城市居民最低生活保障标准提高到每人每月787元，农村居民最低生活保障标准提高至每人每月588元。全年保障城乡低保对象1160人次，发放低保金292.29万元。城乡特困人员供养照料护理基准标准，依据特困供养对象生活自理能力、部分丧失生活自理能力、完全丧失生活自理能力情况，分别为每人每年发放补助金3297元、5495元、10990元。全年保障农村特困对象878人次，发放保障金90.28万元；保障城市特困对象814人次，发放保障金120.05万元。发放困难残疾人生活补贴270.51万元，保障3199人次；发放重度残疾人护理补贴270.51万元，保障21623人次。发放困难老年人补贴13.55万元，保障1428人次；发放困难群众价格临时补贴27.63万元，保障5147人次；发放精减退职老职工40%救济金8.89万元，保障48人次。对于分散特困供养对象，区民政局根据其自愿选择的助餐、助洁、助医等项目，开展政府购买居家服务，对生活不能自理、生活部分自理和生活能自理的，每人每月分别提供60小时、45小时和14小时的居家服务，全年提供服务9500.5小时，服务310人次。9月起，采取公益创投的方式，购买社会组织服务为农村低保重度残疾人开展助洁服务。

2020年9月9日，社会组织工作人员为羊亭镇鲁东村重度残疾人家庭开展保洁服务　　（区民政局　供图）

【儿童关爱保护】 2020年，全区保障散居孤儿7人、困境儿童2人、事实无人抚养儿童19人，发放生活费24万余元。社会散居孤儿养育标准由每人每月1200元提到每人每月1400元，事实无人抚养儿童生活费标准参照散居孤儿保障水平予以保障，重点困境儿童基本生活费标准每人每月980元，对于已享受城乡低保救助的困境儿童，采取补差的方法发放生活费。加强医疗保障，实施“孤儿医疗康复明天计划”，按照孤儿自愿原则组织辖区内在保孤儿进行健康体检，对不愿意参加健康体检的孤儿建立健康档案。加强教育保障，实施“福彩圆梦·孤儿助学工程”，为2名符合条件的孤儿发放助学金1万元。

【慈善事业】 2020年1月28日，区民政局与区慈善总会联合印发《关于防控新型冠状病毒感染的肺炎疫情接受社会捐赠的公告》，发动社会各界捐赠物资。2月2日，华夏文化旅游集团股份有限公司向区慈善总会捐款100万元。新冠肺炎疫情防控期间，接收社会各界慈善捐赠物资公允价值2177.71万元。年内，区民政局使用冠名基金170.06万元，救助困难群众1489人次。救助患大病困难群众523人，发放救助金359.76万元。配合市慈善总会为养老机构、百岁老人、服务场所免费安装净水器47台。开展“慈善光明行”项目，为4名符合条件的贫困白内障患者施行免费复明手术。

2020年2月2日，区民政局负责人代表区慈善总会接收华夏文化旅游集团股份有限公司抗击疫情捐赠款100万元　　（区民政局　供图）

【社区食堂和老年餐桌建设】 2020年，全区建设社区食堂17处，分别是竹岛街道望岛社区食堂、渔港路社区食堂、天翔社区食堂，鲸园街道古岭社区食堂、古北社区食堂、菊花顶社区食堂、北港社区食堂，环翠楼街道同德社区食堂、石河社区食堂、南山社区食堂，孙家疃街道伴海社区食堂、育海社区食堂，嵩山街道向阳社区食堂、百合社区食堂，张村镇莱海社区食堂、新柳社区食堂，羊亭镇润河社区食堂。建设农村老年餐桌6处，分别是温泉镇小庄餐桌、前亭子夼餐桌、林家院餐桌，嵩山街道竹园餐桌，张村镇皂南台餐桌，羊亭镇南郊餐桌。

【社区居家养老服务】 2020年，区民政局为特殊困难老年人购买社区居家养老服务，为8名符合条件的老年人提供助餐服务696次，助洁、助行等服务2052小时，服务费4.8万元。新建环翠楼街道养老服务中心，委托沐浴阳光养老服务有限公司运营，为居民提供日间照料、短期托养、医疗护理、智能化居家上门、助餐等一站式服务。至年末，全区有养老机构25家、床位3208张。

【社会组织管理】 至2020年年末，环翠区登记社会组织255家，参与2019年度社会组织网上年报的社会组织有221家。全年涉及社会组织不稳定因素（主要是公开电话）24件，处置14件，满意率100%。对全区行业协会、商会等47家社会团体乱收费行为进行专项整顿。推进区、镇（街道）、村（社区）三级社区社会组织联合会服务体系建设，6个镇（街道）建成社区社会组织联合会。温泉镇社区社会组织联合会成为全省首个完成登记注册的社区社会组织联合会。7月23日—24日，全省推进社会组织高质量发展现场会在威海召开，民政部和省民政厅领导现场观摩环翠区社会组织联合会、鲸园街道社会组织服务中心、温泉镇社区社会组织联合会，并进行经验推广。12月，威海市社会组织创新创业园申报的国家级社会组织综合服务标准化试点通过国家标准化管理委员会验收。区民政局联合区委组织部投资120万元开展第二届党建引领精致社区建设暨公益创投活动，扶持社会组织参与民主协商、为老服务、社区环境提升等活动。31个社会组织参与党建引领项目，开展活动800余场次，服务30余个社区1.34万余人次。

【社工人才培养】 2020年，环翠区鼓励和引导民政、教育、司法、妇联、信访及公益组织等领域的工作人员参加全国社会工作者职业水平考试，全区通过考试114人，全区有社会工作者持证人员460人，居全市首位。杨洪政、赵波、刘娜入选省级“和谐使者”，于培新、于芳入选市级“和谐使者”，张文明、徐嫣霖、张晋入选区级“和谐使者”。

【基层民主自治】 2020年，区民政局制订《开展村务公开目录监督落实专项行动工作方案》《开展村规民约和居民公约监督落实专项行动工作方案》，在全区组织开展村务公开目录监督落实专项行动和村规民约、居民公约监督落实专项行动，采取实地查看、电话抽查等方式，对两项行动发现的问题进行反馈，并限期整改，促进村务公开的进一步贯彻落实。结合扫黑除恶专项斗争等工作，对村（社区）委会成员是否为黑社会组织、霸痞组织或恶势力组织成员等情况进行每月排查。对村（社区）办公服务场所的机构、制度等牌子过多过滥现象进行纠治，切实减轻基层负担，从源头上遏制村（社区）挂牌中的形式主义、官僚主义。

【婚姻、收养登记】 2020年，区民政局办理国内结婚登记3795对、离婚登记2247对，补领婚姻登记证1236对，查询婚姻登记档案2600余次；办理涉外结婚登记23对、离婚登记1对，补领婚姻登记证3对。10月27日，临港区社会事务管理局婚姻登记处撤销，婚姻登记业务划归区民政局婚姻登记处办理。开展婚姻家庭辅导服务，216对当事人通过辅导取消或暂缓离婚登记。办理收养登记16件，婚姻、收养登记合格率100%。

【惠民殡葬】 2020年，全区火化遗体6276具，其中根据惠民殡葬政策免除4652具遗体火化费用，合计免除费用558.24万元。年内，建成区级公益性骨灰堂1处（威海市环翠区公益性骨灰堂）、镇（街道）级公墓5处（孙家疃街道远遥公墓、羊亭镇下炉公墓、张村镇福德庄公墓、嵩山街道徐家疃公墓、嵩山街道范家埠公墓）、村（社区）级公墓2处（温泉镇林家院公墓、竹岛街道陶家夼公墓），其中绿色生态公墓6处（孙家疃街道远遥公墓、羊亭镇下炉公墓、张村镇福德庄公墓、嵩山街道范家埠公墓、温泉镇林家院公墓、竹岛街道陶家夼公墓）。

【地名管理】 2020年，区民政局完成环翠—文登线行政区域界线联检工作，完成12条道路（北葛拉街、张家疃街、夏家疃街、宅库街、河北街、峰河街、庆海路、五渚河路、寨南路、泉河路、同和路、天翔路）命名、5条道路（广远路、峰北路、长江街、梦海路、虎山路）起止点调整、3条道路（起亚路、柳杨路、蓝村路）注销。完成《中华人民共和国标准地名志》出版清样校对核定工作。报送的第二次全国地名普查档案组织管理和档案完整性、系统性、规范性四大项内容通过省民政厅验收。

（李雪娇）

社区建设

【概况】 2020年，区社区建设指导中心着力提升社区工作者综合素质，开展“信用进社区”工程，推进标准化体系试点项目建设。9月，总结推选的环翠楼街道前进社区“六字”

（助、联、培、宣、评、奖）工作法被省民政厅评为省级优秀社区工作法；12月5日—6日，环翠区“社区网格化服务标准化试点项目”通过国家标准化管理委员会终期评估验收，该项目属全省首例。

【社区组织建设】 新冠肺炎疫情防控期间，区社区建设指导中心迅速启动线上平台，采用实地参与、书记口述等方式，搜集挖掘、整理总结各优秀城市社区书记应对疫情的好经验、解决具体问题的好做法，平均每天一期，通过“环翠网格”微信公众号推送给所辖各个社区。2020年，推送典型经验做法33个，同时在线上开展优秀社区书记示范引领活动3期，130余人次参与。面向90个城市社区，征求意见建议56条，反馈给专家，拟定年度督导培训计划。根据新冠肺炎疫情防控要求调整培训方式，开通“郭剑雄老师的课堂”线上平台，社区工作者通过“腾讯课堂”手机APP选择学习。年内，开展督导4批次，500余人次参与。按照镇（街道）轮值主持、区委组织部和社区建设指导中心列席点评的工作模式，定期开展“初心讲堂”活动，8个镇（街道）的社区分成3组，半月1期，依次轮讲，培养社区工作者“勤学、善思、能说、会写”的工作素质。全年举行活动4次，190余人次参与。

2020年11月19日，区社区建设指导中心在“为了人民”基层党建馆举行2020年度“环翠金牌社工”评审会　　（区社区建设指导中心　供图）

【“环翠金牌社工”评选】 2020年，区社区建设指导中心借鉴先进地区经验做法，从4大类18个方面拟定《“环翠金牌社工”评选奖励细则》，完善社工奖励机制，优化社工发展环境，充分发挥社区工作人才示范引领作用。11月19日，区社区建设指导中心召开2020年度“环翠金牌社工”评审会，环翠楼街道南山社区王田田等20人被评选为2020年度“环翠金牌社工”。

2020年6月5日，市民政局负责人到鲸园街道古北社区调研标准化体系试点建设工作　　（区社区建设指导中心　供图）

【诚信体系建设】 2020年，区社区建设指导中心围绕“建信、知信、议信、用信”4个方面，探索建立常态化良性循环工作机制，推动诚信工作与社区建设融合发展。年内，为1.9万余名居民更新社区信用指数台账，新增信用指数37.8万余分，折算海贝分4.5万余分；举行民主协商议事677次，解决矛盾纠纷189个；86个社区建立积分兑换超市，5000余人次进行积分兑换。

【标准化体系试点建设】 2020年，区社区建设指导中心在前期工作基础上，对现有标准化体系进行再梳理、再完善，修改调整工作标准26条，并定期组织人员到社区一线调研标准化建设推进情况。全年开展实地调研7批次，对10个标准化体系试点建设情况进行现场调研，发现相关问题26处，提出有针对性意见建议34条。6月5日，市民政局负责人到鲸园街道古北社区调研标准化体系试点建设工作。

（蒋燕妮）

社情民意

【概况】 2020年，区社会信息中心不断优化社会信息收集、处置、研判工作机制，做好“12345”政务服务便民热线诉求处置、社会信息收集管理等方面工作，切实解决群众实际问题，着力提高满意率。年内，通过政务服务便民热线、市长信箱、政府信箱等渠道受理群众诉求82177件，通过社会信息员队伍收集有价值信息4005条。

【群众热线诉求处置】 2020年，区社会信息中心按照威海市12345政务服务热线中心要求，做到新冠肺炎疫情诉求24小时内办结回复，并定期形成统计分析报告报至区有关领导及区委新型冠状病毒肺炎疫情处置工作领导小组，为疫情防控工作开展提供信息支撑。至年末，受理疫情诉求9503件，报送各类疫情统计分析材料131份。区社会信息中心通过组织召开专题协调会、提报分管区级领导等方式，对监管空白或承办单位有争议导致责任单位难落实的事项进行协调，推动责任落实；通过电话督办、系统督办、书面督办、现场督办等方式，就处置效果不佳、归属责任不明确等问题进行督办，提高群众诉求办理效果，推动问题尽快落实。至年末，召开协调会10余次，发放系统督办单200余件、书面督办单22件、告知提醒函24件，就50余个重点、难点问题开展实地督导。区社会信息中心通过每月工作综述、每周工作动态、领导专报、向接访区领导提供研判材料等形式，全面加强热点、难点、重点问题分析研判，为领导决策及部门工作开展提供参考依据；配合精致城市建设、《问政山东》节目问题整改、区长线上接听活动等工作，就落实市场活禽宰杀问题监管责任单位等相关问题进行梳理分析，助推相关工作开展。年内，提供各类分析研判材料150余份，报送重点、难点问题100余个，推送意见建议40余条。

【社会信息收集处置】 2020年，区社会信息中心通过加强社会信息员专题培训、对重点区域和特殊岗位的826名信息员进行电话督导和座谈交流、及时调整发挥作用不明显的信息员等方式，提升信息员整体素质。每月定期筛选甄别“12345”政务服务便民热线集中反映的热点敏感问题，及时推送至有关信息员，为各类矛盾纠纷早发现、早处置提供信息支撑。至年末，报送涉及非法集资、会议营销、涉稳等方面的重要信息15条。

（王虹元）

民族宗教

【概况】 2020年，全区民族宗教事务工作以宗教领域新冠肺炎疫情防控、民族团结进步创建为主线，开展宗教政策法规培训、“连心桥”宗教志愿服务，开展民族团结进步宣传月活动，助力民族企业获批民品贴息资金72.87万元。3个单位在民族团结进步教育和创建工作中获得荣誉称号。

【宗教活动场所落实“双暂停一延迟”政策】 2020年1月26日，全区5处宗教活动场所（威海广福寺、威海市太平禅寺、威海市环翠区北海道教活动场所、威海天主堂、威海市羊亭基督教活动场所）按照新冠肺炎疫情防控要求，落实“双暂停一延迟”（暂停开放宗教活动场所，暂停一切集体宗教活动，宗教院校延迟开学）政策。6月27日至9月4日，各场所在保障履行新冠肺炎疫情防控主体责任，达到恢复

2020年8月12日，区社会信息中心组织有关部门召开工作会议

（区委政法委　供图）

开放要求（测温、亮码、登记、“一米线”距离、配备防疫物资、设置观察室、通风消毒）基础上，逐步恢复开放。

【宗教政策法规培训】 2020年12月4日，区委统战部组织开展宗教政策法规培训活动。培训结合辖区实际情况，围绕新修订的《宗教事务条例》，向90余名区直部门、镇（街道）统战委员，民主党派，统战团体，民族宗教界人士讲解中国共产党宗教基本理论政策、宗教领域重点工作、宗教活动和宗教管理的禁止性和强制性规定。

【“连心桥”爱心服务】 2020年，区委统战部牵头市佛教协会、市道教协会、市天主教爱国会，开展威海统战“连心桥”宗教团体爱心服务活动，向35个贫困家庭、1处养老院送去慰问款3万元及生活物品。环翠区爱心拉面业主自发为新冠肺炎疫情防控卡点值守人员现场制作、捐赠爱心拉面2000余碗。

【民族团结进步宣传月】 2020年9月，区委统战部组织开展民族团结进步宣传月活动。区直各部门、各镇（街道）、各村（社区）组织学习新修订的《山东省民族工作条例》，组织文艺汇演、专题讲座、演讲比赛、发放明白纸等宣传活动200余次，发放宣传资料2000余份，参与公众1.2万余人次。

【助力民品企业】 2020年，区委统战部协调对接区财政局、中国人民银行威海市中心支行，助力民品企业——山东汇泉工业有限公司获批民品贴息资金72.87万元，促进企业生产少数民族特需商品积极性，提升环翠区民族团结进步创建工作水平。

【民族团结进步创建】 2020年，区委统战部围绕“中华民族一家亲、同心共筑中国梦”总目标，开展民族团结进步教育和创建工作，推荐威海市千山路小学获评“山东省民族团结进步模范集体”，创建威海市码头小学、威海市南山小学2处市级民族团结进步示范单位。

（张钦雯）

残疾人事业

【概况】 2020年，全区残疾人工作以加强残疾人社会保障、康复和就业等工作为主线，对102名重度残疾人实施居家托养服务，为6名鳏寡孤独残疾人提供家政服务，为271名困难残疾人发放生活补贴，为1822名重度残疾人发放护理补贴，为41名残疾白内障患者完成复明手术，为124户贫困残疾人家庭进行无障碍改造，提供轮椅、手杖等辅助器具。为全区100户残疾人贫困户按照每户1200元的标准进行救助。为800余人次提供运动康复训练指导。年内，新办理残疾人证379个。

【残疾人保障】 2020年，区残联对102名重度残疾人实施居家托养服务，按照每人每年1200元的标准，发放托养服务费11.96万元。通过政府购买家政服务方式，对6名老无所养、鳏寡孤独残疾人提供家政服务，发放家政服务费1.65万元。落实困难残疾人生活补贴和重度残疾人护理补贴有关规定，确定困难残疾人生活补贴对象271名、重度残疾人护理补贴对象1822名。开展重度残疾人居民养老保险补贴发放工作，依托人力资源社会保障部门为357名符合条件的重度残疾人按照最低档代缴居民养老保险10.71万元。开展重度残疾人居民医疗保险补贴发放工作。确定补贴对象906人，按照最低档次个人缴费标准给予全额补贴，发放补贴37.77万元。开展重度残疾人参加居民养老保险提前享受养老金补贴工作。协助人力资源社会保障部门，为23名参加居民养老保险达到缴费年限且年满55周岁的重度残疾人，提前办理领取养老金手续。

【残疾人康复】 2020年，区残联与哈尔滨工业大学（威海）运动康复团队合作，依托春华残障康复服务中心，为肢体、偏瘫、脑梗等各类肢体残疾人提供专业康复训练指导，全年服务800余人次。为41名残疾白内障患者完成复明手术。做好残疾儿童定点康复机构的项目监管，为185名残疾儿童提供康复救助，为185名贫困精神残疾人提供服药救助。为有康复需求且符合条件的12名贫困精神残疾人提供每年最高500元基本治疗药品；为457名残疾人适配轮椅、助听器、坐便椅等各类辅助器具660余件；为25名重度肢体残疾人提供居家康复服务。

【残疾人就业】 2020年，区残联结合“基层党组织结对助残扶贫”活动，确定30户建档立卡贫困残疾人家庭为扶持对象，发放扶持资金6万元，协助残疾人家庭确定帮扶项目。落实“百千万残疾人就业创业扶贫工程”，按照优秀基地、自主创业标兵和致富能手标准，推送市级致富能手2名。区残联与威海爱援祥公益服务中心合作，通过开设国学养生、茶艺、缝纫、服装制版等课程，以及金融讲座、油画、书法等培训班，提高残疾人生活技能，增加残疾人收入。全年开设缝纫课、服装制版课45节，服务160余人次；开设油画、书法课110节，服务759人次；开设读书会和音乐相关课程15节，服务180人次；开设衍纸、国学养生、茶艺等课程及金融讲座12节，服务96人次。

【扶残助残】 2020年1月18日，区残联与长城爱心大本营合作举办“我是你的眼”——圆盲人朋友回家过年梦志愿服务活动，帮助76名盲人带着爱心企业赠送的年货大礼包踏上回家之路。3月5日，市、区残联联合长城爱心大本营，组织党员志愿者分组分批走进困难残疾人家庭，开展携手文明共同战“疫”主题志愿服务活动。5月15日，区残联协助吸纳11名智障残疾人就业的石磨艾绒工艺品加工坊完善申报材料。在第30个“全国助残日”期间，区残联与相关机构联合组织“助残脱贫 决胜小康——做生活的强者 创生命的奇迹”主题助残公益活动，活动将就业指导、助残脱贫、健身扶志等元素融为一体。7月31日，区残联联合长城医院进社区为老党员、老年人、退役军人及困难居民进行义诊。10月15日，承办“我是你的眼 共走幸福路”国际盲人节主题公益活动，让更多盲人有机会融入社会，树立生活信心。

【残疾预防】 2020年，区残联做好残疾预防综合试验区试点创建工作，明确残疾预防重点干预项目，建立残疾报告制度。协调相关部门针对遗传、疾病、环境等主要致残因素，开展各类残疾预防工作。8月23日，区残联在威高广场举办大型残疾预防知识宣传教育活动，围绕“残疾预防，从儿童早期干预做起”宣传主题，开展残疾预防知识宣讲、惠残助残政策咨询、视力听力义诊、辅助器具展示等活动。现场发放政策汇编手册300余册、残疾预防宣传手册600余份，为300余人进行健康咨询、政策解答，开展视力、听力、血压测量等义诊110例。

（曲科熔）

红十字会

【概况】 2020年，区红十字会开展以“三救”（应急救援、应急救护、人道救助）、“三献”（献血液、献造血干细胞、献人体器官组织）为核心的红十字工作，广泛传播“人道、博爱、奉献”的红十字精神，推进募捐救助、遗体捐献和造血干细胞捐献、社会服务等工作。年内，采集造血干细胞捐献志愿者血样75人份，成功捐献造血干细胞1例。

【募捐救助】 2020年1月，区红十字会深入开展“红十字博爱送温暖”活动，向孤寡老人和贫困人口发放大米、面粉、食用油、羽绒服等价值6.3万余元的生活必需品。年内，通过省、市红十字会申请中国红十字基金救助项目，为环翠区3名白血病患儿和1名先天性心脏病患儿申请救助资金11万元。新冠肺炎疫情防控期间，争取各类防疫物资价值18万余元，并及时发放到抗疫一线工作人员手中。

【遗体捐献和造血干细胞捐献】 2020年，区红十字会加大遗体、器官捐献宣传力度，切实做好报名登记、捐献鉴证等工作。开展“心‘髓’我动，点燃希望”造血干细胞捐献服务项目，通过广播电视台、微信公众号等媒体平台，深入到张村镇、羊亭镇和温泉镇的大型企业、辖区二级医院等单位，开展造血干细胞捐献和人体器官捐献宣传活动，向公众普及造血干细胞、器官捐献移植知识，并对捐献者的感人故事进行宣传，鼓励公民自愿登记和捐献。年内，采集造血干细胞捐献志愿者血样75人份，成功捐献造血干细胞1例。

【社会服务】 2020年5月，区红十字会结合世界红十字日和防灾减灾日活动，组织50余人到文登区红十字会应急救护培训中心参观学习，开展心肺复苏、地震避险、火灾逃生等防灾避险培训，全年举办应急救护培训20余次。针对新冠肺炎疫情，区红十字会组织志愿者配合区卫生健康局在大光华国际学校开展新冠肺炎病毒核酸集中采样检测联合演练，对采样检测及疫情应急处置过程中的采样点设置、人员组织、信息登记、采集、转运、检测、信息上报等各个环节进行实际操作，模拟新冠肺炎疫情应急处置情况、大规模核酸检测场景，全面查找问题，加快补齐短板，提高全区新冠肺炎疫情防控应对能力。

（陈程莉）

镇（街道）

环翠楼街道

【概况】 环翠楼街道位于环翠区城区中部，东至威海湾，西至奈古山接高新区，南至同心路接竹岛街道，北至昆明路接鲸园街道，面积4.39平方千米。街道办事处驻鸿武社区，辖17个城市社区。至2020年年末，辖区户籍人口 41753人。辖区有中学1所、小学2所，公办幼儿园4所、民办幼儿园2所，公办医院1所、社区卫生室3所。

【党建工作】 基层党组织建设。2020年，环翠楼街道机关党支部升格为党总支，南山、西门外、塔中、大桥、海城、东南村6个社区党总支升格为社区党委，重新调整网格党支部设置，为38个党支部换届选举、配齐班子。建立基金金融、商贸流通两大行业功能型党支部，围绕“党建、公益、创业、信用”四大主题开展活动100余场次，商圈党委被威海市委组织部评为“百千万提升工程”省级培育对象。发挥党建引领作用，带动“红色物业”“六治一网”社会治理创新，成立16个业委会功能型党支部，实现党组织全覆盖。

党员队伍建设。环翠楼街道党工委强化“三会一课”学习质量，各基层党组织集中观看《周恩来回延安》《我和我的家乡》等影片；开展主题党日活动150余场次，确保党员教育不断档、不掉队；创新组织生活，搭建线下教育载体，开展中我岛党性教育、那香海素质拓展等大型特色活动10余场次。2020年，储备入党积极分子51名，发展预备党员17名，按期转正15名。完成国企离退休党员组织关系接收83人，收缴党费12.5万元。新冠肺炎疫情防控期间，辖区1000余名党员干部参与一线防控工作，1800名党员捐款支援疫区建设，累计捐款34万余元。创建全国文明城市期间，街道机关和社区党员走访群众1000余户，开展志愿服务50余场。

党风廉政建设。环翠楼街道党工委深化党风廉政建设，召开12次街道党工委会议进行党风廉政工作相关部署，组织街道党政领导班子开展述责述廉工作，组织填写街道和各社区“两委”干部廉情档案，开展两次街道廉政谈话。强化自我监督，把落实中央八项规定精神和纠治“四风”问题作为监督重点，结合公车停放线索和燃油费管理使用开展自查自纠工作。深化廉政教育，组织机关干部利用正反面案例接受党风廉政警示教育6次，引领各社区以廉政党课、书画、曲艺、多媒体、墙体楼道彩绘等形式开展“清廉家风”等主题宣传工作。完善社区纪检队伍建设，结合区巡察反馈意见，调整5名社区纪检委员，继续发挥纪检委员在宣传教育、监督检查、谈话提醒等方面的作用。同时聘任17名社区廉情监督员，增强社区党风廉政建设监督力量。

【经济发展】 2020年，环翠楼街道完成固定资产投资4.4亿元，比上年下降64.7%；完成建筑业总产值11.3亿元，下降8.1%；完成商品房销售面积1.4万平方米，增长148.1%；实现批发业营业额27.8亿元，下降1.9%；实现零售业销售额16.6亿元，下降23.1%；实现住宿业营业额4895万元，下降36.7%；实现餐饮业营业额4233万元，下降40.8%；实现现代服务业营业额13.8亿元，增长2.9%；实现进出口总值15.3亿元，增长225.49%；实现税收11.3亿元，下降3.3%；完成一般公共预算收入5.8亿元，下降3.0%。年内，环翠楼街道有外资项目2个。11月17日，威海创新园大数据智能技术中心项目启动企业签约仪式后，8家企业签约入驻。基金小镇项目注册落地7家基金管理公司。内资项目有6个，共创邦数字经济创新中心项目和安和养护养老项目确定合作协议，朗廷酒店项目和邮政储蓄银行威海分行项目正在洽谈；朗坤智慧科技项目和芯融网络技术研究院项目拟入驻威海创新园大数据智能科技中心，达成初步合作意向。实施重点产业项目7个，总投资19.2亿元。其中，唯奥深蓝口腔门诊项目、威海水产批发市场改造项目和威高广场嘉禾天地升级改造项目B1F区域投入运营，栖霞街特色商业步行街改造工程项目、属相街特色风貌街区改造工程项目（后更名为属相街卫城大院文旅综合体项目）、威高广场嘉禾天地升级改造项目、朗廷中心项目为续建项目。环翠楼街道税收过千万元楼宇有12幢，其中过亿元楼宇有SOHO-A座和机关八号楼2座，新增烟台银行大楼、国资大厦税收过千万元楼宇2座；盘活山花大厦、山花办公楼闲置面积约1万平方米；打造基金小镇、大数据智能技术中心2处特色楼宇。利用原金海岸酒店9000余平方米闲置楼宇打造威海创新园大数据技术中心，引进吉林大学博士团队，8家企业达成入驻意向。在街道商圈党群服务中心打造人才驿站，为辖区人才提供服务。加紧打造威海创新园大数据智能科技中心，使其成为高端人才的培育基地和孵化平台。年内新增高层次人才5人，其中齐鲁金融之星3人（杨静怡、崔涛、温艳好）、省级“和谐使者”1人（刘娜）、市级“和谐使者”1人（于芳）。

【精致城市建设】 2020年，环翠楼街道对属相街进行改造，取消停车位190个、搬迁商户61家、拆除各类建筑7300平方米，恢复步行街功能，并于10月1日开街；对栖霞街144户直管公房承租户全部完成腾退，36户私有房屋签约31户，15家企事业单位房产签约13家。按照精致社区建设标准，对文峰一街背街小巷进行整治，包括挂空网线落地、多余电线杆移除、打造2处口袋公园、300余平方米墙体彩绘等。完成布谷夼、塔山、东南村、东北村4个社区5处口袋公园改造。完成同德社区老旧小区改造，改造建筑面积9.56万平方米。完成12个社区65幢住宅楼2.12万平方米屋面“平改坡”换瓦改造，铺设合成树脂瓦2.55万平方米。

【平安建设】 汛期来临前，环翠楼街道对辖区8处易涝地段、9处老楼危楼进行5次检查排查。加强防汛物资储备，在塔山中路八角楼防汛物资库存放编织袋500个（其中沙袋100个）、雨衣水鞋200套、反光锥20个、手电筒20个、铁锹50把、彩旗警示带500米、手持扩音器10个、头顶灯20个、应急灯15个。为加强扬尘治理，环翠楼街道组织各类施工单位签订扬尘污染责任书40余份，检查辖区在建项目40余次。为确保入海排污口水质达标排放，组织专人自城南河东段西口河道进入，沿河道内步行至幸福门周边进行现场勘察，同时协助市水务集团完成城南河涵洞淤泥清理。环翠楼街道组织开展安全生产宣传活动5次，发放各类宣传资料3.6万余份；组织开展消防安全教育培训10余场，社区安全员、企业安全负责人600余人次接受教育培训；组织社区居民参加消防演练34场，参加人员2000余人次。开展消防、安全生产隐患大排查，检查企业68家，发现隐患112处，复查企业37家，复查整改隐患112处。在全省安全监管移动执法平台上检查企业24家，查出并整改隐患74处，执法检查文书获得环翠区2020年度执法优秀案卷三等奖。

【社会治理】 2020年，环翠楼街道依托民企诚信互惠兑换体系，打通“商圈+企业+居民”信用互惠循环渠道，培育孵化东北村、西门外、西北村等市（区）级试点社区，各社区累计开展宣传活动311场次，发放宣传材料1.4万余份，“海贝分”APP下载量5000人次，新增“海贝分”7404分。打造全区首家“诚信好人一条街”“诚信好人广场”，并与320余家企事业单位和个体工商户签订“红色合伙人”协议。在社区构建“街道党工委—社区党总支—网格党支部—楼道党小组”四级组织架构，在企业构建“街道党工委—商圈党委—行业党总支—企业党支部”四级组织架构，推动网格内各类资源汇聚融合。强化体系建设，把商业企业纳入网格进行服务管理，重构“基础网格—社区网格—片区网格”三级网格管理体系，引导城管执法等专业力量下沉，吸纳党员骨干、优秀楼长、专业社工、“双报到”（机关、企事业单位在职党员到居住地社区报到）在职党员等作为辅助力量，推进网格内部基础性管理工作。理清269项网格事项清单和网格巡查规范，进一步明确网格工作人员职责，助推网格工作高效运行。制定《关于加强网格工作队伍管理的实施办法》，建立网格工作队伍动态调整机制，将社会治理与“信用进社区”紧密结合，引导更多居民参与城市治理。建立街道网格化治理暨“吹哨报到”全响应中心和17个社区网格化治理工作站，通过街道城管办、物管办等多部门入驻并开展协同处置，推动问题诉求在街道内部消化解决。按照环翠区出台的《党建引领网格化治理工作考核办法》，将区直部门在“吹哨报到”过程中发挥作用情况、满意度测评、承办量、“双报到”情况等7个指标纳入绩效考核，调动区直部门参与基层工作积极性。年内，受理群众诉求2400件次、上级交办信访案件33件次。发挥司法行政职能，调处各类民事纠纷85起，制作调解卷宗36份，协助社区审查修订合同32份。强化扫黑除恶专项斗争线索摸排，将扫黑除恶信息排查列入网格化平台工作职责，对980名楼长、党员、网格员开展业务培训，每日通过网格化信息平台报送涉黑涉恶信息。对吸毒人员、社区矫正人员进行摸排，对夜市和水产批发市场等重点场所和金融机构强化监管。联合城里派出所利用无人机开展禁种铲毒踏查工作，铲除罂粟36株。

【属相街开街】 属相街是威海卫城的一条东西走向的老街，全长315米，1932年命名为郭家巷，1981年更名为公园街，1984年因为摆放12个生肖雕塑被称之为十二属相街，现名属相街。属相街改造工程于2019年全面铺开，2020年2月取消街内190个停车位，实现人车分流。10月1日，十二生肖雕像重新落地，属相街开街。

【杏花街社区公交专线开通】 2020年8月26日，环翠楼街道杏花街社区公交线开通试运行，成为威海市首条社区公交专线。杏花街社区公交专线为单向环行线路，由峰泉社区发车，沿杏花村—统一路—世昌大道—西城路—和平路—统一路—文化东路—新威路—世昌大道—统一路—杏花村，最后返回峰泉社区。途经站点分别为：峰泉社区、杏花村、市立医院南院区、前进社区、市立医院、环翠楼、市妇幼保健院西、市政府、市妇幼保健院、威高广场、区政府、振华奥特莱斯、市立医院南院区、杏花村、峰泉社区。

（孙　斌）

竹岛街道

【概况】 竹岛街道位于环翠区城区中部，办事处驻观海社区。东部濒临黄海，西与张村镇接壤，南接嵩山街道、经开区皇冠街道，北至塔山接环翠楼街道，面积19.64平方千米，户籍人口86961人。辖6个集体经济组织、25个城市社区。辖区有中学3所、小学4所、公办幼儿园8所、民办幼儿园1所、私立幼儿园4所、公办医院4所、民办医院2所、社区卫生服务机构8处。

【党建工作】 基层党组织建设。2020年，竹岛街道党工委开展党支部标准化、规范化建设。通过自查评估、问题整改、巩固提升，集中突破短板，提升党支部建设质量。16项问题全部整改完成，82个党支部全部达标。金融商圈党委组织6家金融机构参加环翠区“两新”组织红色动能创投大赛，8个党建项目获得区级资助。聚焦党建引领特色街区建设，打造“初心·1932”全市首个社区红色印迹馆，做实社区、商圈党建联席会议，举办红色寻迹、匠心石艺等活动100余场，以党建引领街区产业转型发展。

党员队伍建设。竹岛街道党工委严格规范发展党员工作流程，2020年发展入党积极分子56名、预备党员20名，转正党员14名，转接党员组织关系2000余名。

党风廉政建设。竹岛街道党工委加强党风廉政建设，基层社区党组织每半年汇报一次履行主体责任情况，纪检委员每季度报告一次监督情况。组织社区负责人、纪检委员教育集中培训4次。在25个城市社区和5个集体经济组织中选聘30名社区级廉情监督员，建立社区级廉情监督员队伍，发挥廉情监督作用。运用“第一种形态”，给予约谈提醒、批评教育等34人次。结合社区文化建设，在同心路社区打造“花语廉心”主题公园。配合区纪委监委在陶家夼秋色赋艺术馆打造廉政教育基地，成为全市“清廉之路”打卡地，不断扩大廉政教育覆盖面。

2020年竹岛街道各集体经济组织基本情况表

表28

序号	集体经济组织名称	党组织书记	理事长	集体经济收入（万元）	人均纯收入（元）
1	山东望岛集团公司	卢剑钊	卢剑钊	538.60	27170
2	戚家庄社区股份经济合作社	刘　玮	刘　玮	357.00	23000
3	南竹岛社区股份经济合作社	戚本德	戚本德	277.62	20690
4	陶家夼社区股份经济合作社	陶建军	陶建军	337.86	31212
5	戚家夼社区股份经济合作社	戚务忠	戚务忠	435.80	19835
6	侨乡北竹岛关爱互助中心	李文琛	李文琛	–	–

【经济发展】 2020年，竹岛街道完成固定资产投资31亿元，比上年增长3.3%；完成商品房销售面积30.06万平方米，下降2.81%；实现批发业营业额19.24亿元，增长16.6%；完成零售业销售额2.51亿元，增长7.1%；住宿业完成营业额8667.7万元，增长15.3%；餐饮业完成营业额691.7万元，下降10.5%；内资完成实物工作量2.79亿元；外贸进出口完成41.69亿元，增长6.2%；实现外资到账3900万美元，增长18.7倍。实现税收11.6亿元，完成一般公共预算收入7.3亿元。有纳税过千万元企业19家、500万元以上企业35家。年内，竹岛街道实际使用外资3900万美元。全市首个中国500强城市综合体万达广场于12月3日正式投入运营，新落地总投资34.5亿元的富力星光天地项目，济南中海地产投资有限公司、威海海诚置业有限公司分别竞得金线顶1号地块、金线顶2号地块，CDP集团数字化人力资源共享服务基地项目达成合作意向。进一步巩固金融特色专业楼宇，新引进阳光财险环翠支公司，中信大厦金融机构总数达到18家。打造恒远国际国企总部大厦，入驻中国铁通威海分公司等国企总部类企业7家。竹岛街道实施重点项目9个，其中市级重点项目2个。竹岛保险中心建设项目、威海万达城市综合体项目、威海市海大客运有限公司“生生3号”客轮项目、新威附路历史文化街区项目、威海瀚宇投资有限责任公司国金大厦项目5个项目投入运营；环球汇金广场项目A、B、C座主体封顶；城投绿轴4号写字楼投产，3号写字楼正在装修；恒大商业开发项目按计划进度有序推进。

2020年7月7日，青竹社区办公楼北侧口袋公园一角　（竹岛街道　供图）

【城市建设与管理】 2020年，竹岛街道整合城管执法、市场监管等队伍，建立43人的执法联队，分片成立4支执法小队，拆除存量违章建筑46处1.6万平方米，“啄木鸟”式排查整改问题6600余件。完成海康街、塔山东路背街小巷改造，以及胶州路、渔港路市场的整合分流。实行“首接负责制”，建立热线办理溯源机制，高质量办理热线问题1.4万余件。清理探头经营、乱堆乱放3800余处，清理乱贴乱画1200余处。投资3310万元，对7个老旧小区96幢居民楼实施改造。新建口袋公园10处，辖区口袋公园总数达到53个，辖区居民均能享受下楼15分钟健身圈。新开业渔港路、天翔、望岛3家社区食堂，社区食堂总数达到7家，惠及周边17个社区4万余户居民。竹岛街道采用“红色物业”、星级物管、菜单式物业等管理模式，并根据考评结果给予相应奖惩，实现物业收费比率和居民满意度双提升。探索老旧小区“物业先服务、居民满意后缴费”服务模式，解决老旧小区物业管理难题。制订业委会和物业公司规范化管理办法，建立健全小区党支部、业委会、物业公司三方治理机制，推动业委会发挥正向作用，减少物业与居民之间的矛盾。

【精神文明建设】 2020年，竹岛街道评选出环翠好人4名（王艳敏、于国栋、张丽妍、邹志华）、威海好人1名（王艳敏）、山东好人1名（苗译文）、中国好人1名（刘彰蔚）。出版《百姓故事会》期刊9期、《榜样的力量》《学党史 忆党恩》等书籍1万余册，举办以“我期待的2035”为主题的百姓故事会线上直播，吸引6万余人观看。开展以“益行竹岛”为主题的新时代文明实践项目，至年末，开展扶幼助行、拥军优行、环保绿行、榜样德行、党员献行等9个主题活动99场，400余名志愿者参与，服务居民1万余人次。编辑街道文明实践地图册1本，录制街道新时代文明实践微视频9个。在天翔、海韵等社区开展花饽饽、刻瓷、锔艺等传统文化培训9场，在海源、梦海等社区举办文艺活动80余场。在翠竹、观海等12个社区建立基层图书服务点，实现家门口借阅图书。

【万达广场开业】 万达广场项目由万达集团投资建设，总投资50亿元，占地6.53公顷，总建筑面积13万平方米，包括9万平方米的万达广场和4万平方米的商业金街。作为万达集团进驻山东的最后一城，威海万达采用万达最新一代智慧型商圈设计，突出“一站式”“体验式”“全客层”三大消费理念，优化特色餐饮、精品购物、时尚娱乐、儿童教培、休闲体验五大业态，215家国内外品牌确认入驻。项目于2019年4月29日拿地后，在环翠区全程代办服务的支持下，工程建设开启全程加速跑模式，仅用6个月完成主体封顶，项目周边水、电、暖、气、道路等配套工程均比计划提前1个多月竣工。2020年12月3日，万达广场开业。

2020年12月3日，万达广场开业　　（竹岛街道　供图）

【5G基站建设】 2020年，竹岛街道涉及协调解决5G基站建设进场施工基站20个。其中，新建基站1个、存在逼迁风险的基站5个、上站施工协调困难的基站7个、对应传输管道协调困难的基站3个，对应CRAN机房协调困难的基站4个。办事处联合社区、物业、中国铁塔股份有限公司威海市分公司及区工业和信息化局进行协调对接，20个5G基站建设问题全部得到妥善解决。

（高海兰）

鲸园街道

【概况】 鲸园街道位于环翠区城区北部，办事处驻码头社区。东起东山宾馆，西至西北山路，南至昆明路，北至棉花山脉。总面积6.45平方千米，辖16个城市社区，有3个股份经济合作社。至2020年年末，户籍人口74610人，常住人口约10万人。辖区有3家医院，7家卫生服务站（室），中学1所、公办小学4所、民办小学1所、公办幼儿园5所、民办幼儿园2所。

【党建工作】 基层党组织建设。鲸园街道党工委以网格支部为基础，严格落实基层党支部标准化规范化建设，10个社区党总支升格为党委，建立“社区党总支（党委）—网格党支部—楼宇党小组”组织体系，配齐16个社区党总支（党委）成员、55个网格党支部成员。选优配强网格队伍，继续推进街道机关干部分包社区工作，立足三级网格体系建设，通过竞聘上岗选拔38名街道中层机关干部担任网格长助理，完善动态考核机制，充实网格力量。打造“红色物业”品牌，以“红色物业提升年”活动为契机，推进“鲸·管家”物业服务品牌建设，打造祥云花园小区和戚谷疃社区2处全市首批“红色物业”示范点，构建“三位一体”（“红色物业”组织架构、“红色物业”管理机制、“红色物业”评价体系）管理体系，以品牌建设推动“红色物业”管理服务提档升级；打造2处集党群议事、休闲阅读、文化宣讲、便民服务等多种功能于一体的“红色物业”服务站，开展互动活动20余场；成立“红色物业”党建联盟，建立“红色物业突击队”“居民自管小组”等多元化、全覆盖的“红色物业”服务队。

党员队伍建设。为庆祝中国共产党成立99周年，鲸园街道开展“庆七一，学四史”系列主题活动，党工委组织机关党员参观胶东东海转运站展馆、中我岛地下交通站展馆，组织开展“微党课大赛”“读红书马拉松”活动20余场。社区、“两新”组织等基层党组织联合市直、区直共建单位开展“我来讲党课”、参观红色教育基地、主题党日、结对联学等特色活动150余场。创新党员教育管理方式，以古北、古陌、东山社区为试点推进党员分类管理，通过“相伴37°”“暖心课堂”“小巷管家”等项目运作，“乐助全能管家”等社区自组织培育，激发党员参与社区建设动力。以红色教育为契机，完成中共胶东临时工委遗址、古陌岭战斗遗址（威海保卫战遗址）、威海起义遗址、威海起义秘密联络点（孙端夫家）、粉碎美军企图在威海卫登陆遗址5处红色印迹树牌工作；融入古陌岭战斗遗址元素，打造古陌岭红色健康主题公园。推进“书记领航”“红苗培育”等人才培育工程，开展专业培训会、智慧共享会10余场，不断强化党务工作者业务技能。年内，发展入党积极分子57名、预备党员14名，转正18名。

党风廉政建设。鲸园街道党工委抓好主体责任落实，与班子成员及各社区、合作社党支部书记、科室负责人签订《党风廉政建设责任书》52份，班子成员制定党风廉政建设责任清单16份，完善班子成员及纪工委廉情档案18份，排查机关和社区干部岗位廉政风险点，强化党员干部的纪律规矩意识。召开相关科室、社区、合作社巡察整改工作会议，对巡察组反馈的问题，层层细化分解任务，分门别类建立整改台账，制订整改措施89条，明确责任单位、责任人、标准要求和完成时限，实行销号管理，定期调度巡察整改完成情况，对整改问题进度、效果等进行督导。联合区委督查考核办公室开展机关、社区日常工作纪律和周六“鲸园蓝”检查46次，下发督查考核通报4期，对10名个人进行通报批评。

【经济发展】 2020年，鲸园街道完成固定资产投资7.47亿元，增长11.68%；完成商品房销售面积1.48万平方米，下降75.85%；实现批发业营业额21.4亿元，增长34.73%；实现进出口总值11.48亿元，增长0.8%；实现税收7.26亿元、一般公共预算收入4.05亿元。年内，鲸园街道引进北京客商王绍凯，投资3000万元购买威海百货大楼位于花园中路的仓库，打造一正轩（威海）文化产业项目。至年末，一正轩（威海）文化产业有限公司完成注册。继续做好威海创客大街服务支持工作，通过举办各类路演、沙龙、培训等创新创业活动，持续扩大创客大街影响力，创客大街累计入驻孵化企业98家，涵盖激光科技、新能源、互联网、3D打印、区块链、软件开发、海洋科技、企业服务等行业，直接或间接提供就业岗位300余个；推进鲲健股权投资基金项目，该项目主要从事受托管理股权投资基金、股权投资管理及相关咨询服务，10月建成并运营；推动兴业证券股份有限公司威海分公司项目建设，该项目主要开展证券经纪、证券投资咨询、证券交易等业务，10月营业。纵深推进“三联三服”活动，持续优化营商环境，对辖区出口过千万元的29家重点企业开展走访活动，帮助6家企业（威海产业投资集团有限公司、威海市纺织服装进出口有限公司、威海国际经济技术合作股份有限公司、威海洪博贸易有限公司、威海市锦琳服饰有限公司、威海玖和进出口有限公司）解决困难问题；为缺少新冠肺炎疫情防控物资的60余家企业解决困难，确保企业防疫物资保障充足；帮助6家有融资需求的企业（威海产业投资集团有限公司、威海市玉宝斋有限公司、威海市优飒建筑装饰有限公司、威海市纺织服装进出口有限公司、威海双杰安装工程有限公司、威海市环翠区圣春商店）对接银行，为企业解决融资难题；为6家公司（威海国际经济技术合作股份有限公司、威海市海大客运有限公司、威海欧克电子有限公司、威海市世洋进出口有限公司、威海市万泉新能源科技有限公司、威海市凡镇实业有限公司）指导外国人通过快捷通道申请入境，并做好相关入境人员情况上报、新冠肺炎疫情防控闭环管理工作。

2020年鲸园街道各股份经济合作社基本情况表

表29

序号	合作社名称	党组织书记	理事长	集体经济收入（万元）	人均纯收入（元）
1	庙塂社区股份经济合作社	王泰兴	王泰兴	51.00	22000
2	戚东夼社区股份经济合作社	常爱英	常爱英	26.62	28653
3	戚谷疃社区股份经济合作社	陈洪亮	陈洪亮	19.45	38916

【城市建设】 2020年，鲸园街道对长征、花园、光明、古陌、北门外5个老旧小区进行整治改造，改造内容包括小区道路修补，雨污水管网改造，绿化补栽，安全护栏安装，弱电架空线入地及规范梳理，休闲健身设施补配，箱体彩绘，信报箱补建，单元防盗门、公共楼梯踏步和扶手、公共部位窗户、雨水管及楼道灯的维修更换，楼道内弱电线路规整，楼内外墙体及一楼防盗网粉刷，楼号（层）牌安装，无障碍设施完善，公厕改造等。改造建筑面积64.4万平方米，涉及居民楼281幢、住户6907户。对建设西街进行升级改造，改造内容包括人行道板修补，路面重铺、墙体粉刷，线缆整理，绿化补栽，小游园升级改造，沿街商铺门窗、门头更换，违建拆除，增设停车场，箱体彩绘等，完成62幢楼宇“平改坡”换瓦工程。鲸园街道深化老旧小区物业改革，创新“鲸·管家”红色物业项目，健全“1+6+N”（1个红色物业双向评价体系、6大红色服务阵地、N支红色服务队伍）“红色物业”体系，创新“红色物业”正向激励和反向考核机制，评选“红色物业”明星业主60余名，以网格化为基础实现居民楼红色星级评定全覆盖，打造祥云花园、蓝景城、麓山霖语3个市级“红色物业”示范点，其中祥云花园项目承接全省“齐鲁红色物业”现场会。鲸园街道以全市精致城市推进大会为契机，持续开展3轮环境攻坚整治，市级转派33个问题得到有效解决，在全市率先使用无人机进行不精致问题巡查，解决10大类120余项城市短板问题；修复老旧小区破损路面6000余平方米，新增、改建3处公厕，新建戚谷疃、戚东夼2处游园，补充绿化5000平方米，排查整治乱堆乱放、清理非法小广告，划设停车线、自行车停车区，清理“僵尸车”18辆，不断提升老旧城区颜值；开展早夜市专项整治，经营10余年的戚东夼市场完成退路入室，在古陌早市打造集智慧管理、共享公厕、便民服务于一体的早市服务中心，市场秩序明显改善。

【雷锋驿站】 2020年，鲸园街道以“蓝色周六、蓝色光影、蓝色情怀、蓝立方、蓝色天空、蓝色港湾”六大特色为主题，开展“蓝色周六”主题实践活动，提升市民的归属感、获得感和幸福感，根据中心城区群众需求打造“雷锋驿站”。建筑面积48平方米的“雷锋驿站”在回馈志愿者、服务志愿者方面发挥出大能量，成为城市社区爱心志愿者的能量补给站，引领和带动更多居民参与志愿服务。驿站24小时不打烊，由专业志愿者守护，驿站周边定期举办爱心义卖等公益活动，发放定制爱心卡，与积分相结合，以实际利惠回馈志愿者。

【鲸园直播间】 2020年，鲸园街道投资20万元打造专业直播间，甄选优秀机关干部、社区干部、热心居民等组建直播、主持、采编队伍，

2020年12月4日，鲸园街道“雷锋驿站”在北门外诚信商圈落成

（鲸园街道　供图）

2020年10月9日，鲸园街道社会治理创新中心建成　（鲸园街道　供图）

与专业社会组织合作，对社区内发生的大事小情进行热点采集、梳理，以室内采访与室外直播相结合方式，每月推出两期居民最喜爱的直播节目，投放各线上平台，并在社区智慧大屏播放。通过亲身参与节目制作的方式，吸引更多居民参与社区志愿服务，形成新时代文明实践的强大合力。

【“学习强国”主题公园】 2020年，鲸园街道打造长征社区童心园、北门外游园、戚谷疃北区游园、朝阳社区天都游园4座“学习强国”主题公园，60余块展板串联起“学习强国”知识点，让居民在“游中学，学中游”，成为鲸园街道开展“学习强国”宣讲工作的新平台。

【“一站多元”社会治理模式探索】 2020年4月，鲸园街道社会治理创新中心项目开工建设，建筑面积4000余平方米，10月上旬竣工并投入运营。该项目旨在构建“一站多元”服务运营供给模式，整合政企社民多方力量，形成共建共治共享的社会治理格局。建立综合治理中心，整合多部门力量，成立街道网格化治理暨“吹哨报到”全响应中心，通过“四哨工作法”（常规哨、联合哨、攻坚哨、重点哨），解决好居民身边的“关键小事”；建立社会企业培育基地，引入直播、烘焙、健身、养老、儿童早教等社会企业，通过空间换服务，为居民提供低偿专业服务，激发群众参与度；建立党建与基层治理智库，整合北京大学、山东大学等专家学者优质资源，搭建兼具专业理论与社区实务的综合性、开放式协同创新平台；成立诚信商圈综合运营中心，同步成立商圈党委，依托组织建设、企业培育、赋能培训、人才招引等，强化党建引领企业、个体商户的管理、服务职能。

（苗雨佳）

孙家疃街道

【概况】 孙家疃街道（环翠北海省级旅游度假区）位于环翠区城区北部，街道办事处驻北海社区。东、北两面临海，东望刘公岛，西接高区，南与市区毗山相连，区位优势突出，旅游资源丰富，被誉为“市区后花园”“城市会客厅”。辖区面积18平方千米。至2020年年末，户籍人口 17478人。辖8个城市社区，有11个股份经济合作社，辖区有中学1所、小学2所、公办幼儿园3所、社区卫生服务中心1所。

【党建工作】 基层党组织建设。2020年，孙家疃街道党工委结合精致城市建设攻坚突破行动，压实党建主体责任。推进党员分类管理工作，街道层面以“制订方案、宣传动员、摸清底数、分类施策、提炼总结”五步法，分阶段推进党员分类管理试点工作。推进党建引领网格化治理工作，在城市社区划分网格67个、专属网格7个，成立网格党支部13个、楼院党小组22个。推进党支部标准化规范化建设，开展街道党务工作者培训3次，完成51个党支部的自查工作，查摆问题71项，明确整改措施，形成整改台账。发挥党组织的兜底作用，建立2个物业联合党支部，成立“红色物业”党建联盟，解决居民反映问题20余个。完成11个股份经济合作社党组织新建工作，选举产生党组织成员39人。开展“两新”组织党务工作培训2次，指派党建指导员定期到企业指导“三会一课”、发展党员工作。中国油画小镇艺术园区党委发挥党建引领作用，开展美育普及推广、艺术写生、展览交流等活动100余场次，吸引党员参与。

党员队伍建设。孙家疃街道党工委发挥党员先锋模范作用，组织合作社、社区、派出所等1万余名党员、群众统筹推进新冠肺炎疫情防控和经济社会发展。加强入党申请人与入党积极分子储备工作，发展入党积极分子47名、预备党员7名，转正党员23名。

党风廉政建设。孙家疃街道党工委召开党风廉政建设会3次，整治基层官僚主义、形式主义问题，在春节、元旦、清明、“五一”等重要时间节点开展查访4次、谈心谈话110次；加强对合作社、社区的督察，开展财经集中检查活动2次、机关纪律检查20次；针对群众信访和廉政检查中发现的突出问题，加大对党员干部违法违纪案件的查处力度，立案4起，办结4起；以连海社区示范点为范例，开展定向警示，举办“解读纪法条文，弘扬廉洁文化”专题宣讲12次；推动建立廉政片区协作制度，召开廉情监督员工作总结会3次；根据区委巡察组反馈意见要求，纪工委每月调度整改工作进展情况，督导责任科室、合作社、社区认真落实整改任务措施。

【经济发展】 2020年，孙家疃街道完成固定资产投资6.8亿元，比上年增长4.78%；完成商品房销售面积5373平方米，下降59.9%；实现批发业营业额3.44亿元，下降7.74%；内资完成实物工作量6751.93万元；实现进出口总值11.44亿元，增长0.8%；实现外资到账500万美元，下降68.75%。实现税收1.02亿元，完成一般公共预算收入1.5亿元。金海悦庭酒店项目、碳纤维复合摩擦材料产业化项目、威海凯恩新材料有限公司项目、海宴台商业综合体项目正式落地，与中国航天科技集团、中国航天科工集团有限公司二院签订框架协议。总投资27.5亿元的6个区级重点产业项目（地中海俱乐部、海宴台商业综合体二期、海洋科技创新中心、天和美术馆、北海文化艺术产业园、金海雅阁度假酒店）投产运营2个（海洋科技创新中心、金海雅阁度假酒店），天和美术馆项目和北海文化艺术产业园项目进行内部装修。远遥浅海科技湾区建设依托海洋智能装备研究中心开展招大引强工作，同中国航天科技集团、中国航天科工集团、哈尔滨工业大学等央企和重点科研院所开展对接，签约重大科研平台项目2个，入选泰山产业领军人才3人。承办第21届中国遥测遥控科技大会、第22届中国科协年会海洋智能装备及智慧海洋论坛（威海）、第三届“太空与海洋”创新发展高峰论坛、海洋试验技术需求研讨会、2020威海英创会高端海洋装备产业发展校地合作推进会5次大型会议。海洋智能装备研究中心投资1560万余元的海上试验平台等研发平台投入使用，引进赢海通信、科邦威尔等企业7家，及留学来鲁专家1人。7月11日，承办2020“北山之夜”威海市夜间经济启动仪式暨北山街开街仪式，繁荣夜间经济。

2020年7月31日，中国油画小镇创意集市在半月湾艺术街区开市

（孙家疃街道　供图）

【城市建设】 2020年，孙家疃街道投资648万元，修复葡萄滩西侧海堤、改造1处老旧小区、建设2处社区食堂、打造远遥口袋游园、整治远遥中心渔港环境等；打造伴海、安海、连海、里海4个样板社区，同时推进其他社区建设工作。半月湾休闲体验街在做好街区灯光调试的基础上，完成2200平方米铺装更换，栽植各类苗木2.5万余株，改造绿化5000平方米，增设各类花箱、雕塑小品等400余件。发挥街长的“小巷管家”作用，结合精致城市建设攻坚突破行动、全国文明城市创建工作，整治探头经营2900余处、小广告840余处、流动摊点620余处，拆除违建36处，面积3210余平方米，巡查整治问题1700余处，辖区风貌明显提升。投资1480万元，恢复靖子湾沿海岸线沙滩自然生态。

2020年孙家疃街道各股份经济合作社基本情况表

表30

序号	合作社名称	党组织书记	理事长	集体经济收入（万元）	人均纯收入（元）
1	远遥社区股份经济合作社	毕可贤	毕可贤	379.48	20180
2	外窑社区股份经济合作社	夏　斌	夏　斌	137.70	20073
3	里窑社区股份经济合作社	苗延康	苗延康	81.61	20061
4	孙家疃社区股份经济合作社	孙学成	孙学成	575.54	20135
5	靖子社区股份经济合作社	苗喜华	苗喜华	517.27	20120
6	山东社区股份经济合作社	吕廷恩	吕廷恩	132.50	20067
7	沙窝社区股份经济合作社	李树京	李树京	761.73	20157
8	王家村社区股份经济合作社	王华杰	王华杰	125.93	20159
9	陈家疃社区股份经济合作社	宫本胜	宫本胜	64.13	20030
10	合庆社区股份经济合作社	刘宏军	刘宏军	403.65	20101
11	黄泥沟社区股份经济合作社	乔文涛	乔文涛	186.60	20000

【平安建设】 2020年，孙家疃街道利用网格化平台系统开展信访工作。成立专门领导小组，化解信访积案，全年信访总量比上年下降50%，信访积案化解率90%，新增不稳定因素化解率100%。接收“12345”政务服务便民热线2600余件，按期办结率100%。孙家疃街道山东老村新增防火通道3800米、靖子改建防火通道380米，硬化2处防火通道入口500米；新建185立方米蓄水池1处；对环海路、防火通道两侧、社区墓地、居民楼周边重点区域可燃物进行清理，清理面积44.8万平方米。孙家疃街道与辖区各企业、各社区居委会签订安全生产目标责任书、消防安全目标管理责任书，签订街道主要负责人和分管负责人安全生产“一岗双责”责任书，更新街道安委会及成员职责分工。广泛宣传，发放防范一氧化碳中毒明白纸6000余份。6月，街道安全生产办公室、工会联合开展“安全生产知识竞赛”暨“查保促”竞赛活动，发放试卷2000份，收回答卷1802份，10个单位获得优秀组织奖。加强辖区海域巡查力度，海洋执法大队每周至少巡查1次。做好辖区禁养线内违法养殖设施拆除工作，拆除违法养殖设施16处。配合区海洋发展局对辖区海域承包单位开展近海管理秩序集中整治，累计处理群众反映问题40余个。孙家疃街道推进“街道—社区”二级食品安全监管责任网络建设，重新确定8名食品安全协管员，明确各社区和食品经营单位的食品安全责任人，并与各社区签订食品安全责任书。对辖区27家食品摊点进行备案，实现100%建档管理。开展校园及周边食品安全大检查2次，举办现场咨询宣传活动1次、食品安全专题培训2次、食品安全协管员培训2次；悬挂宣传横幅16条，发放宣传材料2000余份。

【远遥浅海科技湾区建设】 2019年年末，远遥浅海科技湾区建设工程正式启动。作为威海国际海洋科技城的核心，湾区依托国内首个国家浅海综合试验场进行建设，北至褚岛北部浅海试验场，南至远遥中心渔港，西至远遥嘴，东至靖子头，陆域面积78公顷，海域面积616公顷（褚岛北部浅海试验区514公顷，渔港海域102公顷）。湾区一期地上建筑由蓝贝海洋科学中心、蓝科大厦、蓝创1—5号、远遥中心渔港码头建筑及配套酒店等组成，共计10.2万平方米。规划建设对海观测试验场、海上固定试验平台、海洋定标场、研发孵化基地、综合服务基地、成果转

2020年11月5日，育海社区食堂一角　（孙家疃街道　供图）

化基地，汇聚国内海洋电子信息技术、海洋智能装备等领域科技创新资源和人才，建成集装备测试、科研创新、成果转化、会展交流、生活休闲等功能于一体的海洋科技创新区。至2020年年末，蓝创1—5号工程竣工，蓝贝海洋科学中心、蓝科大厦完成部分工程施工。

【育海社区食堂开业】 育海社区食堂为孙家疃街道第二家社区食堂，由孙家疃社区股份经济合作社投资95万元建设，面积400平方米，2020年11月7日开业。食堂配备8名服务人员，可容纳80余人同时就餐。食堂辐射育海、艺海、北海3个社区周边15个生活小区，每日可为1000余名老年人提供一日三餐送餐或店内就餐服务。

【喂·海公园对外开放】 喂·海公园位于葡萄滩海水浴场东1千米环海路北侧，包括林业用地和风景旅游用地两大部分。林业用地设置松林漫步区，在林间因地制宜铺设甬道，并利用开阔处建设休息平台；风景旅游用地内则建设运动服务体验区、林下生态游乐区、滨海松林露营区、探海赏礁区，其中滨海松林露营区包含帐篷露营地和房车露营地两个板块。至2020年年末，公园除绿道驿站内部尚在装修外，其他工程竣工并对外开放。

（田　艳　范　丽）

嵩山街道

【概况】 嵩山街道位于环翠区城区南部，北依竹岛街道，南与温泉镇、临港区接壤，东与经开区相邻，西与羊亭镇相连，面积31.79平方千米。街道办事处驻阅山社区，辖9个行政村、8个城市社区，有10个股份经济合作社。至2020年年末，户籍人口16295人。有义务教育阶段九年一贯制学校1所、小学1所，幼儿园4所，社区卫生服务中心1所。

【党建工作】 基层党组织建设。2020年，嵩山街道党工委召开党建工作会议19次、基层党组织督导会议8次，集中研究部署网络意识形态、红色物业、精致社区建设等工作10余项。提质扩面基层党组织考核，制定“五星十级”考核办法，每月根据“五星十级”考核细则进行打分。对软弱涣散党组织进行整治，公开选任农村党支部书记1名，与“第一书记”（指从各级机关优秀年轻干部、后备干部，国有企业、事业单位的优秀人员和以往因年龄原因从领导岗位上调整下来、尚未退休的干部中选派到后进薄弱村或软弱涣散村内担任党组织负责人的党员）共同开展工作，7月末实现台下村软弱涣散党组织销号。推进党建联盟建设，成立全市首个农村区域党建联合体——环翠轻户外运动小镇党建联盟，入驻党组织29个。对街道25个基层党组织进行支部标准化建设，摸排问题30余个，组织问题整改专题会议2次、专项检查2次，基层党组织规范化水平进一步提升。

党员队伍建设。2020年，嵩山街道党工委新储备入党积极分子34名，发展预备党员3名，转正党员24名，培养农村、股份经济合作社后备人才43名，充实街道后备干部队伍。组织开展理论学习中心组集体学习13次，加强对年轻党员的培养，培养企业优秀后备人才20余人。在基层党组织推进党员分类管理，开展创新课程90余场次。依托“灯塔—党建在线”平台，全年录入党建工作信息900余条，开展集体组织工作培训会议8次，实现党员管理工作的标准化开展。

党风廉政建设。2020年，嵩山街道党工委贯彻全面从严治党要求，推行基层党组织每月“主题党日+廉政教育”机制，开展党纪法规教育活动200余场，督导各基层组织、班子成员列出主体责任清单，并层层签订责任状105份。贯彻执行民主集中制，召开全面从严治党工作会议1次、述责述廉会议1次、党风廉政建设专题会议3次。配合区委第四巡察组对22个基层党组织完成政治巡察，对省委巡视反馈共性问题及时整改到位。修订基层党组织党风廉政建设考核细则，以向阳社区、五家疃村为试点，探索建立重大事项线上线下双公开模式，制订村（社区）小微权力运行监督清单、村（社区）股份经济合作社纪检委员责任清单，建立纪检委员季度培训机制3项，开展培训4场，建立村（社区）干部廉情档案，进一步抓实监督基础。编印近两年身边党员警示案例手册2期，开展节日期间违反中央八项规定精神及“四风”问题检查4次。给予2名党员开除党籍、1名党员党内警告、1名党员批评教育处分。

2020年嵩山街道各股份经济合作社基本情况表

表31

序号	合作社名称	党组织书记	理事长	集体经济收入（万元）	人均纯收入（元）
1	宅库社区股份经济合作社	戚红亮	戚红亮	134.25	18800
2	河北社区股份经济合作社	王吉虎	王吉虎	229.41	15000
3	张家疃社区股份经济合作社	戚长松	戚长松	18.27	14600
4	夏家疃社区股份经济合作社	–	夏振峰	22.08	13300
5	北葛拉社区股份经济合作社	丛树柱	丛树柱	58.12	16200
6	谷家洼社区股份经济合作社	谷元强	谷元强	62.82	17400
7	高家庄社区股份经济合作社	王建松	丛培智	47.20	19600
8	岳家庄社区股份经济合作社	岳　永	岳　永	166.61	17800
9	徐家疃社区股份经济合作社	于建军	于建军	402.77	16500
10	范家埠社区股份经济合作社	刘昌平	刘昌平	229.35	19500

【经济发展】 2020年，嵩山街道规模以上工业企业实现工业总产值7.14亿元，比上年增长5.99%；完成固定资产投资26.09亿元，增长32.23%；完成商品房销售面积10.23万平方米，增长79.46%；实现批发业营业额37.49亿元，增长674.27%；内资完成实物工作量1000万元；实现进出口总值7.5亿元，增长20.1%。实现外资到账2200万美元，增长430%。实现税收1.79亿元，完成一般公共预算收入1.29亿元。年内，嵩山街道招引威海激光与光电子信息技术研究院、威海市世一网业有限公司特种新材料、威海创梦京典网络传媒有限公司创梦网红培训基地、威海宏达置业有限公司服饰创意设计中心等16个项目，其中4个项目投产、5个项目在谈、5个项目在建、2个项目终止。申报特色专业楼宇，盘活4000平方米威海华新药业集团有限公司闲置楼宇。威海创新园引入首个院士项目——中国科学院院士姚建铨的威海激光与光电子信息技术研究院，通过人才链与产业链深度融合，完成技术研发、产品推广、产业落地。至年末，有中国科学院院士等国家顶尖人才3人，常驻科研人员27人，技术专利62项。与5所一流高校开展产学研合作，邀请中国工程院院士潘德炉、中国科学院院士祝世宁等组成专家委员会，围绕激光清洗、激光海洋、激光医疗3个市场增长点，开展研发及成果转化。威海光子信息技术产业研究院有限公司自9月运营后，有4种产品（移动式激光清洗设备、便携式激光清洗设备、水质监测仪、激光器）投入市场。设立3个研究中

心（激光装备与微纳加工、光学与激光医疗、智慧海洋与光纤传感研究中心）、1个运营公司（威海光子信息技术产业研究院有限公司），并与哈尔滨工业大学等高校科研院所联合成立3个产业化子公司（威海谱跃光电科技有限公司、威海清创激光科技有限公司、威海光研院医疗器械有限公司），形成“3+1+3”的产业落地模式。嵩山街道实施重点产业项目8个，总投资32.8亿元，其中4个项目（威海光子信息技术产业研究院有限公司、威海博宇食品有限公司生产线改造升级、科创中心智能集控系统开发项目、华新药业药品扩产项目）投入运营。华夏城景区产业提升项目全面展开，生态文明馆、服务中心、生态文明培训中心加紧施工。引进威海市世一网业有限公司特种复合材料项目，与中国船舶集团和中国人民解放军海军工程大学开展产学研合作，主要研发、生产碳纤维和D3O特种复合材料。

【高效生态农业发展】 2020年，嵩山街道注重打造农产品品牌，选定西庄村为示范村，打造比利时沃德高效农业项目。5月，西庄村土地整理地块由西庄土地流转合作社与比利时沃德公司联合签约运营；11月，嵩山街道被山东省农业农村厅和山东省应急管理厅授予省级平安农机乡（镇、街道）称号。推广无公害蔬菜栽培技术，培训高素质农民10人、科技示范主体10户，田间地头现场培训及参观学习20次。同月，嵩山街道在威海晟仙俊美花卉有限公司试点溯质农产品合格证系统，推出的食用百合按规定张贴产品合格证实现产地准出、产品信息与市场准入的有效衔接。威海晟仙俊美花卉有限公司栽种蝴蝶兰、玫瑰等150余个品种21万株，年销售额3000余万元。

【新农村建设】 2020年，嵩山街道实施阅山路二期续建、华夏城景区道路新建、道路管网、照明工程等6项城建重点工程。新建徐家疃、百合花园两处口袋游园，总面积600平方米，推进乡村振兴样板片区建设，新建环湖绿道项目、道路工程，连接五家疃村和东七夼村。升级五家疃—北七夼段河道景观，绿化景观面积1.26万平方米，改造河道面积4960平方米。新建骑士驿站项目，面积4300平方米，安装长廊、秋千、跷跷板等休闲娱乐设施。台下村、西庄村实施亮化工程，两村安装路灯47基、庭院灯38盏。年内，嵩山街道完成环湖绿道、农村燃气入户、台下村绿化3个项目。环湖绿道全长1500米，绿化景观3.5万平方米，沿途设有骑士驿站、星河乐园等特色节点。台下村绿化项目绿化面积3780平方米，硬化面积120平方米，砌筑花墙1600米。轻户外运动小镇围绕“运动+”配套产业布局，吸引社会资本4000余万元，相继落地花海、悦海居等民宿、简餐项目，自行车训练基地、户外拓展中心等运动产业项目，完善吃、住、行、游、购、娱一体化产业布局。西庄村特色民宿项目流转民房5套，其中4套民宿建成并投入使用。

【平安建设】 2020年，嵩山街道按照有关要求搭建网格化“吹哨报到”全响应智慧平台，完善网格化治理中心办公室、“吹哨报到”全响应中心，网格员对62个网格内存在的各类问题进行梳理自查解决，办理转办热线事项5000余件，街道和村（社区）两级人民调解委员会受理调解案件144件，调处成功140件，调处成功率97%；答复信访案件108件（其中上级转办24件），举行听证会9次。嵩山街道和12个村（社区）被评为威海市2020年度信访“三无”街道和村（社区）。年内，嵩山街道发放森林防火宣传品1.5万份，发送手机提示信息8万条，设置各类防火警示牌（标语、横幅）200余处。硬化防火通道雨冲严重路段500米，增设围网2千米，改造防火检查站8处。在松材线虫病采伐地补植黑松7000株。对12个村（社区）、3座水库、42处塘坝及重点工程防汛准备工作进行检查，并在汛期前安装各类防汛警示标志、警示牌30余处，清理河道520米，组织水库管理员对水库大坝背水坡进行砍青除杂3次。汛期迎接水利部检查1次、省水利厅检查3次，查出防汛隐患并完成整改4件。委托第三方机构对西山口水库容量进行论证，西山口水库总库容由设计10.7万立方米降至9.5万立方米。嵩山街道召开4次安全生产工作大会，发放燃气安全、用电安全、企业安全知识汇编手册、图册等1.5万余份，制作各类看板500余份，在各村（社区）设置消防安全专栏，张贴各类宣传页500余份。开展安全隐患排查与风险管控等系列专项检查行动，检查企业140余家，消除隐患210余处，确保辖区安全生产形势持续平稳。召开辖区危险化学品企业安全生产专项会议10余次，贯彻落实上级文件70余份，开展“危险化学品安全隐患拉网式大排查专项行动”“化工行业安全生产集中整治行动”“危险化学品和烟花爆竹生产经营单位安全生产集中整治”等专项行动10余次，累计排查隐患40余处，先后增设水罐2处，增添各类灭火器60余个，开展集中教育培训1次，进入企业宣讲20余次。投资50万元，增设交通安全设施，制作交通安全宣传挂画100余类，发放各类交通安全宣传资料、传单8000余份，街道连续3年被区县乡公路发展中心授予“交通安全管理先进单位”称号。对确认为“小散乱污”的生产经营单位下达停产整改通知书；重视居民关心关注的环保问题，接到环境信访案件130起，处理率和满意率100%。

【社区建设】 2020年，嵩山街道推进社区管理体制创新，整合社区资源，将向阳、山水、蔚海3个城市社区重新调整“四至”范围，并筹建百合、华夏、和园、阅山、珠海5个社区居委会，将所有在建、待建住宅小区全部纳入服务管理范畴。完成筹建中的百合、和园社区服务中心改造。推动“信用+”体系建设，制定城市社区信用指数管理办法，建立诚信积分奖励机制，建立信用“红灰榜”，6个诚信超市投入运营。建立多方联动的“红色物业”，解决小区及居民实际问题150余件，其中党建联盟协调解决12件。开展公益活动、志愿服务、文体展演等167场次，参与活动3200余人次。向阳社区成为“精致幸福社区”示范社区。

（景　文）

张村镇

【概况】 张村镇位于环翠区西部，镇政府驻新柳社区。东接嵩山街道，西与高新区初村镇相邻，南邻羊亭镇，北与高新区田和街道接壤，辖区面积49.03平方千米。张村镇辖4个行政村、15个城市社区，有19个股份经济合作社，户籍人口33950人。有初中1所、小学4所，医院1所。

【党建工作】 基层党组织建设。张村镇党委督导全镇67个党支部标准化规范化开展“百日攻坚”行动，整顿完成10个党支部6个方面的问题，达标支部63个，基本达标支部4个。在农村实施党建引领村规民约修订暨信用进农村工作，制定“股民信用基金”管理办法，实施“股民+股民资格法定继承人”管理新举措；坚持支部示范党员带头、党建社建齐抓共管，推进福德庄村福豪果品专业合作社提档升级；建立里口山片区农村党建联盟，深挖红色资源，打造“十八里担架道”红色印记馆。姜家疃村党支部获评市级2020年度“红色引擎”党建示范点；完成14个合作社党组织和7个合作社理事会换届工作，实现合作社书记、理事长“一肩挑”。推进“红色物业”全覆盖，建立8个物业联建党组织、12个业委会党支部；新建1个企业党支部、27个企业联合党支部，配备28名企业网格员、20名党务工作者、43名党建指导员、52名驻厂员，助力企业服务发展；重点推进威海怡和专用设备制造有限公司等冲击新目标企业的党建引领工作，实施“百千万”重点培育工程。

党员队伍建设。张村镇党委注重强化党员教育管理基础，组织镇党委理论学习中心组集体学习12次，开展党员轮训6场、党务工作者培训2次、党组织书记专题培训5次，累计培训党员957名。年内，储备入党积极分子100名，培养党员发展对象25名，转正党员23名；结合基层党组织堡垒指数和党员先锋指数考核，每月定期对党组织和党员进行评比考核，对农村党员实行“五星十级”（考核结果按五颗星、十个级别排序）考评；认领岗位参与志愿服务活动，组织党员志愿者开展新冠肺炎疫情防控、清雪、防火、创建全国文明城市等活动10余场，1200余名党员参与活动；稳步推进农村党员违规违纪问题排查整顿，纳入全镇排查整顿范围的党员439人。处置党员9人，并对3名党员所在党组织进行约谈。

党风廉政建设。张村镇党委制定党风廉政建设责任清单23份，签订党风廉政建设责任书295份，组织开展谈心谈话240余人次，形成任务明确、责任落实、逐级负责的党风廉政建设工作机制。配合市委做好巡察“回头看”暨对村（社区）党组织巡察工作，认真抓好巡察反馈意见整改落实。严格落实中央八项规定精神，在重要节假日期间开展检查12次。持续推进不担当、不作为、乱作为专项整治，移送不担当、不作为、乱作为问题线索4件次，问责5人。严肃查处各类违纪行为，给予2名党员党内警告以上处分。集中召开党员干部警示教育会议9次，受教育人员730余人次。以“休闲健身修身养廉”为主题，在张村河公园建设清风步道。各村（社区）开展各类廉洁宣讲活动70余次，进一步营造清正廉洁的社会氛围。

2020年张村镇各股份经济合作社基本情况表

表32

序号	合作社名称	党组织书记	理事长	集体经济收入（万元）	人均纯收入（元）
1	柳沟社区股份经济合作社	谷源祥	谷源祥	952.82	25808
2	黄家皂社区股份经济合作社	程　铭	程　铭	338.22	26157
3	皂南台社区股份经济合作社	张祖刚	张祖刚	987.12	28103
4	皂西台社区股份经济合作社	张明臣	张忠臣	311.15	28399
5	和徐疃社区股份经济合作社	徐克贵	徐克贵	401.31	26563
6	皂东塘社区股份经济合作社	张　钢	张　钢	327.86	29619
7	前峰西社区股份经济合作社	张传璞	张传璞	339.09	23618
8	皂河北社区股份经济合作社	张传全	张传全	447.64	26804
9	张村社区股份经济合作社	曲建敏	董本湖	39.33	24990
10	桃园社区股份经济合作社	张光前	张光前	119.36	21195
11	姜南庄社区股份经济合作社	谷厚锋	谷厚锋	463.07	24380
12	东莱海村股份经济合作社	谷沅崇	谷沅崇	538.15	29800
13	西莱海村股份经济合作社	丛文滋	丛文滋	210.60	25194
14	东夼村股份经济合作社	郭学军	毕序本	67.10	23000
15	王家疃村股份经济合作社	刘　伟	刘　伟	62.08	23092
16	姜家疃村股份经济合作社	郭建敏	郭建敏	52.11	18822
17	刘家疃村股份经济合作社	刘旭昌	刘旭昌	140.31	19821
18	福德庄村股份经济合作社	陈善友	陈善友	307.86	22056
19	后双岛村股份经济合作社	龙增麟	李　双	221.64	21384

【经济发展】 2020年，张村镇完成生产总值35.2亿元，比上年增长3.5%；完成固定资产投资24亿元，增长33.5%；外贸进出口总额23.13亿元，下降8.3%；实现财政总收入10.25亿元，下降7.49%；一般公共财政预算收入5.81亿元，下降7.37%。全镇三次产业比重调整优化为1.5∶65.8∶32.7。张村镇坚持优先发展现代服务业，实施宝飞龙渔具产业孵化器、日本国立贸易株式会社跨境电商产业基

2020年11月13日，张村镇里口山防火通道（张村镇　供图）

2020年6月27日，张村河景观（张村镇　供图）

地、威海德生肿瘤医院医养中心3个重点服务业项目，总投资2.63亿元，总建筑面积6.48万平方米。至年末，威海德生肿瘤医院医养中心项目投入运营。实现限额以上批发业营业额4.39亿元，比上年增长18.7%；实现限额以上零售业营业额2.06亿元，增长24.3%。

【休闲农业】 2020年，张村镇坚持"优质、高效、生态、规模"的城郊现代农业发展方向，加快一产向三产转移延伸。秋歌采摘园被评为"威海市第四批高素质农民培育实训基地""威海市农业科普培训基地"；清怡茶庄项目被评为"山东省农民乡村振兴示范站""威海市农村科普示范基地"；王家疃村被评为"全国生态文化村"；镇农安站建设经省农业农村厅验收合格，张村镇被评为"山东省农产品质量安全监管示范乡镇"，以上项目加速推动镇域传统农业向休闲农业转型。

【新农村建设】 2020年，张村镇加强全镇自然资源的科学规划和合理利用。做好土地征收工作，推动13宗16.09公顷国有土地收回盘活，收回10宗13.68公顷，其余3宗正在办理手续；补偿和拆除建筑面积3000余平方米，保障九华路隧道、S201辅路等重点项目建设。推动土地出让工作，在全区率先推行"标准地"改革，推动21宗88.19公顷国有土地出让，挂牌13宗52.39公顷；完成4宗7.79公顷闲置土地处置；推进低效用地开发利用，环翠路北地块完成4宗国有土地收回，并完成金海路北地块摸底调查。加强土地资源管理、坚决查处违法用地，加大对乱占耕地建房等土地违法问题的监督、巡查、管理力度，保护耕地和粮食安全，整治前双岛沙场等违法占地行为。攻坚克难破解历史遗留问题，历史遗留长达14年的威海广泰空港设备股份有限公司、威海光威集团有限责任公司土地置换问题完成过户。在基础设施建设方面，张村镇投资1456万元，修建改建道路6条，包括庐山路西段新建工程、姜南庄老年公寓西侧道路新建工程、柳沟公园附属道路罩面工程等。投资529万元，敷设里口山路管网、和徐疃工业园区管网约1.4千米，进一步完善镇域大管网。投资546万元，对雍江街、昆仑路道路绿化进行升级改造，绿化面积4.3万平方米。投资88万元，对九华路、天目路路灯进行改造，改善居民出行条件。在民生项目建设方面，张村镇投资3542万元，对滨海明珠小区、皂西台小区、水源金座小区进行改造，改造项目包括小区道路及地面硬化铺装、小区绿化及车位改造、地下雨污管线改造、路灯监控改造，改造面积24万余平方米，惠及2600余户居民。投资580万元，改造和兴园、翠柳园2处小游园，改造面积1.2万平方米。投资179万元，对西莱海长约200米的泄洪沟进行治理。投资30万元，对体育公园公厕进行升级改造。

【社会治理】 2020年，张村镇处理社会信息管理平台转办单7510条，全部办理完结；接待群体访12件次、个人访83人次，上报预警24件，妥善处置突发群体性信访事件21件，完成上级信访部门交办、转办案件143件。便民中心受理各类事项23万余件次。6月，为辖区15个城市社区、4个村制作安装“便民服务代办点”门牌，为21名代办员统一制作代办员桌牌，并组织力量对城市社区28项、农村21项服务事项办理流程清单重新梳理细化，将办事流程、工作指南、工作制度发至每名代办员手中。根据山东省省级规范化司法所创建标准，张村镇投资50余万元，对司法所进行改造升级，改造后的司法所办公面积达500平方米，在原有社区矫正报到室等功能科室的基础上增加安置帮教接待室、社会力量办公室、档案室等10个科室、1个普法展厅，实现综合法律服务、特殊人群管理、矛盾纠纷化解、法治宣传教育、合同审查管理等多项司法行政主要职能“一站式”“一条龙”服务。在安全生产方面，张村镇将各村（社区）、企业的安全生产工作纳入目标管理，实行一票否决制。按属地管理原则及“一岗双责”责任制要求，健全安全生产规章制度并建立台账，完善镇、村（社区）、企业的三级网格化监管机制。与各单位、各企业层层签署安全与消防目标责任书1500余份；启动“安全生产月”，发放安全生产宣传材料3万余份，培训人员2.25万余人次。开展“安全生产专项三年整治行动”、防范一氧化碳中毒、火灾防控等安全生产专项整治活动 20次，检查企业1560余家次，排查隐患1660余处；聘请安全生产专家对100家重点企业完成专业性检查，排查隐患问题348项。提升应急处置能力，组织开展张村镇2020年度安全生产事故应急演练暨第二届应急救援技术大比武，辖区80余家企业参与，为辖区经济发展营造和谐稳定的安全环境。

【社区建设】 2020年，张村镇重点打造华锦、怡沁园、永兴园、魏桥4个精致样板社区。投资320万元，完成华锦、怡沁园、永兴园3个社区的“去行政化”改造和魏桥社区便民化改造。华锦、怡沁园、永兴园3个社区打破传统柜台办公模式，把“一站式”服务大厅变成“居民会客厅”，并对活动室、书画室等居民活动场所进行升级。魏桥社区党群服务中心结合威海魏桥科技工业园有限公司特点，在装修改造过程中融入企业元素，实现厂居融合。全镇有社区工作人员77人，张村镇制定《社区干部培训方案》，通过多种方式对社区工作人员定期培训、学习10余次，21人通过社工资格考试。利用社区网站、QQ群、微信平台、电子公开系统等数字信息平台，发布社区资讯和便民信息，在线与居民互动、解答问题。坚持入户走访机制，摸清居民所想所盼，不断提高服务水平。各社区依托纳凉晚会、新春大活报、社区文化节、广场舞大赛、红歌赛等平台和载体，举办各类文体活动261场。各社区与驻地消防、武警官兵联合开展消防安全演练等活动9次，与辖区中小学校开展文体联谊活动13次。各社区为社会组织搭建平台，通过平台交流、信息共享等手段加强孵化培育，促进社会组织良性发展。同时购买善若社工、诺和悦然等社会组织的专业项目为辖区居民服务。全镇备案成立社会组织168个。

（刘小琪）

羊亭镇

【概况】 羊亭镇位于环翠区西南部，镇政府驻羊亭村。东临嵩山街道，西与高新区双岛湾科技城接壤，南临临港区汪疃镇，北接里口山风景名胜区。全镇面积76.54平方千米。至2020年年末，户籍人口23852人。辖25个行政村、5个村改居、3个城市社区，有31个股份经济合作社。辖区内有九年一贯制学校2所（羊亭学校、环翠国际中学羊亭校区），在校学生3196人；有公办幼儿园2所、民办幼儿园2所，公办医院1所、社区卫生室33所。

【党建工作】 基层党组织建设。羊亭镇党委聚焦落实主责主业，召开党建专题党委会8次，镇领导班子成员进村（社区）下企业宣讲19场次。全力推进农村“两委”干部换届分析研判，以5个片区为单位，召开换届研讨会10次，逐村分析矛盾隐患，为换届选举做好充足准备。推进党支部标准化规范化建设，组织班子成员分包34个党支部联系点，72个基层党组织全部达标。围绕提升乡村治理效能，开展农村“三资”清理，整治不规范合同390份，清理清缴欠款1700余万元，探索构建“党建+信用”乡村治理新模式，打造南郊村“七彩诚信”等10个党建品牌。深入推进红色印迹抢救保护利用工作，打造贝草夼地下

2020年10月31日，贝草夼地下交通站展馆　（羊亭镇　供图）

交通站展馆，实现红色文化与党建治理同频共振。针对后进薄弱村问题，党委每月专题研究，通过公开选任村党组织书记、派驻工作队入村，重点分析，分类施治，完成半壁山、埠前2个软弱涣散村销号。实施“党支部领办合作社”党建突破项目，成立3个区域党建联盟、6家党支部领办合作社。

党员队伍建设。羊亭镇党委发挥镇级党校作用，依托贝草夼地下交通站展馆，分批次对镇域党员开展红色教育，自展馆建成起累计接待游客4000余人次。推进社区党员分类管理，在西海社区试行“老+中+青”党员小团队管理模式，常态化开展“送学上门”活动；对流动党员，运用“互联网+”党建平台，实行“线上线下”同步管理。结合“党员联系服务群众365”工作，常态化联系走访服务群众，通过黄、橙、红三色事项办理，全年征集群众意见1500余条。年内，发展预备党员37名、入党积极分子126名，转正党员42名。

党风廉政建设。镇党委班子成员带头执行中央八项规定精神，综合运用明察暗访、集中抽查、受理举报等方式，加大公车封存、重点场所检查力度。廉政片长进一步联动分包片区，结合村（社区）纪检微信群平台部署党风廉政建设工作任务，加大对村（社区）“三联一网”（纵向联动、横向联合、区域联治，网格监督）工作开展力度，严肃查处侵害群众利益的不正之风和腐败问题。2020年，立案10起，给予警告处分8人、严重警告2人、开除党籍1人，约谈44人次，诫勉谈话5人次，谈话提醒20人，批评教育3人。

2020年羊亭镇各股份经济合作社基本情况表

表33

序号	合作社名称	党组织书记	理事长	集体经济收入（万元）	人均纯收入（元）
1	河南村股份经济合作社	姜忠泽	姜忠泽	10.04	16878
2	南郊村股份经济合作社	杜善昭	杜善昭	30.63	15518
3	小城庄村股份经济合作社	陈丕智	陈丕智	13.22	14300
4	北小城村股份经济合作社	刘杰和	刘杰和	37.34	15500
5	上炉村股份经济合作社	刘　丹	王天范	13.37	14958
6	梅家沟村股份经济合作社	谷艾芹	谷艾芹	19.68	18997
7	南江疃村股份经济合作社	丛培献	丛培献	26.40	16099
8	北江疃村股份经济合作社	刘　勇	刘　勇	68.22	15990

续表33

序号	合作社名称	党组织书记	理事长	集体经济收入（万元）	人均纯收入（元）
9	贝草夼村股份经济合作社	王恩茂	王恩茂	25.49	15247
10	羊亭村股份经济合作社	谷源亮	谷源亮	124.67	16738
11	北上夼村股份经济合作社	王敦胜	王敦胜	23.83	15000
12	于家夼村股份经济合作社	丛培立	丛培立	76.41	20004
13	大北山村股份经济合作社	李海楠	李海楠	33.66	16600
14	港头村股份经济合作社	宋志辉	宋林蔚	35.97	18200
15	义和村股份经济合作社	王春元	郭卫卫	10.87	16466
16	孙家滩村股份经济合作社	孙朝阳	孙朝阳	194.92	10800
17	鹿道口村股份经济合作社	孙立同	孙立同	12.10	16000
18	杜家庄村股份经济合作社	李庆端	李庆端	14.12	14900
19	宋家疃村股份经济合作社	宋修利	宋修利	10.07	15089
20	黄埠屯村股份经济合作社	王艳太	王艳太	26.82	15896
21	南小城村股份经济合作社	刘　杨	田军威	24.27	14100
22	下炉村股份经济合作社	王祖祥	王祖祥	16.39	14390
23	王家夼村股份经济合作社	王明德	王学仕	27.85	14000
24	阮家口村股份经济合作社	阮智明	阮智明	15.84	14891
25	中阳村股份经济合作社	徐文之	徐文之	15.64	20381
26	朱家圈村股份经济合作社	朱新梁	朱新梁	10.04	20079
27	王家河村股份经济合作社	王晓生	王晓生	60.89	15451
28	曲家河社区股份经济合作社	王国润	王国润	26.85	21000
29	北观村股份经济合作社	徐士国	徐士国	83.70	16200
30	半壁山村股份经济合作社	王永尧	谷祖强	11.10	13457
31	大西庄村股份经济合作社	李玮峰	李玮峰	59.78	18300

【经济发展】 2020年，羊亭镇规模以上工业企业实现工业总产值42.56亿元，比上年增长9.15%；完成固定资产投资31.66亿元，增长5.97%；完成商品房销售面积2.95万平方米，下降19.27%；实现餐饮营业额734万元，增长100%；内资完成实物工作量3亿元；实现进出口总值14.73亿元，增长7.5%；实现外资到账149万美元，下降94.27%。实现税收5.32亿元，完成一般公共预算收入3.17亿元。羊亭镇以开发工作为主线，倒排工期、挂图作战，致力将羊亭建设成为融入中心城区的产城一体新板块。20个重点产业项目完成投资20亿元，开工面积40万平方米，固定资产投资15.67亿元，经济实现稳中向好发展。签约总投资70亿元、占地36.67公顷的环翠健康城项目，跟踪储备北京炎凌嘉业机电设备有限公司炎凌机器人生产项目、北京国泰创业投资基金管理有限公司环翠区机器人产业园项目等一批重点在谈项目。中德生态示范城建设方面，与中国德国商会·上海（AHK）签订战略合作协议，进一步扩大中德企业间的交流合作。年内，威海恒煜医疗器材有限公司医疗器材生产项目、威海怡和专用设备制造有限公司海洋激光环保检测设备研发生产项目、威海先优包装科技有限公司一期工程项目、威海广泰特种车辆有限公司特种车扩产项目4个项目投产；威海森亿服装整理有限公司森亿服装检测项目、威海沃达新材料有限公司沃达新材料项目、威海市环翠区城市发展投资有限公司中欧水处理及膜技术创新产业园二期3个项目进行室内外装修；山东威高四海酿造有限公司食品研发生产项目、威海正宇设备有限公司自动化设备研发生产项目、威海鲜之郎食品有限公司海洋食品研发生产项目3个项目进行设备安装；中节能（威海）环保科技产业园有限公司环保产业园项目、威海市环翠区城市发展投资有限公司国际新材料创新中心项目、威海北途威科技有限公司碳纤维制品生产项目、威海顺迈华峰自动化科技有限公司自动化设备研发生产项目、威海温商置业有限公司高端装备新材料产业园项目5个项目进行主体施工。高标准建设“一中心三园区”（国际新材料创新中心，中欧水处理及膜技术创新产业园、中节能环保新材料产业园、高端装备新材料产业园），中欧水处理及膜技术创新产业园开园并投入运营，山东中欧膜技术研究院有限公司、威海格润环保科技股份有限公司、威海承盾新材料有限公司、威海华瓷新材料有限责任公司等30家企业入驻园区。羊亭镇发展生产性服务业，补足镇域服务业短板。亿达国际新材料创新中心、上海世茂集团、中节能朗庭绿建项目、家家悦商业综合体项目落地。对接中国500强企业打造沿河CBD，逐步论证羊亭河沿线66.67公顷土地的商住项目开发，激活羊亭河景观带的商业价值。2020年，羊亭镇获评“淘宝镇”称号，孙家滩村、北江疃村获评“淘宝村”称号。

【休闲农业】 2020年，羊亭镇发挥地处城郊优势，发展休闲农业。钓鱼台文化旅游休闲农庄被评为“2020年山东省休闲农业精品园区”；福鑫源农业生态园被评为“2020年山东省乡村振兴示范站”；宝丰果蔬专业合作社被评为“山东省农业旅游示范点”，其农产品获得“第十五届中国林产品交易会”金奖、银奖；欢乐谷植物种植专业技术合作社被认定为“威海市新型职业农民培训基地”；福鑫源农生态园理事长戚秀丽被评为“全国先进个体工商户”。以上5家规模农业企业均获得绿色食品证书。

【新农村建设】 2020年，羊亭镇全力抓好农村人居环境整治工作，每月组织实施村（社区）督导与考核，全年督导问题6000余处，考核发现问题4000处，全部整改完成，考核兑现奖惩16252元。25个村中有省级清洁村8个，占比32%，市级清洁村全覆盖。羊亭镇以行业管理、党建联建为抓手，拉近辖区物业企业与业主之间的距离，强化沟通，积极服务，锦江苑小区被列入全区20个“红色物业”创建示范点。实现辖区物业小区业委会组建100%，业委会党组织建设率达到83%。完成29个村（社区）的垃圾分类推进工作，覆盖率84.8%。设置分类垃圾桶1800余个、分类宣传牌（栏）40余处。开展垃圾分类培训70余场、动态宣传活动及志愿者活动50余次、入户宣传7500余户。年内，羊亭镇创建梅家沟1个省级美丽乡村示范村和南郊、宋家疃、半壁山、大北山4个市级美丽乡村示范村。梅家沟省级示范村通过打造梅花湖景观、滨水驿站、山林观光祈福、梅艺馆等项目，发展山水梅园特色乡村旅游产业，村内建设1处2000平方米的秧歌广场，为居民提供活动场所。南郊、宋家疃、半壁山3个市级美丽乡村项目依托原有生态农业资源，突出“高效生态”主题，以农村农业生产生活体验为主线，将农业与自然景观、文化创意相结合，打造高效农业、生态产业。南郊村新建1栋蛋鸡大棚、1栋蔬菜大棚、1栋玻璃展销大棚，采摘园配套设施更加完善。宋家疃村高标准建设15栋蔬菜大棚和

1550平方米农业科研中心玻璃大棚，形成以特色西红柿种植为主打品牌，集种植、采摘、观光、科研于一体的特色西红柿产业区；半壁山村建设5栋扶贫农业大棚，完善进村道路和村内基础设施，提升村居环境；大北山村建成一处游园，完善村内污水管网和道路绿化。

【信用“五进”】 信用“进机关”。羊亭镇将新入职人员及时纳入信用管理体系，建立机关公职人员信用档案168份，完成168人信用采集和加分统计，镇机关干部诚信积分AA级16人、A级152人。

信用“进农村”。依托村内大喇叭、“羊亭在线”公众号等媒体平台进行政策宣讲解读，发动村民户代表签署《村民信用承诺书》，以户为单位建立信用档案，打造纸质版“村民信用身份证”816个。

信用“进社区”。制订信用“进社区”实施方案，设置社区事务、环境卫生等各类赋分场景，涵盖惠民政策373条。举办社区宣传活动30余场，发放宣传材料9000余份，累计参与400余人次，500余人下载使用“海贝分”APP。建立社区居民诚信档案9900个，同步设立积分兑换卡，120余人次通过公益超市进行积分兑换。

信用“进企业”。确定威海宝飞龙钓具有限公司为试点单位，督导企业建立各类诚信机制，完善档案创建。至年末，该试点顺利通过市级验收，打造成为羊亭镇信用企业示范样本。进一步督促全镇规模以上企业按照规范标准开展“八有”（有实施方案、有领导小组、有责任人员、有信用制度、有职工档案、有信用数据、有工作宣传、有应用案例）建档工作，威海市瀚玉化纺有限公司、威海松龄诺可佳中药饮片股份有限公司等21家规模以上企业完成建档。

信用“进学校”。成立信用工作领导小组，开展诚信调研5次，向中小学校师生发出“信用进校园”行动倡议书2920份。健全教师诚信考评长效机制，将师德师风考核、评先选优、职称评聘等纳入诚信管理，通过信用指数制度，全面提高师德水准，建设“四有”（有理想信念、有道德情操、有扎实学识、有仁爱之心）教师队伍。

【精致社区建设】 2020年，羊亭镇在营造社区共建共治共享格局的同时，注重打造居民活动新空间。6月，润河社区联合9家个体商户成立“润河社区爱心商铺联盟”自治组织，并签署《商铺联盟文明公约》。同时，社区党支部与6家共建单位举行“齐力同行·汇翠润河”共驻共建项目对接仪式，签订共驻共建协议，认领并圆梦困难居民微心愿8个，对接15个“党建+”共建项目。西海社区继续推进“传统民俗手工艺特色网格营造项目”，750人参加各种特色网格，延伸建立“睦邻朋友圈”“宜居西海”等微信群26个，5200余人参与其中，挖掘、培育楼长50人、志愿者277人；举办两届民俗乐淘会，居民将自制工艺品进行公益售卖，资金全部反哺社区贫困弱势群体。润河社区常态化开展三大品牌活动：“有滋有味”厨艺课堂、“指尖生花”手工课堂、“河风鼓韵”龙鼓课堂，开展活动120余次，1200余人次受益。随着居民品牌活动参与度的不断提高，社区成立26名居民组成的楼长队伍，备案成立5支社区自组织队伍（指尖生花手工艺队、有滋有味厨艺队、社区志愿服务分队、河风鼓韵打鼓队、多姿舞蹈队）。西海社区投资120万元，新建400平方米镇级社会组织服务中心，引进专业社会组织14个，培育暖阳志愿服务队、海韵吕剧社等自组织12个，充分发挥“睦邻小厨”“公益有你”“指尖沙龙”等各个功能区的作用，累计开展活动200余次。打造“广场书吧”项目，开展“传递书香、文化暖心”活动，收到居民捐书300余册，合力打造“书香社区”。

【脱贫攻坚】 2016—2020年，羊亭镇累计投资280万元，建成产业扶贫项目6个，年收入30万元，带动2个省定扶贫工作重点村、23个非重点村146名建档立卡贫困人口年人均增收1600元以上。羊亭镇将产业扶贫与乡村振兴有效衔接，依托宝石山乡村振兴样板片区，采用镇级领办形式，引导23个插花贫困村建设果蔬大棚对外出租，实现当年投资、当年完工、当年出租、当年受益，带动插花贫困村贫困户年人均增收1000元以上。2020年，羊亭镇继续深化与枣庄市台儿庄区张山子镇的扶贫协作结对关系，通过发动社会捐赠、开展消费扶贫等方式，为当地提供价值10万元的物资帮扶。自与张山子镇结对4年来，通过财政支持和社会捐赠，累计向张山子镇提供帮扶资金30万元，帮助当地220余贫困户实现脱贫。

（王彦力）

温泉镇

【概况】 温泉镇地处环翠区南部，东与环翠区桥头镇，经开区泊于镇、崮山镇接壤，西、北接经开区凤林街道，南邻临港区草庙子镇。距威海站5千米、距威海港7千米、距威海机场20千米，是进出威海市区的主要交通枢纽。镇政府驻双泉城社区，面积66.59平方千米。全镇辖19个行政村、2个村改居、11个城市社区，有27个股份经济合作社。至2020年年末，户籍人口28314人。辖区有义务教育阶段学校2所，在校学生5180人；公办幼儿园2所、民办幼儿园6所；公办医院1所、民办医院1所、社区卫生室13所。

【党建工作】 基层党组织建设。2020年，温泉镇党委把党建工作摆在突出位置，主持召开党建专题会、村（社区）重点工作推进会13次，研究部署党建工作，新冠肺炎疫情防控期间召开专题会议33次，切实履行管党治党责任。坚持示范引领，指导推进8个股份经济合作社党组织及理事会换届。层层传导履职压力，带头落实双重组织生活，督促班子成员认真履行“一岗双责”，结合联系服务群众和干部作风大改进行动，为群众解决实际问题139项。

党员队伍建设。2020年，温泉镇加强党员学习教育管理工作，落实意识形态工作责任，召开意识形态专题会议2次、理论学习中心组集体学习12次，将意识形态工作抓牢抓细。注重发展党员工作，年内发展入党积极分子132名、预备党员40名，转正党员26名。

党风廉政建设。2020年，温泉镇党委召开2次党风廉政建设专题会议，指出党风廉政建设存在的主要问题，并提出对策与建议；组织班子成员、各村（社区）党组织签订党风廉政建设责任书，增强党员干部自律意识；围绕党风廉政建设和反腐败工作，实现对村（社区）干部廉政谈话、警示教育全覆盖；根据日常监督发现的苗头性问题、从严治党和党风廉政建设工作中存在的主体责任落实不到位问题，对主要负责人、干部进行约谈，累计约谈138人次。认真落实春节、清明、端午、中秋等重要时间节点的“四风”检查等工作，对监督督查中发现的重点问题，约谈提醒有关责任人，镇党委落实监督执纪“第一种形态”，先后对10个单位或个人进行通报。在“三联一网”基层建设方面调整廉政片区划分，重新划分为东、南、西、北、中、社区6个片区，指定专职纪检干部担任廉政片长，及时部署党风廉政建设工作任务，反映和解决村级监督发现的问题。注重发挥基层监督活力，聘请37名村级廉情监督员，实现镇域廉情监督全覆盖。

2020年温泉镇各股份经济合作社基本情况表

表34

序号	合作社名称	党组织书记	理事长	集体经济收入（万元）	人均纯收入（元）
1	郑家村股份经济合作社	江先学	江先学	14.35	12840
2	前亭子夼村股份经济合作社	姜树良	姜树良	40.36	26000
3	堂子村股份经济合作社	张福卿	张福卿	10.67	14000
4	马夼村股份经济合作社	丛卫国	丛卫国	18.98	14000
5	东七夼村股份经济合作社	丛日军	丛日军	34.33	11000
6	邹家庄村股份经济合作社	邹德刚	邹德刚	110.68	10350
7	雨夼村股份经济合作社	刘新龙	刘新龙	47.89	17602
8	西七夼村股份经济合作社	唐延军	唐延军	92.98	12760
9	小南山村股份经济合作社	张起明	张起明	10.84	14450
10	小庄村股份经济合作社	江民政	江民政	110.42	28490

续表34

序号	合作社名称	党组织书记	理事长	集体经济收入（万元）	人均纯收入（元）
11	林家庄村股份经济合作社	段志元	林海彬	144.62	9500
12	双寺夼村股份经济合作社	于海明	于海明	73.13	12800
13	林家院村股份经济合作社	林乐勤	林乐勤	170.72	27800
14	刘家台村股份经济合作社	刘增永	刘增永	177.69	26000
15	温泉汤村股份经济合作社	邹德明	马振范	118.11	17000
16	东崮村股份经济合作社	邹国涛	邹国涛	12.54	11000
17	西崮村股份经济合作社	于德昌	于德芹	20.18	8000
18	张家山村股份经济合作社	张华刚	张夕刚	120.36	12000
19	下江家村股份经济合作社	江长清	江长清	73.13	11500
20	河西村股份经济合作社	徐海燕	徐海燕	148.36	15600
21	罗家村股份经济合作社	罗室斋	罗室斋	25.98	18000
22	后亭子夼村股份经济合作社	张起松	张起松	73.65	19000
23	冶口社区股份经济合作社	丛荣洲	丛荣洲	200.96	19680
24	汤河北社区股份经济合作社	姚昶东	姚昶东	358.89	15000
25	虎山社区股份经济合作社	宋修芳	宋修芳	172.34	18000
26	柳林社区股份经济合作社	刘　凯	刘　凯	416.75	28000
27	雅家庄村股份经济合作社	张　文	张　文	11.11	17600

【经济发展】 2020年，温泉镇实现财政收入2.05亿元，比上年增长0.42%；规模以上企业实现工业总产值13.24亿元，下降3.6%；零售业商品营业额15.83亿元，增长6.03%。商品房销售面积7.03万平方米，增长17.6%；建筑业产值3.02亿元，下降12.7%；实现内资实物工作量3.15亿元，比上年增长6倍；全年到账外资2834万美元。年内，温泉镇有招商引资项目8个，其中在建项目1个（泉乐坊商业综合体），签约项目3个（雅家庄商业综合体、江家寨房地产、悦丰供应链威海直播创客小镇），在谈项目4个（温泉汤南地块特色文旅开发项目、凯兰航空地毯制造项目、金蚂蚁闲置楼宇酒店项目、江家寨立交桥北工业园地块开发项目）。泉乐坊商业综合体项目B、C、D区完成主体施工，A区施工完成70%，同步开展招商工作，B区商务办公楼对接威海建设集团股份有限公司、中国建筑第五工程局有限公司等打造总部经济大厦，D区泉乐坊特色商业街正在对接韩乐坊高丽亚洗浴及韩餐、日餐业态，A区签约华美达广场酒店、家家悦精品超市、横店影城等。威海昱德房地产开发有限公司利用雅家庄1.2公顷商业用地建设温泉休

闲综合体，至年末，方案设计、征地工作同步进行。威海建大云顶置业有限公司利用江家寨4.33公顷土地建设高端地产项目，至年末资金到账，进行土地手续办理、方案设计。悦丰供应链威海直播创客小镇项目（外资）占地0.16公顷，总建筑面积2.4万平方米，包括2幢直播办公楼、4幢选品仓储车间。项目采用“教培+服务+技术+资源匹配+运营孵化”整案输出模式，打造威海直播创客小镇。至年末，完成土地手续办理，完善设计方案。

【城镇建设】 2020年，温泉镇投资190万元对统一路南延道路两侧进行绿化升级，绿化面积7000平方米。投资1500万元，对统一路南延、堂子、西七夼至潘家苑、柳林至冶口、立交桥东南至明珠、高架桥至威海市农副产品批发市场、东七夼至五家疃（温泉段）、西庄、张家山溢洪道等地进行硬化及护砌，总硬化面积2.3万平方米，浆砌挡墙2000立方米，建设桥涵3座。投资600余万元对统一路南延、立交桥西建筑外立面进行改造，粉刷外墙4000平方米，平改坡13处，更换门窗400套，硬化商铺场地2000平方米。投资2200余万元，对新和园、小庄西、云顶阳光、张家山南（北）、刘家台游园进行新建和改造提升，总面积9.8万平方米，其中新和园获评市级精品游园。投资80万元，为统一路南延、威荣路（前、后亭子夼段）安装及改造路灯，安装路灯200基；建立日常巡查机制，通过夜间巡查、群众来电反映等方式对镇区路灯进行维修更换，维修更换路灯710基次，更换电缆3000米。为配合国庆71周年活动，在工友路、温泉路、泉福路等处安装国旗3000面，维修、安装中国结30余套，营造浓厚的节日氛围。冶口棚户区改造项目计划总投资5亿元，安置冶口社区居民518户，建设回迁楼12幢、办公楼1幢、幼儿园1处。年内投资1.5亿元，所有楼宇主体结构封顶，并进行配套施工。借力精致城市建设，对江家寨社区8幢旧住宅楼进行楼顶改造。投资8亿元，建设柳岸茗邸、云顶阳光、万象一品、泉乐坊等商住项目，建筑面积30万平方米。

【社会治理】 2020年，温泉镇坚持信访、矛盾纠纷周情报告制度，定期开展研判。化解信访积案，努力消除一批信访“骨头案”“钉子案”“无头案”。处理山东省信访平台交办案件51件，召开听证会1次，化解各领域信访积案12件，化解重复信访案件9件，处理上级办信23件，接待群众来访162次500余人次。在年末信访“三率”（受理率、办理率、满意率）调查中，温泉镇3项指标全部为100%。开展形式多样的“平安温泉”创建活动，在村（社区）开展无邪教、无诉讼、无信访、无刑事案件、无涉毒、无传销、无非法集资“七无”联创活动。结合民主法治示范村（社区）等创建活动，完善平安建设整体联创。开展文明养犬、护路护线、国家安全等“平安温泉”创建活动20余次。对31名公安备案的重点精神障碍患者进行信息核对，并签订有奖监护协议。审查各类合同432份，其中以房屋租赁及土地承包合同为主。围绕党委、政府中心工作开展专项宣传等主题普法活动30余场，调处各类矛盾纠纷200余起。印发《温泉镇领导班子成员“一岗双责”安全生产责任制的意见》，与镇领导班子成员签订“一岗双责”责任书，先后组织召开4次安全生产暨消防工作会议。建立安全生产专项资金制度，设立专项资金50万元，与威海惠达安全技术服务公司、威海先创安全技术服务公司、威海景盛安全技术服务有限公司签订安全生产检查和专家聘请合同，举办12期安全生产培训班，并协同专家对全镇重点行业100家企业进行安全生产大检查。开展各类安全生产宣传教育活动30余次。开展“两个体系”建设和中小微企业标准化评审，完成39家企业“两个体系”建设和标准化评审工作。

2020年1月15日，绿化升级后的温泉镇文化广场 （温泉镇 供图）

【乡村振兴】 2020年，温泉镇抢抓乡村振兴机遇，进行三大片区打造，重点在强化产业支撑、优化人居环境方面再攻坚、再突破。五渚河生态样板片区：华奇农场投资600万元，发展9栋樱桃大棚，樱桃年产量5000千克，通过线上、线下多渠道进行销售，采摘季接待游客2000余人次。完成东西崮写生基地装修、布展，接待威海本地及周边地市的亲子教学互动及画家采风、写生等200余人次。双寺夼村扩大“双福红薯”种植规模，面积6.67公顷，年产量15万千克，并进一步延长产业链条，带动村民增收；出租山峦6.67公顷，发展五谷山鸡散养项目，销售跑山鸡及跑山鸡蛋。后亭子夼村长泰农场配套2000平方米的蔬菜加工车间，定期向餐饮公司等定点单位供应蔬菜。正棋山休闲样板片区：张家山村整修河道、新建桥梁，对西庄道路进行硬化提升，进一步完善基础配套；吸引社会资本1600万元，流转土地46.67公顷，实施羊肚菌、花椒园、樱桃园、杜鹃园等项目，丰富产业业态。下江家村建设5个高标准大棚，发展无花果栽培；流转土地2公顷，发展大棚食用菌产业。环翠轻户外运动小镇样板片区：投资280万元，完成五家疃至东七夼环湖步道（温泉段）建设，完善片区基础配套。突出马术产业特色，延伸原有马场空间，增加餐饮功能板块。引进“12349”农副产品物流产业园项目，拓宽农产品销售渠道。

【脱贫攻坚】 2020年，温泉镇整合2016—2020年产业扶贫专项资金114.51万元，在下江家村建设扶贫果蔬大棚17栋，用于对外出租经营，发展羊肚菌、蔬菜等种植产业，通过扶贫产业项目带动，全镇65户贫困户增收14万元。为贫困户购买基本医保、扶贫特惠保险，举办“扶贫日”“过暖冬、过好年”等活动，保障贫困户日常生活。通过政策收入核查，对两户不能达标的贫困户实行镇级基金救助。全镇贫困户人均收入超过5500元。每月组织帮扶人入户走访至少1次；对帮扶人进行培训，指导帮扶人入户进行档案整理和信息更新。

（邹炎城）

桥头镇

【概况】 桥头镇位于环翠区东南部，镇政府驻桥头村。东邻荣成市埠柳镇，西接临港区草庙子镇和文登区文登营镇，南连荣成市崖西镇，北与经开区泊于镇交界，西北与温泉镇接壤，总面积111.17平方千米。2020年，全镇辖51个行政村和1个社区，有51个股份经济合作社，户籍人口29009人。辖区有高中1所、初中1所、小学1所、幼儿园1所；有镇卫生院1所，下设13所一体化管理中心卫生室。

【党建工作】 基层党组织建设。桥头镇党委重点打造“1+52”活动阵地，以1个镇级党群服务中心辐射带动52个村（社区）党群服务中心建设。投资500万元，建设1处集党群服务、便民服务和企业孵化等多功能于一体的镇党群服务中心；投资500万元，对大院、东于家、北墩前、涧北4个村级活动场所进行提档升级。通过充实班子队伍、壮大集体经济、培养后备力量、化解信访纠纷等措施，完成黑石村软弱涣散党组织销号；实行“定包案领导、定具体责任人、定处结时限”和“包回访、包稳定”的“三定两包”责任制，完善矛盾纠纷排查调处与多元化解机制，完成柴里、孟家庄2个不稳定村的转化。以“桥头堡”党建品牌为引领，形成以点带面的发展格局，信河北村获评“威海市乡村振兴示范培训基地”称号，义河北村获评市级“红色引擎”党建工作示范点。

党员队伍建设。桥头镇党委规范发展党员工作，选优配强村级组织带头人队伍，为孟家庄、黑石村配备2名党支部副书记，从机关筛选9名优秀干部挂职村党支部书记，为盘川夼村公开选任党支部书记1人。年内，发展入党积极分子61名、预备党员19名，转正党员34名。

党风廉政建设。桥头镇党委严格执行各项廉政纪律，把党风廉政建设工作与全镇中心工作同安排、同考核，加大对党风廉政建设的监督、检查、考核和责任追究力度。镇纪委接待群众来访20人次、信访举报24件次，党纪处分14人，利用“第一种形态”处理党员16人，诫勉谈话3人，批评教育13人。

【桥头镇成建制划转至环翠区】 2020年11月9日，根据《威海市开发区体制机制改革创新实施方案》，桥头镇成建制自经开区划转至环翠区。同日上午，环翠区接收桥头镇领导干部会议召开，并举行桥头镇党委、政府挂牌仪式。环翠区委副书记邢海波出席会议并讲话，区委常委、组织部部长张元波主持会议。

【经济发展】 2020年，桥头镇实现财政收入7691万元，比上年增长16.09%；人均纯收入16060元，增长3%。有规模以上工业企业15家，实现规模以上工业总产值9.3亿元，下降20.4%；实现规模以上高新技术产业产值4.45亿元，下降18.7%；实现外贸进出口总额4.1亿元，下降25.5%；完成固定资产投资1.86亿元，下降33.3%。桥头镇重点跟进对接威海得益衡机电设备有限公司和宏业海洋集团。7月，威海得益衡机电设备有限公司租用西部工业园区1.4万平方米闲置厂房并正式投产，至年末，实现工业产值3362万元。对接宏业海洋集团投资新建项目，开展速冻米面、软烤油炸农副产品精深加工，拉长农作物产业链条，进一步丰富园区业态。喜盈门智能化产业园项目一期总投资5000万元，建设总面积4670平方米的4号和6号车间，以扩大产能，满足南方市场需求。至年末，4号车间建成并开始调试设备，6号车间图纸报审。邦德系列散热器数字化生产项目，总投资4.93亿元，规划建筑面积9.18万平方米，至年末，一期工程全部竣工。

【优质农业】 2020年，桥头镇种植春玉米366.67公顷、夏玉米360公顷、小麦360公顷、花生420公顷、甘薯93.33公顷、蔬菜93.33公顷，有苹果园1133.33公顷，果农4800余户。有苹果储存冷风库22座，储存量22万吨。威海市首家现代果园——华峰三优富士果园（面积66.67公顷）落户桥头镇，苹果成为农民增产增收的支柱产业之一。

2020年桥头镇各股份经济合作社基本情况表

表35

序号	合作社名称	党组织书记	理事长	集体经济收入（万元）	人均纯收入（元）
1	桥头村股份经济合作社	鞠　强	张自军	26.49	16018
2	埠上村股份经济合作社	梁厚会	梁厚会	59.39	16031
3	信河北村股份经济合作社	林卫东	许明辉	12.04	16672
4	义河北村股份经济合作社	鞠远洪	鞠远洪	22.41	16382
5	大院村股份经济合作社	刘玉莎	刘玉莎	29.58	14755
6	福禄庄村股份经济合作社	孟庆军	孟庆军	9.54	15253
7	雅格庄村股份经济合作社	韩宝林	韩宝林	25.25	14084
8	教里村股份经济合作社	梁国江	夏吉礼	7.63	19225
9	孟家庄村股份经济合作社	张国光	汤华强	15.65	15752
10	江家口村股份经济合作社	鞠洪刚	刘玉民	32.96	20432
11	产里村股份经济合作社	殷炳清	殷炳清	19.82	19516
12	东龙山村股份经济合作社	林乐革	林卫宁	3.00	18136
13	西龙山村股份经济合作社	林治松	林治松	19.09	16449
14	黑石村股份经济合作社	宋文山	宋文山	6.50	17156

续表35

序号	合作社名称	党组织书记	理事长	集体经济收入（万元）	人均纯收入（元）
15	柴里村股份经济合作社	梁述强	梁述强	7.62	16665
16	新建村股份经济合作社	齐志银	齐志银	21.19	15606
17	宋家店村股份经济合作社	刘玉福	刘玉福	26.48	16781
18	河西庄村股份经济合作社	孙学才	孙学才	20.42	16143
19	观里东村股份经济合作社	夏清丽	夏清丽	5.00	15875
20	观里西村股份经济合作社	夏元任	夏元任	8.18	16728
21	盘川夼村股份经济合作社	刘英军	吕福玲	3.00	14219
22	姚家圈村股份经济合作社	邹　磊	邹　磊	8.92	17704
23	西洛后村股份经济合作社	夏吉新	夏吉新	5.00	15910
24	东洛后村股份经济合作社	吕世娥	吕世娥	19.74	17146
25	大贞村股份经济合作社	孙　军	杨　涛	14.64	14645
26	刘家泊村股份经济合作社	刘新金	刘新金	8.48	15606
27	徐家庄村股份经济合作社	梁永波	梁永波	10.09	13940
28	西贞村股份经济合作社	王双胜	鞠凯洪	5.00	14530
29	洛西村股份经济合作社	夏海明	吕增影	12.90	15334
30	前宅库村股份经济合作社	林永华	林永华	4.44	15069
31	后宅库村股份经济合作社	吕宝森	吕宝森	5.00	13869
32	所前泊村股份经济合作社	刘淑玲	刘淑玲	14.42	16770
33	黄金庄村股份经济合作社	梁春文	梁春文	6.40	15613
34	南台村股份经济合作社	梁文章	梁文章	14.25	14206
35	北子城村股份经济合作社	段维卿	段维卿	6.51	14229
36	南子城村股份经济合作社	李建华	李建华	17.12	15773
37	涧北村股份经济合作社	梁敬毅	梁敬毅	14.54	14468

续表35

序号	合作社名称	党组织书记	理事长	集体经济收入（万元）	人均纯收入（元）
38	东涧村股份经济合作社	曲　文	梁可敏	5.00	15334
39	碑鲁村股份经济合作社	刘艳军	刘　明	37.45	17704
40	报信村股份经济合作社	刘军海	刘　彬	3.00	16428
41	马井泊村股份经济合作社	邓炳顺	邓炳顺	7.02	16463
42	彭家埠村股份经济合作社	林淑荣	林淑荣	10.12	15763
43	北墩前村股份经济合作社	郭起康	梁仁海	16.57	13508
44	邓家店村股份经济合作社	鞠贺龙	鞠贺龙	3.00	14847
45	西山后村股份经济合作社	刘正军	刘正军	5.00	14190
46	方吉村股份经济合作社	宋晓梅	宋晓梅	13.68	15055
47	董家夼村股份经济合作社	丛树泽	丛树泽	13.47	16909
48	后于家村股份经济合作社	宋文壮	宋文壮	5.00	17774
49	东于家村股份经济合作社	刘新昌	刘新昌	19.14	16965
50	中于家村股份经济合作社	王爱芬	宋海波	3.00	15457
51	西于家村股份经济合作社	蔡新娟	蔡新娟	3.98	14973

【新农村建设】 2020年，桥头镇投资1600万元，完成18个村自来水管网改造工程；投资550万元，完成6个村污水改造工程；投资235万元，完成26个村1050户清洁供暖改造工程；投资200万元，完成11个300户以上村和5个乡村振兴观光点的16座公共厕所建设工程；投资1300万元，完成大院、方吉、东于家、中于家、西于家5个市级美丽乡村建设和南子城省级美丽乡村建设部分工程。配合做好省道301温泉镇至孟家庄大桥段道路大修工作；协助卓亚奥斯莱斯梦想小镇项目办理土地、规划、建设等各项开工手续，实施配套基础设施建设。投资8万元，完成139户因台风受损漏雨房屋维修工作，与58户未在自有住房居住的贫困户签订长期安置协议。投资436万元，完成雅格庄、东龙山、西龙山、新建、孟家庄、埠上、教里、后宅库8个村“户户通”工程，硬化路面5.32万平方米。桥头镇围绕垃圾分类、“三清一改”（清理农村生活垃圾、清理村内塘沟、清理畜禽养殖粪污等农业生产废弃物，改变影响农村人居环境的不良习惯）、“精致农家、美丽庭院”、清洁村庄等工作要求，打造“生产美、生活美、生态美”的全新农村面貌。5月开始，重点关注村内闲置土地、村民庭院、房前屋后、墙缝沟渠等区域的环境卫生状况，对脏乱差和私搭乱建等问题形成每日巡查、每周整治的量化治理措施。清理水塘163口、畜禽粪污等农业废弃物560吨，全镇51个村全部创建为市级清洁村庄。

【脱贫攻坚】 桥头镇有省定贫困村5

个、插花贫困村42个，已脱贫且继续享受政策建档立卡贫困人口566户733人。2020年，全镇贫困人口实现“不愁吃、不愁穿”，工作重点聚焦在义务教育、基本医疗、住房安全和饮水安全保障等方面。年内，投资35万元，补助贫困人口居民基本医疗保险；投资3.8万元，补助贫困人口自费吃药、住院自费1000元以上的贫困户；投资46万元，解决涧北村、大贞村自来水供水问题。

【“花样桥头”样板片区建设】 2020年，桥头镇围绕乡村振兴战略“二十字”（产业兴旺、生态宜居、乡风文明、治理有效、生活富裕）方针，按照“1+7+N”发展思路统筹乡村振兴。“1”即一个龙头——国家冷凉植物示范推广基地项目。该项目投资1.6亿元，将打造北方特色鲜明的高端生态花园、休闲娱乐打卡绿色地标和城市优质绿化苗木繁育基地。项目整合120万元扶贫专项资金和210万元村集体经济发展专项资金，建设智能引种中心工程，依托村党支部领办合作社，助力脱贫攻坚和村集体经济发展，初步实现企业盈利、集体增收、脱贫致富三方共赢。“7”即片区内7个美丽乡村（彭家埠、信河北、义河北、大院、北墩前、黄金庄、南子城）。以南子城村省级美丽乡村建设为重点，打造“一村一品”特色项目，并将其与省级家庭农场陌上花联办联建，打造“陌上乡居”工程。“N”即片区内各农业产业项目。不断丰富片区业态，引进打造配套农业休闲产业项目。在此基础上，成立农场联盟，搭建信息交流平台，实现资源互通、优势互补、抱团发展。

【社会治理】 2020年，桥头镇整合资源并建立健全网格化管理体系，将全镇51个村、1个社区划分为8个网格片区54个网格，并按照“一格一员”标准配齐网格信息员，确保工作责任落实到人、落实到位。桥头镇持续抓好森林防火、夏季防汛、污染防治、企业安全生产、社会治安五大工作，加强汛期物资储备和应急调度，严防火情和汛情。年内，排查规模以上和危险化学品企业16家，查处并整改安全隐患80余条。加大森林防火宣传力度，悬挂宣传标语1000余条，发放宣传材料5万份，清明节、“五一”和麦收等重点时期，加强森林防火工作。聘请第三方开展松材线虫病防治工作，清理病死树22万株。组建1170人的普通民兵队伍，人员涵盖应急、工程抢修等多个方面，有效应对各类突发事件。桥头镇加大扫黑除恶专项斗争宣传力度，设置固定宣传牌18块，利用公开栏张贴公开信51封，发放扫黑除恶画报、一封信等宣传资料5万余份，悬挂横幅600余条。引导群众及时举报黑恶势力相关信息，各村（社区）安排54名网格长，对欺行霸市、操纵选举、经营“黄赌毒”、暴力讨债等行为进行排查，扫黑除恶工作台账每月上报，并纳入考核。

【“红色印迹”抢救保护】 2020年，桥头镇充分挖掘镇域红色资源，把“红色印迹”打造作为党建工作的源头活水。收集整理烈士名录501名，汇总革命故事68个，走访村民310户，搜集抗战时期老物件163件。高标准打造红色印迹点，建成北墩前村红色记忆馆、北墩前村烈士墓、东洛后村烈士墓、马井泊村岗楼旧址、雅格庄村红色展览“一馆四点”。北墩前村红色记忆馆占地200平方米，7月1日建成并对外开放，内部展示徐杰、王斋等革命英烈23名，革命故事19个，革命战争时期老物件26件。

【信义文化园开园】 2020年8月19日上午，桥头镇信义文化园开园仪式在信河北村举行。信义文化园地处桥头镇政府驻地以西2.3千米，南临石家河、千亩梅园，北靠千亩杜鹃园，是信河北、义河北两个市级美丽乡村示范精品村建设的重要组成部分，也是十里花海田园综合体的中枢。信义文化园位于信河北村、义河北村之间，占地1.4公顷，其中建筑面积2100平方米，主体建筑1266平方米，与两村组成一个信义精品示范村项目。整个项目按照国家AAA级旅游景区标准进行打造，总投资1.5亿元，其中政府投资4190万元，引导社会资本投入1.1亿元，工程分3期，于2020年建成。整个园区为仿古建筑，南北四进院落，自南向北对应“走进信义之乡”“追寻先贤足迹”“讲述百姓故事”“信义讲堂”四大板块。

（林　越）

人物　荣誉

先进人物

（同一级别荣誉按授予时间排序）

劳动模范

戚恩雨　威海市公安局环翠分局党委委员、一级高级警长。1961年6月出生。1979年11月参加工作。1984年1月加入中国共产党。2020年11月被中共中央、国务院授予“全国先进工作者”荣誉称号。

王　静（女）　威海市望海园中学党支部书记、校长。1973年12月出生。1993年7月参加工作。2002年6月加入中国共产党。2020年4月被山东省总工会授予“山东省五一劳动奖章”荣誉称号。

冯鲁威　威海市祥云实业有限公司党总支书记、董事长、总经理。1963年10月出生。1982年11月参加工作。1984年12月加入中国共产党。2020年4月被山东省总工会授予“山东省五一劳动奖章”荣誉称号。

“二等功”人员

魏昆甫　威海市公安局环翠分局刑侦大队一级警员。1994年3月出生。2015年11月参加工作。2017年11月加入中国共产党。2020年10月被公安部记“二等功”。

张文献　威海市公安局环翠分局食品药品环境犯罪侦查大队大队长、一级警长。1969年5月出生。1991年7月参加工作。1996年7月加入中国共产党。2020年6月被山东省公安厅记“二等功”。

山东好人

陶昊翔　威海市公安局环翠分局竹岛派出所辅警。1993年3月出生。2019年10月参加工作。2020年5月被中共山东省委宣传部、山东省精神文明建设委员会、山东省总工会、共青团山东省委、山东省妇联、大众报业集团、山东广播电视台联合授予“山东好人”荣誉称号。

郑　刚　环翠区文化馆副馆长。1989年10月出生。2013年10月参加工作。2017年11月加入中国共产党。2020年8月被中共山东省委宣传部、山东省精神文明建设委员会、山东省总工会、共青团山东省委、山东省妇联、大众报业集团、山东广播电视台联合授予“山东好人”荣誉称号。

2020年环翠区被省部级授予荣誉称号的个人一览表

表36

姓　名	性别	工作单位和职务	出生年月	参加工作时间	入党时间	授予机关	所获荣誉称号	授予时间
宋　迟	女	环翠区司法局温泉司法所所长	1988年5月	2011年8月	2013年12月	司法部	全国模范人民调解员	2020年10月
赵　波	男	威海市社会组织创新创业园党委书记、总干事	1985年7月	2008年9月	2015年12月	共青团中央、中国青年志愿者协会	抗击新冠肺炎疫情青年志愿服务先进个人	2020年10月
谷　柏	男	威海卫人民医院老年病二科主任	1976年2月	1995年8月	2005年12月	中共山东省委、山东省人民政府	山东省抗击新冠肺炎疫情先进个人	2020年10月
肖窈窈	女	环翠区人民法院民二庭副庭长	1985年5月	2010年9月	2009年10月	最高人民法院	全国法院办案标兵	2020年12月
谷源亮	男	环翠区羊亭镇羊亭村党支部书记、主任	1960年9月	1976年8月	2008年5月	农业农村部	抗击新冠肺炎疫情突出贡献农民	2021年1月

2020年环翠区被市厅级授予荣誉称号的个人一览表

表37

姓名	性别	工作单位和职务	出生年月	参加工作时间	入党时间	授予机关	所获荣誉称号	授予时间
王美岩	女	环翠区环翠楼街道办事处副主任	1978年4月	2003年8月		中共山东省委政法委员会	优秀综治（网格化服务管理）中心干部	2020年1月
李丽娜	女	环翠区环翠楼街道西门外社区党总支书记	1977年11月	1998年11月	2016年12月	山东省体育局	山东省最美全民健身工作者	2020年1月
戚宏娟	女	环翠区环翠楼街道文化站站长	1973年4月	1989年11月	2006年7月	山东省老年人体育协会	山东省老年体育工作先进个人	2020年1月
丛翠霞	女	环翠区鲸园街道北门外社区党委书记、居委会主任	1969年9月	1988年10月	2009年6月	中共威海市委、威海市人民政府	攻坚克难基层好干部	2020年1月
杨亚辰	男	环翠区人民政府办公室副主任、信访局局长	1972年11月	1993年7月	1997年5月	中共威海市委、威海市人民政府	工作落实攻坚先进个人	2020年1月
仪庆春	男	威海卫人民医院急诊科主任	1980年2月	2009年3月		中共威海市委、威海市人民政府	新冠肺炎疫情防控工作先进个人	2020年2月

续表37

姓名	性别	工作单位和职务	出生年月	参加工作时间	入党时间	授予机关	所获荣誉称号	授予时间
孙玲玲	女	威海卫人民医院普外一科护士长	1989年10月	2013年9月	2011年6月	中共威海市委、威海市人民政府	新冠肺炎疫情防控工作先进个人	2020年2月
李新刚	男	威海卫人民医院肛肠科主任	1980年4月	2004年2月	2011年10月	中共威海市委、威海市人民政府	新冠肺炎疫情防控工作先进个人	2020年2月
谷　柏	男	威海卫人民医院老年病二科主任	1976年2月	1995年8月	2005年12月	中共威海市委、威海市人民政府	新冠肺炎疫情防控工作先进个人	2020年2月
吕高燕	女	威海市桥头小学教师	1980年6月	1998年8月	2006年9月	山东省教育厅	山东省优秀班主任	2020年3月
王爱花	女	环翠区鲸园街道古北社区党委书记、居委会主任、妇联主席	1970年12月	1989年10月	2008年6月	山东省民政厅	山东省防疫最美城乡社区工作者	2020年4月
王大鹏	男	环翠区卫生健康综合执法大队科员	1988年3月	2014年8月	2020年10月	山东省卫生健康委员会	全省卫生健康监督执法办案能手	2020年4月
康新宇	男	环翠区卫生健康综合执法大队科员	1990年12月	2015年9月		山东省卫生健康委员会	全省卫生健康监督执法办案能手	2020年4月
卢书明	男	威海市公安局环翠分局指挥中心辅警	1982年5月	2010年12月	2004年12月	山东省公安厅	全省公安机关基层基础建设三年攻坚战成绩突出个人	2020年4月
姜言勇	男	威海市公安局环翠分局治安管理大队教导员、一级警长	1974年2月	1994年8月	2000年11月	山东省公安厅	全省公安机关基层基础建设三年攻坚战成绩突出个人	2020年4月
伯雨怡	男	威海市公安局环翠分局刑事侦查大队辅警	1994年7月	2013年3月	2012年12月	山东省公安厅	全省公安机关三年禁毒人民战争2019年度成绩突出个人	2020年4月
王虹霞	女	威海市城里中学学生处主任	1980年2月	2000年7月	2000年6月	山东省教育厅、山东省禁毒委员会办公室	全省青少年毒品预防教育优秀教师	2020年6月
谷　昀	女	威海市北竹岛小学教师	1985年1月	2005年8月		山东省教育厅、山东省禁毒委员会办公室	全省青少年毒品预防教育优秀班主任	2020年6月
毕万平	男	威海市公安局环翠分局刑事侦查大队一级警员	1983年11月	2009年8月	2012年12月	山东省公安厅	2019年度追逃工作成绩突出个人	2020年6月

续表37

姓名	性别	工作单位和职务	出生年月	参加工作时间	入党时间	授予机关	所获荣誉称号	授予时间
彭志成	男	环翠区综合行政执法局党组书记、局长	1966年3月	1984年12月	1987年7月	中共山东省委政法委员会、山东省住房和城乡建设厅、中国铁路济南局集团有限公司	先进个人（记三等功）	2020年6月
刘淑红	女	环翠区结核病防治所门诊部主任	1974年4月	1996年8月		山东省呼吸病与结核病防治研究中心	2019年度全省结核病防治工作成绩突出个人	2020年7月
宋维深	男	环翠区人民法院立案庭庭长	1969年7月	1991年7月	1998年6月	中国人民解放军海军航空大学政治工作部 中国人民武装警察部队山东省总队政治工作部 中国人民武装警察部队海警总队北海海区指挥部政治工作部 中国人民解放军济南军事法院	全省法院涉军维权工作先进个人	2020年7月
张城瑞	男	威海壹贰叁肆玖农副产品配送有限公司执行董事	1987年8月	2009年4月		中共山东省委组织部、共青团山东省委、山东省财政厅、山东省农业农村厅	2019年度山东省乡村好青年	2020年7月
姜玉洁	男	威海市孙家疃小学教导处主任	1973年10月	1993年8月	2005年12月	青海省海北藏族自治州人民政府	优秀教师	2020年9月
吕世桥	男	环翠区环境卫生服务中心应急处置科科长	1969年10月	1994年9月	2004年6月	山东省建设工会委员会	2020年度齐鲁最美环卫职工	2020年10月
王克军	男	环翠区疾病预防控制中心副主任	1970年5月	1992年7月	1999年9月	中共山东省委组织部、山东省人力资源和社会保障厅、山东省卫生健康委员会	山东省抗击新冠肺炎疫情先进个人	2020年10月
梁永江	男	环翠区环翠楼社区卫生服务中心副主任	1976年10月	1996年8月	2011年10月	中共山东省委组织部、山东省人力资源和社会保障厅、山东省卫生健康委员会	山东省抗击新冠肺炎疫情先进个人	2020年10月

续表37

姓名	性别	工作单位和职务	出生年月	参加工作时间	入党时间	授予机关	所获荣誉称号	授予时间
刘向阳	男	环翠区张村镇卫生院院长	1973年12月	1996年8月	2000年9月	中共山东省委组织部、山东省人力资源和社会保障厅、山东省卫生健康委员会	山东省抗击新冠肺炎疫情先进个人	2020年10月
姜春海	男	环翠区县乡公路事业发展中心副主任	1969年11月	1993年7月	2002年6月	中共山东省委组织部、山东省人力资源和社会保障厅、山东省卫生健康委员会	山东省抗击新冠肺炎疫情先进个人	2020年10月
李雪峰	男	环翠区教育和体育局体卫艺科科长	1972年11月	1993年9月	2006年5月	中共山东省委组织部、山东省人力资源和社会保障厅、山东省卫生健康委员会	山东省抗击新冠肺炎疫情先进个人	2020年10月
杨红霞	女	环翠区人民检察院第五检察部主任	1977年8月	2002年9月	2001年5月	山东省人民检察院	齐鲁最美检察官	2020年10月
						山东省妇女联合会	山东省三八红旗手	2020年11月
王剑峰	男	环翠区档案馆副馆长	1970年5月	1994年7月	1992年6月	山东省档案馆	全省档案宣传工作先进个人	2020年11月
王　辉	女	威海东方福大福金店有限公司董事长	1972年1月	1991年7月		山东省妇女联合会	山东省三八红旗手	2020年11月
夏丽红	女	环翠区教育教学研究培训中心副主任	1967年11月	1985年7月	1996年9月	山东省妇女联合会	山东省三八红旗手	2020年11月
陶俊好	女	威海金蚂蚁集团有限公司董事长	1963年9月	1980年10月	1990年10月	山东省妇女联合会	山东省三八红旗手	2020年11月
戚丽丽	女	环翠区环翠楼街道东北村社区党总支书记、居委会主任	1978年5月	1999年10月	2007年5月	山东省妇女联合会	山东省三八红旗手	2020年11月
							最美基层妇联人	2020年12月
邹昶红	女	环翠区结核病防治所副所长	1965年7月	1988年7月	1996年11月	山东省呼吸病与结核病防治研究中心	山东省2019年度百千万志愿者结核病防治知识传播活动业务骨干	2020年11月

续表37

姓名	性别	工作单位和职务	出生年月	参加工作时间	入党时间	授予机关	所获荣誉称号	授予时间
高建君	男	环翠区委机构编制委员会办公室行政机构编制科科长	1982年10月	2006年7月	2009年11月	大众报业集团、中共山东省委机构编制委员会办公室	2020年度《机构与行政》宣传工作先进个人	2020年11月
毕高兵	男	环翠区农业综合执法大队科员	1979年8月	1997年11月		重庆市农业农村委员会	鲁渝扶贫协作山东支农先进个人	2020年11月
丛翠霞	女	环翠区鲸园街道北门外社区党委书记、居委会主任	1969年9月	1988年10月	2009年6月	中共山东省委组织部	山东省担当作为好书记	2020年12月
于桂平	女	环翠区嵩山街道竹园村“两委”委员	1965年5月	1981年6月	2016年9月	山东省妇女联合会	最美基层妇联人	2020年12月
刘文杰	女	威海市公安局环翠分局法制大队一级警员	1986年12月	2011年8月	2008年12月	山东省公安厅	全省公安机关成绩突出法制员	2020年12月
李建欣	女	环翠区贸促会副会长、中国民主建国会威海市环翠区二支部副主委	1974年3月	1996年6月	2014年12月加入中国民主建国会	中国民主建国会山东省委员会	全省优秀会员	2020年12月
杨　华	女	环翠区民政局基层政权和社区治理科负责人	1979年2月	1994年12月	1998年9月	山东省人力资源和社会保障厅、山东省第二次全国地名普查领导小组办公室	山东省第二次全国地名普查先进个人	2020年12月
张翠玲	女	环翠区卫生健康局科员	1974年12月	1995年7月		山东省红十字会	新冠肺炎疫情防控工作先进个人	2020年12月
林海涛	男	环翠区人力资源和社会保障局局长	1970年10月	1993年7月	1993年6月	山东省双拥工作领导小组、山东省人力资源和社会保障厅、山东省退役军人事务厅、山东省军区政治工作局	山东省双拥先进个人	2020年12月

续表37

姓名	性别	工作单位和职务	出生年月	参加工作时间	入党时间	授予机关	所获荣誉称号	授予时间
赵　波	男	威海市社会组织创新创业园党委书记、总干事	1985年7月	2008年9月	2015年12月	山东省委人才工作领导小组	第四届齐鲁和谐使者	2020年12月
徐海庆	男	环翠区温泉镇人民政府退役军人服务站站长	1963年6月	1987年1月	1993年6月	山东省退役军人事务厅	全省雷锋式退役军人服务工作标兵	2020年12月
盖红雷	男	环翠区卫生健康综合执法大队科员	1990年5月	2015年9月	2020年10月	山东省卫生健康委员会	全省卫生健康监督执法办案能手	2020年12月
王韦静	女	环翠区政协办公室科员	1983年9月	2008年9月		中国人民政治协商会议威海市委员会	全市政协反映社情民意信息工作先进个人	2020年12月
丛新永	男	环翠区司法局公证律师管理科科长	1974年4月	1995年8月		山东省司法厅	山东省司法行政系统先进个人	2021年1月
李佳佳	女	环翠区发展和改革局重点项目服务中心运行推进科科长	1986年1月	2009年10月	2015年1月	山东省发展和改革委员会	山东省重点项目督导服务平台运营运维先进个人	2021年1月
李　波	女	环翠区卫生健康局政策法规体制改革科负责人	1982年9月	2007年9月	2005年5月	山东省卫生健康委员会	2020年全省卫生健康统计工作先进个人	2021年1月
陈　萍	女	环翠区农业技术服务中心主任	1968年1月	1988年8月	2003年4月	山东省人力资源和社会保障厅、山东省农业农村厅、山东省科学技术厅	2020年山东省科技兴农先进个人	2021年1月
于爱敏	女	威海市第二实验小学副校长	1975年2月	1993年7月	1998年6月	山东省教育厅	山东省特级教师	2021年2月

续表37

姓名	性别	工作单位和职务	出生年月	参加工作时间	入党时间	授予机关	所获荣誉称号	授予时间
方　静	女	威海市新苑学校中学部业务副校长	1981年2月	1999年7月	2003年6月	山东省教育厅	山东省特级教师	2021年2月
李锡杰	男	环翠区鲸园街道办事处副主任	1984年4月	2007年8月	2009年12月	中共威海市委、威海市人民政府	攻坚克难基层好干部	2021年2月
贾存峰	男	环翠区羊亭镇党委政法委员、副镇长	1978年1月	1995年12月	1997年10月	中共威海市委、威海市人民政府	攻坚克难基层好干部	2021年2月
夏伟清	男	环翠区商务局局长	1979年7月	2002年10月	2003年6月	中共威海市委、威海市人民政府	重点工作攻坚突破先进个人	2021年2月
彭志成	男	环翠区综合行政执法局党组书记、局长	1966年3月	1984年12月	1987年7月	中共威海市委、威海市人民政府	重点工作攻坚突破先进个人（生态环保领域）	2021年2月
陈超然	男	环翠区人民政府办公室科员	1988年8月	2011年7月	2009年6月	山东省人民政府办公厅	2020年度政务信息报送成绩突出个人	2021年2月
周红军	男	环翠区市场监督管理局党组成员、二级主办	1970年3月	1988年12月	1992年10月	山东省人力资源和社会保障厅、山东省市场监督管理局	山东省市场监管系统先进个人	2021年2月
刘瑞宾	男	环翠区海洋发展局党组书记、局长	1970年10月	1991年7月	1996年4月	山东省民兵工作领导小组	山东省“十三五”期间民兵工作先进个人	2021年3月

集体荣誉

（按授予时间排序）

2020年区委、区政府获得国家机关表彰的荣誉称号一览表

表38

荣誉称号	获奖单位	授予单位	获奖时间
全国农村承包地确权登记颁证工作典型地区	环翠区	中央农村工作领导小组办公室、农业农村部	2020年10月
2018—2020年全国计划生育优质服务先进单位	环翠区	国家卫生健康委员会	2021年1月

2020年区委、区政府获得省机关表彰的荣誉称号一览表

表39

荣誉称号	获奖单位	授予单位	获奖时间
山东省人才工作先进单位	环翠区	中共山东省委、山东省人民政府	2020年4月
招商引资招才引智专项评价先进县（市、区）	环翠区	山东省人民政府	2020年7月
2020年“安全生产月”活动优秀组织单位	环翠区	山东省安全生产委员会	2020年7月
山东省法治政府建设示范县（市、区）	环翠区	中共山东省委依法治省办公室	2020年10月
山东省第五批科级副职工作先进单位	环翠区	中共山东省委人才工作领导小组	2020年12月
山东省全域旅游示范区	环翠区	山东省文化和旅游厅	2020年12月

2020年区委、区政府获得威海市委、市政府表彰的荣誉称号一览表

表40

荣誉称号	获奖单位	授予单位	获奖时间
2020年度工作优秀单位	环翠区	中共威海市委、威海市人民政府	2021年2月
2020年度打赢防范化解重大风险攻坚战先进单位	环翠区	中共威海市委、威海市人民政府	2021年2月

2020年部门（单位）获得国家机关表彰的荣誉称号一览表

表41

荣誉称号	获奖单位	授予单位	获奖时间
第二批全国乡村旅游重点村	环翠区张村镇王家疃村	文化和旅游部、国家发展和改革委员会	2020年4月
发行先进单位	环翠区档案馆	中国档案报社	2020年9月
新冠肺炎疫情防控工作先进集体	环翠区卫生健康局卫生健康执法大队	中国卫生监督协会	2020年9月
全国青少年校园篮球体育传统特色学校	威海市翠竹小学	教育部	2020年9月
全国青少年校园篮球体育传统特色学校	威海市第七中学	教育部	2020年9月
2020“新时代乡村阅读季”之“我爱阅读100天”活动“全国百强”	环翠区文化和旅游局	中共中央宣传部、农业农村部	2020年10月
2020年“档案见证小康路、聚焦扶贫决胜”全国征文活动优秀组织奖	环翠区档案馆	国家档案局	2020年10月
第六届全国文明村	环翠区羊亭镇贝草夼村	中央精神文明建设指导委员会	2020年11月
第二届“全国文明校园”	威海市长征路小学	中央精神文明建设指导委员会	2020年11月
全国示范型退役军人服务中心（站）	环翠区退役军人服务中心	退役军人事务部	2020年12月
全国示范型退役军人服务中心（站）	环翠区鲸园街道办事处	退役军人事务部	2020年12月
组织宣传人民调解工作先进县（区、市）	环翠区司法局	中华全国人民调解员协会	2020年12月
全国模范职工之家	威海广泰空港设备股份有限公司	中华全国总工会	2020年12月
2018—2020年全国计划生育优质服务先进单位	环翠区卫生健康局	国家卫生健康委员会	2021年1月
全国青少年校园足球特色学校	威海市千山路小学	教育部	2021年2月
全国青少年校园足球特色学校	威海市新苑学校	教育部	2021年2月
全国青少年校园足球特色学校	威海市河北小学	教育部	2021年2月

2020年部门（单位）获得省机关表彰的荣誉称号一览表

表42

荣誉称号	获奖单位	授予单位	获奖时间
全省公安机关“昆仑”行动暨整治食品安全问题联合行动成绩突出集体	威海市公安局环翠分局食品药品与环境犯罪侦查大队	山东省公安厅	2020年1月
最美志愿服务社区	环翠区鲸园街道北门外社区	中共山东省委宣传部、山东省精神文明建设委员会办公室	2020年1月
全省基层治理“双星双优”	环翠区竹岛街道海韵社区第五网格	中共山东省委政法委员会	2020年1月
全省内部审计工作先进单位	环翠区农业农村局	山东省内部审计师协会	2020年1月
山东省物业服务行业文明创建模范单位	环翠区环翠楼街道办事处	山东省住房和城乡建设厅	2020年2月
全省信访系统“人民满意窗口”单位	环翠区信访局	山东省信访局	2020年2月
山东省信访工作先进集体	环翠区信访局	山东省人力资源和社会保障厅、山东省信访局	2020年3月
山东省第五届全民阅读书香机关	环翠区文化和旅游局	中共山东省委宣传部	2020年4月
全省公安机关基层基础建设三年攻坚战成绩突出集体	威海市公安局环翠分局羊亭派出所	山东省公安厅	2020年4月
山东省第五届全民阅读先进典型——书香社区	环翠区环翠楼街道东北村社区	中共山东省委宣传部	2020年4月
书香之乡（镇、街道）	环翠区竹岛街道办事处	中共山东省委宣传部	2020年4月
山东省工人先锋号	环翠区行政审批服务局政务服务中心	山东省总工会	2020年4月
2019年度全省生态环境联勤联动执法工作表现突出集体	环翠区人民检察院第一检察部	山东省生态环境厅、山东省人民检察院、山东省公安厅	2020年4月
第三批全省“非遗助力脱贫、推动乡村振兴”典型街道	环翠区环翠楼街道办事处	山东省文化和旅游厅	2020年5月
山东省科技管理系统先进集体	环翠区科学技术局	山东省人力资源和社会保障厅、山东省科学技术厅	2020年6月

续表42

荣誉称号	获奖单位	授予单位	获奖时间
山东省自然资源系统先进集体	环翠区自然资源局	山东省人力资源和社会保障厅、山东省自然资源厅、山东省海洋局	2020年7月
2019年度全省结核病防治工作成绩突出单位	环翠区结核病防治所	山东省呼吸病与结核病防治研究中心	2020年7月
山东省第四批省级“四型就业社区”	环翠区竹岛街道海韵社区	山东省人力资源和社会保障厅	2020年8月
山东省第四批省级“四型就业社区”	环翠区鲸园街道戚谷疃社区	山东省人力资源和社会保障厅	2020年8月
县级工会财务会计工作竞赛优胜奖	环翠区总工会	山东省总工会	2020年8月
山东省第十届全民健身运动会先进单位	环翠区教育和体育局	山东省体育局	2020年9月
山东省先进基层党组织	环翠区卫生健康局	中共山东省委、山东省人民政府	2020年10月
山东省抗击新冠肺炎疫情先进集体	环翠区卫生健康局	中共山东省委、山东省人民政府	2020年10月
山东省抗击新冠肺炎疫情先进集体	威海市公安局环翠分局	中共山东省委组织部、山东省人力资源和社会保障厅、山东省卫生健康委员会	2020年10月
山东省抗击新冠肺炎疫情先进集体	环翠区竹岛街道办事处	中共山东省委组织部、山东省人力资源和社会保障厅、山东省卫生健康委员会	2020年10月
2020年度省级创业型街道	环翠区鲸园街道办事处	山东省人力资源和社会保障厅	2020年10月
山东省青年志愿服务先进集体	环翠区鲸园街道党群社工服务中心	共青团山东省委	2020年10月
7 2020中国·环翠山地自行车公开赛山东省首届“品牌体育赛事”特色体育赛事奖	环翠区教育和体育局	山东省体育局	2020年10月
2020年度《机构与行政》宣传工作先进单位	环翠区委机构编制委员会办公室	大众报业集团、中共山东省委机构编制委员会办公室	2020年11月
山东省三八红旗集体	威海魏桥科技工业园有限公司	山东省妇女联合会	2020年11月
2020年度全省档案宣传工作先进集体	环翠区档案馆	山东省档案馆	2020年11月

续表42

荣誉称号	获奖单位	授予单位	获奖时间
山东省社会科学普及示范乡镇	环翠区孙家疃街道办事处	山东省社会科学界联合会	2020年11月
2020年省级休闲农业示范点（村）	环翠区羊亭镇贝草夼村	山东省农业农村厅	2020年11月
2020年全省职业中毒事件处置技能竞赛优秀组织奖	环翠区卫生健康局	山东省卫生健康委员会、山东省总工会	2020年11月
山东省2019年度百千万志愿者结核病防治知识传播活动优秀组织单位	环翠区结核病防治所	山东省呼吸病与结核病防治研究中心	2020年11月
全省公安机关党建带队建“红旗单位”	威海市公安局海岸警察支队孙家疃派出所	中共山东省公安厅委员会	2020年12月
全省公安机关党建带队建“示范单位”	威海市公安局环翠分局张村派出所	中共山东省公安厅委员会	2020年12月
山东省2020年全国科普日活动优秀组织单位	环翠区科学技术协会	山东省科学技术协会	2020年12月
2020年度广播电视节目交流工作先进单位	环翠区融媒体中心	山东广播电视台	2020年12月
2020年度融媒传播力奖	环翠区融媒体中心	山东广播电视台融媒体资讯中心	2020年12月
复查合格省级文明单位	环翠区市场监督管理局	山东省精神文明建设委员会	2020年12月
2020年度全省消费维权先进单位	环翠区消费者投诉中心	山东省市场监管投诉中心受理中心	2020年12月
第二批省级医养结合示范镇（街道）	环翠区孙家疃街道办事处	山东省卫生健康委员会	2020年12月
干事创业基层好班子	环翠区羊亭镇党委	中共山东省委组织部	2020年12月
全省未成年人思想道德建设先进单位	环翠区精神文明建设委员会办公室	山东省精神文明建设委员会	2020年12月
省级文明单位	环翠区审计局	山东省精神文明建设委员会	2020年12月
省级文明单位	环翠区应急管理局	山东省精神文明建设委员会	2020年12月
2020年度省级文明社区	环翠区鲸园街道朝阳社区	山东省精神文明建设委员会	2020年12月
2020年度省级文明村镇	环翠区张村镇政府	山东省精神文明建设委员会	2020年12月
2020年度省级文明村镇	环翠区羊亭镇南郊村	山东省精神文明建设委员会	2020年12月
2020年度省级文明村镇	环翠区嵩山街道竹园村	山东省精神文明建设委员会	2020年12月

续表42

荣誉称号	获奖单位	授予单位	获奖时间
2020年度省级文明村镇	环翠区温泉镇西七夼村	山东省精神文明建设委员会	2020年12月
山东省党政系统机要密码工作先进集体	环翠区委机要局	中共山东省委机要局、山东省人力资源和社会保障厅	2020年12月
第二批教育信息化示范单位	环翠区教育和体育局	山东省教育厅	2020年12月
省级优秀综治（网格化服务管理）中心	环翠区环翠楼街道综治中心	中共山东省委政法委员会	2021年1月
山东省住房城乡建设系统先进集体	环翠区住房和城乡建设局	山东省人力资源和社会保障厅、山东省住房和城乡建设厅	2021年1月
全省“扫黄打非”先进集体	环翠区“扫黄打非”工作专项小组办公室	山东省“扫黄打非”工作领导小组	2021年1月
2020年度统一供片先进单位	环翠区融媒体中心	山东省广播电视局	2021年1月
2020年山东省统战宣传工作先进单位	环翠区委统战部	中共山东省委统战部	2021年1月
2020年度山东省统战信息县级先进单位	环翠区委统战部	中共山东省委统战部	2021年1月
2020年全省卫生健康统计工作先进单位	环翠区卫生健康局	山东省卫生健康委员会	2021年1月
山东省第一批省级特色小镇	环翠区羊亭镇政府	山东省人民政府	2021年1月
山东省市场监管系统先进集体	环翠区市场监督管理局	山东省人力资源和社会保障厅、山东省市场监督管理局	2021年2月
2020年度政务信息成绩突出单位	环翠区人民政府办公室	山东省人民政府办公厅	2021年2月
山东省档案工作业务建设先进单位	环翠区总工会	山东省档案局	2021年2月
2019—2020年度全省“五好”县级工商联	环翠区工商业联合会	山东省工商业联合会	2021年3月

2020年部门（单位）获得威海市委、市政府表彰的荣誉称号一览表

表43

荣誉称号	获奖单位	授予单位	获奖时间
威海市重点工作攻坚突破先进集体	环翠区住房和城乡建设局	中共威海市委、威海市人民政府	2021年2月
威海市重点工作攻坚突破先进集体	环翠区发展和改革局重点项目服务中心	中共威海市委、威海市人民政府	2021年2月

附　录

重要文献

威海市环翠区国民经济和社会发展第十四个五年规划和二〇三五年远景目标纲要

威海市环翠区国民经济和社会发展第十四个五年（2021—2025年）规划和2035年远景目标纲要，以习近平新时代中国特色社会主义思想为指导，深入贯彻中共十九届五中全会精神，根据《中共威海市环翠区委关于制定环翠区国民经济和社会发展第十四个五年规划和二〇三五年远景目标的建议》编制，主要阐明区委、区政府战略意图，明确未来五年经济社会发展总体目标、主要任务和重大举措，擘画未来十五年发展的宏伟蓝图，是政府履行职责的重要依据，是市场主体的行为导向，是全区人民共同的行动纲领。

第一章　立足实际，迎接现代化建设新篇章

第一节　发展基础

“十三五”时期是极不平凡的五年，在国际环境急剧变化、经济下行压力加大、三大攻坚战进入关键时期、新冠肺炎疫情突如其来的形势下，全区上下以习近平新时代中国特色社会主义思想为指导，认真贯彻学习中共十九大和十九届二中、三中、四中、五中全会精神，深入贯彻落实国家、省、市重大决策部署，扎实做好“六稳”工作，落实“六保”任务，攻坚克难、砥砺奋进，保持经济社会平稳健康发展，“十三五”规划主要目标任务基本完成，全面建成小康社会取得决定性成就。

综合实力不断增强。“十三五”期间，全区经济社会发展稳中有进。地区生产总值年均增长6.2%（按可比口径，下同），人均突破10万元；规模以上工业增加值年均增长7.2%，服务业增加值年均增长7.1%。三次产业结构持续优化，比重调整为7.8∶30.2∶62.0。一般公共预算收入平稳增长，连续34年实现收支平衡。实际使用外资年均增长8.4%。城镇和农村居民人均可支配收入分别达到5.18万元和2.26万元，年均增长6.9%和7.5%。

创新能力有效提高。打造了威海创新园，形成了“1处综合服务中心+N处专业分中心”的全域创新发展格局，核准入驻企业196家；出台了“英才汇翠”计划、推进科技创新等一系列创新扶持政策，环翠区科技创新孵化器获批国家级科技企业孵化器，双创人众创空间获批国家备案众创空间，获批省级以上高层次人才70人，新增市级以上创新平台109个，新培植高新技术企业77家、国家级科技型中小企业244家，全区高新技术产业产值比重达到75.4%；深化校地合作，与哈尔滨工业大学（威海）、山东大学（威海）等知名高校建立了常态化合作关系，年均签订校地人才合作协议30项以

上；成立了青岛大学威海创新研究院、威海激光与光电子信息技术研究院，首都高校科技信息联盟威海技术转移中心获批省级技术转移机构，中欧水处理及膜技术创新产业园获批全市首批创新创业共同体，成功获批山东省技术转移先进县、全省首批双创区域示范基地。

动能转换步伐加快。先进制造业提质增效，成功创建市级高端产业园区，重点培育了新材料、高端装备制造、生物医药、新一代信息技术等战略性新兴产业，发展质量效益明显提高；深入推进两化融合，山花地毯列入两化融合管理体系贯标国家级试点；大力推进企业冲击新目标行动，新培植国家专精特新“小巨人”企业1家，培育国家和省级制造业单项冠军10家、省瞪羚企业6家，净增规模以上工业企业22家、总数达到113家，成功获批国家火炬特色产业基地。现代服务业提档升级，加快区域金融中心建设，落地建成全省首家民营银行——蓝海银行，聚集各类金融机构111家，其中市级以上银行业金融机构占全市77%；统筹推进现代商贸、全域旅游、文化创意、医养健康等产业发展，成功创建省级全域旅游示范区，华夏城景区创建国家AAAAA级旅游景区，中国油画小镇知名度不断提升，圆满完成省级服务业综合改革试点验收，获评山东省购物旅游示范城市、文化消费示范区、现代服务业特色产业集群转型升级示范区。深入推进经略海洋战略，实施了海洋强区建设三年行动，全力打造了远遥浅海科技湾区，创建国家级水产健康养殖示范场8家、省级海洋牧场示范区项目2处，获批省级海洋工程协同创新中心5处。

改革开放深入推进。扎实推进“放管服”和“一次办好”改革，开展了以联系服务企业、项目、人才为主要内容的“三联三服”活动，创新建立了项目手续全程代办、“1+1+N”服务专班等机制，探索形成工业项目“拿地即开工”成功经验，“一窗式”政务服务标准化、村（社区）便民服务示范点、张村镇全领域无差别“一窗受理”政务服务标准化3个省级试点全部通过验收，累计为企业、项目、人才解决各类困难问题2500余项，提供代办服务750余项；累计争取各类无偿资金38.6亿元，区域营商环境持续优化。深化投融资体制改革，组建成立了区城市发展投资有限公司、国有资本运营有限公司、环晟教育投资有限公司，成功发行了全市首支停车场建设专项债券，三角轮胎、家家悦集团、威海市商业银行成功上市。社会信用、国企国资、农业农村、医养健康、基础教育等重点领域改革均取得了显著成效。深入实施城市国际化战略，积极参与“一带一路”、中韩自贸区地方经济合作示范区建设，深度融入胶东经济圈一体化发展格局；累计新增境外投资项目53个，组织企业参加各类境外展会活动500余家次，引进外资过千万美元、内资过亿元项目86个，入选泰山产业领军人才26人，被省政府表彰为山东省“招商引资招才引智”先进单位。

城市品质显著改善。致力于精致城市建设，所有镇街水、暖、气、污水全部并入城市主管网，里口山风景自然公园与周边镇（街道）实现一体化贯通，在全省率先建成覆盖全区的“数字村居”综合管理平台，在全市率先建成城管信息指挥中心，创新推行“街长制”管理模式，打造了45个精致社区样板社区；滨海步道环翠段全线基本贯通，全区公园、游园总数达到325个；栖霞街、属相街等5处特色街区全面铺开，其中新威附路、北山街、半月湾特色街区完成改造；常住人口城镇化率达到92.84%。深入实施乡村振兴战略，扎实推进了里口山近郊休闲等6大样板片区建设，羊亭镇和张村镇王家疃村、羊亭镇贝草夼村成功入选山东省首批乡村振兴示范镇、村，创建省级美丽乡村示范村10个，获评中国乡村振兴百佳示范区。大力保护生态环境，扎实推进“四增四减”三年行动，全面落实“河长制”“湾长制”“湖长制”“林长制”，空气质量连续五年达到国家二级标准，市控河流均达到水功能区检测年均值标准要求，近岸海域水质达标率100%。积极开展“无废城市”建设，深度推广垃圾分类“环翠模式”，我区成功入选全国绿色发展百强区、中德生态示范城市。

民生福祉持续提升。深入实施“素质教育四项行动”，全区学前教育普惠率提升至95.2%，图书馆式学校覆盖率达到100%，入选全省首批人工智能教育试点区。深入推进文化建设，累计组织开展各类文化活动6000余场，获评全省全民阅读活动示范县（市、区）、“文化强省”先进示范建设区，入选全国第二批新时代文明实践中心建设试点区。统筹抓好重点群体创业就业，直接扶持5500余人创业，新增城镇就业2.48万人，城镇登记失业率控制在2%以内。高质量完成脱贫攻坚任务，3个省定扶贫工作重点村全部“摘帽”、471户建档立卡贫困户实现稳定脱贫。扎实做好医养服务，组建了环翠医院集团，建成10处社区养老服务中心、27处社区食堂、6处农村老年餐桌，鲸园街道获评国家智慧健康养老示范街道，全区获评省级健康促进示范区、医养结合示范先行区，入选全省首批残疾预防综合试验区创建试点单位。全面推行“六治一网”市域社会治理模式，入选全省“智慧调解”系统试点区、全省集约化非诉讼纠纷解决机制建设试点区、省级城乡社区治理实验区，孙家疃边防派出所被命名为全国首批100个“枫桥式公安派出所”，“平安环翠”建设卓有成效。

此外，扎实推进了法治政府示范创建、“七五”普法、安全生产、消防安全、食品药品监管、物价管理、妇女儿童、侨务、对台、广播电视、民族宗教、退役军人保障、双拥共建、东西部扶贫协作和对口支援、档案史志、人口计生、动物防疫、慢性病防控、扫黑除恶专项斗争、禁毒人民战争、金融风险防控等工作，促进各项事业全面进步。

“十三五”期间，全区众志成城，取得的成绩有目共睹，获得的经验弥足珍贵，为开创“精致城市·幸福威海”首善之区建设全新局面奠定了坚实基础。

第二节　发展环境

“十四五”时期，我国发展仍然处于重要战略机遇期，但机遇和挑战都有新的变化。明晰国内外的大局大势，对环翠区抢抓战略机遇、实现高质量发展具有重大意义。

从国际看，当今世界正经历百年未有之大变局，新一轮科技革命和产业变革深入发展，国际力量对比深刻调整，和平与发展仍然是时代主题，人类命运共同体理念深入人心，同时国际环境日趋复杂，单边主义、保护主义、霸权主义对世界和平与发展构成威胁，全球化和逆全球化互相角力，不稳定性不确定性明显增加。“十四五”时期，大国战略博弈将更趋复杂，必然影响世界其他主要经济体连锁性战略调整，给我国现代化建设和世界经济发展带来变数。新一轮科技革命和产业变革成为全球经济增长的最大动力，新材料、新能源、生物技术和以5G（6G）、量子科技、人工智能、大数据、物联网等为代表的新一代信息技术将加速世界产业结构重塑。

从国内看，中国特色社会主义进入新时代，制度优势显著，治理效能提升，经济长期向好，物质基础雄厚，人力资源丰富，市场空间广阔，发展韧性强劲，社会大局稳定，继续发展具有多方面优势和条件。社会主要矛盾转化为人民日益增长的美好生活需要与发展不平衡不充分之间的矛盾，我国将由中等收入国家迈向高收入国家，由高速增长转向高质量发展阶段。人口和传统要素红利逐步减弱的大趋势倒逼我国持续深化供给侧结构性改革，推动创新、数据、智慧等新要素集聚，新技术、新产业、新业态、新模式蓬勃发展。随着国家重大区域战略的深入实施，城镇化进入深化提升期，大城市和新型城市、都市圈和城市群发展能级不断提升，将成为区域经济发展的主体形态和参与世界经济竞争合作的主体力量。同时，坚持扩大内需，加快培育完整内需体系，优化国民收入分配格局，建设现代市场体系等成为我国推动高质量发展的重要战略基点。

从全区看，当前正处于推进“精致城市·幸福威海”首善之区跨越式发展的紧要关口。一方面，随着深度融入“一带一路”、中韩自贸区地方经济合作示范区、胶东经济圈建设，持续推进精致城市发展、新旧动能转换、乡村振兴战略、海洋强区建设等重大战略实施，必将加快区域经济社会发展格局的重塑；另一方面，经济结构深度调整期、瓶颈突破期和动能转换胶着期“三期”叠加，各种矛盾风险相互交织，增加了发展的不确定性。“十四五”期间，我区需增强机遇意识和风险意识，树立底线思维，准确识变、科学应变、主动求变，善于在危机中育先机、于变局中开新局，进一步发挥优势、补齐短板，抓住机遇、应对挑战，开启现代化建设新征程。

第二章　高瞻远瞩，开启现代化建设新征程

第一节　指导思想

“十四五”时期，要高举中国特色社会主义伟大旗帜，深入贯彻中共十九大和十九届二中、三中、四中、五中全会精神，坚持以马克思列宁主义、毛泽东思想、邓小平理论、“三个代表”重要思想、科学发展观、习近平新时代中国特色社会主义思想为指导，全面贯彻党的基本理论、基本路线、基本方略，深入贯彻落实习近平总书记重要讲话精神，坚持以习近平总书记提出的“威海要向精致城市方向发展”为总目标总方向总遵循，紧紧围绕统筹推进“五位一体”总体布局和协调推进“四个全面”战略布局，坚定不移贯彻新发展理念，坚持稳中求进工作总基调，以推动高质量发展为主题，以深化供给侧结构性改革为主线，以改革创新为根本动力，以满足人民日益增长的美好生活需要为根本目的，主动融入以国内大循环为主体、国内国际双循环相互促进的新发展格局，全力统筹区域经济社会发展和安全，纵深推进新旧动能转换重大工程，大抓双招双引，走好群众路线，加快推进产业

强区、科创兴区、精致靓区、生态立区、幸福城区，在全市争当排头兵的过程中作表率、当先锋，不断开创“精致城市·幸福威海”首善之区建设全新局面。

第二节 发展原则

——坚持党的全面领导。增强“四个意识”、坚定“四个自信”、做到“两个维护”，切实加强党对经济社会发展的全面领导，为实现高质量发展提供根本保证。

——坚持以人民为中心。坚持人民主体地位，坚持共同富裕方向，始终做到发展为了人民、发展依靠人民、发展成果由人民共享，维护人民根本利益，激发全体人民积极性、主动性、创造性，促进社会公平，增进民生福祉，不断实现人民对美好生活的向往。

——坚持新发展理念。把新发展理念贯穿发展全过程和各领域，坚定不移推动新旧动能转换，加快质量变革、效率变革、动力变革，实现更高质量、更有效率、更加公平、更可持续、更为安全的发展。

——坚持深化改革开放。坚定不移推进改革，坚定不移扩大开放，加强治理体系和治理能力现代化建设，破除制约高质量发展、高品质生活的体制机制障碍，强化有利于提高资源配置效率、有利于调动全社会积极性的重大改革开放举措，持续增强发展动力和活力。

——坚持系统观念。加强前瞻性思考、全局性谋划、战略性布局、整体性推进，统筹稳增长、促改革、调结构、惠民生、防风险、保稳定，着力固根基、扬优势、补短板、强弱项，实现发展质量、结构、规模、速度、效益、安全相统一。

第三节 战略定位

“精致城市·幸福威海”首善之区。以习近平总书记提出的“威海要向精致城市方向发展”为总目标总方向总遵循，强化中心崛起担当，推进“城区、园区、景区、湾区”互融发展，全面提升精致引领能力和城市综合服务功能，不断开创“精致城市·幸福威海”首善之区建设全新局面。

胶东经济圈高质量发展绿色排头兵。抢抓胶东经济圈一体化发展的战略机遇，加快布局新材料、高端装备制造、生物医药、新一代信息技术等战略性新兴产业，培育发展数字经济、楼宇经济、夜间经济、跨境电商等绿色新业态，全面开启“赶超模式”，争当胶东经济圈高质量发展绿色排头兵。

蓝色经济区海洋经济核心方阵。将经略海洋作为高质量发展的新高地，深入实施海洋强区战略，全力参与国际海洋科技城建设，强化海洋科技载体支撑，促进现代海洋产业发展，努力打造区域特色鲜明、整体布局合理、产业结构优化的海洋经济发展示范区，跻身蓝色经济区海洋经济核心方阵。

环渤海地区科技创新第一梯队。深入实施创新驱动战略，坚持以科技创新催生新发展动能，聚焦科技创新抓好招才引智、招院引所、招商引资，积极构建“创新载体+高端人才+引导基金+产业基地”创新生态系统，深度融入“千里海岸线，一条创新链”的创新生态大系统，打造环渤海地区创新发展第一梯队。

面向东北亚、辐射中日韩的世界性旅游目的地。依托山、海、岛、城、湾、街、泉等特色资源，深入挖掘，深度整合，连点成线，连线成面，持续推动“旅游+”产业融合发展，积极做好“智慧旅游”文章，加快全域旅游国际化进程，进一步融入国际旅游网络，吸引东北亚乃至世界各地游客，推动环翠由旅游强区向世界重要旅游目的地跨越。

第四节 空间布局

持续强化国土空间科学开发理念，积极推进区域良性互动、城乡融合发展，突出“山海联动、湾区崛起”，构建功能定位清晰、空间高效利用、产业优势互补的“两区三组团”区域发展新格局。

远遥浅海科技湾区。以国家海洋综合试验场建设为核心，以“一场、一岛、一港、一园、一中心”为布局，以海洋产业发展、海洋科技创新为主线，汇聚全球创新资源和高端人才，建成集科研创新、成果转化、学术交流、技术服务、会展活动等功能于一体的海洋科创“新硅谷”。

里口山风景名胜区。以里口山风景自然公园为核心，突出山在城中、城在山中的城市风格，依托丰富的山地生态文化资源，打造集休闲农业、生态养生、休闲体育、户外运动、文化创意、旅游度假等于一体的新型服务产业隆起带、乡村振兴样板示范区，成功创建国家AAAA级旅游景区，将其发展成为威海市全域旅游产业新高地。

中心城区组团。以环翠楼、竹岛、鲸园、孙家疃4个街道为核心组团，突出城区政治、经济、文化、科技中心地位，在巩固提升商贸、金融等传统优势服务业的基础上，重点发展全域旅游、文化创意、医养健康、科技服务等新兴服务业，进一步确立引领威海市现代服务业发展的核心地位。

城区西展组团。加快推进张村镇、羊亭镇与高区的产业对接和拓展延伸，全力聚集创新资源，支持骨干企业膨胀，抓好高端项目引进，大力发展培育新兴产业，积极改造提升传统产业，打造高端企业集聚、产业链条健全、服务功能完善的产业聚集区，为纵深推进新旧动能转换重大工程提供强力支撑。

城区东南组团。将嵩山街道、温泉镇和桥头镇作为环翠经济向东部、南部发展的延伸区，融合到主城区发展规划之中，重点在文化旅游、健康养生、轻户外运动、商贸物流、高效生态农业、人居环境等领域积极突破，打造向北承接市区、向东对接东部滨海新城、向南辐射临港的新的经济增长极。

第五节　目标任务

综合分析国内外发展环境及未来发展趋势，结合我区发展基础及优势条件，对各行业、各领域进行科学预测，确定了我区2035年远景目标和"十四五"时期经济社会发展主要目标。

2035年远景目标。展望2035年，根据党中央部署，到2035年我国基本实现社会主义现代化，到本世纪中叶把我国建成富强民主文明和谐美丽的社会主义现代化强国。省委提出，到2035年基本建成新时代现代化强省。市委提出，聚焦产业现代化、城市国际化、新型城镇化、发展绿色化、治理现代化，奋力开创"精致城市·幸福威海"建设新局面，在新时代现代化强省建设中争当排头兵。聚焦这一系列目标，环翠区必须扛起中心城区的责任担当，把精致、幸福、现代化作为统领全区经济、政治、文化、社会和生态文明各方面建设的核心要求，奋力开创"精致城市·幸福威海"首善之区建设全新局面，在全市争当排头兵的过程中作表率、当先锋。

奋力开创"精致城市·幸福威海"首善之区建设全新局面，就是要牢记习近平总书记"威海要向精致城市方向发展"的殷切嘱托，顺应人民群众过上更加幸福生活的热切期盼，努力实现经济实力、科技实力、文化实力、治理能力、保障水平等大幅提升，城市发展进入全面精致的崭新阶段，综合实力位居全省区县前列。在全市争当排头兵的过程中作表率、当先锋，就是要立足区域实际，抬高工作站位，统筹兼顾，突出重点，系统推进，攥紧"双招双引"和群众路线两个"拳头"，在产业强区、科创兴区、精致靓区、生态立区、幸福城区五个方面作表率、当先锋。在产业强区方面，围绕构建以新材料、高端装备制造业为引领的"4+3"制造业产业集群，以现代商贸、现代金融为支撑的"2+3"现代服务业产业集群，以及经略海洋、乡村振兴等领域，大力开展招商引资，全力补链、强链、延链，率先实现新型工业化、信息化、城镇化、农业农村现代化，持续完善具有环翠特色的现代化产业体系。深度融入国内国际双循环格局，加大对外开放力度，利用外资、对外贸易水平不断提升。在科创兴区方面，坚持将创新作为第一驱动力、人才作为第一生产力，扎实推进以科技创新为核心的全面创新，"创新载体+高端人才+引导基金+产业基地"创新生态系统全面见效，深度融入威海市"1+4+N"创新平台体系建设，打造环渤海地区创新发展第一梯队。在精致靓区方面，以精致社区、特色街区为抓手，推动城市品质内涵不断提升，中心崛起效能更加凸显，城乡融合发展取得突破性进展，智慧城市建设成效显著，整体能级走在全省前列，成为精致城市建设的样板。在生态立区方面，绿色发展道路更加坚实，绿色生产生活方式全面普及，集约高效的生产空间、宜居适度的生活空间、山清水秀的生态空间全面形成。在幸福城区方面，人民生活更加美好，幸福感、获得感、满意度不断提升；市域治理体系更加健全完善，现代化治理能力和治理水平达到新高度，共建共治共享发展格局基本形成。

"十四五"时期经济社会发展主要目标。经过五年努力奋斗，到2025年，我区经济社会各方面高质量发展成效显著提升，主要体现在以下几个方面：

——综合实力迈上新台阶。在高质量、高效益提高经济发展基础上，生产总值保持稳步增长，人均生产总值力争达到2.16万美元，主要经济指标平衡协调，传统产业高端高质高效发展，新兴产业具备一定规模，服务业增加值比重持续提升，现代化经济体系建设取得重大进展。

——创新驱动增创新优势。各类创新要素大幅增加、高效配置，激发全区创业创新创富活力，各类创新载体数量大幅提升，自主创新能力全面增强，科技进步贡献率进一步提高，科技创新与应用实现新突破，为经济社会发展做出重大贡献。

——精致城市实现新水平。城市发展形态更加清晰，城市配套基础设施日益完善，羊亭开发深入推进，桥头区域与中心城区深度融合，投资兴业软环境持续优化，治理体系和治理能力现代化水平得到较大提升，以人为核心的城市化纵深推进，精致城市魅力得到进一步彰显。

——绿色发展达到新境界。生态环境保护制度体系更加完善，单位GDP能耗和主要污染物排放总量持续下降，国土空间规划得到严格落实，区域资源利用效率有效提高，生态环境质量继续保持全省全国领先。

——对外开放激发新活力。货物贸易、服务贸易国际综合竞争力持续增强，产业国际化分工、人员国际化流动、环境国际化营造、创新国际化集聚、文化国际化交流水平有效提升，实现开放型城市向国际化城市的跨越。

——民生福祉得到新改善。人民生活水平持续提高，实现更加充分更高质量就业，城镇、农村收入差距进一步缩小，基本公共服务均等化水平明显提高，全民受教育程度不断提升，多层次社会保障体系更加健全，卫生健康体系更加完善，脱贫攻坚成果巩固拓展，人民精神文化生活日益丰富。

“十四五”时期经济社会发展主要指标

表44

类别	指标（单位）	2020年	2025年	年均增速/[累计]	属 性
经济发展	（1）地区生产总值增速（%）	3.7	–	5.7	预期性
	（2）常住人口城镇化率（%）	88.1	88.5	[0.4]	预期性
	（3）全员劳动生产率增速（%）	–	–	>5.5	预期性
	（4）“四新”经济增加值占比（%）	31	40	[9]	预期性
	（5）海洋经济增加值占地区生产总值比重（%）	49	56	[7]	预期性
创新驱动	（6）研发经费投入增长（%）	–	–	8左右	预期性
	（7）每万人口高价值发明专利拥有量（件）	4.3	9.8	[5.5]	预期性
	（8）数字经济核心产业增加值占地区生产总值比重（%）	–	10左右	–	预期性
	（9）高新技术产业产值占规模以上工业总产值比重（%）	74.37	76.87	[2.5]	预期性
民生福祉	（10）居民人均可支配收入增长（%）	–	–	5.8	预期性
	（11）城镇登记失业率（%）	1.5	完成市分解任务	–	预期性
	（12）劳动年龄人口平均受教育年限（年）	–	12	–	约束性
	（13）每千人口拥有执业（助理）医师（人）	4.1	4.6	[0.5]	预期性
	（14）基本养老保险参保率（%）	92.5	96	[3.5]	预期性
	（15）每千人口拥有3岁以下婴幼儿托位（个）	–	3.5	–	预期性
	（16）人均预期寿命（岁）	81.97	82左右	–	预期性
绿色生态	（17）单位地区生产总值能源消耗降低（%）	–	完成市分解任务	–	约束性
	（18）单位地区生产总值二氧化碳排放量降低（%）	–		–	约束性
	（19）空气质量优良天数比率（%）	–		–	约束性
	（20）地表水达到或好于III类水体比例（%）	–		–	约束性
	（21）森林覆盖率（%）	40.75左右	40.75	–	约束性

续表44

类别	指标（单位）	2020年	2025年	年均增速/[累计]	属　性
安全保障	（22）粮食综合生产能力（万吨）	1.05	1.05	–	约束性
	（23）能源综合生产能力（万吨标煤）	–	按上级要求开展好相关工作	–	约束性

说明：表中数据包含桥头镇

第三章　坚决实施创新驱动战略，打造区域性创新高地

坚持创新在现代化建设全局中的核心地位，聚焦加快科创要素集聚，积极融入全市“千里海岸线、一条创新链”的创新生态大系统，推动“政产学研金服用”深度融合，打造区域性创新高地。

第一节　强化企业创新主体地位

着力提升企业技术创新能力，持续推进各类创新资源向企业集聚。支持鼓励企业牵头组建创新联合体，合力开展基础性、前沿性创新研究，对上积极争取承担国家、省重大科技项目，力争突破一批制约产业发展的“卡脖子”关键核心技术。鼓励骨干企业设立创新基金池，建立“企业出题、科研人员揭榜”的产学研协同创新机制。支持龙头企业发布“机会清单”、中小微企业“接单”，建立以产业链为纽带的垂直创新孵化体系。鼓励优质企业“走出去”，持续扩大科技创新对外交流合作，建立离岸创新创业基地。支持企业创建技术创新中心、工程研究中心、院士工作站等创新平台及新型研发机构，提升企业整体技术创新能力和水平。发挥企业家在技术创新中的重要作用，鼓励企业加大研发投入，指导企业用足用好各类创新政策。实施创新型企业培育工程，健全“微成长、小升高、高壮大”梯次培育机制，持续完善“市千帆计划入库企业—国家科技型中小企业—国家高新技术企业”的科技型企业梯次培育体系，力争到“十四五”末，区内高新技术企业突破200家。

第二节　激发人才创新创造活力

深入实施“人才兴区”战略，打造更具活力的人才集聚高地。大力实施“党建惠企”专项行动，编制人才发展规划，加快机制改革和政策创新，统筹推进各类人才队伍建设。优化提升“英才汇翠”计划，完善普惠性与精准性相结合的人才政策体系，精准引进、梯次培育创新创业领军人才和优秀青年人才。深化校地交流合作，实施“校地智联”惠企计划，建立政府、企业、高校、平台四方联动的引才聚才工作机制，推动企业需求与高校人才靶向对接。实施人才国际化战略，搭建专业化海外引才平台，深耕日韩等国家人才资源，构筑中心城区海外人才集聚高地。实施企业家素质提升工程，培养具有国际化视野和现代经营管理理念的企业家队伍。大力推进人才服务市场化，成立人才发展集团，整合人才创新要素资源，构建政策支持、平台支持、金融支持、创业支持于一体的人才服务机制，营造务实高效、近悦远来的人才发展生态。力争到“十四五”末，引进培育百名产业领军人才团队和万名产业支撑人才队伍。

第三节　优化区域创新体制机制

深入贯彻落实国家、省、市鼓励科技创新的一系列政策措施，完善政产学研金服用“北斗七星”一体联动的创新模式，构建科学合理的引进、培养、评价、成果转化与应用机制。加大科技投入，保持政府对于科技投入的增长高于财政经常性收入增长。充分发挥科技支行作用，创新金融服务产品，扩大股权、知识产权等抵质押范围，加大金融支持科技创新力度。完善优秀人才双向挂职制度，不断探索合作新路径、拓展合作新领域。强化科技创新政策扶持，用“真金白银”支持企业加大科技投入，完善科技创新券政策，推动跨地区使用、多场景应用。依托省级技术转移先进县、首高科省级技术转移中心，完善政府、行业协会、技术中介机构、技术经纪人“四位一体”技术转移服务体系，培育壮大技术交易市场。依托威海国际知识产权产业园，大力实施专利质量提升工程，有效促进知识产权创造运用。弘扬科学精神和工匠精

神，加强科普工作，营造崇尚创新的社会氛围。

第四节 提升创新创业支撑能力

以省级双创区域示范基地为引领，深入推进建设一批高水平的双创载体平台，主动融入威海市“1+4+N”创新平台体系建设，全力提升大众创业万众创新效能。持续优化威海创新园“1+N”发展格局，以产值效益为导向，完善政策扶持体系，严把项目准入关口，深入开展效能评价，推动园区由研发孵化主导向“运营为王”转变，引导支持入园企业、人才充分释放创新能效和智慧活力，将其打造成为“在威海创新创业的第一目的地”。继续抓好中欧水处理及膜技术创新产业园建设运营，举办好高端国际学术会议、交流活动，持续推动膜技术从理论研讨向产业化转化，带动膜技术上下游产业发展，争创省级创新创业共同体。提升威海激光通信先进技术研究院、青岛大学威海创新研究院、威海激光与光电子信息技术研究院、省科学院中试基地威海创新服务中心等创新平台建设，加速科研成果落地转化。鼓励高等院校、骨干企业创办专业孵化器，引导创业投资机构、社会组织创办新型孵化器，提升区域整体孵化水平。

第四章 加快新旧动能转换步伐，构建现代产业体系

强化新旧动能转换重大工程的统领作用，全面提升区域经济社会发展质量。深入实施产业强区战略，紧盯全省“十强产业”和全市七大千亿级产业集群，坚持“存量变革”和“增量崛起”两手抓，着力向重点产业、优势产业聚焦，持续完善具有环翠特色的现代化产业体系。

第一节 大力发展先进制造业

全面落实“中国制造2025”行动计划，发展培育新材料、高端装备制造、生物医药、新一代信息技术4个战略性新兴产业，提升改造纺织服装、食品加工、钓具3个传统特色产业，持续做大做强“4+3”制造业产业集群。

新材料产业。坚持把新材料产业作为战略性支柱产业来培育，以威海国际新材料产业园为核心阵地，深入推进亿达（威海）新材料应用创新中心建设，为新材料领域创新资源汇聚提供优质平台；重点推进魏桥（威海）铝精深加工产业园、中欧水处理及膜技术创新产业园等专业园区发展，为新材料领域优质项目落地提供载体支撑；聚焦有色金属材料、膜材料、高性能碳纤维复合材料、生物医用材料、石墨烯材料、节能环保材料、高分子材料等重点领域，全力支持相关产品的创新研发、升级换代、应用推广，引导区域新材料产业向创新链高端转型、向价值链高端延伸，不断提升产业核心竞争力和影响力。争取到2025年，新材料产业实现营业收入超过34亿元。

高端装备制造产业。积极发挥高端装备制造业处于价值链高端和产业链核心环节的优势，充分依托区位优势、发展基础、核心资源等，打造集设计、研发、制造、服务于一体的装备制造业产业链，进一步形成规模优势和特色竞争力。依托连城智谷高端装备新材料产业园、中节能环保产业园以及航空地面装备制造技术国家地方联合工程实验室、省高效节能离心泵工程实验室、石化搅拌设备工程实验室等创新平台资源，加大研发投入，引进高端人才，强化产学研合作，重点发展以航空地面设备、特种装备车、玻璃钢游艇、公务艇等为代表的交运装备领域，以泵类、散热系统、高压反应釜等为代表的通用设备领域，以矿山处理设备、橡胶机械等为代表的专用设备领域，以船舶脱硫、压载水处理、餐厨废弃物处理、供热温控一体化等为代表的节能环保设备领域，推进新技术、新工艺等使用，加快新产品的推广应用，提高产品的自动化、智能化水平。争取到2025年，高端装备制造产业实现营业收入超过173亿元。

生物医药产业。深入对接医疗器械和生物医药产业园，围绕龙头企业，统筹做好产业链上下游布局，全力汇聚生物医药创新资源，积极开展创新研发，提升产业实力，增加产品附加值，打造生物医药产业聚集区。重点推进心脑血管疾病、Ⅱ型糖尿病、精神性疾病等重大疾病创新药发展，有效提升生产规模水平。深入推进中药现代分离纯化、中药饮片（提取物）加工等关键技术，加快降血压、降血脂等中药药品和保健品的研发和生产。依托中关村医药科技产业园，研究布局疫苗生产基地，力争在疫苗研发、生产等领域取得突破。开展高精尖诊疗设备及植入器械技术攻关，研发生产腰椎融合器专用器械、关节器械等高质量医疗器械。做精药用辅料、预灌封注射器配套产品、药品包装材料等，提升医药产业配套能力。争取到2025年，生物医药产业实现营业收入超过30亿元。

新一代信息技术产业。对接电子信息与智能制造产业园，积极融入新一代信息技术快速发展大格局，聚焦龙头企业进行补链、强链、延链，推进信息技术产业向高端化、

智能化转变。加快发展通信、高端电子元器件及零部件等产品，重点突破第三代半导体元器件制备技术，培育发展新增长点。大力发展智能自助终端、智能物流设备、智能供暖系统等一批具有自主知识产权的智能化产品。推进工业机器人发展，突破机器人关键核心技术，发挥智能制造系统在经济发展重点领域的示范应用。争取到2025年，新一代信息技术产业实现营业收入超过21亿元。

纺织服装产业。鼓励企业提升设计研发、时尚创意能力，重点发展纺织面料、地毯、服装等领域的优势产品，积极开发航空地毯、纳米服装等新兴产品。通过大数据、智能制造、3D试衣等软硬件技术的介入，以服装制造业数据化、全渠道定制智能研发、互联网定制平台等为切入点，鼓励传统纺织服装企业开展个性化定制、柔性化生产，加速规模定制产业创新生态和柔性供应链系统的形成与完善，推进纺织服装产业提质升级、做优做准。争取到2025年，纺织服装产业实现营业收入超过41亿元。

食品加工产业。支持企业加大海洋食品、酒类、调味品、乳制品、坚果制品等领域的研发投入。对藻类、贝类、刺参等海洋食品进行精深加工，积极引导推动发展技术含量和附加值高的新型健康食品和具有保健价值的功能性食品，提高产品价值链层级，扩大品牌知名度。推进食品加工产业做精做细，充分利用大数据、云计算等新一代信息技术，针对市场进行产品、地域、消费群体细分，以差异化战略提升品牌黏合度，扩大市场占有率。争取到2025年，食品加工产业实现营业收入超过11亿元。

钓具产业。借力国家级钓具产品质量提升示范区的优势，深耕产业特色，持续强化区域钓具企业的集聚效应，推动钓具产业内部整合升级、行业结构优化；汇聚优质资源，加快提升由龙头企业牵头建设的“共享工厂”、喷涂车间、研发中心等载体能级，依托标准厂房、共享设备、环保设施等优质配套，吸引中小型钓具企业入驻，有效降低生产成本，提升环保水平；充分发挥“中国钓具之都”的虹吸效应，推动钓具产业补链、强链、延链，提高钓具产业集聚度，扩大优质品牌知名度。争取到2025年，钓具产业实现营业收入超过28亿元。

专栏1：制造业重点项目

新材料产业：亿达（威海）新材料应用创新中心项目、爱华海绿色图文影像新材料生产线项目、宝威科技新材料智能工厂项目、世一网业特种新材料项目、蓝杭新材料高档复合材料生产项目、北途威碳纤维制品生产项目、连城智谷高端装备新材料产业园、沃达新材料项目、威建环保设备研发生产项目、环晟环保建筑新材料生产研发基地项目

高端装备制造产业：中节能环保产业园项目、广泰高端空港装备及特种装备工厂项目、海王矿山智能装备制造项目、邦德散热器系统数字化生产线扩建项目、怡和海洋激光环保检测设备研发生产二期项目、顺迈华峰自动化设备项目

生物医药产业：方舟仿生科技有限公司科技创业园建设项目、威高骨科植入产品扩产项目

新一代信息技术产业：新北洋自助智能零售终端设备研发与产业化项目、威海银创微电子IGBT封装关键技术研发项目、集元压缩机永磁体配件生产项目

纺织服装产业：森亿服装检测项目

食品加工产业：四海酿造食品研发生产项目、喜盈门智能化产业园扩建项目（一期）

钓具产业：环球环翠钓具共享平台基地项目、环球高自动化生产线项目、汉鼎渔具体育产业研发生产基地项目

其他：联东U谷·威海科创智汇港项目、鸿安新型建筑部件研发及生产配套项目、山东科建质量检验检测中心项目、宝丽高档化妆容器加工项目、龙惠环保科技纸塑制品生产项目

第二节　优化提升现代服务业

以现代商贸和现代金融两大优势产业为先导，以全域旅游、文化创意、医养健康三大特色产业为支撑，不断做优做精“2+3”现代服务业产业集群，进一步发挥出省级现代服务业特色产业集群转型升级示范区的引领作用。

现代商贸。发挥消费对经济发展的带动作用，推进供给侧结构性改革，以扩大消费为核心，以构建现代商品流通体系为支撑，以电子商务为手段，全面打造集现代仓储、货运配载、城市配送、线下交易、线上推广等功能于一体的完整产业链，有效提升发展传统商贸业，推进环境高端化、服务高端化、商品高端化。加快推进望岛综合商业集群建设，发挥恒大、万达、富力等商业综合体的核心组团带动作用，着力打造威海市现代商贸新增长极。充分发挥区位交通优势，推进威高物流园、丰航物流园、新大东物流产业园、“12349”农副产品物流产业园等发展建设，积极推动冷链物流、供应链物流等新业态发展，全

力打造区域智慧物流基地；发挥海大客运等重点企业优势，积极融入威海—仁川“四港联动”物流一体化大格局，加快货物、人员、资金、信息、技术等发展要素流动。

现代金融。顺应资产证券化、金融网络化、产业金融化发展趋势，紧紧围绕“不断提升金融服务实体经济能力和水平”的工作目标，持续深化金融与实体经济良性互动、健康发展。加强地方金融组织监管，推动业务经营状况良好、风险控制水平较高的地方金融组织拓宽融资渠道、补充资本实力，不断加大对“三农”及小微企业的金融扶持力度。加快特色基金小镇建设，发展引进各类产业、创投、项目等基金，积极引进社会资本参与政府引导基金建设，并通过市场化运作、专业化管理，逐步提升基金整体规模和使用效率，充分发挥资本引领和撬动作用。支持蓝海银行创新发展，打造线上线下融合发展的轻资本、交易型、类互联网化的新型民营商业银行。引导国内外有实力的金融机构和企业在环翠区设立产业投资、创业投资等各类投资机构，实现投资主体多元化。继续推行“金融辅导员”制度，落实好上级各项金融政策，吸引国有企业、社会资本等积极参与设立应急转贷引导基金，提供便捷、高效的应急转贷服务，有效支持中小微企业发展。

全域旅游。纵深推进全域旅游，集聚要素，统筹资源，促进自然资源、人文底蕴、三次产业、生态环境、公共服务等深度融合发展，聚焦文化旅游、休闲旅游、乡村旅游、健康旅游、红色旅游、滨海旅游、工业旅游等领域，进一步强化旅游基础设施建设，加快推进威海地中海俱乐部等重点文旅项目，持续完善全域旅游路线、产品、功能、营销、管理和服务体系，做好“智慧旅游”文章，重点抓好“冬游威海”“夜游威海”产品开发，促进刘公岛、华夏城以及里口山、伴月湾、“侨乡号”等A级旅游景区集群式发展，打造国内知名的“山海湾”特色度假旅游目的地，让游客“留得住、不想走、还想来”，全力争创国家级全域旅游示范区。以“大旅游”品牌为发展思路，探索组建由行业协会、旅行社、产业链相关利益企业、专家学者、传统媒体及网络新媒体等组成的旅游休闲产品开发推广联盟，形成多级联动的包装推广机制，提高环翠全域旅游知名度。

文化创意。深入挖掘文化内涵，注重文化与其他产业、领域的深度融合，增强文化创意产业渗透力、辐射力和带动力。加快建设文创动漫基地，以创意设计、动漫创作、主题文化为主要内容，将原威海海校地块和全润丝绸地块分别打造成集创新创业、休闲娱乐等功能于一体的文创产业聚集区、动漫产业先行区。全力优化中国油画小镇“一线二区”发展格局，依托31.5千米的环海路，将丰富的艺术创作资源与自然旅游资源相互融合，形成一条集艺术创作、文化旅游、产业发展于一体的艺术长廊，统筹推进好益海路艺术核心区、北海油画产业区、半月湾创作休闲区建设，构建集“研习—创作—展示—交流—交易”为一体的全产业链体系，打造全省乃至全国文创产业发展的一张“靓丽名片”。

医养健康。贯彻健康中国战略，放大环境、资源、区位等优势，按照“大卫生、大健康”发展理念，对医养、美容、休闲、体育、健身等业态进行规划、整合、提升，促进“健康+”跨界融合渗透，进一步突显省级医养结合示范区作用。规划建设医疗健康城，积极对接国内外优质企业开展合作，着力发展大健康科技服务业，力促更多大健康领域的科技成果在我区研发、落地、转化；统筹推进中医药科普园、健身游园、里口山医院及相关配套设施建设，积极引进国内知名高端医疗健康品牌及康养医疗、生物制药、科研检测等领域的优质企业入驻，持续深化医学、医疗、医养产业的整合衔接，有效促进医养健康产业聚集发展，打造全省乃至全国具有示范性、引领性，涵盖医疗、康养和旅游产业功能于一体的大健康产业领跑基地。

专栏2：服务业重点项目

现代商贸：富力星光天地项目、富力凯悦酒店项目、泉乐坊项目、绿轴商务楼宇项目、中海商业综合体项目、海信商业综合体项目、侨乡紫金广场项目、恒大商业开发项目、环球汇金广场项目、海宴台二期项目、威高广场嘉禾天地升级改造项目、卓亚·奥莱度假小镇商业项目、家家悦商业综合体项目、恒涵跨境电商产业基地项目、威海直播创客小镇项目、新大东物流园项目、丰航物流园二期项目、威高物流园扩建项目

全域旅游：威海地中海俱乐部项目、华夏城产业提升二期项目

文化创意：中国油画小镇、文创动漫基地

医养健康：世茂医疗健康城项目

其他：环翠区科创中心、威海韬世和科技孵化园项目、大数据智能科技中心项目

第三节　完善提升产业生态

把握全球科技革命和产业变革

趋势，加快推动新技术异军突起、新产业培育壮大、新业态层出迭现、新模式蓬勃涌现，积极培育新的经济增长点，形成引领支撑经济发展的强大动能。

培育“四新”经济。瞄准新技术、新产业、新业态、新模式，厚积新兴产业蓬勃发展后劲。全面发力楼宇经济，综合运用好楼宇经济管理系统，按照“一楼宇一业态”的原则，高标准打造专业楼宇，促进同业态集聚发展，构建“垂直经济开发区”。突破发展总部经济，完善总部企业入驻楼宇的服务机制，集聚金融、科技、信息、人才、商务服务等配套资源，吸引国际、国内大企业大集团等来我区设立企业总部、结算中心。大力发展数字经济，探索区块链技术和工业互联网的创新应用，支持优质企业建设行业级、企业级工业互联网平台，持续推进“企业上云”，争取新一代信息技术科创中心创建省级以上数字经济园区。深入发展跨境电商，借助全市跨境电商综试区机遇，推进一批跨境电子商务产业园区、基地建设，同时引进国内领先的供应链服务商，开展跨境电商进出口和供应链金融等业务，完善环翠区跨境电子商务产业链和生态链。加快发展工业设计，做好企业工业设计中心培育、认定，充分发挥工业设计对提升企业产品附加值的重要作用。深度促进会展经济与各产业融合，依托区域优势产业和旅游、商贸、商务等资源，推进展、会、节、事一体化发展。

推动“四化”发展。坚持将两化融合作为推进智能制造的主攻方向，实施机器换人、数字化与智能工厂建设、智能制造示范提升“三大工程”，促进产业智慧化发展。瞄准世界科技前沿，聚焦大数据、云计算、人工智能、物联网、集成电路、北斗应用等领域，加速知识、技术、创意向现实生产力转化。加快制造业与互联网融合、与服务业融合，推动产业行业交叉渗透提档升级，不断衍生新产业、新模式、新业态，拓展经济发展新空间，促进跨界融合化发展。深入实施质量强区和品牌战略，强化品牌建设、标准引领、认证推广，引导企业开展质量提升行动，鼓励企业主导或参与制定国际标准、国家标准和行业标准，培育高端品牌企业，增强市场话语权、国际竞争力。

发挥“主体”力量。深入开展“三联三服”活动，进一步提升联系服务企业、项目、人才相关政策和机制的精准性，对外叫响服务市场主体的“金字招牌”。结合企业冲击新目标行动，积极培植“雁阵”发展梯队，培育具有“链主”地位的引领型企业、具有“撒手锏”产品的关键零部件配套企业、具有公共服务功能的平台型企业，并全力引导企业冲击新目标、达到新层次，力争培育更多细分行业和领域的“单项冠军”“专精特新”“瞪羚”“独角兽”企业。持续推进企业家队伍建设，深入实施“企业精英领航计划”，办好“企业角”等特色活动，不断提升企业家队伍整体素质和能力。建立工业新增项目评价标准，分行业确定新增项目的投资强度、单位用地税收等基准指标，把好项目入口关。实施好“亩产效益”评价，对全区工业企业每年进行一次综合评价分类，实施差别化的用电、用水、用气等资源要素价格以及用地、排放、融资等政策，扶持优质企业发展壮大，推动传统企业转型，有效提升经济发展质量效益。

第五章　提高精致城市建设水平，打造精致城市样板

围绕提升中心城区精致引领能力和城市综合服务功能，牢牢把握“精当规划、精美设计、精心建设、精细管理、精准服务、精明增长”要求，进一步弘扬工匠精神，强化精品意识，统筹实施好精致城市各项建设工程，让中心城区充满活力、独具魅力。

第一节　精雕细琢提升城市品质

坚持以人为本理念，积极融入城市整体发展战略，完善提升城市基础设施，统筹抓好重点区域开发，加快推进特色街区建设，推动城市发展由外延扩张式向内涵提升式转变。结合区域发展实际，坚持小处着眼、细处入手，高标准实施好九华路北延、齐鲁大道西延等道路修建以及农村公路路面提升改造、绿化提升、管网改造、路灯亮化、公园游园等基础配套建设，积极参与城市轨道交通等重大基础设施建设，切实提高城区承载能力，推进城市景观化。加快海绵城市建设，推进老旧小区改造、低效片区开发，加快老港改造步伐，继续抓好“城市双修”，优化街头游园、文体设施等“城市家具”设计布局，深入推进无障碍环境建设，加快城市更新步伐，促进特色自然风光、人文景观与城市形态有机结合，进一步彰显城市魅力。积极融入“西展”战略，结合中德生态示范城核心区建设，全方位参与初村、羊亭、张村、汪疃一体化建设，深入对接双岛湾科技城、“空港小镇”，积极承接相关产业、人口、资源，打造高端产业集聚带和产城一体的精致城市重要板

块。加快建设特色街区，以环翠区卫城省级城市品质提升试点片区为引领，高标准打造好栖霞街历史文化街区，深入推进属相街、新威附路、北山街、半月湾休闲体验街等特色街区建设运营，打造一批极具特色、活力四射的消费集聚区，大幅提升中心城区开放活跃度和品质影响力，促进全市文化旅游、夜间经济发展。

第二节 精工细作加强城市管理

坚持“共建共治共享”理念，健全现代化城市管理体系，聚焦城建领域群众关心关注的热点难点问题，持续开展城市“成长的烦恼”化解行动。充分发挥网格化治理暨吹哨报到机制作用，深入推广“居站分离”试点经验，持续推动工作重心和配套资源下沉。推进城市管理智慧化进程，综合运用5G、物联网、大数据、云计算等前沿技术，打造“街长制2.0”“小微执法”等模式，全面提升各类事件发现处置效率。深入开展党建引领精致社区示范行动，突出力量下沉、阵地建设、组织覆盖三大重点，推进精致社区向更高层次发展。深入抓好党建引领“红色物业”，建立健全党组织领导下的小区党支部、业委会、物业公司三方治理机制，着力破解业委会管理缺位、物业矛盾突出等难题。加快智慧社区建设步伐，推动“智惠易站”走进社区、景区、公园的公共区域，不断提升群众生活便利化水平；将智慧理念融入老旧小区改造，实施智慧停车、智慧门禁、智慧安防，不断提升全区小区智慧物业管理覆盖率。推进城区户外广告规范化管理，严格技术标准，控制数量质量，强化安全监管，形成户外广告管理新格局。

第三节 精益求精提升城市内涵

持续完善社会信用体系，推进“厚德环翠”建设，不断优化文明城市发展环境，助推经济社会高质量发展。深入推进社会信用体系建设，坚持信用“五进”融合推进，打通“五进”壁垒，拓宽应用场景，推动信用体系在生产圈与生活圈的相互延伸、双轮驱动，逐步实现信用全社会覆盖、全场景应用，不断提高各类社会主体的诚信意识，让诚信真正成为文明城市的“底色”。坚持以社会主义核心价值观为引领，认真贯彻落实《新时代公民道德建设实施纲要》《新时代爱国主义教育实施纲要》，推动全民思想道德素质和社会文明程度达到新高度。推进“四德工程”建设，广泛开展“道德模范”“身边好人”“最美人物”评选活动，关爱礼遇身边典型，深化未成年人思想道德建设，营造浓厚的向上向善向好社会氛围，不断叫响“上善若水·厚德环翠”品牌。开展群众性精神文明创建，深化拓展新时代文明实践中心建设，推动志愿服务精准化、常态化、便利化、品牌化建设，加强家庭、家教、家风建设，巩固拓展创建全国文明城市期间的好经验好做法，持续推动由城的文明向人的文明延伸。加强新时代爱国主义教育，广泛开展“我们的节日”主题活动，整合优势资源，打造一批爱国主义教育基地，加强党史、新中国史、改革开放史、社会主义发展史教育，讲好革命先烈和革命前辈的故事，传承红色基因，培育时代新人。

第六章 实施海洋强区战略，加速驶向深蓝发展区域

将经略海洋作为高质量发展的新高地，深入推进海洋强区战略，努力打造区域特色鲜明、整体布局合理、产业结构优化的海洋经济发展示范区，培育壮大经济社会发展新动能。

第一节 强化海洋科技载体支撑

全面推进远遥浅海科技湾区建设，促进优势资源要素向湾区集聚，充分发挥国家海洋综合试验场核心带动作用，统筹打造好蓝科大厦、蓝贝海洋科技展览中心、海洋无人装备与技术联合创新中心、海洋科技创新中心等创新载体平台，建设检验检测、科技研发、生产制造、教育培训、人才培养和服务保障六大基地，打造服务链条完善、功能耦合联动的海洋电子信息和海洋智能装备产业集群。力争在“十四五”期间，将湾区建设成国际海洋科技城的智慧海洋创新发展主阵地，打造“千里海岸线、一条创新链”上高水平的海洋科技创新平台，吸引更多涉海科技企业、创新项目来此共圆“千里海岸线、一个创新梦”。此外，加快推进鲆鲽鱼及刺参等海珍品良种选育、海洋活性物质功效筛选、复合材料船艇先进制造等海洋创新平台建设，并围绕海洋生物医药及制品、海洋高端装备制造等领域，争创一批省级以上科技创新平台，着力提升区域海洋科技创新承载能力。

第二节 促进海洋产业精深发展

加快海洋制造业高端化、服务业优质化和海洋渔业现代化进程，构建富有竞争力的现代海洋产业体系。围绕海洋资源开发利用、海洋环境监测、船舶修造配套、智能装备研发等领域，鼓励骨干企业提升装备自主化水平，走总集成总承包

式发展路径，通过骨干企业膨胀发展、龙头企业引领带动，形成海洋高端装备制造产业集群。引导海洋生物医药企业在新药研发领域实现新突破，加强海洋健康食品领域自主创新，打造完整的海洋药物和生物制品产业链条。依托北海旅游度假区，整合开发海岸带旅游资源，发展“旅游+”模式，推动旅游与海洋产业深度融合，形成新的生产力和竞争力。引导发展涉海金融服务业，重点发展海洋产业投资基金、创投基金、天使基金、成果转化基金等海洋投资基金。加快调整现代海洋渔业产业结构，开展海洋水产品标准化健康养殖，加强海洋水产品主导产品良种培育和原种保护，稳步发展远洋渔业，着力建设“海上粮仓”。探索建立现代化海洋牧场示范体系，因地制宜推行多营养层级生态循环模式，打造集资源管护、物资补给、特色旅游、海洋科普等功能于一体的海上多功能平台，积极促进海洋牧场高质量发展。

第三节 统筹陆海一体联动发展

构筑陆海统筹发展的空间格局，严格落实好海岸带综合保护与利用规划，促进陆海产业布局、资源配置、基础设施、生态环保、近岸开发、远海空间等协调发展。统筹推进陆海产业联动发展，以陆域空间为腹地和市场，充分利用临海的区位优势、海洋的开放优势和海洋产业的经济技术扩散效益，带动海洋关联产业发展，促进适宜临海发展的产业到沿海集聚，实现陆海双线双向产业链条延伸，建立陆海复合型产业体系。提升海洋资源利用水平，高效开发海洋生物资源，重点开发基于功能基因、功能酶和活性物质等功效因子的海洋功能食品、生物材料、海洋药物、海洋化妆品，优化海产品精深加工配套工艺和装备技术，构建具有自主知识产权的海洋生物资源综合利用关键技术体系，提高海洋生物资源产业化能力。依托远遥浅海科技湾区建设，深度融入“葡萄滩—金海滩—小石岛—双岛湾”约70千米的岸线一体化联动发展布局，并积极向经开区、临港区拓展延伸，着力构建“湾、港、产、城”融合发展的大格局。

第七章 健全完善内需循环体系，高质量融入新发展格局

坚持扩大内需这个战略基点，加快培育完善内需体系，坚持扩大消费与优化投资并行，形成供给与需求相互促进、投资与消费良性互动的长效机制，全面融入以国内大循环为主体、国内国际双循环相互促进的新发展格局。

第一节 加快融入国内大循环

聚焦生产、分配、流通、消费各环节，充分对接强大国内市场，更好促进产业循环、市场循环、经济社会循环。全面对接重大区域发展战略，积极融入胶东经济圈一体化发展，依托北京奥北产业园、上海紫竹产业园、深圳滨海湾新区等招商前沿阵地，主动对接京津冀协同发展，加强与长江经济带、长江三角洲区域、粤港澳大湾区重点城市的交流合作，力争在产业发展、城市建设等领域取得新突破。全面深化供给侧结构性改革，积极融入国内大分工体系，充分依托区域要素禀赋和产业基础，强化政策、资金、平台、人才、服务等各类要素支撑，引导企业大力弘扬专业精神、工匠精神，坚守诚信，追求卓越，持续扩大有效供给和中高端供给，不断提高产品和服务质量，力争在新材料、高端装备制造、生物医药、新一代信息技术等战略性新兴产业链条中占据关键位置，在全域旅游、文化创意、医养健康等现代服务业领域中扮演重要角色，在市场公平竞争、消费者自主选择中涌现更多享誉全国乃至全球的优质品牌。

第二节 挖掘消费增长潜能

顺应国际市场环境新变化和国内消费升级新趋势，充分发挥消费对经济发展的基础性作用，以新消费引领新供给，以新供给创造新需求，进一步提升消费品质，优化消费结构。加快提振新的消费增长点，大力发展个性化、品质化消费，推动消费市场分层、领域细分、多点爆发。鼓励发展文化旅游、餐饮娱乐、商业购物、家政服务、医养健康、养老托幼、教育培训等生活性服务业，积极发展智慧生活、虚拟体验、5G场景应用、游戏电竞、智能家居等信息消费新业态；优化城市购物中心、商业综合体、大型超市等核心商圈布局，进一步完善功能、优化环境、提升档次；繁荣发展夜间经济，持续抓好特色街区建设运营，注重文化元素植入，不断丰富商业业态，积极发展夜游、夜宴、夜购、夜娱等夜间消费活动，完善夜间交通、安全、环境等配套设施，提升夜间消费满意度；支持会展经济发展，鼓励优质企业承办行业年会、高峰论坛、科创研讨会等，打造全国性或国际性知名会议品牌；推动乡村网络经济发展，畅通农村互联网络，拓展“乡村网红”直播带货渠道，促进农村商贸流通。

第三节 扩大精准高效投资

充分发挥投资对调结构、补短板、强弱项的关键性作用，聚焦重点领域和环节，创新投资理念，优化投向、提高投效，持续增强经济社会发展后劲。聚焦提升产业核心竞争力，重点围绕全省“十强”产业、全市七大千亿级产业集群以及全区“4+3”制造业、“2+3”服务业产业集群发力，抓好专业园区配套建设和整体运营，鼓励扶持龙头企业、骨干企业膨胀扩张，对重点产业链实施补链、强链、延链，力争培植一批具有“链主”地位的引领型企业，持续完善区域产业内部“微循环”体系；聚焦提高精致城市建设水平，加快布局5G网络、新能源汽车充电桩、人工智能等新型基础设施建设，加快老旧小区改造、路网管网敷设等传统基础设施建设，统筹推进交通水利、防震减灾、生态环保等工程建设，改善人民群众生产生活条件；聚焦“首善之区”品牌打造，针对人民日益增长的美好生活需要与发展不平衡不充分之间的矛盾，加快补齐医养健康、公共卫生、应急保障、文化教育、社会保障等领域短板，持续增进民生福祉。

第四节 优化消费投资环境

持续优化消费投资环境，完善促进消费投资健康发展体制机制，深化消费与投资良性互动，助力区域经济社会发展。健全经营主体激励保障机制，加强市场监管，规范商家行为，完善服务消费治理体系，提升消费市场监管水平，健全消费者权益保障机制，提高消费者满意度；积极鼓励定制消费、智能消费、绿色消费、体验消费等新模式新业态发展；落实带薪休假制度，加大补贴力度，推动错峰旅游消费，抓住节假日消费高峰期，打造“周末经济”“假日经济”热点；举办文旅消费体验活动，开发定向消费券，举办文化和旅游产品集中展销活动。严格落实国家、省、市关于鼓励社会投资的政策意见，提高投资便利化、服务化水平；鼓励民营企业参与国企混改、公用事业和基础设施建设，支持民间资本参与PPP项目投资和建设管理；加大优质项目招引力度，加强投资运行监管，依靠市场化、法制化手段，增强对保增长、稳预期、优结构的服务引导作用，形成开工一批、竣工一批、储备一批、谋划一批的良性机制，提高企业投资预期和生产信心。

第八章 深入实施城市国际化战略，打造对外开放新高地

深入对接国家及省、市对外开放战略，深度融入“一带一路”、中韩自贸区地方经济合作示范区、胶东经济圈建设，高质量参与国际循环，构建全方位、多层次、立体化的对外开放新格局。

第一节 加快城市国际化步伐

坚持世界眼光、国际标准、本地优势，推动建设开放型国际经济活跃城市、区域性交往中心城市、标准化国际生态宜居城市。全面深化对日韩的经贸合作，强化与仁川中区、首尔衿川区及大邱中区等友好城区交流、海外联络联谊，在经贸、文化、教育、产业等领域开展深度合作；深度融入“一带一路”建设，加强与区域全面经济伙伴关系协定（RCEP）成员国城市的紧密互联，深化与欧洲、北美国家城市的交流合作，夯实环翠区对外开放桥头堡地位。鼓励有实力的企业参与全球产业链布局，拓展境外承包工程、对外劳务等业务，提升企业国际合作影响力，提高产业国际化分工水平，增强对资源、市场、资本等要素的全球性配置能力。加强城市功能国际化、规范化建设，加快多语标识、国际学校、涉外门诊、自助导游等服务体系建设，在城市建设、语言环境、文化教育、医疗服务、休闲旅游、社会管理等方面与国际化标准全面接轨。持续开展好国际铁人三项赛、国际帆船赛等一系列国际交流活动，更好地展现首善之区风采，促进城市知名度和国际影响力双提升。力争到“十四五”末，城市国际化程度显著提升，达到全国领先水平。

第二节 进一步打开双向开放局面

充分利用国内国际两个市场两种资源，积极促进货物与服务、进口与出口等协调发展，促进国内、国际要素自由流动、资源高效配置、市场深度融合。加快转变贸易发展方式，实施以质取胜和市场多元化战略，优化贸易产品结构和区域结构，推动外贸向优质优价、优进优出转变，着力培养以技术、品牌、质量、服务为核心的外贸竞争新优势。建设集物流、仓储、展示、销售于一体的跨境电商产业园，推动优质电商孵化载体参评省级跨境电商聚集区，支持优质外贸企业布局“海外仓”，构建境外营销网络，拓宽海外市场，提升企业知名度。深入开展国际自主品牌培育工作，大力推广国际标准和国际认证，着力拓展国际品牌营销渠道，支持企业开展品牌国际并购，加快培育以品

牌为核心的国际竞争新优势。创新推动服务贸易，努力培养先进型服务贸易企业，扩大文化、旅游、设计、中医等服务出口；依托威海市服务贸易展销中心建设，利用中国服务贸易协会等行业协会资源，持续加强与国际知名企业在设计研发、品牌服务、检验检测等方面的服务贸易合作，积极开拓海外市场。

第三节　多措并举提升招商引资质量

坚持把招商引资作为经济工作的主战场，以高质量招商引资推动区域经济社会高质量发展。持续深化产业链招商，紧盯世界500强、央企百强及行业领军企业，绘制招商地图，完善数据库，优化“政府+企业+机构+项目”招商体系，针对重点企业实施“一企一策”，探索推行“链长制”，深度挖掘产业链、供应链。加强窗口招商力度，重点围绕新材料、生物医药、5G应用、新一代信息技术、大数据分析等优质产业，依托先进发展地区招商窗口，系统、定向推送相关项目、企业等动态信息，进一步提升招商的精准度。加强招商机构和团队建设，整合优势力量和优质资源，打造“懂产业、懂政策、懂法律、懂规则、懂谈判”的素质过硬的招商队伍。强化突出重点区域招商，紧盯京津冀、长三角、粤港澳大湾区，深耕日韩、欧美、“一带一路”沿线国家以及区域全面经济伙伴关系协定（RCEP）成员国城市，严格落实外商投资准入前国民待遇和市场准入负面清单制度，积极参加中国国际进口博览会、儒商大会等高层次国内外交流活动，主动承办或协办高级别经济论坛、企业峰会等，主攻高科技、高税收项目，争取引进落地一批好项目、大项目。力争到“十四五”末，引进过千万美元外资项目25个、引进过亿元内资项目10个。

第九章　加强深化改革行动力，以改革促发展促突破

准确把握新时代全面深化改革的历史机遇，加强制度设计、系统谋划和协调推动，聚合发展要素，破解瓶颈制约，持续激发全社会经济发展活力和创造力。

第一节　着力打造一流营商环境

加快政府职能转变步伐，全面深化“放管服”“一次办好”改革，深入推进审批服务便民化，打造“手续最简、环节最少、成本最低、效率最高”的审批服务环境。实施数字政府建设，探索打造“环翠数字大脑”大数据综合应用中心，打通部门间数据壁垒，推进跨层级、跨部门数据共享交换应用；加快政务服务流程再造，线上推广“一号通行”“一网通办”“掌上通办”，线下打造20分钟政务服务办事圈，实现企业、群众办事就近办、网上办、掌上办 。深化“市县同权”改革，逐步实现“异地可办”“就近可办”“全域通办”。深化相对集中许可权改革，扎实推动“一枚印章管审批”，推进同一事项无差别受理、同标准办理。深化“一件事”主题套餐服务，拓展民生服务“一链办理”，变“一事多流程”为“多事一流程”。提高容缺受理和承诺告知事项的标准化和规范化水平，通过融合信息资源获取相关证明材料等方式，进一步扩展容缺受理事项的覆盖范围。不断健全建设项目手续全程代办服务以及“1+1+N”服务专班机制，深入推进“拿地即开工”审批服务模式。持续抓好城市社区服务中心和村居便民服务代办点规范化建设运行，推进政务服务向村（社区）延伸，实现城市社区和农村便民服务代办点全覆盖。

第二节　持续激发市场主体活力

毫不动摇巩固和发展公有制经济，毫不动摇鼓励、支持、引导非公有制经济发展。深化国资国企改革，不断完善以管资本为主的国资监管体制，加快完善国有企业法人治理结构、健全灵活高效的市场化经营机制，持续优化国有资产布局，推动区属重点国有企业资产证券化信用评级，有效增强国有经济活力、竞争力、抗风险力。深化财税体制改革，持续完善财政预算管理制度，实施预算安排与绩效评价结果挂钩机制；推进“专项债券+市场化融资”模式，支持符合标准的重大基础设施专项债券项目进行组合融资。深化投融资体制改革，引导企业积极对接多层次资本市场，加快上市挂牌步伐；促进有效投资，特别是民间投资合理增长，进一步增强投资的针对性和精准性。探索推行“标准地”制度，逐步建立科学合理的用地控制性指标体系，提高土地利用效率，保障重大项目落实。促进非公经济发展，严格落实各项减税降费政策和市场准入负面清单制度，深入推行公平竞争审查制度，提升市场综合监管能力。构建亲清政商关系，切实保障民营企业家人身权、财产权、决策权、发展权，为民营企业提供全生命周期服务。

第三节　统筹推进重点领域改革

深化医疗、医保、医药联动改

革，全面推进公立医院综合改革，巩固取消药品加成政策，完善医疗服务价格动态调整机制。全面深化教育领域综合改革，增强教育改革的系统性、整体性、协同性，加大体制机制改革力度，落实和扩大学校办学自主权，深化教育协作区建设，健全教育督导工作机制，加快推动教育治理体系现代化、义务教育均等化。全面深化农村改革，落实第二轮土地承包到期后再延长三十年政策，探索实施农村集体经营性建设用地入市制度，探索宅基地所有权、资格权、使用权分置实现形式，深化农村集体产权制度改革，发展新型农村集体经济。健全完善人力资源供求服务机制，精准引导供需高效对接，有效促进和扩大就业。深化殡葬综合改革，建立健全基本殡葬公共服务体系，加快公益性公墓建设，全面推行海葬、树葬、骨灰寄存等节地生态葬。深化媒体融合体制机制改革，完善"媒体+政务"信息集中首发机制，打造面向本地居民的线上综合服务平台、新型商务平台，占领意识形态领域主阵地。健全儿童福利服务体系，引导社会力量参与农村留守儿童、困境儿童关爱服务。

第十章 推进乡村振兴重大战略，促进城乡融合发展

坚持把解决好"三农"问题作为各项工作重中之重，不断提高农业质量效益和竞争力，转变农业农村发展方式，提升乡村建设水平，实现巩固拓展脱贫攻坚成果同乡村振兴有效衔接，加快农业农村现代化，打造乡村振兴"环翠样板"。

第一节 坚持产业发展推动乡村振兴

坚持把培植产业作为乡村振兴的支撑，依托中国环翠轻户外运动小镇、里口山近郊休闲、花样桥头等样板片区建设，围绕"吃、住、行、游、购、娱"六要素，统筹规划旅游资源，加强基础设施建设，强化优质项目招引，整合宣传营销策略，积极对接社会资本，有效延伸产业链条，不断丰富片区业态，大力发展特色优势产业，深入推进农村一二三产融合发展，力争到"十四五"末，实现样板片区全覆盖，"一片区一品"产业格局基本形成。促进农业信息化、标准化、智慧化生产水平进一步提升，确保农产品供给平稳，大力发展特色种植业，稳步推进现代畜牧业，持续优化农产品精深加工，加快培育农村物流、农村电商，加强质量安全监管，夯实乡村振兴经济基础，创建一批农业现代化示范区。加快培育农民合作社、家庭农场等新型农业经营主体，加强农业社会化综合服务中心建设，健全农业专业化社会化服务体系，发展多种形式适度规模经营，提高农民收入水平，实现巩固脱贫攻坚成果的长效机制。搭建农业产业交流合作平台，组织企业参加各类投资洽谈活动和国际国内展会，招引优质产业项目，积极开拓国内外市场。

第二节 培育人才队伍促进乡村振兴

健全乡村人才政策支撑体系，构建以能力、业绩、贡献为导向的人才评价机制，激励各领域人才向乡村集聚。拓宽引才渠道，实施"百村千人"计划，推进机关干部、农业专家、涉农企业人才等力量下沉，吸引高校毕业生、退役军人、外出务工人员、退休公职人员返乡创业。实施高素质农民培育工程，围绕美丽乡村、精品旅游、特色农业等开展专业化技能培训，培育一批"土专家""田秀才"和农业职业经理人，激发乡村人才创新创造活力。充分挖掘好、使用好本土实用人才，建立乡土人才信息库，把各类人才的"带领技艺传承、带强产业发展、带动群众致富"作用充分发挥出来。拓宽乡村振兴人才引进渠道，坚持"广摸需求+精准对接"的原则，"人才+项目"的方式，"滴灌式"引进各类乡村振兴急需人才。建设完善农业人才"一站式"服务窗口，优化管理服务机制、健全完善激励机制，解决农村人才的后顾之忧，加大农村人才的吸引力度，逐步改善农村缺劳力、缺文化、缺技术"三缺"现象，逐渐建立爱农业、懂技术、善经营的乡村振兴生力军。

第三节 深化文化建设推进乡村振兴

采用各种群众喜闻乐见的宣传方式，使习近平新时代中国特色社会主义思想在农村落地生根、家喻户晓，引导人民群众知党恩、听党话、跟党走。加强思想道德建设，充分发挥新时代文明实践中心的引导作用，用中国特色社会主义文化、社会主义思想道德牢牢占领农村思想文化、意识形态阵地。大力推进乡风文明建设，培养文明乡风、良好家风、淳朴民风，加快促进农村移风易俗，提高乡村社会文明程度。进一步巩固国家公共文化服务体系示范区创建成果，推动文化惠民工程与农村群众文化需求有效对接，提高公共文化服务效能，提升基层综合文化服务中心水平。开展好乡村红色印迹资源的保护利用，依托人物故居、遗迹遗址等打造红色旅游项目，讲好讲活红色故事。深入实施乡村记忆工程，保护传承优秀

传统、乡土文化，赋予乡村文化新的时代内涵。持续开展送戏下乡、送书下乡、电影下乡、文艺辅导下乡等文化下乡活动，丰富农民文化生活，弘扬时代主旋律，传递社会正能量。培植本地特色的民间艺术、民俗表演，加强农村题材的艺术作品创作与推广，带动农村文化产业发展。

第四节　确保绿色生态引领乡村振兴

稳妥推进乡村建设，加强村庄规划建设的统筹协调，建立完善农村基础设施和农村人居环境治理改善长效管护机制，持续深化全域美丽乡村建设。深入实施农村道路、厕所、供电、学校、住房、饮水、供暖“七改”工程，推进城乡基础设施建设共建共享、互联互通。持之以恒开展好农村人居环境综合治理，聚焦农村改厕提质、生活污水治理、垃圾分类处置、饮水安全、清洁供暖、村庄道路、绿化美化、家庭卫生等重点领域的短板问题，持续抓整改、抓落实、抓见效，全力推动农村基础设施和人居环境大提升，实现城乡环境卫生同质同标，改善农村人居环境。按照“一乡一品”“多乡一品”思路，坚持高点定位、产村融合、精品建设，争取创建更多省级以上美丽乡村示范村，打造美丽乡村示范群。加快推进高效农业、节水农业步伐，稳步推进高标准农田建设，提高农业废弃物资源化综合利用程度，推广测土配方施肥、水肥一体化等技术，减少农药使用量，加强农产品质量安全管理，推动农林牧渔多种模式融合的生态循环农业探索，建设健康稳定的田园生态系统。

第五节　加强组织建设保障乡村振兴

以实现全域组织振兴为目标，牢固树立大抓基层导向，推进党支部星级标准化建设，按照“抓两头带中间”的工作思路，培育选树一批标兵村、整顿提升一批后进村；力争到2025年，村级党组织全部达到三星级以上标准，每年评定五星级党组织数量达到20%以上。推进村级组织区域化建设，依托乡村振兴样板片区，组建区域党建联合体，搭建农村、政府、企业、社会组织、股份经济合作社等多方联合的资源集聚平台，汇聚乡村振兴强大合力。推进村级干部队伍专业化建设，建立公开选聘和遴选进编双向机制，实现“领头雁”队伍整体优化提升；实施农村后备干部递进培育和发展党员“一片红”计划，拓宽选人用人视野；推广专业社工进农村，补充村级治理力量。推进乡村治理现代化建设，以积分制管理为抓手，大力推广信用进农村工作，完善村级议事协商机制，形成共建、共治、共享“三共”的社会治理格局和自治、法治、德治“三治结合”的乡村治理体系。

第十一章　深入践行绿色发展理念，保卫蓝天碧水净土

深入贯彻落实习近平生态文明思想，践行“绿水青山就是金山银山”的发展理念，推行绿色生产生活方式，全面提高资源利用效率，推进生态效益、经济效益、社会效益高度统一，推动生态环境质量持续改善，着力提升生态绿色、宜居宜业的美丽环翠层次和量级。

第一节　强化生态环境保护

落实“多规合一”国土空间规划体系、“三线一单”生态环境空间管控体系，深入推进低效用地规划整治、闲置土地处置，持续优化国土空间保护开发格局。巩固蓝天碧水净土保卫战成果，实施环境空气质量改善工程，扎实开展好施工扬尘防治、挥发性有机污染物整治、非道路移动机械污染防治等管控措施，防止禁燃区污染反弹，确保空气质量稳定达到国家二级标准；严格落实“河长制”“湖长制”“湾长制”，加强水源地涵养区生态安全管控、生活污水整治、近岸海域污染防治，确保水质稳定达标，持续优化区域水生态环境；严防工业农业污染、减少生活污染，做好土壤污染预防工作；严格落实“林长制”，持续加强林业有害生物防控工作，加强森林生态系统培育保护，实现森林资源“三保、三增、三防”目标；按照固体废物资源化、减量化与无害化的原则，防治固体废物污染。加强海域海岛海岸带整治修复，常态化实施好靖子湾生态岸线整治修复和石家河河道生态治理等各项工程，实施里口山区域植被恢复提档升级工程，健全完善生态修复体系、生态补偿机制。

第二节　鼓励发展生态经济

持续深化循环经济发展，大力推动绿色经济模式，全面建成资源节约型、环境友好型城区。深入推进“无废城市”建设，持续推进固体废弃物综合利用。鼓励传统产业企业加速绿色化、智能化改造，加快建设绿色发展体系。鼓励绿色制造业发展，推进水资源循环利用、

废物交换利用、土地集约利用，促进产业循环式组合；加快推动农林牧渔业生产过程清洁化、废物处理资源化，形成清洁生产模式；支持发展环保咨询、信息、技术服务，拓展节能、能源交易等服务市场。充分发挥华夏城生态文明馆和生态文明培训中心作用，宣传生态文明理念，展现生态优先、绿色发展的生态实践，通过寓教于乐、学游皆宜等方式，为群众提供优质的生态文明教育与体验。优化能源结构，稳步发展光伏发电、农林生物质发电等新能源和可再生能源，严格控制煤炭消费增量，逐步降低煤炭消费比重。优化绿色产品供给，推进绿色公交、绿色建筑等基础设施建设，积极推广被动式超低能耗建筑。大力倡导简约适度、绿色低碳的生活方式，广泛开展节约型机关、绿色家庭等行动，增强全民生态环保意识。做好与省市煤炭消费尽早达峰政策衔接，聚焦国家、省、市各级用能权、碳排放权交易市场机制发展，积极推动符合环翠能源消费实际的双控制度建设，实现减污降碳协同效应，提升生态系统碳汇能力，为在全省率先实现碳达峰、碳中和目标奠定坚实基础。深入推进生活垃圾分类，形成成熟的生活垃圾分类模式，让垃圾分类成为生活“新时尚”。

第三节　加大环境监管力度

严格落实环境保护“党政同责”“一岗双责”，坚决查处环境保护方面“不作为、乱作为”和失职渎职问题，提高生态环境保护工作水平。加强行业准入和执法倒逼，严格落实排污许可证制度，严格执行污染物排放标准和主要污染物总量控制制度，有效降低单位GDP能耗、单位GDP排放，加强污染源防控和治理；严格落实准入标准和负面清单，增强发展的生态成本意识，严守项目建设“绿色门槛”，坚决杜绝“三高一低一剩”项目落地；完善考核评价机制，健全监管机制，抓好重点园区、重点行业、重点企业的污染防治；加强生态、公安、住建、城市综合执法等多部门统筹协调，加快环境执法队伍建设，完善环境监管联合执法制度，构建全区域各行业环境污染执法监管网络。用好生态环境智慧监管平台，开展实时在线环境监控，完善风险防范及预警体系。健全环境治理企业责任体系，完善企业环境信用管理。发挥媒体引导作用，加大环境保护宣传力度，带动广大市民和社会组织参与环境监督。

第十二章　坚持以人民为中心，持续增进民生福祉

坚持把实现好、维护好、发展好最广大人民根本利益作为发展的出发点和落脚点，将改善民生作为经济社会发展的首要任务，加快实现学有优教、病有良医、老有颐养、幼有善育、劳有多得，使社会进步可以普惠全区人民，使人民群众的获得感、幸福感、安全感更加充实、更有保障、更可持续。

第一节　提升社会保障服务水平

坚持就业优先战略和积极就业政策，搭建就业平台，强化技能培训，突出就业帮扶，加强失业预防和调控，持之以恒做好高校毕业生、农村转移劳动力、城镇困难人员、残疾人等重点群体的就业工作。完善工资制度、按要素分配政策制度、再分配调节机制，着力提高低收入人群收入，扩大中等收入群体规模。严格落实保障农民工工资支付各项制度，切实保障农民工合法权益。实施“全民参保计划”，建立基本医疗保险与医疗救助相衔接的新制度，倾力做好重点群体医疗保障、养老保障等工作，健全社会保险内控制度，保证基金合理化支出，加快推进社会保险全覆盖。持续完善养老服务体系，升级提档“12349”智慧养老服务云平台，强化养老服务供给、人才培育，推进镇（街道）养老服务中心全覆盖，在社区建立养老服务站，打造嵌入式养老服务机构，强化居家养老服务，全面提升区域养老水平。坚持男女平等基本国策，保障妇女儿童和青少年合法权益，重点保障妇女平等获得就业、教育、医疗、救助等权利，积极推进儿童友好型社区建设，形成关爱、尊重、赋能儿童与城市品牌建设共赢的成长空间，深入实施青年发展规划，促进青年全面发展。创新社会救助体制机制，打造以社区为服务平台，社会组织、社区企业、社会工作者、社区志愿者为补充，社会救助资源为依托的“六社联动”模式，实现救助信息大整合、救助群体大覆盖、救助效能大提升。健全老年人、残疾人等关爱服务体系和设施，完善帮扶残疾人、孤儿等社会福利制度。深入推进东西部协作和对口支援。加强退役军人就业安置、服务保障、双拥共建等各项工作，维护军人军属合法权益。坚持“房住不炒”，加快建立多主体供给、多渠道保障、租购并举的住房保障制度。

第二节　创造优质均衡教育格局

坚定教育优先发展战略，建设高质量教育体系，加快推进区域教育现代化进程。坚持社会主义办学方向，全面加强党对教育工作的领

导，把立德树人作为教育的根本任务，发挥教育在培育和践行社会主义核心价值观中的重要作用。着力完善“大德育”体系，深化学校思想政治理论课改革创新，加强和改进学校体育美育，广泛开展劳动教育，健全家庭和社区教育工作长效机制，持续推进“素质教育四项行动”，构建“五育并举”的育人体系，完善特殊教育保障机制，促进学生德智体美劳全面发展，培养学生爱国情怀、社会责任感、创新精神、实践能力，争创全国义务教育优质均衡发展县（市、区）。实施新时代强师兴教工程，构建科学、合理的管理体系，深化有梯次、有保障的培养体系，打造和谐向上的师德建设体系，推动教师队伍建设现代化。编制实施第四期学前教育行动计划，推动学前教育优质普惠发展，持续扩大公益普惠性学前教育资源供给，完善幼小衔接机制，提升学前教育公共服务水平，争创国家学前教育普及普惠县。构建和谐开放、社校共融的社区教育模式，融合实施信用共建机制，整合利用学校与社区的优质资源，发挥在线教育优势，完善终身教育体系。探索实施导向明确、权威有效的督导考核机制，进一步激发中小学办学活力。加快推动职业教育创新发展高地建设，支持和规范民办教育事业健康发展，充分发挥民办教育生力军作用。推动教育教学国际合作，鼓励中小学校与国内外同类学校建立友好关系，开展形式多样的师生交流活动，提高教育国际化水平。加快推进福泰中学、明湖路学校、武夷路学校、河北学校、羊亭国际学校等项目建设，提升教育基础设施水平。深入推进人工智能教育，以省人工智能教育试点区建设为契机，强化与优质教育集团的战略合作，改造升级师资、课程，主动参与相关赛事，积极创建基地校、试点校，打造人工智能教育“环翠模式”。

第三节　推进健康幸福环翠建设

把人民健康放在优先发展战略地位，努力全方位全周期保障人民健康。加大疾病预防控制体系改革力度，推进疾控机构标准化建设，稳定公共卫生事业投入，完善基层公共卫生体系，健全突发公共卫生事件监测预警机制。深化医药卫生体制改革，持续推进区域医共体建设，推进区级优质医疗资源下沉，健全分级诊疗制度，推进药品和耗材集中采购使用。持续推进基层医疗卫生机构标准化建设，开展社区医院试点建设，提升基层卫生健康服务能力。实施基层卫生人才定向培养计划，引导优秀人才向基层下沉。加快推进卫生健康信息化建设，提升“智慧医疗”服务水平。加快中医药传承创新，发展特色中医医疗，建设一处区级中医医院。巩固省级慢性非传染性疾病综合防控示范区建设，提升慢性病防治防控能力。优化提升健康教育、慢病管理、妇幼健康、残疾康复、老龄事业等服务水平，重视精神卫生和心理健康，抓好职业病防治，促进人口长期均衡发展。广泛开展爱国卫生运动，深入推进健康中国行动。加快建设医疗健康城，促进医养健康产业聚集发展。弘扬伟大抗疫精神，营造尊医重卫的良好风尚。

第四节　完善文化体育服务体系

紧紧围绕满足人民群众需求，繁荣发展文化和体育事业，积极发挥其引领风尚、教育人民、服务社会、推动发展的作用。完善提升公共文化设施，高标准建设公共文化服务中心、档案中心、里口山民俗记忆馆等，确保环翠区图书馆、文化馆新馆达到国家一级馆标准，实现镇（街道）综合文化站达到国家级标准，村（社区）综合文化服务中心全覆盖，推进文化馆图书馆总分馆制建设，促进基本公共文化服务均等化。加强区域文化品牌建设，持续办好“5·23”歌咏会、国际沙滩音乐节、全国京剧票友节等品牌文化活动，文化和旅游惠民消费季、纳凉晚会等群众文化活动。繁荣文艺精品创作，完善文化产品评价体系和激励机制，创作一批赋有思想性、艺术性、观赏性的文艺精品。弘扬优秀传统文化，加强优秀传统文化传承基地建设，建立健全非遗保护政策体系，打造非遗产业基地，推进非遗项目进社区、进学校、进企业。做好红色印迹抢救保护利用工作，完成全区遗址遗迹的立碑挂牌、修缮提升。加快发展体育事业，加强健身步道、骑行道、全民健身中心、体育公园、社区多功能运动场等全民健身公共设施建设，承办、协办国际铁人三项赛、中国山地自行车山东·环翠站等国内外重大赛事，统筹推进群众体育、学校体育、竞技体育、体育产业协同发展；继续加强学校体育设施开放、体育器材配建等工作，推广八段锦等健身项目，提高全民健康水平，积极创建全国全民运动健身模范区。此外，统筹做好广播电视、档案史志等各项工作。

第十三章　强化安全发展理念，打造平安环翠法治环翠

深入学习贯彻习近平法治思想，全面落实总体国家安全观，牢固树

立“一盘棋”思维，把安全发展贯穿经济社会发展各领域、全过程，进一步提高治理能力和法治能力，防范化解各类矛盾风险，为区域经济社会发展提供坚强保障。

第一节 强化重点领域安全保障

加强国家安全体系和能力建设，严格落实党委（党组）国家安全责任制，提升预警预防、风险研判、危机管控、应对处置能力。健全完善维护重点领域风险排查和联防联治机制；加强维护国家安全力量建设；加强国家安全宣传教育，将国家安全教育纳入党员领导干部、中小学教育培训体系，巩固国家安全人民防线；坚定维护政权安全、制度安全、意识形态安全，深化反颠覆、反渗透、反恐怖、反邪教各项工作。持续推进“食安环翠”建设，健全食品药品监管基础设施、执法装备和技术支撑体系，进一步提升食品、药品、保健品、医疗器械等质量安全管理水平，保障人民群众饮食用药安全。统筹抓好动物防疫工作，强化对无规定动物疫病区管理、建设。持续完善安全生产目标管理机制，常态化开展危险化学品、建筑施工、道路交通、食品药品、校园校车、消防安全、海洋渔业等重点领域安全生产隐患排查整改活动，强化森林防火基础设施建设，确保全区安全生产形势持续稳定。提高工业产品安全水平，重点加强药械化安全监管，强化特种设备安全监管，实施重点工业产品质量安全监管。加快重点企业安全监管服务平台建设，在危险化学品、烟花爆竹、涉氨制冷、粉尘防爆等重点行业领域深入开展安全生产专项整治行动，督促企业强化问题隐患自查自纠，确保生产安全。引入第三方机构开展“双体系”创建、运行、评估，健全安全生产长效机制。加强监管队伍建设，持续开展安全生产宣传教育“七进”活动，营造良好的安全生产氛围。

第二节 加快推进社会治理现代化

以威海市创建“全国市域社会治理现代化试点合格市”为契机，不断深化“六治一网”市域社会治理创新模式，推动网格化服务管理与“吹哨报到”深度融合，全面提升市域社会治理现代化水平。坚持和发展新时代“枫桥经验”，强化全周期管理，完善事前事中事后全程治理机制，构建源头防控、排查梳理、纠纷化解、应急处置的社会矛盾综合治理机制。推进公安机关基层基础攻坚，开展“两个大抓”和“精致公安”建设，夯实现代警务根基，全面推进“警种联动、警保联控、警民联防”工作。健全社会心理服务体系和危机干预机制，建立扫黑除恶常态化工作机制，严厉打击“黄赌毒”“食药环”“新型网络犯罪”等违法犯罪，加强对寄递物流、危爆物品等行业监管，打造城乡统筹、网上网下融合、人防物防技防结合、打防管控一体的社会治安防控新格局。深化金融风险防控工作，积极开展“无非法集资”村（社区）创建活动，提高宣传覆盖面，持续加大非法集资打击力度，守住不发生系统性金融风险底线。深入开展平安镇（街道）、平安学校、平安医院等多种形式平安创建活动，持续加强基层组织、基础工作、基本能力建设，全面提升平安环翠建设科学化、社会化、法治化、智能化水平。

第三节 扎实推进法治环翠建设

有效发挥法治的引领和规范作用，维护宪法权威，深入推进科学立法、严格执法、公正司法、全民守法，全面提升法治环翠建设水平。加强法治政府建设，积极开展法治政府示范创建活动，牢固树立依法行政理念。持续优化法治化营商环境，积极争创“国家级法治政府建设示范区”。全面推行行政执法公示、执法全过程记录和重大执法决定法制审核制度。深化行政执法体制改革，推进综合执法，建立健全行政执法权限协调机制、行政执法与刑事司法衔接机制。统筹抓好“八五”普法，严格落实“谁执法谁普法”的普法责任机制，深入推进法治文化建设，以全民普法促进全民守法。完善公共法律服务体系，建成覆盖城乡、便捷高效、均等普惠的现代公共法律服务体系。抓好智慧调解系统应用，进一步探索创新“诉—警—调”对接机制，形成相互协调的多元化矛盾纠纷解决体系。深化司法体制改革，完善权力司法保障和权力司法监督，促进司法公正。深化以审判为中心的刑事诉讼制度改革，深化民事诉讼制度改革，推行“分调裁”改革，促进矛盾纠纷源头化解。建立分段集约化执行模式，建设智慧执行系统，构建全流程解决执行难长效机制。

第四节 加快健全应急管理体系

坚持预防为主、平战结合，推动建立政府主导和社会参与相结合，全民动员、协调联动的应急工作格局，着力构建大应急管理体系，不断提升应急处置水平。加强构建政府引导、市场主导、产业协同、慈善并举的应急管理服务体系，持续完善公共卫生、食品药品、自然灾害、社会安全、突发事件等监测预警、风险研判、应急救援机制，积极推动应急救援指挥平台优化升级，进一步实现政策衔接、信息资源共享、快速联动响应，确保高效协作应对风险。统筹推进基层应急能力建设，促进镇（街道）政府专职消防队、企业专职消防队、志愿消防队、灾害信息员等多元力量发展。建立海洋指挥管理系统，构筑安全生产和海上船舶应急救助体系，加强海防体系建设。在企业、社区、学校开展常态化应急疏散演练，引导社区居民开展风险隐患排查和治理。

第十四章　保障措施

始终坚持和加强党的全面领导，充分发挥党总揽全局、协调各方的领导核心作用，进一步坚定信心、凝聚力量，攻坚克难、狠抓落实，全力把宏伟蓝图变成美好现实。

第一节　加强党的集中统一领导

深入学习贯彻习近平新时代中国特色社会主义思想，增强“四个意识”、坚定“四个自信”、做到“两个维护”，把党的政治优势、组织优势转化为推动发展的强大力量。全面贯彻落实意识形态工作责任制，健全意识形态源头研判、过程督导、结果考核全链条闭环工作制，确保各类意识形态阵地安全。坚持和完善党领导经济社会发展的体制机制，不断提高把方向、谋大局、定政策、促改革的能力和定力。把完善权力运行和监督制约机制作为实施规划的基础性建设，深入推进全面从严治党，坚持和完善监督体系，以党内监督为主导，推动各种监督协调贯通，突出加强政治监督，使监督体系更好融入国家治理体系，释放更大监督效能，以有力有效的监督保证党的全面领导贯穿经济社会发展全过程。锲而不舍落实中央八项规定及其细则精神，持之以恒纠治“四风”，力戒形式主义、官僚主义。坚持无禁区、全覆盖、零容忍，一体推进不敢腐、不能腐、不想腐，营造风清气正的政治生态。

第二节　团结带领全区人民开拓奋进

坚持人民主体地位，充分尊重群众创造历史的主体地位，充分尊重群众实践的首创精神，充分激发广大人民群众的积极性、主动性、创造性，全力调动一切积极因素，确保规划有效实施。坚持和完善人民代表大会制度，坚持和完善中国共产党领导的多党合作和政治协商制度，发挥工会、共青团、妇联等人民团体作用，把各自联系的群众紧紧凝聚在党的周围。完善大统战工作格局，健全同党外知识分子、非公有制经济人士、新的社会阶层人士的沟通联络机制，深入做好台港澳工作、侨务工作、民族宗教工作，广泛团结海内外爱国力量。加强国防教育、双拥工作，巩固军政军民团结，共建共享首善之区。

第三节　健全规划实施保障机制

统筹推进规划组织实施，扎实推进目标任务落实落地。建立健全规划与财政、金融、产业等政策的协调协同和实施机制。在重大战略实施、重大建设布局、重点示范试点以及财税金融、土地规划、社会保障等方面，全力争取政策扶持。围绕经济结构战略性调整，发挥政策导向作用，积极引导社会资源投向。加强公共财政体系建设，调整和优化公共财政支出结构，强化公共财政对规划实施的保障作用。加强规划控制和政策引导，以科学发展、节约集约用地和切实守住耕地红线为前提，统筹生产、生活和生态用地，优化城乡用地结构和布局，做好土地征收成片开发，优先保障重点产业、重点企业、重点项目建设用地，全力保障好规划实施项目在用地、用海、用林、环境容量以及用水、用电、用气等方面的指标需求。

第四节　强化规划实施监督评估

建立完善评估机制。加强对规划主要目标、约束性指标和重大任务完成情况的评估，向区人大汇报进度、接受人大监督，并向区政协通报情况。推进规划实施的信息公开，加强社会对规划实施的监督。客观公正开展规划实施情况中期评估和实施后评估，及时发现规划执行中突出问题并整改，评估报告提请区人大常委会审议。动员全社会参与。加强规划宣传，着力推进规划实施的信息公开，广泛征求人大、政协和社会各界对规划实施的意见和建议，健全政府与企业、市民的信息沟通和交流机制，发挥新闻媒体、群众社团的桥梁和监督作用，提高规划实施的民主化程度和透明度，促进规划的有效实施。

实现“十四五”规划和2035年远景目标，意义重大、使命光荣，任务艰巨、前途光明。全区上下要更加紧密地团结在以习近平同志为核心的党中央周围，勠力同心、真抓实干，为实现宏伟蓝图砥砺奋进，奋力开创“精致城市·幸福威海”首善之区建设全新局面！

重要文件

2020年中国共产党环翠区委员会文件一览表

表45

印发日期	文号	文件标题
2020年5月12日	威环发〔2020〕1号	中国共产党环翠区委员会 环翠区人民政府关于抓好“三农”领域重点工作确保如期实现全面小康的实施意见
2020年5月25日	威环发〔2020〕2号	中国共产党环翠区委员会 环翠区人民政府印发《关于实施“英才汇翠”计划加快新旧动能转换的意见》的通知
2020年6月19日	威环发〔2020〕3号	中国共产党环翠区委员会 环翠区人民政府关于进一步加强耕地保护工作的意见
2020年12月31日	威环发〔2020〕6号	中国共产党环翠区委员会关于制定环翠区国民经济和社会发展第十四个五年规划和二〇三五年远景目标的建议

2020年环翠区人民政府文件一览表

表46

印发日期	文号	文件标题
2020年3月25日	威环政发〔2020〕1号	关于做好第七次全国人口普查的通知
2020年5月25日	威环政发〔2020〕2号	关于印发《环翠区2020年招商引资奖励办法》的通知
2020年1月4日	威环政字〔2020〕1号	关于储备环翠区国有建设用地的批复
2020年2月17日	威环政字〔2020〕4号	关于对环翠楼街道撤销、设立社区居委会的批复
2020年2月17日	威环政字〔2020〕5号	关于对嵩山街道申请调整、设立社区居委会的批复
2020年6月16日	威环政字〔2020〕8号	关于印发《环翠区职业教育创新发展高地建设实施方案》的通知
2020年7月21日	威环政字〔2020〕10号	关于公布第六批区级非物质文化遗产代表性项目名录及区级非物质文化遗产代表性项目名录扩展项目名录的通知
2020年8月6日	威环政字〔2020〕13号	关于对竹岛街道申请设立社区居委会的批复
2020年9月21日	威环政字〔2020〕17号	关于公布区级政务服务事项中介服务项目清单的通知
2020年12月25日	威环政字〔2020〕19号	关于调整区级行政权力事项的通知

2020年中国共产党环翠区委员会办公室文件一览表

表47

印发日期	文号	文件标题
2020年3月30日	威环办发〔2020〕1号	中国共产党环翠区委员会办公室关于印发《党委（党组）运用监督执纪“第一种形态”工作办法（试行）》的通知
2020年7月3日	威环办发〔2020〕5号	中国共产党环翠区委员会办公室印发《关于党建引领股份经济合作社高质量发展的指导意见》的通知
2020年8月31日	威环办发〔2020〕7号	中国共产党环翠区委员会办公室　环翠区人民政府办公室关于印发《环翠区提标提速提效推动营商环境攻坚突破实施方案》的通知
2020年11月5日	威环办发〔2020〕8号	中国共产党环翠区委员会办公室印发《关于在全区开展干部作风大改进行动的实施方案》的通知

2020年环翠区人民政府办公室文件一览表

表48

印发日期	文号	文件标题
2020年2月7日	威环政办发〔2020〕1号	关于应对新型冠状病毒感染肺炎疫情支持中小企业平稳健康发展的若干意见
2020年6月24日	威环政办发〔2020〕2号	关于公布规模以上工业企业2019年度“亩产效益”评价结果的通知
2020年9月24日	威环政办发〔2020〕3号	关于印发威海市环翠区行政审批与监管协调联动工作机制的通知
2020年1月3日	威环政办字〔2020〕1号	关于印发《环翠区“无废城市”建设试点推进方案》的通知
2020年1月7日	威环政办字〔2020〕2号	关于印发《威海市环翠区城市国际化语言环境建设工作实施方案》的通知
2020年1月19日	威环政办字〔2020〕4号	关于印发《关于扎实开展林下可燃物清理工作的实施方案》的通知
2020年1月31日	威环政办字〔2020〕5号	关于印发《环翠区创建山东省残疾预防综合试验区工作方案》的通知
2020年3月13日	威环政办字〔2020〕6号	关于调整成立威海市环翠区森林防灭火指挥部的通知
2020年3月16日	威环政办字〔2020〕8号	关于调整全区防汛抗旱指挥体制有关事项的通知

续表48

印发日期	文号	文件标题
2020年3月30日	威环政办字〔2020〕9号	关于印发《环翠区森林消防专业队伍建设实施方案》的通知
2020年4月10日	威环政办字〔2020〕10号	关于公布区级行政执法主体的通知
2020年4月14日	威环政办字〔2020〕11号	关于重新公布环翠区湾长制组织体系设置的通知
2020年4月23日	威环政办字〔2020〕13号	关于印发《环翠区住宅物业项目服务质量星级管理办法》的通知
2020年4月28日	威环政办字〔2020〕14号	关于增设精致城市建设攻坚突破行动推进工作专班的通知
2020年7月20日	威环政办字〔2020〕19号	关于印发《关于改革完善医疗卫生行业综合监管制度的实施方案》的通知
2020年7月31日	威环政办字〔2020〕20号	关于印发《威海市环翠区基层政务公开标准化规范化工作实施方案》的通知
2020年9月30日	威环政办字〔2020〕24号	关于印发《威海市环翠区耕地保护责任目标考核办法》的通知
2020年11月24日	威环政办字〔2020〕30号	关于贯彻落实政府过紧日子要求进一步加强财政管理的通知
2020年11月27日	威环政办字〔2020〕31号	关于印发《威海市环翠区突发环境事件应急预案》的通知
2020年12月4日	威环政办字〔2020〕32号	关于公布规模以下工业企业2019年度“亩产效益”评价结果的通知
2020年12月18日	威环政办字〔2020〕33号	关于做好第一次全国自然灾害综合风险普查工作的通知
2020年12月29日	威环政办字〔2020〕34号	关于公布2020年度区级企业技术中心、区级工程技术研究中心和区级工业设计中心的通知

规范性文件

环翠区关于鼓励龙头企业发展的扶持意见

（威环财发〔2020〕1号　2020年5月25日）

第一章　总则

第一条　为进一步发挥财政资金的引导和扶持作用，鼓励我区龙头企业发展壮大，特制定鼓励龙头企业发展的扶持意见。

第二条　扶持资金是指由财政预算安排，用于扶持在环翠区统计主要经济指标的企业。

第三条　扶持资金重点支持制造业、金融服务、城市建设投资与资产管理服务、商贸流通、交通运输、进出口等行业的龙头企业。

第四条　扶持意见涉及相关内容的扶持资金与本区域内其他政策涉及的同类扶持资金不重复执行。扶持意见中，同一企业不重复享受同类扶持资金，按就高原则给予扶持。

第五条　对于非国有企业，扶持资金扶持企业和法定代表人各50%，对于国有企业，扶持资金全部扶持企业。

第二章　扶持范围、标准及方法

第六条　对制造业龙头企业的扶持

（一）扶持范围。营业收入达到7亿元（含）以上且全口径税收4000万元（含）以上的企业。

（二）扶持标准。单个企业最高不超过100万元。

（三）认定方法。由区财政局牵头，区工业和信息化局、税务局配合，根据企业年度营业收入、全口径税收、地方税收等指标进行综合评定。按总分100分计算，营业收入、全口径税收、地方税收3项指标分别赋10分、30分、60分。企业扶持金额，以企业得分除以100，乘以单个企业最高扶持金额确定。

1.营业收入指标（10分）。（由区财政局认定企业营业收入情况）

（1）总量（3分）。不低于上年实际完成额，得3分，否则不得分。

（2）增幅（7分）。在本类别中，用最大标杆法赋分。增幅为负的不得分。

2.全口径税收指标（30分）。（由区税务局认定企业纳税情况）

（1）总量（9分）。不低于上年实际完成额，得9分，否则不得分。

（2）增幅（21分）。第一部分，在本类别中，用最大标杆法赋分，最高10.5分，增幅为负的不得分。第二部分，增幅达到30%（含）的，赋10.5分，未达到30%的，按比例赋分，增幅为负的不得分。

3.地方税收指标（60分）。（由区税务局认定企业纳税情况）

（1）总量（18分）。不低于上年实际完成额，得18分，否则不得分。

（2）增幅（42分）。第一部分，在本类别中，用最大标杆法赋分，最高21分，增幅为负的不得分。第二部分，增幅达到30%（含）的，赋21分，未达到30%的，按比例赋分，增幅为负的不得分。

第七条　对金融服务行业龙头企业的扶持

（一）扶持范围。从事金融服务行业，营业收入达到2亿元（含）以上且全口径税收3000万元（含）以上的企业。

（二）扶持标准。单个企业最高不超过100万元。

（三）认定方法。由区财政局、地方金融监管局牵头，区税务局配合，根据企业年度营业收入、全口径税收、地方税收等指标进行综合评定。按总分100分计算，营业收入、全口径税收、地方税收3项指标分别赋10分、30分、60分。企业扶持金额，以企业得分除以100，乘以单个企业最高扶持金额确定。

1.营业收入指标（10分）。（由区财政局、地方金融监管局认定企业营业收入情况）

（1）总量（3分）。不低于上年实际完成额，得3分，否则不得分。

（2）增幅（7分）。在本类别中，用最大标杆法赋分。增幅为负的不得分。

2.全口径税收指标（30分）。（由区税务局认定企业纳税情况）

（1）总量（9分）。不低于上年实际完成额，得9分，否则不得分。

（2）增幅（21分）。第一部分，在本类别中，用最大标杆法赋分，最高10.5分，增幅为负的不得分。第二部分，增幅达到30%（含）的，赋10.5分，未达到30%的，按比例赋分，增幅为负的不得分。

3. 地方税收指标（60分）。（由区税务局认定企业纳税情况）

（1）总量（18分）。不低于上年实际完成额，得18分，否则不得分。

（2）增幅（42分）。第一部分，在本类别中，用最大标杆法赋分，最高21分，增幅为负的不得分。第二部分，增幅达到30%（含）的，赋21分，未达到30%的，按比例赋分，增幅为负的不得分。

第八条　对城市建设投资与资产管理服务行业龙头企业的扶持

（一）扶持范围。从事城市建设投资与资产管理服务行业，营业收入达到10亿元（含）以上且全口径税收5000万元（含）以上的企业。

（二）扶持标准。单个企业最高不超过100万元。

（三）认定方法。由区财政局牵头，区住房城乡建设局、税务局等部门配合，根据企业年度营业收入、全口径税收、地方税收等指标进行综合评定。按总分100分计算，营业收入、全口径税收、地方税收3项指标分别赋10分、30分、60分。企业扶持金额，以企业得分除以100，乘以单个企业最高扶持金额确定。

1. 营业收入指标（10分）。（由区财政局认定企业营业收入情况）

（1）总量（3分）。不低于上年实际完成额，得3分，否则不得分。

（2）增幅（7分）。在本类别中，用最大标杆法赋分。增幅为负的不得分。

2. 全口径税收指标（30分）。（由区税务局认定企业纳税情况）

（1）总量（9分）。不低于上年实际完成额，得9分，否则不得分。

（2）增幅（21分）。第一部分，在本类别中，用最大标杆法赋分，最高10.5分，增幅为负的不得分。第二部分，增幅达到30%（含）的，赋10.5分，未达到30%的，按比例赋分，增幅为负的不得分。

3. 地方税收指标（60分）。（由区税务局认定企业纳税情况）

（1）总量（18分）。不低于上年实际完成额，得18分，否则不得分。

（2）增幅（42分）。第一部分，在本类别中，用最大标杆法赋分，最高21分，增幅为负的不得分。第二部分，增幅达到30%（含）的，赋21分，未达到30%的，按比例赋分，增幅为负的不得分。

第九条　对商贸流通行业龙头企业的扶持

（一）扶持范围。从事商贸流通行业（不含国有企业、进出口企业），营业收入达到20亿元（含）以上且全口径税收1亿元（含）以上的企业。

（二）扶持标准。单个企业最高不超过100万元。

（三）认定方法。由区财政局牵头，区服务业发展中心、税务局配合，根据企业年度营业收入、全口径税收、地方税收等指标进行综合评定。按总分100分计算，营业收入、全口径税收、地方税收3项指标分别赋10分、30分、60分。企业扶持金额，以企业得分除以100，乘以单个企业最高扶持金额确定。

1. 营业收入指标（10分）。（由区财政局认定企业营业收入情况）

（1）总量（3分）。不低于上年实际完成额，得3分，否则不得分。

（2）增幅（7分）。在本类别中，用最大标杆法赋分。增幅为负的不得分。

2. 全口径税收指标（30分）。（由区税务局认定企业纳税情况）

（1）总量（9分）。不低于上年实际完成额，得9分，否则不得分。

（2）增幅（21分）。第一部分，在本类别中，用最大标杆法赋分，最高10.5分，增幅为负的不得分。第二部分，增幅达到30%（含）的，赋10.5分，未达到30%的，按比例赋分，增幅为负的不得分。

3. 地方税收指标（60分）。（由区税务局认定企业纳税情况）

（1）总量（18分）。不低于上年实际完成额，得18分，否则不得分。

（2）增幅（42分）。第一部分，在本类别中，用最大标杆法赋分，最高21分，增幅为负的不得分。第二部分，增幅达到30%（含）的，赋21分，未达到30%的，按比例赋分，增幅为负的不得分。

第十条　对交通运输行业龙头企业的扶持

（一）扶持范围。从事交通运输行业，营业收入达到5亿元（含）以上且全口径税收5000万元（含）以上的企业。

（二）扶持标准。单个企业最高不超过100万元。

（三）认定方法。由区财政局牵头，区税务局配合，根据企业年度营业收入、全口径税收、地方税收等指标进行综合评定。按总分100分计算，营业收入、全口径税收、地方税收3项指标分别赋10分、30分、60分。企业扶持金额，以企业得分除以100，乘以单个企业最高扶持金额确定。

1. 营业收入指标（10分）。（由区财政局认定企业营业收入情况）

（1）总量（3分）。不低于上年实际完成额，得3分，否则不得分。

（2）增幅（7分）。在本类别中，用最大标杆法赋分。增幅为负的不得分。

2. 全口径税收指标（30分）。（由区税务局认定企业纳税情况）

（1）总量（9分）。不低于上年实际完成额，得9分，否则不得分。

（2）增幅（21分）。第一部分，在本类别中，用最大标杆法赋分，最高10.5分，增幅为负的不得分。第二部分，增幅达到30%（含）的，赋10.5分，未达到30%的，按比例赋分，增幅为负的不得分。

3.地方税收指标（60分）。（由区税务局认定企业纳税情况）

（1）总量（18分）。不低于上年实际完成额，得18分，否则不得分。

（2）增幅（42分）。第一部分，在本类别中，用最大标杆法赋分，最高21分，增幅为负的不得分。第二部分，增幅达到30%（含）的，赋21分，未达到30%的，按比例赋分，增幅为负的不得分。

第十一条　对进出口行业龙头企业的扶持

（一）扶持范围。从事进出口行业，实现进出口额达到2亿美元（含）以上且全口径税收2000万元（含）以上的企业。

（二）扶持标准。单个企业最高不超过100万元。

（三）认定方法。由区财政局、商务局牵头，区税务局配合，根据企业年度进出口额、全口径税收、地方税收等指标进行综合评定。按总分100分计算，企业年度进出口额、全口径税收、地方税收3项指标分别赋10分、30分、60分。企业扶持金额，以企业得分除以100，乘以单个企业最高扶持金额确定。

1.进出口指标（10分）。（由区商务局认定企业进出口情况）

（1）总量（3分）。不低于上年实际完成额，得3分，否则不得分。

（2）增幅（7分）。在本类别中，用最大标杆法赋分。增幅为负的不得分。

2. 全口径税收指标（30分）。（由区税务局认定企业纳税情况）

（1）总量（9分）。不低于上年实际完成额，得9分，否则不得分。

（2）增幅（21分）。第一部分，在本类别中，用最大标杆法赋分，最高10.5分，增幅为负的不得分。第二部分，增幅达到30%（含）的，赋10.5分，未达到30%的，按比例赋分，增幅为负的不得分。

3.地方税收指标（60分）。（由区税务局认定企业纳税情况）

（1）总量（18分）。不低于上年实际完成额，得18分，否则不得分。

（2）增幅（42分）。第一部分，在本类别中，用最大标杆法赋分，最高21分，增幅为负的不得分。第二部分，增幅达到30%（含）的，赋21分，未达到30%的，按比例赋分，增幅为负的不得分。

第十二条　最大标杆法赋分说明

用最大标杆法计算指标得分，若同类别中有两个（含）以上企业符合条件，则在本类别中用最大标杆法赋分；若同类别中只有1个企业符合条件，则在符合扶持意见的全部企业中用最大标杆法赋分。

第三章　附则

第十三条　扶持意见的认定要求及流程

（一）企业需提供的材料。

1.资金申请报告。主要内容包括：申请单位的基本情况，进出口业绩、营业收入、税收收入等情况，真实性声明。

2.所有申报材料均需加盖公章。

3.以上材料一式两份，报送牵头部门，牵头部门负责协调相关行业主管部门和职能部门审定材料，提出初步扶持意见。

（二）扶持意见的确定。参照《环翠区产业扶持资金管理暂行办法》要求，由区审计局、财政局负责对初步扶持意见进行审核，特殊事项“一事一议”，经公示无异议后，报区政府研究审批。

第十四条　本意见自公布之日起实施，有效期至2020年12月31日。原《关于修改〈环翠区关于鼓励龙头企业发展的扶持意见〉的决定》（威环财发〔2019〕1号）同时废止。如有与上级政策不一致的，按上级政策执行。

第十五条　本意见由区财政局、区工业和信息化局、区住房城乡建设局、区商务局、区审计局、区地方金融监管局、区服务业发展中心和区税务局负责解释。

环翠区关于加快工业和信息产业发展的扶持意见

（威环工信字〔2020〕15号　2020年5月25日）

为深入贯彻新发展理念，加快推动新旧动能转换，培育发展新动能，特制订本意见。

一、扶持对象

办理工商注册、在我区纳税的工业和信息服务业企业。

二、扶持方向和标准

（一）技术改造

1.加大工业技改力度。对符合国家产业政策的工业技改投资项目，年度生产性设备投入（不含运输费和安装费）达到100万元（含）以上的，按设备投入额的5%给予一次性补助，单个企业最高补助不超过200万元。对2019年已享受到贴息政策的科技型中小企业，在2020年继续补助一年。

（二）“两化”融合

2.加快推动“智能制造”。对新认定的市级智能工厂、数字化车间，给予25万元奖励。

3.深入开展“两化”融合。鼓励企业开展“两化”融合管理体系贯标，对当年通过国家“两化”融合管理体系贯标评定的企业，给予15万元的资金补助。

4.加快“企业上云”步伐。鼓励企业（不限工业企业）购买云服务，以单个企业上云购买、使用云计算资源或服务的费用为基数计算，2020年补贴比例为不超过实际发生费用（以发票为准）的20%，最高补助5万元。通过“两化”融合管理体系认证（证书处于有效期内）的企业，最高补助6万元。单个企业只享受一次补助。

（三）质量提升

5.鼓励工业设计产业发展。支持企业参加工业设计大赛，获得国家工业设计大赛一、二、三等奖分别给予8万元、5万元、3万元一次性奖励；获得山东省“省长杯”工业设计大赛一、二、三等奖分别给予5万元、3万元、2万元一次性奖励。对当年获得多个奖项的同一设计作品，按所获奖项的最高标准给予补助。

6.加快实施质量工程。对当年认定的国家、省质量标杆企业，分别给予50万元、10万元的资金补助。

7.鼓励开展技术创新。对当年认定的国家、省级技术创新示范企业，分别给予30万元、10万元的资金补助。

8.引导推进诊断咨询。鼓励上年度纳税额超过500万元（含）以上的企业邀请有资质的咨询机构开展管理咨询服务，提高现代化管理水平，对开展管理咨询诊断的企业，按照诊断服务费用的30%给予补助，最高不超过10万元。

（四）中小企业发展

9.加大小微企业培育。当年新达到规模以上工业企业标准并列入统计范围的，在纳统年度给予2万元资金补助，若企业在纳统次年仍符合限额以上企业条件，再给予3万元扶持。若企业享受过此项政策后被退库再次升规列统的，不再享受此项政策。

10.着力培育单项冠军。对当年入选工业和信息化部单项冠军“示范企业”的，给予100万元的资金补助；对当年入选工业和信息化部单项冠军“培育企业”的，给予50万元的资金补助；对当年入选准独角兽的企业，给予不超过50万元的资金补助；对当年入选山东省制造业单项冠军、“瞪羚”示范（培育）企业、中小企业“隐形冠军”的企业，分别给予10万元的资金补助。

11.加大“高质量发展企业”培育。规模以上工业企业连续2年营业收入增幅超过30%，给予一次性10万元的资金奖励。

12.支持协会（联盟）发展。对成立的各类产业发展协会（联盟）会长（理事长）单位，每年视工作开展情况给予不超过10万元资金补助。

（五）节能减排

13.推进企业绿色发展。推动工业企业绿色制造体系建设，对入选国家级、省级、市级绿色工厂、绿色供应链、绿色园区名单的企业（单位），分别最高给予20万元、10万元、5万元奖励。

（六）市场开拓

14.积极参加展会活动。对工业企业参加国内展销活动发生的展位费用超过10万元的，给予展位费40%的补助，单个企业最高补助10万元。

（七）集成电路

15.培育集成电路产业。对符合《威海市人民政府关于印发加快培育发展集成电路产业若干政策的通知》（威政发〔2019〕3号）文件规定的项目，按照市区两级资金2∶1给予配套补助。

（八）软件和信息服务业

16.支持软件服务产业发展。对达到威海市领军和潜力新星标准的软件企业，分别给予25万元、10万元奖励。

三、附则

（一）本意见扶持资金，按照《环翠区产业扶持资金管理暂行办法》（威环财发〔2016〕1号）的规定申请、审批，每年度集中认定兑现一次。

（二）本意见自公布之日起实施，有效期至2020年12月31日。2020年1月1日至本意见公布之日，符合条件的扶持对象，参照本意见执行。实施期间，本意见规定与上级政策不符的，按上级政策执行。本政策所涉政策与我区其他政策有重叠、交叉的，按照“从优、从高、不重复”的原则执行。原《关于印发〈环翠区关于加快工业和信息产业发展的扶持意见〉的通知》（威环工信字〔2019〕7号）同时废止。

（三）本意见由区工业和信息化局和区财政局负责解释。

环翠区关于推进科技创新的扶持意见

（威环科发〔2020〕1号　2020年5月25日）

为大力实施创新驱动战略，进一步提升企业自主创新水平，增强区域科技创新能力，根据《中共威海市委　威海市人民政府关于深入推进科技创新发展的实施意见》（威发〔2016〕19号）、《威海市人民政府关于加快科技创新支持新旧动能转换的实施意见》（威政发〔2018〕20号）、《中共威海市环翠区委　威海市环翠区人民政府关于开展“三联三服”活动培育发展新动能的实施意见》（威环发〔2017〕1号）等政策，结合我区实际，制订本意见。

一、扶持对象

扶持对象为办理工商注册、在我区纳税的具有独立法人资格、财务制度健全的企事业单位、科研机构、民办非企业单位及专利列入环翠区统计的专利权人。

二、扶持方向和标准

（一）产学研合作

1.主要支持多种形式的产学研合作创新项目。凡与省、部属高校、科研院所进行产学研合作或引进国外技术的企业，合同经科技部门备案并完成，项目完成当年按实际支付金额30%的比例给予企业补助，单个项目扶持不超过20万元。

（二）高新技术发展

2.国家科技型中小企业（不含高新技术企业），首次获得授权发明专利1项（含）以上或实用新型专利6项（含）以上、且专利与主营业务相关，当年扶持企业5万元。

3.当年首次通过高新技术企业认定的企业，扶持企业20万元；重新通过高新技术企业认定的企业，扶持企业10万元。

4.当年技术合同交易额达到200万元（含）以上的转让方，且入选“千帆计划”库的科技型中小企业，扶持企业5万元。

5.对获得国家最高科学技术奖的项目补助200万元，获得国家自然科学奖、国家技术发明奖、国家科学技术进步奖特等奖、一等奖和二等奖的项目，分别补助150万元、100万元和50万元；对获得省科学技术最高奖的项目补助50万元，获得省自然科学奖、省技术发明奖、省科学技术进步奖一等奖、二等奖、三等奖的项目，分别补助20万元、10万元、5万元。

6.对企业研究开发财政补助通过省级审核认定的，按市级补助标准给予企业1∶1配套补助。

（三）创新平台

7.当年被认定为国家级、省级、市级和区级技术创新中心、产业创新中心、制造业创新中心、工程实验室（工程研究中心）、企业技术中心、工业设计中心、工程技术研究中心、重点实验室的企业，分别扶持100万元、50万元、10万元、5万元。

8.当年被认定为国家级和省级国际科技合作基地的，分别给予50万元、20万元支持。

9.当年被认定为省级、市级中小企业“一企一技术”研发中心的企业，分别扶持10万元、5万元。

10.当年被认定为山东省“千人计划”专家工作站的单位，扶持30万元；当年通过备案的院士工作站，扶持30万元。

11.当年被认定为国家级专家服务基地和省级专家服务基地的企业，分别扶持10万元、5万元；当年被认定为省级乡村振兴专家服务基地的企业，扶持5万元；对入选为国家级技能大师工作室和齐鲁技能大师特色工作站的企业，分别扶持10万元、5万元；当年获批为博士后科研工作站、省博士后创新实践基地的企业，各给予20万元的科研启动经费。

上述创新平台同一企业当年只按最高标准扶持一次。

（四）科技企业孵化载体

12.对当年认定为国家级、省级孵化器和众创空间的，分别一次性给予100万元、50万元扶持；对通过备案的，减半扶持。同一企业当年只按最高标准扶持一次。

13.在孵企业新认定为高新技术企业的，每认定1家给予孵化载体一次性5万元扶持；认定为国家科技型中小企业（不含高新技术企业），首次获得授权发明专利1项（含）以上或实用新型专利6项（含）以上、且专利与主营业务相关的，每新增1家给予孵化载体一次性3万元扶持。

14.在孵企业新获批国家级、省级、市级人才项目、科技计划项目的，每获批1家分别给予孵化载体一次性15万元、10万元、5万元扶持。

15.在孵企业在新三板挂牌的，每新挂牌1家给予孵化载体一次性

10万元扶持；在区域股权交易中心挂牌的，每新挂牌1家给予孵化载体一次性5万元扶持。

16. 企业毕业1年内（在环翠区落户发展），纳税总额达到50万元（含）以上的或被纳入规模以上企业统计范围的，每新增1家给予孵化载体一次性2万元扶持。

17. 对国家级、省级孵化器通过科技部、省科技厅年度考核且评价结果为优秀的孵化载体，分别一次性给予20万元、10万元扶持；众创空间减半扶持。

以上条款所指孵化载体为省级及以上科技企业孵化器和众创空间。

（五）知识产权

18. 对当年国内授权的发明专利，每件补助专利权人4000元，对当年授权发明专利达到5件（含）以上的企业，每件补助8000元，同一企业最高扶持不超过10万元；对企业当年授权且为首件授权的国内发明专利，补助1万元；对当年国（境）外授权的发明专利，每件补助专利权人1万元，对同一件发明创造在多个国家获得发明专利权的，最多按2个国家予以资助；企业事业单位维持5年以上、具有较好市场价值的国内、外有效发明专利，给予一次性专利维持费资助，每件给予1000元资助。

19. 对当年获得中国专利金奖、银奖、优秀奖、中国外观设计金奖的项目，分别给予10万元、7万元、3万元、5万元奖励；对当年获得山东省专利奖特别奖、一等奖、二等奖、三等奖的项目，分别给予10万元、5万元、3万元、2万元奖励。

20. 进行知识产权优势企业培育。对通过《企业知识产权管理规范》（GB/29490—2013）国家标准认证，且当年申请发明专利2项以上（含2项）或当年授权发明专利1项以上（含1项）的企业，给予2万元的奖励；对当年新认定的国家知识产权优势企业和国家知识产权示范企业分别给予5万元和10万元奖励，对当年新认定的省级知识产权示范企业给予3万元奖励。对当年通过电子商务管理体系认证的企业给予1万元扶持；对当年通过质量、环境、职业健康管理体系认证的企业，每通过一项则给予0.5万元的扶持；通过再认证等情形不给予扶持。

21. 对获得中国驰名商标的单位，一次性奖励50万元；对获得全国知名品牌示范区称号的单位，一次性奖励50万元；对获得山东名牌产品、山东省服务名牌的单位，一次性奖励10万元；对获得中国质量奖提名奖、中华老字号的单位，一次性奖励50万元；对获得山东省省长质量奖提名奖、山东老字号、国家地理标志产品（注册地理标志商标）、山东省优质产品生产基地称号的单位，一次性奖励10万元。以上奖励资金由市、区两级财政各负担50%。对上年度（或上一届）新获得品牌项目的单位给予一次性奖励，同一单位获得不同品牌项目的，分别给予奖励，对同一品牌复评、再认定等情形不给予奖励。

22.（1）对国际标准化组织（ISO）、国际电工委员会（IEC）、国际电信联盟（ITU）以及经ISO确认的可发布国际标准组织批准发布的国际标准，主持修订的，给予不超过50万元资助；参与制定的，给予不超过30万元资助；参与修订的，给予不超过15万元资助。（2）对国家标准化行政主管部门或国务院相关行政主管部门批准发布的国家标准，主持制定的，给予不超过50万元资助；主持修订的，给予不超过25万元资助；参与制定的，给予不超过15万元资助；参与修订的，给予不超过7.5万元资助。（3）对国务院相关行政主管部门批准发布并在国家标准化行政主管部门备案的行业标准，主持制定的，给予不超过20万元资助；主持修订的，给予不超过10万元资助；参与制定的，给予不超过 6万元资助；参与修订的，给予不超过3万元资助。（4）对山东省标准化行政主管部门或山东省相关行政主管部门批准发布的山东省地方标准，主持制定的，给予不超过10万元资助；主持修订的，给予不超过5万元资助；参与制定的，给予不超过3万元资助；参与修订的，给予不超过1.5万元资助。（5）对承担山东省专业标准化技术委员会秘书处工作的，给予30万元资助。（6）对承担省级技术标准创新基地或推广应用平台工作的，给予10万元资助。（7）对获得国家标准化行政主管部门或其授权的国家级标准化研究机构认定的企业标准“领跑者”的，给予10万元资助。（8）对获得国家标准化行政主管部门认定的国家级标准化试点示范项目的，给予10万元资助；对获得省级标准化行政主管部门认定的省级标准化试点示范项目的，给予5万元资助。（9）对获得中国标准创新贡献奖一、二、三等奖的项目主持单位，分别给予50万元、30万元、20万元资助。（10）对获批承担市级标准化宣传培训教育项目及市政府确定的其他标准化项目的，遵循一事一议的原则，由市标准化行政主管部门提出资助意见后报市政府批准。以上第（1）（2）（3）（4）条涉及的项目应为近两年项目，第（5）（6）（7）（8）（9）条涉及的项目应为本年度完成的项目，第（10）条涉及的项目应为本年度启动或开展的项目。标准化资助资金用于资助在本市依法设立的、完成符合资助条件的标准化项目的机关、企事业单位和社会组织。同一个单位每年所获资助资金总额不超过100万元。获得过各级各类资助或奖励的标准化项目不再重复资助。资助资金由市财政和区财政按照1∶1比例分担。

（六）大型仪器共享

23.对使用省、市大型科学仪器共享平台设备进行检测、试验、分析等活动的中小微企业给予经费补助，根据企业使用费用（需提供仪器使用费发票）给予10%的比例补助，同一企业每年所获补助总额不超过25万元。

（七）科技发展计划

24.对我区规模以上企业或科技型企业（高新技术企业、国家科技型中小企业），在全区装备制造、电子信息、新材料、新能源、生物技术与医药、节能环保、海洋科技、现代农业、科技服务业及社会民生等技术领域，开展相关课题研究，对能解决制约全区经济社会发展的科技创新项目进行扶持。原则上每年扶持项目不超过15个，每个项目扶持10万～20万元。项目实施后，第一年度拨付扶持资金总额的60%，项目通过验收后再拨付余下部分。

（八）科技服务机构

25.代理环翠区发明专利当年成功授权15件（含）以上，或当年代理环翠区企业成功申报高企5家（含）以上的科技服务机构，扶持10万元；代理环翠区发明专利当年成功授权30件（含）以上，或当年代理环翠区企业成功申报高企10家（含）以上的科技服务机构，扶持20万元。

26.对当年获得国家级和省级技术转移机构称号的，分别给予50万元、20万元扶持。

（九）重大科技专项

采取一事一议方式，给予100万～500万元的扶持。

27.重大科技创新项目。拥有核心技术自主知识产权，能够突破产业发展重大关键技术，整体技术水平达到国内领先，可以填补国内空白、替代进口或突破国外专利和技术封锁，项目在2～3年内形成产业化能力，能够带动形成产业集聚，完善产业链配套，做强做大优势产业。

28.重大公共创新平台。主营业务为面向企业开展创新资源共享、专业技术服务、技术转移服务等公共技术服务或为加快重大科技成果转化开展的相关专业服务、辐射带动能力强的重大公共创新平台。

三、附则

（一）本意见扶持资金的使用与管理，按照《环翠区产业扶持资金管理暂行办法》（威环财发〔2016〕1号）执行。

（二）本意见自公布之日起施行，有效期至2021年12月31日。2020年1月1日至本意见公布之日，符合条件的扶持对象，参照本意见执行。原《环翠区关于推进科技创新的扶持意见》（威环科发〔2019〕1号）有明确扶持期限的，仍按照原政策执行到扶持期满为止。实施期间，本意见与上级政策不符的，按上级政策执行。

（三）本意见由区科技局、财政局负责解释。

机构和领导人

【中国共产党环翠区委员会】

书　记　王　坤

副书记　徐　明　邢海波

常　委　孙青松（女）

孙　军　荣传伟

甄　峰　王大治*

林　莅　张元波

区委办公室［挂区档案局、区委保密办（区国家保密局）牌子］

主　任　刘威男

△政策研究室

主　任　张积超

组织部（挂区公务员局牌子）

部　长　张元波

△“两新”工委

书　记　郑　磊

△电教中心

主　任　（缺）

△党性教育基地环翠教学管理办公室

主　任　李　强

宣传部（挂区政府新闻办公室、区精神文明建设委员会办公室、区互联网信息办公室牌子）

部　长　孙　军

△文　联

主　席　周　琳（女）

统战部（挂区政府台湾事务办公室、区民族宗教事务局、区政府侨务办公室牌子）

部　长　林　莅

△侨　联

主　席　（缺）

政法委

书　记　荣传伟

△社会治安综合治理中心（挂区网格化治理中心牌子）

主　任　于景华

编　办

主　任　郑剑波

区直机关工委

书　记　周天宇

巡察办

主　任　宋修平

△第一巡察组

主　任　毕春杰

△第二巡察组

主　任　李　立（女）

△第三巡察组

主　任　王战友

△第四巡察组

主　任　（缺）

老干部局

局　长　郑　磊

△老年大学（挂区老干部党校、威海市老年大学环翠分校牌子）

校　长　谷昭威

【环翠区人民代表大会常务委员会】

主　任　刘光辉

副主任　黄式璞　韩　静（女）

戚务海　刘玉波

沙建强

党组副书记　黄式璞　王福欣

党组成员　邹立杰　张福新

办公室

主　任　张福新

人事代表工作委员会

主　任　毕建金

研究室

主　任　薛　岳

财政经济工作委员会

主　任　王爱波

教育科学文化卫生工作委员会

主　任　李祖国

监察和司法委员会

主　任　王国庆

农村城建环保工作委员会

主　任　尹小毅

预算工作委员会

主　任　郭贤杰

【环翠区人民政府】

区　长　徐　明

副区长　王大治*　尹振山

沈燕萍（女）

苏卫军　林青松

姜向荣（女，挂职）*

王永钊（挂职）

党组成员　于　超

区政府办公室（挂区大数据局牌子）

主　任　于　超

△经济研究室

主　任　崔志盛

发展改革局（挂区新旧动能试验区建设办公室牌子）
局　长　邹　伟
△重点项目服务中心
主　任　郑　博

教育体育局（区委教育工委与其合署）
局　长　王艳华（女）
△教研中心
主　任　孙海英（女）

科技局
局　长　黄松娟（女）

工业和信息化局
局　长　陈增卫
△民营经济服务中心
主　任　王大鹏

民政局
局　长　林　森

司法局
局　长　毕建鹏
书　记　王　珊（女）

财政局（挂区国有资产监督管理局牌子）
局　长　刘永胜
△经济开发投资服务中心
经　理　孙大力（女）

人力资源社会保障局
局　长　林海涛
△人力资源公共服务中心
主　任　张　威（女）
△社会保险服务中心
主　任　（缺）

自然资源局（挂区林业局牌子）
局　长　刘昌军
△森林防火指挥中心
主　任　何昭中

住房城乡建设局（挂区人民防空办公室、区精致城市建设办公室牌子）
局　长　林青松
△建筑工程服务中心
主　任　（缺）

水利局
局　长　尹小飞

农业农村局（挂区扶贫开发办公室、区畜牧兽医局牌子）
局　长　胡远涛
△农业综合执法大队
大队长　（缺）

海洋发展局
局　长　刘瑞宾
△海渔综合执法大队（挂中国海监威海市环翠区大队、山东渔业船舶检验局环翠检验站牌子）
大队长　焦　鹏

商务局
局　长　夏伟清

文化和旅游局（挂区新闻出版广电局牌子）
局　长　段会林

卫生健康局（挂区中医药管理局牌子）
局　长　许德峰
△疾控中心
主　任　吕锦峰
△卫生计生执法大队
大队长　姜书光

退役军人局
局　长　林海涛

应急局
局　长　梁英杰
△安监大队
大队长　战振义

审计局
局　长　（缺）

行政审批服务局（挂区政务管理办公室牌子）
局　长　张　戈

市场监管局
局　长　杨玉梅（女）

综合行政执法局
局　长　彭志成
△综合行政执法大队
大队长　李　涛

统计局
局　长　肖建国

医保局
局　长　宋　崴（女）
书　记　胡书亭

地方金融监管局（挂区金融办公室牌子）
局　长　丛晓静（女）

信访局
局　长　杨亚辰
△社会矛盾受理调处中心
主　任　许　波

【中国人民政治协商会议环翠区委员会】
主　席　连业礼
副主席　隋良杰（女）
黄福涛　张华龙
邓　洁（女）
党组成员　王永强　陈英欣
王光明

办公室
主 任 王光明

委员活动工作室
主 任 周洪亮

学习提案法制委员会
主 任 马光霞（女）*

三胞联谊委员会
主 任 林永清

经济教科卫体委员会
主 任 刘新华（女）

文史文化和学习委员会
主 任 陈方明

【中国共产党环翠区纪律检查委员会（环翠区监察委员会与其合署）】
书 记 孙青松（女）
副书记 杨雪莲（女）
于时杰
主 任 孙青松（女）
副主任 杨雪莲（女）
于时杰

区纪委监委派驻第一纪检监察组
主 任 王 钢

区纪委监委派驻第二纪检监察组
主 任 （缺）

区纪委监委派驻第三纪检监察组
主 任 丛龙滋

区纪委监委派驻第四纪检监察组
主 任 毕重逊（女）

区纪委监委派驻第五纪检监察组
主 任 （缺）

区纪委监委派驻第六纪检监察组
主 任 （缺）
△廉洁教育中心
主 任 尚 飞

【法院、检察院】
威海市环翠区人民法院
院 长 梁 伟
△诉讼服务中心（挂诉调对接中心牌子）
主 任 （缺）

威海市环翠区人民检察院
检察长 张 杰*

【群众团体】
总工会
主 席 邹 杰

团区委
书 记 （缺）

妇 联
主 席 王 岚（女）

工商联
主 席 隋良杰（女）
书 记 张 霞（女）

科 协
主 席 丛海岐*

残 联
理事长 王友福

贸促会
会 长 周志勇

红十字会
会 长 （缺）

【区属事业单位】
区委党校（挂区行政学校、区社会主义学校牌子）
校 长 王 坤
常务副校长 马英格

区委党史研究中心（挂区地方史志研究中心牌子）
主 任 丛晓红（女）

档案馆
馆 长 李晓莉（女）

社区建设指导中心
主 任 刘海群（女）

融媒体中心（挂区电视台牌子）
主 任 隋海航
总编辑 徐建强

里口山管委
书 记 邹 伟
△办公室
主 任 （缺）
△项目管理与推进局
局 长 （缺）
△规划建设局
局 长 姚长海
△旅游管理和产业发展局
局 长 逄万涛
△林业与环境保护局
局 长 （缺）

机关事务中心
主 任 谷佩贞（女）

环境卫生中心
主 任 徐长海

县乡公路发展中心
主 任 李晓宁

服务业发展中心（挂区供销合作社联合社牌子）
主 任 张永君

国有资产中心
主　任　刘　波

招商中心
主　任　孙远征

中德生态产业服务中心
主　任　于同毅

市政园林中心
主　任　于宏轩

畜牧业发展中心
主　任　于　洋

大数据中心
主　任　李　伟

【镇、街道】

张村镇
党委书记　邹　伟
镇　　长　杨华清

羊亭镇
党委书记　周佳俊
镇　　长　于同毅

温泉镇
党委书记　迟高伟
镇　　长　李兴元

桥头镇
党委书记　于丛林
镇　　长　刘玉凯

环翠楼街道
党工委书记　刘金军*
主　　　任　黄　晨

竹岛街道
党工委书记　（缺）
主　　　任　张明玺

鲸园街道
党工委书记　李　强
主　　　任　侯世典

孙家疃街道
党工委书记　刘兆垒
主　　　任　孟庆澄*　丁　茜

嵩山街道
党工委书记　王文萍（女）
主　　　任　曲正杰

【派出机构】

威海环翠省级旅游度假区管理委员会
党工委书记　邹　伟
△党政办公室
主　任　丛勇滋
△经济发展局
局　长　梁志丹
△财务审计局
局　长　（缺）
△社会事业局
局　长　冷　娜（女）
△规划建设局
局　长　张佳志
△农业办公室
主　任　丛忠义
△科技产业园重点项目推进局
局　长　李　勇

威海环翠北海省级旅游度假区管理委员会
管委会主任　（缺）
△经济发展局
局　长　夏周玫（女）
△旅游产业推进局
局　长　孙惠岩

【医院、学校】

威海卫人民医院
院　　长　赵　军
党委书记　李淑景（女）

威海口腔医院（挂威海市环翠区人民医院牌子）
院　　长　（缺）
党支部书记　傅　国

威海妇幼保健计划生育服务中心（挂区妇幼保健院牌子）
主　任　（缺）

威海市城里中学
校　长　丛培良

威海市实验中学
校　长　王天超

威海市塔山中学
校　长　原　芳（女）

威海市古寨中学
校　长　张爱霞（女）

【驻区单位】

威海市公安局环翠分局
局　长　苏卫军
政　委　毕晓波

威海市生态环境局环翠分局
局　长　韩　政

威海市环翠区税务局
局　长　毕建立

威海市自然资源和规划局环翠规划分局
局　长　谷海江

威海市环翠区消防救援大队
教导员　林　雯（女）

（时间截止到2020年12月31日）
说明：*表示年内离任
△表示部门管理的机构

统计资料

2020年环翠区地区生产总值一览表

表49

类别	单位	绝对量	增长速度（%）
地区生产总值（GDP）	亿元	386.85	3.7
第一产业	亿元	30.03	－1.9
第二产业	亿元	117.00	1.8
第三产业	亿元	239.82	5.6
人均GDP（按年均常住人口）	元	86699	－

2020年环翠区农林牧渔业一览表

表50

类别	单位	绝对量	增长速度（%）
农林牧渔业			
农林牧渔及服务业总产值	万元	545144	－1.7
农业总产值	万元	9825	－14.2
林业总产值	万元	903	411.7
牧业总产值	万元	4960	5.8
渔业总产值	万元	484197	－1.5
农林牧渔服务业总产值	万元	45259	－1.9
农业			
油料产量	吨	965	－43.1
花生产量	吨	965	－43.1
蔬菜产量	吨	19256	－4.1
水果产量	吨	14199	－5.0

续表50

类别	单位	绝对量	增长速度（%）
渔业			
渔业村	个	9	0.0
渔业从业人员	人	26471	－0.7
机动渔船	艘	766	－19.5
	总吨	32370	－14.0
水产品总产量	吨	325010	－3.0
海洋捕捞（不含远洋）	吨	84590	1.8
海水养殖	吨	240420	－4.6
海水养殖面积	公顷	7302	－6.4
其他			
农业机械总动力	万千瓦	8.39	0.2

2020年环翠区规模以上工业一览表

表51

类别	单位	绝对量	增长速度（%）
工业增加值	万元	–	2.4
工业总产值	万元	2688709	1.9
#轻工业	万元	851716	4.5
重工业	万元	1836993	0.8
#股份合作企业	万元	7685	－31.5
股份制企业	万元	2140229	3.1
外商及港澳台商投资企业	万元	536355	－2.1
其他经济类型企业	万元	4440	8.0
#大中型工业企业	万元	1849488	1.2

2020年环翠区规模以上工业经济效益一览表

表52

类别	单位	绝对量	增长速度（%）
企业单位	个	113	3.7
亏损企业	个	20	25.0
亏损企业亏损额	万元	6446	－18.8
企业亏损面	%	17.7	3.5
营业收入	万元	2692449	3.8
利润总额	万元	321887	22.5
产品销售率	%	98.83	1.9

说明：单位为%的增长速度为比上年增减百分点

2020年环翠区固定资产投资、商品房建设与销售一览表

表53

类别	单位	绝对量	增长速度（%）
固定资产投资	万元	–	4.8
城镇项目投资	万元	–	6.6
房地产开发投资	万元	577046	2.2
房屋施工面积	平方米	4944505	－8.4
房屋竣工面积	平方米	394683	－10.3
商品房销售面积	平方米	619473	－2.9
商品房销售额	万元	759573	2.7

2020年环翠区对外经济贸易一览表

表54

类别	单位	绝对量	增长速度（%）
进出口总额	万元	1829983	－17.2
出口总额	万元	1506705	－7.2
进口总额	万元	323278	－44.8
新批项目	个	41	－10.9
实际到账外资额	万美元	23730	43.1

2020年环翠区财税收入一览表

表55

部门	单位	绝对量	增长速度（%）
税务部门收入			
税务全部收入	万元	750359	－2.8
税务税收收入	万元	729510	－2.9
财政收入			
一般公共预算收入	万元	417181	－1.0
税收收入	万元	371206	－0.7
增值税	万元	135700	－11.5
企业所得税	万元	75775	28.8
个人所得税	万元	20800	－5.7
城市建设维护税	万元	23100	－7.8
房产税	万元	15459	－6.1
印花税	万元	5254	2.0
城镇土地使用税	万元	16854	－17.2
土地增值税	万元	19268	－22.4
契税	万元	45421	31.9
非税收入	万元	45975	－3.5
专项收入	万元	19151	－11.3
行政事业性收费收入	万元	3627	－15.9
罚没收入	万元	2708	26.4
国有资本经营收入	万元	1603	－
国有资源（资产）有偿使用收入	万元	18784	－3.8

2020年环翠区财政支出一览表

表56

类别	单位	绝对量	增长速度（%）
一般公共预算支出	万元	322360	9.8
一般公共服务支出	万元	81965	77.8
国防支出	万元	230	－27.4
公共安全支出	万元	8551	－5.5
教育支出	万元	64599	3.2
科学技术支出	万元	5970	－34.1
文化旅游体育与传媒支出	万元	3412	－28.7
社会保障和就业支出	万元	41858	2.3
卫生健康支出	万元	28498	14.6
节能环保支出	万元	1513	－7.8
城乡社区支出	万元	9963	8.4
农林水支出	万元	23337	－16.1
交通运输支出	万元	1375	－2.1
资源勘探信息等支出	万元	4583	－55.2
商业服务业等支出	万元	4763	－38.4
金融支出	万元	3769	370.0
援助其他地区支出	万元	763	－60.3
自然资源海洋气象等支出	万元	1515	170.5
住房保障支出	万元	16358	－0.2
灾害防治及应急管理支出	万元	2249	－0.8
预备费	万元	0	－
债务付息支出	万元	16120	1.8
其他支出	万元	409	－

说明：表49至表56中的所有经济数据均不包含桥头镇

索 引

编制说明：

一、本索引为《环翠年鉴（2021）》的主题词、内容分析索引，分主题词索引、表题索引和图片索引。正文中凡具有独立检索意义的完整资料，都可以通过本索引进行检索。正文中的“综述”“概况”不做索引内容。

二、本索引按汉语拼音字母（同音字按声调）顺序排列。类目、分目作为索引款目用黑体字排印，其余款目用宋体字排印。索引款目后的数字表示该款目内容所在页码，后面的拉丁字母（a、b、c），表示栏别（从左到右）。内文中有关插图和表格仅对其主题词进行索引。

三、“特载”“专记”“大事记”“人物 荣誉”“附录”的具体内容不做索引。

四、本索引收录1455个词条。内容有交叉的词条，在索引中重复出现，可以通过同一词条的不同页码进行检索。

主题词索引

A

B

C

D

E

F

G

H

Q

R

S

X

Y

表题索引

B

D

G

H

J

L

Q

S

W

X

Y

Z

图片索引

A

B

C

D

E

F

G